CUARTA EDICION

Aproximaciones

al estudio de la literatura hispánica

CARMELO VIRGILLO
Professor Emeritus
Arizona State University

L. TERESA VALDIVIESO
Arizona State University

EDWARD H. FRIEDMAN
Indiana University

McGraw-Hill
College

Boston   Burr Ridge, IL   Dubuque, IA   Madison, WI   New York   San Francisco   St. Louis
Bangkok   Bogotá   Caracas   Lisbon   London   Madrid   Mexico City
Milan   New Delhi   Seoul   Singapore   Sydney   Taipei   Toronto

McGraw-Hill College

*A Division of The **McGraw-Hill** Companies*

This is an book.

Aproximaciones al estudio de la literatura hispánica

This book is printed on acid-free paper.

4 5 6 7 8 9 0 FGR FGR 9 4 3 2 1

ISBN 0-07-012332-2

Editor-in-chief: Thalia Dorwick
Editor: William Glass
Developmental editor: Becka McGuire
Project managers: Natalie Durbin, Eve Strock
Production supervisor: Pam Augspurger
Designer: Carol Barr
Photo researcher: Roberta Spieckerman
Art editor: Nicole Widmyer
Supplements coordinator: Louis Swaim
Compositor: Clarinda Company
Printer: Fairfield Graphics

Library of Congress Cataloging-in Publication Data

Virgillo, Carmelo, 1934–
    Aproximaciones al estudio de la literatura hispánica / Carmelo
Virgillo, Edward H. Friedman, L. Teresa Valdivieso. — 4. ed.
      p.   cm.
    Spanish and English.
    ISBN 0-07-012332-2
    1. Spanish literature—History and criticism. 2. Spanish American
literature—History and criticism. 3. Spanish literature.
4. Spanish American literature. I. Friedman, Edward H.
II. Valdivieso, L. Teresa. III. Title.
PQ6037.V57   1998
860.9—dc21

      98-37732
      CIP

http://www.mhhe.com

INDICE GENERAL

EL DRAMA   221

Lecturas   256

EL ENSAYO   335

Lecturas 361

PREFACE

Aproximaciones al estudio de la literatura hispánica, Fourth Edition, offers the undergraduate Spanish student—major or nonmajor—an elementary yet comprehensive introduction to literary analysis. Such a text is essential if one is to develop an adequate appreciation of Spanish and Spanish-American literature. Aimed primarily, but not exclusively, at the third-year level of the college curriculum, *Aproximaciones* provides those possessing a relatively limited knowledge of Spanish, as well as native speakers, with the opportunity not only to grasp the various levels of meaning of the literary texts contained herein, but also to acquire the technical vocabulary needed to describe and debate literary issues appropriately.

The text begins with a new, two-part **Introducción** that, after providing a general discussion of the artistic implications of literature, addresses the critical question of relating to what one reads. The text then devotes a unit to each of the four basic literary genres: **narrativa, poesía, drama,** and **ensayo.** Each unit follows the same internal organization.

- The **Introducción** is an overview of the genre itself, in which the theoretical concepts are introduced and reinforced by numerous examples. To further assist nonnative speakers of Spanish in comprehending the introductory materials, English equivalents of key Spanish terms are provided parenthetically throughout the preparatory materials.
- Thereafter, to ensure the desired step-by-step understanding of that discussion, a **Práctica** section provides specially designed analytical exercises for the genre under study.
- A historical introduction to the genre (**Panorama histórico y categorías fundamentales**) then follows, tracing the genre's origins and major developments. Each **Panorama** features an overview of periods, movements, significant figures, and literary currents—in both Spain and Spanish America—to enable students to place the specific selections of the anthology within the overall context of Hispanic literature.
- This is then followed by another **Práctica** section, a questionnaire that assesses students' comprehension of the most relevant points of this historical introduction.
- The last of the preparatory materials is a set of guidelines (**Guía general para el lector**), designed specifically to maximize students' comprehension of the readings that follow. These guidelines are in the form of general questions about the various aspects of the genre, and students are encouraged to try to answer these questions for each text they read.
- The final section of each unit, **Lecturas,** contains the literary selections for the genre. Each reading includes additional helpful features. An expanded author biography links the writer's life and work with his or her particular cultural, social, political, and artistic situation. The readings themselves also include glosses that explain difficult, archaic, or dialectical vocabulary and footnotes that furnish further cultural background on names, allusions, and so on.

- All readings in the narrative, drama, and essay units are followed by three sets of practical activities: **Cuestionario,** which assesses students' understanding of the major points of the reading; **Identificaciones,** which asks students to define key characters, references, and other aspects of the reading; and **Temas,** in which students are challenged to go beyond basic comprehension and discuss theme, motive, structure, and so forth. Selections in the poetry unit are followed by **Cuestionario.**

In light of the specific challenges presented by poetry, this unit includes a special section that goes beyond the instructional materials shared by the other major divisions of the text, **El lenguaje literario.** This part of the text is a general appraisal of figurative language, with each figure defined and then illustrated through examples from selected texts.

In keeping with the commitment to make the text relevant to the present and future needs of literature students, four **Apéndices** have been incorporated. The first discusses critical articles and how to read them. The second contains examples of verse classification by syllables. The third appendix consists of a glossary of literary and paraliterary terms, ranging from short definitions of rhetorical figures, such as periphrasis, to longer discussions of literary movements and philosophical doctrines. The fourth appendix is a chronological chart that shows the development of Hispanic literature by genre, along with some of the critical historical and cultural events that shaped the times.

Carmelo Virgillo, the general coordinator of the project, prepared the Preface and is responsible for all author biographies, the four historical introductions, the unit on the essay, the section on the sociocultural aspects of literature, and the visuals that illustrate it. In addition, he wrote the glossary entries relating to movements, philosophical doctrines, and genres, charted the **Indice cronológico,** and collaborated with L. Teresa Valdivieso in writing the first part of the new **Introducción, La literatura como arte y fenómeno estético.** Edward Friedman composed the unit on the narrative, the anthological section on poetry, the guides to the genres, and the appendix on the critical essay. He also coordinated the footnotes and exercises for all selections. L. Teresa Valdivieso coauthored the introduction on literature and art and was in charge of the unit on drama, the theoretical introductions to poetry and literary language, and the appendix on poetry. She was also the linguistic coordinator for the project.

CHANGES IN THE FOURTH EDITION

The Fourth Edition of *Aproximaciones al estudio de la literatura hispánica* was revised for the most part in accordance with suggestions and recommendations from colleagues at Arizona State University, Indiana University, and elsewhere. As a result, this new edition features a number of changes that make the book more accessible and relevant to the needs and expectations of today's student.

- The new **Introducción** explains, simply and concisely, one of the most elusive concepts in the study of artistic creation: *the significance of art and aesthetics.* Then, to show that literature need not be "otherworldly" or irrelevant, that is, to help students *relate to what they read,* the section shows how history, society, and culture come together to create movements, currents, and styles that reflect the characteristics and moods of a given people at a particular point in time. The text indicates that such trends—which affect both the artist and the general public—decline and fade from view but invariably return in modified forms, proving that while values may change with the times, human feelings, needs, and aspirations do not. This idea is illustrated by four visuals showing the self-regenerating process that occurs in painting and architecture.

- The theoretical, historical, and pedagogical materials have been reelaborated and simplified, thereby enabling instructors and students to spend more time working with the actual literary texts while still providing the theoretical format necessary for understanding them.
- The author biographies have been expanded into a new, two-part form. The first part, **Vida y obra,** discusses the major events and influences in the author's life and lists key works, while the second part, **El autor (La autora) y su contexo,** links the writer's life and works with his or her particular cultural, social, political, and artistic situation.
- The number of explanatory notes and glosses has been increased to make the book more user-friendly.
- To make room elsewhere in the book for materials that we think are of greater interest to the socially and culturally conscious student, we have deleted the **Cronología** which in previous editions preceded each **Panorama histórico,** along with parts of the **Panoramas** themselves.
- At the request of some of our adopters, we have brought back favorite writers from past editions while adding six brand-new ones, four of them women. This new edition now contains several more selections than any of the preceding editions. To update the anthology without omitting important authors, we have replaced certain readings from previous editions with new selections from the same authors. Regrettably, one or two of the authors most often requested by colleagues around the country could not be included because they prefer that their works not be anthologized.
- Authors are now identified by their country of origin in the **Indice general.**
- Many of the exercises have been revised and streamlined.
- We have also revised most of the appendixes.

SUPPLEMENTS

The supplements listed here may accompany *Aproximaciones al estudio de la literatura hispánica,* Fourth Edition. Please contact your local McGraw-Hill representative for details concerning policies, prices, and availability, as some restrictions may apply.

- **Workbook/Study Guide (Available in December 1999).** A new, English-language text featuring study hints, further information about the genres under study, and abundant practice materials, all fully integrated with the content of the main text.

- **Rand-McNally New Millenium World Atlas.** This robust CD-ROM, available for student purchase, contains numerous detailed maps along with visuals and textual information (in English) about key events in history, famous figures, important cities, and so on. The detail and information provided significantly enhance the foreign language experience from a cultural, historical, and geographical perspective.

ACKNOWLEDGMENTS

The authors and publisher would like to thank those instructors who participated in various reviews of *Aproximaciones* in its four editions, in particular, the following instructors, whose comments were enormously useful in the development of the current edition. The appearance of their names in this list does not necessarily constitute their endorsement of the text or its methodology.

Gabriel A. Abudu, York College of Pennsylvania
Marta E. Altisent, University of California, Davis
José B. Alvarez IV, University of Georgia
Blanca Anderson, Loyola University
Cathleen E. Anderson, Dickinson College
Christopher L. Anderson, University of Tulsa
Steven M. Bell, University of Arkansas
Aitor Bikandi-Mejías, Colby College
Georgina Dopico Black, Yale University
Dawn Bratsch-Prince, Iowa State University
Victoria Campos, College of New Jersey
Alberto Castilla, Mount Holyoke College
Jorge Luis Castillo, University of California, Santa Barbara
Aristófanes Cedeño, Marquette University
William J. Cline, Eastern Michigan University
Reyes Coll-Tellechea, University of Massachusetts, Boston
Jane E. Connolly, University of Miami
María Dolores Costa, California State University, Los Angeles
Renée Craig-Odders, University of Wisconsin, Stevens Point
Fidel de León, El Paso Community College
Javier Durán, Michigan State University
Patricia H. Dust, Carleton College
Donald N. Flemming, Keene State College
Gloria Galvez-Carlisle, University of Southern California
María Alicia Garza, Boise State University
Lily Anne Goetz, Longwood College
Hazel Gold, Emory University
Rebecca Haidt, Ohio State University
Andrea Warren Hamos, Assumption College
Warren Hampton, University of South Florida
Carolyn J. Harris, Western Michigan University

Olivia López Hartenstein, Metropolitan State College of Denver
Francisco G. Hinojos, Skyline College
Cathy L. Jrade, Vanderbilt University
Tina A. Kovalchik, State University of New York, Binghamton
José Kozer, Queens College
Linda Ledford-Miller, University of Scranton
William Little, California Polytechnic State University, San Luis Obispo
Lucia Lockert, Michigan State University
Adelaida López de Martínez, University of Nebraska, Lincoln
Howard Mancing, Purdue University
Claire Emilie Martin, California State University, Long Beach
Judy B. McInnis, University of Delaware
Susan McMillen Villar, University of Minnesota
Niurka Medina-Valín, Cerritos College
Gloria S. Meléndez, Brigham Young University
Hugo Méndez-Ramírez, Georgia State University
José L. Mendoza, University of San Diego
Carlos H. Monsanto, University of Houston
Mazie Movassaghi, University of Southwestern Louisiana
W. Michael Mudrovic, Washington University, St. Louis
Eunice Myers, Wichita State University
Kimberly A. Nance, Illinois State University
Michael Navascues, University of Rhode Island
Robert Neustadt, University of Mississippi
Salvador A. Oropesa, Kansas State University
Cristina Ortiz, University of Wisconsin, Green Bay
Hilda Pato, State University of New York, Geneseo
V. L. Peterson, Missouri Southern State College
Nancy Posner, Shippensburg University
Augustus C. Puleo, Columbia University
Ronald F. Rapin, Oakland University
Bonnie H. Reynolds, Hanover College
Duane Rhoades, University of Wyoming
Mary Rice, Concordia College
Margarita Tavera Rivera, Carthage College
Estela S. Serrano, California State University, Sacramento
Adriana Slaniceanu, California State University, Fresno
Ruth E. Smith, Northeast Louisiana University
Susan Isabel Stein, Texas Tech University
Melissa A. Stewart, Western Kentucky University
Mary Lorene Thomas, Meredith College
Stephanie S. Throne, Grove City College
Margarita Vargas, State University of New York, Buffalo
Nancy Vosburg, Stetson University
Maurice Westmoreland, State University of New York, Albany
Tamara Reed Williams, Pacific Lutheran University

We would like to express our appreciation to our colleagues and students for their valuable suggestions and encouragement in the preparation of this edition of *Aproximaciones.* We owe particular gratitude to Professor Victoria Burrus of Vanderbilt College for her thoughtful comments and suggestions. Special thanks are due Professors Daniel Altamiranda and Enrique Ballón-Aguirre of Arizona State University and Professor Charlene Helmuth of Centre College. We would also like to thank Laura Chastain for her careful reading of the complete manuscript and Ana Virgillo for the laborious charting and typing of **Apéndice 4.**

Finally, we acknowledge with gratitude the support of Thalia Dorwick and the McGraw-Hill editorial and production staff. We especially wish to thank Becka McGuire for her careful and always thoughtful work on this edition.

The Authors

Dedicatoria

A nuestros seres queridos —Ana, Susan, Jorge—
cuya comprensión hizo posible esta obra

ABOUT THE AUTHORS

Carmelo Virgillo (Ph.D., Indiana University, Bloomington) is Professor Emeritus of Romance Languages at Arizona State University, where he taught Spanish, Portuguese, and Italian at the undergraduate and graduate levels from 1965 to 1993. In addition to serving as coordinator of Portuguese and Hispanic literature, he directed Arizona State University's programs in Florence and Siena, Italy. He also served as book review editor of the *Latin American Digest.* His publications include *Correspondência de Machado de Assis com Magalhães de Azeredo, Woman as Myth and Metaphor in Latin American Literature* (with Naomi E. Lindstrom), and *Bibliografía analítico-descritiva de Henriqueta Lisboa.* He is also the author of many articles and reviews on nineteenth- and twentieth-century Spanish, Spanish American, and Brazilian literature, as well as translations. He was a contributor to the *Suplemento literário do Minas Gerais.* The recipient of several nominations for excellence in teaching, he has been cited by the Italian Ministry of Education for his contributions to the promotion of Italian studies in the United States.

Edward H. Friedman (Ph.D., Johns Hopkins University) is Professor of Spanish and Comparative Literature at Indiana University, Bloomington. His primary field of research is Golden Age literature, and his research also covers contemporary narrative and drama. His publications include *The Unifying Concept: Approaches to Cervantes' **Comedias*** and *The Antiheroine's Voice: Narrative Discourse and Transformations of the Picaresque,* as well as numerous articles and reviews. He is the co-editor of several collections of essays. Having served for five years as editor of the *Indiana Journal of Hispanic Literatures,* he is currently general editor of the *Yearbook of Comparative and General Literature* and book review editor of *Cervantes.* A member of the editorial board of eight journals and monograph series, in 1998 he was elected vice president of the Cervantes Society of America. He has received grants from the National Endowment for the Humanities, Fulbright, and the National Humanities Center, and has been the recipient of a Burlington Northern Foundation award for excellence in teaching (Arizona State University) and a FACET teaching award (Indiana University).

L. Teresa Valdivieso (Ph.D., Arizona State University) is Professor of Spanish at Arizona State University, where she was director of graduate studies and coordinator of the Spanish section in the Department of Foreign Language. She has served as Interim Director of the Center for Latin American Studies, Chair of the Arizona State University Education Abroad Committee, Visiting Professor at Middlebury College, and Lecturer at the Universidad Autónoma de Gualdalajara. She is the author of *España: Bibliografía de un teatro silenciado* and *Negocios y comunicaciones* (with Jorge H. Valdivieso). She has also authored numerous articles on literature. She is co-editor of *Studia Hispanica Medievalia* and *Estudios en homenaje a Enrique Ruiz-Fornells.* President of the Asociación de Literatura Femenina Hispánica for many years, she serves at present on the editorial board of *Letras femeninas,* its official publication. She also serves on the editorial board of other academic journals, among them the *Anuario de cine y literatura en español.* In 1980 she was the recipient of Arizona State's Award for Excellence in Teaching.

INTRODUCCION

LA LITERATURA COMO ARTE Y FENOMENO ESTETICO

¿Cuál es el mejor modo de aproximarse (*approach*) al conocimiento (*knowledge*) de la literatura? A fin de poder contestar esta pregunta se impone, desde un principio, la necesidad de reflexionar sobre el concepto de la literatura misma.

LA LITERATURA

Se llama *literatura* al conjunto de obras creativas —orales o escritas— que nos ponen en contacto con los hechos (*deeds*) realizados (*carried out*) por los seres humanos así como con el espíritu humano, con la complejidad de su psicología y de su vida. A través de la literatura podemos llegar a conocer mejor a las personas y a los pueblos, acercándonos más a nuestro mundo.

La palabra *literatura* viene del latín *littera,* que significa *letra;* de ahí que se pueda decir que la mayor parte de la literatura está representada por documentos escritos. Por consiguiente, la manera de ponernos en contacto con ellos es mediante (*through*) la lectura (*reading*).

La lectura como información

La lectura es un proceso informativo que comprende (*is made up of*) dos elementos. El primero es un elemento pasivo; consiste en la información depositada en el documento en forma codificada, o sea, expresada de una manera sutil e indirecta. El segundo elemento es un proceso que implica la activación de ese documento realizada por el lector en el momento en que éste —a quien le toca (*whose job it is*) descifrar el código comunicativo del autor— se pone en contacto con el escrito. La lectura es, pues, un proceso dinámico, en el que el elemento principal es el lector. Aunque existieran grandes cantidades de libros, si no hubiera lectores, esos libros se convertirían en material muerto. Por lo tanto, son los lectores los que dan vida a esos documentos por medio de la lectura.

La lectura como comunicación

La lectura, además de ser un proceso informativo, es también un acto de comunicación que se lleva a cabo (*is carried out*) cuando el lector pone en juego (*applies*) su competencia lingüística y cultural para captar, entender e interpretar lo que lee. Este proceso se define como una ecuación con tres elementos: el *autor* (emisor), el cual comunica algo; el *receptor* (lector), quien recibe la información que se quiere comunicar, y el *mensaje* o contenido de la obra literaria. (Ver también p. 11.)

La literatura como arte

La palabra *arte* se origina del latín *ars,* que significa *conjunto de reglas* o *habilidad para hacer bien una cosa.* De este concepto se deriva el sentido de la palabra *arte* como *trabajo bien realizado.*

El escritor latino Horacio (65–8 a.C.) en su obra la *Poética,* estableció una doble función para toda obra de arte al decir que ésta, llamada también *obra maestra* (*masterpiece*), tiene que ser *dulce et utile*: dulce porque produce placer y útil porque desempeña (*performs*) una función práctica, pragmática y, por lo tanto, merece nuestra atención.

CATEGORIAS ARTISTICAS

Las categorías artísticas corresponden a las diversas interpretaciones que hace el artista de la realidad. Entre estas categorías se destacan (*stand out*) (1) el arte por el arte, (2) el arte con un fin docente y (3) el arte comprometido.

1. *Arte por el arte* (*Art for art's sake*). Esta frase resume (*sums up*) la posición de aquéllos que creen que el arte no tiene que tener un fin pragmático o utilitario.
2. *Arte con un fin docente* (*Instructive art*). Este es el arte que se propone instruir o enseñar, entendiendo que el arte está destinado a mejorar la condición humana.
3. *Arte comprometido* (*"Engagé" art; art with a commitment*). Es el arte que implica una actitud crítica o no conformista. Esta es la actitud de los que mantienen que todo artista tiene la obligación moral de poner su obra al servicio de una causa social o política.

Si se relacionaran dichas categorías con la fórmula horaciana del dulce y útil, se tendría el cuadro siguiente.

dulce	*dulce y útil*	*útil*
arte por el arte	arte docente	arte comprometido

El arte y la estética

De lo que se ha dicho anteriormente, se entiende que una obra bien ejecutada por su creador o maestro (*master*) —un escrito (*written work*), una escultura o una composición musical— es apreciada por su valor artístico. Se dice también que esa obra de arte u obra maestra es estimada por su valor *estético,* es decir, por su extraordinaria capacidad de afectar emocionalmente al que la lea, mire o escuche. Si por un lado hay que admirar al artista por su gran inteligencia, sensibilidad e imaginación creadora, también hay que estimarlo por su capacidad de expresar sus sentimientos, ideas o fantasías de tal manera que su obra produzca una profunda sensación en quienes la contemplen.

Y es precisamente de la palabra griega *aisthesis* (sensación) que se deriva la palabra *estética,* término que originariamente significó *ciencia de lo bello y de la creación artística.* En realidad, al principio se dijo que una obra poseía valor estético o artístico cuando apelaba (*appealed*) a las facultades intuitivas del individuo —a su capacidad de *sentir* las cosas— procurando satisfacer la inclinación natural del ser humano por la búsqueda de la belleza. Hoy día ya no se acepta esa definición en su sentido estricto, como se verá a continuación.

La estética en su sentido moderno

La mayor parte de los sistemas filosóficos, desde Platón (427–347 a.C.) hasta el presente, concuerda en que lo que se considera *bello* en una obra artística no es precisamente lo que atrae o agrada (*pleases*), sino más bien lo que causa una reacción espiritual *inmediata,* de efecto *perdurable* (*long-lasting*) y *desinteresada* (*with no ulterior motives*). Se dice que tal reacción es inmediata porque es espontánea, no premeditada, puesto que la sensación representa una manera natural de reaccionar ante un determinado estímulo —en este caso, la creación artística. Efectivamente (*In effect*), basta escuchar los primeros compases (*notes, bars*) de una composición musical para saber en seguida que esta obra ha causado una profunda impresión en nosotros.

La creación artística es también perdurable porque su efecto es permanente. Se puede tomar, por ejemplo, el caso de Quasimodo, el jorobado (*hunchback*) de Nuestra Señora de París (*Notre Dame*), personaje diestramente (*skillfully*) creado por el escritor francés Víctor Hugo (1802–1885). Quasimodo, el protagonista de esta obra maestra, no obstante (*despite*) su enorme fealdad, es la figura que, por su valor artístico o estético, domina en toda la novela. La perdurabilidad de esta obra y la inmortalidad de su personaje central quedan comprobadas no sólo por los innumerables ejemplares (*copies*) del libro que se han vendido desde su publicación en 1831, sino también por la popularidad de las varias adaptaciones teatrales y cinematográficas que se han hecho. La última de éstas, *The Hunchback of Notre Dame,* ha sido realizada recientemente en forma de dibujos animados (*cartoons*) por los estudios de Walt Disney.

Otro buen ejemplo de perdurabilidad son las figuras universales de don Quijote y Sancho Panza, creaciones cómico-burlescas de Miguel de Cervantes (1574–1616). Esta pareja literaria apareció en la España del siglo XVII, pero continúa viva en la mente y en el corazón de los lectores de Cervantes e incluso en los de aquellas personas que, aunque no hayan leído esa obra, han oído hablar de las aventuras de don Quijote, o han presenciado (*seen*) la moderna y muy exitosa (*successful*) versión musical en Broadway, *Man of La Mancha.*

De esto se deduce que lo que en su estado natural aparece, o *se presenta,* feo o ridículo, cuando es elaborado, o *representado,* artísticamente puede originar obras de suma belleza. Así se puede concluir que una obra maestra es bella no tanto porque es atractiva o agradable, sino porque nos conmueve (*touches emotionally*), despertando emociones profundas y variadas: empatía, compasión y amor, así como antipatía (*dislike*), terror, disgusto, rabia (*rage*) y odio. No ha de sorprender, por eso, que los franceses hayan creado el término *belles lettres* para referirse a la literatura —término universal que se usa todavía, generalmente en forma abreviada (*lettres;* en español, *letras*).

Por último, se puede afirmar que la reacción ante la obra artística es desinteresada ya que no se produce pensando en ninguna recompensa material. Lo que se deriva del acto de leer, escuchar o contemplar un objeto artístico es, a fin de cuentas, el impacto emotivo que dicha obra ocasiona (*brings about*), de distintas maneras, en cada individuo.

EL TRIPLE PLANO DE LA LITERATURA

De todo lo dicho, se puede concluir que la literatura está integrada por tres campos de acción: (1) un campo informativo/comunicativo, que se refiere a la información que comunica el texto literario; (2) un campo artístico, que nos muestra los medios que ha utilizado el escritor para hacer que su obra sea una obra de arte, y (3) un campo psicológico, que nos hace reflexionar acerca de las relaciones entre ese texto literario y la vida humana.

Por consiguiente, el estudio de la literatura consistirá en captar los mecanismos que operen en todos y cada uno de estos campos. El objeto de este libro es iniciar a los estudiantes en la apreciación de estos tres campos en el ámbito de las letras de España e Hispanoamérica.

EL AUTOR Y SU OBRA FRENTE AL PUBLICO: IMPLICACIONES SOCIOCULTURALES

EL AUTOR Y SU OBRA

Al examinar el concepto de literatura, se dijo que la lectura de una obra literaria es un proceso a la vez comunicativo e informativo en el que participan tres elementos: el autor, la obra y el lector. Este acto de reciprocidad tripartita (*three-way interchange*) no se podría efectuar si no existiera una relación social y cultural entre esos tres componentes. De ahí que para interpretar bien un texto no baste saber el idioma en que está escrito; hay que conocer y apreciar también el espacio geográfico, el momento histórico y el ambiente sociopolítico y económico dentro de los cuales una determinada obra ha sido concebida y realizada. El escritor, a pesar de poseer su propia manera de ver y codificar la realidad, es a fin de cuentas un individuo que vive o ha vivido en un determinado lugar del mundo, en cierta época y en una sociedad caracterizada por rasgos singulares. Por lo tanto, su visión del mundo o *cosmovisión* (*worldview*) no es del todo individual. Por original que sea una obra literaria, por su inimitable estructura lingüística y por la actitud personal del autor ante la vida, tal obra es, sin embargo, el producto de una determinada época, la cual posee rasgos fundamentales que el autor no puede menos de (*cannot help but*) integrar a lo que escribe a fin de aplaudirlos o condenarlos.

EL PUBLICO LECTOR

Habiendo determinado lo que el escritor expresa y la función que representa en el acto comunicativo, ¿quién es el público lector y qué papel desempeña? Entendemos por *público lector* el conjunto de individuos que lee cierta obra literaria y la juzga, interpretándola o descifrándola cada uno a su modo, pero de acuerdo con toda una serie de factores subjetivos —entre otros, su cultura, su temperamento, su actitud o postura ante la vida y sus gustos personales. De la misma manera, es posible que una obra sea apreciada en una determinada época, mientras que no lo es en otro momento histórico. Por consiguiente, las implicaciones socioculturales son algo que no puede ser ignorado al analizar la literatura.

Con este fin, en el esbozo (*blurb, sketch*) biográfico que precede a toda lectura se hace mención de las circunstancias de cada escritor, a las que éste reacciona —de una manera favorable o desfavorable, con menor o mayor intensidad y originalidad— a través del texto literario. Se ponen de relieve, por lo tanto, los elementos siguientes.

1. el lenguaje y los temas —la temática— de las distintas obras, considerando la época en que cada obra fue concebida y escrita
2. las técnicas que cada autor utiliza para presentar en forma literaria tanto las preocupaciones de su propio país como los dilemas universales y eternos a los que ha venido enfrentándose el ser humano desde el principio de la historia
3. los factores históricos, políticos, sociales, económicos y culturales que motivaron las obras literarias, intentando identificar al público al que están destinadas

FACTORES AMBIENTALES E HISTORICOS Y EL ESTILO DE LA EPOCA

Lo que diferencia una obra de arte de otra es el estilo: es decir, los rasgos que distinguen las creaciones de un artista de las de otro. Cuanto más original el artista, tanto más inconfundible su estilo. Con todo, el escritor, el pintor, el arquitecto, etcétera, son influenciados por su ambiente y por el momento histórico en que viven. Sus obras, aunque ejecutadas de una manera individual, particular, dejan traslucir (*shine through*) lo que pudiera llamarse el *estilo de la época*. Este correspondería a un factor que reúne en sí varias manifestaciones culturales comunes a una determinada generación o generaciones.

Tal vez el elemento que más explícitamente permite distinguir cierta época de otra es la moda (*fashion*). Si se comparan, por ejemplo, dos retratos que exhiben la sencilla o la esmerada (*elaborate*) vestimenta de una modelo, su peinado y maquillaje, la cantidad y tipo de adornos que lleva, su modo de posar y hasta su porte (*stature*) y expresión, es posible determinar que los retratos pertenecen a épocas distintas. Sin embargo, aun cuando la moda evidencia, como hoy día, el inconformismo general, la informalidad y la autonomía personal de toda una generación que celebra —entre otros fenómenos socioculturales— la liberación de la mujer, la diversidad humana y la prosperidad económica de la pos-Guerra Fría, no es difícil destacar en cualquier revista el toque personal de modistos de alta costura (*fashion designers*) como Oscar de la Renta, Christian Dior o Gianni Versace.

De igual manera, basta echar un vistazo a los cuadros del pintor español El Greco (1540–1614) y del argentino Antonio Berni (1905–1981) para descubrir elementos que representan a cada artista en particular y a su respectiva época en general. Aunque el tema es el mismo —la Crucifixión— la pintura de el Greco se caracteriza por el alargamiento (*lengthening*) de las figuras, la irregularidad de la composición y el misticismo. Si tales rasgos constituyen el sello personal de este artista español de ascendencia griega, en otro ejemplifican lo mejor del estilo barroco, con su énfasis en lo complejo y desproporcionado —estilo asociado con un momento histórico de gran introspección, pesimismo y celo (*zeal, fervor*) religioso. En cambio, el Cristo de Berni —solitario, emaciado, sangriento y rodeado de símbolos de progreso tecnológico y económico— ejemplifica el arte comprometido, concientizador (*consciousness-raising*) de la época actual. Alude a reali-

Cristo en el garaje (Antonio Berni, Argentina, siglo XX; realismo social)

La crucifixión (El Greco, España, siglo XVI; barroco)

dades concretas de importancia especial para Latinoamérica, según lo indica la figura central de un Cristo mestizo. Sin embargo, Berni confiere universalidad a lo local de una manera implacable, típicamente suya, injuiciando (*indicting*) el materialismo capitalista, que tanto en América como en otras partes del mundo hace mártires políticos y sociales de los indefensos: los pensadores y los pobres. De una manera similar, los dos templos que aquí se reproducen comparten el mismo fin (*scope*) —celebrar la magnitud de lo infinito— a través de variantes que corresponden al estilo de toda una época y al genio individual del artista.

EL ESTILO PREVALECIENTE ANTE LOS GUSTOS PERSONALES

Cabe recordar que lo que le agrada a una persona puede no agradarle a otra, de manera que dentro de cualquier época habrá siempre una gran variedad de gustos. De esto se deducirá que en la misma época puedan coexistir varios y distintos estilos. Entonces, ¿a qué se debe el hecho de que cierto estilo se imponga sobre todos los otros? Se debe al gusto de la clase social dominante, la cual dicta las normas con sus debidas variantes, que se han de seguir en el comportamiento y en la expresión artística.

El templo de Poseidón (Italia, c. 600 a.C.; clasicismo)

La catedral metropolitana de Nuesta Señora Aparecida (Brasil, c. 1960; futurismo)

EL ESTILO Y LOS PERIODOS LITERARIOS

La literatura, igual que las artes plásticas (por ejemplo, la pintura y la escultura) y las musicales, es influenciada por el gusto en boga (*vogue*). Sea la clase dominante aristocrática, la intelectual, la media o cualquier otra, su estilo es influenciado por el momento histórico, el clima político y las condiciones económicas y culturales del país. De ahí que en este libro se hablará de períodos literarios (la época medieval, el humanismo, el Renacimiento, el Barroco y el neoclasicismo, entre otros) para indicar épocas caracterizadas por una manera particular de ver, sentir y expresar las cosas.

Si bien todo período literario consiste en tres fases fundamentales —el principio, el punto culminante y la decadencia o caída— hay que tener en cuenta que ninguna fase comienza y acaba en un momento determinado. Hay quienes han querido fijar el siglo, el año, el mes y hasta el día en que cierto movimiento literario, o corriente (*current, trend*) literaria, se inicia o extingue. Dichos criterios, aunque son oficialmente aceptados en ciertos casos, no dejan de ser arbitrarios. Como las propias palabras *movimiento* y *corriente* lo indicarían, cualquier tendencia es dinámica y, como tal, implica evolución y progreso. Así es que, con el transcurso del tiempo, mientras que un estilo declina otro surge (*springs up*), fundiéndose y confundiéndose uno con otro. Además de eso, según lo comprueban movimientos artísticos como el Renacimiento y el neoclasicismo, inspirados por la cultura de los antiguos imperios griego y romano, ningún estilo desaparece del todo. Dicho estilo perdura dentro de otro estilo, integrándose a éste para formar parte constitutiva de la cultura universal. Siguiendo este concepto, se entiende que los estilos literarios en particular y los artísticos en general sólo pierden su popularidad —pasan de moda— pero reaparecen, con variantes propias, en otra época.

Adoptando la postura de que la historia de la literatura representa a la larga la de la humanidad y de los diferentes estilos, en este libro nos aproximaremos al estudio de las letras hispánicas teniendo en cuenta la multiplicidad de factores que contribuyen a la creación de una obra literaria.

LA NARRATIVA

I *Las formas narrativas*

Según Robert Scholes y Robert Kellogg en *The Nature of Narrative* (1966), la palabra *narrativa* se refiere a todas las obras literarias que satisfagan dos requisitos: la presencia de una historia y la presencia de un narrador. Las formas narrativas existen desde la antigüedad. El grado cero de la narrativa, es decir, el punto de origen, lo constituyen los *mitos;* por ejemplo, el mito de Prometeo, el mito de Sísifo y otros. Los mitos han existido en todas las civilizaciones y son historias inventadas por los hombres para satisfacer su deseo de explicar y dominar el mundo que los rodea.

La *novela* es la forma narrativa más estudiada, aunque su desarrollo es un fenómeno relativamente reciente. La diferencia principal entre la novela y el *cuento* es de extensión y profundidad. El *novelista* tiene mayor libertad en cuanto a la selección de material literario y es fácil notar la gran complejidad de la novela, no sólo respecto al lenguaje, sino también respecto al nivel temático. En cambio el *cuentista,* como escribe narraciones breves, no tiene la oportunidad ni de ampliar las ideas ni de usar tantos recursos literarios como el novelista. Por lo tanto, el impacto producido por el cuento tiene que ser inmediato y muchas veces el final es inesperado. No obstante, el cuento bien escrito y estructurado puede resultar una obra de arte en miniatura.

II *Análisis de la narrativa*

EL TEXTO LITERARIO COMO COMUNICACION

El elemento más importante para la lectura de la obra narrativa es el *texto literario.* El texto literario, o sea, lo que se ve en la página misma, es un compendio de palabras, una fuente de significación o significaciones. Según algunos críticos y teóricos, el *lector* es responsable de buscar la significación formulada por el autor; según otros, es el lector mismo quien da la significación al texto. En el primer caso, el texto es visto como algo misterioso cuyos indicios (*clues*) pueden llevar al lector a una interpretación válida —tiene una vida propia y una estructura preestablecida que el lector tiene que descubrir y analizar. En el segundo caso, el texto existe sólo cuando el lector empieza a leerlo y a comparar su comprensión del mundo con la del autor —hay una interacción entre el texto y el lector. La creación se explica así como una reacción del lector ante el estímulo verbal, o sea, ante el texto.

Las distintas maneras de estudiar un texto producen gran actividad crítica. En cierto sentido, cualquier metodología analítica puede justificarse, con tal que por su medio se explique o se clarifique algún aspecto del texto. A pesar de las múltiples posibilidades metodológicas, la lectura crítica debe evitar dos cosas: el análisis mecánico y la subjetividad absoluta. Al hacer un análisis puramente mecánico, el crítico puede depender demasiado de una serie de reglas o ideas preestablecidas, y así se pierde la interacción directa entre texto y lector. De una manera correspondiente, un análisis guiado por una subjetividad absoluta —el caso en que el lector parece tener más valor que la lectura— puede resultar en el olvido del texto. Entre estos polos opuestos residen los elementos de la investigación literaria, siendo importante reconocer que una obra literaria puede ser estudiada desde muchas perspectivas. Por consiguiente, podremos hablar de las posibles *aproximaciones* al estudio de una obra literaria.

En la comunicación oral, el que habla —el emisor— emite un mensaje dirigido al oyente —al receptor. En una obra literaria, el que escribe communica un mensaje al lector. Esta división tripartita del lenguaje hablado —emisor/mensaje/receptor— se adapta a la escritura —autor/texto/lector— pero lo más revelador de la analogía no son las semejanzas sino las diferencias entre los dos medios de comunicación.

El código comunicativo:
La comunicación oral frente al texto literario

LA COMUNICACION ORAL		
El emisor **(El hablante)**	**El mensaje** (lo que se transmite, por lo general, de forma directa)	**El receptor** **(El oyente)**

EL TEXTO LITERARIO		
El autor	*El texto*	*El lector*
El autor **El narrador** **Los personajes** (diálogo) **Los pensamientos** (monólogo interior)	**El discurso** (lenguaje) **La historia** (lo que se cuenta) **El tema** (significación y mensaje de lo que se cuenta	**El lector real** **El narratario** (el lector ficticio)

El emisor = el autor o el narrador

En el código comunicativo, el emisor se relaciona con el autor y con el narrador. El autor inventa el texto siguiendo las convenciones del arte literario, pero el verdadero emisor del mensaje, el que posee la voz intratextual, es decir, la persona que habla dentro del texto, en un cuento o en una novela, es el *narrador*. La voz narrativa o narrador determina el punto de vista de la obra. A veces se emplea el *yo* de la primera persona, el *yo* de una voz subjetiva que puede pertenecer al protagonista, a un personaje secundario o a un testigo de la acción. La voz narrativa puede ser un narrador *omnisciente* que nos puede contar todo, incluso los pensamientos de los personajes. También puede hacer el oficio de narrador un observador externo o testigo (*witness*), el cual, por ver los acontecimientos desde afuera, presenta una visión limitada. En algunos casos el narrador tiene una personalidad definida; en otros, no se manifiestan rasgos individuales. De todos modos, hay que distinguir muy claramente entre el autor, quien controla la narración desde afuera, y el narrador, quien la controla desde adentro. Por ejemplo, la novela picaresca *Lazarillo de Tormes* (1554) pretende ser el relato autobiográfico del protagonista, en este caso Lazarillo, contado por él mismo: «Pues sepa Vuestra Merced ante todas cosas, que a mí llaman Lázaro de Tormes...». De este modo el narrador se convierte en emisor del mensaje, controlando a la vez la narración desde adentro. El autor, por su parte, por ser el inventor del texto, la controla desde afuera.

El narrador no tiene la obligación de decir la verdad, ni siquiera de intentar decirla. Por eso, al analizar un texto, debe analizarse a la vez el papel del narrador y la relación que existe entre lo que se dice y lo que se muestra. Wayne C. Booth, en *The Rhetoric of Fiction* (1961), habla de dos clases de narradores ficticios: el narrador *fidedigno* (*reliable narrator*) y el narrador *indigno de confianza* (*unreliable narrator*). La acción, el diálogo y otros elementos textuales suelen enfatizar lo contado por un narrador fidedigno, mientras que el narrador indigno de confianza —con intención o sin ella— desconcierta al lector con una representación falsa de la materia. Si un narrador le dice al lector, «Juan López es bueno, en toda la extensión de la palabra», es posible que sea la verdad o que no lo sea. Si dentro de la narración Juan ayuda a los pobres y se sacrifica por su familia, se puede decir que el narrador ha sido fidedigno. Sin embargo, si Juan, sin justificación, mata a seres inocentes, el narrador sería indigno de confianza, pues no estaría de acuerdo lo dicho por éste con lo mostrado por Juan. Si la actitud del narrador va en contra de la norma, puede ser indigno de confianza sin intención de serlo. Por ejemplo, los prejuicios de un narrador racista, aunque intentara decir la verdad, podrían inspirar desconfianza en el lector. Para la comprensión de un texto narrativo, será necesario considerar si el narrador es fidedigno o si es indigno de confianza, y cómo este aspecto de la narración influye en un análisis de la obra.

El mensaje = el texto

El segundo elemento literario del código comunicativo es el texto, el cual equivale al mensaje de la comunicación oral. Por lo general, el mensaje oral se presenta de una manera directa: «Cómete la naranja», «Está lloviendo», «Acabo de comprar un condominio». El mensaje de una obra de ficción puede ser directo o indirecto, presentado en términos literales o en sentido figurado. El escritor busca con frecuencia modos de presentar lo común como algo nuevo y original, y por eso, el lector tiene que buscar el mensaje a través de una interpretación de las múltiples facetas de la narrativa.

El receptor = el lector

El que oye el mensaje comunicado por un hablante es el receptor. En muchas obras narrativas hay un narratario (*narratee*) además de un lector real. Tomando de nuevo como ejemplo la obra *Lazarillo de Tormes,* esta narración va dirigida a «Vuestra Merced» ("*Your Excellency*"), persona conocida por el protagonista, Lázaro, y quien ha exigido a éste que dé una explicación de su condición social. Dice Lázaro en el prólogo:

> Y pues Vuestra Merced escribe [que] se le escriba y relate el caso muy por extenso, parecióme[1] no tomalle[2] por el medio, sino del principio, porque[3] se tenga entera noticia de mi persona…

[1]me pareció [2]tomarle [3]para que

Lo que motiva la novela es la petición de «Vuestra Merced», quien por ser el receptor del mensaje se convierte en narratario. Como resultado, podemos distinguir en el *Lazarillo de Tormes* dos receptores: un narratario, situado dentro de la novela, y un lector real, fuera de ella. Todos nosotros seremos lectores reales de las obras que leamos. Nosotros somos los lectores del texto escrito por el autor, mientras que en el mundo ficticio el narratario es el lector de lo «escrito» por el narrador.

ELEMENTOS PRINCIPALES DEL TEXTO LITERARIO

En toda obra narrativa, el autor se sirve de ciertas convenciones literarias para comunicar su mensaje; éstos son los recursos literarios (*literary devices*) que forman parte del mundo ficticio. Tanto el cuento como la novela, ambos derivados de formas antiguas, están constituidos por tres componentes: la *historia,* el *discurso* y el *tema.* La historia trata de lo que pasa en una obra; el discurso se refiere a la manera de narrarlo, y el tema es la significación de lo que pasa.

La historia

La historia, llamada también *fábula* o *argumento,* tiene varios elementos constitutivos, típicos de la narrativa en general, que forman la *trama* (*plot*) u organización de la materia. Estos elementos son la *exposición,* el *desarrollo,* el *suspenso,* el *punto decisivo,* el *clímax* y el *desenlace.*

La exposición o planteamiento del asunto. Son los datos necesarios para entender la acción de la obra; por ejemplo, la descripción del ambiente, una explicación de la circunstancia inicial, las relaciones entre los personajes, dónde y cuándo la obra tiene lugar.

El desarrollo. Representa la introducción del asunto mismo de la obra, es decir, las acciones de los personajes y sus motivos.

El suspenso. Se manifiesta en la tensión dramática y es una especie de anticipación, por parte del lector, de lo que va a pasar.

El punto decisivo (*turning point*). Puede ser una acción, una decisión o la revelación de algo que cambia la dirección de la obra.

El clímax. Es el momento culminante —el punto más alto de la acción— el resultado del punto decisivo.

El desenlace (*dénouement*). Es la parte que presenta las consecuencias finales del clímax.

Una obra narrativa puede tener un *final cerrado* o un *final abierto.* En el caso de un final cerrado, se ve la solución o resolución del hilo argumental; por ejemplo, la muerte del protagonista en *Don Quijote* o el descubrimiento del asesino en una novela policíaca. Si la acción queda incompleta o sin resolución fija, el final se considera abierto; por ejemplo, el grito de esperanza de Scarlett O'Hara en *Lo que el viento se llevó* (*Gone with the Wind*): «Mañana será otro día» (*"Tomorrow is another day"*) lleva implícita la idea de un desarrollo posterior. Asimismo, el desenlace sorpresivo de una obra, como por ejemplo, la revelación de que todo ha sido un sueño, podría clasificarse como un *final irónico.*

Si en el desenlace hay correspondencia entre los buenos motivos de los personajes y un final feliz —o entre los malos motivos y un final trágico— se podría hablar de la *justicia poética.* O sea, que si en la obra los buenos son premiados y los malos castigados, se puede decir que hay un caso de justicia poética. A veces en la literatura, al igual que en la vida, no reina la justicia poética.

El discurso

La historia representa el contenido de la obra narrativa. El discurso representa la expresión misma de esa historia, o sea, el conjunto de elementos lingüísticos y formales que la constituyen. En términos generales, el lenguaje narrativo comprende las partes siguientes: la *descripción,* el *diálogo,* la *narración,* el *comentario del narrador,* la *organización y presentación de la materia,* la *creación del ambiente* y el *tono.*

La descripción. Sirve para crear el marco escénico (*setting*): tiempo y lugar. Puesto que no podemos *ver* nada, el narrador tiene que pintar con palabras a las personas y las cosas.

El diálogo. Refleja la interacción verbal entre los personajes, mientras que el narrador omnisciente puede presentar los pensamientos de éstos. A veces se emplea la forma del monólogo interior (*stream of consciousness*) para reproducir los pensamientos de un personaje literario de una forma que imite con naturalidad los pensamientos de éste.

La narración. Presenta la acción o los eventos del texto.

Los comentarios del narrador. Ofrecen datos —y, muy a menudo, juicios— sobre la situación narrativa o sobre los personajes.

La organización y presentación de la materia. Es la forma en que el autor ha organizado los elementos que componen la obra.

La creación del ambiente. Es la manera cómo usa el autor los elementos de la obra para producir efectos emotivos y cómo el lector reacciona ante dichos elementos.

El tono. Es la actitud que adopta el narrador ante los asuntos textuales, es decir, ante lo que está narrando. El tono puede ser serio, cómico, burlesco, etcétera.

Todas estas partes del discurso, denominadas *funciones discursivas,* contribuyen, a la vez, a la presentación de los personajes literarios. Generalmente, un personaje puede ser descrito por el narrador o por otro personaje. Sin embargo, hay que tener presente que las descripciones pueden ser acertadas (*accurate*) o no; por eso hay que fijarse en el tono de las mismas. El diálogo también es importante para conocer a los personajes porque por medio de sus propias palabras a veces podemos descubrir sus pensamientos. A pesar de todo, no se puede juzgar a un personaje sólo por lo que él dice o por lo que los otros opinan de él, sino que es necesario juzgarlo por sus acciones. La interacción de un personaje con los demás y con su medio ambiente puede ser reveladora y debe analizarse detenidamente.

Discurso literal y discurso figurado. El discurso literario puede ser directo o indirecto, literal o figurado. Por ejemplo, el escritor puede utilizar la palabra *rosa* para referirse a la flor misma, es decir, a la cosa; en este caso, hay correspondencia directa entre el *significante* (*signifier,* el signo lingüístico), y el *significado* (*signified,* el objeto representado por el signo lingüístico). Pero el escritor también puede utilizar la palabra *rosa* no para referirse a la flor, sino a la *belleza* (porque la rosa es bella), o para presentar una imagen de la *brevedad de la vida* (porque la rosa se marchita pronto). En ambos casos la correspondencia entre el significante y el significado es indirecta —simbólica— y la palabra se convierte así en *símbolo.* Otros ejemplos de correspondencia indirecta serían el *camino* como símbolo de la progresión de la vida, y el color rojo que simboliza la pasión o el sacrificio.

Cualquier palabra puede tener una significación simbólica, pero si el símbolo tiene aceptación universal, es decir, si es una especie de modelo original que sirve como ejemplar, se llama *arquetipo.* Por ejemplo, la figura mítica de Venus, así como la rosa, sería un arquetipo porque representa la imagen de la belleza y de la perfección física de la mujer.

A veces el sentido figurado no está representado por una sola palabra sino por un conjunto de palabras o yuxtaposición verbal. Las yuxtaposiciones verbales forman *imágenes* y *figuras retóricas;* estos elementos están presentes en la narrativa y son fundamentales para la creación artística poética. Por ejemplo, en «El incendio», un cuento de Ana María Matute, el protagonista prende fuego a un carro para que la mujer que él ama no se vaya. Antes de describir el acto mismo, la narradora dice: «Algo como un incendio se le subió dentro. Un infierno de rencor». La imagen del incendio tiene valor literal porque representa la acción del fuego, pero también tiene valor figurado al referirse al estado emotivo del joven. Así se establece un equilibrio entre los puntos de referencia internos y externos de la obra. La palabra *infierno* sirve para complementar la significación. Es decir, que la angustia mental del protagonista se compara con un incendio; a esta comparación entre dos cosas usando la partícula *como* o *cual* se le llama en literatura *símil.* De la misma manera se podría asociar el rencor que el joven siente con la discordia y con el fuego del infierno; esta asociación de significados se denomina *metáfora*.

Cada autor se vale de las convenciones literarias para crear un estilo propio. La originalidad de una obra no se manifiesta en usar formas exóticas, sino más bien en crear nuevas combinaciones de las formas tradicionales o en la manera distinta de ver las cosas cotidianas. Véase, por ejemplo, la introducción de don Francisco Torquemada, en *Torquemada en la hoguera* (1889) de Benito Pérez Galdós:

> Voy a contar cómo fue al quemadero el inhumano que tantas vidas infelices consumió en llamas; que a unos les traspasó los hígados[1] con un hierro candente,[2] a otros les puso en cazuela bien mechados,[3] y a los demás los achicharró[4] por partes, a fuego lento, con rebuscada y metódica saña.[5] Voy a contar cómo vino el fiero sayón[6] a ser víctima; cómo los odios que provocó se le volvieron lástima, y las nubes de maldiciones arrojaron sobre él lluvia de piedad; caso patético, caso muy ejemplar, señores, digno de contarse para enseñanza de todos, aviso de condenados y escarmiento[7] de inquisidores. Mis amigos conocen ya, por lo que de él se me antojó[8] referirles, a don Francisco Torquemada, a quien algunos historiadores inéditos de estos tiempos llaman *Torquemada el Peor*.

[1](*fig.*) entrañas   [2]ardiente   [3]*ready for roasting*   [4]*scorched*   [5]furor   [6]*executioner*   [7]advertencia   [8]ocurrió

Galdós traza en esta novela el sufrimiento del usurero del siglo XIX, don Francisco Torquemada, por la enfermedad de su hijo y su fracasado esfuerzo por salvarle de la muerte. En el fragmento citado, hay una analogía implícita, tanto al nivel lingüístico como al nivel conceptual. El apellido del protagonista ficticio, Torquemada, lo relaciona con el Inquisidor Tomás de Torquemada, figura de la Inquicisión española. Las imágenes de este fragmento se refieren a don Francisco, pero en forma figurada, pues son alusiones al fuego inquisitorial del otro Torquemada. El mensaje es que don Francisco, el usurero, había hecho sufrir a todos los que le debían dinero, de la misma manera que el Inquisidor hizo sufrir a los acusados por la Inquisición, pero ahora es el mismo don Francisco quien sufre. Para enfatizar la maldad del usurero, le llaman *el Peor* para demostrar que fue *peor* que el históricamente cruel Inquisidor. Aquí el discurso galdosiano funciona como transmisor de un mensaje y como artífice creador: se relata algo y este relato se hace de manera original y artística.

El tema

El tema marca la base ideológica del texto; es, pues, una síntesis o punto de contacto entre la historia y la forma lingüística de una obra literaria. Por *tema* se entiende la idea central o la unidad de los conceptos del texto, tanto como el *valor significativo* —el mensaje fundamental— de estos conceptos. El ejemplo siguiente ilustra este doble sentido. En *Doña Perfecta* (1876), otra novela de Galdós, se presenta el conflicto entre la protagonista, doña Perfecta, encarnación de un conservadurismo antiprogresista e intolerante, y su sobrino Pepe Rey, representante de un antitradicionalismo científico. Dispuesta a sacrificarlo todo por su causa, doña Perfecta es moralmente culpable de la muerte de Pepe Rey. Puede decirse que el tema de esta novela, en su primer sentido, como unidad de conceptos, como idea central del texto, es la intolerancia, o, quizá, el triunfo de la intolerancia.

Ahora bien, cuando se aplica el tema a la experiencia humana y se dice, en el caso de *Doña Perfecta,* que no se debe soportar una actitud intolerante, o que hay que aceptar la posibilidad de modificar la tradición mediante nuevas ideas progresistas, se tiene el valor del tema en su segundo sentido, *valor normativo o axiomático.* En otras palabras, se trata de hallar en la obra un *mensaje* determinado. Es importante reconocer que en *Doña Perfecta* se refleja una visión de la España de la época, un país que vacilaba entre el sueño dorado de un imperio católico y la revolución industrial y científica europea. Al plantear el problema, Galdós reacciona en contra del *status quo,* pero sin defender en términos absolutos las tendencias progresistas.

El tema de una obra literaria puede ser *explícito* (expresado de una manera directa) o *implícito* (expresado de una manera indirecta o sutil). En *El conde Lucanor,* una colección de cuentos del siglo XIV, don Juan Manuel escribe al final de cada cuento una moraleja, la cual de forma explícita revela el tema del cuento. Por ejemplo: «No aventures nunca tu riqueza / por consejo del que vive en pobreza» (Cuento XX) y «Mal acabará el que suele mentir / por eso debemos la mentira huir» (Cuento XXIV).

En «La conciencia», otro cuento de Ana María Matute, se presenta el caso de un vagabundo que llega a controlar los actos de la protagonista y su marido. El vagabundo afirma «lo vi todo», y se nota que los dos tendrán algo que ocultar. En realidad, el vagabundo no ha visto nada, pero con tal amenaza puede dominarlos hasta el extremo de aprovecharse de ellos, asegurando así lo que se dice en el cuento: «Nadie hay en el mundo con la conciencia pura, ni siquiera los niños». Este cuento es, por consiguiente, un buen ejemplo de tema explícito.

Sin embargo, en la mayor parte de las obras narrativas, el tema está implícito. Se puede formular el tema según el efecto creado por el texto: el énfasis conceptual del autor, la significación de las acciones, lo que pasa con los personajes, los comentarios de los personajes y del narrador. Por ejemplo, volviendo a la obra *Doña Perfecta,* se ve que al hacer triunfar la intolerancia de la protagonista mediante la presentación de los resultados trágicos de la falta de comprensión, Galdós no necesita ofrecer moralejas; el lector puede intuir el tema que se está presentando —la intolerancia. Por eso en el capítulo final de la novela, sólo se necesitan dos oraciones: «Esto se acabó. Es cuanto por ahora podemos decir de las personas que parecen buenas y no lo son». Lógicamente, si se trata de un tema explícito, los lectores verán de manera clara cuál es el tema. En el caso de un tema implícito, habrá más posibilidades interpretativas, pues cada lector tendrá su propia manera de analizar un texto cuyos mensajes se presenten de forma indirecta.

Ironía dramática e ironía circunstancial. En el tema del cuento «La conciencia» y en el de la novela *Doña Perfecta* se ve cierta *ironía,* pues el cuento se basa en *lo no visto* y la novela en el *triunfo del personaje hipócrita.* A continuación se analizarán otros ejemplos de ironía. En el cuento «El ausente», también de Ana María Matute, la protagonista se da cuenta del amor de su marido, no cuando éste está presente, sino cuando está ausente. Esta inversión de los conceptos de la ausencia y de la presencia —la creación de una situación inesperada— además de ser irónica, es paradójica porque en la *paradoja,* la verdad parece contradecir las leyes de la lógica. Un ejemplo por excelencia de ironía es el mito de Edipo, base de la tragedia de Sófocles, *Edipo Rey.* Edipo se casa con la reina viuda Yocasta y se propone descubrir al asesino del rey, quien es a la vez el ex esposo de ésta.

Irónicamente, el resultado de su búsqueda revela que es Edipo mismo quien ha matado al rey, el cual a su vez era su padre y, por lo tanto, la reina con quien está casado es su madre. De esta forma, el detective y el asesino son la misma persona. Intensifica la ironía de la obra la presencia de un público teatral tan familiarizado con el mito de Edipo como lo estaba el público de Sófocles, pues el espectador, o lector, que sabe más que el personaje, puede seguir la progresión dramática con plena conciencia del desenlace. Por eso la ironía se llama *dramática*. Pero hay también otra clase de ironía, la ironía *circunstancial* que tiene lugar cuando el lector no se entera de la situación irónica hasta el momento de la culminación de los hechos. El lector del cuento «El ausente», por ejemplo, no llega a entender la ironía de la ausencia hasta el cambio de actitud de la protagonista.

Leitmotivo. Es común notar ciertas variaciones sobre un mismo tema literario dentro de un texto. Los temas (o situaciones o ideas) que recurren o que se repiten de forma variada se llaman *leitmotivos*. Por ejemplo, en *The Canterbury Tales* de Geoffrey Chaucer (¿1340?–1400) todos los caminantes narran una historia y el proceso de narrar se convierte en el leitmotivo central de la obra. Un mismo leitmotivo puede presentarse en obras diferentes. Como ejemplo se puede citar el del protagonista que deja que el curso de su vida sea determinado por influencia de las novelas que lee, como es el caso de don Quijote en la novela de Miguel de Cervantes y el de Madame Bovary en la obra del novelista francés Gustave Flaubert (1821–1880). De igual modo, se puede señalar como leitmotivo la convención de un personaje literario que pone en duda —dentro del marco de la obra— la superioridad de su creador. Entre los ejemplos de este tipo figuran *Niebla* de Miguel de Unamuno (1864–1936) y *Sei personaggi in cerca d'autore* (*Seis personajes en busca de un autor*) del dramaturgo italiano Luigi Pirandello (1867–1936). En la novela *Niebla* de Unamuno, por ejemplo, hay un debate entre el personaje principal (Augusto Pérez) y el autor (transformado aquí en personaje novelesco, personaje ficticio) para probar quién de los dos es más real. Según algunos críticos, el que triunfa en el debate es Augusto Pérez. Un tema musical también puede servir de leitmotivo. La conocida «Obertura de Guillermo Tell» se ha utilizado en el cine y en la televisión para señalar la llegada del Vaquero solitario (*The Lone Ranger*).

Cosmovisión. Después de haber leído varias obras de un mismo autor, es posible que el lector perciba una relación definida entre sus temas y note que a través de la escritura se revela cierta uniformidad en el pensamiento del autor. Este modo sostenido de concebir la interacción entre los hombres o entre los seres humanos y el universo se llama *cosmovisión* (*worldview,* o *Weltanschauung* en alemán). Por ejemplo, en casi toda la obra de Miguel de Unamuno se ve la preocupación del escritor con el concepto de la muerte y, sobre todo, un intento de resolver su angustia ante el problema de la inmortalidad. Unamuno confronta esta problemática desde múltiples perspectivas tanto literarias como conceptuales y sentimentales. En las obras de otros autores, se ve una clara repetición de temas, como, por ejemplo, las relaciones entre las clases sociales, el papel de la mujer en el matrimonio y dentro de la sociedad en general, el racismo, etcétera, y de esta forma se puede identificar un proyecto unido y unificador por parte del autor. Al reflexionar sobre estos elementos en común, el lector puede percibir la cosmovisión del artista.

APROXIMACIONES CRITICAS AL ANALISIS DEL TEXTO

Se le llama *estructura* de un texto a la combinación de todos los elementos literarios, al resultado final. Los críticos emplean varias *metodologías* y *aproximaciones críticas* para analizarla. Las aproximaciones que dependen exclusivamente de la materia textual se llaman *formalistas,* pues se basan en un examen de los aspectos formales de la obra. Otras tienen un punto de enfoque *extratextual* y provienen de una consideración de la obra en función de otro sistema: biográfico, sociohistórico, filosófico, psicológico, lingüístico, etcétera. Un estudio del desarrollo de la trama de una obra o de la perspectiva narrativa o de la creación de imágenes, tendría una base formalista. Al contrario, una comparación entre la temática filosófica de una obra y sus antecedentes teóricos o el análisis de un personaje literario según las teorías psicoanalíticas de Sigmund Freud (1856–1939) o arquetípicas de Carl Jung (1875–1961) o también el análisis de un texto como documento biográfico sobre el autor, tendrían una base extratextual. Las aproximaciones más modernas, tales como el estructuralismo, la semiótica y la fenomenología, se basan en investigaciones lingüísticas y filosóficas. Al analizar los textos literarios ponen énfasis ya sea en la producción de estructuras y significaciones (*estructuralismo*), en los complejos signos que forman un texto (la *semiótica*) o en la revelación de la conciencia autorial (la *fenomenología*), en la revelación de la significación a través del juego de presencia y ausencia (la *desconstrucción*) y, en términos generales, en el acto complejo y agradable de leer un texto. (Ver Apéndice 3.)

PRACTICA

1. Analice el *punto de vista* de cada uno de los fragmentos siguientes. ¿Qué tipo de narrador se presenta? ¿primera o tercera persona? ¿Quién habla? ¿el protagonista? ¿un personaje secundario? ¿un testigo u observador externo?

   a. Call me Ishmael. Some years ago—never mind how long precisely—having little or no money in my purse, and nothing particular to interest me on shore, I thought I would sail about a little and see the watery part of the world. It is a way I have of driving off the spleen, and regulating the circulation. Whenever I find myself growing grim about the mouth; whenever it is a damp, drizzly November in my soul; whenever I find myself involuntarily pausing before coffin warehouses, and bringing up the rear of every funeral I meet; and especially whenever my hypos get such an upper hand of me, that it requires a strong moral principle to prevent me from deliberately stepping into the street, and methodically knocking people's hats off—then I account it high time to get to sea as soon as I can.

      (Herman Melville, *Moby Dick,* 1851)

   b. Aquella noche Laura no podía dormir. Pensaba una vez y otra en la modista, en su traje, en el bolso, que había que limpiar para que disimulara un poco las señales del mucho uso, pero sobre todo en el sombrero.
      …Don Manuel, mientras tanto, pensaba: «Estos subalternos, estos subalternos… Fue una debilidad mía invitarle».

      (Felicidad Blanc, «El cock-tail», 1947)

   c. (Habla el Dr. Watson, compañero del famoso detective Sherlock Holmes.)
      I had seen little of Holmes lately. My marriage had drifted us away from each other.

My own complete happiness, and the home-centered interests which rise up around the man who first finds himself master of his own establishment, were sufficient to absorb all my attention; while Holmes, who loathed every form of society with his whole Bohemian soul, remained in our lodgings in Baker Street, buried among his old books, and alternating from week to week between cocaine and ambition, the drowsiness of the drug, and the fierce energy of his own keen nature. He was still, as ever, deeply attracted by the study of crime, and occupied his immense faculties and extraordinary powers of observation in following out those clues, and clearing up those mysteries, which had been abandoned as hopeless by the official police.

(Sir Arthur Conan Doyle, "A Scandal in Bohemia,"
The Adventures of Sherlock Holmes, c. 1900)

d. Martina, la criada, era una muchacha alta y robusta, con una gruesa trenza, negra y luciente, arrollada en la nuca. Martina tenía los modales bruscos y la voz áspera. También tenía fama de mal genio, y en la cocina del abuelo [el abuelo de la mujer que habla] todos sabían que no se le podía gastar bromas ni burlas… Yo la recuerdo cargando grandes baldes de ropa sobre sus ancas de yegua, y dirigiéndose al río descalza, con las desnudas piernas, gruesas y morenas, brillando al sol. Martina tenía la fuerza de dos hombres, según decía Marta la cocinera, y el genio de cuatro sargentos.

(Ana María Matute, «Envidia», *Historias de la Artámila,* 1961)

e. Billy Tully was a fry cook in a Main Street lunchroom. His face, a youthful pink, was lined around the mouth. There was a dent in the middle of his nose. Thin scars lay one above another at the outer edges of his brows. Crew-cut on top and combed back long on the sides, his rust-colored hair was abundant. He was short, deep-chested, compact, neither heavy or thin nor very muscular, his bones thick, his flesh spare. It was the size of his neck that gave his clothed figure its look of strength. The result of years of exercise, of lifting ten- and twenty-pound weights with a headstrap, it had been developed for a single purpose—to absorb the shock of blows.

Tully had not had a bout since his wife had left him, but last night he had hit a man in the Ofis Inn. What the argument involved he could no longer clearly recall, and he gave it little thought. What concerned him was what had been revealed about himself. He had thrown one punch and the man had dropped. Tully now believed he had given up his career too soon. He was still only twenty-nine.

(Leonard Gardner, *Fat City,* 1969)

f. La mujer de Demetrio Macías, loca de alegría, salió a encontrarlo por la vereda de la sierra, llevando de la mano al niño.

¡Casi dos años de ausencia!

Se abrazaron y permanecieron mudos; ella embargada por los sollozos y las lágrimas.

Demetrio, pasmado, veía a su mujer envejecida, como si diez o veinte años hubieran transcurrido ya. Luego miró al niño, que clavaba en él sus ojos con azoro. Y su corazón dio un vuelco cuando reparó en la reproducción de las mismas líneas de acero de su rostro y el brillo flamante de sus ojos. Y quiso atraerlo y abrazarlo; pero el chiquillo, muy asustado, se refugió en el regazo de la madre.

—¡Es tu padre, hijo! …¡Es tu padre!

(Mariano Azuela, *Los de abajo,* 1916)

g. (El fragmento se refiere a Delia Grinstead, una mujer al borde de una crisis de identidad.) Halfway home, she had a sudden realization: she should have given him the groceries he had picked out. Good heavens—all that pasta, those little grains of orzo, and now she remembered his consommé too. Consommé madrilene: she wasn't even sure how to pronounce it. She was driving away with property that belonged to someone else, and it was shameful how pleased she felt, and how lucky, and how rich.

(Anne Tyler, *Ladder of Years,* 1995)

h. (Lo que sigue son las primeras oraciones del cuento «Paulo Pumilio».)

Soy plenamente consciente, al iniciar la estructura de estos folios, de que mis contemporáneos no sabrán comprenderme. Entre mis múltiples desgracias se cuenta la de la inoportunidad con que nací: vine al mundo demasiado pronto o demasiado tarde. En cualquier caso, fuera de mi época. Pasarán muchos años antes de que los lectores de esta confesión sean capaces de entender mis razones, de calibrar mi desarrollada sensibilidad amén de la grandeza épica de mis actos. Corren tiempos banales y chatos en los que no hay lugar para epopeyas. Me llaman criminal, me tachan de loco y de degenerado. Y, sin embargo, yo sé bien que todo lo que hice fue equitativo, digno y razonable.

(Rosa Montero, «Paulo Pumilio», 1982)

2. ¿Cómo se puede clasificar al narrador de cada uno de los trozos siguientes? ¿Es fidedigno o indigno de confianza?

a. (Aquí se presenta a la protagonista Benina, una mujer dispuesta a ayudar a los demás a toda costa. Por sus actos benéficos, llega a ser considerada como una verdadera santa.)

La mujer de negro vestida, más que vieja, envejecida prematuramente, era, además de *nueva* [entre los mendigos], temporera, porque acudía a la mendicidad por lapsos de tiempo más o menos largos, y a lo mejor desaparecía, sin duda por encontrar un buen acomodo o almas caritativas que la socorrieran. Respondía al nombre de la señá Benina (de lo cual se infiere que Benigna se llamaba), y era la más callada y humilde de la comunidad, si así puede decirse; bien criada, modosa y con todas las trazas de perfecta sumisión a la divina voluntad. …Con todas y con todos hablaba el mismo lenguaje afable y comedido. [Sigue una descripción física.] Con este pergenio y la expresión sentimental y dulce de su rostro, todavía bien compuesto de líneas, parecía una Santa Rita de Casia que andaba por el mundo en penitencia.

(Benito Pérez Galdós, *Misericordia*, 1897)

b. (Se presenta a «Timoteo el incomprendido» en relación con su devoción al arte puro.)

Timoteo Moragona y Juarrucho era un artista incomprendido. Las vecinas se cachondeaban de él y decían.

—¿Qué, Timoteo, le han encargado a usted algún San Roque?[1]

—¡No señor! ¡No me han encargado ningún San Roque! ¡Yo no soy un artista de encargos! [La vecina más atrevida continúa burlándose de él.]

Y entonces, Timoteo le pegó una patada en el vientre y la tiró por encima del puestecillo de una vieja que vendía chufas y cacahuetes.

—¡Tome usted! ¡Para que escarmiente y no se vuelva a meter con los artistas!

(Camilo José Cela, «Timoteo el incomprendido», 1952)

[1] le... are you doing some work on commission?

c. (El narrador es un personaje sin nombre, un inglés —según le llama la gente— que narra la historia del traidor John Vincent Moon, quien denunció a un amigo suyo en la época de la lucha por la independencia irlandesa. La narración termina así:)

—Yo soy Vincent Moon. Ahora desprécieme.

(Jorge Luis Borges, «La forma de la espada», *Ficciones,* 1944)

3. ¿Cuál es el término que señala el papel de los «señores» que aparecen en los dos pasajes siguientes y a quienes va dirigida la narrativa?

a. Yo, señor, soy de Segovia. Mi padre se llamó Clemente, natural del mismo pueblo; Dios le tenga en el cielo.

(Francisco de Quevedo, *El Buscón,* 1626)

b. Yo, señor, no soy malo, aunque no me faltarían motivos para serlo.

(Camilo José Cela, *La familia de Pascual Duarte,* 1942)

4. Indique qué clase de final (cerrado, abierto o irónico) es cada uno de los siguientes. ¿En cuál de ellos se ve un caso de la justicia poética?

a. (En la novela se presenta una modernización del mito de Caín y Abel. Abel Sánchez ya ha muerto. El sujeto del párrafo final es Joaquín Monegro, figura de Caín.)
Calló. No quiso o no pudo proseguir. Besó a los suyos. Horas después rendía su último cansado suspiro.

(Miguel de Unamuno, *Abel Sánchez,* 1917)

b. (Al protagonista Gold le han encargado un libro sobre sus experiencias familiares; éste es el asunto principal de la novela misma.)
Gold continued to Esther's for Belle and drove home. He owed Pomoroy a book. Where could he begin?

(Joseph Heller, *Good as Gold,* 1979)

c. (La joven Tristana, víctima de don Lope Garrido y de una enfermedad cruel, acaba casándose con el viejo don Lope. Inexplicablemente, los dos parecen haberse adaptado a la nueva vida.)
¿Eran felices una y otro? …Tal vez.

(Benito Pérez Galdós, *Tristana,* 1892)

d. (El médico don Amador, invitado a cenar en casa del abuelo de la narradora, muy a disgusto sale a visitar a un enfermo pobre. Antes del tratamiento, el médico exige que la familia le pague la cuenta, y se jacta de eso al volver a la casa.)
Era muy tarde cuando el médico se fue. Se había emborrachado a conciencia y al cruzar el puente, sobre el río crecido, se tambaleó y cayó al agua. Nadie se enteró ni oyó sus gritos. Amaneció ahogado, más allá de Valle Tinto, como un tronco derribado, preso entre unas rocas, bajo las aguas negruzcas y viscosas del [río] Agaro.

(Ana María Matute, «La chusma», *Historias de la Artámila,* 1961)

5. En «La conciencia» de Ana María Matute, un vagabundo llega a la posada de Mariana, y al decirle que ha visto algo que Mariana no quiere que se sepa, logra aprovecharse de ella (y luego de su marido). Por fin, Mariana no puede soportar más la situación y le pide al vagabundo que se vaya. Al marcharse, éste le confiesa que no ha visto nada y le da un consejo: «Vigila a tu Antonio».

En el esquema que sigue, ¿cómo se clasifican los diversos elementos de la trama, según las categorías de *exposición, desarrollo, suspenso, punto decisivo, clímax* y *desenlace?*

a. Hacía muy mal tiempo. El vagabundo le pidió a la posadera hospedaje por una noche.

b. El vagabundo se niega a marcharse. Amenaza a la posadera, diciéndole que lo ha visto todo. La mujer teme que la haya visto con su amante. Vuelve el marido. El vagabundo se queda.

c. Mariana está cada vez más desesperada. El lector no sabe cómo va a resultar todo eso.

d. Mariana decide echar al vagabundo de la casa, pase lo que pase.

e. Ella echa al vagabundo, quien le dice que no ha visto nada, pero que sabe que nadie tiene la conciencia pura.

f. Al marcharse, el vagabundo le advierte a Mariana: «Vigila a tu Antonio».

6. Analice el discurso (la narración, el lenguaje y la relación entre lenguaje y concepto, el tono) de cada uno de los fragmentos siguientes.

a. FOETEO ERGO SUM.

I stink, therefore I am.

Descartes had to be French, right? That's the problem with the French. Always putting Descartes before the horse.

I thought I'd open with a joke. Loosen things up a bit, if you know what I mean. You see, I'm not a writer. I'm an accountant. It's my brother who's the writer. He's Jack. I'm Jerry. He's the one who should be writing this book. But he's not here right now.

(Gerald Rosen, *The Carmen Miranda Memorial Flagpole,* 1977)

b. Was every day of life to be as busy a day as this,—and to take up,——truce——

I will not finish that sentence till I have made an observation upon the strange state of affairs between the reader and myself, just as things stand at present——an observation never applicable before to any one biographical writer since the creation of the world but to myself. . . .

I am this month one whole year older than I was this time twelve-month; and having got, as you perceive, almost into the middle of my fourth volume——and no farther than to my first day's life——'tis demonstrative that I have three hundred and sixty-four days more life to write just now, than when I first set out; so that instead of advancing, as a common writer, in my work with what I have been doing at it——on the contrary, I am just thrown so many volumes back——was every day of my life to be as busy a day as this——And why not?——and the transactions and opinions of it to take up as much description——And for what reason should they be cut short? as at this rate I should just live 364 times faster than I should write——It must follow, an' please your Worships, that the more I write, the more I shall have to write——and consequently, the more your Worships will have to read.

(Laurence Sterne, *Tristram Shandy,* 1760)

c. (Sigue una descripción del exageradamente erudito Antolín S. Paparrigópulos.) Preparaba una edición popular de los apólogos de *Calila y Dimna* [una colección medieval de cuentos] con una introducción acerca de la influencia de la literatura índica en la Edad Media española, y ojalá hubiese llegado a publicarla, porque su lectura habría apartado, de seguro, al pueblo de la taberna y de perniciosas doctrinas de imposibles redenciones económicas. Pero las dos obras magnas que preparaba Paparrigópulos eran una historia de los escritores oscuros españoles, es decir, de aquellos que no figuran en las historias literarias corrientes o figuran sólo en rápida mención por la supuesta insignificación de sus obras, corrigiendo así la injusticia de los tiempos, injusticia que tanto deploraba y aun temía, y era otra su obra acerca de aquellos cuyas obras se han perdido sin que nos quede más que la mención de sus nombres y a lo sumo de los títulos de las que escribieron. Y estaba a punto de acometer la historia de aquellos otros que habiendo pensado escribir no llegaron a hacerlo.

(Miguel de Unamuno, *Niebla,* 1914)

d. Lees ese anuncio: una oferta de esa naturaleza no se hace todos los días. Lees y relees el aviso. Parece dirigido a ti, a nadie más. Distraído, dejas que la ceniza del cigarro caiga dentro de la taza de té que has estado bebiendo en este cafetín sucio y barato. Tú releerás. Se solicita historiador joven. Ordenado. Escrupuloso. Conocedor de la lengua francesa. Conocimiento perfecto, coloquial. Capaz de desempeñar labores de secretario. Juventud, conocimiento del francés, preferible si ha vivido en Francia algún tiempo. Tres mil pesos mensuales, comida y recámara cómoda, asoleada, apropiada estudio. Sólo falta tu nombre. Sólo falta que las letras más negras y llamativas del aviso informen: Felipe Montero. Se solicita Felipe Montero, antiguo becario [estudiante que tiene beca] en la Sorbona, historiador cargado de datos inútiles, acostumbrado a exhumar papeles amarillentos, profesor auxiliar en escuelas particulares, novecientos pesos mensuales. Pero si leyeras eso, sospecharías, lo tomarías a broma. Donceles 815 [la dirección]. Acuda en persona. No hay teléfono.

(Carlos Fuentes, Aura, 1962)

7. Comente la presentación de Augusto Pérez, protagonista de *Niebla,* en los primeros párrafos de la novela. ¿De qué recursos hace uso, o sea, qué técnica emplea el narrador para presentar a Augusto Pérez? ¿Cómo está caracterizado Augusto?

Al aparecer Augusto a la puerta de su casa extendió el brazo derecho, con la mano palma abajo y abierta, y dirigiendo los ojos al cielo quedóse[1] un momento parado en esta actitud estatuaria y augusta. No era que tomaba posesión del mundo exterior, sino era que observaba si llovía. Y al recibir en el dorso de la mano el frescor del lento orvallo[2] frunció el entrecejo.[3] Y no era tampoco que le molestase la llovizna, sino el tener que abrir el paraguas. ¡Estaba tan elegante, tan esbelto, plegado y dentro de su funda[4]! Un paraguas cerrado es tan elegante como es feo un paraguas abierto.

«Es una desgracia esto de tener que servirse uno de las cosas —pensó Augusto—; tener que usarlas. El uso estropea y hasta destruye toda belleza. La función más noble de los objetos es la de ser contemplados. ¡Qué bella es una naranja antes de comida! Esto cambiará en el cielo cuando todo nuestro oficio se reduzca, o más bien se ensanche,[5] a contemplar a Dios y todas las cosas en El. Aquí, en esta pobre vida, no nos cuidamos sino de servirnos de Dios; pretendemos abrirlo, como a un paraguas, para que nos proteja de toda suerte de males».

Díjose así y se agachó[6] a recojerse[7] los pantalones. Abrió el paraguas por fin y se quedó un momento suspenso y pensando: «Y ahora, ¿hacia dónde voy?, ¿tiro[8] a la derecha o a la izquierda?» Porque Augusto no era un caminante, sino un paseante de la vida. «Esperaré a que pase un perro —se dijo— y tomaré la dirección inicial que él tome».

[1]se quedó [2]lluvia menuda [3]frunció... *frowned* [4]cubierta [5]amplíe [6]inclinó [7]*to roll up* [8]voy

PANORAMA HISTORICO Y CATEGORIAS FUNDAMENTALES

EL GENERO NARRATIVO: DEFINICION Y ORIGENES

En un sentido amplio, a la narrativa se le ha dado el nombre de ficción. La razón es que toda historia inventada o imaginada representa efectivamente una ficción. La palabra «fingir» —de la cual se deriva «ficción»— viene del latín *fingere* (*to pretend, feign*). Por eso, al referirse a la ficción, se piensa en algo fabricado, artificial, simulado. Esto puede ayudar a comprender el carácter fundamental de la narrativa y la relación que existe entre el concepto de «vida» y el de «arte» (literario en este caso). Pero ¿por qué la realidad ficticia del cuento o de la novela causa la impresión de ser tan «verdadera» que capta la atención del lector? La respuesta a esta pregunta la proporcionaría el término «historia», que reúne en sí dos conceptos: el de «vida», representado por los hechos reales (*history*), y el de «imitación de la vida» o «mimesis», que corresponde a la ficción en particular y al arte en general (*story*). Se podría decir entonces que la obra de ficción, u obra narrativa, quiere ser una imagen de la vida y del mundo en donde el autor representa su cosmovisión, o sea, su actitud ante la vida.

El género narrativo existe, de una forma u otra, desde hace mucho tiempo. Los antiguos egipcios han dejado relatos que se remontan (*date back*) a los años 4000 antes de Cristo (a.C.). Asimismo, la Biblia contiene historias que preceden a la literatura clásica. Por su parte, los griegos y los romanos han dejado como legado sus epopeyas o poemas épicos —*La Ilíada* y *La Odisea* de Homero y *La Eneida* de Virgilio.

La Ilíada (siglo IX a.C.) es el primer ejemplo que se conserva de la literatura narrativa occidental (*Western*). Según la leyenda, el poeta griego Homero reunió en este poema épico los mitos y leyendas populares acerca de la guerra de Troya, inmortalizando así los actos heroicos de los guerreros que con su victoria contribuyeron a la fundación de la civilización occidental. Aunque la existencia de tales hechos ha sido probada arqueológicamente, nada sabríamos de los participantes y de sus móviles (*motives*) si no fuera por *La Ilíada*, ya que los hechos y los seres humanos se olvidan pronto y su verdadera existencia comienza sólo cuando sus hazañas se convierten en ficción y el lector, con su imaginación, participa en ellas a través del texto.

EL CID, EL CONDE LUCANOR Y LA NARRATIVA MEDIEVAL EN ESPAÑA

La influencia de las epopeyas grecorromanas produce más tarde, en la Edad Media, el *romance* (*ballad*) (p. 145) y la *épica,* del griego *épicos,* que quiere decir *relato* o *canción.* Este tipo de poesía narrativa y heroica, estructurada en forma episódica, relata las proezas (*noble deeds*) de héroes que simbolizan el carácter nacional —carácter en el que se reflejan los valores religiosos y culturales de la época. En España, los temas del romance y de la épica giran (*revolve*) en torno a la historia y tradición de la Península Ibérica. El canto épico nacional es el *Poema del Cid* o *Cantar de Mio Cid* (c. 1140). En él se narran las hazañas (*exploits, heroic feats*), extraordinarias y a la vez humanas, de Rodrigo Díaz de Vivar, «El Cid», héroe nacional de España. En este personaje, que lucha contra los infieles por su propia honra (*honor*) y por el amor a su familia, se unen el *realismo práctico* y el *noble idea-lismo* que ejemplifican el espíritu español.

Es el siglo XIV el que marca el florecimiento de la narrativa. Con el intento de entretener, aparece en la literatura castellana el libro de caballerías *Historia del caballero Cifar* (1300), donde figuran varios relatos en los que se combinan muchos elementos que caracterizarán a las futuras novelas de caballerías (*romances of chivalry*): leyendas fantásticas, batallas y milagros. Pero la obra maestra de la prosa de ficción española de ese siglo es *El conde Lucanor* o *Libro de Patronio* (1335) (p. 38), obra de fin didáctico escrita por don Juan Manuel (1282–¿1349?).

LA PROSA NARRATIVA RENACENTISTA

Debido a la entusiástica valoración (*appreciation*) del mundo y de los hombres, la época del *Renacimiento* (ver Apéndice 3) engendra una narrativa destinada a entretener y a concientizar (*raise people's consciousness*). En ella se destacan dos vertientes (*strands*): la idealista y la realista. La primera exalta los ideales de la época —el valor, la lealtad y el amor— a través de historias llenas de fantásticas aventuras y de episodios extraordinarios. La segunda corriente retrata la realidad viva y satiriza una sociedad injusta y cruel.

Siguiendo la vertiente idealista, aparece alrededor de 1508 la obra caballeresca más notable, el *Amadís de Gaula,* novela en la que se ensalza (*is praised, extolled*) la vida del caballero andante (*knight errant*) y que servirá de modelo para los numerosos *libros de caballerías* que se compondrán en el siglo XVI.

Dentro de esta misma corriente idealista aparece en 1559 la *Diana* de Jorge Montemayor, modelo de la *novela pastoril* que celebra la vida bucólica, o sea, la vida campestre de sus personajes —los pastores (*shepherds*)— y sus amores.

En la *novela morisca* se refleja la influencia de la cultura de los moros (*Moors*). En este tipo de narrativa se idealiza el amor del galán (*lover*) árabe por su dama. Típica de este género es la anónima *Historia del Abencerraje y de la hermosa Jarifa* (1565).

Otra categoría de narrativa extensa es la *novela dramática* o *dialogada,* cuya obra maestra es la *Tragicomedia de Calisto y Melibea,* de Fernando de Rojas. Conocida mejor como *La Celestina* (1499), esta obra combina el drama —escrito para ser leído, no representado— y la novela. Uno de los muchos méritos literarios de esta obra clásica de la literatura hispánica es la perfecta fusión del idealismo más puro y del más crudo realismo.

Dentro de la vertiente realista es imprescindible (*essential*) señalar la obra *Vida de Lazarillo de Tormes* (1554). Esta novela ocupa un lugar de suma importancia en el desarrollo de la narrativa. Es el primer ejemplo de la «novela» en el sentido moderno de la palabra y a la vez prototipo del *género picaresco*. Dicha clase de obra es estructurada como el relato de una serie de episodios independientes entre sí unidos por la presencia del protagonista o personaje central —el *pícaro* (*rogue*). Este es un individuo de bajo origen, cuya mala suerte le ha hecho nacer en un ambiente hostil contra el cual está obligado a luchar para sobrevivir. Irónicamente, lejos de satisfacer el hambre que le persigue sin descanso y que motiva sus acciones, el pícaro no recibe más que golpes. El humor y la sátira social se mezclan en la narración, que, en forma autobiográfica y con deslumbrante realismo, presenta el protagonista.

CERVANTES Y EL APOGEO DE LA NOVELA EN EL «SIGLO DE ORO»

Uno de los más celebrados prosistas de todos los tiempos, y el mayor del «Siglo de Oro» —nombre que se le ha dado en España a la época que se extiende desde principios del siglo XVI hasta fines del XVII— es Miguel de Cervantes Saavedra (p. 256). Siguiendo la corriente idealista del Renacimiento, escribe dos novelas: *La Galatea* (1585) de tipo pastoril y *Los trabajos de Persiles y Sigismunda* (obra póstuma, 1617) que por tratarse de las aventuras y peripecias (*changes of fortune*) de dos amantes se cataloga como poético-fantástica. Las *Novelas ejemplares* (1613) siguen la corriente realista.

La obra maestra de Cervantes es, sin duda, *El ingenioso hidalgo don Quijote de la Mancha,* cuyas dos partes aparecen en 1605 y 1615. Traducida a casi todos los idiomas principales del mundo, es tal vez la novela más popular de la historia. En ella se relatan las aventuras, cómicas y a la vez patéticas, de Alonso Quijano, un anciano señor que pierde la razón a fuerza de tanto leer novelas caballerescas. En este estado se convierte en don Quijote de la Mancha, caballero andante, quien sale al mundo resuelto a luchar contra la injusticia hasta acabar con ella. Aunque tales aventuras deleitan (*delight*) por lo divertido de las situaciones en las que irónicamente el protagonista paga caro sus nobles intenciones, el valor de la obra radica, a la postre, en su capacidad de conmover con su visión tragicómica de la vida. Concebida por su autor como parodia de los libros de caballerías de la época, el *Quijote* ha llegado a ser una especie de comedia humana universal en la que don Quijote y su tosco escudero Sancho Panza simbolizan la antítesis humana del idealismo y del realismo y la interrelación entre los dos polos. Su elaborada estructura integra magistralmente un gran número de géneros y modos narrativos —lo caballeresco, lo pastoril, lo sentimental, lo picaresco y lo psicológico. Por todo esto, así como por su impecable caracterización y cuidado estilístico, *Don Quijote* ha de considerarse el primer modelo o prototipo para la teoría del arte novelístico.

LA NARRATIVA DEL BARROCO

Al momento renacentista que exaltaba al mundo y a los hombres —momento en que se estudiaba y admiraba la antigüedad clásica— sigue una época en la cual el individuo pierde su desenfrenado (*unrestrained*) optimismo y se convierte en un ser pesimista, introspectivo y escéptico (*skeptical*). Contra esta actitud de amargura y desengaño, y ante la Reforma protestante, la Iglesia católica reacciona con un movimiento de renovación espiritual denominado *Contrarreforma.* Surge por lo tanto el estilo *barroco* (ver Apéndice 3) como expresión de la desvalorización de la vida terrenal y de la naturaleza humana así como manifestación del rechazo de los principios estéticos del clasicismo renacentista. En España, el período barroco, que abarca (*covers, spans*) el siglo XVII, coincide con la decadencia política, social y económica del país ocasionada principalmente por la conquista y colonización de América, la expulsión de judíos y moriscos y las incesantes guerras en Europa. La novela picaresca refleja como ninguna otra modalidad la visión caótica, amarga y pesimista de un pueblo que presenciaba el deterioro de la grandeza española. Como ejemplo de la cosmovisión del Barroco español cabe señalar *La vida del Buscón* (1626) de Francisco de Quevedo. Aunque los episodios son muy parecidos a los de otras novelas picarescas, en el sentido de que muestran al protagonista en lucha continua contra el hambre y la mala suerte, ya no se encuentra la risueña (*good-humored*) ironía del *Lazarillo* ante el desengaño (*disillusionment*). Al contrario, en la obra de Quevedo se nota un humorismo crudo, unas bufonadas groseras (*crude pranks*) y una fuerza sarcástica que hiere (*hurts*) con frecuencia.

Una de las grandes obras de la narrativa del Barroco y de la literatura universal es *El criticón,* de Baltasar Gracián, novela filosófica dividida y publicada en tres partes (*En la primavera de la niñez y en el estío de la juventud,* 1651; *En el otoño de la edad varonil,* 1653; *En el invierno de la vejez,* 1657). La obra, que por su marcado pesimismo influyó mucho en pensadores y escritores europeos como La

Rochefoucauld, Schopenhauer, Hartman y Nietzsche, representa en términos alegóricos o simbólicos la deplorable condición humana. Según Gracián las acciones de los hombres son motivadas por el egoísmo. De ahí, la vida no es otra cosa sino una guerra constante y fútil contra una humanidad esencialmente perversa.

LA NOVELA DEL «SIGLO DE LAS LUCES» O «ILUSTRACION»

La decadencia del imperio español, a principios del siglo XVII, hace que Inglaterra y Francia sustituyan a España como superpotencias políticas y culturales. De este modo, las doctrinas de filósofos como Bacon, Locke, Diderot y Descartes —que proponían una aproximación experimental al estudio de las ciencias y de las humanidades— se difunden por toda Europa, incluyendo a España. Por lo tanto, durante casi todo el siglo XVIII —época conocida como el «Siglo de las Luces» (*The Age of Enlightenment*) (ver Apéndice 3)— se producen aquí más que nada obras de tipo crítico y didáctico, muchas de ellas compuestas al estilo neoclásico francés. Ningún género decayó tanto en la literatura como la novela. En España la única obra que merece la atención del lector moderno es *Fray Gerundio de Campazas* (1758), del jesuita Francisco de Isla. En esta obra, que satiriza los excesos del lenguaje barroco, se nota el espíritu analítico y reformista de la Ilustración (ver Apéndice 3), así como ciertas características de la narrativa del siglo anterior. Estas son (1) la narración episódica de la infancia y de la temprana educación del rústico y grotesco héroe, (2) la ironía socarrona (*cunning*) y (3) la gracia natural —rasgos típicos del género picaresco.

LA NARRATIVA DE LA CONQUISTA Y DE LA EPOCA COLONIAL EN AMERICA

Se ofrecen dos posibles razones para explicar la falta de una verdadera narrativa hispanoamericana hasta principios del siglo XIX. Una dc cllas atribuye el fenómeno al hecho de que las autoridades españolas prohibieron la difusión de toda obra de ficción en América por considerarse este género ocioso (*idle*) y peligroso. La otra tiene que ver con la actitud misma de los escritores de la Conquista y Colonia. Estos, en su mayor parte soldados, aventureros y clérigos, encontraron que el Nuevo Mundo en sí mismo era una maravilla y, en cuanto a aventuras, no necesitaban imaginárselas. De modo que los escritores hispanoamericanos de los siglos XVI y XVII consideraron su actividad literaria como una misión personal con un fin más bien didáctico (*teaching*) que consistía en informar a Europa de los distintos aspectos de América, convertir a los indígenas y educar a la sociedad colonial. Para ello se valieron de la *crónica* y de la *épica* (ver Apéndice 3).

Además de la prosa histórica y de la poesía épica, también se compusieron desde muy temprano escritos que contienen rasgos narrativos. Entre los principales se encuentran crónicas como la *Verdadera historia de la conquista de la Nueva España* (1568) de Bernal Díaz del Castillo, *Naufragios* (1541–1555) de Alvar Núñez Cabeza de Vaca y *Comentarios reales* (1609–1617) y *La Florida del Inca* (1605) del Inca Garcilaso de la Vega. La importancia del Inca Garcilaso consiste en que este mestizo, hijo de un hidalgo español y una princesa indígena, se sirvió de la educación humanística (ver Apéndice 3) adquirida en España y de los testimonios de parientes y amigos de su madre para investigar y luego producir, con los *Comentarios,* el primer tratado sobre los orígenes, la historia, la forma de gobierno, las costumbres y la cultura de los incas. Otro escrito de tipo documental y narrativo es *Los infortunios de Alonso Ramírez* (1690) del mexicano Carlos de Sigüenza y Góngora. Este relato, que narra, al estilo picaresco y en un lenguaje algo barroco, las desaventuras de un joven puertorriqueño que viaja alrededor del mundo, reúne elementos reales y ficticios que anticipan la prosa novelística del neoclasicismo (ver Apéndice 3).

LA PROSA HISPANOAMERICANA DE LA ILUSTRACION Y DEL NEOCLASICISMO

El hispanoamericano se ha sentido siempre obligado a hacer de su obra un espejo de la realidad geográfica, histórica, política y social de su tierra. El primer ejemplo de este tipo de narrativa posiblemente sea *El Lazarillo de ciegos caminantes* (1773) del peruano Calixto Bustamante Carlos Inca —alias «Concolorcorvo»— o, según las especulaciones más recientes, del español Alonso Carrió de la Vandera (¿1715?– 1758). Al igual que el relato de Sigüenza y Góngora, *El Lazarillo* abunda en elementos picarescos, en el sentido de que no hay una verdadera trama, sino una serie de episodios sueltos, a los cuales el protagonista confiere unidad. En ambas novelas, el narrador es una especie de vagabundo que relata, en la primera persona y en un tono muy humorístico, sus peripecias y un sinfín de lances (*difficult situations*).

Sin embargo, la primera obra narrativa de Hispanoamérica, en sí misma considerada, es la novela *El periquillo sarniento* (1816) del mexicano José Fernández de Lizardi. Sirviéndose del personaje picaresco de Periquillo, Lizardi critica las instituciones políticas, sociales y religiosas de su país, en vísperas (*on the eve*) de la Independencia. Trátase de un país agobiado (*oppressed, overwhelmed*) por el conservadurismo, la apatía social y un sistema de educación intolerable. Lizardi, al redimir a su antihéroe al final de la obra, muestra su fe en la humanidad, en la razón y en el propio futuro de México —actitud optimista, típica del iluminismo. Cabe señalar asimismo (*as well*) que ya en esta novela se nota una tendencia que se manifiesta en las letras hispanoamericanas: el conflicto interior del escritor dividido entre sus dos herencias (*heritages*) —la europea y la americana.

EL ESPIRITU LIBERAL Y EL ROMANTICISMO EN ESPAÑA

Se ha dicho, y con razón, que la literatura romántica de principios del siglo XIX intentó imitar en el plano artístico lo que habían logrado a nivel político las varias y distintas luchas por las reformas sociales y por la independencia nacional. De hecho, los postulados de la Revolución francesa —«libertad, igualdad y fraternidad»— se convirtieron en el lema (*motto*) del artista romántico, quien abogaba por (*advocated*) el reconocimiento de la libertad individual y de la libre expresión de la emoción. En España el *Romanticismo* (ver Apéndice 3) coincide con tres eventos políticos. El primero, y tal vez el más importante, fue la Guerra de la Independencia (1808–1813), que expulsó a las tropas invasoras de Napoleón juntando así a todos los españoles y eliminando las diferencias de clase. El segundo fue sin duda la Constitución de 1812, que abolió el absolutismo e impuso reformas democráticas. Por fin, la vuelta a España de muchos liberales, por la mayor parte intelectuales y artistas que se habían refugiado en el extranjero durante el gobierno tiránico de Fernando VII (1814–1833), trajo al país la influencia del Romanticismo inglés, francés y alemán.

Aunque la corriente romántica española dejó en la poesía y en el drama algunas de las páginas más originales y bellas de la literatura universal, en la novela no produjo nada de verdadero mérito literario. Dejó sí el caudal (*abundant volume*) de sus *cuadros de costumbres* —retratos de la vida del pueblo con todos sus detalles, así como pinturas de tipos y personajes populares.

EL ROMANTICISMO EN LA NARRATIVA HISPANOAMERICANA

El Romanticismo hispanoamericano ha de entenderse como fenómeno que ocurre paralelamente al proceso de independencia política (1810–1824) y al subsecuente período de luchas entre los liberales, que exigían reformas democráticas, y los conservadores —partidarios (*supporters*) de los caudillajes o dictaduras que surgieron tras la independencia. El movimiento romántico en Hispanoamérica coincide asimismo con el momento fundamental de definición de nacionalidad de las nuevas repúblicas y con la valorización del suelo americano, del indígena, del pasado histórico, así como de las leyendas y tradiciones populares.

No ha de sorprender, por consiguiente, que la novela sea el género que predomina en casi toda la literatura romántica del Nuevo Mundo hispánico. Esta refleja una narrativa en formación que si en sus temas se esfuerza por (*strives to*) reflejar la realidad americana, en su técnica se ve ligada a la tradición idealizadora forjada por el Romanticismo europeo. Dentro del género novelesco hay varias categorías, como se verá a continuación.

En el ámbito de la *novela política,* la obra principal es *Amalia* (1851) del argentino José Mármol, que trata de la persecución de los intelectuales por el dictador Juan Manuel Rosas en la Argentina. *María* (1867), del colombiano Jorge Isaacs, es sin duda la obra cumbre de la *novela sentimental.* El mejor modelo de la *novela indianista* o *de idealización del indígena* es *Cumandá o Un drama entre salvajes* (1879), del ecuatoriano Juan León Mera. *Cecilia Valdés* (1892), de Cirilo Villaverde, cubano, representa la *novela abolicionista* o *de defensa del esclavo negro.* La *novela histórica* de mayor relieve es *Enriquillo* (1878–1882), del dominicano Manuel Jesús Galván —documento vívido de la exterminación de los indígenas en Santo Domingo.

DOS GENEROS AMERICANOS: LO «GAUCHESCO» Y LA «TRADICION»

La narrativa romántica de sello (*stamp*) nítidamente americano cuenta ante todo con el poema narrativo *Martín Fierro* (1872–1879) del argentino José Hernández, obra maestra del género gauchesco —versos relacionados con el legendario vaquero de la pampa, el *gaucho*— y uno de los clásicos de la literatura hispánica.

En las *Tradiciones peruanas* de Ricardo Palma (pp. 42–43), se ve el proceso evolutivo de esta prosa americana netamente autóctona (*native*). Estos relatos son una feliz combinación de documento histórico, tradiciones y ficción anecdótica.

EL REALISMO Y EL NATURALISMO EN LA NOVELA COSTUMBRISTA ESPAÑOLA

Si en la primera mitad del siglo XIX la visión subjetiva, espiritualista, de la realidad había creado el Romanticismo que idealizaba al mundo, en la segunda, el énfasis en el progreso científico y económico engendra (*engenders, produces*) una concepción *objetiva, materialista,* de la vida. De ahí, el artista se siente obligado a retratar (*depict*) la realidad —invariablemente su propio medio ambiente (*social environment, milieu*)— con la mayor fidelidad. Nace así el estilo de época denominado *realismo* (ver Apéndice 3).

En la literatura española el realismo usó como materia prima el *cuadro de costumbres,* de cuño (*stamp*) romántico, para elaborar una obra realmente nacional basada en las tradiciones regionales. Dicha obra es la *novela regional* o *costumbrista.* Como ejemplo de ésta cabe señalar *Escenas montañesas* (1864) y *Peñas arriba* (1895) de José María de Pereda. Sin embargo, es Fernán Caballero (seudónimo de Cecilia Böhl de Fáber) quien inaugura el género con *La Gaviota* (1849). De notable valor literario son también *Pepita Jiménez* (1874) de Juan Valera y *El sombrero de tres picos* (1874) de Pedro Antonio de Alarcón.

La novelista Emilia Pardo Bazán (pp. 46–47) fue quien intentó introducir el *naturalismo* en España. El naturalismo, influido por el *determinismo positivista* (ver Apéndice 3) que explica la degradación del individuo como resultado de la herencia y del ambiente, no echó raíces en un país católico como España. En la novela *Los pazos de Ulloa* (1886) y en su segunda parte, *La Madre Naturaleza* (1887), de la mencionada novelista, se encuentran detalles naturalistas, aunque las obras que más se adhieren a esta tendencia son *La Regenta* (1884–1885) de Leopoldo Alas («Clarín») y *La barraca* (1898) de Vicente Blasco Ibáñez.

GALDOS Y EL FLORECIMIENTO DE LA MODERNA NOVELA ESPAÑOLA

Al seguir la orientación realista, la novela española experimenta su propio Siglo de Oro. Benito Pérez Galdós, maestro del realismo, cultivó y perfeccionó en el siglo XIX los múltiples géneros novelísticos, así como Cervantes lo había hecho en su época. Con Cervantes comparte también el papel de padre de la novela española. Galdós estudia la sociedad de su país mediante el contacto personal con el pueblo —el resultado es una obra que refleja un profundo conocimiento de la naturaleza humana en general y del carácter español en particular. Galdós cultiva todo género novelístico. En la *novela histórica* mezcla la realidad con la ficción para analizar los orígenes de la revolución española del siglo XIX; el mejor ejemplo de tal tipo de novela son los *Episodios nacionales* (1873–1912). La *novela de tesis* encierra la denuncia de ciertos males (*evils, ills*) sociales, especialmente el fanatismo religioso. Aquí es preciso mencionar *Doña Perfecta* (1876), *Gloria* (1877) y *Fortunata y Jacinta* (1886–1887). En *Misericordia* (1897), novela de *contenido idealista,* Galdós se concentra en las implicaciones psicológicas de la miseria (*poverty*) y de la mendicidad (*begging*) con las que se enfrentan diariamente sus personajes.

LA NARRATIVA REALISTA Y NATURALISTA EN HISPANOAMERICA

El realismo y el naturalismo en la literatura hispanoamericana tratan, como en Europa, de retratar al ser humano en lucha contra el medio ambiente que necesita reforma. La narrativa del realismo urbano y del realismo regional se desarrolla contra el trasfondo (*backdrop*) de la injusticia social y de la explotación del indígena o del minero. *Martín Rivas* (1862) del chileno Alberto Blest Gana inaugura el movimiento realista con sus cuadros de costumbres y el relato de las luchas políticas del Chile de la época. En las novelas *Santa* (1903) del mexicano Federico Gamboa y *La maestra normal* (1914) del argentino Manuel Gálvez se nota la influencia del naturalismo en el determinismo que destruye la vida de los protagonistas. Ambas obras son representativas del realismo urbano con sus temas del alcoholismo, la prostitución y el crimen.

Entre las obras del realismo regional se destaca *Aves sin nido* (1889) de la peruana Clorinda Matto de Turner, la primera obra narrativa *indigenista* o *de reivindicación del indígena*. Los cuentos naturalistas de Baldomero Lillo *Sub terra* (1904) y *Sub sole* (1907) representan una protesta contra las lamentables condiciones sociales de los mineros de Chile. En los relatos del uruguayo Javier de Viana (*Escenas de la vida del campo,* 1896) y del argentino Roberto Jorge Payró (*Pago chico,* 1908) se hace patente el *criollismo* —tendencia propia del regionalismo hispanoamericano que consiste en describir detalladamente el campo y sus distintos tipos de habitantes (ver Apéndice 3).

DARIO Y EL MODERNISMO: INAUGURACION DE UNA AUTENTICA LITERATURA HISPANOAMERICANA

Como reacción contra la literatura realista y naturalista, destinada más que nada a concientizar al lector con respecto a los problemas sociales de su tierra, surge el primer movimiento literario de origen hispanoamericano. Trátase del modernismo (ver Apéndice 3). Es ésta una corriente renovadora que proclama la independencia del artista, exhortándole a rechazar el provincialismo y el activismo social. Según los modernistas, los jóvenes escritores americanos tendrían como misión modernizar el lenguaje literario importando nuevas palabras —*neologismos*— de otros idiomas, preferiblemente del francés y de las lenguas clásicas. Los temas serían universales ya que la literatura volvía a ser independiente, «cosmopolita». El nicaragüense Rubén Darío (p. 179), el portavoz (*spokesperson*) más autorizado del modernismo, inaugura oficialmente este movimiento con su colección de relatos y poemas titulada *Azul* (1888). Rasgos del nuevo movimiento se notan en la prosa poética del cubano José Martí (pp. 172–173) (*La edad de oro,* 1889), posiblemente el primer modernista, y también en los *Cuentos de humo* (1890–1894) del mexicano Manuel Gutiérrez Nájera. Representan la narrativa modernista los cuentos *Las fuerzas extrañas* (1906) del argentino Leopoldo Lugones y la novela *La gloria de don Ramiro* (1908) del también argentino Enrique Larreta.

LA GENERACION DEL 98 EN ESPAÑA: RENOVACION ESPIRITUAL Y ARTISTICA

Ante la falta de voluntad individual y colectiva ocasionada en España por su desastrosa guerra contra los Estados Unidos (Guerra hispanoamericana, 1898), un grupo de escritores —la llamada Generación del 98— proclama el fracaso de la España tradicional y aboga por la creación de una política nueva y un nuevo espíritu nacional que sustituya a los antiguos valores. En la prosa narrativa, las figuras más representativas de esta regeneración ideológica y estética que coincide cronológicamente con el modernismo son Ramón del Valle-Inclán, Miguel de Unamuno (p. 83), Pío Baroja y José Martínez Ruiz («Azorín»). Valle-Inclán es quien más se adhiere al esteticismo modernista («arte por el arte») —una exquisita sensualidad y el culto supremo de la forma se manifiestan en sus novelas líricas (las *Sonatas,* 1902–1905). En los llamados por él *esperpentos,* Valle-Inclán introduce un nuevo género de tipo satírico. Se trata de novelas dramáticas llenas de personajes e incidentes grotescos que dan forma estética al desasosiego (*disquiet*) del pueblo español, deformando, por otro lado, la realidad objetiva y convencional. En contraste, la narrativa de Unamuno, figura cumbre de la Generación del 98, revela explícitamente la crisis espiritual del país —crisis con la cual el propio escritor se identifica. Esto se nota en su producción novelística, en la que figuran *Niebla* (1914), *Abel Sánchez* (1917), *La tía Tula* (1921) y *San Manuel Bueno, mártir* (1933; p. 83). Tal vez sea en esta última obra, como en ninguna otra, donde Unamuno pone de manifiesto (*makes manifest*) su postura existencialista. Otra figura, José Martínez Ruiz («Azorín»), se distingue por novelas de tipo autobiográfico, como *La voluntad* (1902), *Antonio Azorín* (1903) y *Las confesiones de un pequeño filósofo* (1904). Lo más valioso de tales obras no es la intriga sino la descripción detallada, eminentemente poética, del ambiente, de los tipos y del paisaje español. El gran maestro de la narrativa de la Generación del 98 es sin duda Pío Baroja. Hábil narrador de aventuras, refleja en sus escritos su visión pesimista de los hombres y de la sociedad (*Zalacaín el aventurero,* 1909; *El árbol de la ciencia,* 1911; *Memorias de un hombre de acción,* 1913–1928).

La narrativa más destacada del postmodernismo español está representada por la prosa poética de *Platero y yo* (1914) de Juan Ramón Jiménez, ganador del Premio Nobel de Literatura en 1956 (p. 186).

EL VANGUARDISMO EN LATINOAMERICA: BUSQUEDA DE UNA IDENTIDAD

La desorientación moral y espiritual ocasionada en Europa por la primera guerra mundial (1914–1918) —guerra cuya brutalidad minó (*undermined*) la fe en todos los valores tradicionales— fue la última de varias etapas que pusieron seriamente en peligro la cultura occidental. Mientras que el europeo busca afanosamente (*zealously*) cualquier manera de salir de su crisis material, moral y espiritual, el hispanoamericano vuelve la mirada hacia dentro. Busca en sus elementos nativos una identidad propia. En la narrativa esa búsqueda sigue dos corrientes: la *criollista* o *regional* y la *europea.* Por un lado, el escritor americano teje (*weaves*) su obra alrededor de lo local —paisajes, habitantes, sucesos. Por otro, se une a los vanguardistas europeos —cubistas, dadaístas y superrealistas (ver Apéndice 3)— en reinterpretar y, de ahí, revolucionar la expresión artística.

LA NARRATIVA HISPANOAMERICANA
DE AFILIACION CRIOLLISTA

Pertenecen a la corriente criollista o regional las *narrativas telúricas* o de la tierra.
Aquí hay que destacar *Doña Bárbara* (1924) del venezolano Rómulo Gallegos, *La
vorágine* (1924) del colombiano José Eustasio Rivera y *Los pasos perdidos* (1954)
del cubano Alejo Carpentier. En dichas obras el suelo americano en general y la
selva en particular ya han perdido el carácter puramente descriptivo del realismo
regional para convertirse en personajes míticos —en representaciones marcadamente metafóricas. Caben en esta misma categoría obras de tema indigenista
como *El indio* (1931) del mexicano Gregorio López y Fuentes y *El mundo es
ancho y ajeno* (1941) del peruano Ciro Alegría. Cabe señalar asimismo, dentro de
la categoría de narrativas telúricas, obras de otros tres tipos: las *afro-antillanas,* las
histórico-políticas y las *comprometidas.* En estas clases se inscriben, respectivamente, la novela *Jujungo* del ecuatoriano Adalberto Ortiz (1943), *Los de abajo*
(1916) del mexicano Mariano Azuela y *El señor Presidente* (1946) del guatemalteco Miguel Angel Asturias.

LA NARRATIVA HISPANOAMERICANA LIGADA
A LA VANGUARDIA EUROPEA

Este tipo de ficción muestra características de índole (*type, nature*) psicológica y
filosófica. El artista, al romper con la visión racional de la realidad, produce obras
que giran en torno a lo absurdo. *Barrabás y otros cuentos* (1928) del venezolano
Arturo Uslar Pietri introduce la corriente literaria denominada *realismo mágico.*
Esta concibe la realidad a base de una representación *onírica,* o sea, a base de una
imagen del mundo parecida a la que se concebiría en los sueños.
    La misma visión fragmentada de la realidad constituye la esencia de muchas
obras maestras. Entre ellas se destacan, ya sea por la originalidad de sus temas o
por sus novedosas técnicas narrativas, *La amortajada* (1938) de la chilena María
Luisa Bombal, *Ficciones* (1944) del renombrado argentino Jorge Luis Borges,
Pedro Páramo (1955) del mexicano Juan Rulfo y, del argentino Julio Cortázar,
Bestiario (1951) y *Rayuela* (1963).

LA NARRATIVA EXISTENCIALISTA Y PSICOLOGICA
EN HISPANOAMERICA

La prosa narrativa hispanoamericana a partir de (*from . . . on*) los años cuarenta
refleja la influencia de la literatura europea y de la norteamericana. Esto se hace
patente en *El túnel* (1948) del argentino Ernesto Sábato, obra existencialista al estilo de los franceses Jean Paul Sartre y Albert Camus (ver Apéndice 3). En otras
narrativas, como las del colombiano Gabriel García Márquez (Premio Nobel de
Literatura en 1982) —hoy día el prosista hispánico más popular del mundo—
se perfila (*shows through*) la influencia del irlandés James Joyce, de la inglesa
Virginia Woolf y de los estadounidenses William Faulkner y Ernest Hemingway.
Los cuentos de *Los funerales de la Mamá Grande* (1962), así como las novelas
—sobre todo la popularísima *Cien años de soledad* (1967)— relatan, a través del

retrato psicológico de los personajes, las «sagas» o crónicas de enteras generaciones de colombianos agobiados, como la familia del propio autor, por las sangrientas revoluciones, la corrupción política, la injusticia social y el hambre.

LA NARRATIVA ESPAÑOLA DE LA POSGUERRA Y DE LA ACTUALIDAD

En la misma vertiente psicológica y existencialista se inscriben los narradores españoles que presencian la barbarie de la guerra civil española (1936–1939) en su tierra y de la segunda guerra mundial (1939–1945) en el resto de Europa. Influidos por la guerra civil, los escritores que salen al exilio (Ramón Sender, *Crónica del alba,* 1942; *Réquiem por un campesino español,* 1960), tanto como los que permanecieron en España (Juan Antonio Zunzunegui, *La quiebra,* 1947), recogen impresiones de la guerra y de la sociedad desmoralizada, en plena crisis espiritual. Pero es la siguiente generación de prosistas la que asume una conciencia ética y moral durante la posguerra. Se destacan en este grupo Camilo José Cela, ganador del Premio Nobel de Literatura en 1989 (*La familia de Pascual Duarte,* 1942; *La colmena,* 1951), Carmen Laforet (*Nada,* 1944), José María Gironella (*Los árboles creen en Dios,* 1953), Ana María Matute (p. 64) (*Los hijos muertos,* 1957), Juan Benet (*Volverás a región,* 1967) y Juan Goytisolo (*Reivindicación del conde don Julián,* 1970).

La narrativa peninsular de los últimos años se caracteriza por la aparición de numerosos escritores jóvenes en busca de nuevas formas expresivas, sin que se pueda discernir aún la dirección definitiva que tomará la prosa actual. Con todo, entre los más distinguidos cabe señalar a José María Merino (*La orilla oscura,* 1985), a Antonio Muñoz Molina (*Beltenebros,* 1989), a Javier Marías (*Corazón tan blanco,* 1992) a Rosa Regás (*Azul,* 1994), a Ignacio Carrión (*Cruzar el Danubio,* 1995), a Carmen Rico Guión (*La costilla asada de Adán,* 1996), a Almudena Grandes (*Modelos de mujer,* 1996), a Carlos Cañeque (*Quién,* 1997) y a Manuel de Prada (*La tempestad,* 1997). Lo que configura la obra de esta nueva generación de prosistas es el mundo de los sueños y los claroscuros de la memoria. Por consiguiente, tales relatos, igual que la narrativa de Benet, representan un verdadero desafío, debido a su espesura (*density*) narrativa que requiere la máxima atención del lector.

LA MUJER LATINOAMERICANA DE HOY Y LA NARRATIVA CONTEMPORANEA

El movimiento de liberación de la mujer, principiado en Francia en los años cuarenta por Simone de Beauvoir, influye sobremanera en las letras hispánicas. Escritoras costarricenses como Rima de Vallbona (*Mujeres y agonías,* 1982) y Carmen Naranjo (pp. 70–71) reconocen en las mujeres a la víctima y producto del abandono y de la marginalización. En Puerto Rico el activismo social en pro de las mujeres, de los pobres y de la gente de color, encuentra en Rosario Ferré (p. 384) a una de sus defensoras más ardientes. En México surge toda una generación de brillantes prosistas cuyas obras, además de poner en tela de juicio (*expose*) los tradicionales problemas políticos y sociales del país fundamentados en el machismo, destacan el genio intelectual y artístico de las propias autoras, así como su versatilidad y postura militante. Tal es el caso de Rosario Castellanos (p. 380), Elena Garro (*Los recuerdos del porvenir,* 1963; *Andamos huyendo Lola,* 1980) y Elena Poniatowska (p. 77).

PRACTICA

Cuestionario

1. Si se piensa en el concepto de *vida* y en el de *arte,* ¿qué representa la *ficción*? ¿Qué se entiende por *mimesis* y de qué manera figura dentro de la narrativa?
2. ¿Cuáles son las dos primeras manifestaciones de una literatura nacional española en la Edad Media?
3. ¿A qué siglo pertenece *El conde Lucanor* y qué importancia tiene dentro del desarrollo de la narrativa española y europea?
4. ¿En qué sentido se puede decir que con el *Lazarillo de Tormes* (1554) estableció España dos grandes precedentes en la evolución de la literatura mundial?
5. ¿Cuál es la obra maestra de Miguel de Cervantes? ¿A qué factores debe el libro su éxito entre los críticos y entre los lectores en general?
6. ¿Cómo se explicaría el hecho de que la narrativa hispanoamericana propiamente dicha no se realiza sino hasta principios del siglo XIX? Mencione dos explicaciones dadas por algunos historiadores literarios.
7. Benito Pérez Galdós es considerado el padre de la novela española. ¿A qué se debe su papel? ¿Qué tiene en común Galdós con Cervantes?
8. ¿Qué representa el género gauchesco? ¿Cuál es la obra maestra de este género y quién es su autor?
9. ¿Qué diferencia hay entre el realismo y el naturalismo? ¿Dónde colocaría usted a Emilia Pardo Bazán? ¿Qué características de su obra revelan su afiliación a cierta corriente o a un determinado movimiento literario?
10. ¿Dónde nació el movimiento modernista? ¿Cuáles son sus principales características y sus exponentes más notables? ¿Qué lugar ocupa el cubano José Martí dentro del modernismo?
11. ¿Qué importancia tienen, dentro de la actual literatura hispanoamericana, Jorge Luis Borges y Gabriel García Márquez? ¿Cuáles son sus obras maestras?

Identificaciones

1. Homero
2. «El Cid»
3. Carmen Naranjo
4. *La vida del Buscón*
5. el Inca Garcilaso de la Vega
6. *El periquillo sarniento*
7. la novela regional o costumbrista
8. la novela de tesis
9. Jorge Isaacs
10. las *Tradiciones peruanas*
11. 1888
12. la Generación del 98
13. Unamuno
14. las narrativas telúricas
15. *La Celestina*

EL CUENTO: GUIA GENERAL PARA EL LECTOR

1. ¿Quién es el autor del cuento, y a qué época (y movimiento o tradición literaria) pertenece?
2. ¿Quién narra el cuento? ¿Es fidedigno el narrador o, por el contrario, es un narrador indigno de confianza? ¿Hay un narratario?
3. ¿Cuál es el marco escénico?
4. ¿Se pueden aplicar los seis elementos generales de la trama a este texto?
5. ¿Cómo se presentan los personajes del cuento?
6. ¿Cuáles son las características principales del lenguaje del cuento? ¿Hay descripciones? ¿narración de acciones? ¿diálogo? ¿Se emplea el lenguaje figurado? ¿Cuáles son los leitmotivos más importantes?
7. ¿Cuál es el tema del cuento? ¿Está explícito o implícito?
8. ¿Qué relación existe entre fondo (mensaje) y forma en el cuento?
9. ¿Qué elementos se destacan más en el estilo del cuentista?
10. ¿Qué impresión le causa a usted como lector este cuento?
11. ¿Qué maneras hay de aproximarse críticamente al texto?

LA NOVELA: GUIA PARA EL LECTOR DE
SAN MANUEL BUENO, MARTIR

1. ¿Quién narra la novela?
2. ¿Cuál es el pretexto de la composición? ¿A quién está dirigida?
3. ¿Cuál es el marco escénico de la novela? ¿Tiene algún valor simbólico el marco escénico?
4. ¿Cómo se marca el paso del tiempo narrativo?
5. ¿Qué tipo de progresión se nota en los personajes de la novela?
6. ¿Qué técnicas narrativas y descriptivas se utilizan para presentar al protagonista de la novela?
7. ¿Qué elementos lingüísticos sobresalen?
8. ¿Cuál es el tema de la obra, y de qué manera se presenta?
9. ¿Qué relación existe entre las conclusiones de la narradora y las de usted como lector del texto?
10. ¿Qué papel desempeña Unamuno en su novela (*nivola*)?
11. ¿Cuáles son los elementos más característicos del estilo de Unamuno?
12. ¿Qué efecto(s) produce la lectura de *San Manuel Bueno, mártir?*
13. ¿Cuáles serían las aproximaciones críticas más apropiadas para el estudio de esta novela?

LECTURAS

Don Juan Manuel

Vida y obra

El Infante (*son of a Spanish king*) don Juan Manuel (1282–¿1349?), sobrino del rey Alfonso X el Sabio (1221–1284), guerreó en su juventud contra los moros y se mezcló en numerosas intrigas de la corte durante los reinados de Fernando IV (1285–1312) y Alfonso XI de Castilla (1312–1350). Durante esa época de grandes conflictos políticos y guerras civiles, en más de una ocasión don Juan Manuel desobedeció al rey y luchó en contra de él, aliándose con príncipes extranjeros, incluso con los moros de Granada. Al darse cuenta de que el rey Alfonso XI ganaba cada vez más partidarios, don Juan Manuel llegó a un acuerdo con él y acabó siendo uno de sus defensores más leales. En medio de su vida turbulenta, siempre halló tiempo para cultivar la literatura. Escribió varias obras —algunas poéticas— la mayor parte de ellas ahora desaparecida. De las que se conservan, las más importantes son el *Libro del caballero y del escudero*, el *Libro de los estados* (1330) y el *Libro de Patronio o conde Lucanor*, conocido simplemente como *El conde Lucanor* (1335).

El autor y su contexto

A diferencia del siglo XIII, en el que se habían producido en España escritos de valor histórico y científico —como los de Alfonso el Sabio— el siglo XIV se distingue por un gran adelanto (*advance*) de tipo puramente literario. Con su obra maestra *El conde Lucanor*, don Juan Manuel introduce en Europa la prosa novelística (*prose fiction*), anticipándose de este modo a los mayores narradores de fines de la Edad Media, el italiano Giovanni Boccaccio (*Il Decamerone*, 1353) y el inglés Geoffrey Chaucer (*The Canterbury Tales*, 1400). El formato de *El conde Lucanor*, colección de cincuenta y un cuentos, es bastante sencillo y uniforme: (1) al conde se le presenta un problema; (2) su ayo (*tutor*) Patronio, en vez de aconsejarle de manera directa, le narra un *ejemplo* (una narrativa corta que se usa para ilustrar una lección provechosa); (3) de este ejemplo se saca una moraleja (*moral*). Esta obra continúa la tradición didáctico-moral de la prosa castellana del siglo anterior, pero con una variante muy significativa: en vez de limitarse a instruir a sus lectores, el autor pone de manifiesto su conciencia de escritor, lo que caracterizará la narrativa a partir de esa fecha.

Lo que sucedió a un mozo que casó con una muchacha de muy mal carácter

Otra vez, hablando el conde Lucanor con Patronio, su consejero, díjole[1] así:

—Patronio, uno de mis deudos[2] me ha dicho que le están tratando de casar con una mujer muy rica y más noble que él, y que este casamiento le convendría mucho si no fuera porque le aseguran que es la mujer de peor carácter que hay en el mundo. Os[3] ruego que me digáis si he de aconsejarle que se case con ella, conociendo su genio,[4] o si habré de aconsejarle que no lo haga.

—Señor conde—respondió Patronio—, si él es capaz de hacer lo que hizo un mancebo[5] moro, aconsejadle[6] que se case con ella; si no lo es, no se lo aconsejéis.

El conde le rogó que le refiriera qué había hecho aquel moro.

Patronio le dijo que en un pueblo había un hombre honrado que tenía un hijo que era muy bueno, pero que no tenía dinero para vivir como él deseaba. Por ello andaba el mancebo muy preocupado, pues tenía el querer, pero no el poder.

En aquel mismo pueblo había otro vecino más importante y rico que su padre, que tenía una sola hija, que era muy contraria del mozo, pues todo lo que éste tenía de buen carácter, lo tenía ella de malo, por lo que nadie quería casarse con aquel demonio. Aquel mozo tan bueno vino un día a su padre y le dijo que bien sabía que él no era tan rico que pudiera dejarle con qué vivir decentemente, y que, pues tenía que pasar miserias o irse de allí, había pensado, con su beneplácito,[7] buscarse algún partido[8] con que poder salir de pobreza. El padre le respondió que le agradaría mucho que pudiera hallar algún partido que le conviniera. Entonces le dijo el mancebo que, si él quería, podría pedirle a aquel honrado vecino su hija. Cuando el padre lo oyó se asombró mucho y le preguntó que cómo se le había ocurrido una cosa así, que no había nadie que la conociera que, por pobre que fuese, se quisiera casar con ella. Pidióle el hijo, como un favor, que le tratara aquel casamiento. Tanto le rogó que, aunque el padre lo encontraba muy raro, le dijo lo haría.

Fuese[9] en seguida a ver a su vecino, que era muy amigo suyo, y le dijo lo que el mancebo le había pedido, y le rogó que, pues se atrevía a casar con su hija, accediera a ello. Cuando el otro oyó la petición le contestó diciéndole:

—Por Dios, amigo, que si yo hiciera esto os haría a vos muy flaco servicio, pues vos tenéis un hijo muy bueno y yo cometería una maldad muy grande si permitiera su desgracia o su muerte, pues estoy seguro que si se casa con mi hija, ésta le matará o le hará pasar una vida mucho peor que la muerte. Y no creáis que os digo esto por desairaros,[10] pues, si os empeñáis,[11] yo tendré mucho gusto en darla a vuestro hijo o a cualquier otro que la saque de casa.

El padre del mancebo le dijo que le agradecía mucho lo que le decía y que, pues su hijo quería casarse con ella, le tomaba la palabra.

Se celebró la boda y llevaron a la novia a casa del marido. Los moros tienen la costumbre de prepararles la cena a los novios, ponerles la mesa y dejarlos solos en su casa hasta el día siguiente. Así lo hicieron, pero estaban los padres y parientes de

---

[1]le dijo (forma arcaica)   [2]familiares   [3]complemento indirecto de **vos (vosotras),** utilizado aquí como forma singular de cortesía   [4]carácter   [5]joven   [6]forma imperativa de **vos (vosotros)**   [7]aprobación   [8]*good match*
[9]Se fue (forma arcaica)   [10]rechazaros   [11]insistís

40 los novios con mucho miedo, temiendo que al otro día le encontrarían a él muerto o malherido.

En cuanto se quedaron solos en su casa se sentaron a la mesa, más antes que ella abriera la boca miró el novio alrededor de sí, vio un perro y le dijo muy airadamente:[12]

45 —¡Perro, danos agua a las manos!

El perro no lo hizo. El mancebo comenzó a enfadarse y a decirle aún con más enojo que les diese agua a las manos. El perro no lo hizo. Al ver el mancebo que no lo hacía, se levantó de la mesa muy enfadado, sacó la espada y se dirigió al perro. Cuando el perro le vio venir empezó a huir y el mozo a perseguirle, saltando ambos 50 sobre los muebles y el fuego, hasta que lo alcanzó y le cortó la cabeza y las patas y lo hizo pedazos, ensangrentando toda la casa.

Muy enojado y lleno de sangre se volvió a sentar y miró alrededor. Vio entonces un gato, al cual le dijo que les diese agua a las manos. Como no lo hizo, volvió a decirle:

55 —¿Cómo, traidor, no has visto lo que hice con el perro porque no quiso obedecerme? Te aseguro que, si un poco o más conmigo porfías,[13] lo mismo haré contigo que hice con el perro.

El gato no lo hizo, pues tiene tan poca costumbre de dar agua a las manos como el perro. Viendo que no lo hacía, se levantó el mancebo, lo cogió por las patas, dio 60 con él en la pared y lo hizo pedazos con mucha más rabia que al perro. Muy indignado y con la faz[14] torva[15] se volvió a la mesa y miró a todas partes. La mujer, que le veía hacer esto, creía que estaba loco y no le decía nada.

Cuando hubo mirado por todas partes vio un caballo que tenía en su casa, que era el único que poseía, y le dijo lleno de furor que les diese agua a las manos. El 65 caballo no lo hizo. Al ver el mancebo que no lo hacía, le dijo al caballo:

—¿Cómo, don caballo? ¿Pensáis que porque no tengo otro caballo os dejaré hacer lo que queráis? Desengañaos,[16] que si por vuestra mala ventura no hacéis lo que os mando, juro a Dios que os he de dar tan mala muerte como a los otros; y no hay en el mundo nadie que a mí me desobedezca con el que yo no haga otro tanto.[17]

70 El caballo se quedó quieto. Cuando vio el mancebo que no le obedecía, se fue a él y le cortó la cabeza y lo hizo pedazos. Al ver la mujer que mataba el caballo, aunque no tenía otro, y que decía que lo mismo haría con todo el que le desobedeciera, comprendió que no era una broma, y le entró tanto miedo que ya no sabía si estaba muerta o viva.

75 Bravo, furioso y ensangrentado se volvió el marido a la mesa, jurando[18] que si hubiera en casa más caballos, hombres o mujeres que le desobedecieran, los mataría a todos. Se sentó y miró a todas partes, teniendo la espada llena de sangre entre las rodillas.

Cuando hubo mirado a un lado y a otro sin ver a ninguna otra criatura viviente, 80 volvió los ojos muy airadamente hacia su mujer y le dijo con furia, la espada en la mano:

—Levántate y dame agua a las manos.

La mujer, que esperaba de un momento a otro ser despedazada, se levantó muy de prisa y le dio agua a las manos.

85 Díjole el marido:

[12]furiosamente [13]discutes [14]cara [15]amenazadora [16]*Realize the truth* [17]otro... lo mismo [18]amenazando

—¡Ah, cómo agradezco a Dios el que hayas hecho lo que te mandé! Si no, por el enojo que me han causado esos majaderos,[19] hubiera hecho contigo lo mismo.

Después le mandó que le diese de comer. Hízolo[20] la mujer. Cada vez que le mandaba una cosa, lo hacía con tanto enfado y tal tono de voz que ella creía que su cabeza andaba por el suelo. Así pasaron la noche los dos, sin hablar la mujer, pero haciendo siempre lo que él mandaba. Se pusieron a dormir y, cuando ya habían dormido un rato, le dijo el mancebo:

—Con la ira que tengo no he podido dormir bien esta noche; ten cuidado de que no me despierte nadie mañana y de prepararme un buen desayuno.

A media mañana los padres y parientes de los dos fueron a la casa, y, al no oír a nadie, temieron que el novio estuviera muerto o herido. Viendo por entre las puertas a ella y no a él, se alarmaron más. Pero cuando la novia les vio a la puerta se les acercó silenciosamente y les dijo con mucho miedo:

—Pillos, granujas,[21] ¿qué hacéis ahí? ¿Cómo os atrevéis a llegar a esta puerta ni a rechistar[22]? Callad, que si no, todos seremos muertos.

Cuando oyeron esto se llenaron de asombro. Al enterarse de cómo habían pasado la noche, estimaron en mucho al mancebo, que sí había sabido, desde el principio, gobernar su casa. Desde aquel día en adelante fue la muchacha muy obediente y vivieron juntos con mucha paz.

A los pocos días el suegro[23] quiso hacer lo mismo que el yerno[24] y mató un gallo que no obedecía. Su mujer le dijo:

—La verdad, don Fulano, que te has acordado tarde, pues ya de nada te valdrá matar cien caballos; antes tendrías que haber empezado, que ahora te conozco.

Vos, señor conde, si ese deudo vuestro quiere casarse con esa mujer y es capaz de hacer lo que hizo este mancebo, aconsejadle que se case, que él sabrá cómo gobernar su casa, pero si no fuere[25] capaz de hacerlo, dejadle que sufra su pobreza sin querer salir de ella. Y aun os aconsejo que a todos los que hubieren[26] de tratar con vos les deis a entender desde el principio cómo han de portarse.

El conde tuvo este consejo por bueno, obró según él y le salió muy bien.

Como don Juan vio que este cuento era bueno, lo hizo escribir en este libro y compuso unos versos que dicen así:

> Si al principio no te muestras cómo eres,
> no podrás hacerlo cuando tú quisieres.[27]

---

[19]necios [20]Lo hizo [21]Pillos... (fig.) Maliciosos [22]intentar hablar [23]padre de la mujer [24]marido de la hija
[25]futuro de subjuntivo (forma arcaica) de **ser** [26]futuro de subjuntivo de **haber** [27]futuro de subjuntivo de **querer**

Cuestionario

1. ¿Cuál es el formato de los cuentos de *El conde Lucanor*?
2. ¿Cuál es el problema que tiene el conde Lucanor en este cuento?
3. ¿Por qué quiere el mozo casarse con la mujer brava?
4. ¿Cómo se crea el suspenso en el ejemplo?
5. ¿Cómo se emplea el paralelismo en la acción del ejemplo?
6. ¿Cuál es el punto decisivo del cuento? ¿el clímax? ¿el desenlace?
7. ¿En qué sentido es didáctico el cuento, o sea, qué nos enseña?
8. ¿Quién es el narratario del cuento?

Identificaciones

1. Patronio
2. el ejemplo
3. «Danos agua a las manos.»
4. don Juan
5. la moraleja

Temas

1. El caso de la mujer brava es una convención literaria común. ¿Qué otros ejemplos de esta clase hay en la literatura universal?
2. La ironía en el ejemplo (entendiendo por *ironía* la inversión de lo esperado o previsto)
3. La importancia del diálogo en el cuento
4. La presentación de los personajes

RICARDO PALMA

Vida y obra

Ricardo Palma nació en Lima, Perú, ciudad donde pasó la mayor parte de su vida. Abandonó los estudios universitarios para dedicarse a la literatura, al periodismo y a la política. Sus ideas liberales y anticlericales le costaron tres años de exilio político en Chile (1860–1863). A su retorno al Perú, el nuevo gobierno le envió de cónsul al Brasil, estancia (*sojourn*) tras la cual viajó a Francia, España y los Estados Unidos. Ocupó varios cargos (*posts, positions*) gubernamentales que le dejaron muy decepcionado (*disappointed*), induciéndole a retirarse de la vida política y dedicarse a las letras. Fue director de la Biblioteca Nacional que él hizo reconstruir después de la guerra del Pacífico (1879–1883) entre su país y Chile. Palma logró recobrar y coleccionar muchos de los manuscritos que se habían librado (*had been saved*) del fuego y del saqueo (*plundering*) de las tropas chilenas, conservando así el pasado histórico y la cultura de su tierra. Aunque como dramaturgo (*La hermana del verdugo,* 1851) y poeta romántico (*Poesías,* 1877) su obra es de escasa (*little*) importancia, Palma sobresalió como ensayista (*Anales de la Inquisición en Lima,* 1863; *La bohemia de mi tiempo,* 1887). Con todo (*Even so*), su renombre se debe principalmente a sus *Tradiciones peruanas,* que escribió intermitentemente entre 1872 y 1910.

El autor y su contexto

Palma vivió en una época en la que un creciente número de escritores hispanoamericanos exigían (*demanded*) drásticas reformas sociales y políticas en sus respectivos países. En el Perú, las obras revolucionarias e izquierdistas (*leftist*) de Manuel González Prada (1848–1918) denunciaban un pasado opresivo e intolerable que había sido la causa de la peor forma de injusticia social en su país. Palma, amante de la rica historia cultural de su patria, sostuvo intensas polémicas con González Prada e «iluminó románticamente» el pasado peruano inaugurando un nuevo género narrativo, la *tradición,* especie de relato en el que se funden anécdota, documento histórico, cuadro de costumbres, sátira social y pura ficción. La estructura de las tradiciones varía mucho en cuanto a la extensión de las obras y el asunto tratado, pero siempre depende del humorismo, de un suspenso sostenido y de un desenlace sorpresivo. El ambiente geográfico e histórico abarca todo el Perú y las épocas que van desde los incas precolombinos (*pre-Columbian; before the discovery of America*) hasta los días en que vivió el propio Palma. Los personajes comprenden la gama (*range*) entera de tipos sociales. La temática de la tradición es variada e incierta (*unpredictable*): puede ser inspirada por un suceso histórico, por la vida de un santo, por unos versos o por el relato de un misionero y, en el caso de «La camisa de Margarita», por un simple refrán (*saying*) popular.

La camisa de Margarita

Probable es que algunos de mis lectores hayan oído decir a las viejas de Lima, cuando quieren ponderar lo subido de precio de un artículo:

—¡Qué! Si esto es más caro que la camisa de Margarita Pareja.

Habríame quedado con la curiosidad de saber quién fue esa Margarita, cuya
5 camisa anda en lenguas, si en *La América,* de Madrid, no hubiera tropezado con[1] un artículo firmado por don Ildefonso Antonio Bermejo (autor de un notable libro sobre el Paraguay), quien, aunque muy a la ligera,[2] habla de la niña y de su camisa, me puso en vía de desenredar el ovillo,[3] alcanzando a sacar en limpio la historia que van ustedes a leer.

I

10 Margarita Pareja era (por los años de 1765) la hija más mimada[4] de don Raimundo Pareja, caballero de Santiago y colector general del Callao.

La muchacha era una de esas limeñitas[5] que, por su belleza, cautivan al mismo diablo y lo hacen persignarse[6] y tirar piedras. Lucía un par de ojos negros que eran como dos torpedos cargados con dinamita y que hacían explosión sobre las entrete-
15 las[7] del alma de los galanes[8] limeños.

Llegó por entonces de España un arrogante mancebo, hijo de la coronada villa del oso y del madroño,[9] llamado don Luis Alcázar. Tenía éste en Lima un tío solterón y acaudalado,[10] aragonés[11] rancio[12] y linajudo,[13] y que gastaba más orgullo que los hijos del rey Fruela.[14]

[1]tropezado... hallado por casualidad [2]a... sin profundizar [3](*fig.*) cosa compleja [4]tratada con cuidado excesivo [5]señoritas de la ciudad de Lima [6]hacerse la señal de la cruz [7](*fig.*) lo íntimo del corazón [8]señores jóvenes y elegantes [9]la... Madrid, ciudad en cuyo escudo se ve un oso al lado de un árbol llamado *madroño* [10]rico [11]de Aragón, región de España [12]de familia antigua [13]aristócrata [14]rey... antiguo rey de Asturias, región del norte de España caracterizada por el orgullo de sus habitantes

20   Por supuesto que, mientras le llegaba la ocasión de heredar al tío, vivía nuestro don Luis tan pelado[15] como una rata y pasando la pena negra. Con decir que hasta sus trapicheos[16] eran al fiado y para pagar cuando mejorase de fortuna, creo que digo lo preciso.

    En la procesión de Santa Rosa conoció Alcázar a la linda Margarita. La 25 muchacha le llenó el ojo y le flechó el corazón. La echó flores,[17] y aunque ella no le contestó ni sí ni no, dio a entender con sonrisitas y demás armas del arsenal femenino que el galán era plato muy de su gusto. La verdad, como si me estuviera confesando, es que se enamoraron hasta la raíz del pelo.

    Como los amantes olvidan que existe la aritmética, creyó don Luis que para el 30 logro de sus amores no sería obstáculo su presente pobreza, y fue al padre de Margarita y, sin muchos perfiles,[18] le pidió la mano de su hija.

    A don Raimundo no le cayó en gracia la petición, y cortésmente despidió al postulante, diciéndole que Margarita era aún muy niña para tomar marido, pues, a pesar de sus diez y ocho mayos, todavía jugaba a las muñecas.

35   Pero no era ésta la verdadera madre del ternero.[19] La negativa nacía de que don Raimundo no quería ser suegro de un pobretón; y así hubo de decirlo en confianza a sus amigos, uno de los que fue con el chisme a don Honorato, que así se llamaba el tío aragonés. Este, que era más altivo que el Cid,[20] trinó[21] de rabia y dijo:

    —¡Cómo se entiende! ¡Desairar[22] a mi sobrino! Muchos se darían con un canto 40 en el pecho[23] por emparentar con el muchacho, que no le hay más gallardo en todo Lima. ¡Habráse visto insolencia de la laya[24]! Pero ¿adónde ha de ir conmigo ese colectorcito de mala muerte?

    Margarita, que se anticipaba a su siglo, pues era nerviosa como una damisela de hoy, gimoteó,[25] y se arrancó el pelo, y tuvo pataleta,[26] y si no amenazó con enve-45 nenarse fue porque todavía no se habían inventado los fósforos.

    Margarita perdía colores y carnes, se desmejoraba a vista de ojos, hablaba de meterse monja y no hacía nada en concierto.

    —¡O de Luis o de Dios! —gritaba cada vez que los nervios se le sublevaban, lo que acontecía una hora sí y otra también.

50   Alarmóse el caballero santiagués,[27] llamó físicos y curanderas, y todos declararon que la niña tiraba a tísica[28] y que la única melecina[29] salvadora no se vendía en la botica.

    O casarla con el varón de su gusto, o encerrarla en el cajón[30] de palma y corona.[31] Tal fue el *ultimátum* médico.

55   Don Raimundo (¡al fin padre!), olvidándose de coger capa y bastón, se encaminó como loco a casa de don Honorato, y le dijo:

    —Vengo a que consienta usted en que mañana mismo se case su sobrino con Margarita, porque si no la muchacha se nos va por la posta.[32]

---

[15](fig.) pobre   [16]medios de buscar recursos   [17](fig.) *flattering compliments*   [18]sin... *without beating around the bush*   [19]verdadera... *true mother of the calf;* (fig.) verdadera razón de la decisión   [20]Rodrigo Díaz de Vivar (siglo XI), héroe nacional de España y protagonista del poema épico nacional, el *Poema del Cid*   [21]se enfureció [22]Despreciar   [23]se... harían cualquier cosa   [24]de... de este tipo   [25]gimió, lloró   [26]convulsión (por lo general fingida)   [27]de la orden militar de Santiago, fundada en el siglo XII   [28]tiraba... tenía propensión a la tuberculosis [29]forma coloquial de **medicina**   [30]sepultura   [31]de... en estado de virgen   [32]se... se nos muere muy rápido

—No puede ser —contestó con desabrimiento[33] el tío—. Mi sobrino es un *po-*
60 *bretón,* y lo que usted debe buscar para su hija es un hombre que varee[34] la plata.

El diálogo fue borrascoso.[35] Mientras más rogaba don Raimundo, más se subía
el aragonés a la parra,[36] y ya aquél iba a retirarse desahuciado,[37] cuando don Luis,
terciando[38] en la cuestión, dijo:

—Pero, tío, no es de cristianos que matemos a quien no tiene la culpa.

65 —¿Tú te das por satisfecho?

—De todo corazón, tío y señor.

—Pues bien, muchacho, consiento en darte gusto; pero con una condición, y es
ésta: don Raimundo me ha de jurar ante la Hostia[39] consagrada que no regalará un
ochavo[40] a su hija ni la dejará un real[41] en la herencia.

70 Aquí se entabló[42] nuevo y más agitado litigio.

—Pero, hombre —arguyó don Raimundo—, mi hija tiene veinte mil duros[43] de
dote.[44]

—Renunciamos a la dote. La niña vendrá a casa de su marido nada más que
con lo encapillado.[45]

75 —Concédame usted entonces obsequiarla los muebles y el ajuar[46] de novia.

—Ni un alfiler. Si no acomoda,[47] dejarlo y que se muera la chica.

—Sea usted razonable, don Honorato. Mi hija necesita llevar siquiera una
camisa para reemplazar la puesta.

—Bien; paso por esa funda para que no me acuse de obstinado. Consiento en
80 que le regale la camisa de novia, y san se acabó.[48]

Al día siguiente don Raimundo y don Honorato se dirigieron muy de mañana a
San Francisco, arrodillándose para oír misa, y, según lo pactado, en el momento en
que el sacerdote elevaba la Hostia divina, dijo el padre de Margarita:

—Juro no dar a mi hija más que la camisa de novia. Así Dios me condene si
85 perjurare.

II

Y don Raimundo Pareja cumplió *ad pedem litterae*[49] su juramento, porque ni
en vida ni en muerte dio después a su hija cosa que valiera un maravedí.

Los encajes[50] de Flandes que adornaban la camisa de la novia costaron dos mil
setecientos duros, según lo afirma Bermejo, quien parece copió este dato de las
90 *Relaciones secretas* de Ulloa y don Jorge Juan.[51]

Item, el cordoncillo que ajustaba al cuello era una cadeneta de brillantes, va-
lorizada en treinta mil morlacos.[52]

Los recién casados hicieron creer al tío aragonés que la camisa a lo más valdría
una onza;[53] porque don Honorato era tan testarudo,[54] que, a saber lo cierto, habría
95 forzado al sobrino a divorciarse.

Convengamos en que fue muy merecida la fama que alcanzó la camisa nupcial
de Margarita Pareja.

---

[33]falta de interés   [34](*inf.:* **varear**) *measures out*   [35]violento   [36]se... se obstinaba   [37]sin esperanza   [38]metién-
dose   [39]*Eucharistic bread*   [40]moneda antigua   [41]moneda española equivalente a 25 centavos   [42]se... empezó
[43]monedas españolas equivalentes a 5 pesetas   [44]*dowry*   [45]lo... la ropa que lleva puesta   [46]conjunto de joyas,
ropa, etcétera, que lleva la novia al matrimonio   [47]Si... Si no está de acuerdo   [48]san... eso es todo   [49]*ad...* al
pie de la letra (latín)   [50]*lace*   [51]*Relaciones...* dos comentarios sobre la América del siglo XVIII   [52]monedas de
plata   [53]moneda antigua   [54]terco, obstinado

Cuestionario

1. ¿Cuál es el pretexto del cuento, o sea, qué se va a explicar en él?
2. ¿Quién es Margarita Pareja? ¿Cómo es ella?
3. ¿Quién es don Luis Alcázar?
4. ¿Con qué propósito va don Luis a la casa de don Raimundo?
5. ¿Cómo reacciona don Raimundo? ¿Y el tío de don Luis?
6. ¿Qué le pasa a Margarita?
7. ¿Qué hace el padre de Margarita para remediar la situación?
8. ¿Qué condiciones impone el tío de don Luis?
9. ¿Cuál es el clímax del cuento?

Identificaciones

1. limeño
2. «la villa del oso y del madroño»
3. «más orgulloso que los hijos del rey Fruela»
4. don Honorato
5. la dote

Temas

1. La presentación de los personajes del cuento
2. El tema del amor frente al orgullo
3. La ironía del cuento
4. Los elementos sociohistóricos de este ejemplo de las *Tradiciones peruanas*

EMILIA PARDO BAZAN

Vida y obra

La condesa (*countess*) Emilia Pardo Bazán (1851–1921) nació en La Coruña, España. Fue una mujer muy culta (*learned*) Desempeñó varios cargos importantes, entre ellos los de profesora de literaturas neolatinas (*Romance literature*) en la Universidad de Madrid —cátedra (*chair*) creada expresamente para ella— y de consejera de Instrucción Pública. Pasó su juventud en su *pazo* (*ancestral palace*), pero después de casarse se trasladó con su marido a Madrid y a París. Pocos años después de regresar a España, dejó a su esposo y se estableció en la capital. Allí se dedicó al estudio de la literatura francesa contemporánea, colaboró en periódicos madrileños y dio tertulias literarias en su casa. Escribió cuentos, novelas, poesía, libros de viajes, estudios sociales, crítica histórica y crítica social. Lo mejor de su producción lo constituyen las novelas que tratan de la vida y costumbres de Galicia, su región natal. Entre éstas cabe mencionar su obra maestra *Los pazos de Ulloa*

(1886) y su secuela *La Madre Naturaleza* (1887). Entre sus numerosos libros de cuentos se destacan los de ambiente regional, siendo el mejor de ellos *Cuentos de la tierra.* Hay que indicar asimismo *La cuestión palpitante* (1883), estudio literario muy significativo sobre el movimiento naturalista francés.

La autora y su contexto

Pardo Bazán se distingue, ante todo, por haber introducido en la literatura española el naturalismo, movimiento literario originado en Francia por Emile Zola (1840–1902). Por lo tanto, lo que se nota en su producción novelística y cuentística es el énfasis en la representación minuciosa y científica —casi fotográfica— de la realidad. Se percibe también la preferencia por los aspectos más feos y desagradables de la vida con el fin de demostrar cómo los males heredados (*inherited*) y un medio ambiente hostil acaban por destruir al ser humano. No obstante (*In spite of*) el efecto algo mitigante de las creencias católicas de la escritora, de su origen aristocrático y su amor por el paisaje, costumbres y lenguaje pintorescos (*colorful, picturesque*) de su región natal, sus escritos más representativos manifiestan los rasgos distintivos del naturalismo (ver Apéndice 3). En *Los pazos de Ulloa* y *La Madre Naturaleza,* así como en el cuento a continuación, «Las medias rojas», la autora utiliza a los personajes y sus circunstancias para estudiar las condiciones sociales a través de situaciones sórdidas, detalles minuciosos e insinuaciones destinadas a convencer al lector de que la humanidad es víctima de un destino implacable y cruel.

Las medias rojas

Cuando la rapaza[1] entró, cargada con el haz de leña[2] que acababa de merodear[3] en el monte del señor amo, el tío[4] Clodio no levantó la cabeza, entregado a la ocupación de picar[5] un cigarro, sirviéndose, en vez de navaja, de una uña córnea[6] color de ámbar oscuro, porque la había tostado el fuego de las apuradas colillas.[7]

5 Ildara soltó el peso en tierra y se alisó[8] el cabello, peinado a la moda «de las señoritas» y revuelto por los enganchones[9] de las ramillas que se agarraban[10] a él. Después, con la lentitud de las faenas[11] aldeanas, preparó el fuego, lo prendió, desgarró[12] las berzas,[13] las echó en el pote[14] negro, en compañía de unas patatas mal troceadas[15] y de unas judías[16] asaz[17] secas, de la cosecha anterior, sin remojar. Al 10 cabo de estas operaciones, tenía el tío Clodio liado[18] su cigarrillo, y lo chupaba[19] desgarbadamente,[20] haciendo en los carrillos[21] dos hoyos[22] como sumideros,[23] grises, entre lo azuloso de la descuidada barba.

Sin duda la leña estaba húmeda de tanto llover la semana entera, y ardía mal, soltando una humareda acre;[24] pero el labriego[25] no reparaba: al humo, ¡bah!, es- 15 taba él bien hecho desde niño. Como Ildara se inclinase para soplar y activar la llama, observó el viejo cosa más insólita:[26] algo de color vivo, que emergía de las remendadas y encharcadas[27] sayas[28] de la moza… Una pierna robusta, aprisionada en una media roja, de algodón…

[1]muchacha   [2]haz… *bundle of brushwood or kindling*   [3]recoger   [4]aquí, tratamiento dado al hombre entrado en edad en los pueblos   [5]cortar   [6]dura y curvada   [7]extremo que queda de los cigarros   [8]se… se alisó el pelo con la mano   [9]efecto de prenderse accidentalmente la cabellera en un gancho (*hook*)   [10]se… *were held together* [11]trabajos   [12]separó en pedazos   [13]*heads of cabbage*   [14]*pot*   [15]divididas en pedazos   [16]*beans*   [17]bastante   [18]*rolled up*   [19]*sucked*   [20]*ungainly*   [21]mejillas   [22]*dimples*   [23]*sewers*   [24]humareda… humo fuerte que hace toser   [25]labrado   [26]extraordinaria   [27]mojadas   [28]faldas

—¡Ey! ¡Ildara!

20 —¡Señor padre!

—¿Qué novidá[29] es ésa?

—¿Cuál novidá?

—¿Ahora me gastas medias, como la hirmán[30] del abade[31]?

Incorporóse[32] la muchacha, y la llama, que empezaba a alzarse,[33] dorada, lame-
25 dora[34] de la negra panza del pote,[35] alumbró su cara redonda, bonita, de facciones
pequeñas, de boca apetecible, de pupilas claras, golosas de vivir.

—Gasto medias, gasto medias —repitió, sin amilanarse—.[36] Y si las gasto, no
se las debo a ninguén.[37]

—Luego nacen los cuartos[38] en el monte —insistió el tío Clodio con ame-
30 nazadora sorna.[39]

—¡No nacen!… Vendí al abade unos huevos, que no dirá menos él… Y con eso
merqué[40] las medias.

Una luz de ira cruzó por los ojos pequeños, engarzados[41] en duros párpados,
bajo cejas hirsutas, del labrador… Saltó del banco donde estaba escarranchado,[42] y
35 agarrando a su hija por los hombros, la zarandeó[43] brutalmente, arrojándola contra
la pared, mientras barbotaba:[44]

—¡Engañosa! ¡Engañosa! ¡Cluecas[45] andan las gallinas que no ponen!

Ildara, apretando los dientes por no gritar de dolor, se defendía la cara con las
manos. Era siempre su temor de mociña[46] guapa y requebrada,[47] que el padre la
40 mancase,[48] como le había sucedido a la Mariola, su prima, señalada por su propia
madre en la frente con el aro de la criba,[49] que le desgarró los tejidos. Y tanto más
defendía su belleza, hoy que se acercaba el momento de fundar en ella un sueño de
porvenir. Cumplida la mayor edad, libre de la autoridad paterna, la esperaba el
barco, en cuyas entrañas[50] tantos de su parroquia y de las parroquias circunvecinas
45 se habían ido hacia la suerte, hacia lo desconocido de los lejanos países donde el
oro rueda por las calles y no hay sino bajarse para cogerlo. El padre no quería
emigrar, cansado de una vida de labor, indiferente a la esperanza tardía: pues que se
quedase él… Ella iría sin falta; ya estaba de acuerdo con el gancho,[51] que le ade-
lantaba los pesos para el viaje, y hasta le había dado cinco de señal,[52] de los cuales
50 habían salido las famosas medias… Y el tío Clodio, ladino,[53] sagaz, adivinador o
sabedor, sin dejar de tener acorralada[54] y acosada[55] a la moza, repetía:

—Ya te cansaste de andar descalza[56] de pie y pierna, como las mujeres de bien,
¿eh, condenada? ¿Llevó medias alguna vez tu madre? ¿Peinóse como tú, que siempre estás dale que tienes con el cacho de espejo[57]? Toma, para que te acuerdes…

55 Y con el cerrado puño hirió primero la cabeza, luego el rostro, apartando las
medrosas manecitas, de forma no alterada aún por el trabajo, con que se escudaba[58]

---

[29]forma regional de **novedad**   [30]hermana   [31]cura   [32]Se levantó   [33]subir   [34]*licking*   [35]panza… parte más
ancha del recipiente   [36]asustarse   [37]forma regional de **nadie**   [38]dinero   [39]malicia   [40](*inf.:* **mercar**) compré
[41]fijados   [42]*with legs spread apart*   [43]sacudió con violencia   [44]decía entre dientes   [45]*Broody* (que se echa
sobre los huevos para empollarlos)   [46]muchacha   [47]cortejada   [48]la… la hiriera dejándole una marca permanente   [49]aro… *ring of a sieve*   [50]en… en cuyo interior   [51]*middleman*   [52]de… *as honest money*   [53](*fig.*) as-
tuto   [54]*cornered*   [55]atacada   [56]sin zapatos   [57]estás… estás peinándote una y otra vez delante de un pedazo
de espejo   [58]protegía

Ildara, trémula. El cachete más violento cayó sobre un ojo, y la rapaza vio, como un cielo estrellado, miles de puntos brillantes envueltos en una radiación de intensos coloridos sobre un negro terciopeloso.[59] Luego, el labrador aporreó[60] la nariz,
60 los carrillos. Fue un instante de furor, en que sin escrúpulo la hubiese matado, antes que verla marchar, dejándole a él solo, viudo, casi imposibilitado de cultivar la tierra que llevaba en arriendo,[61] que fecundó con sudores tantos años, a la cual profesaba un cariño maquinal, absurdo. Cesó al fin de pegar; Ildara, aturdida de espanto, ya no chillaba[62] siquiera.

65 Salió fuera, silenciosa, y en el regato[63] próximo se lavó la sangre. Un diente bonito, juvenil, le quedó en la mano. Del ojo lastimado, no veía.

Como que el médico, consultado tarde y de mala gana, según es uso de labriegos, habló de un desprendimiento[64] de la retina, cosa que no entendió la muchacha, pero que consistía... en quedarse tuerta.[65]

70 Y nunca más el barco la recibió en sus concavidades para llevarla hacia nuevos horizontes de holganza[66] y lujo. Los que allá vayan, han de ir sanos, válidos, y las mujeres, con sus ojos alumbrando y su dentadura completa...

---

[59]velvety   [60]golpeó   [61]en... alquilada   [62]gritaba   [63]charco *Puddle*   [64]detachment   [65]sin vista en un ojo   [66]placer

Cuestionario

1. ¿Qué está haciendo Ildara al comienzo del cuento?
2. ¿Cómo se presenta al tío Clodio en la primera parte del cuento?
3. ¿En qué se fija el tío Clodio? ¿Cómo reacciona éste?
4. ¿De qué tiene miedo Ildara?
5. ¿Qué planes tiene Ildara para el futuro?
6. ¿Qué le hace el padre a su hija?
7. ¿Cómo afecta esto los planes de Ildara?

Identificaciones

1. «la hirmán del abade»
2. la Mariola
3. el médico

Temas

1. Los motivos de los dos personajes
2. La presentación de la situación y su significación temática
3. La ironía trágica del cuento

Julio Cortazar
Vida y obra

El escritor argentino Julio Cortázar (1914–1984) nació en Bruselas, Bélgica (*Belgium*), donde su padre desempeñaba varios cargos diplomáticos. A raíz de (*Soon after*) la primera guerra mundial (1914–1918), la familia volvió a la Argentina, donde Cortázar obtuvo el título de maestro de escuela secundaria. Por algunos años se dedicó a la enseñanza. Siendo profesor en la Universidad de Cuyo, en Mendoza, renunció a este cargo para mostrar su oposición al régimen neofascista de Juan Domingo Perón (1895–1974). Antes de marcharse a París en 1951, fue traductor de francés e inglés en varias editoriales (*publishing houses*) argentinas. En Francia fue traductor independiente de la UNESCO (*United Nations Educational, Scientific, and Cultural Organization*), reservando ocho meses al año para sus actividades literarias. Participó activamente en los asuntos políticos de Latinoamérica, y siempre apoyó las causas sociales. En cierta ocasión donó a un frente popular chileno el dinero obtenido en uno de sus premios. Entre sus cuentos más celebrados se hallan «Final del juego» (1956), «Las armas secretas» (1959), «Historias de cronopios y famas» (1962), «Todos los fuegos el fuego» (1966) y «Deshoras» (1983). Sus novelas incluyen *Rayuela* (1963) y *62—modelo para armar* (1968). Entre sus ensayos cabe mencionar *Instrucciones para subir una escalera* (1962), *La vuelta al día en ochenta mundos* (1967) y *Nicaragua tan violentamente dulce* (1983).

El autor y su contexto

Cortázar se destaca por su rol de innovador de la narrativa argentina e hispanoamericana. Su obra —influenciada por la literatura de lo absurdo, sobre todo por la surrealista, la cual se enfoca en los aspectos subconscientes e irracionales de la existencia humana (ver Apéndice 3)— está compuesta en una forma aparentemente disparatada (*nonsensical*). El autor viola constantemente las convenciones literarias: rompe con el concepto cronológico del tiempo, mezcla lo real con lo ficticio, junta lo cómico con lo trágico, emplea simultáneamente varios planos de la realidad y usa a menudo los sueños. No vacila (*hesitate*) en inventar palabras ni en intercalar (*to insert*) palabras o frases en francés o inglés. También emplea frecuentemente el monólogo interior, a través del cual revela más íntimamente la excentricidad de sus personajes narradores. Sin embargo, debajo de la forma irracional, *lúdica,* de sus escritos —o sea, debajo del juego medio loco del autor con el lector— se descubre que la incoherencia es más aparente que real. Se concluye al final que este escritor, que se sintió tan argentino pero que prefirió vivir lejos de su país; que apoyó el comunismo, predicando a la vez la libertad individual; que trató humorísticamente los aspectos más serios de la vida, fue en el fondo un ser muy perplejo, atormentado por la angustia existencial. Según uno de sus intérpretes, Cortázar ha creado con su obra enigmática, juguetona (*playful*), que ofrece varias posibilidades de lectura, una especie de corralito para niños (*playpen*). Dentro de éste, autor y lector pueden moverse y explorar el mundo, sin ninguna restricción.

La noche boca arriba

Y salían en ciertas épocas a cazar enemigos; le llamaban la guerra florida.[1]

A mitad del largo zaguán[2] del hotel pensó que debía ser tarde, y se apuró[3] a salir a la calle y sacar la motocicleta del rincón donde el portero de al lado le permitía guardarla. En la joyería de la esquina vio que eran las nueve menos diez; llegaría con tiempo sobrado[4] adonde iba. El sol se filtraba entre los altos edificios del cen-
5 tro, y él —porque para sí mismo, para ir pensando, no tenía nombre— montó en la máquina saboreando el paseo. La moto ronroneaba entre sus piernas, y un viento fresco le chicoteaba[5] los pantalones.

Dejó pasar los ministerios (el rosa, el blanco) y la serie de comercios con brillantes vitrinas[6] de la calle Central. Ahora entraba en la parte más agradable del
10 trayecto, el verdadero paseo: una calle larga, bordeada de árboles, con poco tráfico y amplias villas que dejaban venir los jardines hasta las aceras, apenas demarcadas por setos[7] bajos. Quizá algo distraído, pero corriendo sobre la derecha como correspondía, se dejó llevar por la tersura,[8] por la leve crispación[9] de ese día apenas empezado. Tal vez su involuntario relajamiento le impidió prevenir el accidente.
15 Cuando vio que la mujer parada en la esquina se lanzaba a la calzada a pesar de las luces verdes, ya era tarde para las soluciones fáciles. Frenó con el pie y la mano, desviándose a la izquierda; oyó el grito de la mujer, y junto con el choque perdió la visión. Fue como dormirse de golpe.

Volvió bruscamente del desmayo. Cuatro o cinco hombres jóvenes lo estaban
20 sacando de debajo de la moto. Sentía gusto a sal y sangre, le dolía una rodilla, y cuando lo alzaron gritó, porque no podía soportar la presión en el brazo derecho. Voces que no parecían pertenecer a las caras supendidas sobre él, lo alentaban[10] con bromas y seguridades. Su único alivio fue oír la confirmación de que había estado en su derecho al cruzar la esquina. Preguntó por la mujer, tratando de dominar la
25 náusea que le ganaba la garganta. Mientras lo llevaban boca arriba hasta una farmacia próxima, supo que la causante del accidente no tenía más que rasguños[11] en las piernas. «Usté la agarró apenas, pero el golpe le hizo saltar la máquina de costado…» Opiniones, recuerdos, despacio, éntrenlo de espaldas, así va bien, y alguien con guardapolvo[12] dándole a beber un trago que lo alivió, en la penumbra de
30 una pequeña farmacia de barrio.

La ambulancia policial llegó a los cinco minutos, y lo subieron a una camilla blanda donde pudo tenderse a gusto. Con toda lucidez, pero sabiendo que estaba bajo los efectos de un shock terrible, dio sus señas al policía que lo acompañaba. El brazo casi no le dolía; de una cortadura en la ceja goteaba sangre por toda la cara.
35 Una o dos veces se lamió los labios para beberla. Se sentía bien, era un accidente, mala suerte; unas semanas quieto y nada más. El vigilante le dijo que la motocicleta no parecía muy estropeada. «Natural», dijo él. «Como que me la ligué encima…» Los dos se rieron, y el vigilante le dio la mano al llegar al hospital y le deseó buena

[1]guerra… guerra ritual en la que los aztecas buscaban víctimas para sus sacrificios [2]vestíbulo, pasillo [3]dio prisa [4]tiempo… más tiempo de lo que se necesita [5]*whipped* [6]*display windows* [7]*hedges* [8]transparencia [9]*edginess* [10]animaban [11]*scratches* [12]*dustcoat*

suerte. Ya la náusea volvía poco a poco; mientras lo llevaban en una camilla de
40 ruedas hasta un pabellón del fondo, pasando bajo árboles llenos de pájaros, cerró
los ojos y deseó estar dormido o cloroformado. Pero lo tuvieron largo rato en una
pieza con olor a hospital, llenando una ficha, quitándole la ropa y vistiéndolo con
una camisa grisácea y dura. Le movían cuidadosamente el brazo, sin que le doliera.
Las enfermeras bromeaban todo el tiempo, y si no hubiera sido por las contrac-
45 ciones del estómago se habría sentido muy bien, casi contento.

Lo llevaron a la sala de radio, y veinte minutos después, con la placa todavía
húmeda puesta sobre el pecho como una lápida[13] negra, pasó a la sala de operaciones. Alguien de blanco, alto y delgado, se le acercó y se puso a mirar la radiografía. Manos de mujer le acomodaban la cabeza, sintió que lo pasaban de una
50 camilla a otra. El hombre de blanco se le acercó otra vez, sonriendo, con algo que
le brillaba en la mano derecha. Le palmeó la mejilla e hizo una señal a alguien
parado atrás.

Como sueño era curioso porque estaba lleno de olores y él nunca soñaba olores.
Primero un olor a pantano, ya que a la izquierda de la calzada empezaban las maris-
55 mas,[14] los tembladerales[15] de donde no volvía nadie. Pero el olor cesó, y en cambio
vino una fragancia compuesta y oscura como la noche en que se movía huyendo de
los aztecas. Y todo era tan natural, tenía que huir de los aztecas que andaban a caza
de hombre, y su única probabilidad era la de esconderse en lo más denso de la
selva, cuidando de no apartarse de la estrecha calzada que sólo ellos, los motecas,[16]
60 conocían.

Lo que más le torturaba era el olor, como si aun en la absoluta aceptación del
sueño algo se rebelara contra eso que no era habitual, que hasta entonces no había
participado del juego. «Huele a guerra», pensó, tocando instintivamente el puñal
de piedra atravesado en su ceñidor[17] de lana tejida. Un sonido inesperado lo hizo
65 agacharse[18] y quedar inmóvil, temblando. Tener miedo no era extraño, en sus
sueños abundaba el miedo. Esperó, tapado por las ramas de un arbusto y la noche
sin estrellas. Muy lejos, probablemente del otro lado del gran lago, debían estar
ardiendo fuegos de vivac;[19] un resplandor rojizo teñía esa parte del cielo. El
sonido no se repitió. Había sido como una rama quebrada. Tal vez un animal que
70 escapaba como él del olor de la guerra. Se enderezó despacio, venteando. No se
oía nada, pero el miedo seguía allí como el olor, ese incienso dulzón de la guerra
florida. Había que seguir, llegar al corazón de la selva evitando las ciénagas.[20] A
tientas,[21] agachándose a cada instante para tocar el suelo más duro de la calzada,
dio algunos pasos. Hubiera querido echar a correr, pero los tembladerales palpita-
75 ban a su lado. Siguiendo el sendero en tinieblas, reanudó lentamente la fuga. Entonces sintió una bocanada horrible del olor que más temía, y saltó desesperado
hacia adelante.

—Se va a caer de la cama —dijo el enfermo de al lado—. No brinque tanto,
amigazo.

80 Abrió los ojos y era de tarde, con el sol ya bajo en los ventanales de la larga
sala. Mientras trataba de sonreír a su vecino, se despegó casi físicamente de la última visión de la pesadilla. El brazo, enyesado,[22] colgaba de un aparato con pesas[23]

---

[13]*tombstone* [14]*marshes* [15]*quagmires* [16]neologismo derivado de la combinación de **motocicleta** con la terminación **-eca,** propia de palabras indígenas de México, tal como **azteca** y **tolteca** [17]*cinturón* [18]*squat*
[19]*bivouac* [20]*swamps* [21]*A... Vacilantemente* [22]*cast in plaster* [23]*weights*

y poleas.[24] Sintió sed, como si hubiera estado corriendo kilómetros, pero no querían
darle mucha agua, apenas para mojarse los labios y hacer un buche.[25] La fiebre lo
iba ganando despacio y hubiera podido dormirse otra vez, pero saboreaba el placer
de quedarse despierto, entornados los ojos, escuchando el diálogo de los otros enfermos, respondiendo de cuando en cuando a alguna pregunta. Vio llegar un carrito
blanco que pusieron al lado de su cama, una enfermera rubia le frotó con alcohol la
cara anterior del muslo y le clavó una gruesa aguja conectada con un tubo que subía
hasta un frasco lleno de líquido opalino. Un médico joven vino con un aparato de
metal y cuero que le ajustó al brazo sano para verificar alguna cosa. Caía la noche,
y la fiebre lo iba arrastrando blandamente a un estado donde las cosas tenían un relieve como de gemelos de teatro,[26] eran reales y dulces y a la vez ligeramente re-
pugnantes; como estar viendo una película aburrida y pensar que sin embargo en la
calle es peor; y quedarse.

Vino una taza de maravilloso caldo de oro oliendo a puerro, a apio, a perejil.
Un trocito de pan, más precioso que todo un banquete, se fue desmigajando poco a
poco. El brazo no le dolía nada, y solamente en la ceja, donde lo habían suturado,
chirriaba[27] a veces una punzada[28] caliente y rápida. Cuando los ventanales de enfrente viraron[29] a manchas de un azul oscuro, pensó que no le iba a ser difícil
dormirse. Un poco incómodo, de espaldas. Pero al pasarse la lengua por los labios
resecos y calientes sintió el sabor del caldo, y suspiró de felicidad, abandonándose.

Primero fue una confusión, un atraer hacia sí todas las sensaciones por un instante embotadas o confundidas. Comprendía que estaba corriendo en plena oscuridad,
aunque arriba del cielo cruzado de copas de árboles era menos negro que el resto. «La
calzada», pensó. «Me salí de la calzada». Sus pies se hundían en un colchón de hojas
y barro, y ya no podía dar un paso sin que las ramas de los arbustos le azotaran el
torso y las piernas. Jadeante,[30] sabiéndose acorralado a pesar de la oscuridad y el silencio, se agachó para escuchar. Tal vez la calzada estaba cerca, con la primera luz
del día iba a verla otra vez. Nada podía ayudarlo ahora a encontrarla. La mano que
sin saberlo él aferraba[31] el mango del puñal, subió como el escorpión de los pantanos
hasta su cuello, donde colgaba el amuleto protector. Moviendo apenas los labios
musitó[32] la plegaria[33] del maíz que trae las lunas felices, y la súplica a la Muy Alta, a
la dispensadora de los bienes motecas. Pero sentía al mismo tiempo que los tobillos
se le estaban hundiendo despacio en el barro, y la espera en la oscuridad del chapa-
rral desconocido se le hacía insoportable. La guerra florida había empezado con la
luna y llevaba ya tres días y tres noches. Si conseguía refugiarse en el profundo de la
selva, abandonando la calzada más allá de la región de las ciénagas, quizá los guerreros no le siguieran el rastro. Pensó en los muchos prisioneros que ya habrían hecho.
Pero la cantidad no contaba, sino el tiempo sagrado. La caza continuaría hasta que los
sacerdotes dieran la señal del regreso. Todo tenía su número y su fin, y él estaba dentro del tiempo sagrado, del otro lado de los cazadores.

Oyó los gritos y se enderezó de un salto, puñal en mano. Como si el cielo se in-
cendiara en el horizonte, vio antorchas moviéndose entre las ramas, muy cerca. El
olor a guerra era insoportable, y cuando el primer enemigo le saltó al cuello casi

---

[24]*pulleys*   [25]porción de líquido que cabe en la boca   [26]gemelos... *opera glasses*   [27]*sizzled*   [28]*shooting pain*
[29]cambiaron   [30]Respirando fuertemente   [31]agarraba   [32]*he mumbled*   [33]oración

sintió placer en hundirle la hoja de piedra en pleno pecho. Ya lo rodeaban las luces, los gritos alegres. Alcanzó a cortar el aire una o dos veces, y entonces una soga lo atrapó desde atrás.

—Es la fiebre —dijo el de la cama de al lado—. A mí me pasaba igual cuando
130 me operé del duodeno.[34] Tome agua y va a ver que duerme bien.

Al lado de la noche de donde volvía, la penumbra tibia de la sala le pareció deliciosa. Una lámpara violeta velaba en lo alto de la pared del fondo como un ojo protector. Se oía toser, respirar fuerte, a veces un diálogo en voz baja. Todo era grato y seguro, sin ese acoso, sin… Pero no debía seguir pensando en la pesadilla.
135 Había tantas cosas en qué entretenerse. Se puso a mirar el yeso del brazo, las poleas que tan cómodamente se lo sostenían en el aire. Le habían puesto una botella de agua mineral en la mesa de noche. Bebió del gollete,[35] golosamente. Distinguía ahora las formas de la sala, las treinta camas, los armarios con vitrinas. Ya no debía tener tanta fiebre, sentía fresca la cara. La ceja le dolía apenas, como
140 un recuerdo. Se vio otra vez saliendo del hotel, sacando la moto. ¿Quién hubiera pensado que la cosa iba a acabar así? Trataba de fijar el momento del accidente, y le dio rabia advertir que había ahí como un hueco, un vacío que no alcanzaba a rellenar. Entre el choque y el momento en que lo habían levantado del suelo, un desmayo o lo que fuera no le dejaba ver nada. Y al mismo tiempo tenía la sen-
145 sación de que ese hueco, esa nada, había durado una eternidad. No, ni siquiera tiempo, más bien como si en ese hueco él hubiera pasado a través de algo o reco-rrido distancias inmensas. El shock, el golpe brutal contra el pavimento. De todas maneras al salir del pozo negro había sentido casi un alivio mientras los hombres lo alzaban del suelo. Con el dolor del brazo roto, la sangre de la ceja partida, la
150 contusión en la rodilla; con todo eso, un alivio al volver al día y sentirse sostenido y auxiliado. Y era raro. Le preguntaría alguna vez al médico de la oficina. Ahora volvía a ganarlo el sueño, a tirarlo despacio hacia abajo. La almohada era tan blanda, y en su garganta afiebrada la frescura del agua mineral. Quizá pudiera des-cansar de veras, sin las malditas pesadillas. La luz violeta de la lámpara en lo alto
155 se iba apagando poco a poco.

Como dormía de espaldas, no lo sorprendió la posición en que volvía a re-conocerse, pero en cambio el olor a humedad, a piedra rezumante de filtraciones, le cerró la garganta y lo obligó a darse cuenta. Inútil abrir los ojos y mirar en todas direcciones; lo envolvía una oscuridad absoluta. Quiso enderezarse y sintió
160 las sogas en las muñecas y los tobillos. Estaba estaqueado[36] en el suelo, en un piso de lajas helado y húmedo. El frío le ganaba la espalda desnuda, las piernas. Con el mentón[37] buscó torpemente el contacto con su amuleto, y supo que se lo habían arrancado. Ahora estaba perdido, ninguna plegaria podía salvarlo del final. Lejanamente, como filtrándose entre las piedras del calabozo, oyó los atabales de
165 la fiesta. Lo habían traído al teocalli,[38] estaba en las mazmorras del templo a la es-pera de su turno.

Oyó gritar, un grito ronco que rebotaba en las paredes. Otro grito, acabando en un quejido.[39] Era él que gritaba en las tinieblas, gritaba porque estaba vivo, todo su cuerpo se defendía con el grito de lo que iba a venir, del final inevitable. Pensó en

---

[34]sección del intestino delgado   [35]cuello de la botella   [36]*fastened down with stakes*   [37]*chin*   [38]templo de los aztecas   [39]*groan*

sus compañeros que llenarían otras mazmorras, y en los que ascendían ya los peldaños[40] del sacrificio. Gritó de nuevo, sofocadamente, casi no podía abrir la boca, tenía las mandíbulas agarrotadas[41] y a la vez como si fueran de goma y se abrieran lentamente, con un esfuerzo interminable. El chirriar de los cerrojos lo sacudió como un látigo. Convulso, retorciéndose, luchó por zafarse[42] de las cuerdas que se le hundían en la carne. Su brazo derecho, el más fuerte, tiraba hasta que el dolor se hizo intolerable y tuvo que ceder. Vio abrirse la doble puerta, y el olor de las antorchas le llegó antes que la luz. Apenas ceñidos con el taparrabos[43] de la ceremonia, los acólitos de los sacerdotes se le acercaron mirándolo con desprecio. Las luces se reflejaban en los torsos sudados, en el pelo negro lleno de plumas. Cedieron las sogas, y en su lugar lo aferraron manos calientes, duras como bronce; se sintió alzado, siempre boca arriba, tironeado[44] por los cuatro acólitos que lo llevaban por el pasadizo. Los portadores de antorchas iban adelante, alumbrando vagamente el corredor de paredes mojadas y techo tan bajo que los acólitos debían agachar[45] la cabeza. Ahora lo llevaban, lo llevaban, era el final. Boca arriba, a un metro del techo de roca viva que por momentos se iluminaba con un reflejo de antorcha. Cuando en vez del techo nacieran las estrellas, y se alzara frente a él la escalinata[46] incendiada de gritos y danzas, sería el fin. El pasadizo no acababa nunca, pero ya iba a acabar, de repente olería el aire libre lleno de estrellas, pero todavía no, andaban llevándolo sin fin en la penumbra roja, tironeándolo brutalmente; y él no quería, pero cómo impedirlo si le habían arrancado el amuleto que era su verdadero corazón, el centro de la vida.

Salió de un brinco a la noche del hospital, al alto cielorraso dulce, a la sombra blanda que lo rodeaba. Pensó que debía haber gritado, pero sus vecinos dormían callados. En la mesa de noche, la botella de agua tenía algo de burbuja, de imagen traslúcida contra la sombra azulada de los ventanales. Jadeó, buscando el alivio de los pulmones, el olvido de esas imágenes que seguían pegadas a sus párpados. Cada vez que cerraba los ojos las veía formarse instantáneamente, y se enderezaba aterrado[47] pero gozando a la vez de saber que ahora estaba despierto, que la vigilia lo protegía, que pronto iba a amanecer, con el buen sueño profundo que se tiene a esa hora, sin imágenes, sin nada… Le costaba mantener los ojos abiertos, la modorra[48] era más fuerte que él. Hizo un último esfuerzo, con la mano sana esbozó un gesto hacia la botella de agua; no llegó a tomarla, sus dedos se cerraron en un vacío otra vez negro, y el pasadizo seguía inacabable, roca tras roca, con súbitas fulguraciones rojizas, y él boca arriba gimió apagadamente porque el techo iba a acabarse, subía, abriéndose como una boca de sombra, y los acólitos se enderezaban y de la altura una luna menguante[49] le cayó en la cara donde los ojos no querían verla, desesperadamente se cerraban y abrían buscando pasar al otro lado, descubrir otra vez el cielorraso protector de la sala. Y cada vez que se abrían era otra vez la noche y la luna mientras lo subían por la escalinata, ahora con la cabeza colgando hacia abajo, y en lo alto estaban las hogueras, las rojas columnas de humo perfumado, y de golpe vio la piedra roja, brillante de sangre que chorreaba, y el vaivén de los pies del sacrificado que arrastraban para tirarlo rodando por las escalinatas del norte.

[40]*steps* [41]*stiff* [42]librarse [43]*loincloth* [44]*dragged* [45]bajar [46]gran escalera [47]lleno de terror [48]sueño pesado [49]*waning*

Con una última esperanza apretó los párpados, gimiendo por despertar. Durante un segundo creyó que lo lograría, porque otra vez estaba inmóvil en la cama, a salvo del balanceo cabeza abajo. Pero olía la muerte, y cuando abrió los ojos vio la figura ensangrentada del sacrificador que venía hacia él con el cuchillo de piedra en la mano. Alcanzó a cerrar otra vez los párpados, aunque ahora sabía que no iba a despertarse, que estaba despierto, que el sueño maravilloso había sido el otro, absurdo como todos los sueños; un sueño en el que había andado por extrañas avenidas de una ciudad asombrosa, con luces verdes y rojas que ardían sin llama ni humo, con un enorme insecto de metal que zumbaba bajo sus piernas. En la mentira infinita de ese sueño también lo habían alzado del suelo, también alguien se le había acercado con un cuchillo en la mano, a él tendido boca arriba, a él boca arriba con los ojos cerrados entre las hogueras.

Cuestionario

1. ¿Qué suceso pone en marcha la acción de «La noche boca arriba»?
2. ¿Adónde es llevado el motociclista?
3. ¿Cuál es el carácter de los sueños del motociclista?
4. ¿Qué le pasa al protagonista de los sueños?
5. ¿Cuál es el elemento paradójico del desenlace de «La noche boca arriba»?

Identificaciones

1. «un olor a pantano»
2. «la calzada»
3. los motecas
4. «boca arriba»

Temas

1. La estructura de «La noche boca arriba»
2. La creación del suspenso en este cuento
3. La realidad frente al sueño en «La noche boca arriba»
4. Hacia una interpretación del desenlace de «La noche boca arriba»
5. Las características principales del arte narrativo de Julio Cortázar, según una lectura de este cuento

JORGE LUIS BORGES
Vida y obra

Jorge Luis Borges (1899–1986) nació en Buenos Aires de familia rica y continuó su educación en Suiza e Inglaterra. De 1918 a 1921 residió en España, donde conoció a los más ilustres representantes del *ultraísmo,* movimiento de renovación artística derivado de las escuelas de vanguardia europeas (ver Apéndice 3). A su retorno a Buenos Aires, participó en la prensa local y fundó una serie de revistas que propagaron la corriente vanguardista en la Argentina —entre ellas, *Prisma* (1921–1922), *Proa* (1922–1925) y *Martín Fierro* (1924–1917). Tras la caída en 1955 del régimen dictatorial de Juan Domingo Perón (1895–1974), quien siempre había mirado con malos ojos las actividades intelectuales de Borges, éste ingresó a la Academia Argentina de las Letras. Asimismo asumió los cargos de profesor de literatura inglesa en la Universidad de Buenos Aires y de director de la Biblioteca Nacional. A partir de esta época la vista de Borges comenzó a deteriorarse, hasta que por fin quedó totalmente ciego. Este prolífico autor cultivó tres géneros: la poesía (*Fervor de Buenos Aires,* 1923), el ensayo (*Inquisiciones,* 1925; *Historia de la eternidad,* 1936; *Nueva refutación del tiempo,* 1948; *Otras inquisiciones,* 1952) y el cuento (*Historia universal de la infamia,* 1935; *El jardín de los senderos que se bifurcan,* 1941; *Ficciones,* 1944; *El Aleph,* 1949).

El autor y su contexto

La fama internacional de Borges ha de atribuirse principalmente a sus *ficciones* —parte ensayo, parte relato— en las que muestra una cosmovisión eminentemente singular. Dicha actitud ante la vida muestra a un Borges escéptico que se niega a aceptar la verdad absoluta y usa su vasta cultura y una mente extraordinariamente lógica e incisiva para burlarse de (*mock*) la humanidad. Borges halla absurdo que el ser humano ponga su confianza en los sistemas científicos y matemáticos, puesto que para él es imposible explicarse algo tan incierto e inexplicable como la realidad. Para expresar estas ideas Borges se sirve, tanto en sus ensayos como en sus cuentos, de los mismos temas, símbolos y metáforas. En cierto caso representa el universo como un laberinto caótico; en otro lo compara con la biblioteca de Babel, en donde resulta absurdo encontrar una salida sola o un libro único. En otras ficciones el autor identifica el universo con la supuesta exactitud de números y con la biografía de cierto hombre. Al final, se sabe que los números acaban irónicamente por decepcionar y matar al matemático mismo, mientras que la biografía de ese hombre resulta ser la historia de la humanidad entera. «El etnógrafo» ejemplifica con toda claridad el pensamiento y las técnicas narrativas del autor.

El etnógrafo

El caso me lo refirieron en Texas, pero había acontecido en otro estado. Cuenta con un solo protagonista, salvo que en toda historia los protagonistas son miles, visibles e invisibles, vivos y muertos. Se llamaba, creo, Fred Murdock. Era alto a la manera americana, ni rubio ni moreno, de perfil de hacha,[1] de muy pocas palabras.

---

[1]de... *of sharp profile*

5 Nada singular había en él, ni siquiera esa fingida singularidad que es propia de los jóvenes. Naturalmente respetuoso, no descreía de los libros ni de quienes escriben los libros. Era suya esa edad en que el hombre no sabe aún quién es y está listo a entregarse a lo que le propone el azar:[2] la mística del persa o el desconocido origen del húngaro, las aventuras de la guerra o del álgebra, el puritanismo o la orgía. En
10 la universidad le aconsejaron el estudio de las lenguas indígenas. Hay ritos esotéricos que perduran en ciertas tribus del oeste; su profesor, un hombre entrado en años, le propuso que hiciera su habitación en una toldería,[3] que observara los ritos y que descubriera el secreto que los brujos revelan al iniciado. A su vuelta, redactaría una tesis que las autoridades del instituto darían a la imprenta. Murdock aceptó
15 con alacridad.[4] Uno de sus mayores había muerto en las guerras de la frontera; esa antigua discordia de sus estirpes[5] era un vínculo[6] ahora. Previó, sin duda, las dificultades que lo aguardaban; tenía que lograr que los hombres rojos lo aceptaran como uno de los suyos. Emprendió la larga aventura. Más de dos años habitó en la pradera,[7] bajo toldos de cuero o a la intemperie.[8] Se levantaba antes del alba, se
20 acostaba al anochecer, llegó a soñar en un idioma que no era el de sus padres. Acostumbró su paladar[9] a sabores ásperos, se cubrió con ropas extrañas, olvidó los amigos y la ciudad, llegó a pensar de una manera que su lógica rechazaba. Durante los primeros meses de aprendizaje tomaba notas sigilosas,[10] que rompería después, acaso para no despertar la suspicacia de los otros, acaso porque ya no las precisaba.
25 Al término de un plazo prefijado por ciertos ejercicios, de índole[11] moral y de índole física, el sacerdote le ordenó que fuera recordando sus sueños y que se los confiara al clarear el día. Comprobó que en las noches de luna llena soñaba con bisontes. Confió estos sueños repetidos a su maestro; éste acabó por revelarle su doctrina secreta. Una mañana, sin haberse despedido de nadie, Murdock se fue.
30 En la ciudad, sintió la nostalgia de aquellas tardes iniciales de la pradera en que había sentido, hace tiempo, la nostalgia de la ciudad. Se encaminó al despacho del profesor y le dijo que sabía el secreto y que había resuelto no publicarlo.

—¿Lo ata[12] su juramento? —preguntó el otro.

—No es ésa mi razón —dijo Murdock—. En esas lejanías aprendí algo que no
35 puedo decir.

—¿Acaso el idioma inglés es insuficiente? —observaría el otro.

—Nada de eso, señor. Ahora que poseo el secreto, podría enunciarlo de cien modos distintos y aun contradictorios. No sé muy bien cómo decirle que el secreto es precioso y que ahora la ciencia, nuestra ciencia, me parece una mera frivolidad.
40 Agregó al cabo de una pausa:

—El secreto, por lo demás, no vale lo que valen los caminos que me condujeron a él. Esos caminos hay que andarlos.

El profesor le dijo con frialdad:

—Comunicaré su decisión al Concejo. ¿Usted piensa vivir entre los indios?
45 Murdock le contestó:

—No. Tal vez no vuelva a la pradera. Lo que me enseñaron sus hombres vale para cualquier lugar y para cualquier circunstancia.

Tal fue, en esencia, el diálogo.

Fred se casó, se divorció y es ahora uno de los bibliotecarios de Yale.

---

[2]casualidad [3]campamento indígena [4]alegría [5]linajes [6]punto de unión [7]*prairie* [8]a... al aire libre
[9]*palate* [10]secretas [11]tipo, carácter [12]Lo... Se lo impide

Cuestionario

1. Según el texto, ¿cómo llega el narrador a enterarse de la historia de Fred Murdock?
2. ¿Qué tipo de persona es Murdock?
3. ¿Qué le propone el profesor a Murdock? *vivir con indígenas*
4. ¿Cómo vive Murdock durante los dos años de su estancia en la pradera?
5. ¿Qué le ordena el sacerdote a Murdock?
6. ¿Por qué razón se niega Murdock a revelar el secreto?
7. ¿Qué es ahora Fred Murdock?

Identificaciones

1. la toldería
2. el aprendizaje
3. «El secreto, por lo demás, no vale lo que valen los caminos que me condujeron a él.»

Temas

1. El papel del narrador en «El etnógrafo»
2. La presentación de los sucesos de la vida de Fred Murdock
3. La ironía del cuento
4. Hacia una interpretación del secreto de Murdock

Juan Rulfo

Vida y obra

El mexicano Juan Rulfo (1917–1986) nació en Suyula, Jalisco, y pertenecía a una familia de hacendados (*ranchers*). Cuando tenía seis años su padre fue asesinado. Tras la ruina financiera de su familia y la muerte de su madre, Rulfo vivió brevemente con una de sus abuelas, pero luego fue internado en un orfelinato (*orphanage*) de Guadalajara. Intentó ingresar en la universidad de aquella ciudad, pero no pudo debido a una prolongada huelga (*strike*) estudiantil. Luego, ya establecido en la Ciudad de México, quiso hacerse abogado, pero tampoco lo logró. Trabajó, en cambio, en oficios diversos: fue vendedor de llantas, agente de inmigración, asesor (*advisor*) del Centro Mexicano de Escritores y, asimismo, un celebrado fotógrafo. Se desempeñó como guionista (*script writer*) e hizo adaptaciones de películas para la televisión. A partir de 1962 coordinó y dirigió el Instituto Indigenista, organización encargada de proteger e integrar a las comunidades indígenas del país. Sus escritos incluyen la colección de cuentos *El llano en llamas* (1953) y la novela *Pedro Páramo* (1955).

(continúa)

El autor y su contexto

No obstante el haber producido sólo dos obras fundamentales, Rulfo es uno de los prosistas más distinguidos y, en su concepción del arte, tal vez el más profundo de los prosistas mexicanos de la generación de los años cuarenta. Aunque escasa, su producción le ha valido el reconocimiento internacional y premios como el Premio Nacional de Letras (1970) y el Premio Príncipe de Asturias de España (1983). Confesó haber destruido su primera novela porque después le parecieron muy complejos los personajes y muy sofisticado el lenguaje de éstos. Más tarde creó personajes sencillos que se expresan en un español primitivo. Hablan poco, articulando con su silencio una actitud fatalista. En realidad, la humanidad ficticia creada por Rulfo se compone de gente del campo ignorante, pobre y desolada. Al igual que los propios peones de la región natal del autor —gente obligada a vivir en una tierra árida, devastada por los vientos y por el calor— los personajes de Rulfo luchan constante e inútilmente contra un destino hostil del cual saben que no hay escape. A través del *realismo mágico* —técnica en la que la realidad concreta se confunde con lo fantástico y lo sobrenatural creando un ambiente vago, extraño, algo parecido al mundo de los sueños (ver Apéndice 3)— Rulfo cuenta historias extraordinariamente patéticas. En ellas aparece toda una galería de víctimas de la injusticia social y de una naturaleza despiadada (*merciless*). Las tramas tratan el fanatismo religioso, las tragedias familiares, la venganza de los oprimidos, el hambre, el dolor e, invariablemente, la muerte. Para el autor su región natal, la cual inspiró su obra, era tierra de muertos y moribundos (*dying people*), pensamiento al que dio forma estética en *Pedro Páramo*, donde los personajes son fantasmas de un pasado cercano pero ya olvidado y sus palabras son las voces de su subconsciente.[a]

---

[a]Véase Alexander Coleman, ed. *Cinco maestros: cuentos de Hispanoamérica* (New York: Harcourt, Brace and World, 1969), pp. 117–119.

No oyes ladrar los perros

Tú que vas allá arriba, Ignacio, dime si no oyes alguna señal de algo o si ves alguna luz en alguna parte.

—No se ve nada.

—Ya debemos estar cerca.

5 —Sí, pero no se oye nada.

—Mira bien.

—No se ve nada.

—Pobre de ti, Ignacio.

La sombra larga y negra de los hombres siguió moviéndose de arriba abajo,
10 trepándose[1] a las piedras, disminuyendo y creciendo según avanzaba por la orilla del arroyo. Era una sola sombra, tambaleante.[2]

La luna venía saliendo de la tierra, como una llamarada[3] redonda.

—Ya debemos estar llegando a ese pueblo, Ignacio. Tú que llevas las orejas de fuera, fíjate a ver si no oyes ladrar los perros. Acuérdate que nos dijeron que Tonaya
15 estaba detrasito[4] del monte. Y desde qué horas que hemos dejado el monte. Acuérdate, Ignacio.

---

[1]subiéndose   [2]*staggering*   [3]llama grande, fuego   [4]detrás mismo

—Sí, pero no veo rastro[5] de nada.

—Me estoy cansando.

—Bájame.

reverse

20 El viejo se fue reculando[6] hasta encontrarse con el paredón[7] y se recargó allí,[8] sin soltar la carga de sus hombros. Aunque se le doblaban las piernas, no quería sentarse, porque después no hubiera podido levantar el cuerpo de su hijo, al que allá atrás, horas antes, le habían ayudado a echárselo a la espalda. Y así lo había traído desde entonces.

25 —¿Cómo te sientes?

—Mal.

Hablaba poco. Cada vez menos. En ratos parecía dormir. En ratos parecía tener frío. Temblaba. Sabía cuándo le agarraba[9] a su hijo el temblor por las sacudidas[10] que le daba, y porque los pies se le encajaban[11] en los ijares[12] como espuelas.[13] Luego 30 las manos del hijo, que traía trabadas[14] en su pescuezo,[15] le zarandeaban[16] la cabeza como si fuera una sonaja.[17]

El apretaba los dientes[18] para no morderse la lengua y cuando acababa aquello le preguntaba:

—¿Te duele mucho?

35 —Algo —contestaba él.

Primero le había dicho: «Apéame[19] aquí… Déjame aquí… Vete tú solo. Yo te alcanzaré mañana o en cuanto me reponga un poco». Se lo había dicho como cincuenta veces. Ahora ni siquiera eso decía.

Allí estaba la luna. Enfrente de ellos. Una luna grande y colorada que les lle-40 naba de luz los ojos y que estiraba[20] y oscurecía más su sombra sobre la tierra.

—No veo ya por dónde voy —decía él.

Pero nadie le contestaba.

El otro iba allá arriba, todo iluminado por la luna, con su cara descolorida, sin sangre, reflejando una luz opaca. Y él acá abajo.

45 —¿Me oíste, Ignacio? Te digo que no veo bien.

Y el otro se quedaba callado.

Siguió caminando, a tropezones.[21] Encogía[22] el cuerpo y luego se enderezaba[23] para volver a tropezar de nuevo.   *to trip*   *hill*

—Este no es ningún camino. Nos dijeron que detrás del cerro estaba Tonaya. 50 Ya hemos pasado el cerro. Y Tonaya no se ve, ni se oye ningún ruido que nos diga que está cerca. ¿Por qué no quieres decirme qué ves, tú que vas allá arriba, Ignacio?

—Bájame, padre.

—¿Te sientes mal?

—Sí.

55 —Te llevaré a Tonaya a como dé lugar. Allí encontraré quien te cuide. Dicen que allí hay un doctor. Yo te llevaré con él. Te he traído cargando desde hace horas y no te dejaré tirado aquí para que acaben contigo quienes sean.

Se tambaleó[24] un poco. Dio dos o tres pasos de lado y volvió a enderezarse.

—Te llevaré a Tonaya.

60 —Bájame.

---

[5]señal   [6]retrocediendo   [7]pared grande, alta   [8]se… *leaned against it*   [9]*held*   [10]*shaking*   [11]metían
[12]*sides*   [13]*spurs*   [14]agarradas   [15]cuello   [16]sacudían   [17]*rattle*   [18]apretaba… *gnashed his teeth*   [19]Bájame
[20]extendía   [21]a… tropezando, andando con dificultad   [22]Contraía   [23]ponía derecho   [24]Se… *He staggered*

Su voz se hizo quedita, apenas murmurada:

—Quiero acostarme un rato.

—Duérmete allí arriba. Al cabo te llevo bien agarrado.

La luna iba subiendo, casi azul, sobre un cielo claro. La cara del viejo, mojada
en sudor, se llenó de luz. Escondió los ojos para no mirar de frente, ya que no podía
agachar[25] la cabeza agarrotada[26] entre las manos de su hijo.

—Todo esto que hago, no lo hago por usted. Lo hago por su difunta madre.
Porque usted fue su hijo. Por eso lo hago. Ella me reconvendría[27] si yo lo hubiera
dejado tirado allí, donde lo encontré, y no lo hubiera recogido para llevarlo a que lo
curen, como estoy haciéndolo. Es ella la que me da ánimos, no usted. Comenzando
porque a usted no le debo más que puras dificultades, puras mortificaciones, puras
vergüenzas.

Sudaba al hablar. Pero el viento de la noche le secaba el sudor. Y sobre el sudor
seco, volvía a sudar.

—Me derrengaré,[28] pero llegaré con usted a Tonaya, para que le alivien esas
heridas que le han hecho. Y estoy seguro de que, en cuanto se sienta usted bien,
volverá a sus malos pasos. Eso ya no me importa. Con tal que se vaya lejos,
donde yo no vuelva a saber de usted. Con tal de eso… Porque para mí usted ya
no es mi hijo. He maldecido la sangre que usted tiene de mí. La parte que a mí
me tocaba la he maldecido. He dicho: «¡Que se le pudra[29] en los riñones[30] la
sangre que yo le di!» Lo dije desde que supe que usted andaba trajinando[31] por
los caminos, viviendo del robo y matando gente… Y gente buena. Y si no, allí
está mi compadre Tranquilino. El que lo bautizó a usted. El que le dio su nombre.
A él también le tocó la mala suerte de encontrarse con usted. Desde entonces dije:
«Ese no puede ser mi hijo».

—Mira a ver si ya ves algo. O si oyes algo. Tú que puedes hacerlo desde allá
arriba, porque yo me siento sordo.

—No veo nada.

—Peor para ti, Ignacio.

—Tengo sed.

—¡Aguántate[32]! Ya debemos estar cerca. Lo que pasa es que ya es muy noche
y han de haber apagado la luz en el pueblo. Pero al menos debías de oír si ladran
los perros. Haz[33] por oír.

—Dame agua.

—Aquí no hay agua. No hay más que piedras. Aguántate. Y aunque la hubiera,
no te bajaría a tomar agua. Nadie me ayudaría a subirte otra vez y yo solo no puedo.

—Tengo mucha sed y mucho sueño.

—Me acuerdo cuando naciste. Así eras entonces. Despertabas con hambre y
comías para volver a dormirte. Y tu madre te daba agua, porque ya te habías
acabado la leche de ella. No tenías llenadero.[34] Y eras muy rabioso.[35] Nunca pensé
que con el tiempo se te fuera a subir aquella rabia a la cabeza… Pero así fue. Tu
madre, que descanse en paz, quería que te criaras fuerte. Creía que cuando tú
crecieras irías a ser su sostén.[36] No te tuvo más que a ti. El otro hijo que iba a tener
la mató. Y tú la hubieras matado otra vez si ella estuviera viva a estas alturas.[37]

[25]bajar   [26]*garroted*   [27]reprocharía   [28]Me… *I'll break my back*   [29](inf.: **pudrir**) *rot*   [30]*kidneys*   [31]andando de un sitio a otro   [32]Ten paciencia   [33]Esfuérzate   [34]No… *You couldn't get enough.*   [35]furioso
[36]apoyo, protección   [37]a… ahora, todavía

to tug, tighten

105 Sintió que el hombre aquel que llevaba sobre sus hombros dejó de apretar las rodillas y comenzó a soltar[38] los pies, balanceándolos de un lado para otro. Y le pareció que la cabeza, allá arriba, se sacudía como si sollozara.[39]

Sobre su cabello sintió que caían gruesas gotas, como de lágrimas.

—¿Lloras, Ignacio? Lo hace llorar a usted el recuerdo de su madre, ¿verdad?
110 Pero nunca hizo usted nada por ella. Nos pagó siempre mal. Parece que, en lugar de cariño, le hubiéramos retacado[40] el cuerpo de maldad. ¿Y ya ve? Ahora lo han herido. ¿Qué pasó con sus amigos? Los mataron a todos. Pero ellos no tenían a nadie. Ellos bien hubieran podido decir: «No tenemos a quién darle nuestra lástima». ¿Pero usted, Ignacio?

roofs

115 Allí estaba ya el pueblo. Vio brillar los tejados bajo la luz de la luna. Tuvo la impresión de que lo aplastaba el peso de su hijo al sentir que las corvas[41] se le doblaban en el último esfuerzo. Al llegar al primer tejabán,[42] se recostó[43] sobre el pretil[44] de la acera y soltó el cuerpo, flojo, como si lo hubieran descoyuntado.[45]

Destrabó[46] difícilmente los dedos con que su hijo había venido sosteniéndose
120 de su cuello y, al quedar libre, oyó cómo por todas partes ladraban los perros.

—¿Y tú no los oías, Ignacio? —dijo—. No me ayudaste ni siquiera con esta esperanza.

even it

[38]aflojar, dejar libres   [39]*he were sobbing*   [40](*fig.*) llenado repetidamente   [41]parte de la pierna opuesta a la rodilla   [42]casa rústica con techo de tejas   [43]reclinó   [44]*railing*   [45]dislocado   [46]Separó

Cuestionario

1. ¿Cuál es la circunstancia de los dos hombres al comienzo del cuento?
2. ¿Cuál es el parentesco entre estos dos hombres?
3. ¿Adónde se dirigen? Y *porque ?*
4. ¿Qué recuerda el padre del pasado?
5. ¿Cuáles son los elementos más destacados del final de «No oyes ladrar los perros»?

Identificaciones

1. Tonaya
2. Ignacio
3. «No me ayudaste ni siquiera con esta esperanza.»

Temas

1. La función del diálogo en «No oyes ladrar los perros»
2. La interacción entre los dos hombres
3. El ambiente del cuento
4. El viaje es un leitmotivo de la literatura universal. ¿Cómo se emplea en este cuento?
5. Hacia una interpretación del desenlace del cuento

Ana Maria Matute

Realismo social

Vida y obra

Ana María Matute (1926–) nació en Barcelona, ciudad en donde reside actualmente. Ha vivido también en Madrid. En su niñez pasó una larga temporada en Mansilla de la Sierra, un pueblo rural de La Rioja, convaleciendo de una grave enfermedad. Tras sus estudios secundarios en un colegio de monjas, quienes eran, según ella, excesivamente autoritarias e incompetentes, cultivó la lectura, la gran pasión de su vida. Durante la época del franquismo (1939–1975) —la dictadura del general Francisco Franco (1892–1975)— se integró a los círculos intelectuales barceloneses y madrileños, donde se relacionó con jóvenes escritores reaccionarios. Casada en 1952, tuvo un hijo y en 1963 se separó de su marido. Ha colaborado en la revista literaria *Destino,* y también ha sido conferencista, profesora visitante y escritora residente en universidades norteamericanas. Su ficción incluye las novelas *Los hijos muertos* (1958), *Los Abel* (1959), *Los mercaderes* (1959–1969), *La torre vigía* (1971) y *Olvidado rey Gudú* (1996) y dos colecciones de relatos (*Cuentos completos,* 1978). Ha escrito numerosos ensayos y artículos, así como libros para niños. Dichos escritos le han valido varios premios, como el Premio Planeta (1954), el Premio Nacional de Literatura (1959) y el Premio Nadal (1959). En 1998 ingresó en la Real Academia Española de la Lengua.

La autora y su contexto

Matute figura entre los escritores que experimentaron (*experienced*) de cerca la guerra civil española (1936–1939) y la dictadura franquista —acontecimientos que llevaron al país a la miseria y la opresión. Por lo tanto, sus primeras obras se adhieren al realismo social, corriente que dominó la literatura española en las décadas de los cuarenta y cincuenta. Al igual que otros prosistas de dicha generación, Matute se limitó al principio a describir las arduas condiciones de vida del pueblo español —particularmente las de la clase trabajadora y de la gente del campo— sin poder identificar las causas, debido a la censura. Típica de esta fase es su preocupación por las dificultades que enfrentan los jóvenes, es decir, los seres más vulnerables. Muchos de los personajes de su temprana producción son niños y adolescentes, los cuales, sofocados por un sistema social arcaico y opresivo, resienten la autoridad de los adultos y miran con recelo (*fear*) el pasar del tiempo. En *Primera memoria* (1959), *Los soldados mueren de noche* (1964) y *La trampa* (1969) —que constituyen la trilogía *Los mercaderes*— la autora entra en su segunda fase, en la que se concentra en la mujer, comentando la penosa transición de ésta, de adolescente a adulta. Cabe señalar que tanto sus obras para niños, así como para adultos —obras todas escritas en un lenguaje lírico que hace que la realidad suene a fantasía— reflejan invariablemente y de una manera muy íntima las experiencias y los anhelos infantiles de la propia autora. Esta característica se nota en el título *Historias de la Artámila* (1961), de donde proviene el cuento «Pecado de omisión». La «Artámila», dice la autora, es el conjunto de seres ficticios que su imaginación inventó basándose en las personas «que conocí en las montañas, durante los cálidos veranos de mi infancia… durante algún tiempo que estuve enferma y viví con ellos». Otras veces se inspiró en «comentarios de pastores, de criados, de campesinos y de los labios de mi madre, o de mi abuela».[a]

---

[a]Véase Manuel Durán y Gloria Durán, eds. *La razón de «Historias de la Artámila»: Doce historias de la Artámila de Ana María Matute* (New York: Harcourt, Brace and World, 1965), pp. ix–x.

Pecado de omisión

A los trece años se le murió la madre,[1] que era lo último que le quedaba. Al quedar huérfano[2] ya hacía lo menos tres años que no acudía[3] a la escuela, pues tenía que buscarse el jornal[4] de un lado para otro. Su único pariente era un primo de su padre, llamado Emeterio Ruiz Heredia. Emeterio era el alcalde[5] y tenía una casa de dos pisos asomada a la plaza del pueblo, redonda y rojiza bajo el sol de agosto. Emeterio tenía doscientas cabezas de ganado[6] paciendo[7] por las laderas[8] de Sagrado, y una hija moza,[9] bordeando los veinte, morena, robusta, riente y algo necia. Su mujer, flaca y dura como un chopo,[10] no era de buena lengua y sabía mandar. Emeterio Ruiz no se llevaba bien con aquel primo lejano, y a su viuda, por cumplir,[11] la ayudó buscándole jornales extraordinarios. Luego, al chico, aunque lo recogió una vez huérfano, sin herencia ni oficio, no le miró a derechas.[12] Y como él los de su casa.

La primera noche que Lope durmió en casa de Emeterio, lo hizo debajo del granero.[13] Se le dio cena y un vaso de vino. Al otro día,[14] mientras Emeterio se metía la camisa dentro del pantalón, apenas apuntando el sol en el canto de los gallos, le llamó por el hueco de la escalera, espantando a las gallinas que dormían entre los huecos:

—¡Lope!

Lope bajó descalzo,[15] con los ojos pegados de legañas.[16] Estaba poco crecido para sus trece años y tenía la cabeza grande, rapada.[17]

—Te vas de pastor a Sagrado.

Lope buscó las botas y se las calzó. En la cocina, Francisca, la hija, había calentado patatas con pimentón. Lope las engulló[18] de prisa, con la cuchara de aluminio goteando a cada bocado.

—Tú ya conoces el oficio. Creo que anduviste una primavera por las lomas de Santa Aurea, con las cabras del Aurelio Bernal.

—Sí, señor.

—No irás solo. Por allí anda Roque el Mediano. Iréis juntos.

—Sí, señor.

Francisca le metió una hogaza[19] en el zurrón,[20] un cuartillo de aluminio, sebo[21] de cabra y cecina.[22]

—Andando[23] —dijo Emeterio Ruiz Heredia.

Lope le miró. Lope tenía los ojos negros y redondos, brillantes.

—¿Qué miras? ¡Arreando[24]!

Lope salió, zurrón al hombro. Antes, recogió el cayado,[25] grueso y brillante por el uso, que aguardaba, como un perro, apoyado en la pared.

---

[1]se... se murió la madre de él   [2]sin padres   [3]asistía   [4]buscarse... buscar cómo ganarse la vida   [5]*mayor*
[6]*livestock*   [7]comiendo yerba   [8]*slopes*   [9]*joven*   [10]*black poplar*   [11]hacer lo correcto   [12]a... con simpatía
[13]*cornloft*   [14]Al... Al día siguiente   [15]sin zapatos   [16]con... *with sleep in his eyes*   [17]*close-cropped*   [18]devoró
[19]pan de más de dos libras   [20]*knapsack*   [21]grasa   [22]carne seca   [23]*Get going*   [24]Date prisa   [25]bastón que usan los pastores

hillock

Cuando iba ya trepando[26] por la <u>loma</u> de Sagrado, lo vio don Lorenzo, el maestro. A la tarde, en la taberna, don Lorenzo lio un cigarrillo junto a Emeterio, que fue a echarse una copa de anís.[27]

40   —He visto al Lope —dijo—. Subía para Sagrado. Lástima de chico.

    —Sí —dijo Emeterio, limpiándose los labios con el dorso de la mano—. Va de pastor. Ya sabe: hay que ganarse el currusco.[28] La vida está mala. El «esgraciao»[29] del Pericote no le dejó ni una tapia[30] en que apoyarse y reventar.[31]

    —Lo malo —dijo don Lorenzo, <u>rascándose</u> la oreja con su uña larga y amari-
45 llenta— es que el chico vale. Si tuviera medios podría sacarse partido de él. Es listo. Muy listo. En la escuela…

    Emeterio le cortó, con la mano frente a los ojos:

    —¡Bueno, bueno! Yo no digo que no. Pero hay que ganarse el currusco. La vida está peor cada día que pasa.

50   Pidió otra de anís. El maestro dijo que sí, con la cabeza.

    Lope llegó a Sagrado, y voceando encontró a Roque el Mediano. Roque era algo retrasado y hacía unos quince años que pastoreaba para Emeterio. Tendría cerca de cincuenta años y no hablaba casi nunca. Durmieron en el mismo chozo[32] de barro, bajo los robles,[33] aprovechando el abrazo de las raíces. En el chozo sólo
55 cabían echados[34] y tenían que entrar a gatas,[35] medio arrastrándose.[36] Pero se estaba fresco en el verano y bastante <u>abrigado</u> en el invierno.   _well protected against the cold_

    El verano pasó. Luego el otoño y el invierno. Las pastores no bajaban al pueblo, excepto el día de la fiesta. Cada quince días un zagal[37] les subía la «collera[38]»: Pan, cecina, sebo, ajos. A veces, una bota[39] de vino. Las cumbres de
60 Sagrado eran hermosas, de un azul profundo, terrible, ciego. El sol, alto y redondo, como una pupila impertérrita,[40] reinaba allí. En la neblina del amanecer, cuando aún no se oía el zumbar de las moscas ni crujido alguno, Lope solía despertar, con la techumbre de barro encima de los ojos. Se quedaba quieto un rato, sintiendo en el costado el cuerpo de Roque el Mediano, como un bulto alentante.[41] Luego, arras-
65 trándose, salía para el cerradero.[42] En el cielo, cruzados como estrellas fugitivas, los gritos se perdían, inútiles y grandes. Sabía Dios hacia qué parte caerían. Como las piedras. Como los años. Un año, dos, cinco.

    Cinco años más tarde, una vez, Emeterio le mandó llamar, por el zagal. Hizo reconocer a Lope por el médico, y vio que estaba sano y fuerte, crecido como un
70 árbol.

?   —¡<u>Vaya roble</u>! —dijo el médico, que era nuevo. Lope <u>enrojeció</u> y no supo qué contestar.

    Francisca se había casado y tenía tres hijos pequeños, que jugaban en el portal de la plaza. Un perro se le acercó, con la lengua colgando. Tal vez le recordaba. En-
75 tonces vio a Manuel Enríquez, el compañero de la escuela que siempre le iba a la zaga.[43] Manuel vestía un traje gris y llevaba corbata. Pasó a su lado y les saludó con la mano.

---

[26]subiendo   [27]_licorice-flavored liqueur_   [28]ganarse… ganarse la vida   [29]forma coloquial de **desgraciado**
[30]pared   [31](fig.) _drop dead_   [32]cabaña, barraca   [33]_oaks_   [34]recostados   [35]a… _on all fours_   [36]_crawling_
[37]joven   [38]forma coloquial de **ración**   [39]recipiente de cuero para vino   [40]inmóvil   [41]que respira; con vida
[42]corral   [43]le… _lagged behind (in his studies)_

Francisca comentó:

—Buena carrera, ése. Su padre lo mandó estudiar y ya va para abogado.

Al llegar a la fuente volvió a encontrarlo. De pronto, quiso llamarle. Pero se le quedó el grito detenido, como una bola, en la garganta.

—¡Eh! —dijo solamente. O algo parecido.

Manuel se volvió a mirarle, y lo conoció. Parecía mentira: le conoció. Sonreía.

—¡Lope! ¡Hombre, Lope…!

¿Quién podía entender lo que decía? ¡Qué acento tan extraño tienen los hombres, qué raras palabras salen por los oscuros agujeros de sus bocas! Una sangre espesa iba llenándole las venas, mientras oía a Manuel Enríquez.

Manuel abrió una cajita plana,[44] de color de plata, con los cigarrillos más blancos, más perfectos que vio en su vida. Manuel se la tendió, sonriendo.

Lope avanzó su mano. Entonces se dio cuenta de que era áspera, gruesa. Como un trozo de cecina. Los dedos no tenían flexibilidad, no hacían el juego. Qué rara mano la de aquel otro: una mano fina, con dedos como gusanos[45] grandes, ágiles, blancos, flexibles. Qué mano aquélla, de color de cera, con las uñas brillantes, pulidas. Qué mano extraña: ni las mujeres la tenían igual. La mano de Lope rebuscó, torpe. Al fin, cogió el cigarrillo, blanco y frágil, extraño, en sus dedos amazacotados:[46] inútil, absurdo, en sus dedos. La sangre de Lope se le detuvo entre las cejas. Tenía una bola de sangre agolpada, quieta, fermentando entre las cejas. Aplastó el cigarrillo con los dedos y se dio media vuelta. No podía detenerse, ni ante la sorpresa de Manuelito, que seguía llamándole:

—¡Lope! ¡Lope!

Emeterio estaba sentado en el porche, en mangas de camisa,[47] mirando a sus nietos. Sonreía viendo a su nieto mayor, y descansando de la labor, con la bota de vino al alcance de la mano. Lope fue directo a Emeterio y vio sus ojos interrogantes y grises.

—Andá, muchacho, vuelve a Sagrado, que ya es hora…

En la plaza había una piedra cuadrada, rojiza. Una de esas piedras grandes como melones que los muchachos transportan desde alguna pared derruida.[48] Lentamente, Lope la cogió entre sus manos. Emeterio le miraba, reposado, con una leve curiosidad. Tenía la mano derecha metida entre la faja[49] y el estómago. Ni siquiera le dio tiempo de sacarla: el golpe sordo, el salpicar[50] de su propia sangre en el pecho, la muerte y la sorpresa, como dos hermanas, subieron hasta él, así, sin más.

Cuando se lo llevaron esposado,[51] Lope lloraba. Y cuando las mujeres, aullando como lobas, le querían pegar e iban tras él, con los mantos alzados sobre las cabezas, en señal de duelo,[52] de indignación «Dios mío, él, que le había recogido. Dios mío, él, que le hizo hombre. Dios mío, se habría muerto de hambre si él no le recoge…» Lope sólo lloraba y decía:

—Sí, sí, sí…

[44]*flat*   [45]*worms*   [46]*pesados y duros*   [47]*mangas… shirt sleeves*   [48]*torn down*   [49]*sash*   [50]*splattering*   [51]*handcuffed*   [52]*en… in mourning*

Cuestionario

1. ¿Por qué recogió Emeterio Ruiz a Lope?
2. ¿A qué categoría social pertenece don Emeterio?
3. ¿Cómo trata don Emeterio a Lope?
4. ¿Adónde manda don Emeterio a Lope?
5. ¿Cuántos años pasa Lope fuera del pueblo?
6. ¿Por qué vuelve Lope al pueblo?
7. ¿Cómo se siente Lope al encontrarse con Manuel Enríquez?
8. ¿Cuál es el clímax del cuento?
9. ¿Qué pasa con Lope al final del cuento?

Identificaciones

1. don Lorenzo
2. Francisca
3. Roque el Mediano
4. «Dios mío, él, que le hizo hombre.»

Temas

1. La presentación de los personajes
2. La significación de (a) la estancia de Lope en Sagrado con Roque el Mediano; (b) la opinión de don Lorenzo («el chico vale…»); (c) la reunión de Lope con Manuel Enríquez; (d) el acto violento de Lope; (e) la reacción de la gente ante este acto
3. La relación entre el tema de «Pecado de omisión» y la perspectiva (el punto de vista) del narrador, es decir, entre *lo que pasa* y *cómo se presenta*

Marco Denevi

Vida y obra

Marco Denevi (1922–) nació en Buenos Aires de padre italiano y madre argentina. En 1936 obtuvo el bachillerato en el Colegio Nacional de Buenos Aires y en 1956 el doctorado en Leyes en la Universidad de Buenos Aires. Desde 1980 practica el periodismo político, actividad que, según él, complementa perfectamente su profesión de escritor. Su carrera literaria comenzó con la novela *Rosaura a las diez* (1955), por la que ganó el Premio Kraft y fama instantánea. Posteriormente recibió otras distinciones, entre ellas el Premio Nacional de Teatro por *Los expedientes* (1957) y el Premio Argentores por *El cuarto de la noche* (1962). Sus otros logros incluyen *Un pequeño café* y *Falsi-*

ficaciones (1966). Entre su producción más reciente están *Enciclopedia secreta de una familia argentina* (1986), *Hierba de cielo* (1991) y *El amor es un pájaro rebelde* (1993).

El autor y su contexto

Denevi es uno de los escritores hispanoamericanos de resonancia mundial (*world fame*) —fama debida a su obra imaginativa, profunda y deslumbrante (*dazzling*). Experimentó la prepotencia (*bullying*) del peronismo y afirma que se lanzó al periodismo porque en toda sociedad es bueno que circulen y se contrapongan (*be pitted against each other*) las ideas. No queriendo enfrentarse con los gobernantes corruptos e hipócritas de su país en calidad (*capacity*) de político, prefiere denunciarlos como periodista. Dicho rol de guardián de la ética y la moral resalta (*stands out*) en sus obras literarias, donde se burla de la incompetencia humana. Según Denevi, muchas personas —o por falta de conocimientos o por pereza— se dejan llevar por los demás en vez de buscar soluciones adecuadas a los problemas que les plantea la realidad. El genio de Denevi consiste en su capacidad de ver en la realidad humana dimensiones inusitadas (*unusual*), mágicas, que él revela al lector de una manera sutil y sorpresiva. En ninguna de sus obras es dicho don (*attribute*) más evidente y su sátira más punzante (*biting*) y eficaz que en sus *fábulas*—relatos publicados originalmente en revistas y suplementos literarios. En *Falsificaciones* el autor asume el papel de moralista, se vale (*he avails himself*) de la fórmula de la fábula clásica y la adapta a su visión irónica del mundo moderno. La locura de tal mundo y la originalidad del autor se reflejan en la estructura singular, en la temática y en la caracterización de relatos como «El dios de las moscas», que sigue.

El dios de las moscas

Las moscas imaginaron a su dios. Era otra mosca. El dios de las moscas era una mosca, ya verde, ya negra y dorada, ya rosa, ya blanca, ya purpúrea, una mosca inverosímil, una mosca bellísima, una mosca monstruosa, una mosca terrible, una mosca benévola, una mosca vengativa, una mosca justiciera, una mosca joven, una
5 mosca vieja, pero siempre una mosca. Algunos aumentaban su tamaño hasta volverla enorme como un buey,[1] otros la ideaban tan microscópica que no se la veía. En algunas religiones carecía de alas («Vuela, sostenían, pero no necesita alas»), en otras tenía infinitas alas. Aquí disponía de antenas como cuernos, allá los ojos le comían toda la cabeza. Para unos zumbaba[2] constantemente, para otros era
10 muda pero se hacía entender lo mismo. Y para todos, cuando las moscas morían, los conducía en un vuelo arrebatado[3] hasta el paraíso. Y el paraíso era un trozo de carroña,[4] hediondo[5] y putrefacto, que las almas de las moscas muertas devoraban por toda la eternidad y que no se consumía nunca, pues aquella celestial bazofia[6] continuamente renacía y se renovaba bajo el enjambre[7] de las moscas. De las buenas.
15 Porque también había moscas malas y para éstas había un infierno. El infierno de las moscas condenadas era un sitio sin excrementos, sin desperdicios, sin basura, sin hedor,[8] sin nada de nada, un sitio limpio y reluciente y para colmo iluminado por una luz deslumbradora, es decir, un lugar abominable.

[1]ox   [2]*it buzzed*   [3]rápido   [4]carne corrompida   [5]de mal olor   [6]inmundicia, basura   [7]muchedumbre
[8]mal olor

Cuestionario

1. ¿Cómo imaginaron las moscas a su dios?
2. ¿Cómo es el paraíso de las moscas?
3. ¿Cómo es el infierno de las moscas?

Identificaciones

1. «una mosca benévola, una mosca vengativa»
2. carroña
3. «un lugar abominable»

Temas

1. El motivo del multiperspectivismo en «El dios de las moscas»
2. Hacia una interpretación del paraíso de las moscas
3. El estilo cuentístico de Denevi según este ejemplo de *Falsificaciones*

CARMEN NARANJO

Vida y obra

Carmen Naranjo (1931–) nació en Cartago, Costa Rica. Obtuvo el bachille-rato y la maestría en lengua y literatura española en la Universidad de Costa Rica. En 1969 participó en el Programa Internacional para Escritores de la Universidad de Iowa. Se ha distinguido no sólo como escritora sino también en el desempeño de otros cargos importantes, como los de subsecretaria de Bienestar Público (*Social Welfare*), embajadora, ministra de cultura y direc-tora del Museo de Artes. Su poesía incluye *La canción de la ternura* (1964), *Misa a oscuras* (1965) y *Mi guerrilla* (1984). Lo mejor de su producción son sus obras narrativas. Entre ellas cabe mencionar las novelas *Los perros ladraron* (1966), *Camino al mediodía* (1968), *Responso por el niño Juan Manuel* (1971), *Diario de una multitud* (1975) y *Sobrepunto* (1985). También ha escrito collecciones de cuentos (*Hoy es un largo día*, 1974; *Nunca hubo alguna vez*, 1984; *Ondina*, 1988) y ensayos (*Cinco temas en busca de un pensador*, 1974; *En partes*, 1994).

La autora y su contexto

La obra de Naranjo manifiesta su profunda preocupación por los problemas vitales del ser humano y su constante búsqueda de nuevas formas artísticas para expresar sus inquietudes. Viendo al individuo como prisionero de un destino adverso que le conduce inevitablemente a la soledad y a la muerte, la escritora encuentra la salvación en la imaginación, en los sueños y en la creatividad. De ahí que en su obra la creación artística, en general, y la palabra en particular, representen un acto de liberación y solidaridad —un puente que la une a la humanidad sufrida. Habiendo pasado gran parte de su vida entre las personas más poderosas e influyentes de su país, la autora se identifica con «don Nadie» (*"Everyman"*), el típico individuo de la clase media que vive y muere en el anonimato. Descartando (*Casting aside*) el hecho de que Costa Rica disfruta posiblemente de las mejores condiciones de vida en Latinoamérica, Naranjo busca las raíces de la infelicidad de todo individuo. Su conclusión es que ningún sistema social, político o económico es capaz de resolver los problemas con los que se enfrenta el ser humano, puesto que en alguna etapa de la vida, toda persona experimenta los disgustos que resultan de una niñez infeliz, de los problemas familiares, de las dificultades financieras, de alguna forma de discriminación o de la mediocridad creada por la mecanización y el automatismo de la época moderna. Sin embargo, para mostrar que nada se resuelve siendo fatalista, pesimista, conformista, pasivo o resignado, la autora utiliza una galería entera de personajes que eligen encararse (*to face*) destructiva o constructivamente a sus distintas circunstancias.

El trote[1] de siempre

En el radio anunciaron lluvias en la tarde y tal vez también en la noche. Doña Juana pensó en meter[2] la ropa después del almuerzo. Doña Lola propuso una partidita[3] porque de por sí no había otra cosa mejor que hacer. Doña Cristina dijo que remendaría,[4] ya la canasta[5] repleta le pesaba en la conciencia. En el radio leyeron
5 noticias y doña Josefa propuso un rosario por la paz ahí, en ese lugar raro, en donde por dicha no viven parientes y la gente muere como moscas, sin confesión ni arrepentimiento porque cae la bomba y los desparrama,[6] aunque quién sabe si tienen religión y creen en Dios. Doña Susana señaló que los precios iban a aumentar, los de la carne y la leche, saber qué pasaría, pobre los pobres, ésos qué van a comer si los
10 frijoles ya estaban por el cielo,[7] ni una se veía a palitos para llenar el hueco de la muela[8] qué pasaría con los infelices sin trabajo, sin casa propia, con una prole de pedigüeños.[9] Doña Blanca cambió el programa por la radionovela. Entonces doña Ester confesó que siempre había intuido que el conde era un sinvergüenza.

«Rosarito, amor mío, mi ángel, te quiero más que a mi misma sangre. Te daría
15 la luna y el sol, correría por los bosques, mataría leones y cocodrilos, me vendería como esclavo. Por ti, sólo por ti…»

Y en el momento en que la abrazaba, ella esbelta[10] como un junco,[11] él moreno y alto, con sus manos fuertes y su espalda ancha, sonó el pito[12] de la cafetera y doña Toñita se levantó de un brinco: ¡Dios mío, me olvidé de la cocina! No pudieron en-
20 terarse si se besaron… mañana se complicarían las cosas. Doña Estela recomendó silencio y concentración porque siempre pasaba lo mismo, en lo más emocionante perdían el hilo. Doña Lola sacó el naipe y en un rincón del sofá empezó un solitario. El servicio social comunicó la sentida muerte de don Esteban Fuentes y extendió su condolencia a la familia doliente, oportunamente se avisaría la hora de los funerales
25 en Concepción de San Ignacio. De qué moriría, preguntó doña Juana. Y eso qué diablos te importa, si no lo conocés, gruñó[13] doña Lola. Puede ser de los Fuentes,

---

[1]rutina [2]*hang out* [3]juego (de naipes) [4]*she would do some mending* [5]cesta [6]dispersa [7]estaban… costa-
ban mucho [8]a… (*fig.*) satisfacer escasamente y con gran dificultad sus propias necesidades [9]prole… unos hijos
pobres y necesitados [10]delgada [11]*reed* [12]*whistle* [13]*grumbled*

los de la ferretería,[14] ellos vienen de lejos, supuso doña Josefa, y si es de esa gente murió segurito de cáncer, todos se han ido igual. Doña Cristina tocó madera y siguió remendando.

30   Empezó a llover a las tres. Una lluvia sonora y espesa.[15] No hubo tiempo de recoger la ropa. El reuma[16] de doña Juana no le permitía mojarse y la lluvia cayó de cuajo,[17] sin más aviso que el del radio, en el que no se cree nunca. «Para esas gorduras de la barriga, popularmente llamadas llantas,[18] este ejercicio es infalible. Horizontal en el suelo, suba la pierna derecha, recta, sin flexiones, hágala girar en
35   círculo, ahora tiéndala de nuevo y levante la izquierda, la misma vuelta y abajo. Siga el ritmo con la música, una, dos, tres…» Doña Blanca en el suelo seguía las instrucciones. ¡Qué espectáculo!, dijo doña Lola, y después te quejás[19] de la columna y de las vértebras, no estás en edad para esos trotes. Cuando anunciaron la irrigación facial, todas se levantaron de la silla. «La cabeza recta, ahora déjela caer
40   violentamente hacia el cuello, una, dos, tres… Ahora muévala como un péndulo del hombro derecho al izquierdo, una, dos, tres…» Doña Ester comentó que las veía sonrosadas,[20] con diez años menos. Doña Susana trajo un espejo.

El programa de cocina, chiles al estilo árabe, no concentró la atención. Doña Cristina perdió la aguja,[21] doña Josefa discutía con doña Blanca sobre la fecha
45   exacta del aniversario matrimonial de Toñita. El 21 de abril. El 12 de marzo. Doña Estela medió por el 11 de junio, recordaba perfectamente que ese día estrenó[22] un pañolón[23] negro de rosas rojas. El pañolón era mío, dijo doña Juana, y te lo presté para la ocasión, no era negro, era color de arena con rosas de varios colores. Eso fue para el matrimonio de Jacinto, en que vos, Juana, llevaste mi chalina de seda
50   oriental, dijo doña Susana. Doña Toñita aclaró que se había casado el 21 de setiembre, que la memoria de todas estaba fallando. Después de esos ejercicios recordatorios, que salpicaban[24] sus conversaciones, oyeron la noticia del momento. En la calle 12 un accidente de tránsito, dos vehículos seriamente destruidos, sin víctimas que lamentar, salvo heridas leves.[25] ¿Quiénes son los heridos?, preguntó doña Ester.
55   No lo dijeron, sólo dijeron que eran heridas leves, aclaró doña Estela. Esta gente dice puras mentiras, dos carros destrozados sin muertos y heridos, eso no puede ser, de seguro son de buena familia, borrachos y entonces ocultan los nombres, me conozco los trucos: en esa forma vaticinó[26] doña Cristina, y todas la miraron con reproche, en ese tono no se habla aquí.
60   Entre dos sirvieron el café. Música mexicana de fondo; en el corrido[27] Juan Charrasqueado doña Estela, con un leve bigote de café, leche y boronas[28] de galleta, llevó la voz cantante. En La Llorona doña Juana hizo el bajo[29] y doña Toñita el alto. La Feria de las Flores encontró coro, pero Guadalajara en un Llano ya la siguieron sólo dos y México Lindo no se oyó. Doña Cristina dijo que Blanca había
65   hecho la primera comunión en la capilla del colegio; doña Lola afirmó que fue en la iglesia del Carmen, en esa época vivían por la vecindad y el padre Alberto era el vicario; pero, qué memoria, a tomar sucrol y comer zanahoria,[30] fue en diciembre, lo recuerdo porque fui con el vestido de lana rosado, que hacía juego con un gorrito precioso que me bordó la abuela, y fue en la capilla de San Antonio, así concretó

[14]*hardware store*   [15]*sonora… loud and heavy*   [16]*rheumatism*   [17]*de… in torrents*   [18]*"spare tires"*   [19]*le… forma de* **vos** *de* **quejarse**   [20]*rosy-cheeked*   [21]*needle*   [22]*llevó por primera vez*   [23]*tipo de manto o chal* [24]*spiced up, heated up*   [25]*light, not serious*   [26]*profetizó, predijo*   [27]*ballad*   [28]*crumbs*   [29]*bass*   [30]*a… Algunos creen que el azúcar y la zanahoria ayudan a aumentar la capacidad de la memoria.*

⁷⁰ doña Ester. Cuando el resto tomó partido por uno y otro recuerdo, doña Blanca aclaró que hizo la primera comunión con Manuel, él muy elegante con vestido entero negro y camisa blanca, con encajes³¹ en los puños y en el cuello; ella, con su traje largo de lino, combinado con brocados y la toca³² de encaje adornada de azahares³³ el 15 de marzo, en la iglesia de La Soledad, que era la que estaba de moda
⁷⁵ para las primeras comuniones de rango.³⁴ Así fue, así fue, palmoteó³⁵ doña Cristina y estabas tan linda, me parece verte con tu cara de ángel, un poco triste, te había afectado mucho la ida de Juana, la primera que se fue, pobre Juana. Y doña Juana lloró su propia ida, con una sola lágrima que corrió ligera por la orilla izquierda de su mejilla sonrosada. En verdad, doña Cristina había alterado las reglas, nunca
⁸⁰ recordaban esas cosas.

En el radio anunciaron un baratillo³⁶ en la cadena de supermercados y doña Estela decidió cambiar,³⁷ la vida es un puro comercio en que no queda nada de pureza y de buenas intenciones, todo está a la venta bajo el engaño y el truco. Lo dejó en la lectura de los horóscopos, en donde iban por Capricornio, doña Josefa, un día en que
⁸⁵ no conviene reflexionar sobre el pasado, sino concentrarse en el futuro con sorpresas. ¿Cuáles sorpresas?, dijo doña Josefa, ya para mí no hay sorpresas, todo está consumado. Se sonrió con una sonrisa de retrato. Siguió Acuario, pero no había acuarios en el grupo, salvo doña Emilce pero ella aún no estaba, más adelante si Dios lo quiere y, era raro, Dios quiere cuando menos se piensa en que va a querer. Un día de rela-
⁹⁰ ciones positivas pero cuidado con las transacciones comerciales. Y la pobre Emilce, tan comerciante, exclamó doña Cristina y la volvieron a ver con severidad, era la tercera vez que se olvidaba de las reglas. Mencionar a los ausentes está terminantemente prohibido, eso de invocar intranquiliza y desconsuela a los que están lejos. El horóscopo acabó y se inició el vals del recuerdo, dedicado a quienes disfrutaron o disfru-
⁹⁵ tan de la música romántica y dulce. Cuatro se sentaron a jugar ron³⁸ y doña Lola repartió las cartas. Doña Ester entornó³⁹ los ojos y comentó que se sentía sobre las olas,⁴⁰ algo mareada, pero con esa sensación del amor a punto de abrir la puerta. Doña Susana suspiró hondo varias veces, el mecanismo de sus suspiros respondía al recuerdo de cosas que no sucedieron, pero casi suceden.
¹⁰⁰ El programa de valses se acabó en el momento en que doña Josefa pidió a doña Toñita que la reemplazara porque en todo el rato no le habían barajado⁴¹ una sola pareja. Con esta suerte, mejor ayudo a remendar. Y doña Toñita, con el humor sonriente de los gordos, señaló que a lo mejor el campo era el salado⁴² y a ella le daba lo mismo⁴³ perder que ganar, juego para distraerme y matar el tiempo, qué opti-
¹⁰⁵ mista soy, el tiempo no se mata, más bien nos mata. Y, doña Blanca dio vuelta a la perilla⁴⁴ y las noticias de nuevo, con dos bombas, una inundación, una revuelta universitaria, la campaña cívica, declaraciones de los candidatos, la necesidad de la limpieza, los robos del día, junto con las bodas y los actos sociales. Qué cosa, dijo doña Susana, siempre es lo mismo y sin embargo se oye como si fuera nuevo y real-
¹¹⁰ mente acabara de pasar. Quitá⁴⁵ los deportes, me cae muy mal el locutor,⁴⁶ exclamó doña Cristina sin acordarse de que ya esos términos no eran adecuados.⁴⁷ Cuando sintió la mirada correctiva de todas, se encogió de hombros⁴⁸ y se disculpó con el⁴⁹

---

³¹*lace ruffles*   ³²*headdress*   ³³*orange blossoms*   ³⁴*de... de elevada posición social*   ³⁵aplaudió   ³⁶rebaja de precios   ³⁷cambiar de estación (el radio)   ³⁸*rummy (card game)*   ³⁹cerró parcialmente   ⁴⁰sobre... *(fig.) dizzy*   ⁴¹*dealt*   ⁴²el... de mala suerte   ⁴³le... le era igual   ⁴⁴*dial (radio)*   ⁴⁵*Turn off*   ⁴⁶*announcer*   ⁴⁷apropiados   ⁴⁸se... *she shrugged her shoulders*   ⁴⁹con la excusa de que...

cuesta mucho aprender y adaptarse, pero hago lo posible y pronto no habrá más equivocaciones. Al decir esto último, tenía lágrimas en los ojos. La buenaza de[50]
115 doña Juana la besó en la frente: «A todas nos ha pasado lo mismo, no te preocupés, yo que llegué de primerita sí me vi en apuros, pero después de que llegó Estela, con tantas noticias y lo de Susana, esa larga agonía, fue más fácil y nos preparamos para recibirlas como en su casa, con el cariño y la alegría de siempre.» Doña Blanca apagó el radio y doña Ester sugirió que se encendiera la televisión.

120 Siguió lloviendo, una lluvia tupida[51] y suave. Si no se le ponía atención a las ventanas y se forzaba el oído para sentir el goteo de las ramas, cualquiera hubiera dicho que no llovía. Doña Toñita insistió en ver la serie «En el corazón de la selva» y acabaron por complacerla, aunque ya doña Lola se había quejado de que siempre aparecía el mismo trote de las jirafas, la vuelta redonda de las dantas,[52] el levanteo
125 de las garzas[53] y el rugir de los leones, además la mona protagonista repetía incansablemente las únicas gracias que aprendió. En todo caso, cuando los elefantes corrían, con las hienas y las avestruces,[54] doña Josefa había dejado de cabecear[55] y estaba muy dormida. Por igual camino iban doña Estela y doña Susana. Al acabar la película, con los palmoteos de la mona, sólo estaban despiertas doña Ester y doña
130 Juana.

Se sirvió la sopa, los emparedados[56] (dos para cada una ni uno más, no había que engordarse) y el té con sacarina. El Ministerio de la Presidencia anunció el aumento de la gasolina. ¡Qué grande está Miguelito!, comentó doña Juana. Se está quedando calvo, acusó doña Blanca. Samuel nos contó que tiene una úlcera muy
135 molesta y a lo mejor se complica, dijo doña Susana. No parece, se ve tan sano,[57] concluyó doña Toñita. Empezó el anuncio de la pasta dental y después el plato fuerte,[58] «Trabajo Serio», sobre el secuestro[59] de un avión por dos muchachas muy bonitas. La vida no vale la pena, sentenció doña Lola y las demás no la oyeron, absorbidas entre las balas[60] que rompían ventanas y el cadáver que rodaba por las
140 gradas.[61] Después de que las muchachas ya no tan lindas, sucias y despeinadas, con sus malos pensamientos dibujados en los ojos y en la boca, caminaban hacia la cárcel, doña Estela apagó el televisor. Los otros programas no los recomendaba la censura.[62]

El rosario se rezó con la devoción de siempre y se dedicó con patriotismo al
145 mejoramiento del país y de sus tantas almas perdidas.

Buenas noches, dijo doña Juana, luego de recomendar que no cerraran la puerta, había tenido un presentimiento: Emilce, la buena Emilce, soñó[63] que estaba en camino. Ya la conocen, si no encuentra la puerta abierta es capaz de quedarse afuera y eso va a ser fatal, ya saben por experiencia que venimos con catarro, algu-
150 nas hasta con pulmonía.[64]

Cada una desfiló[65] hacia el dormitorio. Doña Lola con el radio, pues le gustaba oír los comentarios políticos. Doña Ester colocó a la entrada una camisa de dormir y una bata[66] de levantarse, Emilce tan vanidosa necesitaría cambiarse con urgencia. Nunca hablaban de ello, pero preferían que las nuevas llegaran en la mañana o en
155 la tarde, no en la noche. Era, sin duda preferible, podían estar sonrientes y soportar en calma los gritos y llantos de la recién llegada.

---

[50]buenaza... muy buena persona [51]densa [52]tapirs [53]herons [54]ostriches [55]había... had stopped nodding
[56]sandwiches [57]healthy [58]plato... programa principal [59]hijacking [60]bullets [61]rodaba... was rolling down
the steps [62]la... los censores oficiales [63]doña Juana soñó... [64]pneumonia [65]filed off [66]bathrobe

Aquella noche doña Emilce llegó a las 11. Entró por la puerta abierta y gritó al tropezar con[67] el sofá. Llevaba la cabeza en la mano, como si fuera un trofeo. Y la cabeza gritó al ver a doña Juana, que se levantó corriendo a recibirla con los brazos abiertos. ¡Bienvenida, bienvenida!, mientras llamaba a doña Cristina porque había que hacer un remiendo. Doña Estela sentó a doña Emilce, casi a la fuerza y en el forcejeo rodó la cabeza por la alfombra. Doña Blanca la levantó con cuidado, le cerró los ojos y le hizo la señal de la cruz en la frente. Entre doña Ester y doña Toñita la colocaron en el cuello, las demás contenían los hombros, las piernas, el tronco estremecido[68] por hondos sollozos y por los gritos de yo no quiero estar aquí, yo no quiero. Doña Cristina al fin encontró el hilo transparente y doña Lola sintonizó en el radio la oración de las buenas noches, que se transmitía a esas horas con fondo de música sacra. «Gracias te doy Señor por este día…»

Doña Emilce preguntó dónde estaba, con su cara enrojecida de llantos y estornudos.[69] Nadie le contestó, pero le dieron un té de tilo[70] y la acomodaron en el sofá con almohadas blandas, sábanas calientes y dos cobijas[71] de pura lana. El radio en ese momento anunció que un avión, en la ruta de regreso al país, cerca del puerto, se había dado por perdido y un equipo de rescate[72] de la Cruz Roja salía para la zona; la lista de pasajeros no se conocía, pero era notorio[73] que se trataba de distinguidísimas personas.

Ya más tranquila, doña Emilce dijo que tenía hambre, pero que no se molestaran; doña Juana salió sonriente a preparar unos emparedados. Qué bien está Juanita, no ha cambiado, siempre tan maternal y buena. Y al decirlo, doña Emilce se fue fijando en todas y a cada una expresó su asombro por los ojos brillantes, la mirada dulce, el cutis[74] fresco, el pelo lleno de vida, la dulzura del gesto, la sonrisa de bondad, el aire de paz y vos Cristina, también vos y se abrazó a ella llorando.

Doña Lola encontró muy fúnebre el concierto de medianoche y lo cambió por el programa de la Funeraria Descanso, con la hora de poesía. «Dios mío, qué solos se quedan los muertos.» Las protestas apagaron el sonsonete[75] de la rima y entró al espacio el programa en francés sobre la misteriosa vida de las hormigas. Doña Lola le dio un golpe al radio y salió el tango de la nostalgia, «uno busca lleno de esperanzas el camino que los sueños», y doña Toñita zigzagueó en el piso un paso apache.

Afuera llovía una lluvia de polvo de estrellas y en la oscuridad el olor de las rosas y los claveles[76] se hizo un licor penetrante.

Cuando doña Estela dijo que Emilce tenía apenas 37 años, doña Blanca apuntó que serían 46 el próximo marzo y doña Toñita que 43 ajustó[77] en agosto. Doña Juana confesó que no recordaba, había crecido tanto Emilcita y se había hecho muy linda. Las demás tomaron partido.[78] Doña Emilce dijo con cierta vergüenza que 51 el primero de febrero, y todas bajaron los ojos en silencio.

El programa en francés de nuevo, con una recarga de estáticas.[79] Un golpe trajo la noticia del momento: la renuncia del Ministro de Comercio para atender sus negocios particulares. Dicen que sale muy rico, comentó avivada doña Emilce, cuando entró al gobierno no tenía ni cama en qué caer muerto. Doña Juana señaló

[67]al… on bumping into [68]shaking, trembling [69]sneezes [70]linden [71]mantas [72]rescue [73]consabido, bien conocido [74]piel [75]monotonía [76]carnations [77]cumplió [78]tomaron… took sides [79]recarga… burst of static

que esas cosas aquí no interesaban, a dormir, a dormir, que mañana será un día muy
lindo y podremos tejer[80] en el jardín, bajo los cerezos.[81] ¿Aquí hay cerezos?, preguntó doña Emilce. Y todas callaron porque la verdad era que doña Juana confundía
un pino con un eucalipto.

Doña Lola conectó la BBC de Londres, que transmitía en ese momento «The
World Today» en inglés especial para aprendices.[82] Doña Susana señaló que le dolía la
cabeza, estaba nerviosa y no quería más ruidos. Obedeció doña Lola y al intentar encender el televisor, doña Blanca le recordó que a esas horas ya no había transmisión.

Un pájaro revoloteó por[83] la ventana. Es el pájaro de la madrugada, notó doña
Josefa y doña Emilce preguntó inmediatamente qué día y qué hora eran. Según mis
cálculos, dijo doña Ester, la una de la mañana del lunes 19 de noviembre.

El pájaro de la madrugada tropezó de nuevo con la ventana. Doña Cristina, que
se caía del sueño, indicó que estaba pidiendo boronas de pan. Y nadie se levantó,
aun cuando el pájaro picoteó el vidrio y luego alborotó las alas contra la ventana.
Doña Toñita se durmió en el hombro de doña Ester, quien a su vez se había recostado en el sillón de la sala. En el sofá, se durmieron abrazadas doña Emilce y
doña Cristina. Doña Estela hacía rato buscó su cama y lo mismo hicieron doña Susana y doña Blanca. Doña Juana encontró el sueño en un banco de la cocina y doña
Josefa roncaba rítmicamente sobre la mesa del comedor.

Con un aire de clandestinidad revolucionaria, doña Lola sintonizó el programa
de filosofía matutina[84] porque creía, claro que creía en secreto, en ese mundo mejor
del mañana.

---

[80]*weave; knit*   [81]*cherry trees*   [82]estudiantes del idioma   [83]revoloteó... *fluttered around*   [84]de las primeras
horas de la mañana

Cuestionario

1. ¿Que están haciendo las mujeres de la casa al comienzo del cuento?
2. ¿Qué se oye en la radio? ¿Cuáles son los temas que producen más reacción
en las mujeres?
3. ¿Cuáles son «las reglas» de la casa?
4. ¿Cuándo llega doña Emilce? ¿Qué hay de raro en ella? ¿Cómo la tratan las
otras mujeres?
5. ¿Qué están haciendo las mujeres al final del cuento?

Identificaciones

1. una partidita
2. la radionovela
3. las «llantas»
4. «esos ejercicios recordatorios»
5. la lectura de los horóscopos
6. «En el corazón de la selva»
7. el «plato fuerte»
8. Miguelito
9. el «programa de la filosofía matutina»

Temas

1. La yuxtaposición de la realidad y la ficción en el cuento
2. El valor simbólico de la comunidad de mujeres representada en el cuento
3. Los elementos cómicos y satíricos del mundo creado por la autora
4. El estilo y el lenguaje que emplea la autora
5. La significación de «la cabeza en la mano, como si fuera un trofeo»
6. La filosofía interna de «El trote de siempre»

ELENA PONIATOWSKA

Vida y obra

Elena Poniatowska (1933–) nació en París, Francia, de padre francés y madre mexicana. Cuando tenía nueve años, su familia se trasladó a México. De adolescente pasó dos años en los Estados Unidos, donde perfeccionó el inglés aprendido en una escuela privada de México. A los veinte años inició en la Ciudad de México su carrera profesional, entrevistando para la revista *Excélsior* a las figuras más notables de la literatura, del arte y de la música. Más tarde colaboró en el periódico *Novedades,* en el que siguió dejando su sello (*mark*) de talentosa entrevistadora y reportera. Al mismo tiempo que relataba los acontecimientos del día, cultivaba la literatura, el otro medio a través del cual sigue interpretando la realidad mexicana. Sus obras incluyen las colecciones *Los cuentos de Lilus Kikus* (1954) y *De noche vienes* (1979) y las novelas *Hasta no verte, Jesús mío* (1969), *Querido Diego, te abraza Quiela* (1978), *La flor de lis* (1988), *Tinísima* (1992) y *Paseo de la Reforma* (1996). Muy significativos son *La noche de Tlatelolco,* (1971), *¡Ay, vida, no me mereces!* (1982) y *Nada, nadie, las voces del temblor* (1988) —entrevistas y ensayos por los cuales se le ha otorgado el Premio Nacional de Periodismo (1978).

La autora y su contexto

Poniatowska se ha destacado en el género de la entrevista —modalidad que en su obra adquiere la forma del ensayo creativo, con la autora desempeñando el papel de «persona» literaria. Esta innovación —y otras técnicas que le permiten transmitir con incomparable éxito la realidad cotidiana— se derivan de su temprana formación. Criada en un ambiente europeo, desarrolló desde su llegada a México un extraordinario interés por la cultura de su país adoptivo, prefiriendo el español a su propio idioma, el francés. Lo aprendió con sus criadas mexicanas, con quienes estableció lazos emocionales que moldearon su visión del mundo, lo cual tuvo una influencia profunda en su carrera periodística y literaria. Sus escritos manifiestan su interés vitalicio (*lifelong*) por los problemas sociales y políticos de México, así como su rol de escritora comprometida. El «clásico» de Poniatowska es *La noche de Tlatelolco* —parte reportaje, parte narrativa y parte drama— que describe la masacre de civiles perpetrada el 2 de octubre de 1968 en la Ciudad de México por las autoridades militares. «El recado» ejemplifica su obra narrativa, en la que denuncia tanto el machismo como a las mujeres que se someten a él. En este relato la autora usa una de sus técnicas favoritas —el *yo* protagonista— para presentar el profundo conflicto de la «nueva mujer» hispanoamericana, la cual desea cambiar el papel tradicional de un ser pasivo y dócil por el rol activo y productivo de compañera y copartícipe en la vida del hombre.

El recado[1]

Vine Martín, y no estás. Me he sentado en el peldaño[1] de tu casa, recargada en[2] tu puerta y pienso que en algún lugar de la ciudad, por una onda que cruza el aire, debes intuir que aquí estoy. Es este tu pedacito de jardín; tu mimosa se inclina hacia afuera y los niños al pasar le arrancan[3] las ramas más accesibles… En la tierra, sembradas alrededor del muro, muy rectilíneas y serias veo unas flores que tienen hojas como espadas. Son azul marino, parecen soldados. Son muy graves, muy honestas. Tú también eres un soldado. Marchas por la vida, uno, dos, uno, dos… Todo tu jardín es sólido, es como tú, tiene una reciedumbre[4] que inspira confianza.

Aquí estoy contra el muro de tu casa, así como estoy a veces contra el muro de tu espalda. El sol da también contra el vidrio de tus ventanas y poco a poco se debilita porque ya es tarde. El cielo enrojecido ha calentado tu madreselva[5] y su olor se vuelve aún más penetrante. Es el atardecer. El día va a decaer. Tu vecina pasa. No sé si me habrá visto. Va a regar su pedazo de jardín. Recuerdo que ella te trae una sopa de pasta cuando estás enfermo y que su hija te pone inyecciones… Pienso en ti muy despacito, como si te dibujara dentro de mí y quedaras allí grabado. Quisiera tener la certeza de que te voy a ver mañana y pasado mañana y siempre en una cadena ininterrumpida de días; que podré mirarte lentamente aunque ya me sé cada rinconcito de tu rostro; que nada entre nosotros ha sido provisional o un accidente.

Estoy inclinada ante una hoja de papel y te escribo todo esto y pienso que ahora, en alguna cuadra donde camines apresurado, decidido como sueles hacerlo, en alguna de esas calles por donde te imagino siempre: Donceles y Cinco de Febrero o Venustiano Carranza, en alguna de esas banquetas[6] grises y monocordes rotas sólo por el remolino de gente[7] que va a tomar el camión, has de saber dentro de ti que te espero. Vine nada más a decirte que te quiero y como no estás te lo escribo. Ya casi no puedo escribir porque ya se fue el sol y no sé bien a bien lo que te pongo. Afuera pasan más niños, corriendo. Y una señora con una olla advierte irritada: «No me sacudas[8] la mano porque voy a tirar la leche…» Y dejo este lápiz, Martín, y dejo la hoja rayada y dejo que mis brazos cuelguen inútilmente a lo largo de mi cuerpo y te espero. Pienso que te hubiera querido abrazar. A veces quisiera ser más vieja porque la juventud lleva en sí, la imperiosa, la implacable necesidad de relacionarlo todo al amor.

Ladra un perro; ladra agresivamente. Creo que es hora de irme. Dentro de poco vendrá la vecina a prender la luz de tu casa; ella tiene llave y encenderá el foco[9] de la recámara[10] que da hacia afuera porque en esta colonia[11] asaltan

---

[1]step (of stairway)   [2]recargada… leaning against   [3]quitan con fuerza   [4]vigor   [5]honeysuckle   [6]aceras (sidewalks)   [7]remolino… muchedumbre   [8]muevas   [9]bombilla de la luz eléctrica   [10]dormitorio   [11]barrio, vecindad

mucho, roban mucho. A los pobres les roban mucho; los pobres se roban entre
sí... Sabes, desde mi infancia me he sentado así a esperar, siempre fui dócil,
porque te esperaba. Te esperaba a ti. Sé que todas las mujeres aguardan. Aguardan
40 la vida futura, todas esas imágenes forjadas en la soledad, todo ese bosque que
camina hacia ellas; toda esa inmensa promesa que es el hombre; una granada[12]
que de pronto se abre y muestra sus granos rojos, lustrosos; una granada como
una boca pulposa de mil gajos.[13] Más tarde esas horas vividas en la imaginación, hechas horas reales, tendrán que cobrar peso y tamaño y crudeza.
45 Todos estamos —oh mi amor— tan llenos de retratos interiores, tan llenos de
paisajes no vividos.

Ha caído la noche y ya casi no veo lo que estoy borroneando[14] en la hoja
rayada. Ya no percibo las letras. Allí donde no le entiendas en los espacios blancos,
en los huecos, pon: «Te quiero»... No sé si voy a echar esta hoja debajo de la
50 puerta, no sé. Me has dado un tal respeto de ti mismo... Quizá ahora que me vaya,
sólo pase a pedirle a la vecina que te dé el recado; que te diga que vine.

[12]pomegranate   [13]partes   [14]scrawling

Cuestionario

1. ¿Cuál es la forma narrativa de este cuento?
2. ¿Quién habla? ¿A quién se dirige?
3. ¿Qué significación tiene el título del cuento?
4. ¿Cuál es el desenlace del cuento?

Identificaciones

1. Martín
2. «A veces quisiera ser más vieja»
3. la vecina

Temas

1. La perspectiva (el punto de vista) de la narradora
2. La presentación indirecta de una situación en una relación amorosa
3. El cuento como progresión: ¿Se puede ver un cambio de actitud en la protagonista en la parte final del cuento?

CRISTINA PERI ROSSI

Vida y obra

La uruguaya Cristina Peri Rossi (1941–) estudió literatura en la Universidad de Montevideo, siendo más tarde periodista y profesora universitaria. Perseguida políticamente por sus ideas procomunistas, se refugió en España, donde reside desde 1972. Sus cuentos, novelas, poesías, ensayos y crítica literaria, la mayor parte de ellos publicados en Barcelona, manifiestan una actitud no conformista. Peri Rossi satiriza cualquier tendencia que prive (*deprives*) al individuo de la libre expresión y de la libertad absoluta. Escritos como *Indicios pánicos* (1970) —parte cuento, parte poema, parte ensayo— y *El museo de los esfuerzos inútiles* (1983) —mezcla de cuento y crónica— desdeñan (*scorn*) las restrictivas convenciones literarias, el opresivo sistema patriarcal y la tiranía política. Rasgos semejantes caracterizan las novelas *El libro de mis primos* (1968) y *La nave de los locos* (1984). En éstas la autora emplea toda una serie de recursos inusitados para crear una literatura sin restricciones: varía los caracteres tipográficos, mezcla verso con prosa, cambia las voces narrativas, inserta noticias periodísticas y hasta coloca notas al pie de la página. Con estas transgresiones intenta expresar su empatía por aquellos elementos de la sociedad que son marginados (*ostracized*) por vivir fuera de las normas —entre ellos, los homosexuales, las prostitutas, los niños de la calle, las víctimas de persecuciones políticas y las mujeres que abortan obligadas por la pobreza. Otros logros de Peri Rossi son los poemas de *Evohé* (1971), *Descripción de un naufragio* (1975) y *Babel bárbara* (1991), además de la prosa de *Una pasión prohibida* (1986) y *Aquella noche* (1996).

La autora y su contexto

La salida del Uruguay, además de salvar a Peri Rossi de la persecución política, le permitió librarse de su padre, un inmigrante italiano a la antigua (*in the Old World tradition*) que quería hacer de ella una ama de casa (*housewife*) sumisa. Su resentimiento por la represión doméstica y su odio a todo régimen dictatorial (los militares gobernaron el Uruguay de 1973 a 1984), unidos al hecho de haber leído ella las obras de las activistas feministas europeas, hacen que Peri Rossi se adhiera al movimiento de liberación de la mujer. A la larga, el sentido de solidaridad con las mujeres se convierte en empatía por todas las víctimas de la discriminación social. La estructura de *La nave de los locos,* una de sus obras más enigmáticas, concibe el mundo como un tapiz (*tapestry*) en el que todas las varias y distintas piezas viven en perfecta armonía, de acuerdo con el diseño divino y en contraste con los males sociales que interfieren con la voluntad de Dios. Los temas recurrentes de Peri Rossi son la política, la injusticia social, el amor lesbiano y el arte. «El culpable», cuento tomado de *Una pasión prohibida,* ejemplifica la temática controvertida de la autora y plantea una cuestión moral muy seria.

El culpable[1]

Ha cometido una falta, pero no sabe cuál es. En todo caso, la omisión (ignorar la índole[2] de la falta) no hace más que aumentar la culpa, le agrega[3] un elemento de obstinación que no está en su ánimo. Con seguridad, le gustaría arrepentirse, pero la falta ha arraigado[4] tan profundamente en el olvido que no le permite el acto de
5 contrición con el cual demostraría su arrepentimiento y podría aspirar a la absolución.

Lo peor de esa ignorancia es que no puede medir[5] las consecuencias de su falta; numerosos acontecimientos que ocurren en el mundo podrían estar vinculados[6] a ella, sin que él lo sepa. Las horribles guerras que azotan[7] el universo, un niño que
10 cae de un balcón, una mujer violada o un anciano que fallece de frío en un umbral,[8] el exterminio de las ballenas[9] azules, la decadencia del cine y el auge[10] de las ciencias ocultas pueden tener que ver con su falta, ser el origen de estas catástrofes, pero se siente incapaz de impedirlas, ya que no sabe qué hizo (o dejó de hacer) para que se produjeran. Sin embargo, cuando mira la televisión o lee el periódico, un
15 oculto sentimiento de responsabilidad le advierte que algo ha tenido que ver con el horror del mundo. La falta está tan arraigada en su inconsciente que puede vivir con aparente inocencia: se entera de sus consecuencias como un extranjero, leyendo el diario. Pero a partir de ese momento, surge un malestar.[11] No ha sido soldado israelí en Beirut, ni norteamericano en Viet-Nam; no trafica con drogas, ni ha matado a
20 nadie; no es fanático ni violento y posee una amplia tolerancia religiosa, próxima a la indiferencia. Está seguro de que no se trata de *esa clase* de culpa. La falta debe ser de otra naturaleza: debe pasar inadvertida[12] a los ojos de la mayoría, puesto que es capaz de ocultársela a sí mismo. Como una falla geológica producida en el Holoceno,[13] la falta (ocurriera cuando ocurriera)[14] transformó el mundo y desencadenó[15]
25 una serie ininterrumpida de acontecimientos, pero se cerró rápidamente sobre sí misma, impidiendo su conocimiento. ¿Sabe el castaño[16] de una calle de Montevideo cuál fue su origen? Desde entonces, no ha cesado de producir efectos, pero él lo ignora todo acerca de ella.

A menudo[17] sueña. Ha querido buscar información en el mundo de los sueños,
30 pero éstos son torpes[18] y encuentra frágiles hipótesis de culpa que si bien la confirman, nada aclaran acerca de su origen. A veces sueña que olvidó rendir[19] un examen, en su época de estudiante, a pesar de lo cual llegó a graduarse. Un día alguien descubre esa omisión y debe repararla; sin embargo, ha transcurrido todo ese tiempo sin que nadie se percatara de[20] la falta —ni siquiera él— y ahora es tarde
35 para paliar[21] sus consecuencias. También ocurre que su misión consiste en alimen-

---

[1]*guilty one* [2]*carácter* [3]*añade* [4]*become rooted* [5]*measure* [6]*conectados* [7]*scourge, afflict* [8]*entrada de una casa* [9]*whales* [10]*popularidad* [11]*inquietud, preocupación* [12]*sin ser notada* [13]*Holocene (the present epoch)* [14]*(ocurriera... no matter when it had occurred* [15]*unleashed* [16]*chestnut tree* [17]*A... Con frecuencia* [18]*crude* [19]*presentarse para* [20]*se... se diera cuenta de* [21]*disminuir, reducir*

tar a un pequeño perro blanco, de pura raza (en otro sueño) y luego de varios días transcurridos advierte que ha olvidado su tarea: el animal ha muerto y no puede reparar el daño. Pero lo que tienen en común éstos y otros sueños es que siempre existe una doble culpa: la falta que ha cometido sin saber, y el olvido de ella. Y a
40 veces le parece que la segunda es aún más importante que la primera, pues si no es descubierto, podría vivir por siempre en la impunidad,[22] y las consecuencias de su falta se reproducirían al infinito, catástrofe tras catástrofe.

Otras veces, se le ocurre que en realidad ha infringido una ley que no conoce. Posiblemente no se trate de una ley humana (ésas las conoce bien), sino de otro
45 orden: las leyes secretas del universo, inaccesibles y no reveladas todavía. Es posible que inadvertidamente se haya entrometido[23] en esa mecánica superior, y la interferencia todavía persista, por lo cual debe arrastrar para siempre ese difuso sentimiento de culpa. Ahora bien, la ignorancia no es excusa, en cuanto a las leyes humanas, ni tampoco en cuanto a las del universo, por lo tanto, no puede justificar su
50 inocencia, aunque sí su olvido.

Está convencido de que la única solución es ser descubierto. Es necesario que alguien lo delate, lo denuncie, y aparezca por fin ante los hombres como un infractor.[24] Entonces, por lo menos, podrá defenderse. Pero ha simulado tan bien, durante todos estos años, que es difícil que aparezca alguien dispuesto a descubrirlo.

[22]en... sin castigo   [23]entrometido (*intruded*)   [24]transgresor

Cuestionario

1. ¿Qué problema tiene el protagonista sin nombre de «El culpable»?
2. Según la voz narrativa, ¿cuál es «lo peor» de la situación del protagonista?
3. En el contexto del cuento, ¿qué puede significar la pregunta: «¿Sabe el castaño de una calle de Montevideo cuál fue su origen?»
4. ¿Cómo se podría interpretar la afirmación de que «la ignorancia no es excusa»?

Identificaciones

1. «un oculto sentimiento de responsabilidad»
2. el Holoceno
3. la impunidad
4. «ha disimulado tan bien, durante todos estos años»

Temas

1. El concepto de la culpabilidad presentado en el cuento
2. Los aspectos simbólicos de «El culpable»
3. El estilo y el lenguaje empleados por la autora
4. El efecto que produce el uso de ejemplos en el cuento
5. La creación de una voz narrativa y su importancia artística y temática

MIGUEL DE UNAMUNO

Vida y obra

El español Miguel de Unamuno (1864–1936) nació en Bilbao, ciudad industrial del País Vasco (*Basque Country*). Se doctoró en Letras y Filosofía en la Universidad de Madrid. A partir de 1891 ocupó la cátedra de Griego en la Universidad de Salamanca, universidad de la cual llegó a ser rector (*president*). En 1923, instalada la dictadura militar de Miguel Primo de Rivera (1870–1930), Unamuno fue destituido (*fired*) por razones políticas. Tras siete años de exilio en la isla de Fuerteventura y en Francia, volvió a ocupar el rectorado de su antigua universidad y a participar en la vida política. En 1936, otro dictador, Francisco Franco, lo destituyó nuevamente, recluyéndolo en su domicilio (*placing him under house arrest*). Unamuno, desolado, falleció poco después. Compuso la mayor parte de sus obras en Salamanca, una antigua y tranquila ciudad rica en tradición. Sus escritos más significativos pertenecen a los campos del ensayo y de la narrativa. Entre sus novelas resaltan *Paz en la guerra* (1897), *Niebla* (1914), *Abel Sánchez* (1917), *La tía Tula* (1921) y *San Manuel Bueno, mártir* (1931). Su obra ensayística sobresaliente es *Del sentimiento trágico de la vida* (1913).

El autor y su contexto

Dramaturgo, novelista, cuentista, poeta, ensayista y filósofo, Unamuno pertenece a la Generación del 98. Se le dio este nombre a un conjunto de escritores que se identificaron con el desaliento (*dejection*) de sus compatriotas tras la derrota de España en la Guerra hispanoamericana de 1898 e intentaron renovar el amor por la patria y por su tradición espiritual y artística (ver Apéndice 3). Aficionado en su juventud a las ideas progresistas extranjeras, Unamuno pensó que, para regenerarse, España necesitaba abandonar su tradición «muerta» e integrarse a Europa, adoptando una «tradición universal, cosmopolita». Sin embargo, en 1897, una crisis religiosa personal hizo que Unamuno, sin condenar el progreso científico moderno, afirmara la superioridad del espíritu español frente al racionalismo europeo. En su obra maestra *Del sentimiento trágico de la vida,* Unamuno, al debatir la cuestión de la mortalidad humana, expone el conflicto entre la razón y la fe. El mismo conflicto que presenta en dicho ensayo, o sea, la lucha entre el anhelo natural de inmortalidad de todo ser humano y el escepticismo instigado por la lógica, forma el tema recurrente de su obra. En *San Manuel Bueno, mártir,* el autor alude a su propia crisis religiosa. Lo confirman el fuerte simbolismo cristiano, las citas, los nombres bíblicos, los episodios de la vida de Cristo y las referencias a las distintas partes de la misa católica.

San Manuel Bueno, mártir

Si sólo en esta vida esperamos en Cristo, somos los más miserables de los hombres todos.
(San Pablo. I, *Corintios,* XV, 19)

Ahora que el obispo de la diócesis de Renada,[a] a la que pertenece esta mi querida *~bishop* aldea de Valverde de Lucerna,[b] anda, a lo que se dice, promoviendo el proceso para la beatificación[c] de nuestro Don Manuel, o mejor San Manuel Bueno, que fue en ésta párroco,[1] quiero dejar aquí consignado,[2] a modo de confesión y sólo Dios sabe,
5 que no yo, con qué destino, todo lo que sé y recuerdo de aquel varón matriarcal que llenó toda la más entrañada[3] vida de mi alma, que fue mi verdadero padre espiritual, el padre de mi espíritu, del mío, el de Angela Carballino.

Al otro, a mi padre carnal y temporal, apenas si le conocí, pues se me murió *securely stranger* siendo yo muy niña. Sé que había llegado de forastero a nuestra Valverde de
10 Lucerna, que aquí arraigó[4] al casarse aquí con mi madre. Trajo consigo unos cuantos libros, el *Quijote,* obras de teatro clásico, algunas novelas, historias, el *Bertoldo,*[d] todo revuelto, y de esos libros, los únicos casi que había en toda la aldea, devoré yo ensueños[5] siendo niña. Mi buena madre apenas si me contaba hechos o dichos de mi padre. Los de Don Manuel, a quien, como todo el pueblo, adoraba, de
15 quien estaba enamorada —claro que castísimamente[6]—, le habían borrado el recuerdo de los de su marido. A quien encomendaba a Dios, y fervorosamente, cada día al rezar el rosario.

De nuestro Don Manuel me acuerdo como si fuese de cosa de ayer, siendo yo niña, a mis diez años, antes de que me llevaran al Colegio de Religiosas de la ciu-
20 dad catedralicia[7] de Renada. Tendría él, nuestro santo, entonces unos treinta y siete años. Era alto, delgado, erguido,[8] llevaba la cabeza como nuestra Peña del Buitre[9] lleva su cresta, y había en sus ojos toda la hondura azul de nuestro lago. Se llevaba las miradas de todos y tras ellas, los corazones, y él, al mirarnos, parecía, traspasando la carne como un cristal, mirarnos al corazón. Todos le queríamos, pero
25 sobre todo los niños. ¡Qué cosas nos decía! Eran cosas, no palabras. Empezaba el pueblo a olerle[10] la santidad; se sentía lleno y embriagado[11] de su aroma.

Entonces fue cuando mi hermano Lázaro,[e] que estaba en América, de donde nos mandaba regularmente dinero con que vivíamos en decorosa holgura,[12] hizo que mi madre me mandase al Colegio de Religiosas, a que se completara fuera de la aldea
30 mi educación, y esto aunque a él, a Lázaro, no le hiciesen mucha gracia las monjas. «Pero como ahí —nos escribía— no hay hasta ahora, que yo sepa, colegios laicos[13] y progresivos, y menos para señoritas, hay que atenerse a lo que haya. Lo importante es que Angelita se pula[14] y que no siga entre esas zafias[15] aldeanas». Y entré en el colegio, pensando en un principio hacerme en él maestra, pero luego se me
35 atragantó[16] la pedagogía.

[1]*parish priest*   [2]puesto por escrito   [3]íntima   [4]se estableció   [5]ilusiones   [6]virtuosamente   [7]forma adjetival de **catedral**   [8]recto   [9]Peña... nombre de un pico del lugar   [10]percibir   [11]*intoxicated*   [12]bienestar   [13]sin base religiosa   [14]se... se quite la rusticidad   [15]incultas   [16]se... me atrajo cada vez menos

[a]El nombre ficticio de la ciudad tiene cierto valor simbólico, pues hace pensar en las palabras (1) **renada,** forma arcaica de **renacida,** del verbo **renacer,** y (2) **re-nada,** la intensificación de **la nada.** Se puede relacionar este doble sentido semántico con la problemática expuesta por la novela misma a través del «secreto» de Don Manuel.
[b]El nombre del pueblo alude a una aldea legendaria (Villaverde de Lucerna) sumergida en el lago de San Martín de Castañeda, en la provincia de Zamora.
[c]parte del proceso eclesiástico de reconocer como santo a alguien
[d]colección de cuentos del italiano Giulio Cesare Croce (1550–1609), muy popular en España
[e]Cuatro días después de morir, el Lázaro bíblico es resucitado por Jesucristo (San Juan 11:1–44).

En el colegio conocí a niñas de la ciudad e intimé[17] con algunas de ellas. Pero seguía atenta a las cosas y a la gente de nuestra aldea, de la que recibía frecuentes noticias y tal vez alguna visita. Y hasta al colegio llegaba la fama de nuestro párroco, de quien empezaba a hablarse en la ciudad episcopal. Las monjas no hacían sino
40 interrogarme respecto a él.

Desde muy niña alimenté, no sé bien cómo, curiosidades, preocupaciones e inquietudes, debidas, en parte al menos, a aquel revoltijo[18] de libros de mi padre, y todo ello se me medró[19] en el colegio, en el trato, sobre todo, con una compañera que se me aficionó[20] desmedidamente y que unas veces me proponía que entrásemos
45 juntas a la vez en un mismo convento, jurándonos, y hasta firmando el juramento con nuestra sangre, hermandad perpetua, y otras veces me hablaba, con los ojos semicerrados, de novios y de aventuras matrimoniales. Por cierto que no he vuelto a saber de ella ni de su suerte. Y eso que cuando se hablaba de nuestro Don Manuel, o cuando mi madre me decía algo de él en sus cartas —y era en casi
50 todas—, que yo leía a mi amiga, ésta exclamaba como en arrobo:[21] «¡Qué suerte, chica, la de poder vivir cerca de un santo así, de un santo vivo, de carne y hueso, y poder besarle la mano! Cuando vuelvas a tu pueblo escríbeme mucho, mucho y cuéntame de él».

Pasé en el colegio unos cinco años, que ahora se me pierden como un sueño de
55 madrugada[22] en la lejanía del recuerdo, y a los quince volví a mi Valverde de Lucerna. Ya toda ella era Don Manuel; Don Manuel con el lago y con la montaña. Llegué ansiosa de conocerle, de ponerme bajo su protección, de que él me marcara el sendero[23] de mi vida.

Decíase[24] que había entrado en el Seminario para hacerse cura, con el fin de
60 atender a los hijos de una su hermana recién viuda, de servirles de padre; que en el Seminario se había distinguido por su agudeza mental[25] y su talento y que había rechazado ofertas de brillante carrera eclesiástica porque él no quería ser sino de su Valverde de Lucerna, de su aldea prendida[26] como un broche entre el lago y la montaña que se mira en él.

65 ¡Y cómo quería a los suyos! Su vida era arreglar matrimonios desavenidos,[27] reducir[28] a sus padres hijos indómitos[29] o reducir los padres a sus hijos, y, sobre todo, consolar a los amargados y atediados[30] y ayudar a todos a bien morir.[31]

Me acuerdo, entre otras cosas, de que al volver de la ciudad la desgraciada hija de la tía Rabona, que se había perdido y volvió, soltera y desahuciada,[32] trayendo
70 un hijito consigo, Don Manuel no paró hasta que hizo que se casase con ella su antiguo novio Perote y reconociese como suya a la criaturita, diciéndole:

—Mira, da padre a este pobre crío que no le tiene más que en el cielo.

—¡Pero, Don Manuel, si no es mía la culpa…!

—¡Quién lo sabe, hijo, quién lo sabe…!, y sobre todo, no se trata de culpa.

75 Y hoy el pobre Perote, inválido, paralítico, tiene como báculo[33] y consuelo de su vida al hijo aquel que, contagiado por la santidad de Don Manuel, reconoció por suyo no siéndolo.

---

[17]me hice amiga   [18]mezcla, desorden   [19]se… se aumentó   [20]se… *became fond of me*   [21]éxtasis   [22]primeras horas de la mañana   [23]camino   [24]Se decía   [25]agudeza… inteligencia   [26]*stuck*   [27]incompatibles   [28]dominar   [29]indomables   [30]aburridos   [31]bien… morir cristianamente   [32]sin esperanza   [33]bastón; (*fig.*) ayuda

En la noche de San Juan, la más breve del año, solían y suelen acudir a nuestro
lago todas las pobres mujerucas, y no pocos hombrecillos, que se creen poseídos,
endemoniados,[34] y que parece no son sino histéricos y a las veces epilépticos, y
Don Manuel emprendió la tarea de hacer él de lago, de piscina probática,[35] y de
tratar de aliviarles y si era posible de curarles. Y era tal la acción de su presencia,
de sus miradas, y tal sobre todo la dulcísima autoridad de sus palabras y sobre todo
de su voz —¡qué milagro de voz!—, que consiguió curaciones sorprendentes. Con
lo que creció su fama, que atraía a nuestro lago y a él a todos los enfermos del contorno.[36] Y alguna vez llegó una madre pidiéndole que hiciese un milagro en su hijo,
a lo que contestó sonriendo tristemente:

—No tengo licencia del señor obispo para hacer milagros.

Le preocupaba, sobre todo, que anduviesen todos limpios. Si alguno llevaba un
roto en su vestidura, le decía: «Anda a ver al sacristán, y que te remiende eso». El
sacristán era sastre. Y cuando el día primero de año iban a felicitarle por ser el de
su santo[f] —su santo patrono era el mismo Jesús Nuestro Señor[g]—, quería Don
Manuel que todos se le presentasen con camisa nueva, y al que no la tenía se la regalaba él mismo.

Por todos mostraba el mismo afecto, y si a algunos distinguía más con él era a
los más desgraciados y a los que aparecían como más díscolos.[37] Y como hubiera
en el pueblo un pobre idiota de nacimiento, Blasillo el bobo, a éste es a quien más
acariciaba y hasta llegó a enseñarle cosas que parecía milagro que las hubiese podido aprender. Y es que el pequeño rescoldo[38] de inteligencia que aún quedaba en
el bobo se le encendía en imitar, como un pobre mono, a su Don Manuel.

Su maravilla era la voz, una voz divina que hacía llorar. Cuando al oficiar en
misa mayor o solemne entonaba el prefacio, estremecíase[39] la iglesia y todos los
que le oían sentíanse conmovidos en sus entrañas. Su canto, saliendo del templo,
iba a quedarse dormido sobre el lago y al pie de la montaña. Y cuando en el sermón
de Viernes Santo clamaba aquello de: «¡Dios mío, Dios mío!, ¡por qué me has abandonado?»[h] pasaba por el pueblo todo un temblor hondo como por sobre las aguas
del lago en días de cierzo de hostigo.[40] Y era como si oyesen a Nuestro Señor Jesucristo mismo, como si la voz brotara de aquel viejo crucifijo a cuyos pies tantas
generaciones de madres habían depositado sus congojas.[41] Como que una vez, al
oírlo su madre, la de Don Manuel, no pudo contenerse, y desde el suelo del templo,
en que se sentaba, gritó: «¡Hijo mío!» Y fue un chaparrón[42] de lágrimas entre todos.
Creeríase que el grito maternal había brotado de la boca entreabierta de aquella Dolorosa[i] —el corazón traspasado por siete espadas— que había en una de las capillas
del templo. Luego Blasillo el tonto iba repitiendo en tono patético por las callejas,
y como un eco el «¡Dios mío, Dios mío!, ¿por qué me has abandonado?», y de tal

[34]*possessed by the devil*   [35]piscina... piscina donde se lavan los enfermos   [36]los alrededores   [37]rebeldes
[38]*ember*   [39]se estremecía, temblaba   [40]cierzo... viento del norte   [41]angustias   [42]lluvia breve que cae en
grandes cantidades

[f]Muchos católicos son bautizados con nombres de santos y en algunos países se celebra el día del santo de una
persona en vez de, o además de, su cumpleaños.
[g]Emmanuel es otro nombre de Jesucristo. Quiere decir «Dios con nosotros» (San Mateo 1:23).
[h]palabras de Jesucristo antes de morir en la cruz (San Mateo 27:46)
[i]imagen de la Virgen María representada con siete espadas que simbolizan los siete dolores que sufrió por su
hijo Jesucristo

manera que al oírselo se les saltaban a todos las lágrimas, con gran regocijo[43] del bobo por su triunfo imitativo.

Su acción sobre las gentes era tal, que nadie se atrevía a mentir ante él, y todos, sin tener que ir al confesionario, se le confesaban. A tal punto que como hubiese una vez ocurrido un repugnante crimen en una aldea próxima, el juez, un insensato que conocía mal a Don Manuel, le llamó y le dijo:

—A ver si usted, Don Manuel, consigue que este bandido declare la verdad.

—¿Para que luego pueda castigársele? —replicó el santo varón—. No, señor juez, no; yo no saco a nadie una verdad que le lleve acaso a la muerte. Allá entre él y Dios… La justicia humana no me concierne. «No juzguéis para no ser juzgados»,[j] dijo Nuestro Señor…

—Pero es que yo, señor cura…

—Comprendido; dé usted, señor juez, al César lo que es del César, que yo daré a Dios lo que es de Dios.[k]

Y al salir, mirando fijamente al presunto reo,[44] le dijo:

—Mira bien si Dios te ha perdonado, que es lo único que importa.

En el pueblo todos acudían a misa, aunque sólo fuese por oírle y por verle en el altar, donde parecía transfigurarse, encendiéndosele el rostro. Había un santo ejercicio que introdujo en el culto popular y es que, reuniendo en el templo a todo el pueblo, hombres y mujeres, viejos y niños, unas mil personas, recitábamos al unísono, en una sola voz, el Credo: «Creo en Dios Padre Todopoderoso, Creador del Cielo y de la Tierra…» y lo que sigue. Y no era un coro, sino una sola voz, una voz simple y unida, fundidas[45] todas en una y haciendo como una montaña, cuya cumbre, perdida a las veces en nubes, era Don Manuel. Y al llegar a lo de «creo en la resurrección de la carne y la vida perdurable[46]», la voz de Don Manuel se zambullía,[47] como en un lago, en la del pueblo todo, y era que él se callaba. Y yo oía las campanadas de la villa que se dice aquí está sumergida en el lecho del lago —campanadas que se dice también se oyen la noche de San Juan— y eran las de la villa sumergida en el lago espiritual de nuestro pueblo; oía la voz de nuestros muertos que en nosotros resucitaban en la comunión de los santos. Después, al llegar a conocer el secreto de nuestro santo, he comprendido que era como si una caravana en marcha por el desierto, desfallecido[48] el caudillo[49] al acercarse al término de su carrera, le tomaran en hombros los suyos para meter su cuerpo sin vida en la tierra de promisión.

Los más no querían morirse sino cojidos[l] de su mano como de un ancla.

Jamás en sus sermones se ponía a declamar contra impíos,[50] masones, liberales o herejes. ¿Para qué, si no los había en la aldea? Ni menos contra la mala prensa. En cambio, uno de los más frecuentes temas de sus sermones era contra la mala lengua.[51] Porque él lo disculpaba todo y a todos disculpaba. No quería creer en la mala intención de nadie.

---

[43]alegría [44]acusado [45]unidas [46]eterna [47]sumergía [48]debilitado [49]líder [50]gente que no tiene fe religiosa [51]mala… *evil tongue*

---

[j]uno de los preceptos de la doctrina enseñada por Jesús (San Mateo 7:1)

[k]Jesucristo dio la misma respuesta al ser interrogado (por quienes dudaban de sus intenciones respecto a la autoridad) acerca de si era justo dar tributo al César (San Lucas 20:25).

[l]Unamuno utilizaba la «j» en vez de la «g» al escribir palabras como **cogidos, recoger, escoger, mágica,** etcétera.

—La envidia —gustaba repetir— la mantienen los que se empeñan en[52] creerse envidiados, y las más de las persecuciones son efecto más de la manía persecutoria que no de la perseguidora.

—Pero fíjese, Don Manuel, en lo que me ha querido decir...

160 Y él:

—No debe importarnos tanto lo que uno quiera decir como lo que diga sin querer...

Su vida era activa y no contemplativa, huyendo cuanto podía de no tener nada que hacer. Cuando oía eso de que la ociosidad[53] es la madre de todos los vicios,

165 contestaba: «Y del peor de todos, que es el pensar ocioso». Y como yo le preguntara una vez qué es lo que con eso quería decir, me contestó: «Pensar ocioso es pensar para no hacer nada o pensar demasiado en lo que se ha hecho y no en lo que hay que hacer. A lo hecho pecho,[54] y a otra cosa, que no hay peor que remordimiento sin enmienda[55]». ¡Hacer!, ¡hacer! Bien comprendí yo ya desde entonces que Don

170 Manuel huía de pensar ocioso y a solas, que algún pensamiento le perseguía.

Así es que estaba siempre ocupado, y no pocas veces en inventar ocupaciones. Escribía muy poco para sí, de tal modo que apenas nos ha dejado escritos o notas; mas, en cambio, hacía de memorialista para los demás, y a las madres, sobre todo, les redactaba[56] las cartas para sus hijos ausentes.

175 Trabajaba también manualmente, ayudando con sus brazos a ciertas labores del pueblo. En la temporada de trilla[57] íbase a la era a trillar y aventar,[58] y en tanto les aleccionaba[59] o les distraía. Sustituía a las veces a algún enfermo en su tarea. Un día del más crudo invierno se encontró con un niño, muertito de frío, a quien su padre le enviaba a recojer una res[60] a larga distancia, en el monte.

180 —Mira —le dijo al niño—, vuélvete a casa, a calentarte, y dile a tu padre que yo voy a hacer el encargo.

Y al volver con la res se encontró con el padre, todo confuso, que iba a su encuentro. En invierno partía leña[61] para los pobres. Cuando se secó aquel magnífico nogal[62] —«un nogal matriarcal» le llamaba—, a cuya sombra había jugado de niño

185 y con cuyas nueces se había durante tantos años regalado, pidió el tronco, se lo llevó a su casa y después de labrar en él seis tablas, que guardaba al pie de su lecho, hizo del resto leña para calentar a los pobres. Solía hacer también las pelotas para que jugaran los mozos y no pocos juguetes para los niños.

Solía acompañar al médico en su visita, y recalcaba[63] las prescripciones de éste. Se

190 interesaba sobre todo en los embarazos[64] y en la crianza[65] de los niños, y estimaba como una de las mayores blasfemias aquello de: «¡teta y gloria!», y lo otro de: «angelitos al cielo».[m] Le conmovía profundamente la muerte de los niños.

—Un niño que nace muerto o que se muere recién nacido y un suicidio —me dijo una vez— son para mí de los más terribles misterios: ¡un niño en cruz!

---

[52]se... insisten en [53]la... no trabajar o gastar mal el tiempo [54]A... What's done is done [55]corregir la falta [56]escribía [57]threshing [58]trillar... thresh and winnow [59]enseñaba [60]vaca [61]madera para el fuego [62]walnut tree [63]enfatizaba [64]estado de la mujer que espera un hijo [65]acción de criar, alimentar o educar a los niños

---

[m]¡teta... dos refranes que se refieren a la idea de que los recién nacidos al morir van al cielo

195 Y como una vez, por haberse quitado uno la vida le preguntara el padre del suicida, un forastero, si le daría tierra sagrada,[n] le contestó:

—Seguramente, pues en el último momento, en el segundo de la agonía, se
arrepintió sin duda alguna.

Iba también a menudo a la escuela a ayudar al maestro, a enseñar con él, y no
200 sólo el catecismo. Y es que huía de la ociosidad y de la soledad. De tal modo que
por estar con el pueblo, y sobre todo con el mocerío[66] y la chiquillería,[67] solía ir al
baile. Y más de una vez se puso en él a tocar el tamboril para que los mozos y las
mozas bailasen, y esto, que en otro hubiera parecido grotesca profanación del sacerdocio, en él tomaba un sagrado carácter y como de rito religioso. Sonaba el An-
205 gelus,[o] dejaba el tamboril y el palillo, se descubría, y todos con él, y rezaba: «El
ángel del Señor anunció a María: Ave María…» Y luego:

—Y ahora, a descansar para mañana.

—Lo primero —decía— es que el pueblo esté contento, que estén todos contentos de vivir. El contentamiento de vivir es lo primero de todo. Nadie debe querer
210 morirse hasta que Dios quiera.

—Pues yo sí —le dijo una vez una recién viuda—, yo quiero seguir a mi
marido…

—¿Y para qué? —le respondió—. Quédate aquí para encomendar su alma a
Dios.

215 En una boda dijo una vez: «¡Ay, si pudiese cambiar el agua toda de nuestro lago
en vino, en un vinillo que por mucho que de él se bebiera alegrara sin emborrachar
nunca… o por lo menos con una borrachera alegre[P]!»

Una vez pasó por el pueblo una banda de pobres titiriteros.[68] El jefe de ella, que
llegó con la mujer gravemente enferma y embarazada, y con tres hijos que le ayu-
220 daban, hacía de payaso.[69] Mientras él estaba, en la plaza del pueblo, haciendo reír
a los niños y aun a los grandes, ella, sintiéndose de pronto gravemente indispuesta,
se tuvo que retirar y se retiró escoltada[70] por una mirada de congoja[71] del payaso y
una risotada[72] de los niños. Y escoltada por Don Manuel, que luego, en un rincón
de la cuadra de la posada, le ayudó a bien morir. Y cuando, acabada la fiesta, supo
225 el pueblo y supo el payaso la tragedia, fuéronse todos a la posada y el pobre hombre, diciendo con llanto en la voz: «Bien se dice, señor cura, que es usted todo un
santo», se acercó a éste queriendo tomarle la mano para besársela, pero Don
Manuel se adelantó y tomándosela al payaso pronunció ante todos:

—El santo eres tú, honrado payaso; te vi trabajar y comprendí que no sólo lo
230 haces para dar pan a tus hijos, sino también para dar alegría a los de los otros, y yo
te digo que tu mujer, la madre de tus hijos, a quien he despedido a Dios mientras
trabajabas y alegrabas, descansa en el Señor, y que tú irás a juntarte con ella y a que
te paguen riendo los ángeles a los que haces reír en el cielo de contento.

Y todos, niños y grandes, lloraban y lloraban tanto de pena como de un miste-
235 rioso contento en que la pena se ahogaba. Y más tarde, recordando aquel solemne

[66]jóvenes   [67]niños   [68]puppeteers   [69]clown   [70]acompañada   [71]preocupación   [72]risa ruidosa

[n]Según la tradición católica, a los suicidas no se les da cristiana sepultura porque el suicidio es considerado un
pecado mortal.
[o]toque de campana que invita a orar en honor del momento en que un ángel anunció a la Virgen María que
Jesucristo tomaría forma humana en su seno
[P]alusión al milagro de Jesús en las bodas de Caná en las que convierte el agua en vino (San Juan 2:1–11)

rato, he comprendido que la alegría imperturbable de Don Manuel era la forma temporal y terrena de una infinita tristeza que con heroica santidad recataba[73] a los ojos y los oídos de los demás.

240   Con aquella su constante actividad, con aquel mezclarse en las tareas y las diversiones de todos, parecía querer huir de sí mismo, querer huir de su soledad. «Le temo a la soledad», repetía. Mas, aun así, de vez en cuando se iba solo, orilla del lago, a las ruinas de aquella vieja abadía[74] donde aún parecen reposar las almas de los piadosos cistercienses[75] a quienes ha sepultado en el olvido la Historia. Allí está la celda del llamado Padre Capitán, y en sus paredes se dice que aún quedan señales de las
245 gotas de sangre con que las salpicó[76] al mortificarse.[77] ¿Qué pensaría allí nuestro Don Manuel? Lo que sí recuerdo es que como una vez, hablando de la abadía, le preguntase yo cómo era que no se le había ocurrido ir al claustro,[78] me contestó:

    —No es sobre todo porque tenga, como tengo, mi hermana viuda y mis sobrinos a quienes sostener, que Dios ayuda a sus pobres, sino porque yo no nací para
250 ermitaño,[79] para anacoreta;[80] la soledad me mataría el alma, y en cuanto a un monasterio, mi monasterio es Valverde de Lucerna. Yo no debo vivir solo; yo no debo morir solo. Debo vivir para mi pueblo, morir para mi pueblo. ¿Cómo voy a salvar mi alma si no salvo la de mi pueblo?

    —Pero es que ha habido santos ermitaños, solitarios… —le dije.
255   —Sí, a ellos les dio el Señor la gracia de soledad que a mí me ha negado, y tengo que resignarme. Yo no puedo perder a mi pueblo para ganarme el alma. Así me ha hecho Dios. Yo no podría soportar las tentaciones del desierto. Yo no podría llevar solo la cruz del nacimiento.

    He querido con estos recuerdos, de los que vive mi fe, retratar a nuestro Don
260 Manuel tal como era cuando yo, mocita de cerca de dieciséis años, volví del colegio de religiosas de Renada a nuestro monasterio de Valverde de Lucerna. Y volví a ponerme a los pies de su abad.

    —¡Hola, la hija de la Simona —me dijo en cuanto me vio—, y hecha ya toda una moza, y sabiendo francés y bordar[81] y tocar el piano y qué sé yo qué más!
265 Ahora a prepararte para darnos otra familia. Y tu hermano Lázaro, ¿cuándo vuelve? Sigue en el Nuevo Mundo, ¿no es así?

    —Sí, señor, sigue en América…

    —¡El Nuevo Mundo! Y nosotros en el Viejo. Pues bueno, cuando le escribas, dile de mi parte, de parte del cura, que estoy deseando saber cuándo vuelve del
270 Nuevo Mundo a este Viejo, trayéndonos las novedades de por allá. Y dile que encontrará al lago y a la montaña como les dejé.

    Cuando me fui a confesar con él, mi turbación era tanta que no acertaba[82] a articular palabra. Recé el «yo pecadora» balbuciendo[83] casi sollozando.[84] Y él, que lo observó, me dijo:
275   —Pero ¿qué te pasa, corderilla[85]? ¿De qué o de quién tienes miedo? Porque tú no tiemblas ahora al peso de tus pecados ni por temor de Dios, no; tú tiemblas de mí, ¿no es eso?

---

[73]escondía   [74]*abbey*   [75]monjes de la orden benedictina   [76]*splattered*   [77]castigarse   [78]monasterio   [79]*a hermit*   [80]religioso que vive en un lugar solitario, dedicado a la contemplación   [81]*how to embroider*   [82]lograba   [83]*stammering*   [84]*sobbing*   [85]*little lamb*

Me eché a llorar.

—Pero ¿qué es lo que te han dicho de mí? ¿Qué leyendas son ésas? ¿Acaso tu
madre? Vamos, vamos, cálmate y haz cuenta que estás hablando con tu hermano…

Me animé y empecé a confiarle mis inquietudes, mis dudas, mis tristezas.

—¡Bah, bah, bah! ¿Y dónde has leído eso, marisabidilla[86]? Todo eso es literatura. No te des demasiado a ella, ni siquiera a Santa Teresa. Y si quieres distraerte,
lee al *Bertoldo,* que leía tu padre.

Salí de aquella mi primera confesión con el santo hombre profundamente consolada. Y aquel mi temor primero, aquel más que respeto miedo, con que me acerqué a él trocóse[87] en una lástima profunda. Era yo entonces una mocita, una niña
casi; pero empezaba a ser mujer, sentía en mis entrañas[88] el jugo de la maternidad,
y al encontrarme en el confesionario junto al santo varón, sentí como una callada
confesión suya en el susurro[89] sumiso de su voz y recordé cómo cuando, al clamar
él en la iglesia las palabras de Jesucristo: «¡Dios mío, Dios mío!, ¿por qué me has
abandonado?», su madre, la de Don Manuel respondió desde el suelo: «¡Hijo mío!»,
y oí este grito que desgarraba[90] la quietud del templo. Y volví a confesarme con él
para consolarle.

Una vez que en el confesionario le expuse una de aquellas dudas, me contestó:

—A eso, ya sabes, lo del Catecismo: «eso no me lo preguntéis a mí, que soy ignorante; doctores tiene la Santa Madre Iglesia que os sabrán responder».

—¡Pero si el doctor aquí es usted, Don Manuel…!

—¿Yo, yo doctor?, ¿doctor yo? ¡Ni por pienso! Yo, doctorcilla, no soy más que
un pobre cura de aldea. Y esas preguntas, ¿sabes quién te las insinúa, quién te las
dirige? Pues… ¡el Demonio!

Y entonces, envalentonándome,[91] le espeté a boca de jarro:[92]

—¿Y si se las dirigiese a usted, Don Manuel?

—¿A quién? ¿A mí? ¿Y el Demonio? No nos conocemos, hija, no nos conocemos.

—¿Y si se las dirigiera?

—No le haría caso. Y basta, ¿eh?, despachemos,[93] que me están esperando unos
enfermos de verdad.

Me retiré, pensando, no sé por qué que nuestro Don Manuel, tan afamado curandero de endemoniados, no creía en el Demonio. Y al irme hacia mi casa topé con
Blasillo el bobo, que acaso rondaba el templo, y al verme, para agasajarme[94] con
sus habilidades, repitió: —¡y de qué modo!— lo de «¡Dios mío, Dios mío!, ¿por
qué me has abandonado?» Llegué a casa acongojadísima[95] y me encerré en mi
cuarto para llorar, hasta que llegó mi madre.

—Me parece, Angelita, con tantas confesiones, que tú te me vas a ir monja.

—No lo tema, madre —le contesté—, pues tengo harto[96] que hacer aquí, en el
pueblo, que es mi convento.

—Hasta que te cases.

—No pienso en ello —le repliqué.

---

[86]mujer que presume de sabia   [87]se trocó, se convirtió   [88]interior   [89]*whisper*   [90]rompía   [91]animándome
[92]espeté… dije abruptamente   [93]démonos prisa   [94]entretenerme   [95]muy afligida   [96]bastante

320   Y otra vez que me encontré con Don Manuel, le pregunté, mirándole derechamente a los ojos:

—¿Es que hay Infierno, Don Manuel?

Y él, sin inmutarse:

—¿Para ti, hija? No.

325   —¿Y para los otros, le hay?

—¿Y a ti qué te importa, si no has de ir a él?

—Me importa por los otros. ¿Le hay?

—Cree en el cielo, en el cielo que vemos. Míralo —y me lo mostraba sobre la montaña y abajo, reflejado en el lago.

330   —Pero hay que creer en el Infierno, como en el cielo —le repliqué.

—Sí, hay que creer todo lo que cree y enseña a creer la Santa Madre Iglesia Católica, Apostólica, Romana. ¡Y basta!

Leí no sé qué honda tristeza en sus ojos, azules como las aguas del lago.

335   Aquellos años pasaron como un sueño. La imagen de Don Manuel iba creciendo en mí sin que yo de ello me diese cuenta, pues era un varón tan cotidiano, tan de cada día como el pan que a diario pedimos en el padrenuestro. Yo le ayudaba cuanto podía en sus menesteres,[97] visitaba a sus enfermos, a nuestros enfermos, a las niñas de la escuela, arreglaba el ropero de la iglesia, le hacía, como me llamaba él, de diaconisa.[98] Fui unos días invitada por una compañera de colegio a

340 la ciudad, y tuve que volverme, pues en la ciudad me ahogaba,[99] me faltaba algo, sentía sed de la vista de las aguas del lago, hambre de la vista de las peñas de la montaña; sentía, sobre todo, la falta de mi Don Manuel y como si su ausencia me llamara, como si corriese un peligro lejos de mí, como si me necesitara. Empezaba yo a sentir una especie de afecto maternal hacia mi padre espiritual; quería aliviarle

345 del peso de su cruz del nacimiento.

    Así fui llegando a mis veinticuatro años, que es cuando volvió de América, con un caudalillo[100] ahorrado, mi hermano Lázaro. Llegó acá, a Valverde de Lucerna, con el propósito de llevarnos a mí y a nuestra madre a vivir a la ciudad, acaso a Madrid.

350   —En la aldea —decía— se entontece, se embrutece y se empobrece uno.

Y añadía:

—Civilización es lo contrario de ruralización; ¡aldeanerías, no!, que no hice que fueras al colegio para que te pudras[101] luego aquí, entre estos zafios patanes.[102]

Yo callaba, aun dispuesta a resistir la emigración; pero nuestra madre, que

355 pasaba ya de la sesentena, se opuso desde un principio. «¡A mi edad, cambiar de aguas!», dijo primero; mas luego dio a conocer claramente que ella no podría vivir fuera de la vista de su lago, de su montaña y sobre todo de su Don Manuel.

—¡Sois como las gatas, que os apegáis[103] a la casa! —repetía mi hermano.

Cuando se percató[104] de todo el imperio que sobre el pueblo todo y en especial

360 sobre nosotras, sobre mi madre y sobre mí, ejercía el santo varón evangélico, se irritó contra éste. Le pareció un ejemplo de la oscura teocracia en que él suponía hundida a España. Y empezó a barbotar[105] sin descanso todos los viejos lugares co-

---

[97]deberes   [98]*deaconess*   [99]me... (*fig.*) no podía respirar   [100]pequeña fortuna   [101]te... *you would rot*
[102]zafios... *country bumpkins*   [103]os... os gusta estar   [104]dio cuenta   [105]recitar rápidamente de memoria

munes anticlericales y hasta antirreligiosos y progresistas que había traído renovados del Nuevo Mundo.

365 —En esta España de calzonazos[106] —decía— los curas manejan a las mujeres y las mujeres a los hombres... ¡y luego el campo!, ¡el campo!, este campo feudal...

Para él feudal era un término pavoroso;[107] feudal y medieval eran los dos calificativos que prodigaba cuando quería condenar algo.[q]

Le desconcertaba el ningún efecto que sobre nosotras hacían sus diatribas[108] y 370 el casi ningún efecto que hacían en el pueblo, donde se le oía con respetuosa indiferencia. «A estos patanes no hay quien les conmueva». Pero como era bueno por ser inteligente, pronto se dio cuenta de la clase de imperio que Don Manuel ejercía sobre el pueblo, pronto se enteró de la obra del cura de su aldea.

—¡No, no es como los otros —decía—, es un santo!

375 —¿Pero tú sabes cómo son los otros curas? —le decía yo, y él:

—Me lo figuro.

Mas aun así ni entraba en la iglesia ni dejaba de hacer alarde[109] en todas partes de su incredulidad, aunque procurando siempre dejar a salvo a Don Manuel. Y ya en el pueblo se fue formando, no sé cómo, una expectativa, la de una especie de 380 duelo[110] entre mi hermano Lázaro y Don Manuel, o más bien se esperaba la conversión de aquél por éste. Nadie dudaba de que al cabo el párroco le llevaría a su parroquia. Lázaro, por su parte, ardía en deseos—me lo dijo luego—de oír a Don Manuel, de verle y oírle en la iglesia, de acercarse a él y con él conversar, de conocer el secreto de aquel su imperio espiritual sobre las almas. Y se hacía rogar para 385 ello hasta que al fin, por curiosidad —decía—, fue a oírle.

—Sí, esto es otra cosa —me dijo luego de haberle oído—; no es como los otros, pero a mí no me la da; es demasiado inteligente para creer todo lo que tiene que enseñar.

—¿Pero es que le crees un hipócrita? —le dije.

390 —¡Hipócrita... no!, pero es el oficio del que tiene que vivir.

En cuanto a mí, mi hermano se empeñaba en[111] que yo leyese de libros que él trajo y de otros que me incitaba a comprar.

—Conque, ¿tu hermano Lázaro —me decía Don Manuel— se empeña en que leas? Pues lee, hija mía, lee y dale así gusto. Sé que no has de leer sino cosa buena; 395 lee aunque sea novelas. No son mejores las historias que llaman verdaderas. Vale más que leas que no el que te alimentes de chismes[112] y comadrerías[113] del pueblo. Pero lee sobre todo libros de piedad que te den contento de vivir, un contento apacible y silencioso.

¿Le tenía él?

---

[106]personas débiles   [107]espantoso   [108]discursos violentos   [109]hacer... poner en evidencia   [110]desafío [111]se... insistía en   [112]gossip   [113]old wives' tales

---

[q]En su colección de ensayos *En torno al casticismo* (1895), Unamuno, como Lázaro, afirma que España tiene que abrirse a lo moderno europeo sin perder el momento presente por las glorias del pasado. Poco después Unamuno abandona esta postura y empieza a desarrollar una ideología que afirma la superioridad del espíritu español frente a la sociedad europea.

Por entonces enfermó de muerte y se nos murió nuestra madre, y en sus últimos días todo su hipo[114] era que Don Manuel convirtiese a Lázaro, a quien esperaba volver a ver un día en el cielo, en un rincón de las estrellas desde donde se viese el lago y la montaña de Valverde de Lucerna. Ella se iba ya, a ver a Dios.

—Usted no se va —le decía Don Manuel—, usted se queda. Su cuerpo aquí, en esta tierra, y su alma también aquí, en esta casa viendo y oyendo a sus hijos, aunque éstos ni le vean ni le oigan.

—Pero yo, padre —dijo—, voy a ver a Dios.

—Dios, hija mía, está aquí como en todas partes, y le verá usted desde aquí, desde aquí. Y a todos nosotros en El, y a El en nosotros.

—Dios se lo pague —le dije.

—El contento con que tu madre se muera —me dijo— será su eterna vida.

Y volviéndose a mi hermano Lázaro:

—Su cielo es seguir viéndote, y ahora es cuando hay que salvarla. Dile que rezarás por ella.

—Pero…

—¿Pero…? Dile que rezarás por ella, a quien debes la vida, y sé que una vez que se lo prometas rezarás y sé que luego que reces…

Mi hermano, acercándose, arrasados[115] sus ojos en lágrimas, a nuestra madre agonizante, le prometió solemnemente rezar por ella.

—Y yo en el cielo por ti, por vosotros —respondió mi madre, y besando el crucifijo y puestos sus ojos en los de Don Manuel, entregó su alma a Dios.

—«¡En tus manos encomiendo mi espíritu!»[r] —rezó el santo varón.

Quedamos mi hermano y yo solos en la casa. Lo que pasó en la muerte de nuestra madre puso a Lázaro en relación con Don Manuel, que pareció descuidar algo a sus demás pacientes, a sus demás menesterosos, para atender a mi hermano. Ibanse por las tardes de paseo, orilla del lago, o hacia las ruinas, vestidas de hiedra,[116] de la vieja abadía de cistercienses.

—Es un hombre maravilloso —me decía Lázaro—. Ya sabes que dicen que en el fondo de este lago hay una villa sumergida y que en la noche de San Juan, a las doce, se oyen las campanadas de su iglesia.

—Sí —le contestaba yo—, una villa feudal y medieval…

—Y creo —añadía él— que en el fondo del alma de nuestro Don Manuel hay también sumergida, ahogada, una villa y que alguna vez se oyen sus campanadas.

—Sí —le dije—, esa villa sumergida en el alma de Don Manuel, ¿y por qué no también en la tuya?, es el cementerio de las almas de nuestros abuelos, los de esta nuestra Valverde de Lucerna… ¡feudal y medieval!

Acabó mi hermano por ir a misa siempre, a oír a Don Manuel, y cuando se dijo que cumpliría con la parroquia, que comulgaría cuando los demás comulgasen, recorrió un íntimo regocijo al pueblo todo, que creyó haberle recobrado. Pero fue un regocijo tal, tan limpio, que Lázaro no se sintió ni vencido ni disminuido.[117]

---

[114]*hiccough:* en este caso se refiere al repetido deseo de la madre   [115]llenos   [116]*ivy*   [117]reducido

---

[r]últimas palabras de Jesucristo al morir en la cruz (San Lucas 23:46)

Y llegó el día de su comunión, ante el pueblo todo, con el pueblo todo. Cuando llegó la vez a mi hermano pude ver que Don Manuel, tan blanco como la nieve de enero en la montaña y temblando como tiembla el lago cuando le hostiga el cierzo,[118] se le acercó con la sagrada forma[119] en la mano, y de tal modo le temblaba ésta al arrimarla[120] a la boca de Lázaro, que se le cayó la forma a tiempo que le daba un vahído.[121] Y fue mi hermano mismo quien recogió la hostia[122] y se la llevó a la boca. Y el pueblo al ver llorar a Don Manuel, lloró diciéndose: «¡Cómo le quiere[123]!» Y entonces, pues era la madrugada, cantó un gallo.[s]

Al volver a casa y encerrarme en ella con mi hermano, le eché los brazos al cuello y besándole, le dije:

—Ay, Lázaro, Lázaro, qué alegría nos has dado a todos, a todos, a todo el pueblo, a todo, a los vivos y a los muertos, y sobre todo a mamá, a nuestra madre. ¿Viste? El pobre Don Manuel lloraba de alegría. ¡Qué alegría nos has dado a todos!

—Por eso lo he hecho —me contestó.

—¿Por eso? ¿Por darnos alegría? Lo habrás hecho ante todo por ti mismo, por conversión.

Y entonces Lázaro, mi hermano, tan pálido y tan tembloroso como Don Manuel cuando le dio la comunión, me hizo sentarme, en el sillón mismo donde solía sentarse nuestra madre, tomó huelgo,[124] y luego, como en íntima confesión doméstica y familiar, me dijo:

—Mira, Angelita, ha llegado la hora de decirte la verdad, toda la verdad, y te la voy a decir, porque debo decírtela, porque a ti no puedo, no debo callártela y porque además habrías de adivinarla y a medias, que es lo peor, más tarde o más temprano.

Y entonces, serena y tranquilamente, a media voz, me contó una historia que me sumergió en un lago de tristeza. Cómo Don Manuel le había venido trabajando, sobre todo en aquellos paseos a las ruinas de la vieja abadía cisterciense, para que no escandalizase, para que diese buen ejemplo, para que se incorporase a la vida religiosa del pueblo, para que fingiese creer si no creía, para que ocultase sus ideas al respecto, mas sin intentar siquiera catequizarle, convertirle de otra manera.

—¿Pero es eso posible? —exclamé, consternada.

—¡Y tan posible, hermana, y tan posible! Y cuando yo le decía: «¿Pero es usted, usted, el sacerdote el que me aconseja que finja?», él, balbuciente:[125] «¿Fingir?, ¡fingir no!, ¡eso no es fingir! Toma agua bendita, que dijo alguien, y acabarás creyendo». Y como yo, mirándole a los ojos, le dijese: «¿Y usted celebrando misa ha acabado por creer?», él bajó la mirada al lago y se le llenaron los ojos de lágrimas. Y así es cómo le arranqué[126] su secreto.

—¡Lázaro! —gemí.[127]

Y en aquel momento pasó por la calle Blasillo el bobo, clamando su: «¡Dios mío, Dios mío!, ¿por qué me has abandonado?» Y Lázaro se estremeció[128] creyendo oír la voz de Don Manuel, acaso la de Nuestro Señor Jesucristo.

---

[118]cuando... *when the wind presses against it*   [119]sagrada... *host, holy water*   [120]acercarla   [121]mareo

[122]*host*   [123]Cómo... Cómo quiere Don Manuel a Lázaro   [124]tomó... *took a deep breath*   [125]*stammering*

[126]saqué   [127]dije llorando   [128]se... *shuddered*

---

[s]alusión al momento en que San Pedro niega ser uno de los discípulos de Jesucristo y, por consiguiente, símbolo de la falta de fe y de lealtad (San Mateo 26:34–35 y 74–75)

—Entonces —prosiguió mi hermano— comprendí sus móviles[129] y con esto comprendí su santidad; porque es un santo, hermana, todo un santo. No trataba al emprender ganarme para su santa causa —porque es una causa— porque es una causa santa, santísima—, arrogarse un triunfo,[130] sino que lo hacía por la paz, por la felicidad, por la ilusión si quieres, de los que le están encomendados; comprendí que si les engaña así —si es que esto es engaño— no es por medrar.[131] Me rendí a sus razones, y he aquí mi conversión. Y no me olvidaré jamás del día en que diciéndole yo: «Pero, Don Manuel, la verdad, la verdad ante todo», él, temblando, me susurró al oído —y eso que estábamos solos en medio del campo—: «¿La verdad? La verdad, Lázaro, es acaso algo terrible, algo intolerable, algo mortal; la gente sencilla no podría vivir con ella». «¿Y por qué me la deja entrever[132] ahora aquí, como en confesión?», le dije. Y él: «Porque si no, me atormentaría tanto, tanto, que acabaría gritándola en medio de la plaza, y eso jamás, jamás, jamás. Yo estoy para hacer vivir a las almas de mis feligreses,[133] para hacerles felices, para hacerles que se sueñen inmortales y no para matarles. Lo que aquí hace falta es que vivan sanamente, que vivan en unanimidad de sentido, y con la verdad, con mi verdad, no vivirían. Que vivan. Y esto hace la Iglesia, hacerles vivir. ¿Religión verdadera? Todas las religiones son verdaderas, en cuanto hacen vivir espiritualmente a los pueblos que las profesan, en cuanto les consuelan de haber tenido que nacer para morir, y para cada pueblo la religión más verdadera es la suya, la que le ha hecho. ¿Y la mía? La mía es consolarme en consolar a los demás, aunque el consuelo que les doy no sea el mío». Jamás olvidaré estas sus palabras.

—¡Pero esa comunión tuya ha sido un sacrilegio! —me atreví a insinuar, arrepintiéndome al punto de haberlo insinuado.

—¿Sacrilegio? ¿Y él que me la dio? ¿Y sus misas?

—¡Qué martirio! —exclamé.

—Y ahora —añadió mi hermano— hay otro más para consolar al pueblo.

—¿Para engañarle? —dije.

—Para engañarle, no —me replicó—, sino para corroborarle en su fe.

—Y él, el pueblo —dije—, ¿cree de veras?

—¡Qué sé yo…! Cree sin querer, por hábito, por tradición. Y lo que hace falta es no despertarle. Y que viva en su pobreza de sentimientos para que no adquiera torturas de lujo. ¡Bienaventurados los pobres de espíritu!ᵗ

—Eso, hermano, lo has aprendido de Don Manuel. Y ahora, dime, ¿has cumplido aquello que le prometiste a nuestra madre cuando ella se nos iba a morir, aquello de que rezarías por ella?

—¡Pues no se lo había de cumplir! Pero, ¿por quién me has tomado, hermana? ¿Me crees capaz de faltar a mi palabra, a una promesa solemne, y a una promesa hecha, y en el lecho de muerte, a una madre?

—¡Qué sé yo…! Pudiste querer engañarla para que muriese consolada.

—Es que si yo no hubiese cumplido la promesa viviría sin consuelo.

—¿Entonces?

—Cumplí la promesa y no he dejado de rezar ni un solo día por ella.

---

[129]razones   [130]arrogarse… ganarse un trofeo   [131]aprovecharse   [132]*get a glimpse of*   [133]gente del pueblo que pertenece a la parroquia

---

ᵗJesús se refiere a los que tendrán la suerte de ver a Dios después de morir (San Mateo 5:3–5).

—¿Sólo por ella?

—Pues, ¿por quién más?

—¡Por ti mismo! Y de ahora en adelante, por Don Manuel.

Nos separamos para irnos cada uno a su cuarto, yo a llorar toda la noche, a pedir por la conversión de mi hermano y de Don Manuel, y él, Lázaro, no sé bien a qué.

Después de aquel día temblaba yo de encontrarme a solas con Don Manuel, a quien seguía asistiendo en sus piadosos menesteres. Y él pareció percatarse[134] de mi estado íntimo y adivinar su causa. Y cuando al fin me acerqué a él en el tribunal de la penitencia —¿quién era el juez y quién el reo?—, los dos, él y yo, doblamos en silencio la cabeza y nos pusimos a llorar. Y fue él, Don Manuel, quien rompió el tremendo silencio para decirme con voz que parecía salir de una huesa:[135]

—Pero tú, Angelina, tú crees como a los diez años, ¿no es así? ¿Tú crees?

—Sí creo, padre.

—Pues sigue creyendo. Y si se te ocurren dudas, cállatelas a ti misma. Hay que vivir.

Me atreví, y toda temblorosa le dije:

—Pero usted, padre, ¿cree usted?

Vaciló un momento y reponiéndose me dijo:

—¡Creo!

—¿Pero en qué, padre, en qué? ¿Cree usted en la otra vida?, ¿cree usted que al morir no nos morimos del todo?, ¿cree que volveremos a vernos, a querernos en otro mundo venidero[136]?, ¿cree en la otra vida?

El pobre santo sollozaba.

—¡Mira, hija, dejemos eso!

Y ahora, al escribir esta memoria, me digo: ¿Por qué no me engañó?, ¿por qué no me engañó entonces como engañaba a los demás? ¿Por qué se acongojó[137]?, ¿porque no podía engañarse a sí mismo, o porque no podía engañarme? Y quiero creer que se acongojaba porque no podía engañarse para engañarme.

—Y ahora —añadió—, reza por mí, por tu hermano, por ti misma, por todos. Hay que vivir. Y hay que dar vida.

Y después de una pausa:

—¿Y por qué no te casas, Angelina?

—Ya sabe usted, padre mío, por qué.

—Pero no, no; tienes que casarte. Entre Lázaro y yo te buscaremos un novio. Porque a ti te conviene casarte para que se te curen esas preocupaciones.

—¿Preocupaciones, Don Manuel?

—Yo sé bien lo que me digo. Y no te acongojes demasiado por los demás, que harto tiene cada cual con tener que responder de sí mismo.

—¡Y que sea usted, don Manuel, el que me diga eso!, ¡que sea usted el que me aconseje que me case para responder de mí y no acuitarme[138] por los demás!, ¡que sea usted!

—Tienes razón, Angelina, no sé ya lo que me digo; no sé ya lo que me digo desde que estoy confesándome contigo. Y sí, sí hay que vivir, hay que vivir.

[134]darse cuenta   [135]sepultura   [136]por venir   [137]afligió   [138]preocuparme

Y cuando yo iba a levantarme para salir del templo, me dijo:

—Y ahora, Angelina, en nombre del pueblo, ¿me absuelves?

570 Me sentí como penetrada de un misterioso sacerdocio y le dije:

—En nombre de Dios Padre, Hijo y Espíritu Santo, le absuelvo, padre.

Y salimos de la iglesia, y al salir se me estremecían[139] las entrañas maternales.

Mi hermano, puesto ya del todo al servicio de la obra de Don Manuel, era su más asiduo colaborador y compañero. Les anudaba,[140] además, el común secreto.
575 Le acompañaba en sus visitas a los enfermos, a las escuelas, y ponía su dinero a disposición del santo varón. Y poco faltó para que no aprendiera a ayudarle a misa. E iba entrando cada vez más en el alma insondable[141] de Don Manuel.

—¡Qué hombre! —me decía—. Mira, ayer, paseando a orillas del lago, me dijo: «He aquí mi tentación mayor». Y como yo le interrogase con la mirada, añadió:
580 «Mi pobre padre, que murió de cerca de noventa años, se pasó la vida, según me lo confesó él mismo, torturado por la tentación del suicidio, que le venía no recordaba desde cuándo, de nación,[142] decía, y defendiéndose de ella. Y esa defensa fue su vida. Para no sucumbir a tal tentación extremaba los cuidados por conservar la vida. Me contó escenas terribles. Me parecía como una locura. Y yo la he heredado. ¡Y
585 cómo me llama esa agua que con su aparente quietud—la corriente va por dentro— espeja al cielo! ¡Mi vida, Lázaro, es una especie de suicidio continuo, un combate contra el suicidio, que es igual; pero que vivan ellos, que vivan los nuestros!» Y luego añadió: «Aquí se remansa[143] el río en lago, para luego, bajando a la meseta, precipitarse en cascadas, saltos y torrenteras por las hoces[144] y encañadas,[145] junto
590 a la ciudad, y así se remansa la vida, aquí, en la aldea. Pero la tentación del suicidio es mayor aquí, junto al remanso que espeja de noche las estrellas, que no junto a las cascadas que dan miedo. Mira, Lázaro, he asistido a bien morir a pobres aldeanos, ignorantes, analfabetos, que apenas si habían salido de la aldea, y he podido saber de sus labios, y cuando no adivinarlo, la verdadera causa de su enfermedad de
595 muerte, y he podido mirar, allí, a la cabecera de su lecho de muerte, toda la negrura de la sima[146] del tedio de vivir. ¡Mil veces peor que el hambre! Sigamos, pues, Lázaro, suicidándonos en nuestra obra y en nuestro pueblo, y que sueñe éste su vida como el lago sueña el cielo».

—Otra vez —me decía también mi hermano—, cuando volvíamos acá vimos a
600 una zagala,[147] una cabrera,[148] que enhiesta[149] sobre un picacho[150] de la falda[151] de la montaña, a la vista del lago, estaba cantando con una voz más fresca que las aguas de éste. Don Manuel me detuvo, y señalándomela, dijo: «Mira, parece como si se hubiera acabado el tiempo, como si esa zagala hubiese estado ahí siempre, y como está, y cantando como está, y como si hubiera de seguir estando así siempre,
605 como estuvo cuando no empezó mi conciencia, como estará cuando se me acabe. Esa zagala forma parte, con las rocas, las nubes, los árboles, las aguas, de la naturaleza y no de la historia». ¡Cómo siente, cómo anima Don Manuel a la naturaleza! Nunca olvidaré el día de la nevada en que me dijo: «¿Has visto, Lázaro, misterio mayor que el de la nieve cayendo en el lago y muriendo en él mientras cubre con su
610 toca[152] a la montaña?»

---

[139]se... me temblaban   [140]unía   [141]impenetrable   [142]nacimiento   [143]se... *eddies*   [144]*ravines*   [145]*gorges*
[146]abismo (En este caso se refiere al profundo aburrimiento de la vida.)   [147]muchacha   [148]*goatherd*   [149]erecta
[150]pico agudo   [151]*slope*   [152](*fig.*) velo

Don Manuel tenía que contener a mi hermano en su celo[153] y en su inexperiencia de neófito. Y como supiese que éste andaba predicando contra ciertas supersticiones populares, hubo de decirle:

—¡Déjalos! ¡Es tan difícil hacerles comprender dónde acaba la creencia ortodoxa y dónde empieza la superstición! Y más para nosotros. Déjalos, pues, mientras se consuelen. Vale más que lo crean todo, aun cosas contradictorias entre sí, a no que no crean nada. Eso de que el que cree demasiado acaba por no creer nada, es cosa de protestantes. No protestemos. La protesta mata el contento.

Una noche de plenilunio[154] —me contaba también mi hermano— volvían a la aldea por la orilla del lago, a cuyo sobrehaz[155] rizaba entonces la brisa montañesa y en el rizo cabrilleaban[156] las razas[157] de la luna llena, y Don Manuel le dijo a Lázaro:

—¡Mira, el agua está rezando la letanía y ahora dice: *ianua caeli, ora pro nobis*, «puerta del cielo, ruega por nosotros»!

Y cayeron temblando de sus pestañas a la yerba del suelo dos huideras lágrimas en que también, como en rocío, se bañó temblorosa la lumbre de la luna llena.

E iba corriendo el tiempo y observábamos mi hermano y yo que las fuerzas de Don Manuel empezaban a decaer, que ya no lograba contener del todo la insondable[158] tristeza que le consumía, que acaso una enfermedad traidora le iba minando[159] el cuerpo y el alma. Y Lázaro, acaso para distraerle más, le propuso si no estaría bien que fundasen en la iglesia algo así como un sindicato[160] católico agrario.

—¿Sindicato? —respondió tristemente Don Manuel—. ¿Sindicato? ¿Y qué es eso? Yo no conozco más sindicato que la Iglesia, y ya sabes aquello de «mi reino no es de este mundo».[u] Nuestro reino, Lázaro, no es de este mundo...

—¿Y del otro?

Don Manuel bajó la cabeza:

—El otro, Lázaro, está aquí también, porque hay dos reinos en este mundo. O mejor, el otro mundo... vamos, que no sé lo que me digo. Y en cuanto a eso del sindicato es en ti un resabio[161] de tu época de progresismo. No, Lázaro, no; la religión no es para resolver los conflictos económicos o políticos de este mundo que Dios entregó a las disputas de los hombres. Piensen los hombres y obren los hombres como pensaren y como obraren, que se consuelen de haber nacido, que vivan lo más contentos que puedan en la ilusión de que todo esto tiene una finalidad. Yo no he venido a someter los pobres a los ricos, ni a predicar a éstos que se sometan a aquéllos. Resignación y caridad en todos y para todos. Porque también el rico tiene que resignarse a su riqueza, y a la vida, y también el pobre tiene que tener caridad para con el rico. ¿Cuestión social? Deja eso, eso no nos concierne. Que traen una nueva sociedad, en que no haya ya ricos ni pobres, en que esté justamente repartida la riqueza, en que todo sea de todos, ¿y qué? ¿Y no crees que del bienestar general surgirá más fuerte el tedio a la vida? Sí, ya sé que uno de esos caudi-

---

[153]entusiasmo   [154]luna llena   [155]*surface*   [156]resplandecían   [157]rayos de luz   [158]sin fondo   [159]consumiendo
[160]*union*   [161]vestigio

---

[u]respuesta de Jesucristo al preguntársele si era Rey de los Judíos (San Juan 18:36)

llos[162] de la que llaman la revolución social ha dicho que la religión es el opio del pueblo.[v] Opio… Opio… Opio, sí. Démosle opio, y que duerma y que sueñe. Yo mismo con esta mi loca actividad me estoy administrando opio. Y no logro dormir
655 bien y menos soñar bien… ¡Esta terrible pesadilla! Y yo también puedo decir con el Divino Maestro: «Mi alma está triste hasta la muerte».[w] No, Lázaro, no; nada de sindicatos por nuestra parte. Si lo forman ellos me parecerá bien, pues que así se distraen. Que jueguen al sindicato, si eso les contenta.

El pueblo todo observó que a Don Manuel le menguaban[163] las fuerzas, que se
660 fatigaba. Su voz misma, aquella voz que era un milagro, adquirió un cierto temblor íntimo. Se le asomaban las lágrimas[164] con cualquier motivo. Y sobre todo cuando hablaba al pueblo del otro mundo, de la otra vida, tenía que detenerse a ratos cerrando los ojos. «Es que lo está viendo», decían. Y en aquellos momentos era Blasillo el bobo el que con más cuajo[165] lloraba. Porque ya Blasillo lloraba más
665 que reía, y hasta sus risas sonaban a lloros.

Al llegar la última Semana de Pasión que con nosotros, en nuestro mundo, en nuestra aldea, celebró Don Manuel, el pueblo todo presintió el fin de la tragedia. ¡Y cómo sonó entonces aquel: «¡Dios mío, Dios mío!, ¿por qué me has abandonado?», el último que en público sollozó Don Manuel! Y cuando dijo lo del Divino Maestro
670 al buen bandolero[166] —«todos los bandoleros son buenos», solía decir nuestro Don Manuel—, aquello de: «mañana estarás conmigo en el paraíso».[x] ¡Y la última comunión general que repartió nuestro santo! Cuando llegó a dársela a mi hermano, esta vez con mano segura, después del litúrgico: «…*in vitam aeternam*», se le inclinó al oído y le dijo: «No hay más vida eterna que ésta… que la sueñen eterna…
675 eterna de unos pocos años…» Y cuando me la dio a mí me dijo: «Reza, hija mía, reza por nosotros». Y luego, algo tan extraordinario que lo llevo en el corazón como el más grande misterio, y fue que me dijo con voz que parecía de otro mundo: «y reza también por Nuestro Señor Jesucristo…».

Me levanté sin fuerzas y como sonámbula. Y todo en torno me pareció un
680 sueño. Y pensé: «Habré de rezar también por el lago y por la montaña». Y luego: «¿Es que estaré endemoniada?» Y en casa ya, cojí el crucifijo con el cual en las manos había entregado a Dios su alma mi madre, y mirándolo a través de mis lágrimas y recordando el: «¡Dios mío, Dios mío!, ¿por qué me has abandonado?» de nuestros dos Cristos, el de esta tierra y el de esta aldea, recé: «hágase tu voluntad
685 así en la tierra como en el cielo», primero, y después: «y no nos dejes caer en la tentación, amén».[y] Luego me volví a aquella imagen de la Dolorosa, con su corazón traspasado por siete espadas, que había sido el más doloroso consuelo de mi pobre madre, y recé: «Santa María, madre de Dios, ruega por nosotros pecadores, ahora y

---

[162]líderes   [163]disminuían   [164]Se… *He burst into tears*   [165](fig.) fuerza   [166]ladrón

---

[v] Alude Don Manuel a lo dicho por Karl Marx, proponente de la «revolución social»: *Religion is the opiate of the people».*
[w] Jesucristo, consciente de su cercana muerte, pronuncia esas palabras. Horas después, su discípulo Judas lo vende por treinta monedas de plata (San Mateo 26:38).
[x] respuesta de Jesucristo al buen ladrón que, crucificado a su lado, le pide que se acuerde de él cuando esté en el cielo (San Lucas 23:43)
[y] fragmento del Padrenuestro (*Our Father*), oración enseñada por Jesucristo a sus discípulos y que comprende algunas de sus enseñanzas (San Mateo 6:9–13)

en la hora de nuestra muerte, amén». Y apenas lo había rezado cuando me dije:
690 «¿pecadores?, ¿nosotros pecadores?, ¿y cuál es nuestro pecado, cuál?» Y anduve todo el día acongojada por esta pregunta.

Al día siguiente acudí a Don Manuel, que iba adquiriendo una solemnidad de religioso ocaso,[167] y le dije:

—¿Recuerda, padre mío, cuando hace ya años, al dirigirle yo una pregunta me
695 contestó: «Eso no me lo preguntéis a mí, que soy ignorante; doctores tiene la Santa Madre Iglesia que os sabrán responder»?

—¡Que si me acuerdo!... y me acuerdo que te dije que ésas eran preguntas que te dictaba el Demonio.

—Pues bien, padre, hoy vuelvo yo, la endemoniada, a dirigirle otra pregunta
700 que me dicta mi demonio de la guarda.[z]

—Pregunta.

—Ayer, al darme de comulgar, me pidió que rezara por todos nosotros y hasta por...

—Bien, cállalo y sigue.

705 —Llegué a casa y me puse a rezar, y al llegar a aquello de «ruega por nosotros, pecadores, ahora y en la hora de nuestra muerte», una voz íntima me dijo: «¿pecadores nosotros?, ¿y cuál es nuestro pecado?» ¿Cuál es nuestro pecado, padre?

—¿Cuál? —me respondió—. Ya lo dijo un gran doctor de la Iglesia Católica
710 Apostólica Española, ya lo dijo el gran doctor[aa] de *La vida es sueño,* ya dijo que «el delito[168] mayor del hombre es haber nacido». Ese es, hija, nuestro pecado: el de haber nacido.

—¿Y se cura, padre?

—¡Vete y vuelve a rezar! Vuelve a rezar por nosotros, pecadores, ahora y en la
715 hora de nuestra muerte... Sí, al fin se cura el sueño... al fin se cura la vida... al fin se acaba la cruz del nacimiento... Y como dijo Calderón, el hacer bien, y el engañar bien, ni aun en sueños se pierde...

Y la hora de su muerte llegó por fin. Todo el pueblo la veía llegar. Y fue su más
720 grande lección. No quiso morirse ni solo ni ocioso.[169] Se murió predicando al pueblo, en el templo. Primero, antes de mandar que le llevasen a él, pues no podía ya moverse por la perlesía,[170] nos llamó a su casa a Lázaro y a mí. Y allí, los tres a solas, nos dijo:

—Oíd: cuidad de estas pobres ovejas, que se consuelen de vivir, que crean lo que yo no he podido creer. Y tú, Lázaro, cuando hayas de morir, muere como yo,
725 como morirá nuestra Angela, en el seno de la Santa Madre Católica Apostólica Romana, de la Santa Madre Iglesia de Valverde de Lucerna, bien entendido. Y hasta nunca más ver, pues se acaba este sueño de la vida...

---

[167]final   [168]crimen, pecado   [169]desocupado   [170]debilidad muscular acompañada de temblor

---

[z] De acuerdo con la tradición religiosa, Dios le señala a cada persona un ángel bueno, el ángel de la guarda, para que la proteja y la guíe. Angela hace alusión a su ángel, a quien ella llama irónicamente «demonio de la guarda», haciendo eco de las palabras de Don Manuel.

[aa]Pedro Calderón de la Barca (1600–1681), gran dramaturgo español del Siglo de Oro y autor de *La vida es sueño*. Las citas siguientes se basan en esta obra: «El delito mayor del hombre es haber nacido» (I, ii) y «No se pierde obrar bien, aun en sueños» (III, iv).

—¡Padre, padre! —gemí yo.

—No te aflijas, Angela, y sigue rezando por todos los pecadores, por todos los
730 nacidos. Y que sueñen, que sueñen. ¡Qué ganas tengo de dormir, dormir, dormir sin
fin, dormir por toda una eternidad y sin soñar!, ¡olvidando el sueño! Cuando me en-
tierren, que sea en una caja hecha con aquellas seis tablas que tallé[171] del viejo
nogal, ¡pobrecito!, a cuya sombra jugué de niño, cuando empezaba a soñar… ¡Y entonces sí que creía en la vida perdurable[172]! Es decir, me figuro ahora que creía
735 entonces. Para un niño creer no es más que soñar. Y para un pueblo. Esas seis tablas
que tallé con mis propias manos, las encontraréis al pie de mi cama.

Le dio un ahogo y, repuesto de él, prosiguió:

—Recordaréis que cuando rezábamos todos en uno, en unanimidad de sentido,
hechos pueblo, el Credo, al llegar al final yo me callaba. Cuando los israelitas iban
740 llegando al fin de su peregrinación[173] por el desierto, el Señor les dijo a Aarón y a
Moisés que por no haberle creído no meterían a su pueblo en la tierra prometida, y
les hizo subir al monte de Hor, donde Moisés hizo desnudar a Aarón, que allí murió,
y luego subió Moisés desde las llanuras de Moab al monte Nebo, a la cumbre del
Fasga, enfrente de Jericó, y el Señor le mostró toda la tierra prometida a su pueblo,
745 pero diciéndole a él: «¡No pasarás allá!», y allí murió Moisés y nadie supo su sepultura. Y dejó por caudillo a Josué. Sé, tú, Lázaro, mi Josué, y si puedes detener al sol
detenle y no te importe del progreso. Como Moisés, he conocido al Señor, nuestro
supremo ensueño, cara a cara y ya sabes que dice la Escritura que el que le ve la
cara a Dios, que el que le ve al sueño los ojos de la cara con que nos mira, se muere
750 sin remedio y para siempre.[bb] Que no le vea, pues, la cara a Dios este nuestro
pueblo mientras viva, que después de muerto ya no hay cuidado, pues no verá
nada…

—¡Padre, padre, padre! —volví a gemir.

Y él:

755 —Tú, Angela, reza siempre, sigue rezando para que los pecadores todos sueñen
hasta morir la resurrección de la carne y la vida perdurable…

Yo esperaba un «¿y quién sabe…?» cuando le dio otro ahogo a Don Manuel.

—Y ahora —añadió—, ahora, en la hora de mi muerte, es hora de que hagáis
que se me lleve, en este mismo sillón, a la iglesia, para despedirme allí de mi
760 pueblo, que me espera.

Se le llevó a la iglesia y se le puso, en el sillón, en el presbiterio, al pie del altar.
Tenía entre sus manos un crucifijo. Mi hermano y yo nos pusimos junto a él, pero
fue Blasillo el bobo quien más se arrimó.[174] Quería cojer de la mano a Don Manuel,
besársela. Y como algunos trataran de impedírselo, Don Manuel les reprendió[175] di-
765 ciéndoles:

—Dejadle que se me acerque. Ven, Blasillo, dame la mano.

El bobo lloraba de alegría. Y luego Don Manuel dijo:

—Muy pocas palabras, hijos míos, pues apenas me siento con fuerzas sino para
morir. Y nada nuevo tengo que deciros. Ya os lo dije todo. Vivid en paz y contentos
770 y esperando que todos nos veamos un día, en la Valverde de Lucerna que hay allí,

---

[171]hice   [172]la… la vida que existe para el alma después de la muerte   [173]*pilgrimage*   [174]le acercó   [175]amo-
nestó

[bb]alusión a Moisés, profeta de Israel

entre las estrellas de la noche que se reflejan en el lago, sobre la montaña. Y rezad, rezad a María Santísima, rezad a Nuestro Señor. Sed buenos, que esto basta. Perdonadme el mal que haya podido haceros sin quererlo y sin saberlo. Y ahora, después de que os dé mi bendición, rezad todos a una el Padrenuestro, el Avemaría, la Salve y por último el Credo.

Luego, con el crucifijo que tenía en la mano dio la bendición al pueblo, llorando las mujeres y los niños y no pocos hombres, y en seguida empezaron las oraciones, que Don Manuel oía en silencio y cojido de la mano por Blasillo, que al son del ruego se iba durmiendo. Primero el Padrenuestro con su «hágase tu voluntad así en la tierra como en el cielo», luego el Santa María con su «ruega por nosotros, pecadores, ahora y en la hora de nuestra muerte», a seguida la Salve con su «gimiendo y llorando en este valle de lágrimas», y por último el Credo. Y al llegar a la «resurrección de la carne y la vida perdurable», todo el pueblo sintió que su santo había entregado su alma a Dios. Y no hubo que cerrarle los ojos, porque se murió con ellos cerrados. Y al ir a despertar a Blasillo nos encontramos con que se había dormido en el Señor para siempre. Así que hubo luego que enterrar dos cuerpos.

El pueblo todo se fue en seguida a la casa del santo a recojer reliquias,[176] a repartirse retazos[177] de sus vestiduras, a llevarse lo que pudieran como reliquia y recuerdo del bendito mártir. Mi hermano guardó su breviario,[178] entre cuyas hojas encontró, desecada y como en un herbario,[179] una clavellina[180] pegada a un papel y en éste una cruz con una fecha.

Nadie en el pueblo quiso creer en la muerte de Don Manuel; todos esperaban verle a diario, y acaso le veían, pasar a lo largo del lago y espejado en él o teniendo por fondo la montaña; todos seguían oyendo su voz, y todos acudían a su sepultura, en torno a la cual surgió todo un culto. Las endemoniadas venían ahora a tocar la cruz de nogal, hecha también por sus manos y sacada del mismo árbol de donde sacó las seis tablas en que fue enterrado. Y los que menos queríamos creer que se hubiese muerto éramos mi hermano y yo.

El, Lázaro, continuaba la tradición del santo y empezó a redactar lo que le había oído, notas de que me he servido para esta mi memoria.

—El me hizo un hombre nuevo, un verdadero Lázaro,[cc] un resucitado —me decía—. El me dio fe.

—¿Fe? —le interrumpía yo.

—Sí, fe, fe en el consuelo de la vida, fe en el contento de la vida. El me curó de mi progresismo. Porque hay, Angela, dos clases de hombres peligrosos y nocivos:[181] los que convencidos de la vida de ultratumba, de la resurrección de la carne, atormentan, como inquisidores que son, a los demás para que, despreciando[182] esta vida como transitoria, se ganen la otra, y los que no creyendo más que en este...

[176]objetos que pertenecieron a un santo   [177]pedazos   [178]libro que utilizan los sacerdotes para su oración
[179]colección de plantas secas para el estudio de sus propiedades   [180]carnation   [181]malos   [182]no haciendo caso de

[cc]referencia a Lázaro, amigo de Jesucristo, a quien éste devolvió la vida después de cuatro días de muerto (San Juan 11:1–45)

—Como acaso tú… —le decía yo.

—Y sí, y como Don Manuel. Pero no creyendo más que en este mundo esperan no sé qué sociedad futura y se esfuerzan en negarle al pueblo el consuelo de creer en otro…

815 —De modo que…

—De modo que hay que hacer que vivan de la ilusión.

El pobre cura que llegó a sustituir a Don Manuel en el curato entró en Valverde de Lucerna abrumado[183] por el recuerdo del santo y se entregó a mi hermano y a mí para que le guiásemos. No quería sino seguir las huellas del santo. Y mi hermano le 820 decía: «Poca teología, ¿eh?, poca teología; religión, religión». Y yo al oírselo me sonreía pensando si es que no era también teología lo nuestro.

Yo empecé entonces a temer por mi pobre hermano. Desde que se nos murió Don Manuel no cabía decir que viviese. Visitaba a diario su tumba y se pasaba horas muertas contemplando el lago. Sentía morriña[184] de la paz verdadera.

825 —No mires tanto al lago —le decía yo.

—No, hermana, no temas. Es otro el lago que me llama; es otra la montaña. No puedo vivir sin él.

—¿Y el contento de vivir, Lázaro, el contento de vivir?

—Eso para otros pecadores, no para nosotros, que le hemos visto la cara a Dios, 830 a quienes nos ha mirado con sus ojos el sueño de la vida.

—Qué, ¿te preparas a ir a ver a Don Manuel?

—No, hermana, no; ahora y aquí en casa, entre nosotros solos, toda la verdad, por amarga que sea, amarga como el mar a que van a parar las aguas de este dulce lago, toda la verdad para ti, que estás abroquelada[185] contra ella…

835 —¡No, no, Lázaro; ésa no es la verdad!

—La mía, sí.

—La tuya, ¿pero y la de…?

—También la de él.

—¡Ahora, no, Lázaro; ahora, no! Ahora cree otra cosa, ahora cree…

840 —Mira, Angela, una de las veces en que al decirme Don Manuel que hay cosas que aunque se las diga uno a sí mismo debe callárselas a los demás, le repliqué que me decía eso por decírselas a él, esas mismas, a sí mismo, acabó confesándome que creía que más de uno de los más grandes santos, acaso el mayor, había muerto sin creer en la otra vida.

845 —¿Es posible?

—¡Y tan posible! Y ahora, hermana, cuida que no sospechen siquiera aquí en el pueblo, nuestro secreto…

—¿Sospecharlo? —le dije—. Si intentase, por locura, explicárselo, no lo entenderían. El pueblo no entiende de palabras; el pueblo no ha entendido más que 850 vuestras obras. Querer exponerles eso sería como leer a unos niños de ocho años unas páginas de Santo Tomás de Aquino… en latín.

—Bueno, pues cuando yo me vaya, reza por mí y por él y por todos.

Y por fin le llegó también su hora. Una enfermedad que iba minando[186] su robusta naturaleza pareció exacerbársele[187] con la muerte de Don Manuel.

---

[183]overwhelmed   [184]melancolía   [185]shielded   [186]destruyendo poco a poco   [187]to flare up

855 —No siento tanto tener que morir —me decía en sus últimos días—, como que conmigo se muere otro pedazo del alma de Don Manuel. Pero lo demás de él vivirá contigo. Hasta que un día hasta los muertos nos moriremos del todo.

Cuando se hallaba agonizando[188] entraron, como se acostumbra en nuestras aldeas, los del pueblo a verle agonizar, y encomendaban su alma a Don Manuel, a
860 San Manuel Bueno, el mártir. Mi hermano no les dijo nada, no tenía ya nada que decirles; les dejaba dicho todo, todo lo que queda dicho. Era otra laña[189] más entre las dos Valverdes de Lucerna, la del fondo del lago y la que en su sobrehaz se mira; era ya uno de nuestros muertos de vida, uno también, a su modo, de nuestros santos.

865 Quedé más que desolada,[190] pero en mi pueblo, y con mi pueblo. Y ahora, al haber perdido a mi San Manuel, al padre de mi alma, y a mi Lázaro, mi hermano aún más que carnal,[191] espiritual, ahora es cuando me doy cuenta de que he envejecido y de cómo he envejecido. Pero ¿es que los he perdido?, ¿es que he envejecido?, ¿es que me acerco a mi muerte?

870 ¡Hay que vivir! Y él me enseñó a vivir, él nos enseñó a vivir, a sentir la vida, a sentir el sentido de la vida, a sumergirnos en el alma de la montaña, en el alma del lago, en el alma del pueblo de la aldea, a perdernos en ellas para quedar en ellas. Él me enseñó con su vida a perderme en la vida del pueblo de mi aldea, y no sentía yo más pasar las horas, y los días y los años, que no sentía pasar el agua del lago. Me
875 parecía como si mi vida hubiese de ser siempre igual. No me sentía envejecer. No vivía yo ya en mí, sino que vivía en mi pueblo y mi pueblo vivía en mí. Yo quería decir lo que ellos, los míos, me decían sin querer. Salía a la calle, que era la carretera, y como conocía a todos, vivía en ellos y me olvidaba de mí, mientras que en Madrid, donde estuve alguna vez con mi hermano, como a nadie conocía, sen-
880 tíame en terrible soledad y torturada por tantos desconocidos.

Y ahora, al escribir esta memoria, esta confesión íntima de mi experiencia de la santidad ajena, creo que Don Manuel Bueno, que mi San Manuel, y que mi hermano Lázaro se murieron creyendo no creer lo que más nos interesa, pero sin creer creerlo, creyéndolo en una desolación activa y resignada.[dd]

885 Pero ¿por qué —me he preguntado muchas veces— no trató Don Manuel de convertir a mi hermano también con un engaño, con una mentira, fingiéndose creyente sin serlo? Y he comprendido que fue porque comprendió que no le engañaría, que para con él no le serviría el engaño, que sólo con la verdad, con su verdad, le convertiría; que no habría conseguido nada si hubiese pretendido represen-
890 tar para con él una comedia —tragedia más bien—, la que representaba para salvar al pueblo. Y así le ganó, en efecto, para su piadoso fraude; así le ganó con la verdad de muerte a la razón de vida. Y así me ganó a mí, que nunca dejé trasparentar

---

[188]muriendo   [189](fig.) clamp   [190]triste   [191]del mismo padre y madre

---

[dd]Lo que hace Angela aquí es presentar una perspectiva sobre la lucha eterna entre la fe y la razón; paradójicamente, se utiliza la razón para mostrar la superioridad de la fe. Este tipo de racionalización espiritual forma la base de la obra filosófica más conocida de Unamuno, *Del sentimiento trágico de la vida*. Véase, por ejemplo, el siguiente trozo de esa obra: «Creer en Dios es anhelar que le haya y es además conducirse como si le hubiera; es vivir de ese anhelo y hacer de él nuestro íntimo resorte de acción. De este anhelo o hambre de divinidad surge la esperanza; de ésta, la fe, y de la fe y la esperanza, la caridad; de ese anhelo arrancan los sentimientos de belleza, de finalidad, de bondad» (Capítulo 8).

a los otros su divino, su santísimo juego. Y es que creía y creo que Dios Nuestro Señor, por no sé qué sagrados y no escudriñaderos[192] designios, les hizo creerse incrédulos. Y que acaso en el acabamiento de su tránsito se les cayó la venda.[193] ¿Y yo, creo?

Y al escribir esto ahora, aquí, en mi vieja casa materna, a mis más que cincuenta años, cuando empiezan a blanquear con mi cabeza mis recuerdos, está nevando, nevando sobre el lago, nevando sobre la montaña, nevando sobre las memorias de mi padre, el forastero; de mi madre, de mi hermano Lázaro, de mi pueblo, de mi San Manuel, y también sobre la memoria del pobre Blasillo, de mi San Blasillo, y que él me ampare[194] desde el cielo. Y esta nieve borra esquinas y borra sombras, pues hasta de noche la nieve alumbra.[195] Y yo no sé lo que es verdad y lo que es mentira, ni lo que vi y lo que soñé —o mejor lo que soñé y lo que sólo vi—, ni lo que supe ni lo que creí. Ni sé si estoy traspasando a este papel, tan blanco como la nieve, mi conciencia que en él se ha de quedar, quedándome yo sin ella. ¿Para qué tenerla ya…?

¿Es que sé algo?, ¿es que creo algo? ¿Es que esto que estoy aquí contando ha pasado y ha pasado tal y como lo cuento? ¿Es que pueden pasar estas cosas? ¿Es que todo esto es más que un sueño soñado dentro de otro sueño? ¿Seré yo, Angela Carballino, hoy cincuentona, la única persona que en esta aldea se ve acometida[196] de estos pensamientos extraños para los demás? ¿Y éstos, los otros, los que me rodean, creen? ¿Qué es eso de creer? Por lo menos, viven. Y ahora creen en San Manuel Bueno, mártir, que sin esperar inmortalidad les mantuvo en la esperanza de ella.

Parece que el ilustrísimo señor obispo, el que ha promovido el proceso de beatificación de nuestro santo de Valverde de Lucerna, se propone escribir su vida, una especie de manual del perfecto párroco, y recoje para ello toda clase de noticias. A mí me las ha pedido con insistencia, ha tenido entrevistas conmigo, le he dado toda clase de datos, pero me he callado siempre el secreto trágico de Don Manuel y de mi hermano. Y es curioso que él no lo haya sospechado. Y confío en que no llegue a su conocimiento todo lo que en esta memoria dejo consignado. Les temo a las autoridades de la tierra, a las autoridades temporales aunque sean las de la Iglesia.

Pero aquí queda esto, y sea de su suerte lo que fuere.

¿Cómo vino a parar a mis manos este documento, esta memoria de Angela Carballino? He aquí[197] algo, lector, algo que debo guardar en secreto. Te la doy tal y como a mí ha llegado, sin más que corregir pocas, muy pocas particularidades de redacción. ¿Que se parece mucho a otras cosas que yo he escrito? Esto nada prueba contra su objetividad, su originalidad. ¿Y sé yo, además, si no he creado fuera de mí seres reales y efectivos, de *alma*[198] inmortalidad? ¿Sé yo si aquel Augusto Pérez,[ee] el de mi novela *Niebla,* no tenía razón al pretender ser más real, más objetivo que

---

[192]*fathomable*   [193]se… (*fig.*) pudieron ver la verdad   [194]ayude   [195]ilumina   [196]invadida   [197]He… *Behold*
[198]*sacred, venerable*

[ee]Augusto Pérez, protagonista de *Niebla,* sufre una crisis de identidad parecida a la de Unamuno mismo, paradójicamente convertido éste en personaje de su propia novela y obligado a defenderse del personaje creado por él mismo.

yo mismo, que creía haberle inventado? De la realidad de este San Manuel Bueno, mártir, tal como me le ha revelado su discípula e hija espiritual Angela Carballino, 935 de esta realidad no se me ocurre dudar. Creo en ella más que creía el mismo santo; creo en ella más que creo en mi propia realidad.

Y ahora, antes de cerrar este epílogo, quiero recordarte, lector paciente, el versillo noveno de la Epístola del olvidado apóstol San Judas —¡lo que hace un nombre!—, donde se nos dice cómo mi celestial patrono, San Miguel Arcángel — 940 Miguel quiere decir «¿Quién como Dios?», y arcángel archimensajero—, disputó con el Diablo —Diablo quiere decir acusador, fiscal[199]—, por el cuerpo de Moisés y no toleró que se lo llevase en juicio de maldición, sino que le dijo al Diablo: «El Señor te reprenda». Y el que quiera entender, que entienda.

Quiero también, ya que Angela Carballino mezcló a su relato sus propios sen- 945 timientos, ni sé que otra cosa quepa,[200] comentar yo aquí lo que ella dejó dicho de que si Don Manuel y su discípulo Lázaro hubiesen confesado al pueblo su estado de creencia, éste, el pueblo, no les habría entendido. Ni les habría creído, añado yo. Habrían creído a sus obras y no a sus palabras, porque las palabras no sirven para apoyar las obras, sino que las obras se bastan. Y para un pueblo como el de 950 Valverde de Lucerna no hay más confesión que la conducta. Ni sabe el pueblo qué cosa es fe, ni acaso le importa mucho.

Bien sé que en lo que se cuenta en este relato, si se quiere novelesco —y la novela es la más íntima historia, la más verdadera, por lo que no me explico que haya quien se indigne de que se llame novela al Evangelio, lo que es elevarle, en 955 realidad, sobre un cronicón cualquiera—, bien sé que en lo que se cuenta en este relato no pasa nada; mas espero que sea porque en ello todo se queda, como se quedan los lagos y las montañas, y las santas almas sencillas asentadas más allá de la fe y de la desesperación, que en ellos, en los lagos y las montañas, fuera de la historia, en divina novela, se cobijaron.[201]

[199]prosecuting attorney   [200](inf.: **caber**) could be possible   [201]refugiaron

Cuestionario

1. ¿Cómo se caracteriza Angela Carballino a sí misma?
2. Según Angela, ¿cuál es el poder que ejerce Don Manuel sobre los del pueblo?
3. ¿Qué simbolizan el lago y la montaña de Valverde de Lucerna?
4. ¿Quién es Blasillo?
5. ¿Cuál es el valor simbólico de la escena del Viernes Santo?
6. ¿Cuál es la primera señal del secreto de Don Manuel?
7. ¿Qué quiere Don Manuel para la gente del pueblo?
8. ¿Por qué no había entrado Don Manuel en un claustro?
9. ¿Cómo reacciona Lázaro, al volver de América, frente a la influencia que tiene Don Manuel en la aldea?
10. ¿Qué ideas expresa Lázaro sobre la ciudad y la aldea?
11. ¿Por qué no se mudan Lázaro, Angela y su madre a la ciudad?
12. ¿Cómo se presenta la primera comunión de Lázaro?

13. Según Lázaro (después de convertirse en amigo íntimo del cura), ¿cuál es el móvil de Don Manuel?
14. ¿Cuál es la actitud de Don Manuel con respecto a la religión y la revolución social?
15. Según Don Manuel, ¿cuál es la religión verdadera?
16. ¿Qué representa Angela para Don Manuel?
17. ¿Cuál es la «tentación mayor» de Don Manuel?
18. ¿Qué tipo de fe le dio Don Manuel a Lázaro?
19. ¿Por qué dice Lázaro que Don Manuel le curó de su progresismo?
20. ¿Qué aspecto simbólico tiene la escena de la muerte de Don Manuel?
21. ¿Cuál es la base de la analogía entre Don Manuel y Moisés?
22. ¿Cómo reacciona el pueblo ante la muerte de Don Manuel?
23. Según Lázaro, ¿cuáles son los dos tipos de hombres peligrosos?
24. ¿Qué consejo le da Lázaro al nuevo cura?
25. ¿Cuál es el juicio que hace Angela sobre la incredulidad de Don Manuel y de Lázaro?
26. ¿Con que frase termina la narración de Angela?
27. ¿Quién es el narrador del último párrafo de la novela?

Identificaciones

1. Renada
2. «un nogal matriarcal»
3. «¡Dios mío, Dios mío!, ¿por qué me has abandonado?»
4. la Simona
5. *La vida es sueño*
6. Augusto Pérez

Temas

1. La importancia de Angela como narradora
2. La función de las historias intercaladas (de la hija de la tía Rabona, del payaso, del reo, etcétera) en *San Manuel Bueno, mártir*
3. La función simbólica de los nombres
4. La presentación de una crisis religiosa
5. El manuscrito de Angela y la intervención del novelista al final: la estructura de *San Manuel Bueno, mártir*
6. Hacia una aproximación biográfica a *San Manuel Bueno, mártir:* al consultarse una biografía de Miguel de Unamuno, se puede buscar una relación entre la crisis religiosa de San Manuel y la de Unamuno mismo

LA POESIA

I La poesía

Hasta ahora, nadie ha podido dar una definición acertada de la poesía. ¿Qué es lo que hace que un escrito sea poesía y no prosa? Desafortunadamente no hay una respuesta satisfactoria para esta pregunta. Aristóteles (384–322 a.C.) explicaba la poesía como la *imitación de la naturaleza* (*mimesis*); Platón (¿427?–347 a.C.) la fundaba en el *entusiasmo;* el Marqués de Santillana (1398–1458) decía que es «fingimiento de cosas útiles, cubiertas o veladas con muy fermosa [hermosa] cobertura». Otros escritores identifican la poesía con elementos tales como ideas e imágenes bellas, sentimientos profundos, etcétera; pero en la prosa también aparecen esos elementos. Frente a este tipo de prosa, que bien pudiéramos llamar «poética», existe una poesía que en vez de cantar narra, que parece prosa y por eso se llama *poesía narrativa.* Un buen ejemplo de ésta sería el poema «El momento más grave de la vida» del peruano César Vallejo (p. 191).

¿Dónde estará, entonces, la diferencia entre la prosa y la poesía? Se podría decir que lo que establece la diferencia es el *ritmo.* Cuando se cuenta algo, se puede añadir a lo que se cuenta un ritmo musical y entonces surge el *verso* como contrario de la *prosa.*

Ningún tema es en sí mismo poético, porque lo que hace que un texto sea prosa o poesía no tiene nada que ver con el tema que se transmite sino con el modo de transmitirlo, es decir, con el arte que utiliza el poeta para transmitirlo. Por lo contrario, se podría decir que cualquier tema puede ser objeto de un poema: incluso la misma definición de poesía se ha convertido en tema poético, tal como se puede comprobar al leer el poema del chileno Vicente Huidobro, «Arte poética», que figura en la página 193.

La poesía, del griego *poiesis* que significa *creación, fabricación, construcción,* es la expresión artística de la belleza por medio de la palabra sometida a un cierto ritmo y a una cierta medida (*measure*); esto quiere decir que la poesía da al lenguaje musicalidad, sonoridad y armonía.

Platón y Aristóteles señalaron tres clases de poesía: poesía *lírica,* poesía *épica* y poesía *dramática.* La poesía lírica es *subjetiva* y, generalmente, el poeta —o el hablante poético— la utiliza para comunicar al lector sus sentimientos. La poesía épica es más *objetiva* ya que el poeta es una especie de narrador que cuenta hechos o hazañas; estas composiciones poéticas, cuando expresan grandes valores nacionales o universales, reciben el nombre de *epopeyas* o *poemas épicos* (p. 25). La poesía dramática es *subjetivo-objetiva* ya que, aunque se cuenten sentimientos íntimos, el poeta desaparece detrás de los personajes que representan el drama. En este capítulo se tratará de la poesía lírica y épica, dejando la poesía dramática para ser estudiada en el capítulo correspondiente al drama.

Es interesante notar que en la poesía, a fin de dar al lenguaje esa musicalidad de que antes se habló, las palabras se combinan siguiendo las reglas de la *Poética* (conjunto de normas relacionadas con la poesía) y forman unas estructuras fijas denominadas *estrofas* (*stanzas*). Las estrofas, a su vez, están formadas por *versos* (generalmente cada línea es un verso); el verso es la unidad de la versificación y cada verso tiene su medida particular o *metro*.

Por consiguiente, se llamará versificación al estudio del verso; y verso, siguiendo a Wolfgang Kayser en *Interpretación y análisis de la obra literaria* (1961), a la articulación de un grupo de unidades menores (sílabas) en una unidad ordenada. Esto quiere decir que esa unidad superior, a la que se llama verso, exige un orden que en español consiste en un número determinado de sílabas y en un cierto ritmo.

Antiguamente en las lenguas clásicas, latín y griego, el verso no se estructuraba como los versos en español y en otras lenguas románicas (*Romance languages*), sino que su versificación se fundaba en unidades de tiempo, es decir, en la medida del tiempo necesario para recitar los versos, clasificando con exactitud las sílabas en largas y breves. En chino, lo importante para la estructuración del verso es el timbre de la voz (*pitch*). En alemán, lo que se considera es el peso de las sílabas y éste se mide por el grado de acentuación. La poesía inglesa, basada también en la acentuación, tiene como unidad básica para medir el verso el *pie,* en lugar de la sílaba; generalmente un pie consta de dos o tres sílabas, una de las cuales es tónica (*stressed*). El siguiente ejemplo tendría cinco pies.

> Shall Í | compáre | thee tó | a súm | mer's dáy?
> (Shakespeare, «Sonnet XVIII»)

II Elementos de la versificación española

Al analizar un poema en español se nota que los elementos más importantes de la versificación son dos: el cómputo silábico (número de sílabas) y el ritmo (la colocación del acento). Hay otros elementos que también serán estudiados, tales como la *rima,* la *pausa,* el *encabalgamiento* y la *estrofa.*

COMPUTO SILABICO: FENOMENOS QUE AFECTAN EL METRO DE UN VERSO

Clasificación de los versos

Al contar las sílabas de un verso, lo primero que hay que tener en cuenta es que no es lo mismo contar sílabas *comunes* o gramaticales que contar sílabas *poéticas,* ya que existen diversos fenómenos que afectan el cómputo silábico. En primer lugar, hay que saber que en español cada verso puede ser de tres clases: verso *llano* (o *paroxítono*), verso *agudo* (u *oxítono*) y verso *esdrújulo* (o *proparoxítono*).

Para determinar cuándo un verso es llano, agudo o esdrújulo hay que considerar si el verso termina en palabra llana, aguda o esdrújula. A este respecto, se debe recordar que una palabra es llana cuando lleva la fuerza de la voz en la penúltima (*next to last*) sílaba: *ca*sa, ven*ta*na, etcétera; es aguda cuando dicha fuerza cae en la última sílaba: cora*zón,* ciu*dad,* doc*tor,* etcétera, y es esdrújula cuando la fuerza de la voz recae en la antepenúltima sílaba: *pú*blico, *pá*jaro, etcétera.

1. *Verso llano.* El verso llano se toma como norma para el cómputo de sílabas del verso porque la lengua española es fundamentalmente paroxítona; es decir, lo que más abunda son las palabras llanas. Cuando un verso es llano o paroxítono el número de sílabas gramaticales o comunes y el número de sílabas poéticas será el mismo. Por ejemplo, en el verso siguiente hay catorce sílabas comunes y catorce sílabas poéticas.

<pre>
 1 2 3 4 5   6 7 8   9 10 11 12 13 14
¡Po-bre-ci-ta prin-ce-sa de los o-jos a-zu-les!
</pre>

No sucede lo mismo cuando el verso es agudo o esdrújulo.

2. *Verso agudo.* Al contar las sílabas de un verso agudo, se añade una sílaba al número de sílabas gramaticales o comunes. La razón es que la palabra aguda, por tener el acento en la última sílaba, suena con mayor intensidad y requiere más espacio de tiempo; por eso se cuenta una sílaba más.

<pre>
                    1 2   3 4 5 6 7 8 9
(verso llano)   Ju-ven-tud di-vi-no te-so-ro   = 9
                    1 2 3 4 5 6 7   8
(verso agudo)   ¡ya te vas pa-ra no vol-ver! (8 + 1) = 9
</pre>

3. *Verso esdrújulo.* Si el verso es esdrújulo, se cuenta una sílaba menos porque al poner la fuerza de la voz en la antepenúltima sílaba se pronuncia más rápidamente; por esa razón se suprime una sílaba.

<pre>
                    1 2 3 4 5 6 7 8 9 10 11 12
(verso llano)   Mi-rad có-mo los ga-jos de las mag-no-lias   = 12
                    1 2 3 4 5 6   7 8 9 10 11 12 13
(verso esdrújulo) a-gi-tan dul-ce-men-te las bri-sas cá-li-das (13 − 1) = 12
</pre>

La sinalefa

Otro fenómeno que afecta el cómputo silábico es la sinalefa. La sinalefa no es un fenómeno exclusivamente poético. Se observa fácilmente en el lenguaje hablado; no se dice, por ejemplo:

<pre>
       1 2 3 4 5 6
     ¿Có-mo-es-tá-us-ted?
sino:
       1   2   3   4
     ¿Có-mo es-tá us-ted?
</pre>

En el ejemplo hay seis sílabas según la división gramatical, pero sólo cuatro sílabas fonológicas (la sílaba fonológica es la unidad de pronunciación de una lengua). Lo mismo ocurre en la poesía; cuando una palabra termina en vocal y la siguiente empieza también con una vocal se cuenta una sola sílaba. A veces esta unión, a la que se llama sinalefa, puede reunir más de dos vocales.

<pre>
       1   2   3 4
     Vol-vió a Eu-ro-pa
</pre>

En la estrofa siguiente, se ven otros cinco ejemplos de sinalefa.

```
        1   2   3   4   5 6   7   8 9 10 11
Mien-tras por com-pe-tir con tu ca-be-llo
1 2  3   4    5    6 7 8    9   10 11
o-ro bru-ñi-do al sol re-lum-bra en va-no,
```
```
      1     2    3    4     5   6    7     8    9   10 11
mien-tras con me-nos-pre-cio en me-dio el lla-no
```
```
    1 2 3   4    5   6    7   8 9 10 11
mi-ra tu blan-ca fren-te el li-rio be-llo.
```

Otros fenómenos que afectan el cómputo silábico: licencias poéticas

A veces el poeta, a fin de conservar el número de sílabas del verso, no sigue las normas establecidas del lenguaje; esto es lo que se entiende por *licencia poética* o *licencia métrica.* Así, por ejemplo, en el primer verso de su «Soneto XI» a continuación, el poeta Garcilaso de la Vega hizo uso de una licencia poética ya que dicho verso tiene doce sílabas gramaticales, pero el poeta, apartándose de la norma del lenguaje que establece que la palabra *río* tiene dos sílabas, *rí-o,* las redujo a una sola sílaba poética.

> Her-mo-sas nin-fas que, en el río me-ti-das

Respecto a las licencias poéticas hay que considerar tres clases de fenómenos: (1) *sinéresis,* (2) *diéresis* y (3) *hiato.*

1. *Sinéresis.* Es el fenómeno que se produce cuando en el interior de una palabra se unen dos vocales que generalmente no forman diptongo: poe-ta, leal-tad.
2. *Diéresis.* Es el fenómeno contrario de la sinéresis porque consiste en separar dos vocales que generalmente forman diptongo: sü-a-ve, ru-ï-do.
3. *Hiato.* Es el fenómeno contrario a la sinalefa porque consiste en pronunciar separadamente dos vocales que, aunque perteneciendo a palabras diferentes, deberían pronunciarse juntas por sinalefa: *mú-si-cas de a-las.* Normalmente en este ejemplo habría cinco sílabas poéticas, debido a la sinalefa de las palabras *de alas;* sin embargo, el poeta se vale del hiato para obtener las seis sílabas que el ritmo de su verso necesita.

RITMO

Como ya se ha dicho, el verso es la unidad más pequeña de la estructura del poema. Su ritmo se determina por la distribución de los acentos principales que son: (1) *acento estrófico,* (2) *acento rítmico* y (3) *acento extrarrítmico.*

1. *Acento estrófico.* Este es el acento más importante y corresponde siempre a la penúltima sílaba del verso; es decir, que si el verso tuviera once sílabas, el acento estrófico estaría en la décima sílaba; si tuviera nueve, estaría en la octava sílaba, y así sucesivamente. Por ejemplo, en el verso

```
   1  2   3    4     5   6 7 8
Yo soy un hom-bre sin-ce-ro
```

como tiene ocho sílabas, el acento estrófico está en la séptima sílaba, la cual aparece subrayada.

2. *Acentos rítmicos.* Son los acentos en el interior del verso que coinciden con el acento estrófico en el sentido de que, si el acento estrófico corresponde a una sílaba impar (*uneven*), los acentos rítmicos estarán también en las sílabas impares. Por ejemplo, en el verso anterior, como el acento estrófico está en la séptima sílaba que es impar, los acentos rítmicos estarán en las sílabas impares, es decir, en las sílabas primera, tercera y quinta. Si, por el contrario, el acento estrófico correspondiera a una sílaba par (*even*), los acentos rítmicos estarían en las sílabas pares. Así tenemos que, en un verso de once sílabas, como el acento estrófico estaría en la décima sílaba, la cual es sílaba par, los acentos rítmicos corresponderían a las sílabas pares: segunda, cuarta, sexta y octava.

3. *Acentos extrarrítmicos.* Son los demás acentos que no coinciden con el acento estrófico en el hecho de hallarse en las sílabas pares o impares.

III Clasificación de los versos según el número de sílabas

En cuanto al número de sílabas, hay versos desde dos hasta catorce sílabas inclusive. Si el verso tiene dos sílabas, se llama *bisílabo;* si tiene tres, *trisílabo;* si tiene cuatro, *tetrasílabo,* y así sucesivamente (ver Apéndice 2).

En español los versos más importantes son el *heptasílabo* (verso de siete sílabas), el *octosílabo* (verso de ocho sílabas), el *endecasílabo* (verso de once sílabas) y el *alejandrino* (verso de catorce sílabas).

1. *Verso heptasílabo.* El heptasílabo se emplea principalmente en combinación con el endecasílabo para formar estrofas como la *lira* y la *silva* compuestas de versos combinados de siete y de once sílabas. El ejemplo siguiente corresponde a una lira.

Si de mi baja lira	7
tanto pudiese el son, que en un momento	11
aplacase la ira	7
del animoso viento,	7
y la furia del mar y el movimiento.	11
(Garcilaso de la Vega, «Canción V»)	

También se emplea el verso heptasílabo en la composición del alejandrino, el cual está formado por dos versos heptasílabos tal como se ve en el ejemplo siguiente.

La princesa está triste. | ¿Qué tendrá la princesa?	7 + 7
Los suspiros se escapan | de su boca de fresa	7 + 7
que ha perdido la risa, | que ha perdido el color	7 + 7
(Rubén Darío, «Sonatina»)	

2. *Verso octosílabo.* El octosílabo es la medida más popular; se ha utilizado para los *romances,* los *corridos mexicanos,* la *canción,* etcétera. El ejemplo si-

guiente corresponde a *Martín Fierro,* obra escrita también en versos octosílabos por el poeta argentino José Hernández.

Aquí me pongo a cantar
al compás de la vigüela,
que el hombre que lo desvela

una pena extraordinaria,
como la ave solitaria
con el cantar se consuela.

A continuación sigue el ejemplo de un corrido mexicano dedicado a Emiliano Zapata.

Voy a cantar el corrido
de la traición insensata
en que perdió el caudillo
don Emiliano Zapata.

Fue en el año diecinueve
mismo de mil novecientos
y era en el nueve de abril
cuando sucedió el suceso.

3. *Verso endecasílabo.* El endecasílabo es el verso más rico, flexible y armonioso. De origen italiano, fue ensayado por el Marqués de Santillana y alcanzó su mayor perfección con Garcilaso de la Vega.

4. *Verso alejandrino.* El verso alejandrino fue usado en las canciones épicas medievales sobre Alejandro Magno, de ahí su nombre «alejandrino». Ya en el siglo XIII, el poeta Gonzalo de Berceo lo adoptó para expresar su poesía.

más que 8   *8 o menos*

Versos de arte mayor y de arte menor

Los versos comprendidos entre dos y ocho sílabas se llaman tradicionalmente de *arte menor* y los versos de nueve sílabas en adelante se denominan de *arte mayor.* Muchas veces los versos de arte mayor son el resultado de la combinación de versos de arte menor. Así, por ejemplo, el poeta colombiano José Asunción Silva en el poema titulado «Nocturno» ha usado versos de veinticuatro sílabas, aunque en realidad son seis grupos de versos de cuatro sílabas escritos consecutivamente.

por los cielos | azulosos | infinitos | y profundos | esparcía | su luz blanca
    4   +   4   +   4   +   4   +   4   +   4

IV Otros elementos importantes de la versificación española

RIMA

Otro elemento de la versificación española es la rima. Aunque la poesía moderna se caracterice por la falta de rima, no se puede negar que la rima sirve para fijar con mayor precisión el ritmo.

La rima, según Antonio Quilis en su estudio *Métrica española* (1969), es la total o parcial identidad acústica entre dos o más versos, de los fonemas situados a partir de la última vocal tónica, entendiendo por *vocal tónica* la que recibe la fuerza de la voz y por *fonema* la más pequeña unidad fonológica de la lengua. En inglés, por ejemplo, las palabras *pin* y *bin* se diferencian en un solo fonema, así como se diferencian en un solo fonema las palabras españolas *cara* y *cada*. La rima puede ser *consonante* o *asonante*.

1. *Rima consonante.* Hay rima consonante cuando existe identidad fonética, o sea, igualdad, de todos los sonidos, vocálicos y consonánticos, entre dos o más versos, a partir de la última vocal tónica.

> Yo no sé si eres muerte o eres v<u>ida</u>,   A
> si toco rosa en ti, si toco estr<u>ella</u>,   B
> si llamo a Dios o a ti cuando te ll<u>amo</u>.   C
> Junco en el agua o sorda piedra her<u>ida</u>   A
> sólo sé que la tarde es ancha y b<u>ella</u>,   B
> sólo sé que soy hombre y que te <u>amo</u>.   C
>   (Dámaso Alonso, «Ciencia de amor»)

> Ya viene el cort<u>ejo</u>!   a
> ¡Ya viene el cortejo! Ya se oyen los claros clar<u>ines</u>.   B
> La espada se anuncia con vivo refl<u>ejo</u>;   A
> ya viene, oro y hierro, el cortejo de los palad<u>ines</u>.   B
>   (Rubén Darío, «Marcha triunfal»)

> Allí la pobre cay<u>ó</u>   a
> de rodillas sobre el su<u>elo</u>,   b
> alzó los ojos al ci<u>elo</u>   b
> y cuatro credos rez<u>ó</u>.   a
>   (Estanislao del Campo, *Fausto*)

Para marcar la rima se usan las letras mayúsculas y minúsculas del alfabeto. Las mayúsculas representan versos de arte mayor y las minúsculas de arte menor; ø significa que el verso es blanco, es decir, sin rima. Así en los versos del primer ejemplo, se ha marcado la terminación *-ida* con una A, la terminación *-ella* con una B y la terminación *-amo* con una C, dando como resultado el esquema ABC, ABC. En el segundo ejemplo, los versos primero y tercero tienen la misma rima, pero el primero ha sido marcado con una *a* minúscula porque, por tratarse de un verso de seis sílabas, es de arte menor. En el tercer ejemplo el esquema de la rima aparece con letras minúsculas porque se trata de versos octosílabos, o sea, de arte menor.

2. *Rima asonante.* Existe rima asonante cuando la identidad fonética ocurre solamente en las vocales, específicamente a partir de la última vocal tónica.

> La más bella niña   a su madre dice
> de nuestro lug<u>ar</u>,   que escucha su m<u>al</u>:
> hoy viuda y sola   dejadme llorar
> y ayer por cas<u>ar</u>,   orillas del m<u>ar</u>.
> viendo que sus ojos   (Luis de Góngora, «Romancillo»)
> a la guerra v<u>an</u>

En este ejemplo, el poeta ha empleado la rima asonante en <u>a</u> en los versos pares y en los dos últimos que forman estribillo (*refrain*). Los versos impares no tienen rima; este tipo de verso se llama *verso suelto o blanco* (*blank verse* en la poética inglesa). No se debe confundir el verso blanco con el verso libre; el verso libre no solamente no tiene rima sino que también carece de medida precisa, de ahí su nombre de *verso libre*.

La luna vino a la fragua
con su polisón de na<u>rd</u>o<u>s</u>.
El niño la mira, mira.
El niño la está mir<u>a</u>nd<u>o</u>.

En el aire conmovido
mueve la luna sus br<u>a</u>zo<u>s</u>
y enseña, lúbrica y pura,
sus senos de duro est<u>año</u>.
(Federico García Lorca,
«Romance de la luna, luna»)

En este segundo ejemplo también tenemos rima asonante en <u>a</u>-<u>o</u> en los versos pares.

La observación más importante respecto a la rima asonante es que si alguna de las sílabas que la forman fuera una sílaba con diptongo, la vocal débil que forma el diptongo no se tomaría en cuenta para la rima. Así, hay rima asonante entre palabras como *lluvia* (<u>u</u>-<u>a</u>) y *tumba* (<u>u</u>-<u>a</u>).

Otras clases de rima

Según la ordenación de las rimas, éstas se clasifican en *rima abrazada, rima encadenada o cruzada, rima gemela* y *rima continua.*

1. *Rima abrazada.* Sucede cuando el esquema de la rima es de tipo abba, cddc, ... o ABBA, CDDC, ... , etcétera.

   Hombres necios que acusáis   a
   a la mujer sin razón,   b
   sin ver que sois la ocasión   b
   de lo mismo que culpáis.   a
   (Sor Juana Inés de la Cruz,
         «Redondillas»)

2. *Rima encadenada o cruzada.* Se produce esta rima cuando el orden es de tipo abab... , cdcd... o ABAB... , CDCD... , etcétera.

   Dichoso el árbol, que es apenas sensitivo,   A
   y más la piedra dura porque ésa ya no siente,   B
   pues no hay dolor más grande que el dolor de ser vivo   A
   ni mayor pesadumbre que la vida consciente.   B
                    (Rubén Darío, «Lo fatal»)

3. *Rima gemela.* Ocurre este tipo de rima cuando el esquema es de tipo aa, bb, cc, dd, ... o AA, BB, CC, DD, ... , es decir, una serie de *pareados* o estrofas de dos versos.

   ¡Por qué tú te rebelas! ¡Por qué tu ánimo agitas!   A
   ¡Tonto! ¡Si comprendieras las dichas infinitas   A
   de plegarse a los fines del Señor que nos rige!   B
   ¿Qué quieres? ¿Por qué sufres? ¿qué sueñas? ¿qué te aflige?   B
   ¡Imaginaciones que se extinguen en cuanto   C
   aparecen... En cambio, yo canto, canto, canto!   C
   Canto, mientras tú penas, la voluntad ignota;   D
   canto, cuando soy chorro; canto cuando soy gota,   D
   y al ir, Proteo extraño, de mi destino en pos,   E
   murmuro: —¡Que se cumpla la santa ley de Dios!   E
                    (Amado Nervo, «La hermana agua»)

4. *Rima continua.* Se produce esta rima cuando todos los versos de una estrofa riman entre sí; en este caso se llama *estrofa monorrima.*

Como dice Salamo y dice la verdad:	A
Que las cosas del mundo todas son vanidad,	A
Todas las pasaderas vanse con la edad,	A
Salvo amor de Dios, todas son liviandad.	A

(Arcipreste de Hita, *Libro de buen amor*)

PAUSAS

Anteriormente se ha mencionado la combinación de versos de arte menor para formar versos de arte mayor. Así, por ejemplo, el verso alejandrino (de catorce sílabas) que aparece en el *Cantar de Mío Cid* es una combinación de dos grupos de versos heptasílabos o dos *hemistiquios (hemistich)* —se llama hemistiquio a la mitad de un verso— separados por una pausa que en este caso recibe el nombre de *cesura (caesura o cut).* Por consiguiente, se puede definir la cesura como la pausa que divide el verso en dos hemistiquios iguales o desiguales.

Estas palabras dichas — la tienda recogida
1ᵉʳ hemistiquio   2ᵈᵒ hemistiquio
(7 sílabas)   (7 sílabas)

Para el cómputo silábico del verso, cada hemistiquio es una unidad independiente: no admite sinalefa y hay que tener en cuenta si el verso es agudo, llano o esdrújulo.

Las pausas son importantes y todavía hay otros dos tipos que deben ser considerados: la *pausa estrófica* y la *pausa versal.* Llamamos pausa estrófica a la que tiene lugar al final de cada estrofa. Es pausa versal la que se produce al final de cada verso; ambas son indispensables.

ENCABALGAMIENTO

Es interesante notar que a veces existe un desequilibrio entre la pausa versal y la sintaxis del verso, es decir, la pausa versal se reduce al mínimo porque la oración que comenzó en un verso continúa en el verso siguiente; este fenómeno recibe el nombre de encabalgamiento *(enjambement)* ya que el sentido del verso cabalga sobre el verso siguiente.

Cerrar podrá mis ojos la postrera
sombra, que me llevare el blanco día.
(Francisco de Quevedo,
«Soneto 471»)

Rodado por las ruedas
de los relojes.
(Leopoldo Lugones,
«La blanca soledad»)

LA ESTROFA

De la misma manera que antes se dijo que las palabras se ordenan en una unidad superior que se denomina verso, ahora se puede decir que los versos se ordenan en unidades superiores denominadas estrofas. La estrofa es, pues, una unidad estructural mayor que el verso y menor que el poema. Generalmente cada estrofa se compone de dos o más versos que forman cualquiera de las partes o divisiones de una composición poética.

Tipos de estrofa

Los principales tipos de estrofa, teniendo en cuenta el número de versos, son los siguientes.

DOS VERSOS:

Pareado: AA; aa; aA; Aa.

> Si al principio no te muestras cómo eres,   A
> no podrás hacerlo cuando tú quisieres.   A
>   (Don Juan Manuel, *El conde Lucanor*)

TRES VERSOS:

Terceto: AØA

> Y en este titubeo de aliento y agonía,   A
> cargo lleno de penas lo que apenas soporto.   Ø
> ¿No oyes caer las gotas de mi melancolía?   A
>   (Rubén Darío, «Melancolía»)

Terceto encadenado: ABA BCB CDC…

> No he de callar, por más que con el dedo,   A
> ya tocando la boca y ya la frente,   B
> silencio avises o amenaces miedo.   A
> ¿No ha de haber un espíritu valiente?   B
> ¿Siempre se ha de sentir lo que se dice?   C
> ¿Nunca se ha de decir lo que se siente?   B
>   (Francisco de Quevedo,
>   «Epístola censoria»)

CUATRO VERSOS:

Cuarteto o copla de arte mayor: ABBA

> Vuelve hacia atrás la vista, caminante,   A
> verás lo que te queda de camino;   B
> desde el oriente de tu cuna, el sino   B
> ilumina tu marcha hacia adelante.   A
>   (Miguel de Unamuno,
>   «De Fuerteventura a París»)

Serventesio: ABAB

Mi infancia son recuerdos de un patio de Sevilla,   A
y un huerto claro donde madura el limonero;   B
mi juventud, veinte años en tierras de Castilla;   A
mi historia, algunos casos que recordar no quiero.   B
      (Antonio Machado, *Campos de Castilla*)

Redondilla o copla de arte menor: abba

Cultivo una rosa blanca   a
en julio como en enero,   b
para el amigo sincero   b
que me da su mano franca.   a
      (José Martí, *Versos sencillos*)

Cuarteta: abab

En el corazón tenía   a
la espina de una pasión,   b
logré arrancármela un día: a
ya no siento el corazón.   b
      (Antonio Machado, *Soledades*)

CINCO VERSOS:

Lira: aBabB (combinación de versos heptasílabos y endecasílabos)

¡Qué descansada vida   a
la del que huye del mundanal ruido   B
y sigue la escondida   a
senda, por donde han ido   b
los pocos sabios que en el mundo han sido!   B
      (Fray Luis de León, «Vida retirada»)

OCHO VERSOS:

Octava real: ABABABCC

La furia del herirse y golpearse,   A
andaba igual, y en duda la fortuna,   B
sin muestra ni señal de declararse   A
mínima de ventaja en parte alguna: B
ya parecían aquéllos mejorarse;   A
ya ganaban aquéstos la laguna;   B
y la sangre de todos derramada   C
tornaba la agua turbia, colorada.   C
      (Alonso de Ercilla, *La Araucana*)

V El poema

El poema es una unidad estructural superior a la estrofa. Un poema puede estar constituido por una o por varias estrofas. Hay *poemas estróficos* o divididos en estrofas y *poemas no estróficos.*

POEMAS ESTROFICOS

Los poemas estróficos más importantes son el *soneto* y la *letrilla*.

1. *El soneto.* Es una combinación de catorce versos, los cuales están estructurados en dos cuartetos seguidos por dos tercetos. El esquema de la rima más general es ABBA, ABBA, CDC, DCD, aunque son posibles otros esquemas. El ejemplo de un soneto que a continuación se da sirve para recordar la estructura del soneto mismo; su autor es Lope de Vega.

Un soneto me manda hacer Violante,	A
que en mi vida me he visto en tanto aprieto;[1]	B
catorce versos dicen que es soneto,	B
burla burlando van los tres delante.	A
Yo pensé que no hallara consonante	A
y estoy a la mitad de otro cuarteto,	B
mas si me veo en el primer terceto,	B
no hay cosa en los cuartetos que me espante.[2]	A
Por el primer terceto voy entrando,	C
y parece que entré con pie derecho	D
pues fin con este verso le voy dando.	C
Ya estoy en el segundo y aun sospecho	D
que voy los trece versos acabando:	C
contad si son catorce y está hecho.	D

[1]dificultad   [2]dé miedo

Es muy común encontrar en la poesía hispanoamericana sonetos formados con serventesios ABAB, ABAB.

Como viejos curacas[1] van los bueyes[2]
camino de Trujillo, meditando...
Y al hierro de la tarde, fingen reyes
que por muertos dominios van llorando.

En el muro de pie, pienso en las leyes
que la dicha y la angustia van trocando:
ya en las viudas pupilas de los bueyes
se pudren sueños que no tienen cuándo.

La aldea, ante su paso, se reviste
de un rudo gris, en que un mugir[3] de vaca
se aceita en sueño y emoción de huaca.[4]

Y en el festín del cielo azul yodado
gime en el cáliz de la esquila triste
un viejo coraquenque[5] desterrado.
 (César Vallejo, «Nostalgias imperiales»)

[1]jefe de un conglomerado de indígenas del imperio inca   [2]*oxen*   [3]sonido vocal que emiten las vacas
[4]tesoro enterrado   [5]persona nacida en Coracora, ciudad del Perú

2. *La letrilla.* Es una composición poética de versos cortos con un estribillo de uno o más versos repetidos a intervalos iguales. Son famosas las letrillas de Góngora «Andeme yo caliente, y ríase la gente» y la de Quevedo «Poderoso caballero es don Dinero».

Andeme yo caliente,
y ríase la gente.
Traten otros del gobierno
del mundo y sus monarquías,
mientras gobiernan mis días

mantequillas y pan tierno,
y las mañanas de invierno
naranjada y aguardiente,
y ríase la gente.

POEMAS NO ESTROFICOS

Entre los poemas no estróficos se estudiarán el romance, la silva y el poema de
versos libres.

1. *El romance.* El romance tiene un número indeterminado de versos octosílabos
   (de ocho sílabas) con rima asonante en los versos pares, quedando sin rimas
   los impares. El esquema de rima sería ØaØaØaØaØa... Como ejemplo se
   puede ver el romance de «El Enamorado y la Muerte» en la página 146.

2. *La silva.* Es un poema formado por versos endecasílabos y heptasílabos que alternan en diferentes formas. Es famosa la silva «A la agricultura de la zona
   tórrida» del poeta venezolano Andrés Bello.

   > ¡Salve, fecunda zona,
   > que al sol enamorado circunscribes
   > el vago curso, y cuanto ser se anima
   > en cada vario clima,
   > acariciada de su luz, concibes!

   Otro buen ejemplo de silva se encuentra en la *Egloga I* de Garcilaso de la
   Vega.

   > Saliendo de las ondas encendido,
   > rayaba de los montes el altura[1]
   > el sol, cuando Salicio, recostado
   > al pie de un alta haya,[2] en la verdura,
   > por donde un agua clara con sonido
   > atravesaba el fresco y verde prado,
   > él, con canto acordado[3]
   >
   > al rumor que sonaba,
   > del agua que pasaba,
   > se quejaba tan dulce y blandamente
   > como si no estuviera de allí ausente
   > la que de su dolor culpa tenía;
   > y así, como presente,
   > razonando con ella, le decía.

   [1]el... la altura   [2]tipo de árbol   [3]en armonía

3. *El poema de versos libres.* Es un poema que puede no tener estrofas, ni rima,
   ni medida de versos, pero que conserva los otros elementos que hacen posible
   la función poética. Sirva como ejemplo «El momento más grave de la vida» de
   César Vallejo que aparece en la página 191.

OTRAS FORMAS DE POESIA: POESIA CONCRETA

Como ya se ha dicho, el elemento básico de la poesía es la palabra. Pero, ¿qué
son las palabras? Se podría decir que son simplemente un conjunto de signos
lingüísticos (significante) que tienen un significado convencional que da el dic-
cionario —denotación— y otro significado emotivo o sugerido —connotación—.
Así, por ejemplo, la palabra *perro* según la referencia de objeto que da el dic-
cionario se refiere a un animal carnívoro y doméstico de la clase de los

mamíferos; pero, según la referencia de interpretante, la palabra *perro* sugiere, entre otras, la idea de fidelidad o de lealtad. Este poder sugeridor de la palabra hace que un poema no se componga sólo de palabras, sino de intenciones, de significaciones profundas.

Así nacieron los llamados *ideogramas,* que son una representación de ideas por medio de imágenes gráficas; los *caligramas,* que vienen a ser un dibujo compuesto de palabras, y los *topoemas,* de Octavio Paz. En estos últimos, el poema deja de ser una alineación sintáctica de palabras, para convertirse en un espacio, es decir, en un lugar en donde se mezclan los elementos lingüísticos y los elementos visuales —círculos, líneas, palabras invertidas, diferentes tipos de letras, etcétera. Al unirse los dos sistemas, el lingüístico y el gráfico, la poesía es más emotiva, más sugeridora y se multiplican las significaciones simbólicas.

Esta es la base de la *poesía concreta* o *espacial* en donde el lenguaje es considerado desde el punto de vista fonético y visual. Esta dualidad de elementos hace que el poema se transforme en un enigma y que el lector sea el único que pueda desentrañar o descifrar los significados que encierra. Además de la muy conocida poesía concreta del norteamericano e e cummings, el chileno Vicente Huidobro nos ofrece un buen ejemplo en «La capilla aldeana» que figura en la página 193. El poema del mexicano Octavio Paz, «Cifra» (p. 209), es también un ejemplo excelente de este tipo de poesía.

PRACTICA ▬▬▬▬▬▬▬▬▬▬▬▬▬▬▬▬

Conteste estas preguntas sobre los cuatro poemas que siguen.

1. ¿Cuál es el cómputo silábico de cada poema?
2. ¿Hay ejemplos de versos heptasílabos, octosílabos, endecasílabos o alejandrinos?
3. ¿Cuáles de los poemas son ejemplos de arte mayor y cuáles son de arte menor?
4. ¿Qué tipo de rima se emplea en cada poema?
5. ¿Cuáles son poemas estróficos? En los poemas estróficos, ¿qué tipo de estrofa se emplea?
6. ¿Qué forma poética tiene la obra de Quevedo? ¿Qué elemento extraordinario se ve en ese poema?

   a. «El que espera desespera»,
      dice la voz popular,
      ¡Qué verdad tan verdadera!

      La verdad es lo que es,
      y sigue siendo verdad
      aunque se piense al revés.
         (Antonio Machado,
      Campos de Castilla, «XXX»)

   b. Bueno es saber que los vasos
      nos sirven para beber;
      lo malo es que no sabemos
      para qué sirve la sed.
         (Antonio Machado,
      Campos de Castilla, «XLI»)

c.
CANSANCIO

Está cansada ya de gritar mi laringe,[1]
interrogando a cada mundo del firmamento;
está cansado ya mi pobre pensamiento
de proponer enigmas a la inmutable Esfinge[2]...

    ¡A qué pensar, a qué lanzar nuestro reproche
a lo desconocido!
           ¡Comamos y bebamos!
¡Quizás es preferible que nunca comprendamos
el enorme secreto que palpita en la noche!
        (Amado Nervo, *Serenidad*)

[1]*larynx* [2]*Sphinx*

d. CELEBRA A UNA DAMA POETA,
    LLAMADA ANTONIA

    Antes alegre andaba; agora[1] apenas
alcanzo alivio, ardiendo aprisionado;
armas a Antandra aumento acobardado;
aire abrazo, agua aprieto, aplico arenas.

    Al áspid adormido, a las amenas
ascuas acerco atrevimiento alado;
alabanzas acuerdo al aclamado
aspecto, a quien admira antigua Atenas.

    Agora, amenazándome atrevido,
Amor aprieta aprisa arcos, aljaba;
aguardo al arrogante agradecido.

    Apunta airado; al fin, amando, acaba
aqueste amante al árbol alto asido,
adonde alegre, ardiendo, antes amaba.
        (Francisco de Quevedo,
          El Parnaso Español)

[1]*ahora*

EL LENGUAJE LITERARIO

I El lenguaje literario

El lenguaje es el elemento esencial de la literatura, pero ésta es a la vez una creación lingüística y una creación artística. Para hacer de la literatura una creación artística, el escritor se vale de ciertos recursos, entre ellos las *figuras estilísticas* o *retóricas* y los *tropos*. El lenguaje literario se utiliza en todos los géneros, pero sobre todo en la poesía.

II *Figuras retóricas*

Existen dos clases de figuras retóricas: (1) las figuras llamadas de *pensamiento* que, como su nombre lo indica, no dependen tanto de la forma lingüística como del asunto, de la idea, del pensamiento, y que subsisten aunque se altere el orden de las palabras y (2) las figuras llamadas de *lenguaje* o de *dicción* que se basan en la colocación especial de las palabras en la oración, de tal modo que, si se cambiara su orden, desaparecería la figura.

FIGURAS DE PENSAMIENTO

Las figuras de pensamiento se pueden clasificar en tres grupos, teniendo en cuenta el efecto que producen en la obra literaria.

1. *Figuras patéticas,* cuyo efecto es despertar emociones; se debe destacar la *hipérbole,* la *prosopopeya* o *personificación* y el *apóstrofe.*
2. *Figuras lógicas,* cuyo efecto es poner de relieve una idea. Entre ellas tenemos el *símil,* la *antítesis,* la *paradoja,* la *sinestesia* y el *clímax.*
3. *Figuras oblicuas* o *intencionales,* cuyo efecto es expresar los pensamientos de un modo indirecto de acuerdo con la intención del autor; entre ellas podemos citar la *perífrasis.*

1. *Figuras patéticas*

a. *Hipérbole.* Consiste en exagerar las cosas aumentando o disminuyendo la verdad de lo que se dice (se usa también en el lenguaje ordinario, por ejemplo, «tengo un sueño que me muero»). Veamos otro ejemplo en el soneto «A una nariz» de Francisco de Quevedo.

> Erase un naricísimo infinito,
> muchísimo nariz, nariz tan fiera,
> que en la cara de Anás fuera delito.

b. *Prosopopeya o personificación.* Consiste en atribuir cualidades propias de los seres animados y corpóreos a los inanimados y, en particular, atributos humanos a otros seres animados o inanimados.

> Empieza el llanto
> de la guitarra.
> ....
> Llora monótona
> como llora el agua,
> como llora el viento
> sobre la nevada.
> (Federico García Lorca,
> *Poema del cante jondo*)

c. *Apóstrofe.* Es una especie de invocación que el escritor dirige a una determinada persona o a otros seres ya sean animados o inanimados.

Río verde, río verde,
más negro vas que la tinta
entre ti y Sierra Bermeja
murió gran caballería.
(de *Romances fronterizos*)

2. *Figuras lógicas*

a. *Símil o comparación.* Expresa de una manera explícita la semejanza entre dos ideas valiéndose de las partículas *como* y *cual.*

> ...y le hice sentir el fierro
> y ya salió como el perro
> cuando le pisan la cola.
> (José Hernández,
> *Martín Fierro*)

b. *Antítesis o contraste.* Es una contraposición de conceptos, es decir, una asociación de conceptos por contraste.

> ...que ya tengo
> blanca mi color morena.
> (Rafael Alberti,
> «Joselito en su gloria»)

> ...se apagaron los faroles
> y se encendieron los grillos.
> (Federico García Lorca,
> «La casada infiel»)

c. *Paradoja.* Como dice Pelayo H. Fernández (*Estilística,* 1975), «la paradoja es una antítesis superada» porque une ideas, contradictorias por naturaleza, en un mismo pensamiento el cual generalmente encierra una verdad profunda.

> ...este vivir que es el vivir desnudo
> ¿no es acaso la vida de la muerte?
> (Miguel de Unamuno,
> «La vida de la muerte»)

d. *Sinestesia.* Es la descripción de una experiencia sensorial en términos de otra; los modernistas usaron mucho esta figura.

> Bajo la sensación del cloroformo
> me hacen temblar con alarido interno
> la luz de acuario de un jardín moderno,
> y el amarillo olor del cloroformo.
> (Ramón del Valle-Inclán,
> «Rosa del sanatorio»)

En el lenguaje ordinario también se usa la sinestesia, por ejemplo, «colores chillones (*shocking*)».

e. *Clímax.* Se llama también *gradación* porque expresa una cadena o serie de pensamientos que siguen una progresión ascendente o descendente.

> ...no sólo en plata o viola truncada
> se vuelva, mas tú y ello juntamente

en tierra, en humo, en polvo, en sombra, en nada.
(Luis de Góngora, «Soneto»)

3. Figuras oblicuas

Perífrasis o circunlocución. Se llama también *rodeo de palabras.* Resulta de mencionar una persona o cosa cualquiera no dándole su propio nombre, sino el de alguna cualidad o circunstancia suya a fin de que podamos reconocerla. A veces puede ser extensa y suele guardar relación con otros recursos estilísticos como la hipérbole y la metáfora. «El ciego dios del amor» sería una manera perifrástica de referirse a Cupido, por ejemplo.

> Las piquetas de los gallos
> cavan buscando la aurora. }   Significa el *amanecer.*
> (Federico García Lorca, «Romance de la pena negra»)

FIGURAS DE LENGUAJE O DE DICCION

Estas figuras se pueden producir de cuatro maneras. A continuación se mencionan las figuras principales.

1. Añadiendo palabras resulta el *epíteto.*
2. Suprimiendo palabras tenemos el *asíndeton.*
3. Repitiendo palabras se originan la *anáfora* y el *polisíndeton.*
4. Combinando las palabras resultan la *aliteración,* la *onomatopeya* y el *hipérbaton.*

1. Añadiendo palabras

Epíteto. Es el adjetivo que, colocado delante del sustantivo, expresa una cualidad de alguna persona o cosa. Hay que tener presente que este adjetivo no es indispensable para el sentido de la frase. Por ejemplo, en «el *terrible* Caín», *terrible* es el adjetivo que modifica a Caín innecesariamente porque ya se sabe que Caín era terrible. Otro ejemplo sería «la *blanca* nieve». Son epítetos las frases asociadas con ciertos personajes célebres —reyes, héroes— como, por ejemplo, Pedro el Cruel.

2. Suprimiendo palabras

Asíndeton. Consiste en omitir las conjunciones para dar a la frase mayor dinamismo. Ejemplo: «*Veni, vidi, vici*» («Vine, vi, vencí») de Julio César. Otro buen ejemplo se encuentra en los siguientes versos de Federico García Lorca.

> Verte desnuda es recordar la tierra,
> la tierra lisa, limpia de caballos,
> la tierra sin mi junco, forma pura,
> cerrada al porvenir, confín de plata.

3. Repitiendo palabras

a. *Anáfora.* Es una repetición de palabras al principio de un verso o al principio de frases semejantes.

> Aquí tengo una voz decidida,
> aquí tengo una vida combatida y airada,
> aquí tengo un rumor, aquí tengo una vida.
> (Miguel Hernández, «Recoged esta voz»)

b. *Polisíndeton.* Consiste en usar más conjunciones de las necesarias para dar a la frase una mayor solemnidad.

> ...se queda, como se quedan los lagos y las montañas y las santas almas sencillas.
> (Miguel de Unamuno, *San Manuel Bueno, mártir*)

4. Combinando las palabras

a. *Aliteración.* Es una repetición del sonido inicial en varias palabras de un mismo verso, estrofa o frase.

> Si piensas que no soy su dueño, Alcino,
> suelta y verás si a mi choza viene
> que aún tienen sal las manos de su dueño.
> (Lope de Vega, *Rimas humanas*)

b. *Onomatopeya.* Consiste en imitar sonidos reales por medio del ritmo de las palabras.

> vuela la sensación, que al fin se borra
> verde mosca, zumbándome en la frente.
> (Ramón del Valle-Inclán,
> «Rosa del sanatorio»)

c. *Hipérbaton.* Consiste en invertir el orden acostumbrado de las palabras en la oración.

> 2   3   6
> Abanicos de aplausos, en bandadas,
> 4   1   5
> descienden, giradores, del tendido,
> 8   7   9
> la ronda a coronar de los espadas.[1]
> (Rafael Alberti,
> «Corrida de toros»)

[1]toreros

III Tropos

Existen dos tipos de lenguaje: lenguaje *directo* y lenguaje *figurado* (*figurative language*). Por ejemplo, si a un león se le llama *león*, se usa la palabra en sentido directo; pero si a un hombre se le llama *león*, se la usa en sentido figurado. Por lo tanto, hay que tener en cuenta que las palabras pueden usarse en sentido directo o literal, pero también pueden implicar otro sentido, el sentido figurado. Esta ma-

nera de expresión figurada es lo que se llama *tropo* (*trope*), que significa
cambio, vuelta, rodeo, es decir, un cambio de significado. Los tropos princip
son la *metonimia,* la *sinécdoque,* la *metáfora,* la *alegoría,* la *parábola* y el *sín*
bolo.

1. *Metonimia.* Consiste en dar a un objeto el nombre de otro por una relación de causa u origen. Ejemplos: «compró un *Picasso*» (Picasso es el origen del cuadro); «vive de su *trabajo*» (el trabajo origina el dinero que se necesita para vivir); «le gusta leer a *Chaucer*» (Chaucer es quien ha originado las obras). En general se puede decir que la metonimia consiste en designar una cosa con el nombre de otra en virtud de una relación real entre ambas.

> Aquel país fue su cuna y su sepulcro
> ↓   ↓
> nacimiento   muerte

2. *Sinécdoque.* Es una especie de metonimia que consiste en designar un objeto con el nombre de otro debido a que hay una relación de coexistencia. La sinécdoque más usada es la que designa el todo por la parte. Ejemplos: «Hay que ganar el *pan* de cada día» (se refiere a todas las cosas necesarias para el diario vivir porque el pan coexiste con las demás cosas); «sólo asistieron diez *almas* al concierto» (se refiere a diez personas porque el alma coexiste con la persona). La sinécdoque es, por lo tanto, una especie de metonimia.

3. *Metáfora.* Es el tropo más común. La metáfora es una identificación de un objeto con otro en virtud de una relación de semejanza que hay entre ellos, es decir, una comparación. Ejemplos: «sus dientes son perlas» (la semejanza se encuentra en el brillo y la blancura); «aquel chico es un tesoro» (la semejanza está en lo valioso); «la vida es un sueño» (la semejanza está en la brevedad de la vida que se considera que sólo dura un instante como un sueño).

4. *Alegoría.* Es una metáfora continuada a lo largo de una composición literaria o parte de ella. Ejemplo: el drama *El gran teatro del mundo* de Pedro Calderón de la Barca es una alegoría porque la vida es vista como un teatro y los seres humanos como los actores.

5. *Parábola.* Es una narrativa que tiene intención didáctica (una enseñanza o lección moral). Ejemplo: la parábola bíblica del hijo pródigo (*prodigal son*). La alegoría y la parábola facilitan la comprensión de los conceptos abstractos.

6. *Símbolo.* Es una relación entre dos elementos, uno concreto —sensorial— y otro abstracto, de tal manera que el elemento concreto revele lo abstracto. Teniendo en cuenta que la realidad expresada por el símbolo es abstracta, su naturaleza es necesariamente difusa, lo cual quiere decir que el símbolo no representa una identificación perfecta. Ciertos símbolos usados con frecuencia se convierten en emblemas fácilmente reconocibles (la *cruz* como símbolo del cristianismo, la *rosa* como símbolo del amor, y otros más). Un buen ejemplo de símbolo se encuentra en el siguiente soneto de Unamuno en el cual, según algunos críticos, se utiliza el buitre (*vulture*) como símbolo de la muerte. Sin embargo, podría dársele otras interpretaciones, tales como «la angustia ante la idea de la muerte», «algo que va destruyendo a alguien poco a poco», porque precisamente la naturaleza del símbolo es su carácter indefinible.

                      buitre voraz de ceño torvo   Pues quiero, triunfo haciendo mi agonía,
                      que me devora las entrañas fiero   mientras él mi último despojo traga
                      y es mi único constante compañero   sorprender en sus ojos la sombría
                      labra mis penas con su pico corvo.
                                                           mirada al ver la suerte que le amaga
                      El día en que le toque el postrer sorbo   sin esta presa en que satisfacía
                      apurar de mi negra sangre, quiero   el hambre atroz que nunca se le apaga.
                      que me dejéis con él solo y señero
                      un momento, sin nadie como estorbo.

Es importante hacer notar que los tropos no pertenecen exclusivamente al lenguaje literario ya que en el lenguaje corriente aparecen expresiones tropológicas, como por ejemplo, «mi hermana es una joya».

PRACTICA

Señale las figuras retóricas y los tropos en los ejemplos siguientes.

A. 1. I'm so hungry I could eat a horse.
   2. «*Veni, vidi, vici.*» («Vine, vi, vencí.» / *I came, I saw, I conquered.*) (Julius Caesar)
   3. All hands on deck!
   4. Jack of all trades and master of none.
   5. "All the world's a stage,
      And all the men and women merely players." (Shakespeare)
   6. I want a girl just like the girl that married dear old Dad.
   7. She sells seashells by the seashore.
   8. They have a Van Gogh in their home.
   9. Have a heart!
  10. We must all hang together, or assuredly we shall all hang separately." (Benjamin Franklin)
  11. "My country, 'tis of thee, sweet land of liberty, of thee I sing."
  12. "I must be cruel only to be kind." (Shakespeare)
  13. When the cat's away the mice will play.
  14. Uneasy lies the head that wears a crown." (Shakespeare)
  15. The pen is mightier than the sword.
  16. She's wearing a shocking pink dress.
  17. Man does not live by bread alone.
  18. My country, right or wrong.
  19. Make love, not war.
  20. "My love is like a red, red rose." (Robert Burns)

B. 1. Para y óyeme ¡oh sol! yo te saludo
      Y extático ante ti me atrevo a hablarte
            (José de Espronceda, «Al sol»)

   2. Lo han dicho el pinar y el viento,
      lo ha dicho la luna de oro,
      lo han dicho el humo y el eco.
            (Juan Ramón Jiménez,
            «Ya están allí las carretas»)

3. (Los versos presentan una definición del amor.)
Un vano, descuidado pensamiento,
una loca, altanera fantasía,
un no sé qué que la memoria cría,
sin ser, sin calidad, sin fundamento
(Miguel de Cervantes, «Poema III»)

4. Volví, halléme solo y entre abrojos,[1]
y en vez de luz, cercado de tiniebla,[2]
y en lágrimas ardientes convertido.
(Fernando de Herrera, «Soneto XIV»)

---

[1]*thorns* [2]*cercado... rodeado de sombras*

5. (El verso se refiere a la barba del cíclope Polifemo.)
un torrente es su barba impetüoso
(Luis de Góngora,
Fábula de Polifemo y Galatea)

6. Perdí media vida mía
por cierto placer fatal,
y la otra media daría
por otro placer igual.
(Ramón de Campoamor,
Cantares)

7. La cuchilla de los dientes
corta el canto en dos pedazos.
(I. Pereda Valdés,
«La guitarra de los negros»)

8 Feliciano me adora y le aborrezco;
Lisardo me aborrece y yo le adoro;
por quien no me apetece ingrato, lloro,
y al que me llora tierno, no apetezco.
(Sor Juana Inés de la Cruz,
«Soneto CLXVII»)

9. Caballo y jinete partieron como un huracán.
(Gustavo Adolfo Bécquer, «Los ojos verdes»)

10. ¿Dijiste media verdad?
Dirán que mientes dos veces
si dices la otra mitad.
(Antonio Machado,
Proverbios y cantares, «XLIX»)

11. Nuestras vidas son los ríos
que van a dar en la mar,
que es el morir.
(Jorge Manrique,
Coplas por la muerte de su padre)

12. Volver a verte en el reposo quieta,
soñar contigo el sueño de la vida,
soñar la vida que perdura siempre
sin morir nunca.
(Miguel de Unamuno, «Salamanca»)

13. (El personaje Segismundo describe el arroyo como si fuera una serpiente.)
Nace el arroyo, culebra
que entre flores se desata

> (Pedro Calderón de la Barca, *La vida es sueño*)

14. Mientras las ondas de la luz al beso
  Palpiten encendidas;
Mientras el sol las desgarradas nubes
  De fuego y oro vista;
Mientras…
(Gustavo Adolfo Bécquer, «Rima IV»)

15. el ciego dios se enoja
(Luis de Góngora,
Fábula de Polifemo y Galatea)

16. Cual suele el ruiseñor con triste canto
quejarse, entre las hojas escondido,
del duro labrador que cautamente
le despojó[1] su caro y dulce nido
de los tiernos hijuelos, entre tanto
que del amado ramo estaba ausente,
y aquel dolor que siente
con diferencia tanta
por la dulce garganta
despide, y a su canto el aire suena,
y la callada noche no refrena
su lamentable oficio y sus querellas,
trayendo de su pena
al cielo por testigo y las estrellas;
desta manera suelto yo la rienda
a mi dolor, y así me quejo en vano
de la dureza de la muerte airada[2]

> (Garcilaso de la Vega, «Egloga I»)

[1]robó   [2]enojada

17. Tú eres el tiempo que mis horas guía,
tú eres la idea que mi mente asiste,
porque en ti se concentra cuanto existe,
mi pasión, mi esperanza, mi poesía.

> (Carolina Coronado,
> «¡Oh, cuál te adoro!»)

18. Tengo a mis amigos
en mi soledad;
cuando estoy con ellos
¡qué lejos están!

> (Antonio Machado,
> *Proverbios y cantares,* «LXXXVI»)

19. (El sentido es: Aprovecha la juventud, antes que el
pelo se te vuelva blanco.)
Coged de vuestra alegre primavera

el dulce fruto, antes que el tiempo airado
cubra de nieve la hermosa cumbre.
                    (Garcilaso de la Vega, «Soneto XXIII»)

20. ¡Oh más dura que mármol a mis quejas,
y al encendido fuego en que me quemo
más helada que nieve, Galatea!
Estoy muriendo, y aun la vida temo;
témola con razón, pues tú me dejas,
que no hay, sin ti, el vivir para que sea.[1]
                    (Garcilaso de la Vega, «Egloga I»)

[1]el... *anything worth living for*

C. 1. (El poema trata de los efectos del amor.)
    «Desmayarse, atreverse, estar furioso,
áspero, tierno, liberal, esquivo,
alentado, mortal, difunto, vivo,
leal, traidor, cobarde y animoso;
    no hallar fuera del bien centro y reposo,
mostrarse alegre, triste, humilde, altivo,
enojado, valiente, fugitivo,
satisfecho, ofendido, receloso;
huir el rostro al claro desengaño,
beber veneno por licor suave,
olvidar el provecho, amar el daño;
    creer que un cielo en un infierno cabe,
dar la vida y el alma a un desengaño:
esto es amor, quien lo probó lo sabe.»
                    (Lope de Vega, *Rimas humanas*)

2. En mi cielo al crepúsculo eres como una nube
y tu color y forma son como yo los quiero.
Eres mía, eres mía, mujer de labios dulces,
y viven en tu vida mis infinitos sueños.

La lámpara de mi alma te sonrosa los pies,
el agrio vino mío es más dulce en tus labios:
oh segadora de mi canción de atardecer,
cómo te sienten mía mis sueños solitarios!

Eres mía, eres mía, voy gritando en la brisa
de la tarde, y el viento arrastra mi voz viuda.
Cazadora del fondo de mis ojos, tu robo
estanca como el agua tu mirada nocturna.

En la red de mi música estás presa, amor mío,
y mis redes de música son anchas como el cielo.
Mi alma nace a la orilla de tus ojos de luto.
En tus ojos de luto comienza el país del sueño.
                    (Pablo Neruda, *Veinte poemas de amor*, «16»)

PANORAMA HISTORICO Y CATEGORIAS FUNDAMENTALES

LA POESIA: ORIGENES Y PRIMEROS OBJETIVOS

No se puede afirmar cuándo nació la poesía. Su origen ha de estar en lo más remoto de la historia humana. Esto lo comprobaría el hecho de que ciertos pueblos que carecen de (*lack*) una historia escrita, utilicen en sus ceremonias la expresión poética y la danza para relatar (*tell, recount*) los hechos memorables de la tribu: guerras, migraciones, desastres naturales, etcétera. Debido a eso, puede decirse que la poesía nació de la exigencia innata en el ser humano de preservar su pasado.

LA POESIA NARRATIVA Y LIRICA DE LA EDAD MEDIA

La Edad Media se caracteriza por el teocentrismo, o sea, por la idea de que Dios es el centro del universo y que la Providencia divina rige (*governs*) el orden social, político y religioso. Por lo tanto, considerando el mundo como obra de Dios, el hombre medieval obedece a una jerarquía inflexible que coloca a la clerecía (*clergy*) y a la nobleza en cargo de la humanidad —la primera para divulgar la fe cristiana, la segunda para servir como modelo de integridad personal y de valor. En cuanto a la vasta mayoría de la gente —el pueblo— se pensaba que éste había sido creado por Dios con el único fin de trabajar y servirle. Lógicamente, el clérigo pasa a ser respetado como autoridad religiosa y persona culta, mientras que el guerrero —normalmente de noble casta— es idolatrado por su rectitud ante el rey y ante la familia así como por sus hazañas en defensa del cristianismo y de la patria.

En la introducción histórica al género narrativo se mencionó cómo los grandes guerreros y sus proezas habían sido inmortalizados en la poesía épica grecolatina por Homero y Virgilio (p. 25). A lo largo de la Edad Media, es el juglar (*minstrel*), especie de poeta ambulante, anónimo, quien va por plazas y castillos recitando composiciones *líricas,* es decir, llenas de sentimiento, y hechos heroicos, acompañado de instrumentos musicales. Esta poesía tenía el mismo propósito de la épica clásica —exaltar las proezas de héroes nacionales— según se ve en las *sagas* de Escandinavia y en los *cantares de gesta* de Inglaterra (*Beowulf,* c. siglo VIII) y de Alemania (*Nibelungenlied,* c. 1200). Estas obras inspiraron sin duda los primeros poemas épicos o narrativos escritos en romance, es decir, compuestos en los varios idiomas derivados del latín. Tales son la *Chanson de Roland* (c. 1070) en Francia y el *Cantar de Mío Cid* (c. 1140) en España.

LA POESIA MEDIEVAL ESPAÑOLA

En España, país en donde con más fervor se propagó la fe cristiana, hubo originalmente dos tipos de composiciones poéticas: los poemas populares de fondo histórico, de los juglares, asociados con el *mester de juglaría* (*art of minstrelsy*), y los cultos, de propósito literario, que los clérigos componían de acuerdo con el *mester de clerecía* (*clerics' mode*). El mejor ejemplo del mester de juglaría es el *Cantar de Mío Cid.* Como se constató (*was stated*) previamente en la historia de la narrativa, este poema presenta ciertas características de la epopeya nacional española: el elogio del valor y del carácter humano del héroe y la sobriedad y sencillez del lenguaje.

Gonzalo de Berceo es el primer poeta español del cual se tiene conocimiento. Su obra principal, los *Milagros de Nuestra Señora* (siglo XIII), es un ejemplo típico del mester de clerecía, categoría a la que pertenecen las obras de tipo didáctico o moralizador. Sin embargo, el mayor exponente de este género es *El libro de buen amor* (1343) de Juan Ruiz, Arcipreste de Hita, obra en que éste contrasta los goces (*joys*) del amor divino con los peligros del amor humano.

En la poesía del siglo XV se ve la transformación del juglar callejero (*street minstrel*) en trovador (*troubadour*) cortesano. Poeta oficial de las cortes feudales, el trovador refina tanto sus composiciones hasta convertir la poesía en un género artificioso, es decir, ingenioso. Varios nombres ilustres se inscriben en esta tradición: entre ellos cabe mencionar a Jorge Manrique, famoso por las *Coplas por la muerte de su padre* (c. 1476), y a Iñigo López de Mendoza, Marqués de Santillana. Este es conocido por sus sonetos al estilo italiano, composiciones de versos endecasílabos, que siguen el modelo del *Canzoniere* (*Cancionero*) de Francesco Petrarca (1304–1374).

EL HUMANISMO Y LA POESIA DE TRANSICION: EL «ROMANCE»

En el siglo XV, período de transición entre la Edad Media y el Renacimiento, Europa se beneficia de la influencia del *humanismo italiano* (ver Apéndice 3). Petrarca inicia una afanosa (*eager*) búsqueda de manuscritos grecorromanos que conduce al redescubrimiento de la antigüedad clásica y a una nueva cosmovisión o manera de concebir el mundo. Las investigaciones paleográficas de Petrarca y de sus seguidores, la invención de la imprenta que difunde (*disseminates, publishes*) esos manuscritos y los varios descubrimientos científicos y geográficos —entre ellos los del astrónomo polaco Copérnico (1473–1543) y la invención de la brújula (*compass*), que posibilita el descubrimiento de América y de otras tierras— hacen que el hombre se sienta orgulloso de sí mismo y reclame su independencia. Por consiguiente, se rechazan las concepciones tradicionales y el hombre pasa a considerarse a sí mismo como el centro del universo, fenómeno llamado *antropocentrismo*.

En España, como en el resto de Europa, el espíritu humanístico inspira el afán de buscar y propagar el caudal (*wealth*) de tesoros culturales de su pasado. Ocurre de este modo un fenómeno de suma importancia para las letras españolas: el florecimiento de la lírica popular —el romance. A ello contribuyen la compilación y difusión del *Romancero viejo* (siglos XIV–XV), colección de poemas cortos y populares, posiblemente fragmentos de poemas épicos que, por ser favoritos del público, el juglar repetía. Es probable también que muchos de dichos romances hayan sido composiciones originales.

EL SIGLO DE ORO Y EL APOGEO (*HEIGHT*) DE LA POESIA ESPAÑOLA

El humanismo italiano, con su énfasis en el individuo, en la naturaleza y en el pasado clásico, influye sobremanera en la vida y en el arte renacentistas. Inspirándose en la poesía de Petrarca, la lírica española de principios del Siglo de Oro retrata el amor humano como un penoso (*painful*) conflicto entre la razón y los sentidos. Contra el trasfondo de una naturaleza complaciente, el atormentado poeta medita sobre sus sentimientos amorosos y analiza su estado de ánimo.

El máximo exponente de esta postura y el más famoso poeta de la primera mitad del Renacimiento es Garcilaso de la Vega (p. 148). Este cultiva y perfecciona en lengua española el soneto endecasílabo italiano que ha de servir de modelo para todos los poetas del siglo XVI (ver Apéndice 2).

LOS GRANDES MISTICOS Y EL CRISTIANISMO HUMANISTICO

Si por un lado la cosmovisión del Renacimiento disminuye el fervor religioso, por otro celebra un *cristianismo humanístico* basado —según lo propone el holandés Erasmo (1469–1536)— en la religiosidad íntima y no en la pompa y ceremonias del culto externo. Las manifestaciones más significativas de esta corriente son el *ascetismo* (*asceticism*), que implica un rechazo del mundo material en favor de una vida austera, y el *misticismo* (*mysticism*), que conduce a la unión del alma con Dios por medio de la contemplación pura y la oración. En España, las figuras sobresalientes de la lírica religiosa son Santa Teresa de Jesús (p. 15), San Juan de la Cruz (p. 153) y Fray Luis de León (*Odas* «Qué descansada vida», c. 1557; «Noche serena», c. 1571).

LA EPICA RENACENTISTA: EXORDIO (*BIRTH*) DE LA LITERATURA HISPANOAMERICANA

La poesía épica renacentista escrita en español viene de América, lo cual no es sorprendente, ya que allí había tantas hazañas que contar y cantar. La epopeya es la forma que da principio a la literatura del Nuevo Mundo hispanohablante. El poema épico más famoso es *La Araucana* (1569–1589) del español Alonso de Ercilla y Zúñiga, cuyo tema son las luchas de los valientes indígenas araucos de Chile.

LA LIRICA DEL BARROCO EN ESPAÑA Y EN AMERICA

Ante el desequilibrio (*turmoil, confusion*) espiritual que caracteriza la época del Barroco, el escritor busca la evasión en un arte que le proporcione autonomía y originalidad. En consecuencia, los escritores utilizan las estructuras gramaticales más complicadas y el lenguaje más rebuscado (*unnatural, affected*). Tales tendencias afectan de modo especial la poesía. Esta es atravesada (*run through*) por dos corrientes: el *culteranismo* y el *conceptismo*. Luis de Góngora, autor de las *Soledades,* es el líder de la corriente culterana que consiste en el refinamiento de la palabra mediante la asimilación de términos clásicos y la distorsión de la sintaxis. El conceptismo da importancia sobre todo a la agudeza y originalidad de ideas y conceptos y es más característico de la prosa que de la poesía. Sin embargo, hay obras poéticas, como las de Francisco de Quevedo, que se distinguen por sus rasgos conceptistas.

En Hispanoamérica, la figura cumbre de la poesía lírica del Renacimiento y del Barroco es Sor Juana Inés de la Cruz (p. 153). La contribución de esta monja mexicana a las letras hispanoamericanas no se limita solamente a su trabajo sobresaliente como escritora, sino también a su papel de defensora de los derechos de la mujer y de la intelectualidad.

LA ILUSTRACION Y EL NEOCLASICISMO EN LA POESIA HISPANICA

Durante el siglo XVIII —el Siglo de las Luces o Ilustración (*Enlightenment*)— la poesía, género creativo por excelencia, sufre de modo particular a causa del espíritu racionalista y analítico de la época. Por eso, excluyendo imitaciones de obras neoclásicas francesas, lo más destacado (*outstanding, prominent*) de la poética española son las *Fábulas literarias* (1782) de Tomás de Iriarte y las *Fábulas morales* (1781–1784) de Félix María Samaniego.

Lo contrario sucede en el Nuevo Mundo, donde se produce en este período una poesía significativa, mientras las colonias viven el momento histórico de su pre-Independencia. Dos son los autores que se destacan en el neoclasicismo hispanoamericano: el ecuatoriano José Joaquín Olmedo y el venezolano Andrés Bello. Olmedo, en su oda «La victoria de Junín: canto a Bolívar» —el mejor ejemplo de épica clásica compuesta en América— toma al superhéroe de la Independencia, el general Simón Bolívar, como símbolo de la grandeza del hombre latinoamericano. Bello, en cambio, en su silva «A la agricultura de la zona tórrida» —obra que evoca la poética de los latinos Virgilio y Horacio— exhorta a sus compatriotas a abandonar las armas y a cultivar la tierra.

TIERRA, INDIGENA Y GAUCHO EN LA POESIA ROMANTICA AMERICANA

El anhelo (*longing*) de algunos románticos europeos de descubrir la naturaleza en su forma primitiva, como América la ofrecía, es sentido por el hispanoamericano mismo, dando origen al Romanticismo autóctono o local. Así como lo había hecho el prosista, el poeta romántico latinoamericano también vuelve la mirada hacia atrás buscando su identidad nacional en la naturaleza virgen, en el indígena y en el enigmático hijo de la pampa —el gaucho.

Inspirado por el francés Chateaubriand (1768–1848), que había idealizado el suelo americano y al indígena proponiéndolos como modelo de un mundo ideal (*Viaje a América,* 1828), el cubano José María de Heredia compone versos que son un verdadero tributo al continente americano. Esto se nota particularmente en los poemas «Al Niágara» y «En el Teocalli de Cholula». Ese mismo interés por el suelo y por el indígena se encuentra en dos poemas marcadamente románticos, *La cautiva* (1837) del argentino Esteban Echeverría y *Tabaré* (1888) del uruguayo Juan Zorrilla de San Martín. Esta última obra, de carácter indianista, dramatiza el conflicto del nativo de América frente a la civilización europea.

Al igual que el indígena, el gaucho aparece estilizado —estereotipado— en la poesía del siglo XIX, constituyendo otra vertiente mitificadora del Romanticismo americano: el género gauchesco. Las obras más valiosas de dicho género son los poemas narrativos de dos argentinos: *Fausto* (1886) de Estanislao del Campo y *Martín Fierro* (1886) de José Hernández, siendo esta última la obra maestra del género.

En el desarrollo de la poesía romántica hispánica hay que reservar un eminente lugar a la cubana Gertrudis Gómez de Avellaneda (p. 167). Sus escritos, que oscilan (*waver, fluctuate*) entre lo íntimamente personal y la temática nacional y universal, evidencian su papel de defensora, como Sor Juana Inés de la Cruz, de la integridad y autonomía femeninas.

EL ROMANTICISMO Y EL POSTROMANTICISMO EN LA POESIA PENINSULAR

Según se observó anteriormente, el Romanticismo en España va ligado sobretodo a dos circunstancias históricas: la invasión napoleónica (1808) y el absolutismo del rey Fernando VII (1784–1833). Los dos acontecimientos oponen dos tendencias ideológicas muy distintas: el *liberalismo* y el *conservadurismo*. Al partido liberal pertenecen los jóvenes revolucionarios que habían buscado refugio en el extranjero, trayendo luego a España el espíritu progresista europeo que predicaba la iniciativa individual —el llamado culto al «yo». En cambio, junto a dichos liberales, hay en la Península Ibérica una clase de conservadores que rechaza las tendencias filosóficas y artísticas extranjeras. Estas dos vertientes se combinan para dar un carácter inconfundible al movimiento romántico español.

Angel de Saavedra, Duque de Rivas (*Romances históricos,* 1841), es el primer romántico en cultivar la poesía tradicional; sin embargo, la obra más representativa de esta vertiente es la de José Zorrilla, renombrado por su poesía narrativa de leyendas y tradiciones históricas (*Los cantos del trovador,* 1840–1841; *La leyenda del Cid,* 1882). El poeta de mayor importancia de la tendencia liberal es José de Espronceda (p. 164), activista político cuyos versos lanzan una protesta social que rompe con toda tradición artística.

Los últimos románticos, o postrománticos, españoles, son el andaluz Gustavo Adolfo Bécquer y Rosalía de Castro (1837–1885), quien escribió casi exclusivamente en el gallego, su idioma nativo. El lirismo puro de las *Rimas* (1871) —su intimidad, su lenguaje sencillo, la tenue musicalidad del verso, su mundo de ensueño y fantasía— hacen de Bécquer (p. 170) el precursor indiscutible de la poesía modernista. *En las orillas del Sar* (1884), la única obra de Rosalía de Castro escrita en castellano, destaca (*features, brings out*) la pureza y la sonoridad del verso, así como la vaguedad —trazos que la aproximan a Bécquer. Con todo, lo que distingue inconfudiblemente a la poeta gallega es el tono casi «elegíaco» de sus composiciones, en las que traslucen (*shine through*) una tristeza indecible y la resignación cristiana.

LA POETICA MODERNISTA: COSMOPOLITISMO Y MUNDONOVISMO

Si el modernismo hispanoamericano, a fines del siglo XIX, fue un movimiento destinado a renovar la expresión artística en general, su influencia afectó en especial a la poesía. Esta se beneficia de cambios radicales en la temática y en la técnica para reaccionar contra la objetividad del realismo y del naturalismo y para rechazar el excesivo sentimentalismo de los románticos. De esto resulta una poesía ecléctica, o sea, una poesía que combina lo mejor de las tres corrientes artísticas francesas de la época. Del Romanticismo los modernistas asimilan la intimidad y sonoridad del verso; del parnasianismo (ver Apéndice 3) derivan una poesía impersonal, objetiva, dedicada a enfatizar casi exclusivamente la forma, y del simbolismo heredan los elementos de la vaguedad, del color, de la musicalidad, del ritmo y del *versolibrismo* que consiste en usar versos libres, es decir, sin rima ni medida.

La primera manifestación de un arte nuevo —el llamado «primer modernismo», de tendencias románticas— cuenta con cuatro representantes: el cubano José Martí (p. 172); el mexicano Manuel Gutiérrez Nájera —quien utilizó el seudónimo «Duque Job»— («Para entonces»; «Non omnis moriar»); el colombiano José Asunción Silva («Los maderos de San Juan»; «Nocturno III»; «Ars»), y el nicaragüense Rubén Darío (p. 179).

LOS PRIMEROS MODERNISTAS

Las figuras cumbres (*top*) de este primer grupo de modernistas son Martí, cuyo libro *Ismaelillo* (1882) inaugura el movimiento, y Darío. La obra de éste es especialmente importante por sintetizar el modernismo, ya que atraviesa y demarca sus tres fases. Se alude aquí a (1) la fase *esteticista* que enfatiza los valores estéticos y universales, o sea, el *arte por el arte* y el *cosmopolitismo;* (2) la *plenitud* o punto culminante del movimiento, y (3) el *momento mundonovista* y *metafísico* que da preferencia a los temas americanos y a la introspección.

La primera fase de la obra de Darío y, por lo tanto, del propio movimiento modernista, puede apreciarse en *Azul* (1888), libro en verso y en prosa, en donde el escritor, adscribiéndose al *esteticismo* (ver Apéndice 3), persigue la belleza ideal a través de la forma de sus composiciones. La plenitud o segunda fase del modernismo coincide con otra publicación de Darío, *Prosas profanas* (1896) (título que corresponde a «poemas no sagrados, escritos en el vernáculo o idioma popular»). Las «prosas» revelan innovaciones lingüísticas y métricas que dan al verso nuevos ritmos. La tercera etapa del modernismo, de carácter mundonovista (*New World–oriented*) y metafísico —fase en la que el artista expresa su preocupación por los problemas de su tierra y por el propio dilema existencial— encuentra su momento más alto en otra obra trascendente de este escritor nicaragüense, *Cantos de vida y esperanza* (1905). Aquí se perfila un Darío que traza la evolución de su arte, llegando a la conclusión de que ya no le basta vivir en la torre de marfil (*ivory tower*) que se había construido en la juventud («Yo soy aquél que ayer no más decía / el verso azul y la canción profana»). Preocupado por la presencia de los Estados Unidos en el Caribe y por la intervención estadounidense en Panamá, a raíz de la Guerra hispanoamericana (1898), Darío deja de perseguir el cisne (*swan*) —símbolo de la previa indiferencia del artista a la realidad externa. Ahora cuestiona proféticamente, al igual que Martí y otros modernistas, esa misma realidad —el destino colectivo e individual de la raza hispanoamericana: «¿Seremos entregados a los bárbaros fieros? / ¿Tantos millones de hombres hablaremos inglés? / ¿Ya no hay nobles hidalgos ni bravos caballeros? / ¿Callaremos ahora para llorar después?»

LA GENERACION DEL 98: RENOVACION ESPIRITUAL Y ARTISTICA EN ESPAÑA

Preocupaciones parecidas figuran en la temática de la poesía española de la Generación del 98. Frente a su propia crisis espiritual ocasionada por la misma guerra contra los Estados Unidos y por la consecuente pérdida de sus últimas colonias ultramarinas (*overseas*), poetas como Miguel de Unamuno (*Poesías,* 1907; *Romances del destierro,* 1928) vuelven la mirada hacia dentro, refugiándose en el sentimiento religioso, familiar, y en la contemplación del suelo nativo. Los escritores de la generación sintieron asimismo la influencia del modernismo americano. Esto lo demuestran Ramón del Valle-Inclán, cuya poesía (*Aromas de leyenda,* 1907) representa una visión mítica de Galicia, y Antonio Machado (p. 184), el poeta más destacado de la generación. Su obra maestra, *Campos de Castilla* (1912), indica que la poesía tiene una misión: eternizar el momento.

LA LIRICA POSTMODERNISTA Y VANGUARDISTA EN ESPAÑA Y EN AMERICA

Al declinar el modernismo, la poesía hispánica sigue dos rumbos: el postmodernismo y el vanguardismo. En la península, la obra de Juan Ramón Jiménez (p. 186), figura cumbre de la poesía de la segunda década del siglo XX, representa una especie de puente entre ambas corrientes. En realidad, *Jardines lejanos* (1904), poesía conservadora al estilo postmodernista, muestra una forma sencilla, rítmica y sensual. En cambio, los versos revolucionarios, vanguardistas, de *Diario de un poeta recién casado* (1916) destacan una poesía pura, «desnuda», que busca la esencia de las cosas.

En Hispanoamérica, el postmodernismo indica que aunque se había rechazado el concepto esteticista del «arte por el arte», el espíritu modernista proporcionaba ahora al poeta el modo de expresar las emociones humanas de acuerdo con los más altos valores estéticos. Varias escritoras ilustres se adhieren a esta tendencia, entre ellas la chilena Gabriela Mistral (p. 188), Premio Nobel de Literatura en 1945. En sus versos, como en los de Delmira Agustini (*Los cálices vacíos,* 1913), Alfonsina Storni (*Irremediablemente,* 1919) y Juana de Ibarbourou (p. 194), se perfila la escritora moderna que reclama sus derechos de mujer y de ser humano.

LA GENERACION DEL 27 Y LA VANGUARDIA ESPAÑOLA

En la poética vanguardista peninsular figura la llamada Generación del 27, que incluye a Federico García Lorca (p. 196), Rafael Alberti, Jorge Guillén, Pedro Salinas, Luis Cernuda, Dámaso Alonso y Vicente Aleixandre. Une a estos poetas tanto su amistad personal como la influencia del ultraísmo —reacción artística de carácter anárquico y subversivo (ver Apéndice 3). De ahí que la obra de los poetas de este grupo presente tal característica. La figura más renombrada de la generación es García Lorca (p. 196).

Además de García Lorca, también Aleixandre (*Historia del corazón,* 1954; *En un vasto dominio,* 1962; *Poemas de la consumación,* 1968) se ha distinguido en su tierra así como en el extranjero. Ganador del Premio Nobel de Literatura en

1977, es tal vez el portavoz más elocuente de una nueva generación de poetas españoles que progresivamente tienden a expresar las realidades de la sociedad contemporánea.

HUIDOBRO, VALLEJO, NERUDA Y EL VANGUARDISMO AMERICANO

En Hispanoamérica es Vicente Huidobro (p. 192) quien abre las puertas a la poesía contemporánea de vanguardia con el creacionismo. Esta tendencia artística consiste en suprimir lo emocional, lo ornamental y los nexos lógicos en el verso. (Ver Apéndice 3 y también el poema «Arte poética», p. 193.) Con todo, más representativos del panorama poético moderno son el peruano César Vallejo (p. 189) y el chileno Pablo Neruda (p. 205).

LA POESIA ESPAÑOLA CONTEMPORANEA

La poesía hispánica de las últimas dos décadas está representada por escritores cuyas obras abrazan numerosas causas políticas, sociales o simplemente humanitarias. En España la promoción de poetas más representativos es aquélla en que se inscriben los que comenzaron a publicar sus obras en los años comprendidos entre 1950 y 1960. Este grupo de escritores comprometidos se distingue por la gran variedad de temperamentos y estilos, o sea, por el marcado individualismo de los poetas y por sus distintas técnicas.

Hay posiblemente dos denominadores comunes dentro de tanta diversidad. Uno es, sin duda, la preocupación de cada miembro por acudir a la realidad circunstante e inmediata. Por eso su temática abarca todo aspecto de la existencia cotidiana, desde los problemas urbanos hasta la búsqueda de una razón de ser. Otro factor que aúna a dichos poetas es su convicción de que el camino más indicado para descubrir la verdad hay que buscarlo en el propio acto de la creación artística. Por consiguiente, su búsqueda de una realidad trascendente en un mundo inestable e incomprensible se transmuta en definiciones individuales de lo que es la poesía y en subsecuentes postulados de nuevas teorías sobre el lenguaje. Se deduce de eso que las múltiples ambigüedades y transgresiones lingüísticas que caracterizan las distintas obras corresponden a los enigmas que confunden diariamente al artista y al resto de la humanidad con la que éste se identifica.

La contribución de poetas como Angel González, José Angel Valente, Claudio Rodríguez, Carlos Sahagún, Gloria Fuertes (p. 207) y Ana María Fagundo (p. 214) radica en el hecho de que, en reacción contra la dictadura de Francisco Franco (1939–1975), epitomada por la censura y la represión, todos ellos celebran la poesía como una forma de liberación. Todos concuerdan en considerar sus creaciones poéticas antes que nada como un acto de comunicación y como libre expresión de su integridad personal.

LA METAPOESIA: DESAFIO A LA TEMATICA TRADICIONAL

Habiendo cimentado (*established*) la autonomía de la obra literaria al romper con las convenciones lingüísticas, el artista ya no confía en el valor activo de la palabra poética. Nace entonces el llamado *metapoema* —composición volcada sobre sí misma (*turned on itself*), que habla de sí misma y que reconoce sólo la realidad expresada en el propio lenguaje. En España este fenómeno cuenta con figuras como Pedro Gimferrer, Jenaro Talens y Guillermo Carnero.

ULTIMAS PROMOCIONES DE LA POESIA HISPANOAMERICANA

En las últimas tres décadas, Hispanoamérica se ha distinguido por la poesía comprometida del nicaragüense Ernesto Cardenal (p. 211); por los versos afro-antillanos del cubano Nicolás Guillén (p. 202) y del puertorriqueño Luis Palés Matos (p. 200); y por las obras de contenido social de un creciente número de mujeres. En dichas obras, poetas como la mexicana Rosario Castellanos (p. 380), la puertorriqueña Rosario Ferré (p. 384) y la cubana Nancy Morejón (p. 217) abrazan la causa de las clases minoritarias: la mujer, el indígena y el negro.

Finalmente, hay que indicar la extraordinaria contribución del mexicano Octavio Paz (p. 209), quien obtuvo el Premio Nobel de Literatura en 1990. Su experimentación en la búsqueda de nuevas formas poéticas, entre ellas el «topoema» —poema *concreto* o *espacial*— y su singular combinación de filosofías occidentales, orientales e indígenas, dan a este escritor e intelectual un lugar preponderante en la literatura universal de la actualidad.

PRACTICA

Cuestionario

1. ¿Cuáles son los orígenes de la poesía? ¿Cuándo y cómo nació?
2. ¿Qué se entiende por «épica clásica»? ¿De qué manera se parece ésta a la épica medieval europea? ¿Cuál es el propósito de ambas?
3. ¿Qué epopeya produce en España el mester de juglaría? ¿Qué características colectivas del pueblo español ejemplifica y exalta esa obra en su contenido y estilo?
4. ¿A qué tipo de composición poética pertenece el *Libro de buen amor*? ¿Quién es su autor y de qué trata la obra?
5. ¿En qué consiste el *Romancero viejo*? ¿En qué época se produjo? ¿A qué fenómeno importante contribuyó dicha obra?
6. ¿Qué le debe la literatura española a Garcilaso de la Vega?
7. ¿Qué diferencias básicas existen entre el culteranismo y el conceptismo? ¿Quiénes son sus mayores exponentes? ¿En qué movimiento cultural se inscriben las dos corrientes?
8. ¿Qué representa Sor Juana Inés de la Cruz en Hispanoamérica? ¿Por qué?
9. Al siglo XVIII suelen asociarse dos corrientes. ¿Cuáles son? ¿Cuál de ellas afecta el pensamiento y cuál la expresión artística de la época?
10. ¿Qué características autóctonas o locales evidencia el Romanticismo hispanoamericano? ¿Qué rasgos independientes, propios, exhibe el movimiento romántico español?

11. ¿Por qué razones hay que separar a Gustavo Adolfo Bécquer de los demás románticos españoles? ¿Qué papel desempeña su obra en la evolución de la poesía española?

12. ¿De qué elementos o aspectos de la poesía romántica, simbolista y parnasiana francesa se vale el poeta modernista hispánico?

13. ¿Quién es considerado como la figura más típica e importante de la poesía modernista y por qué?

14. ¿Qué lugar se reserva a la obra poética de Juan Ramón Jiménez?

15. ¿A qué movimiento pertenecen Gabriela Mistral, Alfonsina Storni y Juana de Ibarbourou? ¿Qué rasgos manifiesta dicho movimiento o corriente? ¿Qué característica general se perfila en las obras de estas tres poetas hispanoamericanas?

16. ¿Dentro de qué corriente poética peninsular (española) figuran Federico García Lorca y Dámaso Alonso?

17. ¿En qué consiste el creacionismo? ¿Quién es su creador y qué impacto ha tenido en la evolución de la poesía hispánica?

18. ¿Qué se entiende por «poeta comprometido»? ¿Qué compromiso asumen los siguientes autores: Pablo Neruda, Ernesto Cardenal, Nicolás Guillén, Rosario Castellanos y Gloria Fuertes?

19. ¿Por qué ocupa Octavio Paz un lugar importante en la literatura contemporánea? ¿Cuáles han sido sus contribuciones a esta literatura?

Identificaciones

1. los *Milagros de Nuestra Señora*
2. juglar y trovador
3. *La Araucana*
4. el Marqués de Santillana
5. el ascetismo y el misticismo
6. la Ilustración
7. *Tabaré*
8. José Hernández
9. Gertrudis Gómez de Avellaneda
10. 1808
11. José Zorrilla y José de Espronceda
12. las *Rimas*
13. *Azul*
14. «poesía desnuda»
15. la Generación del 27

LA POESIA: GUIA GENERAL PARA EL LECTOR

Aspectos formales

1. ¿Qué tipo de poema es éste? ¿Se trata de un soneto, romance, poema de versos libres o de otra forma?

2. ¿Cuál es el cómputo silábico de los versos? ¿Son versos de arte mayor o de arte menor?
3. ¿Qué clase de rima emplea el poeta?
4. ¿Cuál es el ritmo del poema? O sea, ¿cuáles son las sílabas del verso que llevan el acento rítmico?
5. De acuerdo con su estructura, ¿es éste un poema narrativo, lírico o dramático? ¿Es dialogado o se trata de un monólogo?
6. ¿Quién habla en el poema? ¿Hay algún cambio de voz? ¿A quién se dirige el poeta? ¿a sí mismo? ¿a los lectores en general o a un lector en particular, etcétera?
7. Teniendo en cuenta el lenguaje empleado, ¿cuál es el tono del poema? ¿serio, humorístico, irónico, etcétera? Explíquelo.
8. ¿Qué figuras retóricas y tropos se utilizan? ¿metáforas, símiles, anáforas, onomatopeyas, retruécanos (*puns*), prosopopeyas, etcétera?

Aspectos conceptuales

1. Resuma brevemente el asunto del poema.
2. ¿Cuál es el tema o idea central de esta composición poética? ¿Hay algún subtema o idea secundaria?
3. ¿Cómo revelan el tema el título, las imágenes, los símbolos y las figuras retóricas?
4. En su opinión, ¿cuál es el mensaje del poema?

LECTURAS

Anonimo

El romance: carácter e historia

Los romances (*balluds*) son poemas que aparecicron en colecciones —los llamados *romanceros*— a partir del siglo XVI, pero que habían circulado por España dos siglos antes, en folletos sueltos (*loose-leaf pamphlets*). Según el estudioso (*scholar*) español Ramón Menéndez Pidal (1869–1968), los romances son composiciones basadas en cantos épicos nacionales, como el *Poema del Cid* (c. 1140), o simplemente inspiradas por ellos. Los *romances viejos,* compuestos por autores anónimos para ser cantados, se dividen en romances *tradicionales* y romances *juglarescos*. Ambos tipos contienen los temas siguientes: (1) los *históricos*, dedicados a la tradición española y a la clásica (de Grecia y Roma); (2) los *carolingios,* basados en la epopeya (*epic*) francesa y en las hazañas de héroes como Carlomagno (*Charlemagne*) y Roldán; (3) los *novelescos,* generalmente de tipo sentimental, y (4) los *líricos,* esencialmente amorosos. Los romances juglarescos se diferencian de los tradicionales por su mayor extensión, su ritmo lento y pausado, su colorido (*colorfulness*) y su popularidad tanto entre las clases bajas como entre la aristocracia. En el género juglaresco figuran los romances *fronterizos* y los *moriscos* —obras que tratan de las luchas y amores entre cristianos y musulmanes durante la guerra de la Reconquista (718–1492). Desde el siglo XVI la palabra *romance* se ha referido a un tipo específico de composición poética (ver «El poema»).

El romance y su contexto

El romance aparece en España con la corriente humanista que atraviesa Europa en el siglo XVI —corriente que anima a cada país a redescubrir y propagar sus tesoros culturales. En realidad, esa tendencia se había manifestado en España en el año 1449, cuando Iñigo López de Mendoza, Marqués de Santillana (1398–1458), anunció oficialmente la existencia de un caudal de lírica popular —noticia que culminó un siglo más tarde con la compilación y propagación del *Romancero viejo*. Los poemas a continuación, «El Enamorado y la Muerte» y «Doña Alda», ejemplifican por su forma métrica, estilo y tema los romances líricos y novelescos. Compuestos de un número indefinido de versos octosílabos con rima asonante en los versos pares, dichos poemas manifiestan una técnica fragmentarista que favorece el suspenso, así como el carácter popular y entretenido (*entertaining*) del género.

El Enamorado y la Muerte

Un sueño soñaba anoche,
soñito[1] del alma mía,
soñaba con[2] mis amores,
que en mis brazos los tenía.
5 Vi entrar señora tan blanca,
muy[3] más que la nieve fría.

«¿Por dónde has entrado,
          amor?
¿Cómo has entrado, mi vida?
10 Las puertas están cerradas,
ventanas y celosías.»[4]
«No soy el amor, amante:
la Muerte que Dios te envía.»

«Ay, Muerte tan rigorosa,
15 ¡déjame vivir un día!»
«Un día no puede ser,
un[5] hora tienes de vida.»
     Muy de prisa se calzaba,[6]
más de prisa se vestía;
20 ya se va para la calle,

en donde su amor vivía.
«Abreme la puerta, blanca,[7]
ábreme la puerta, niña!»
«¿Cómo te podré yo abrir
25 si la ocasión no es venida[8]?
Mi padre no fue al palacio,
mi madre no está dormida.»

«Si no me abres esta noche,
ya no me abrirás, querida;
30 la Muerte me está buscando,
junto a ti vida sería.»
«Vete bajo la ventana
donde labraba[9] y cosía,
te echaré cordón de seda[10]
35 para que subas arriba,
y si el cordón no alcanzare[11]
mis trenzas[12] añadiría.»
     La fina seda se rompe;
la Muerte que allí venía:
40 «Vamos, el enamorado,
que la hora ya está cumplida.»

---

[1]forma diminutiva de **sueño** [2]*about* [3]*mucho* [4]*shutters* [5]una; se quitó la a para que el verso tuviero las ocho sílabas propias de un romance [6]se... se ponía los zapatos [7]*hermosa* [8]si... si no es buena hora [9]*I embroider* [10]cordón... *silk cord (related to the concept of the "thread of life")* [11]*does not reach* (forma arcaica) [12]*tresses, braids*

Cuestionario

1. ¿Qué se sabe del narrador del romance?
2. ¿Con qué sueña el hablante poético?
3. ¿Quién entra en la habitación? ¿Cómo se ve?
4. ¿Qué le pide el Enamorado a la Muerte? ¿Cuál es la respuesta?
5. ¿Qué va a hacer la mujer amada?
6. ¿Cuál es el desenlace del poema?

Doña Alda

En París está doña Alda
la esposa[1] de don Roldán;
trescientas damas con ella
para la acompañar;
5   todas visten un vestido,[2]
todas calzan un calzar,[3]
todas comen a una mesa,
todas comían de un pan,
si no era doña Alda,
10   que era la mayoral.[4]
Las ciento hilaban[5] oro,
las ciento tejen[6] cendal,
las ciento tañen[7] instrumentos
para doña Alda holgar.[8]
15   Al son de los instrumentos,
doña Alda adormido se ha;
ensoñado había un sueño,
un sueño de gran pesar.
Recordó despavorida[9]
20   y con un pavor muy grande,
los gritos daba tan grandes,
que se oían en la ciudad.
Allí hablaron sus doncellas,
bien oiréis lo que dirán:[10]
25   —¿Qué es aquesto,[11] mi
[senora?
¿Quién es el que os hizo mal?
—Un sueño soñé, doncellas,
que me ha dado gran pesar:
que me veía en un monte,

30   en un desierto lugar;
de so[12] los montes muy altos
un azor[13] vide[14] volar;
tras dél[15] viene una aguililla
que lo ahinca[16] muy mal.
35   El azor, con grande cuita[17]
metióse so mi brial;[18]
el aguililla, con grande ira,
de allí lo iba a sacar;
con las uñas lo despluma,
40   con el pico lo deshace—.
Allí habló la camarera,
bien oiréis lo que dirá;
—Aquese sueño, señora,
bien os lo entiendo soltar;[19]
45   el azor es vuestro esposo,
que viene de allén[20] la mar;
el águila sedes[21] vos,
con la cual ha de casar,
y aquel monte es la iglesia
50   donde os han de velar.[22]
—Si así es, mi camarera,
bien te lo entiendo pagar—.
Otro día de mañana
cartas de fuera le traen;
55   tintas venían de dentro,
de fuera escritas con sangre,
que su Roldán era muerto
en la caza de Roncesvalles.[23]

[1]aquí, prometida   [2]visten... llevan vestidos parecidos   [3]calzan... llevan zapatos iguales   [4]principal   [5]were spinning   [6]weave   [7]tocan   [8]divertir   [9]Recordó... Se despertó espantada   [10]dijeron   [11]esto (forma arcaica)   [12]bajo   [13]hawk   [14]vi (forma antigua)   [15]tras... detrás de él   [16]persigue   [17]preocupación   [18]vestido o falda de seda   [19]entiendo... puedo interpretar   [20]allende; de la parte de allá de   [21]sois (forma antigua)   [22]casar   [23]paso de los Pirineos y sitio de la derrota de Roldán

Cuestionario

1. ¿Qué tipo de descripción se presenta en la primera parte del poema?
2. ¿Cómo reacciona doña Alda ante el sueño que tuvo?
3. ¿Qué es lo que soñó?
4. ¿Cómo interpreta la camarera el sueño de doña Alda?
5. ¿Acertó la camarera? ¿Cuál es el desenlace de la historia?

GARCILASO DE LA VEGA

Vida y obra

Garcilaso de la Vega (c. 1501–1536) nació en Toledo, España. Descendiente de una familia noble, recibió la educación propia de un perfecto caballero: música, equitación (*horseback riding*), manejo de las armas (*swordsmanship*) e instrucción en las lenguas y literaturas latinas. En 1520 entró al servicio del emperador Carlos V (1500–1558), a quien acompañó al extranjero y por quien peleó (*he fought*) valientemente. En 1525, tal vez para complacer al emperador, se casó con una noble dama con quien no fue feliz. Al año siguiente se enamoró apasionadamente de Isabel Freire, hermosa dama portuguesa, que fue el gran amor platónico de su vida. Sin embargo, sus sueños se desvanecieron (*were dashed*) tres años más tarde, cuando Isabel se casó con otro hombre. Decepcionado, Garcilaso acompañó al emperador a Italia y tras un breve destierro (*banishment*) por insubordinación, se estableció en Nápoles, donde se familiarizó con las literaturas italiana y clásica. La noticia de la súbita (*sudden*) muerte de Isabel le abrumó (*crushed*) y, no obstante el haber conocido a otra mujer, volvió desesperado al campo de batalla donde pereció durante el asalto a una torre francesa. Su producción poética se remonta (*dates back*) al año 1526, cuando, inspirado por Isabel y animado por su amigo Juan Boscán, comenzó a componer poemas al estilo italiano. Su obra consiste en una epistola, dos elegias, cinco canciones, tres églogas y treinta y ocho sonetos.

El autor y su contexto

Valiente guerrero, inspirado artista, profundo conocedor de la cultura clásica y persona de intensa vida sentimental, Garcilaso es el hombre renacentista ejemplar (*ideal*). Es asimismo el más celebrado exponente del Renacimiento español (siglo XVI), época en la que atravesó el país la corriente humanista que promovía, además del redescubrimiento de las antiguas culturas de Roma y Grecia, el respeto por los intereses, los valores y la dignidad de cada individuo. Por consiguiente, la obra poética de Garcilaso —que gira en torno de los temas amorosos y de los bucólicos o pastoriles— versa sobre (*deals with*) su propia persona. Ya sea en sus canciones, en sus églogas —lo mejor de su poesía— o en los sonetos endecasílabos inspirados por el italiano Francesco Petrarca (1304–1374), Garcilaso lamenta su desdichado (*ill-fated*) amor por Isabel y expresa su deseo de huir al campo para encontrar en la belleza y en la simplicidad de la naturaleza la paz espiritual, antes de que sea demasiado tarde. En esto se ve la influencia clásica de Horacio y sus temas, el *beatus ille* (*lucky they who can enjoy the simple life of the country*) y el *carpe diem* (*enjoy the moment, for tomorrow may never come*). Los dos poemas de esta antología ejemplifican tanto la temática previamente comentada del poeta como su estilo, que tanto influyó en la lírica del Renacimiento español. Este estilo se distingue por la claridad y naturalidad del lenguaje, la elegancia, la moderación, la suave musicalidad del verso y el ritmo pausado y fluido al mismo tiempo.

Soneto I

Cuando me paro a contemplar mi estado,[1]
y a ver los pasos[2] por do[3] me han traído,
hallo, según por do anduve perdido,
que a mayor mal[4] pudiera haber llegado;

5 mas cuando del camino estó[5] olvidado,
a tanto mal no sé por dó he venido;
sé que me acabo,[6] y más he yo sentido
ver acabar comigo[7] mi cuidado.[8]

Yo acabaré, que me entregué sin arte[9]
10 a quien sabrá perderme y acabarme,[10]
si quisiere,[11] y aun sabrá querello;[12]

que pues mi voluntad[13] puede matarme,
la suya,[14] que no es tanto de mi parte,[15]
pudiendo, ¿qué hará sino hacello?[16]

[1]condición   [2]el camino   [3]donde   [4]mala fortuna   [5]estoy   [6]muero   [7]conmigo (forma arcaica)   [8]sufrimiento amoroso
[9]me... perseguí [a la mujer] sin saber lo que tenía que hacer para lograr lo que deseaba   [10]perderme... destruirme y quitarme la vida
[11]quisiera (forma arcaica)   [12]quererlo   [13]will, mental state   [14]la... la de ella   [15]no... está menos inclinada a defender mis intereses
[16]hacerlo (se refiere a **matarme**)

Cuestionario

1. ¿Qué actitud expresa el hablante poético en el primer cuarteto?
2. ¿Parece más optimista en el segundo cuarteto o más pesimista? Responda dando una explicación.
3. ¿Cuál es la causa de su dilema?
4. ¿Por qué cree el «yo» poético que va a «acabarse»?
5. ¿Cuál es la base de la paradoja presentada en los tercetos?

Soneto XXIII

En tanto que[1] de rosa y de azucena[2]
se muestra la[3] color en vuestro gesto,[4]
y que vuestro mirar ardiente, honesto,[5]
enciende al corazón y lo refrena;

5 y en tanto que el cabello, que en la vena
del oro se escogió, con vuelo presto,[6]
por el hermoso cuello blanco, enhiesto,[7]
el viento mueve, esparce[8] y desordena;

coged de vuestra alegre primavera
10 el dulce fruto,[9] antes que el tiempo airado[10]
cubra de nieve la hermosa cumbre.[11]

Marchitará[12] la rosa el viento helado,
todo lo mudará[13] la edad ligera[14]
por no hacer mudanza en su costumbre.

[1]En... Mientras   [2]lily   [3]ahora, el   [4]cara   [5]casto, puro   [6]con... con un movimiento rápido   [7]upright, lofty
[8]scatters   [9]coged... mensaje del carpe diem, tradición poética según la cual un hombre intenta convencer a una
mujer de la importancia de gozar de la vida mientras ella sea joven y bella   [10]enojado; (fig.) feroz   [11]mountain
top; (fig.) cabeza   [12]Destruirá   [13]transformará   [14]la... el tiempo fugaz (rápido)

Cuestionario

1. ¿Con qué se compara la cara de la mujer amada?
2. ¿Con qué se compara el cabello de la mujer?
3. ¿Cuál es el mensaje del poema? ¿Cómo se expresa?
4. ¿A qué se refiere la «nieve» del verso 11?
5. ¿Cuál es la base de la paradoja del segundo terceto? O sea, ¿cuál es la única cosa no sujeta a los efectos de la mudanza?

SANTA TERESA DE JESUS

Vida y obra

Teresa de Cepeda y Ahumada (1515–1582) nació en Avila, de estirpe (*stock*) noble. Demostró desde niña vocación por las empresas (*undertakings*) evangélicas. A los siete años soñó que su misión era morir martirizada y se escapó de casa con su hermanito para ir a luchar contra los moros. Su fervor religioso la indujo a hacerse monja (*nun*), y a los diecinueve años profesó (*she took her vows*) en el convento de las Carmelitas de Avila. Más tarde, hallando relajada la disciplina del convento y queriendo devolver la antigua austeridad a los claustros, intentó reformar su orden, la Orden del Carmelo, lo que le trajo burlas y persecuciones. Sin embargo, su firme compromiso (*commitment*) le permitió fundar, con la cooperación de San Juan de la Cruz,
más de treinta conventos y monasterios. Fue canonizada cuarenta años después de su muerte. Sus obras en prosa y en verso —casi todas escritas a pedido de su confesor y otras personas— comprenden tres categorías. A la primera, de carácter autobiográfico, pertenecen el *Libro de su vida* y el *Libro de las fundaciones*. En la segunda se encuentran los escritos de contenido didáctico-moral, que incluyen *Camino de perfección* y *Las moradas o Castillo interior*. En la tercera categoría figuran las *Cartas* y las *Poesías*. Sus escritos fueron publicados póstumamente, gran parte de ellos en 1588.

La autora y su contexto

En la formación espiritual e intelectual de Santa Teresa influyó, ante todo, su personalidad de mujer valiente, decidida y enérgica, cualidades que en su época se atribuían sólo a los hombres. El impacto que tuvo en ella la temprana lectura de libros de caballería, cuyos protagonistas andaban por el país haciendo justicia, se nota en su compromiso de corregir los errores e injusticias que se cometían dentro de la propia Iglesia. Ni siquiera la Inquisición logró frenar (*refrain, stop*) a esta mujer en su misión de reformadora, pues además de su fuerza viril, poseía un carácter femenino encantador: era dulce, alegre y cariñosa. Tales virtudes le ganaron la simpatía del Papa Pío IV (1499–1565) y del rey Felipe II (1527–1598), partidarios (*supporters*) como ella de la Contrarreforma (siglos XVI–XVII) —movimiento que combatía la Reforma protestante y defendía la integridad del dogma católico decaído en el siglo XV. Las obras místicas de Santa Teresa representan lo mejor de su producción y perfilan (*profile*) sus experiencias espirituales, su vida interna. En *Las moradas o Castillo interior,* su obra maestra, el alma se convierte alegóricamente en un castillo de diamantes, cuyas doce habitaciones conducen a Dios. Su poesía —usualmente glosas (ver Apéndice 3) de estribillo o villancicos octosílabos— no alcanza la calidad de su prosa. Dicha poesía, de carácter místico, trata de la salvación mediante la fe y expresa el deseo del alma de unirse con Dios. Según se puede apreciar en los poemas que siguen, lo que hace agradable leer a Santa Teresa son la sencillez, la espontaneidad, la viveza (*liveliness*), la fluidez y la gracia del español hablado en su época.

Vivo sin vivir en mí

Vivo sin vivir en mí,
y de tal manera espero,
que muero porque no muero.

   Vivo ya fuera de mí,
5 después que muero de amor;
porque vivo en el Señor,
que me quiso para sí.
Cuando el corazón le di
puse en él nuestro letrero:
10 *que muero porque no muero.*

   Esta divina prisión
del amor con que yo vivo
ha hecho a Dios mi cautivo,
y libre mi corazón;
15 y causa en mí tal pasión
ver a Dios mi prisionero,
que muero porque no muero.

   ¡Ay, qué larga es esta vida!
¡Qué duros estos destierros[1]!
20 Esta cárcel, estos hierros[2]
en que el alma está metida.
Sólo esperar la salida
me causa dolor tan fiero,[3]
que muero porque no muero.

25   ¡Ay, qué vida tan amarga
do[4] no se goza el Señor!
Porque si es dulce el amor,
no lo es la esperanza larga;
quíteme Dios esta carga,[5]
30 más pesada que el acero,[6]
que muero porque no muero.

   Sólo con la confianza
vivo de que he de morir,
porque muriendo el vivir
35 me asegura mi esperanza;
muerte do el vivir se alcanza,
no te tardes, que te espero,
que muero porque no muero.

   Mira que el amor es fuerte;
40 vida, no me seas molesta,
mira que sólo te resta,[7]
para ganarte, perderte;
venga ya la dulce muerte,
el morir venga ligero,
45 *que muero porque no muero.*

   Aquella vida de arriba,
que es la vida verdadera,
hasta que esta vida muera,
no se goza estando viva;
50 muerte, no me seas esquiva;[8]
viva muriendo primero,
que muero porque no muero.

   Vida, ¿qué puedo yo darte
a mi Dios, que vive en mí,
55 si no es el perderte a ti
para merecer ganarte?
Quiero muriendo alcanzarte,
pues tanto a mi Amado[9] quiero,
que muero porque no muero.

---

[1]exilios [2]bars [3]grande [4]donde [5]burden [6]steel [7]queda [8]desdeñosa [9]ser querido

1. ¿Cuál es la base de la paradoja central de «muero porque no muero»?
2. ¿Cuál es la actitud del «yo» poético ante la vida de este mundo, y cómo se refleja esta actitud a través de las imágenes del poema?
3. ¿Qué ejemplos hay de oxímoron y de antítesis en el poema? ¿Por qué habrá utilizado estas figuras la poeta?
4. ¿Por qué quiere el «yo» poético que Dios le quite «esta carga» (v. 29)?
5. ¿Cómo explica el apóstrofe en la última estrofa el dilema existencial o vital de la poeta?

Nada te turbe...

Nada te turbe,[1]
nada te espante,[2]
todo se pasa,
Dios no se muda.[3]
5   La paciencia
todo lo alcanza,
quien a Dios tiene
nada le falta:
sólo Dios basta.

[1]Nada... No permitas que nada te perturbe o inquiete   [2]asuste   [3]no... no cambia

Cuestionario

1. ¿Cuál es el mensaje de este poema?
2. Según su lectura del poema, ¿de quién será la voz poética? ¿A quién dirige sus palabras?
3. ¿Qué valor tienen las palabras «La paciencia / todo lo alcanza»?
4. En el verso 7, ¿de qué figura retórica es ejemplo la palabra «Dios»?

SAN JUAN DE LA CRUZ

Vida y obra

San Juan de la Cruz (Juan de Yepes y Alvarez, 1542–1591) nació de humilde familia en Fontiveros, Avila. Por algún tiempo fue enfermero en el hospital de Medina del Campo, ingresando en 1564 en la Orden del Carmelo. Cursó teología en la Universidad de Salamanca y, cuando tenía veinticinco años, comenzó a colaborar con Santa Teresa de Jesús en la reforma de la orden —empresa que causó que ambos fueran víctimas de continuas persecuciones. Encarcelado en un convento de Toledo, sufrió indecibles abusos física y mentalmente. Finalmente logró escaparse y fue desterrado a un solitario monasterio andaluz. Separadas las dos ramas de los carmelitas, San Juan ocupó altos cargos en su orden hasta que, a causa de unas disputas dentro de ésta, fue relegado a un monasterio en la Sierra Morena. Poco después, a punto de ser trasladado de nuevo —esta vez a América— falleció en Ubeda, Jaén, víctima de su frágil constitución y de una vida de incesante activismo y privaciones. Sus obras, publicadas póstumamente, incluyen *Subida al Monte Carmelo* (1578–1583), *Noche oscura del alma* (¿1584?) *Llama de amor viva* (1584) y *Cántico espiritual* (1584).

El autor y su contexto

San Juan ejemplifica como ningún otro español el misticismo —doctrina que enseña la comunicación directa del ser humano con Dios a través de la fe. Como poeta ocupa un lugar preeminente en la literatura mundial por el incomparable simbolismo que da forma a su pensamiento teológico y a las emociones de su experiencia mística. Si bien el arte de San Juan de la Cruz revela la originalidad de su estilo, su vida refleja la complejidad y la contradicción típicas de la época de la Contrarreforma. En efecto, coexisten en este poeta el hombre enfermizo y débil y el indomable reformador, el monje reservado y piadoso y el valiente activista. No obstante su fortaleza espiritual, las marcas dejadas en su persona por los calabozos (*dungeons*) se perciben tanto en su pensamiento como en su estética. El deseo de escaparse de las prisiones sombrías en las que estuvo en la vida real se manifiesta en su actitud mística que rehuye (*flees from*) la dura realidad del mundo. Estilísticamente, casi toda la doctrina de San Juan gira en torno a la imagen dualística de la «Noche oscura». Este artificio (*device*) sugiere la negación de las cosas materiales que no se ven en la oscuridad y evoca así el misterio de lo eterno y lo divino. La oscuridad simboliza por un lado las duras pruebas que Dios le manda al ser humano y por otro la purificación. Dicha purificación ilumina (*enlightens*) al individuo y le permite conocer a Dios, el cual es luz, es vida, es todo. Como místico, el poeta busca —a través de la contemplación— la separación del alma y del cuerpo para que el alma, abandonando este mundo, se reúna con Dios. El resultado es una poesía amorosa «a lo divino» que representa la unión espiritual de la amada (el alma) con el Amado (Dios).

Cantar: Aunque es de noche

Cantar de la[1] alma que se huelga[2]
de conoscer[3] a Dios por fe

    Que bien sé yo la fonte[4] que mana[5] y corre,
        aunque es de noche.

    Aquella eterna fonte está ascondida,[6]
que bien sé yo dó[7] tiene su manida,[8]
5   aunque es de noche.

    Su origen no lo sé, pues no le tiene,
mas sé que todo origen della[9] viene,
        aunque es de noche.

    Sé que no puede ser cosa tan bella,
10 y que cielos y tierra beben de ella,
        aunque es de noche.

    Bien sé que suelo en ella no se halla,
y que ninguno puede vadealla,[10]
        aunque es de noche.

15   Su claridad nunca es escurecida,[11]
y sé que toda luz de ella es venida,[12]
        aunque es de noche.

    Sé ser tan caudalosos[13] sus corrientes
que infiernos, cielos riegan,[14] y las gentes,
20   aunque es de noche.

    El corriente que nace de esta fuente,
bien sé que es tan capaz y omnipotente,
        aunque es de noche.

    El corriente que de estas dos procede
25 sé que ninguna de ellas le precede,
        aunque es de noche.

    Aquesta,[15] eterna fonte está escondida
en este vivo pan por darnos vida,
        aunque es de noche.

30   Aquí se está llamando a las criaturas,
y de esta agua se hartan,[16] aunque a escuras,[17]
        porque es de noche.

    Aquesta viva fuente, que deseo,
en este pan de vida yo la veo,
35   aunque de noche.

[1]ahora, el   [2]se... se alegra   [3]conocer   [4]fuente   [5]*springs up*   [6]escondida   [7]dónde   [8]*source*   [9]de ella
[10]vadearla (*wade through it*)   [11]oscurecida   [12]de... viene de ella   [13]abundantes   [14](*inf.:* **regar**) *irrigate* (*fig.*)
bathe, supply water for   [15]Esta   [16]se... *they fill or satiate themselves*   [17]oscuras

Cuestionario

1. ¿Qué valor simbólico tiene la fonte, o fuente, del cantar?
2. ¿Cuál es la función del estribillo «aunque es de noche» en el poema?
3. ¿Cuáles son los contrastes más significativos del poema?
4. ¿Qué efecto produce el uso del verbo «riegan» en el verso 19?
5. ¿En qué se basa el juego de palabras «procede»/«precede» en los versos 24 y 25?
6. ¿Qué significa «este vivo pan» (v. 28) o «este pan de vida» (v. 34)?

Noche oscura

En una noche oscura
con ansias en amores inflamada,
¡oh dichosa ventura!
salí sin ser notada
5 estando ya mi casa sosegada.[1]

A escuras,[2] y segura
por la secreta escala disfrazada,
¡oh dichosa ventura!
a escuras, y en celada,[3]
10 estando ya mi casa sosegada.

En la noche dichosa,
en secreto, que nadie me veía,
ni yo miraba cosa,
sin otra luz y guía,
15 sino la que en el corazón ardía.

Aquesta[4] me guiaba
más cierto que la luz del mediodía,
a donde me esperaba
quien yo bien me sabía,[5]
20 en parte donde nadie parecía.

¡Oh noche, que guiaste,
oh noche amable más que el alborada;[6]
oh noche, que juntaste
Amado con amada,
25 amada en el Amado transformada!

En mi pecho florido,
que entero para él sólo se guardaba,
allí quedó dormido,
y yo le regalaba,[7]
30 y el ventalle[8] de cedros[9] aire daba.

El aire de la almena,[10]
cuando yo sus cabellos esparcía,[11]
con su mano serena
en mi cuello hería,
35 y todos mis sentidos suspendía.

Quedéme, y olvidéme,
el rostro recliné sobre el Amado,
cesó todo, y dejéme,
dejando mi cuidado
40 entre las azucenas[12] olvidado.

---

[1]tranquila [2]A... A oscuras (forma arcaica), en la oscuridad [3]en... ocultamente [4]ésta (forma arcaica) [5]me... yo sabía bien [6]amanecer [7]acariciaba [8]abanico [9]cedars [10]battlement between openings at the top of a fortress [11]extendía, acariciaba [12]lirios blancos

Cuestionario

1. ¿En qué condiciones sale el «yo» poético de su casa?
2. ¿Cuál podría ser el valor simbólico de la casa? ¿Y el de la persona que sale?
3. ¿Cómo se puede interpretar el verso 25, «amada en el Amado transformada»?
4. ¿Qué tipo de imágenes se utilizan para presentar la escena final?

Luis de Góngora
Vida y obra

Luis de Góngora y Argote (1561–1627) nació en Córdoba, de familia aristocrática. Siendo sacerdote (*priest*), más por obligación que por vocación, fue nombrado racionero (*clergyman who is awarded a stipend*) de la Catedral de Córdoba. No tomó en serio su sacerdocio, prefiriendo dedicarse a la poesía, a la música, a las corridas de toros y al juego (*gambling*). Sin embargo, llegó a ser capellán (*chaplain*) de la corte de Felipe III (1578–1621) y viajó por España con varias misiones eclesiásticas. En Madrid gozó de gran notoriedad como poeta, relacionándose con las figuras literarias más distinguidas de la época. En 1626, incapacitado por un ataque cerebral, volvió a Córdoba, donde falleció al año siguiente. Entre sus composiciones poéticas, objeto de mucha controversia a lo largo de los siglos, figuran los poemas extensos *Fábula de Polifemo y Galatea* (1612) y *Soledades* (1613), así como unos cien romances y doscientos sonetos.

El autor y su contexto

Según se puede observar en el retrato que aparece aquí (atribuido al pintor Diego Rodrigo de Silva y Velázquez, 1599–1660), Góngora fue un hombre austero y malhumorado. Pero su apariencia escondía un alma muy sensible (*sensitive*). Su obra —la máxima expresión de la poesía barroca española— revela a un ser que por su temperamento encarna el período de la Contrarreforma, época de desequilibrio espiritual y desasosiego (*restlessness*). Amante de los placeres de la vida, frustrado por la carrera religiosa que le había impuesto su familia, angustiado por su adicción al juego y exacerbado por las disputas con sus adversarios personales y literarios —escritores como Lope de Vega y Francisco de Quevedo— Góngora se refugió en su arte. El resultado es una poesía dualística que oscila entre la de versos cortos populares (las letrillas y los romances) y la de versos endecasílabos (los sonetos, *Polifemo* y *Soledades*). Los dos tipos tienen objetivos distintos. El primero, de carácter burlesco, degrada la realidad a través de una sátira despiadada de una sociedad a la que el poeta indudablemente atribuía su infelicidad. El segundo tipo, poesía culta, busca un escape en la búsqueda de la belleza y de la perfección absoluta. La temática refleja los dos motivos recurrentes del Barroco, que se remontan a la tradición clásica: (1) la brevedad de la vida y la necesidad de aprovechar el momento presente, el llamado *carpe diem*, y (2) la alabanza de la belleza pura y sencilla de la naturaleza —ejemplificada por la vida de los pastores y pescadores, el motivo clásico del *beatus ille*— y la denuncia de una sociedad viciada y corrupta. Toda la obra poética de Góngora se distingue por el culteranismo o *gongorismo*. Este estilo intensifica, con menor o mayor énfasis, todos los recursos (*devices*) literarios de la poesía renacentista y barroca, sobre todo las palabras sonoras y pictóricas, la metáfora, el hipérbaton y la hipérbole (ver «El lenguaje literario»), a fin de transformar la realidad más banal en una verdadera experiencia estética o artística.

Soneto CLXVI

Mientras por competir con tu cabello
  oro bruñido[1] al sol relumbra[2] en vano;
  mientras con menosprecio en medio el llano[3]
  mira tu blanca frente el lilio bello;

5 mientras a cada labio, por cogello,[4]
  siguen más ojos que al clavel[5] temprano,
  y mientras triunfa con desdén lozano[6]
  del luciente cristal tu gentil cuello,

10 goza cuello, cabello, labio y frente,
  antes que lo que fue en tu edad dorada
  oro, lilio, clavel, cristal luciente,

no sólo en plata o viola[7] troncada
  se vuelva, mas tú y ello juntamente
15 en tierra, en humo, en polvo, en sombra, en
  nada.

clímax

[1]*burnished* [2]brilla [3]terreno plano [4]cogerlo, besarlo [5]*carnation* [6]orgulloso [7]violeta (forma arcaica)

Cuestionario

1. ¿Qué elementos sirven de base a la serie de comparaciones?
2. ¿De qué manera se hacen estas comparaciones? ¿De quién es el triunfo?
3. Según el que habla, ¿por qué debe la mujer gozar de su belleza durante la juventud?
4. ¿Qué efecto poético produce el segundo terceto (v. 12–14)?

Soneto LXXXVI

De pura honestidad[1] templo sagrado,
cuyo bello cimiento[2] y gentil muro
de blanco nácar[3] y alabastro duro
fue por divina mano fabricado;

5 pequeña puerta de coral preciado,
claras lumbreras[4] de mirar seguro,
que a la esmeralda fina el verde puro
habéis para viriles[5] usurpado;

soberbio[6] techo, cuyas cimbrias[7] de oro
10 al claro Sol, en cuanto en torno gira,[8]
ornan[9] de luz, coronan de belleza;

ídolo bello, a quien humilde adoro,
oye piadoso[10] al que por ti suspira,[11]
tus himnos canta, y tus virtudes reza.

[1]castidad, pureza [2]*foundation* [3]nacre (*mother-of-pearl*) [4](*fig.*) *eyes* [5]ventanas [6]espléndido [7]*moldings*
[8]*revolves* [9]adornan [10]con piedad, con simpatía [11]*longs* (*lit., sighs*)

Cuestionario

1. ¿Cuál es la base de la comparación en este soneto? Es decir, ¿con qué se compara el templo? ¿De qué figura retórica es ejemplo este tipo de comparación?
2. ¿A qué se refieren el «nácar» y el «alabastro» del verso 3?

3. ¿De quién es la «divina mano» (v. 4)?
4. ¿Qué representan la «pequeña puerta», las «lumbreras» y el «techo» de los versos 5, 6 y 9?
5. ¿A qué se refiere la frase «ídolo bello» en el segundo terceto? ¿En qué sentido se emplea?

Francisco de Quevedo

Vida y obra

Francisco de Quevedo y Villegas (1580–1645) nació en Madrid, de familia noble. Siguió cursos humanísticos, lingüísticos y teológicos en las universidades de Alcalá de Henares y de Valladolid. Viajó a Italia como secretario del duque de Osuna, virrey de Sicilia y Nápoles, conduciendo para éste misiones en las que estuvo a punto de perder la vida. Cuando Osuna cayó en desgracia y fue destituido (*dismissed*), Quevedo sufrió las consecuencias y fue desterrado. De vuelta en la corte española, se casó a los cincuenta y cuatro años con una viuda de quien se separó casi en seguida. De carácter agudo, enigmático y arrogante, se vio involucrado en varios escándalos políticos, siendo por fin acusado de haber escrito una poesía en contra del conde-duque de Olivares. Esto le costó cuatro años de prisión, tras los cuales volvió a sus posesiones de Torre de Juan Abad, falleciendo al año siguiente. Fue un escritor y poeta prodigioso y entre sus muchas obras se destacan la novela picaresca *La vida del buscón* (1603), *Los sueños* (1627) —fantasías satírico-morales iniciadas en 1606— y numerosos poemas de tipo satírico, burlesco, moral, amoroso y sagrado. Estos fueron publicados en *El Parnaso español* (1648) y *Las tres últimas musas* (1670).

El autor y su contexto

Al igual que las obras barrocas de su época, los escritos de Quevedo revelan a un ser pesimista atormentado por la duda. Toda la vida estuvo dividido entre su fe en Dios y su profundo desdén por la sociedad y sus vicios, a lo cual nunca se cansó de satirizar, retratándolo como una farsa grotesca. Con el pasar de los años, sus sueños de triunfar sobre sus desdichas (*misfortunes*) políticas y problemas personales fueron desvaneciéndose. Por consiguiente, viendo que su lealtad a sus superiores, amigos y amantes le había causado tantas dificultades, dedujo que la vida era un montón de falsas apariencias y que la única verdad indiscutible era la muerte. Esta actitud negativa ante el mundo y la vida se convirtió en una verdadera obsesión que constituye la idea dominante y recurrente de su poesía y su prosa. Dicho leitmotivo resalta, ante todo, en su poesía de carácter político, en la que el poeta lamenta con profundo dolor, en un estilo barroco y austero, la decadencia material y moral de España. Se destaca también en la lírica de asunto ascético que condena los vicios de la sociedad y aboga (*advocates*), en cambio, por la perfección cristiana. Su amargura (*bitterness*) ante la sociedad se intensifica en su lírica satírico-burlesca. En ella el poeta se sirve del conceptismo, estilo que expresa conceptos profundos y vagos mediante un vocabulario rebuscado (*pedantic*), la inversión de los términos de una proposición (*clause*) y el uso de numerosas metáforas atrevidas (*daring*). Por otra parte, en las composiciones de tipo amoroso se presenta otro Quevedo, el cual evita las hondas reflexiones y la complejidad sintáctica conceptista para crear bellos juegos poéticos en los que el lenguaje metafórico produce una refinada belleza. Los dos poemas a continuación ilustran las dos facetas del pensamiento y arte de Quevedo.

Salmo XVII

Miré los muros de la patria mía,
si un tiempo fuertes, ya desmoronados,[1]
de la carrera de la edad cansados,
por quien caduca[2] ya su valentía.

5 Salíme[3] al campo, vi que el sol bebía
los arroyos del yelo desatados,[4]
y del monte quejosos los ganados,
que con sombras hurtó su luz al día.[5]

Entré en mi casa; vi que, amancillada,[6]
10 de anciana habitación era despojos;[7]
mi báculo,[8] más corvo[9] y menos fuerte.

Vencida de la edad sentí mi espada,
y no hallé cosa en que poner los ojos
que no fuese recuerdo de la muerte.[10]

[1]*falling apart* [2]*diminishes* [3]*Me salí (forma arcaica)* [4]*del... after the ice (**hielo**) had melted* [5]*hurtó... robbed the light of day* [6]*yellowed with age* [7]*remnants* [8]*walking stick* [9]*bent* [10]recuerdo... alusión al tema clásico del *memento mori*, la idea de que todo a nuestro alrededor sirve de signo de la inevitable llegada de la muerte

Cuestionario

1. ¿Qué observa el hablante poético al fijarse en los muros de su «patria»? ¿Cuál es el valor simbólico de la palabra *patria?*
2. ¿Qué ve el hablante en el campo? ¿Y en su casa?
3. ¿Qué representan el «báculo» del verso 11 y la «espada» del verso 12?
4. ¿Cuál es la significación de los dos versos finales?

Amante agradecido a las lisonjas[1] mentirosas de un sueño

¡Ay, Floralba! Soñé que te... ¿Dirélo?[2]
Sí, pues que sueño fue: que te gozaba.
¿Y quién, sino un amante que soñaba
juntara tanto infierno a tanto cielo?

5 Mis llamas con tu nieve y con tu yelo,[3]
cual suele opuestas flechas de su aljaba,[4]
mezclaba Amor, y honesto[5] las mezclaba,
como mi adoración en su desvelo.[6]

Y dije: «Quiera Amor, quiera mi suerte,
10 que nunca duerma yo, si estoy despierto,
y que si duermo, que jamás despierte».

Mas desperté del dulce desconcierto;
y vi que estuve vivo con la muerte,
y vi que con la vida estaba muerto.

[1]*adulaciones* [2]*¿lo diré?* [3]*hielo* [4]*caja para llevar las flechas* [5]*castamente, puramente* [6]*(fig.) cuidado*

Cuestionario

1. ¿Qué ha soñado el «yo» poético?
2. ¿Qué sentido tienen las palabras *infierno* y *cielo* en el verso 4?
3. ¿Cuál es el mensaje del primer terceto (v. 9–11)?
4. ¿Cómo se emplea la antítesis vivo/muerto en la estrofa final?

Lope de Vega

Vida y obra

Lope Félix de Vega Carpio (1562–1635) nació en Madrid, de familia humilde. Tuvo una vida amorosa muy turbulenta: estuvo casado dos veces, viéndose involucrado muchas otras veces con mujeres solteras y casadas. Se alistó en la desdichada «Armada Invencible» (1588) y fue secretario del duque de Alba. Viudo por segunda vez en su edad madura, se ordenó de sacerdote, pensando que de este modo resistiría a las tentaciones de la carne (*flesh*). Sin embargo, por sinceras y profundas que fueran sus convicciones religiosas, nunca dejó de perseguir mujeres, lo que le causó continuas desventuras (*misfortunes*). Su producción literaria fue prodigiosa, lo cual le ha valido el título de «Monstruo de la naturaleza». Escribió dos docenas de tomos de poesía y prosa, así como más de cuatrocientas piezas de largo normal (*full-length plays*) y unos cuarenta «autos» de un acto. Sus novelas más notables son la novela pastoril *La Arcadia* (1598) y la dialogada *La Dorotea* (1632). Entre sus obras dramáticas más conocidas figuran *Peribáñez y el comendador de Ocaña* (¿1613?), *Fuenteovejuna* (¿1612–1614?), *El mejor alcalde el rey* (¿1620–1623?) y *El caballero de Olmedo* (¿1620–1625?).

El autor y su contexto

En las obras de Lope de Vega resaltan características que reflejan a la vez el momento histórico y la personalidad singular de su autor. Producto del período de la Contrarreforma (siglos XVI–XVII), dichas obras destacan el desasosiego espiritual, la introspección y el celo (*zeal*) religioso de la época a la vez que el carácter contradictorio de Lope. Amable, caritativo y generoso al extremo con los amigos y con los necesitados, fue también impetuoso y agresivo con otros. En el amor fue tierno e ingrato, mientras que su fe en Dios y su idealismo se alternaron a menudo con momentos de profunda duda y angustia. Esto se percibe en seguida en las dos *Rimas* de esta antología. Lope fue el fundador del teatro nacional español (la «comedia» del Siglo de Oro) y, junto con Pedro Calderón de la Barca (1600–1681), representa la culminación del arte dramático. Lope expuso los principios de su teatro en *El arte nuevo de hacer comedias en este tiempo* (1609), largo poema en el que rechazaba el arte dramático clásico, arte que el pueblo no entendía y con el cual tampoco se identificaba. En cambio, propuso un teatro popular que reflejara la tradición nacional y que coincidiera con la psicología del público español de la época —público inquieto que deseaba ser entretenido. Con este fin, Lope utiliza —tanto en las comedias de tipo religioso como en las de carácter profano (*non-religious*)— recursos que le permiten ser entendido y apreciado por las masas, entre ellos, el lenguaje natural de la gente, la mezcla de lo trágico con lo cómico, la acción en diferentes lugares y las ocurrencias sorpresivas.

Rimas sacras, XVIII

¿Qué tengo yo, que mi amistad procuras[1]?
¿Qué interés se te sigue, Jesús mío,
que a mi puerta cubierto de rocío
pasas las noches del invierno oscuras?

5   ¡Oh cuánto fueron mis entrañas duras,
pues no te abrí! ¡Qué extraño desvarío,[2]
si de mi ingratitud el hielo frío
secó las llagas[3] de tus plantas[4] puras!

    ¡Cuántas veces el Angel me decía:
10 «Alma, asómate agora[5] a la ventana,
verás con cuánto amor llamar porfía»!

    Y ¡cuántas, Hermosura soberana,[6]
«mañana le abriremos», respondía,
para lo mismo responder mañana!

---

[1]buscas [2]cosa fuera de la razón; locura [3]heridas [4]pies [5]asómate... sal ahora [6]suprema

Cuestionario

1. ¿Cómo presenta el poeta a Jesucristo en este poema?
2. ¿Cómo trata el poeta a Jesucristo?
3. ¿Qué significan las palabras del Angel en el primer terceto (v. 9–11)?
4. ¿Cuál es la significación de los dos versos finales?

Rimas humanas, CXCI

Es la mujer del hombre lo más bueno,
y locura decir que lo más malo,
su vida suele ser y su regalo,
su muerte suele ser y su veneno.

5   Cielo a los ojos cándido y sereno,
que muchas veces al infierno igualo,
por raro al mundo su valor señalo,
por falso al hombre su rigor condeno.

    Ella nos da su sangre, ella nos cría,
10 no ha hecho el cielo cosa más ingrata;
es un ángel, y a veces una arpía.[1]

    Quiere, aborrece, trata bien, maltrata,
y es la mujer, al fin, como sangría,[2]
que a veces da salud y a veces mata.

---

[1]monstruo fabuloso con cara de mujer y cuerpo de ave de rapiña (*harpy*) [2]*bloodletting*

Cuestionario

1. ¿Cómo es la mujer, según Lope?
2. ¿Qué tipo de lenguaje utiliza el poeta para describir a la mujer?
3. ¿Por qué es la mujer «como sangría» (v. 13)?
4. ¿Cuál es el tono del soneto?

SOR JUANA INES DE LA CRUZ

Vida y obra

Juana de Asbaje y Ramírez (1651–1695) nació en San Miguel de Nepantla, México. Fue hija ilegítima de un español y una criolla (*person of Spanish blood born in America*) iletrada. Mostró desde temprana edad precocidad y afán (*curiosity*) intelectual. Aprendió a leer y a escribir a los tres años de edad. Admirada por la fama que crecía en torno de su prodigiosa inteligencia y de sus dotes intelectuales, la virreina (*vice-queen*) de México trajo a Juana a su palacio como dama de honor cuando ésta tenía unos trece años. Más tarde, curiosa por ver la Universidad de México y sabiendo que no la dejarían entrar por ser mujer, Juana se disfrazó (*disguised herself*) de hombre. En 1669 rechazó la vida seglar (*secular, worldly*) e ingresó a un convento que se convirtió en centro cultural y religioso de la vida de México. En 1694, presionada por la Iglesia —que no aprobaba sus actividades literarias y científicas dentro del claustro— y atormentada por su propia conciencia, Sor Juana Inés de la Cruz renunció a los estudios para dedicarse exclusivamente a la vida monástica. Escribió prosa («La carta atenagórica», 1690; «Respuesta a Sor Filotea de la Cruz», 1691), teatro (*Los empeños de una casa* y *Amor es más laberinto,* 1668) y poesía, la cual es lo mejor de su obra.

La autora y su contexto

Sor Juana es la figura intelectual y literaria más significativa de Hispanoamérica en el siglo XVII y, como poeta, la más celebrada de España y América en la segunda mitad del siglo. Su poesía, producto de la Contrarreforma, muestra las tendencias del estilo barroco. Es de tipo religioso así como profano y se subdivide en lírica sagrada, amorosa, filosófica y popular. Sin embargo, si bien la autora es fiel al dogma católico, aboga al mismo tiempo por la libertad del ser humano y defiende a las personas perseguidas por ser inteligentes, como le ocurrió a ella misma. En su ensayo autobiográfico «Respuesta a Sor Filotea de la Cruz», en el que proclama sus dones intelectuales, y en su obra maestra *Primero sueño* —poema al estilo de las *Soledades* de Góngora en el que relata alegóricamente el vuelo de su alma hacia el conocimiento— Sor Juana trasciende (*goes beyond*) su generación y su humilde estado de monja. En estas y otras obras, sirviéndose del estilo barroco y de las técnicas del culteranismo y del conceptismo con su énfasis en la ironía, el vocabulario erudito, las palabras de doble sentido, las ideas sutiles y las construcciones sintácticas rebuscadas, la autora ahonda en (*delves into*) los temas más variados y controvertidos. Entre ellos resaltan el amor romántico y el divino, la transitoriedad (*fleeting nature*) del tiempo, la vanidad humana y la crítica del machismo. Además de anticipar el feminismo del siglo XX con su defensa de los derechos de la mujer, Sor Juana se adelanta también al tratar el tema de la cultura popular, lo que se manifiesta en la presencia de personajes portugueses, negros y mestizos tanto en su poesía como en su teatro.

A su retrato

(Procura desmentir los elogios que a un retrato de la poetisa inscribió la verdad, que llama pasión.)

Este que ves, engaño colorido,
que del arte ostentando[1] los primores,[2]
con falsos silogismos[3] de colores
es cauteloso[4] engaño del sentido;

5   éste, en quien la lisonja[5] ha pretendido
excusar de los años los horrores,
y venciendo del tiempo los rigores
triunfar de la vejez y del olvido,

es un vano artificio del cuidado,
10 es una flor al viento delicada,
es un resguardo[6] inútil para el hado:[7]
es una necia diligencia[8] errada,
es un afán[9] caduco[10] y, bien mirado,
es cadáver, es polvo, es sombra, es nada.

[1]mostrando [2]belleza [3]tipo de razonamiento filosófico [4]cauto [5]adulación [6]defensa [7]destino [8]esfuerzo [9]deseo [10]poco durable

Cuestionario

1. ¿Por qué es «engaño» el retrato (v. 4)?
2. ¿Con qué se compara el retrato?
3. ¿Qué técnica utiliza la poeta para intensificar el tema del poema?

A una rosa

(En que da moral censura a una rosa, y en ella a sus semejantes.)

Rosa divina que en gentil cultura
eres, con tu fragante sutileza,
magisterio purpúreo en la belleza,
enseñanza nevada a la hermosura.

5   Amago[1] de la humana arquitectura,
ejemplo de la vana gentileza,
en cuyo ser unió naturaleza
la cuna alegre y triste sepultura.

¡Cuán altiva[2] en tu pompa, presumida,
10 soberbia, el riesgo de morir desdeñas,
y luego desmayada y encogida[3]
de tu caduco[4] ser das mustias[5] señas,[6]
con que con docta[7] muerte y necia vida,
viviendo engañas y muriendo enseñas!

[1] Imitación [2]orgullosa [3]*shrunk* [4]perecedero, mortal [5]marchitas [6]pruebas [7]sabia

Cuestionario

1. ¿De qué es símbolo la rosa?
2. ¿Qué quiere decir «la humana arquitectura» en el verso 5?
3. ¿Por qué se habla de una unión entre *cuna* y *sepultura* (v. 7–8)?
4. ¿Cómo se puede interpretar el verso final?

JOSE DE ESPRONCEDA

Vida y obra

José de Espronceda (1808–1842) nació en Almendralejo (Badajoz), España. De temperamento impulsivo, odió desde adolescente toda tiranía y se involucró en todo tipo de actividades subversivas. Luchó en la Revolución francesa (1789–1799), participó en un complot contra el dictador español, el rey Fernando VII, y se alistó también en la guerra de liberación de Polonia —empresas que le trajeron el destierro y la prisión. En 1826, en Lisboa, se enamoró locamente de Teresa Mancha, hija de un coronel español. Trasladado éste a Londres, Espronceda persiguió a Teresa, ya casada con un comerciante rico. Ella abandonó por algún tiempo a su marido y huyó con el poeta a París. Tras la muerte de Fernando VII en 1833, la amnistía de los disidentes políticos y toda una serie de aventuras, abandonos y reconciliaciones con Teresa, Espronceda vuelve a España, donde Teresa lo abandona una vez más. Agobiado (*Devastated*) por la muerte de su amada en 1839, el poeta se dedica a la política, a la diplomacia, al periodismo y a la literatura. Entre sus obras destacan «Himno al sol», «A Jarifa en una orgía», «Canto del cosaco», «El mendigo», «El reo», «La canción del pirata», el poema narrativo *El estudiante de Salamanca* (1840) y el extenso poema *El diablo mundo* (1840), inspirado en el *Faust* de Johann Wolfgang von Goethe (1749–1832).

El autor y su contexto

Por su actitud inconformista ante la política, la moral y la literatura, Espronceda es la encarnación de una de las dos vertientes del Romanticismo español: la vertiente liberal que los escritores exiliados trajeron a España. Por lo tanto, su obra se distingue por su espíritu progresista y su extremado individualismo. Estos rasgos reflejan la influencia de las ideas y del estilo de notables románticos europeos como Víctor Hugo y Alphonse de Lamartine (Francia), Johann Wolfgang Goethe (Alemania) y, de modo particular, George Byron (Inglaterra). Así como en los escritos de sus maestros, en la poesía de Espronceda resaltan el énfasis en el individualismo —el llamado culto al «yo»— el anhelo de libertad absoluta, la protesta social, el escape a lugares lejanos y exóticos y el predominio de la sensibilidad y la imaginación sobre la razón. La forma de la poesía de Espronceda revela asimismo el gusto extravagante de la época. De ahí que dicha poesía sea poco profunda y enfatice, en cambio, el «efectismo», o sea, el uso de los efectos sensacionales. El tono es estridente debido al empleo de palabras o frases exageradamente emotivas como «martirio horrendo», «escena lúgubre», «fatal tormento» y otras. Tales características, así como la libertad absoluta en el terreno de la métrica, se pueden apreciar en las selecciones «Soledad del alma» y «Canción del pirata».

VI
Soledad del alma

Mi alma yace en soledad profunda,
árida, ardiente, en inquietud continua
cual la abrasada[1] arena del desierto
que el seco viento de la Libia agita.
5 Eterno sol sus encendidas llamas
doquier[2] sin sombra fatigoso vibra,
y aire de fuego en el quemado yermo[3]
bebe mi pecho y con afán respira,
cual si compuesto de inflamadas ascuas
10 mi corazón hirviéndome palpita,
y mi sangre agolpada por mis venas
con seco ardor calenturienta gira.
En vano busco la floresta[4] umbrosa[5]
o el manantial[6] del agua cristalina,

15 el bosque umbrío, la apacible fuente
lejos de mí, burlando mi fatiga,
huyen y aumentan mi fatal tormento
falaces[7] presentándose a mi vista.
¡Triste de mí! de regalada sombra,
20 de dulces aguas, de templada brisa,
en fértil campo de verdura y flores
con grata calma disfruté yo un día,
cual abre el cáliz[8] de fragancia lleno
cándida rosa en la estación florida
25 fresco rocío regaló mi alma
abierta a la esperanza y las delicias.

[1]burning [2]dondequiera [3]terreno estéril, desolado [4]lugar agradable poblado de plantas y flores [5]llena de sombra [6]fuente [7]engañosas [8]calyx

Cuestionario

1. ¿Cuál es el estado del alma del «yo» poético?
2. ¿Qué tipo de imágenes usa el poeta para hacer más vívida la descripción de ese estado?
3. ¿Hasta qué punto ha cambiado la situación del que habla?

Canción del pirata

Con diez cañones por banda,[1]
viento en popa, a toda vela,[2]
no corta el mar, sino vuela
un velero bergantín.[3]
5 Bajel[4] pirata que llaman,
por su bravura, el *Temido,*
en todo mar conocido
del uno al otro confín.[5]

La luna en el mar riela,[6]
10 en la lona[7] gime[8] el viento,

y alza[9] en blando movimiento
olas de plata y azul;
y ve el capitán pirata,
cantando alegre en la popa,
15 Asia a un lado, al otro Europa,
y allá a su frente Stambul.

«Navega, velero mío,
sin temor,
que ni enemigo navío,[10]
20 ni tormenta, ni bonanza[11]

[1]por... a cada lado [2]a... a toda velocidad [3]velero... barco de velas [4]Barco [5]límite [6]brilla [7]en... (*fig.*) en las velas [8](*inf.*: **gemir**) (*fig.*) se lamenta [9]levanta [10]nave, barco [11]mar tranquilo

tu rumbo a torcer[12] alcanza,
ni a sujetar tu valor.

Veinte presas[13]
hemos hecho
25 a despecho
del[14] inglés,
y han rendido[15]
sus pendones[16]
cien naciones
30 a mis pies.

Que es mi barco mi tesoro,
que es mi dios la libertad,
mi ley, la fuerza y el viento,
mi única patria, la mar.

35 Allá muevan feroz guerra
ciegos reyes
por un palmo[17] más de tierra;
que yo aquí tengo por mío
cuanto abarca el mar bravío,
40 a quien nadie impuso leyes.

Y no hay playa,
sea cualquiera,
ni bandera
de esplendor,[18]
45 que no sienta
mi derecho
y dé pecho[19]
a mi valor.

Que es mi barco, *etcétera*

50 A la voz de «¡barco viene!»
es de ver
cómo vira[20] y se previene

a todo trapo[21] a escapar.
Que yo soy el rey del mar,
55 y mi furia es de temer.

En las presas
yo divido
lo cogido
por igual.
60 Sólo quiero
por riqueza
la belleza
sin rival.

Que es mi barco, *etcétera*

65 Sentenciado estoy a muerte.
Yo me río;
no me abandone la suerte,
y al mismo que me condena
colgaré de alguna entena[22]
70 quizá en su propio navío.

Y si caigo,
¿qué es la vida?
Por perdida
ya la di,
75 cuando el yugo[23]
del esclavo,
como un bravo
sacudí.[24]

Que es mi barco, *etcétera*

80 Son mi música mejor
aquilones,[25]
el estrépito[26] y temblor
de los cables sacudidos,
del negro mar los bramidos[27]
85 y el rugir[28] de mis cañones.

---

[12]cambiar   [13]barcos capturados   [14]a... a pesar del   [15]entregado   [16]banderas o estandartes   [17](*fig.*) cantidad insignificante   [18]de... lustre   [19]dé... (*fig.*) pague tributo   [20]muda de dirección   [21]a... a toda velocidad   [22]mástil   [23]yoke   [24](me) quité   [25]vientos del norte   [26]estruendo, gran ruido   [27]ruidos del mar furioso   [28]ruido, estruendo

            Y del trueno
         al son violento,
         y del viento
         al rebramar,[29]
90   yo me duermo
         sosegado,[30]
         arrullado[31]
         por el mar.

                              Que es mi barco mi tesoro,
                         95   que es mi dios la libertad,
                              mi ley, la fuerza y el viento,
                              mi única patria, la mar».

[29]bramar o soplar violentamente   [30]sereno   [31]adormecido

Cuestionario

1. ¿Cómo presenta el poeta el carácter del capitán pirata?
2. ¿Qué valores pone de manifiesto el estribillo «Que es mi barco mi tesoro…»?
3. ¿Qué dice el pirata acerca de los reyes (v. 35–40)?
4. ¿Cómo reacciona el pirata ante la muerte?
5. ¿Cuál es el efecto poético producido por la penúltima estrofa (v. 86–93)?
6. ¿Cuál es la visión social presentada en el poema?

GERTRUDIS GOMEZ DE AVELLANEDA

Vida y obra

Gertrudis Gómez de Avellaneda (1814–1873) nació en Camagüey, Cuba, pero en 1836 se trasladó a España. Excepto por su breve vuelta a la isla, de 1859 a 1863, vivió en Madrid y Andalucía donde produjo y publicó piezas teatrales, novelas, relatos o «leyendas» y cartas. Fue sin duda una de las eminentes precursoras del feminismo literario. Su poesía —lo mejor de su obra— contiene una temática que versa sobre (*deals with*) el amor dividido en el amor por el hombre, por Dios y por el arte. Otros rasgos de su lírica son el elemento pasional, la capacidad de adaptar la forma a sus sentimientos y las innovaciones métricas, como el uso de la polimetría —versificación que contiene una gran variedad de sílabas.

La autora y su contexto

El hecho de haber publicado casi todas sus obras en España sería suficiente para ubicar (*place*) a Gómez de Avellaneda en la literatura nacional de su país adoptivo. Sin embargo, los cubanos la consideran, junto con José María de Heredia (1803–1839), uno de sus poetas más sobresalientes. En realidad, es indisputable la recurrente nostalgia por su tierra natal, según se nota en los célebres versos de «Al partir». Indiscutible asimismo es la presencia de motivos americanos, como lo muestra, por ejemplo, su novela más notable *Sab* (1841), cuyo tema fundamental es la esclavitud presenciada por ella con horror en Cuba. El espíritu rebelde, inconformista e inquieto (*restless*) que tipifica su obra —gran parte de la cual publicó

(continúa)

bajo el seudónimo de «La Peregrina» (*"The Wanderer"*)— se manifiesta ya cuando, a los veintidós años, rompe con la tradición y sale de su país rechazando las ventajas de un casamiento lucrativo. Más tarde, a través de sus *Cartas* y sus poemas, se sabrá el motivo de su apresurada salida: la amarga desilusión ante el gran amor, no correspondido, por cierto Ignacio de Cepeda. En esta antología aparece «A El», tal vez la obra más conocida de Avellaneda. Aquí la poeta, aunque neoclásica por su «buen gusto», corrección (*correctness*), claridad y elegancia lingüística, despliega (*discloses*), por el contenido y la forma de la composición, el tumulto, la frustración, la tristeza y la desesperación que experimenta su corazón de escritora romántica. Irónicamente, esta mujer que buscó el amor con tanta intensidad y atrevimiento, que tuvo tantos amantes y maridos dentro de una sociedad machista, intolerante y opresiva, se realizaría (*would find fulfillment*) plenamente sólo a través de su arte.

Al partir

¡Perla del mar! ¡Estrella de Occidente!
¡Hermosa Cuba! tu brillante cielo
la noche cubre con su opaco velo
como cubre el dolor mi triste frente.

5 ¡Voy a partir!… La chusma[1] diligente
para arrancarme[2] del nativo suelo
las velas iza[3] y pronta a su desvelo[4]
la brisa acude de tu zona ardiente.

¡Adiós, patria feliz, Edén querido!
10 ¡Doquier[5] que el hado[6] en su furor me impela,
tu dulce nombre halagará[7] mi oído!

¡Adiós!… ¡Ya cruje[8] la turgente[9] vela…
el ancla[10] se alza,[11] …el buque,[12]
        estremecido,[13]
15 las olas corta y silencioso vuela!

[1]*crew* [2]*alejarme* [3]*levanta* [4]*acción de extender las velas* [5]*Dondequiera* [6]*destino* [7]*alegrará* [8]*rustles* [9]*abultada, hinchada*
[10]*áncora* [11]*levanta* [12]*barco* [13]*agitado*

Cuestionario

1. ¿Qué describe la poeta en «Al partir»?
2. ¿Qué es lo que siente ella?
3. ¿Qué imágenes utiliza para describir a Cuba? ¿Y para describir sus sentimientos?

A El

Era la edad lisonjera[1]
en que es un sueño la vida,
era la aurora hechicera[2]
de mi juventud florida
5 en su sonrisa primera

cuando contenta vagaba
por el campo, silenciosa,
y en escuchar me gozaba
la tórtola[3] que entonaba
10 su querella[4] lastimosa.

[1]*agradable* [2]*encantadora* [3]*turtledove* [4]*lamento*

Melancólico fulgor[5]
blanca luna repartía,
y el aura leve mecía[6]
con soplo murmurador
15 la tierna flor que se abría.

¡Y yo gozaba! El rocío,
nocturno llanto del cielo,
el bosque espeso[7] y umbrío,[8]
la dulce quietud del suelo,
20 el manso correr del río,

y de la luna el albor,[9]
y el aura que murmuraba
acariciando[10] a la flor,
y el pájaro que cantaba…
25 todo me hablaba de amor.

Y trémula, palpitante,
en mi delirio extasiada,
miré una visión brillante,
como el aire perfumada
30 como las nubes flotante.

Ante mí resplandecía
como un astro brillador,
y mi loca fantasía
al fantasma seductor
35 tributaba idolatría.

Escuchar pensé su acento
en el canto de las aves;
eran las auras su aliento
cargadas de aromas suaves,
40 y su estancia el firmamento.

¿Qué ser divino era aquél?
¿Era un ángel o era un hombre?
¿Era un Dios o era Luzbel?
¿Mi visión no tiene nombre?
45 ¡Ah! nombre tiene… ¡Era El!

El alma guardaba su imagen divina
y en ella reinabas, ignoto[11] señor,
que instinto secreto tal vez ilumina
la vida futura que espera el amor.

50 Al sol que en el cielo de Cuba destella[12]
del trópico ardiente brillante fanal[13]
tus ojos eclipsan, tu frente descuella,[14]
cual se alza[15] en la selva la palma real.

Del genio la aureola radiante sublime,
55 ciñendo[16] contemplo tu pálida sien,[17]
y al verte mi pecho palpita y se oprime
dudando si formas mi mal o mi bien.

Que tú eres, no hay duda, mi sueño adorado,
el ser que vagando mi mente buscó;
60 mas ¡ay! que mil veces el hombre arrastrado
por fuerza enemiga, su mal anheló.

Así vi a la mariposa
inocente, fascinada,
en torno a la luz amada
65 revolotear con placer.

Insensata se aproxima
y la acaricia insensata,
hasta que la luz ingrata
devora su frágil ser.

70 Y es fama que allá en los bosques
que adornan mi patria ardiente,
nace y crece una serpiente de prodigioso
poder.

Que exhala en torno su aliento
75 y la ardilla[18] palpitante,
fascinada, delirante,
corre… ¡Y corre a perecer![19]

¿Hay una mano de bronce,
fuerza, poder o destino,
80 que nos impele al camino
que a nuestra tumba trazó?…

¿Dónde van, dónde, esas nubes
por el viento compelidas?…
¿Dónde esas hojas perdidas
85 que del árbol arrancó?…

Vuelan, vuelan resignadas,

[5]brillo, resplandor   [6](inf.: **mecer**) was rocking   [7]denso   [8]cubierto de sombra   [9]luz, como la del alba   [10]tocando suavemente
[11]desconocido   [12]relumbra, brilla   [13]farol grande (beacon)   [14](inf.: **descollar**) sobresale   [15]levanta   [16](inf.: **ceñir**) rodeando
[17]temple   [18]squirrel   [19]morir

GERTRUDIS GOMEZ DE AVELLANEDA 169

y no saben dónde van,
pero siguen el camino
que les traza el huracán.

90 Vuelan, vuelan en sus alas
nubes y hojas a la par,
ya a los cielos las levante,
ya las sumerja en el mar.

¡Pobres nubes! ¡pobres hojas
95 que no saben dónde van!...
Pero siguen el camino
que les traza el huracán.

Cuestionario

1. ¿Cómo describe la poeta «la edad lisonjera» (v. 1) de su vida?
2. ¿Cómo describe al hombre que ha llegado a su vida?
3. ¿Qué valor tiene la «mariposa» del verso 62?
4. ¿Cuáles han sido las consecuencias del amor para la poeta?
5. ¿Qué importancia tiene el cambio de formas métricas, a partir de los versos 45 y 61, en cuanto a la interpretación del poema?

GUSTAVO ADOLFO BECQUER

Vida y obra

Gustavo Adolfo Bécquer (1836–1870) nació en Sevilla. Huérfano y enfermizo (*sickly*) desde la niñez, fue criado por su madrina de bautismo. Estudió pintura, pero a los diecisiete años se trasladó a Madrid para hacerse escritor. Con todo, en vez de lograr el éxito literario y financiero añorado (*longed for*), encontró sólo el fracaso y la pobreza, causados por sus modestos empleos de funcionario estatal, periodista y traductor. A las adversidades profesionales y a la enfermedad siguieron las desilusiones sentimentales y domésticas. Desdeñado por una linda aristócrata, se casó con una mujer que le fue repetidamente infiel. Separado de ésta, se amparó (*he found shelter*) en la casa de su hermano Valerio, pintor de cierta fama. La temprana muerte de Valerio dejó a Bécquer en la calle. Tres meses después murió de una pulmonía causada por su fragilísima constitución y por la falta del apoyo moral y económico de su hermano. La obra de Bécquer consta de las *Rimas,* unos noventa poemas que compuso entre 1857 y 1868, y las *Leyendas,* veinticinco cuentos en prosa poética.

El autor y su contexto

Bécquer era un individuo tímido, sensible (*sensitive*) y retraído (*reserved*) que encaró su mala suerte con resignación. Poseedor de un alma sencilla y apacible (*gentle*), supo disfrazar con una sonrisa melancólica el sufrimiento físico y mental. Esto se nota en las *Rimas* —especie de autobiografía poética de su vida íntima. Aquí Bécquer rompe con la tradición romántica: rechaza su lenguaje estridente, bombástico y decorativo y su tono exageradamente emocional. Crea, en cambio, una poesía pura en la que las palabras suenan a suspiros (*sighs*) y a risa, y los colores son tenues, como lo es también la musicalidad del verso. La tristeza que aflora en (*sifts through*) sus versos simples y refinados no es fingida —es dolorosamente sincera. El tono intimista y suave (*subdued*) revela el carácter tímido, reservado y melancólico del autor. Agobiado, como todo escritor romántico, por el dolor que siente ante el fracaso de sus ilusiones terrenales (*earthly*), Bécquer persigue otro ideal. El suyo es un ideal artístico, trascendente, que a continuación produciría el modernismo, corriente según la cual el arte tenía su propio fin. El mismo concepto de trascender la realidad para producir obras de profundo valor estético se nota en las *Leyendas,* producto de su colaboración en el único tomo de *La historia de los templos de España.* Utilizando el material científico coleccionado sobre las ruinas de los antiguos monumentos nacionales, Bécquer inventa historias sobrenaturales en las que el amor es una ilusión que corresponde a la belleza ideal —belleza cuya persecución conduce inevitablemente a la desilusión y a la muerte— como sucedió en la propia vida del autor.

Rima XI

—Yo soy ardiente,[1] yo soy morena,
yo soy el símbolo de la pasión,
de ansia de goces[2] mi alma está llena:
¿A mí me buscas?
5   —No es a ti: no.
—Mi frente es pálida, mis trenzas[3] de oro:
puedo brindarte[4] dichas[5] sin fin,
yo de ternuras[6] guardo un tesoro
¿A mí me llamas?
10   —No; no es a ti.
—Yo soy un sueño, un imposible,
vano fantasma de niebla[7] y luz
soy incorpórea, soy intangible:
no puedo amarte:
15   —¡Oh ven; ven tú!

[1] una persona apasionada   [2] ansia... deseos de placer   [3] cabello   [4] darte   [5] felicidades   [6] *tender words, endearments*   [7] *mist*

Cuestionario

1. ¿Cuántas «voces» se oyen en el poema?
2. ¿Cuáles son las características más destacadas de la «morena»? ¿Y las de la voz de las «trenzas de oro»?
3. ¿Qué se describe en la tercera estrofa?
4. ¿De quién serán las respuestas al final de cada estrofa?
5. ¿Qué significa «¡Oh ven; ven tú!» en el último verso del poema?

Rima LIII

Volverán las oscuras golondrinas[1]
en tu balcón sus nidos a colgar,[2]
y otra vez con el ala a sus cristales,[3]
    jugando llamarán;

5 pero aquellas que el vuelo refrenaban
tu hermosura y mi dicha[4] a contemplar;
aquellas que aprendieron nuestros nombres,
    ésas... ¡no volverán!

Volverán las tupidas[5] madreselvas[6]
10 de tu jardín las tapias[7] a escalar,
y otra vez a la tarde, aun más hermosas,
    sus flores se abrirán;

pero aquellas cuajadas[8] de rocío,[9]
cuyas gotas mirábamos temblar
15 y caer, como lágrimas del día...
    ésas... ¡no volverán!

Volverán del amor en tus oídos
las palabras ardientes a sonar;
tu corazón de su profundo sueño
20   tal vez despertará;

pero mudo y absorto y de rodillas,
como se adora a Dios ante su altar,
como yo te he querido... desengáñate:[10]
    ¡así no te querrán!

[1]swallows [2]Volverán... hipérbaton; el orden natural sería **Las oscuras golondrinas volverán a colgar sus nidos en tu balcón.** Hay varios ejemplos de hipérbaton en este poema. [3]ventanas [4]felicidad [5]espesas [6]honeysuckle [7]walls [8]llenas [9]dew [10]no te engañes

Cuestionario

1. ¿Qué significación tienen los versos que repiten la palabra «Volverán»?
   ¿Y los que repiten la palabra «pero»?
2. ¿Qué tipo de imágenes predominan en el poema?
3. ¿Cómo se puede interpretar la estrofa final?

JOSE MARTI

Vida y obra

José Martí (1835–1895), héroe nacional de Cuba, nació en La Habana, de padres españoles. A los diecisiete años fue deportado por sus actividades revolucionarias en pro de la independencia de la isla. Durante su exilio en España se doctoró en derecho en la Universidad de Zaragoza. Además de visitar Francia e Inglaterra, residió en México, Guatemala, Venezuela y los Estados Unidos. Se sostuvo (*He supported himself*) dando clases, trabajando como traductor y colaborando en varios periódicos de lengua española e inglesa. Mediante su obra literaria y numerosas conferencias, siguió luchando desde los Estados Unidos por la independencia de su patria. Por fin, habiendo participado activamente en organizar la guerra de liberación, perdió la vida en el campo de batalla. La producción de Martí es prolífica y variada. Entre sus obras hay que mencionar el drama *La adúltera* (1873), la novela *Amistad funesta* (1885), el cuento infantil *La edad de oro* (1889) y los ensayos políticos, sociales y críticos que publicó en periódicos y revistas. No obstante, lo más destacado de su producción es la poesía, género en el que se encuentran *Ismaelillo* (1882), *Versos sencillos* (1891), *Versos libres* (1913) y *Flores del destierro,* escrito entre 1885 y 1895 y publicado póstumamente en 1933.

El autor y su contexto

A Martí se le conoce casi unánimemente como el padre del modernismo, el movimiento de renovación artística más importante de la literatura hispánica. Sus versos resaltan por la riqueza de sus ideas, los símbolos y las metáforas. Por lo tanto, aunque el poeta se mantiene dentro de los patrones (*patterns, standards*) técnicos de la lírica tradicional española, sobre todo en lo que concierne a la métrica, lo novedoso consiste en su voluntad de estilo —el sello que Martí le impone a su poesía, la cual se distingue por su carácter franco, personal y romántico. En Martí convergen dos aspectos divisivos y a la vez complementarios. Por un lado se ve a un hombre sencillo, de una sinceridad profunda, batallando por varias y distintas causas políticas y sociales. Por otro, se observa al artista atormentado por la lucha entre el deseo de alcanzar la perfección artística y el compromiso moral. Estas tensiones producen una poesía de versos breves, de rimas inesperadas (*unpredictable*), de sintaxis compleja y de una temática que, según se percibe en los poemas de esta antología, oscila (*wavers*) entre el amor por la familia y la devoción a su patria y a la humanidad.

Si ves un monte de espumas

Si ves un monte de espumas,[1]
es mi verso lo que ves:
mi verso es un monte y es
un abanico[2] de plumas.

5   Mi verso es como un puñal[3]
que por el puño[4] echa flor:
mi verso es un surtidor[5]
que da un agua de coral.

Mi verso es de un verde claro
10   y de un carmín[6] encendido:
mi verso es un ciervo[7] herido
que busca en el monte amparo.[8]

Mi verso al valiente agrada:
mi verso breve y sincero,
15   es del vigor del acero[9]
con que se funde[10] la espada.

[1]foam   [2]fan   [3]dagger   [4]handle   [5]fuente   [6]crimson   [7]stag   [8]apoyo, ayuda   [9]steel   [10]se... is forged

Cuestionario

1. ¿Cuál es el sujeto de este poema?
2. ¿Qué figuras retóricas predominan?
3. ¿Qué valor tienen las imágenes del puñal (v. 5) y de la espada (v. 16)?
4. ¿Se ve en este poema una correspondencia entre el lenguaje y el mensaje? Responda dando una explicación.

Dos patrias

Dos patrias tengo yo: Cuba y la noche.
¿O son una las dos? No bien retira
Su majestad el sol, con largos velos[1]
Y un clavel[2] en la mano, silenciosa
5 Cuba cual[3] viuda triste me aparece.
¡Yo sé cuál es ese clavel sangriento
Que en la mano le tiembla! Está vacío
Mi pecho, destrozado está y vacío
En donde estaba el corazón. Ya es hora
10 De empezar a morir. La noche es buena

Para decir adiós. La luz estorba
Y la palabra humana. El universo
Habla mejor que el hombre.
      Cual bandera
15 Que invita a batallar, la llama roja
De la vela[4] flamea.[5] Las ventanas
Abro, ya estrecho en mí. Muda, rompiendo
Las hojas del clavel, como una nube
Que enturbia[6] el cielo, Cuba, viuda, pasa…

[1]*veils* [2]*carnation* [3]*como* [4]*candle* [5]*blazes* [6]*oscurece*

Cuestionario

1. ¿Cómo se puede explicar el primer verso del poema?
2. ¿Cómo se puede interpretar la frase «El universo / Habla mejor que el hombre» (v. 12–13)?
3. ¿Qué significación tiene la palabra «viuda» en el último verso?

Jose Asuncion Silva

Vida y obra

José Asunción Silva (1865–1896) nació en Bogotá, Colombia, de padres ricos y cultos. Tras una estancia despreocupada (*carefree*) en Inglaterra, Suiza y Francia, tuvo que volver a Bogotá para enfrentarse a la muerte de su padre y a la ruina financiera de la familia. Incapaz de pagar las enormes deudas de su padre, aceptó un cargo diplomático en Caracas. Allí intensificó sus actividades literarias, animado por escritores aficionados, como él, a las nuevas tendencias artísticas de la época. Tal vez su éxito como escritor y el afecto de su adorada hermana Elvira le hubieran permitido ser feliz. Sin embargo, entre 1895 y 1896 sufrió dos grandes crisis: la pérdida en un naufragio (*shipwreck*) de los manuscritos de sus mejores obras y el fallecimiento de Elvira. Agobiado por estos sucesos, no pudo soportar más la neurosis de que padecía desde adolescente y se suicidó. Lo mejor de sus *Obras completas* (1956) es su poesía.

El autor y su contexto

Silva es uno de los fundadores del Modernismo hispanoamericano (ver Apéndice 3) y una de las figuras clave de este movimiento de renovación artística. Su lírica revela un lenguaje melancólico y vago, así como la perfecta fusión de formas poéticas tradicionales y nuevas. De este conjunto resultan ritmos y musicalidad sin precedente. Sus temas favoritos son la evocación de la infancia, las reflexiones filosóficas, la angustia espiritual, la visión irónica de la sociedad y el arte como escape. La depresión, la melancolía y el pesimismo de Silva, típicos de la primera fase del modernismo —la fase romántica— radican en (stem from) el continuo triunfo de la dura realidad sobre su extremado idealismo. Criado en un ambiente de lujo y elegancia, se identificó como artista con los postrománticos y simbolistas europeos y norteamericanos que reaccionaban contra la literatura de la época porque retrataba con la mayor fidelidad la injusticia social y los aspectos sórdidos de la vida diaria. En cambio, las dos composiciones de esta antología —de tipo modernista— presentan a un artista que ha elegido aislarse de su medio social para vivir en su «torre de marfil», lejos de los problemas del mundo real. En «Los maderos de San Juan», obra influenciada por alguna canción de cuna popular y por los cuentos de hadas que leía asiduamente en su niñez, los recuerdos lejanos y tiernos de la infancia del poeta se mezclan con su consabido terror al futuro. En «Nocturno III» el poeta combina la penosa memoria de su hermana Elvira con la grata pero irreal aparición de la difunta. En dichos poemas la contribución de Silva a la estética modernista resalta en la novedosa estructura métrica y en los efectos onomatopéyicos que evocan vívidas imágenes sonoras, visuales y táctiles.

Los maderos de San Juan[1]

¡Aserrín!
¡Aserrán![2]
Los maderos de San Juan,
piden queso, piden pan,
5   los de Roque
        alfandoque,
        los de Rique
        alfeñique[3]
¡los de Triqui, triqui, tran[4]!

10 Y en las rodillas duras y firmes de la Abuela,
con movimiento rítmico se balancea el niño
y ambos agitados y trémulos están;
la Abuela se sonríe con maternal cariño
mas cruza por su espíritu como un temor extraño
15 por lo que en lo futuro, de angustia y desengaño
los días ignorados del nieto guardarán.

        Los maderos de San Juan
        piden queso, piden pan.
            ¡Triqui, triqui,
20   triqui, tran!

[1]maderos... Se trata de una canción sobre los maderos (loggers) de San Juan, que canta una abuela a su nieto.
[2]¡Aserrín!... imitación del sonido que hace la sierra (saw); son ejemplos de onomatopeya [3]alfandoque... juegos rítmicos; son nombres de tipos de dulces (almond paste) [4]Triqui... se sugiere **trique** (a sharp noise)

Esas arrugas[5] hondas recuerdan una historia
de sufrimientos largos y silenciosa angustia
y sus cabellos, blancos, como la nieve, están.
De un gran dolor el sello[6] marcó la frente mustia[7]
25 y son sus ojos turbios[8] espejos que empañaron
los años, y que, ha tiempos, las formas reflejaron
de cosas y seres[9] que nunca volverán.
     Los de Roque, alfandoque
     ¡Triqui, triqui, triqui, tran!

30 Mañana cuando duerma la Anciana, yerta[10] y muda,
lejos del mundo vivo, bajo la oscura tierra,
donde otros, en la sombra, desde hace tiempo están,
del nieto a la memoria, con grave son que encierra
todo el poema triste de la remota infancia,
35 cruzando por las sombras del tiempo y la distancia,
¡de aquella voz querida las notas vibrarán!

     Los de Rique, alfeñique
     ¡Triqui, triqui, triqui, tran!

Y en tanto en las rodillas cansadas de la Abuela
40 con movimiento rítmico se balancea el niño
y ambos conmovidos[11] y trémulos están;
la Abuela se sonríe con maternal cariño
mas cruza por su espíritu como un temor extraño
por lo que en lo futuro, de angustia y desengaño
45 los días ignorados del nieto guardarán.

     ¡Aserrín!
     ¡Aserrán!

Los maderos de San Juan
piden queso, piden pan,
50   los de Roque
     alfandoque
     los de Rique
     alfeñique
     ¡Triqui, triqui, triqui, tran!
55   ¡Triqui, triqui, triqui, tran!

[5]wrinkles   [6]imprint   [7]frente... aged brow   [8]blurred   [9]personas (lit., beings)   [10]stiff   [11]emocionados

Cuestionario

1. ¿Cuál es el tema de la canción de la abuela?
2. ¿Cuáles son las características más destacadas de la canción?

3. ¿En qué consiste el «temor extraño» (v. 14) de la abuela?

4. ¿Cuáles son los recuerdos de la abuela?

5. ¿Qué significa «Mañana cuando duerma la Anciana» (v. 30)?

6. ¿A qué se refiere «el poema triste de la remota infancia» (v. 34)?

7. ¿Cuáles son los aspectos soboresalientes del estilo poético de José Asunción Silva, según una lectura de este poema?

Nocturno[1] III

Una noche,
una noche toda llena de perfumes, de murmullos[2] y de música de älas,[3]
    una noche,
en que ardían en la sombra nupcial y húmeda, las luciérnagas[4] fantásticas,
5 a mi lado, lentamente, contra mí ceñida,[5] toda,
    muda y pálida
como si un prensentimiento de amarguras infinitas,
hasta el fondo más secreto de tus fibras[6] te agitara,
por la senda que atraviesa la llanura florecida
10   caminabas,
    y la luna llena
por los cielos azulosos, infinitos y profundos esparcía[7] su luz blanca,
    y tu sombra,
    fina y lánguida,
15   y mi sombra
por los rayos de la luna proyectada,
sobre las arenas tristes
de la senda se juntaban
    y eran una
20   y eran una
¡y eran una sola sombra larga!
¡Y eran una sola sombra larga!
¡Y eran una sola sombra larga!

    Esta noche
25   solo, el alma
llena de las infinitas amarguras y agonías de tu muerte,
separado de ti misma, por la sombra, por el tiempo y la distancia,
    por el infinito negro,
    donde nuestra voz no alcanza,
30   solo y mudo
    por la senda caminaba,

[1]un poema o una pieza musical que intenta crear el ambiente de una noche tranquila   [2]*murmurings, rustling sounds*   [3]*wings*   [4]*glow-worms*   [5]*encircled, fastened, drawn tightly*   [6]*fondo… most secret depth of your being*   [7]*scattered*

y se oían los ladridos[8] de los perros a la luna,
      a la luna pálida
      y el chillido[9]
35   de las ranas...
Sentí frío; ¡era el frío que tenían en la alcoba
tus mejillas y tus sienes[10] y tus manos adoradas,
      entre las blancuras níveas[11]
      de las mortüorias sábanas!
40 Era el frío del sepulcro, era el frío de la muerte,
      era el frío de la nada...
      Y mi sombra
    por los rayos de la luna proyectada,
      iba sola
45   iba sola
      ¡iba sola por la estepa[12] solitaria!
    Y tu sombra esbelta[13] y ágil,
      fina y lánguida,
como en esa noche tibia de la muerta primavera,
50 como en esa noche llena de perfumes, de murmullos y de músicas de alas,
      se acercó y marchó con ella,
      se acercó y marchó con ella,
se acercó y marchó con ella... ¡Oh las sombras enlazadas[14]!
¡Oh las sombras que se buscan y se juntan en las noches de negruras y de lágrimas!...

[8]*barking*   [9]*croaking*   [10]*temples*   [11]*snowy*   [12]*barren plain (steppe)*   [13]*delgada*   [14]*joined together*

Cuestionario

1. ¿Qué tipo de ambiente se crea en este poema?
2. ¿Cómo es la persona a quien el hablante poético se refiere con formas de **tú**?
3. ¿Cómo se puede interpretar el verso repetido «y eran una sola sombra larga» (v. 21–23)?
4. ¿Cuál es la causa de la separación de las dos personas?
5. ¿Cómo describe el hablante poético el frío que siente (a partir del v. 36)?
6. ¿Cuál es el papel de la luna en este poema?
7. ¿Cuál es la significación de la sombra en los últimos versos del poema?

RUBEN DARIO

Vida y obra

Rubén Darío (1867–1916), seudónimo de Félix Rubén García Sarmiento, nació en Metapa, pequeño pueblo de Nicaragua. Hijo ilegítimo, de sangre blanca, negra e indígena, al quedar huérfano fue criado por una tía materna. Su educación fue algo rudimentaria, pero desde niño se familiarizó con la literatura clásica, leyendo obras de escritores españoles y franceses, y mostró gran talento como poeta. Ya en su temprana adolescencia, su talento literario fue reconocido por personas influyentes que se encargaron de publicar sus primeros versos. Viajó por toda Centroamérica, patrocinado (*sponsored*) posiblemente por esas mismas personas. En 1886 se trasladó a Santiago de Chile, donde colaboró por un tiempo en el periódico *La época*. Su carrera literaria quedó consagrada dos años después con la publicación de la obra en verso y prosa *Azul* (1888), una de sus obras maestras, tras lo cual viajó extensamente por América y Europa como diplomático, periodista y conferencista. Con respecto a la poesía, sus obras maestras son *Prosas profanas* (1896), *Cantos de vida y esperanza* (1905) y *Canto errante* (1907); y en cuanto a la prosa, *Peregrinaciones* (1901) e *Historia de mis libros* (1951).

El autor y su contexto

Darío es el máximo exponente del modernismo, o movimiento de renovación artística de fines del siglo XIX y principios del XX. Sus obras reflejan una vida turbulenta e itinerante en la que se entregó con igual abandono a los placeres sensuales, a las amistades intelectuales y a la meditación. Su técnica fue influenciada por la lectura de los principales autores románticos, parnasianos y simbolistas de Francia y España. Llegó a conocer personalmente a algunos de ellos durante sus estancias en París y, particularmente, en Madrid, adonde había sido enviado como corresponsal de *La nación,* prestigioso periódico de Buenos Aires. Sus obras se distinguen por reunir en sí todas las características del modernismo en sus distintas etapas. Como tal, revelan al inicio la búsqueda de un nuevo arte, un arte puro, libre de toda preocupación mundana (*wordly*), especialmente de los problemas sociales creados por el materialismo finisecular (*turn-of-the-century*). De hecho, el motivo recurrente de *Azul* y de *Prosas profanas* —es la búsqueda de la belleza ideal —belleza que el poeta persigue a través de la forma misma de sus composiciones. Sobresalen aquí las innovaciones lingüísticas y métricas destinadas a crear ritmos novedosos y agradables. En cambio, en sus obras postreras (*late*), Darío comparte con la tercera generación de modernistas el patriotismo y las inquietudes espirituales. Esto se nota en los dos poemas suyos que siguen.

El cisne[1]

Fue en una hora divina para el género humano.
El cisne antes cantaba sólo para morir.
Cuando se oyó el acento del Cisne wagneriano[2]
fue en medio de una aurora,[3] fue para revivir.

5   Sobre las tempestades del humano oceano
se oye el canto del Cisne; no se cesa de oír,
dominando el martillo[4] del viejo Thor[5] germano
o las trompas que cantan la espada de Argantir.[6]

¡Oh Cisne! ¡Oh sacro pájaro! Si antes la
10   blanca Helena[7]
del huevo azul de Leda[8] brotó de gracia llena,
siendo de la Hermosura la princesa inmortal,

bajo tus blancas alas la nueva Poesía
concibe en una gloria de luz y de armonía
15 la Helena eterna y pura que encarna el ideal.

[1]*swan* (símbolo del modernismo)   [2]se refiere al compositor alemán Richard Wagner (1813–1883), en cuya ópera *Lohengrin* aparece la imagen del cisne   [3](*fig.*) nacimiento de una cosa   [4]*hammer*   [5]dios mitológico escandinavo del trueno y de la agricultura cuyo símbolo es el martillo   [6]figura legendaria islandesa asociado con la lucha   [7]Helena de Troya, símbolo de la belleza femenina   [8]madre de Helena y amante de Júpiter (quien tomó forma de cisne para poseer a Leda)

Cuestionario

1. ¿Cómo ha cambiado la situación del cisne, según el primer cuarteto (v. 1–4)?
2. ¿Qué representan Thor y Argantir? ¿Qué representa Helena? ¿Por qué alude el poeta a estos seres mitológicos legendarios?
3. ¿Cómo será la «nueva Poesía»?

Canción de otoño en primavera

Juventud, divino tesoro,
¡ya te vas para no volver!
Cuando quiero llorar, no lloro…
y a veces lloro sin querer.

5   Plural ha sido la celeste
historia de mi corazón.
Era una dulce niña, en este
mundo de duelo y aflicción.

    Miraba como el alba pura;
10 sonreía como una flor.

Era su cabellera[1] oscura
hecha de noche y de dolor.

    Yo era tímido como un niño.
Ella, naturalmente, fue,
15 para mi amor hecho de armiño,[2]
Herodías y Salomé[3]…

    Juventud, divino tesoro,
¡ya te vas para no volver…!
Cuando quiero llorar, no lloro,
20 y a veces lloro sin querer.

[1]pelo largo   [2]*ermine*   [3]Herodías… Herodías, mujer de Herodes, hizo que su hija Salomé pidiera la cabeza de San Juan Bautista en pago de sus danzas.

La otra fue más sensitiva,
y más consoladora y más
halagadora[4] y expresiva,
cual no pensé encontrar jamás.

25 Pues a su continua ternura
una pasión violenta unía.
En un peplo[5] de gasa pura
una bacante[6] se envolvía…

En sus brazos tomó mi ensueño[7]
30 y lo arrulló[8] como a un bebé…
Y lo mató, triste y pequeño,
falto de luz, falto de fe…

Juventud, divino tesoro,
¡te fuiste para no volver!
35 Cuando quiero llorar, no lloro,
y a veces lloro sin querer…

Otra juzgó que era mi boca
el estuche[9] de su pasión
y que me roería,[10] loca,
40 con sus dientes el corazón,

poniendo en un amor de exceso
la mira de su voluntad,
mientras eran abrazo y beso
síntesis[11] de la eternidad:

45 y de nuestra carne[12] ligera
imaginar siempre un Edén,

sin pensar que la Primavera
y la carne acaban también…

Juventud, divino tesoro,
50 ¡ya te vas para no volver!
Cuando quiero llorar, no lloro,
¡y a veces lloro sin querer!

¡Y las demás!, en tantos climas,
en tantas tierras, siempre son,
55 si no pretexto de mis rimas,
fantasmas de mi corazón.

En vano busqué a la princesa
que estaba triste de esperar.
La vida es dura. Amarga y pesa.
60 ¡Ya no hay princesa que cantar!

Mas a pesar del tiempo terco,[13]
mi sed de amor no tiene fin;
con el cabello gris me acerco
a los rosales del jardín…

65 Juventud, divino tesoro,
¡ya te vas para no volver!…
Cuando quiero llorar, no lloro,
y a veces lloro sin querer…

¡Mas es mía el Alba[14] de oro!

---

[4]placentera [5]túnica usada por las mujeres en la antigua Grecia [6](fig.) mujer licenciosa [7]sueño, fantasía [8]lulled to sleep [9]caja para guardar algo valioso [10]cortar poco a poco [11]suma y compendio [12]flesh [13]obstinado [14]primera luz del día

Cuestionario

1. ¿Cuál es la significación del estribillo «Juventud, divino tesoro…»?
2. ¿Cómo han sido las aventuras amorosas del poeta?
3. ¿Cómo se puede interpretar «si no pretexto de mis rimas, / fantasmas de mi corazón» (v. 55–56)?
4. ¿Qué significación tiene el verso final?
5. ¿Es éste un poema lírico o un poema narrativo? Responda dando una explicación.

Amado Nervo

Vida y obra

Amado Nervo (1870–1919) nació en Tepic, México. Estudió ciencias, filosofía, leyes y literatura clásica y española, apasionándose a la postre por la poesía mística. Se dedicó al periodismo, carrera que le llevó a la Ciudad de México en donde inició su carrera literaria con la novela *El bachiller* (1895). Colaboró en la fundación de la *Revista moderna,* periódico dedicado a la divulgación del modernismo en México, publicando en 1898 su primer poemario *Místicas.* Desde 1900 hasta su muerte en Montevideo, Uruguay, Nervo alternó sus actividades literarias con la carrera diplomática que le conduciría a España, Francia y varios países de Latinoamérica. Su poesía y prosa llenan veintinueve volúmenes. Además de la ya mencionada *Místicas,* su lírica incluye *La hermana agua* (1901), *Serenidad* (1914), *La amada inmóvil* (1915), *Elevación* (1917), *Plenitud* (1918) y *El estanque de lotos* (1919). Su mejor narrativa se encuentra en *Cuentos de juventud* (1898), *Almas que pasan* (1906) y *Cuentos misteriosos* (1921).

El autor y su contexto

Nervo es uno de los representantes más populares del modernismo hispanoamericano. Aunque resulta difícil encontrar en sus escritos más importantes la excentricidad que caracteriza a gran parte de dicha corriente, Nervo cabe dentro del marco modernista por dos razones fundamentales. Primero, al igual que muchos escritores modernistas, vivió en su propia torre de marfil, prefiriendo la vida meditativa en Madrid —donde sirvió de embajador— a la de escritor comprometido en México durante la Revolución (1910–1917). Segundo, su estética revela la constante experimentación de los modernistas con varios géneros y nuevas formas poéticas capaces de expresar la inquietud de su espíritu. Hombre humilde, de convicciones profundamente religiosas pero templadas (*tempered*) por la pasión humana, Nervo adoptó una filosofía personal inconfundible, filosofía que oscila entre el cristianismo tradicional y el panteísmo, doctrina según la cual la totalidad del universo es el único Dios. Por lo tanto, su poesía, en la que recurren los temas del amor y del misticismo, ennoblece y glorifica la naturaleza y el amor físico, puesto que el poeta considera estos dos componentes de la creación divina los dos caminos principales para llegar a Dios y, de ahí, al descubrimiento de lo eterno.

La pregunta

¿Y qué quieres ser tú? —dijo el Destino.
Respondí: —Yo, ser santo;
y repuso el Destino:
«Habrá que contentarse
5 con menos…»
      Pesaroso,[1]
aguardé[2] en mi rincón una pregunta nueva:

«¿Qué quieres ser?» —dijo el Destino
otra vez: —Yo, ser genio respondíle;
10 y él irónico: «Habrá que contentarse
con menos…»
      Mudo y triste
en mi rincón de sombra, ya no espero
la pregunta postrer,[3] a la que sólo
15 responderá mi trágico silencio…

[1]Dolorido, Triste   [2]esperé   [3]postrera, última

Cuestionario

1. ¿De qué manera se presenta al «Destino» en este poema?
2. ¿Cómo responde «el Destino» a las palabras del poeta?
3. ¿Cuál será «la pregunta postrer» (v. 14)?

Si Tú me dices «¡Ven!»

Si Tú me dices: «¡Ven!», lo dejo todo…
No volveré siquiera la mirada
para mirar a la mujer amada…
Pero dímelo fuerte, de tal modo

5   que tu voz, como toque de llamada,[1]
vibre hasta en el más íntimo recodo[2]
del ser, levante el alma de su lodo[3]
y hiera el corazón como una espada.

Si Tú me dices: «¡Ven!», todo lo dejo.
10 Llegaré a tu santuario casi viejo,
y al fulgor[4] de la luz crepuscular;

mas he de compensarte mi retardo,[5]
difundiéndome,[6] ¡oh Cristo!, como un nardo[7]
de perfume sutil, ante tu altar.

[1]toque… señal para llamar   [2]rincón   [3]*mud*   [4]resplandor, brillo   [5]retraso, tardanza   [6]*diffusing myself*
[7]*spikenard (type of tuberose)*

Cuestionario

1. ¿A quién va dirigido el poema?
2. Según el hablante poético, ¿qué características debe reunir la llamada para que él la obedezca?
3. ¿Cómo se puede interpretar la frase «mas he de compensarte mi retardo» (v. 12)?

Antonio Machado

Vida y obra

Antonio Machado (1875–1939) nació en Sevilla y a los ocho años se trasladó con su familia a Madrid. Cursó estudios en la Universidad de Madrid y residió tres años en París. Fue nombrado catedrático de francés en la ciudad de Soria, y en 1909 se casó con Leonor Izquierdo, de dieciséis años. Los dos viajaron a París, donde Machado siguió clases de filosofía con Henri Bergson, cuya doctrina fundamental proponía que a través de la intuición el ser humano podía entender el concepto de la marcha del tiempo y, con eso, la realidad. De vuelta a Soria, murió Leonor en 1912 y Machado aceptó varios cargos académicos, incluso un puesto en el Instituto Calderón de Madrid.

Durante el último año de la guerra civil española, el poeta salió de España y falleció poco después en el sur de Francia. Creador de una poesía a la vez sencilla y profunda, de índole (*nature, type*) patriótica y espiritual, Machado publicó las siguientes colecciones: *Soledades* (1903), *Soledades, galerías y otros poemas* (1907), *Campos de Castilla* (1912) y *Nuevas canciones* (1925). Aficionado a la tradición y al folclor, compuso también piezas de teatro de tipo popular: *Juan de Mañara* (1924), drama histórico inspirado en la figura de don Juan, y *La Lola se va a los puertos* (1929), especie de pieza costumbrista. Fue también ensayista, según lo evidencian los artículos de temas filosóficos y estéticos que publicó en *Revista de Occidente* y el originalísimo *Juan de Mairena, sentencias, donaire, apuntes y recuerdos de un profesor apócrifo* (*counterfeit, false*).

El autor y su contexo

En la obra de Machado se percibe ante todo el carácter sencillo, solitario y meditativo del autor. En ese carácter y, sobre todo, en la visión del mundo que se transparenta en (*shows through*) todos sus escritos, influyen más que nada tres factores: la penosa pérdida de su adorada esposa a los tres años de casados; la atmósfera de desaliento y a la vez el amor por el paisaje (*countryside*) español que el pueblo experimenta tras la humillante Guerra hispanoamericana (1898), y, finalmente, la influencia de la ideología de Henri Bergson. El resultado, como se verá en los poemas de esta antología, es una poesía que se propone intemporalizar (*freeze*) el tiempo, conservando el lado nostálgico del pasado. La personalidad del poeta, su preocupación por la fugacidad (*fleeting nature*) del tiempo y su afición a la tradición española se reflejan en una poesía intimista y sencilla, de rima generalmente asonante —al estilo popular— en la que los verbos y los adverbios, que indican movimiento, dominan el discurso.

Proverbios y cantares, XXIX

Caminante, son tus huellas[1]
el camino, y nada más;
caminante, no hay camino:
se hace camino al andar.
5 Al andar se hace camino,

y al volver la vista atrás
se ve la senda que nunca
se ha de volver a pisar.[2]
Caminante, no hay camino,
10 sino estelas[3] en la mar.

[1] *tracks* [2] *caminar* [3] *wake*

Cuestionario

1. Simbólicamente, ¿qué representa «el camino» en este poema? ¿Y «la mar»?
2. ¿Qué efecto logra el poeta al repetir diversas formas del verbo *caminar?*
3. ¿Qué significa «se hace camino al andar» (v. 4)?
4. ¿Cómo se pueden interpretar los dos últimos versos?

La saeta[1]

¿Quién me presta una escalera
para subir al madero,
para quitarle los clavos
a Jesús el Nazareno?
5   Saeta popular

   ¡Oh, la saeta, el cantar
al Cristo de los gitanos,
siempre con sangre en las manos,
siempre por desenclavar[2]!

10 ¡Cantar del pueblo andaluz[3]
que todas las primaveras
anda pidiendo escaleras
para subir a la cruz!
¡Cantar de la tierra mía,
15 que echa flores
al Jesús de la agonía,
y es la fe de mis mayores!
¡Oh, no eres tú mi cantar!
¡No puedo cantar, ni quiero,
20 a ese Jesús del madero,[4]
sino al que anduvo en el mar!

[1] canción devota de Andalucía, España, que se canta en la iglesia o en la calle durante ciertas ceremonias religiosas, especialmente durante la Semana Santa   [2] por... que se le quiten los clavos   [3] de Andalucía   [4] del... de la cruz de madera

Cuestionario

1. ¿Cómo es el Cristo de los gitanos?
2. ¿Cuáles son los sentimientos del poeta ante esta imagen de Cristo?
3. ¿Qué distinción se hace entre el «Jesús del madero» (v. 20) y el «que anduvo en el mar» (v. 21)?

JUAN RAMON JIMENEZ

Vida y obra

Juan Ramón Jiménez (1881–1958) nació en Moguer, Andalucía. Al terminar
sus estudios universitarios en Sevilla, se transfirió a Madrid y al sur de Francia en donde pasó algún tiempo en sanatorios a causa de una de las crisis
nerviosas que le afligieron toda la vida. En la capital española conoció al
poeta modernista Rubén Darío y a otras eminentes figuras literarias. En 1936,
al estallar la guerra civil española (1936–1939), viajó a los Estados Unidos,
casándose más tarde con Zenobia Camprubí Aymar, mujer culta que iba a ser
su colaboradora. En 1956, dos años antes de su fallecimiento en Puerto Rico,
se le otorgó el Premio Nobel de Literatura por sus más de veinte libros de
poesía. Otros logros de Jiménez son *Platero y yo* (1914, prosa poética) y los
ensayos *Españoles de tres mundos* (1942) y *El modernismo* (1963).

El autor y su contexto

La obra de Jiménez se produjo paralelamente a eventos de su vida que le obligaron a alejarse, por razones de salud, de su adorado pueblo natal. Enfermizo, solitario y obsesionado desde la adolescencia por
la idea de la muerte, se retiró en gran parte de la vida social para dedicarse a la carrera literaria, la cual
atraviesa (*goes through*) dos fases que se corresponden con su estado físico y mental. En la primera —el
período de evasión— se adhiere a la vertiente «esteticista» del modernismo en la que reina el llamado
«arte por el arte». En poemarios como *Arias tristes* (1903), *Jardines lejanos* (1904) y *La soledad sonora*
(1908) predomina la vaguedad —la musicalidad tenue, los matices (*shades of color*) y el sentimentalismo
nostálgico. En la segunda fase, inaugurada con *Diario de un poeta recién casado* (1916), el poeta no se
limita a sugerir sus propios estados de ánimo (*moods*) sino que los expresa de una manera bien definida
y concreta. Obras como *Eternidades* (1917), *Piedra y cielo* (1918), *La estación total* (1946), *Animal de
fondo* (1949) y *Dios deseado y deseante* (1948–1952) —instigadas por la creciente aprensión e introspección del autor— introducen una poesía «desnuda», o sea, despojada (*divested*) de elementos decorativos.
El poeta no vacila en reformar hasta la ortografía (*antolojía* por *antología*) para «depurar» (*purify,
distill*) la palabra. La belleza absoluta, que el artista había venido buscando en su esencia como la única
verdad del mundo, adquiere ya forma tangible. De ahí que las cosas más sencillas —un caballo, el mar,
un árbol, una mariposa (*butterfly*)— dejen de existir por sí mismas (*cease to exist in and of themselves*)
para convertirse, a través de la palabra —la poesía— en imágenes del mundo interior del poeta. Esto es
lo que ponen de relieve los poemas «Intelijencia, dame» (*Eternidades*) y «Vino, primero, pura» (*Diario
de un poeta recién casado*) que aparecen en esta antología.

Inteligencia, dame

¡Inteligencia, dame
el nombre exacto de las cosas!
…Que mi palabra sea
la cosa misma,
5 creada por mi alma nuevamente.
Que por mí vayan todos
los que no las conocen, a las cosas;

que por mí vayan todos
los que ya las olvidan, a las cosas;
10 que por mí vayan todos
los mismos que las aman, a las cosas…
¡Inteligencia, dame
el nombre exacto, y tuyo,
y suyo, y mío, de las cosas!

Cuestionario

1. ¿A quién o a qué se dirige el poeta en este poema?
2. ¿Cuál es el deseo del poeta?
3. ¿Cómo se puede interpretar «creada por mi alma nuevamente» (v. 5)?
4. ¿Qué significa la frase «el nombre exacto de las cosas»?

Vino, primero, pura

Vino, primero, pura,
vestida de inocencia.
Y la amé como un niño.

Luego se fue vistiendo
5 de no sé qué ropajes.
Y la fui odiando, sin saberlo.

Llegó a ser una reina,
fastuosa[1] de tesoros…
¡Qué iracundia de yel[2] y sin sentido!

10 …Mas se fue desnudando.
Y yo le sonreía.

Se quedó con la túnica
de su inocencia antigua.
Creí de nuevo en ella.

15 Y se quitó la túnica.
y apareció desnuda toda…
¡Oh pasión de mi vida, poesía
desnuda, mía para siempre!

[1]ostentosa   [2]iracundia… ira amarga

Cuestionario

1. ¿Cuál es el sujeto del poema?
2. ¿Qué técnica emplea el poeta para presentar ese sujeto? O sea, ¿qué tipo de comparación se introduce?
3. ¿Cuál es el proceso descrito en el poema?

Gabriela Mistral

Vida y obra

Lucila Godoy Alcayaga (1885–1957) —nombre verdadero de la escritora Gabriela Mistral— nació en Vicuña, un pueblecito rural y pobre de Chile. Allí comenzó a enseñar a temprana edad y durante casi veinte años desempeñó (*she held*) en distintas partes de su país el cargo de maestra y de directora de escuelas primarias y secundarias. Adquirió fama internacional por sus ideas progresistas sobre la educación y en 1922 fue invitada a colaborar en la reorganización del sistema educativo de México. Al año siguiente, su propio país la nombró Maestra de la Nación. Desde 1925 hasta su muerte, en Nueva York, recorrió Latinoamérica, Europa y los Estados Unidos en calidad de diplomática, llegando a ser delegada de la Liga de Naciones. Participó como conferencista visitante en varias universidades de los Estados Unidos y en la de Puerto Rico, habiendo obtenido doctorados Honoris Causa en América y en Europa. Mistral —seudónimo que adoptó en honor del escritor francés Fréderic Mistral— principió su carrera literaria en 1914, al ganar el primer premio en los Juegos Florales de Santiago por «Los sonetos de la muerte». Lo mejor de su poesía, por la que obtuvo en 1945 el Premio Nobel de Literatura, se presenta en *Desolación* (1922), *Ternura* (1925), *Tala* (1938) y *Lagar* (1954). Escribió también prosa (*Lecturas para mujeres*, 1924; *Recados: Contando a Chile*, 1957).

La autora y su contexto

Dos factores moldearon más que nada el carácter y la obra de Mistral: el haber sido criada por su madre y abuela —cuya educación religiosa y cuentos populares afectaron el espíritu de la muchacha e inflamaron su imaginación— y el suicidio de su primero y único novio. La desolación que sintió como consecuencia de esta tragedia la indujo a permanecer soltera y a dedicar su vida a los niños, para quienes escribió sus versos más renombrados. Su obra poética, de claro timbre femenino, refleja su papel vitalicio de amiga de los desvalidos (*helpless*) y madre de todo niño desamparado (*abandoned, defenseless*). El tema favorito de sus principales obras es el amor apasionado, tierno, de mujer decepcionada y angustiada, que se convierte a la larga en amor materno, amor a Dios, a la humanidad y a la naturaleza.

Meciendo[1]

El mar sus millares de olas
    mece, divino.
Oyendo a los mares amantes,
    mezo a mi niño.

5 El viento errabundo[2] en la noche
    mece los trigos.
Oyendo a los vientos amantes,
    mezo a mi niño.

Dios padre sus miles de mundos
10   mece sin ruido.
Sintiendo su mano en la sombra
    mezo a mi niño.

[1]*Rocking* [2]*errante*

Cuestionario

1. ¿Cómo se emplea el verbo *mecer* en este poema?
2. ¿Qué semejanzas hay entre el contenido y la forma de las distintas estrofas?
3. ¿Cuáles son los sentimientos de la poeta al mecer a su niño?

Yo no tengo soledad

Es la noche desamparo[1]
de las sierras hasta el mar.
Pero yo, la que te mece,
¡yo no tengo soledad!

5   Es el cielo desamparo
si la luna cae al mar.

Pero yo, la que te estrecha,
¡yo no tengo soledad!

    Es el mundo desamparo
10 y la carne triste va.
Pero yo, la que te oprime,
¡yo no tengo soledad!

[1]desolación

Cuestionario

1. ¿Qué tipo de contraste se presenta en este poema?
2. ¿Cómo se puede interpretar el verso 10, «y la carne triste va»?
3. ¿Por qué no tiene soledad el «yo» poético?

CESAR VALLEJO

Vida y obra

César Vallejo (1892–1938) nació en Santiago de Chuco, Perú. Superando la pobreza y su condición de mestizo, o «cholo», obtuvo el doctorado en Filosofía y Letras en la Universidad de la Libertad en Trujillo, donde estudió también derecho. Inició su carrera literaria en Lima, involucrándose al mismo tiempo en el activismo político. Encarcelado por sus ideas marxistas, prefirió el destierro a las condiciones de su país y en 1923 salió para Francia. En París se ganó la vida a duras penas (*he barely earned a living*) colaborando en revistas como *Mundial,* publicadas por refugiados como él. Pasó un año en Rusia (1928–1929) y, de vuelta a París, impresionado más que nunca por el comunismo, intensificó su activismo político, por lo que luego fue expulsado de Francia. En la España republicana, donde residió de 1930 a 1933, encontró un refugio ideal al lado de otros escritores de convicciones socialistas. Apenas cinco años después de su vuelta a París,

(continúa)

murió en la misma miseria que le había perseguido desde joven. Entre sus obras poéticas se destacan *Los heraldos negros* (1918) y *Trilce* (1922), publicados durante su vida. En 1939, un año después de su fallecimiento, aparecieron en un solo volumen *Poemas humanos* y *España, aparta de mí este cáliz* —tal vez sus mejores obras.

El autor y su contexto

La defensa de la integridad humana es sin duda el móvil (*incentive*) principal de la vida y de la obra de Vallejo. Fue paladín (*champion*) de todas las víctimas de la discriminación y de la prepotencia. Amigo y admirador de sus compatriotas José Carlos Mariátegui (1895–1930), fundador del socialismo peruano, y Víctor Raúl Haya de la Torre, fundador y líder de la Alianza Popular Revolucionaria Americana (APRA) (ver Apéndice 3), Vallejo puso su verso al servicio de los oprimidos —de los indígenas de su tierra en particular y de todos los desvalidos en general. Su primer libro, *Los heraldos negros,* revela rasgos modernistas en la imaginería algo romántica de la tierra peruana y del indígena. Con todo, las notas dominantes son el tono personal e íntimo y la temática de la solidaridad humana. Los poemas de su segunda obra, *Trilce,* compuestos en la cárcel, muestran a un Vallejo más rebelde y audaz. En éstos rompe con la retórica y el metro, crea nuevas palabras o altera las convencionales —todo con el fin de poner en libertad el lenguaje y producir un verso flexible, totalmente autónomo. En *Poemas humanos,* tipo de diario personal inspirado por la crisis económica de 1930, y *España, aparta de mí este cáliz,* la más alta expresión de solidaridad por las víctimas de la guerra civil española, Vallejo utiliza su consabida temática. Resaltan, así, los motivos (*motifs*) del dolor, de la soledad y de la agonía de la humanidad víctima de la incoherencia y maldad de la vida —humanidad con la que el propio autor se identifica, según lo manifiestan los poemas que aquí se incluyen.

Yuntas[1]

Completamente. Además, ¡vida!
Completamente. Además, ¡muerte!

Completamente. Además, ¡todo!
Completamente. Además, ¡nada!

5 Completamente. Además, ¡mundo!
Completamente. Además, ¡polvo!

Completamente. Además, ¡Dios!
Completamente. Además, ¡nadie!

Completamente. Además, ¡nunca!
10 Completamente. Además, ¡siempre!

Completamente. Además, ¡oro!
Completamente. Además, ¡humo!

Completamente. Además, ¡lágrimas!
Completamente. Además, ¡risas!...

15 ¡Completamente!

[1] (*fig.*) Parejas

Cuestionario

1. ¿Cómo se puede interpretar el juego de oposiciones en el poema?
2. ¿Qué valor tiene la yuxtaposición lágrimas/risas al final del poema?
3. ¿Qué significa la palabra *completamente* en el poema?

El momento más grave de la vida

Un hombre dijo:

—El momento más grave de mi vida estuvo en la batalla del Marne,[1] cuando fui herido en el pecho.

Otro hombre dijo:

5 —El momento más grave de mi vida, ocurrió en un maremoto de Yokohama,[2] del cual salvé milagrosamente, refugiado bajo el alero[3] de una tienda de lacas.[4]

Y otro hombre dijo:

—El momento más grave de mi vida acontece cuando duermo de día.

Y otro dijo:

10 —El momento más grave de mi vida ha estado en mi mayor soledad.

Y otro dijo:

—El momento más grave de mi vida fue mi prisión en una cárcel del Perú.

Y otro dijo:

—El momento más grave de mi vida es el haber sorprendido de perfil[5] a mi
15 padre.

Y el último hombre dijo:

—El momento más grave de mi vida no ha llegado todavía.

[1]río de Francia, escenario de varias batallas de la primera guerra mundial [2]puerto japonés, escenario de un maremoto (*seaquake*) [3]*eaves* [4]*lacquer* [5]de... *in profile*

Cuestionario

1. ¿Qué tipo de paralelismo se ve en el poema?
2. ¿Cómo se pueden interpretar los versos 14 y 15, «El momento más grave de mi vida es el haber sorprendido de perfil a mi padre»?
3. ¿Qué elemento distingue este poema de la prosa?

Vicente Huidobro

Vida y obra

Vicente Huidobro (1893–1948) nació en Santiago de Chile. Producto de una familia de ricos hacendados, y hombre de gran cultura e imaginación, se dedicó desde niño a las letras. A los veinte años editaba la revista *Azul* y en 1916 se encontraba en París, colaborando en la revista vanguardista *Nord-Sud.* Ese mismo año viajó a Buenos Aires donde se pronunció (*he declared himself*) públicamente fundador del creacionismo —una nueva teoría estética que él lanzó en esa ciudad con el poemario *El espejo de agua* (1916). Dos años después se encontraba en España para divulgar su doctrina, que cimentó (*whose foundation he lay*) luego con la publicación en Madrid de *Poemas árticos* (1918). Tras muchos años de residencia en los ambientes artísticos más febriles (*fiery*) y creativos de Europa, volvió a Chile. Murió en Cartagena, en la tranquilidad de su finca. Autor de novelas de técnicas modernas y revolucionarias (*Sátiros o el poder de las palabras,* 1939), piezas dramáticas (*En la luna,* 1934), comentario, crónicas y manifiestos, es conocido esencialmente como poeta. Entre sus obras hay que destacar el ya citado poemario *El espejo de agua,* que contiene «Arte poética» —el manifiesto del creacionismo— y *Altazor, o el viaje en paracaídas* (1931), obra en siete cantos de carácter autobiográfico y existencial en la que se funden las técnicas más exitosas del autor.

El autor y su contexto

La obra de Huidobro, como la de sus contemporáneos vanguardistas, refleja la renovación que, a principios del siglo XX, sigue a la caída de las principales estructuras políticas tradicionales —renovación que exige la participación activa de la burguesía y de los intelectuales en la vida social y cultural. La mayor contribución de Huidobro a las letras hispánicas, en particular, y a la poesía universal, en general, es el haber ideado (*conceived, created*) la doctrina creacionista. Dicha doctrina, de carácter nítidamente revolucionario, derivada del futurismo, del cubismo y, sobre todo, del dadaísmo, exigía que la obra poética dejara de imitar la naturaleza —el llamado «mundo real». Según la estética creacionista, el poeta debía valerse de su poder creativo para convertirse en un «pequeño Dios» y crear nuevas realidades. Esta teoría implica la completa autonomía del arte y, para el poema, su total independencia del autor y de su circunstancia. Con esta finalidad, el creacionismo utiliza cualquier recurso que produzca una comunicación antilógica, o sea, una manera de expresarse que viole las normas del discurso convencional. De allí surge la experimentación con neologismos (*neologisms, newly coined words*), jitanjáforas (*plays on words and sounds*), falta de puntuación y coherencia verbal y otros artificios novedosos. El eje o principio fundamental de la técnica creacionista es, ante todo, la metáfora, especialmente la que asombra (*astonishes*) por su atrevimiento (*daring*) y originalidad. Los poemas que aquí se ofrecen representan fases del arte de Huidobro que coinciden con momentos de su vida. «Arte poética» de orientación puramente estética, representa la primera etapa. En «La capilla aldeana» en cambio, aflora (*surfaces*) la melancolía asociada con la angustia metafísica.

Arte poética[1]

Que el verso sea como una llave
Que abra mil puertas.
Una hoja cae; algo pasa volando;
Cuanto miren los ojos creado sea,
5 Y el alma del oyente quede temblando.

Inventa mundos nuevos y cuida tu palabra;
El adjetivo, cuando no da vida, mata.

Estamos en el ciclo de los nervios.
El músculo cuelga,[2]
10 Como recuerdo, en los museos;

Mas no por eso tenemos menos fuerza:
El vigor verdadero
Reside en la cabeza.
Por qué cantáis la rosa, ¡oh Poetas!
15 Hacedla florecer en el poema;

Sólo para nosotros
Viven todas las cosas bajo el Sol.

El poeta es un pequeño Dios.

[1]Arte... doctrina o teoría literaria (del latín *ars poetica*)   [2]*hangs*

Cuestionario

1. Según el poeta, ¿cómo debe ser la poesía?
2. ¿Cómo se puede interpretar el verso 7, «El adjetivo, cuando no da vida, mata»?
3. ¿A qué podría referirse «el ciclo de los nervios» (v. 8)?
4. ¿Qué significación tiene la «rosa» de los versos 14 y 15?
5. ¿Por qué es el poeta «un pequeño Dios» (v. 18)?

La capilla aldeana (fragmento)

Ave
canta
suave
que tu canto encanta
5 sobre el campo inerte
sones
vierte[1]
y ora-
ciones
10 llora.
Desde
la cruz santa
el triunfo del sol canta
y bajo el palio[2] azul del cielo
15 deshoja tus cantares sobre el suelo.

[1]emite   [2](Aquí la palabra tiene una implicación religiosa.) (*fig.*) *baldachin, canopy*

Cuestionario

1. ¿De qué clase de poesía es ejemplo este poema?
2. ¿Qué tipo de imágenes emplea el poeta?
3. Señale los casos de encabalgamiento en este poema.

JUANA DE IBARBOUROU

Vida y obra

Juana Fernández de Ibarbourou (1895–1979) nació en Melo, Uruguay. Disfrutó de (*She enjoyed*) una infancia muy alegre y nunca echó de menos (*missed*) la falta de estudios superiores. Frecuentó apenas la escuela primaria religiosa y la estatal, sin haberse jamás distinguido como buena alumna. Manifestó desde niña una marcada inclinación por la poesía y a la edad de ocho años publicó sus primeros versos en un periódico local. A los veinte años se casó con el capitán Lucas Ibarbourou, cuyo apellido usaría en todos sus escritos. Vivió con su marido y su único hijo en varias partes del país hasta 1918, cuando se estableció con la familia definitivamente en Montevideo. Allí publicó sus primeros poemarios, *Las lenguas de diamante* (1919) y *Raíz salvaje* (1920), que le ganaron en seguida la aclamación del público. Durante los diez años siguientes intensificó sus actividades literarias, publicando obras como *La rosa de los vientos* (1930), *Perdida* (1950), *Azor* (1953), *Romances del destino* (1954) y *Oro y tormenta* (1956). En homenaje (*As a tribute*) a la popularidad de su poesía en el mundo hispánico, le fue conferido en 1927 el apelativo cariñoso de «Juana de las Américas». Dos décadas más tarde fue nombrada miembro de la Academia Nacional de Letras de Uruguay (1947).

La autora y su contexto

La obra de Ibarbourou difiere de la de sus contemporáneas postmodernistas en no manifestar la angustia y desesperación que aparecen en la obra de poetas como Gabriela Mistral, Alfonsina Storni y Delmira Agustini. En cambio, su poesía refleja la satisfacción y la alegría de vivir de una mujer plenamente realizada (*fulfilled*) como esposa, madre y escritora. En su primera y mejor obra, *Lenguas de diamante,* especie de manifiesto humano y artístico, Ibarbourou concibe la vida como algo bello, puro y real —algo semejante al agua del arroyo (*brook, stream*), a la flor o al campo oloroso (*fragrant*). Sostiene que no quiere más que amar y ser amada, libre de restricciones morales o religiosas, como lo son las formas sensuales e íntimas de la naturaleza. El culto a los placeres de la vida se contrasta en la poesía de Ibarbourou con su obstinación de no aceptar la müerte como una realidad definitiva. Uno de sus temas favoritos es, de hecho, el de la transmigración del cuerpo (*reincarnation*). A través de este motivo la poeta expresa su firme determinación de triunfar sobre la muerte —a la que representa con imágenes como la sombra, el frío y la noche. En contraste, el deseo de volver a vivir, y a vivir intensamente —igual que la luz— asume la forma de una llama (*flame*) brillante, una de sus imágenes favoritas y recurrentes.

La higuera[1]

Porque es áspera y fea;
Porque todas sus ramas son grises,
Yo le tengo piedad a la higuera.

En mi quinta[2] hay cien árboles bellos:
5   Ciruelos[3] redondos,
    Limoneros rectos
Y naranjos de brotes[4] lustrosos.

    En las primaveras,
Todos ellos se cubren de flores
10   En torno a la higuera.

Y la pobre parece tan triste
Con sus gajos[5] torcidos que nunca
De apretados capullos[6] se visten…

    Por eso,
15 Cada vez que yo paso a su lado
Digo, procurando
Hacer dulce y alegre mi acento:
—Es la higuera el más bello
De los árboles todos del huerto.

20   Si ella escucha,
Si comprende el idioma en que hablo,
¡Qué dulzura tan honda hará nido[7]
En su alma sensible de árbol!

    Y tal vez, a la noche,
25 Cuando el viento abanique[8] su copa,[9]
Embriagada[10] de gozo le cuente:
—Hoy a mí me dijeron hermosa.

---

[1]*fig tree*   [2]*casa de campo*   [3]*Plum trees*   [4]*shoots*   [5]*ramas*   [6]*buds*   [7]*hará… (fig.) habitará*   [8]*(inf.: **abanicar**) fans*   [9]*ramaje que forma la parte superior de un árbol*   [10]*(fig.) Llena*

Cuestionario

1. ¿Por qué siente la poeta piedad por la higuera?
2. ¿Cómo está descrita la higuera?
3. ¿Qué le dice la voz poética a la higuera y por qué se lo dice?
4. ¿Cómo se puede interpretar la estrofa final?

Rebelde

Caronte:[1] yo seré un escándalo en tu barca.
Mientras las otras sombras recen, giman,[2] o
[lloren,
y bajo tus miradas de siniestro patriarca
las tímidas y tristes, en bajo acento, oren,

5   yo iré como una alondra[3] cantando por el
[río
y llevaré a tu barca mi perfume salvaje,
e irradiaré en las ondas del arroyo sombrío
como una azul linterna que alumbrará en el
[viaje.

Por más que tú no quieras, por más
[guiños[4] siniestros
10 que me hagan tus dos ojos, en el terror maestros,
Caronte, yo en tu barca seré como un escándalo.

Y extenuada[5] de sombra, de valor y de frío,
cuando quieras dejarme a la orilla del río
me bajarán tus brazos cual conquista de ván-
[dalo.[6]

[1]barquero mitológico que llevaba las almas de los muertos a través del río Estigia (*Styx*)   [2](*inf.:* **gemir**) se quejen de dolor   [3]*lark*
[4]*winks*   [5]debilitada   [6]conquista… prisionera de los bárbaros vándalos

Cuestionario

1. ¿Por qué será «un escándalo» en la barca de Caronte la que habla?
2. En la segunda estrofa, ¿con qué se compara la hablante?
3. ¿Qué valor dramático tiene la frase «cual conquista de vándalo» (v. 14)?
4. ¿Qué tipo de rebeldía se presenta en el poema?

FEDERICO GARCIA LORCA

Vida y obra

Federico García Lorca (1898–1936) nació en Fuentevaqueros, pueblo cerca de Granada, España. Cursó derecho y filosofía y letras (*Liberal Arts*) en las universidades de Granada y Madrid. Pintor, pianista, poeta y dramaturgo, Lorca viajó por toda España al frente del teatro universitario La Barraca. A continuación dio conferencias sobre arte y literatura. Viajó por Europa, la Argentina y parte de los Estados Unidos y tomó clases de inglés en Columbia University de Nueva York. Logró gran éxito con las obras dramáticas *Bodas de sangre* (1933), *Yerma* (1934) y *La casa de Bernarda Alba* (1936). Publicó varios libros de poesía, entre ellos, *Libro de poemas* (1921), *Canciones* (1922), *Romancero gitano* (1928), *Poema del cante jondo* (1931) y *Poeta en Nueva York* (1935). Murió asesinado a principios de la guerra civil española (1936–1939), hecho que lo convirtió en símbolo de todas las víctimas del fascismo.

El autor y su contexto

En su país y época García Lorca se destaca por su arte ecléctico —arte que combina lo mejor de varias tendencias. Aunque ligadas al estilo superrealista vigente (*in vogue, in force*) —que ofrece un mundo aparte representado a través de imágenes oníricas (*dream-like*) imprevistas, desordenadas y aparentemente incongruentes— las creaciones lorquianas oscilan entre una realidad bien concreta y la fantasía. Dichas obras integran magistralmente lo intuitivo con lo intelectual, lo tradicional con lo moderno, lo aristocrático con lo popular, lo universal con las raíces hispánicas —andaluzas y gitanas (*gypsy*)— del artista. Según se puede apreciar en «Prendimiento (*Arrest*) de Antoñito el Camborio en el camino de Sevilla» y «La aurora», García Lorca, en contraste con los poetas vanguardistas de su generación, que representaban la realidad como una serie de abstracciones mentales, se sirve de imágenes sensoriales para convertir eventos y fenómenos ordinarios en un mundo mágico y misterioso. Esto se nota asimismo en su teatro, como se ve en *La casa de Bernarda Alba* (ver «El drama»). Esta pieza ha de juzgarse a varios niveles: el local, el social, el psicológico, el universal y el artístico. En su plano más restringido, la pieza denuncia las convenciones anticuadas de la época, ejemplificadas por el trágico choque del celo morboso de una madre con la pasión juvenil de la menor de sus hijas. En un segundo estrato —el plano universal— este drama es un estudio incisivo de la sexualidad femenina, la maternidad y los lazos de familia subvertidos por cánones (*rules and regulations*) incompatibles con la naturaleza humana. A diferencia de otras piezas lorquianas caracterizadas por la ornamentación poética, ésta resalta a nivel artístico por un dramatismo simple y sombrío. El personaje opresivo de Bernarda Alba, que funciona dentro de un ambiente provinciano sofocante (*stifling*), es el elemento clave que sostiene la tensión dramática hasta la culminación de la obra.

Prendimiento de Antoñito el Camborio en el camino de Sevilla

Antonio Torres Heredia,
hijo y nieto de Camborios,
con una vara de mimbre[1]
va a Sevilla a ver los toros.
5 Moreno de verde luna
anda despacio y garboso.[2]
Sus empavonados bucles[3]
le brillan entre los ojos.
A la mitad del camino
10 cortó limones redondos,
y los fue tirando al agua
hasta que la puso de oro.
Y a la mitad del camino,
bajo las ramas de un olmo,
15 guardia civil caminera[4]
lo llevó codo con codo.[5]

[1]vara… *walking stick made of wicker*   [2]*gracefully, jauntily*   [3]empavonados… *steely blue curls*   [4]guardia…
members of the Civil Guard who patrol the country roads   [5]codo… *with his hands tied behind his back*

El día se va despacio,
la tarde colgada a un hombro,
dando una larga torera[6]
5 sobre el mar y los arroyos.
Las aceitunas[7] aguardan
la noche de Capricornio,
y una corta brisa, ecuestre,
salta los montes de plomo.
10 Antonio Torres Heredia,
hijo y nieto de Camborios,
viene sin vara de mimbre
entre los cinco tricornios.[8]

15   Antonio, ¿quién eres tú?
Si te llamaras Camborio,
hubieras hecho una fuente
de sangre, con cinco chorros.
Ni tú eres hijo de nadie,
20 ni legítimo Camborio.
¡Se acabaron[9] los gitanos
que iban por el monte solos!
Están los viejos cuchillos
tiritando[10] bajo el polvo.

25

      A las nueve de la noche
lo llevan al calabozo,[11]
mientras los guardias civiles
beben limonada todos.
Y a las nueve de la noche
30 le cierran el calabozo,
mientras el cielo reluce
como la grupa[12] de un potro.[13]

---

[6]feint [7]olives [8]guardias civiles (tricornio: three-corned hat worn by members of the Civil Guard) [9]Se... Ya no
existen [10]shivering [11]cárcel (también se refiere a la celda del prisionero) [12]rump [13]colt

Cuestionario

1. ¿Cómo se caracteriza Antoñito el Camborio en los primeros versos del poema?
2. ¿Qué va a hacer Antoñito en Sevilla?
3. ¿Qué le pasa a la mitad del camino?
4. ¿Qué valor simbólico tiene la vara de mimbre en este poema?
5. ¿Qué significa el comentario del hablante poético en los versos 46–48 («Si te llamaras Camborio, / hubieras hecho una fuenté / de sangre, con cinco chorros.»)?
6. ¿Cómo se presentan los gitanos en el poema? ¿Y la guardia civil?
7. ¿Cuáles son las figuras retóricas más fuertes del poema?
8. ¿Es éste un poema lírico o un poema narrativo? Responda dando una explicación.

La aurora[1]

La aurora de Nueva York tiene
cuatro columnas de cieno[2]
y un huracán de negras palomas[3]
que chapotean[4] las aguas podridas.[5]

5 La aurora de Nueva York gime[6]
por las inmensas escaleras
buscando entre las aristas[7]
nardos[8] de angustia dibujada.

La aurora llega y nadie la recibe en su boca
10 porque allí no hay mañana ni esperanza posible.
A veces las monedas en enjambres[9] furiosos
taladran[10] y devoran abandonados niños.

Los primeros que salen comprenden con sus huesos
que no habrá paraíso ni amores deshojados;
15 saben que van al cieno de números y leyes,
a los juegos sin arte, a sudores[11] sin fruto.

La luz es sepultada[12] por cadenas y ruidos
en impúdico reto[13] de ciencia sin raíces.
Por los barrios hay gentes que vacilan insomnes
20 como recién salidas de un naufragio[14] de sangre.

[1]dawn [2]mud [3]pigeons [4]splash [5]rotten, putrid [6](inf.: **gemir**) grita [7]edges [8]spikenards (tuberoses)
[9]swarms (típicamente de abejas) [10]pierce [11]drudgeries [12]buried [13]impúdico... desafío (challenge) obsceno
[14]shipwreck

Cuestionario

1. ¿Cuál es el tono de «La aurora»?
2. ¿Qué imágenes crea el poeta para representar la ciudad de Nueva York?
3. La aurora es un símbolo que tiene un valor reconocido. ¿Utiliza Lorca este símbolo de una manera convencional o le da un nuevo giro?
4. ¿Qué valor tienen los siguientes versos? «Un huracán de negras palomas» (v. 3); «A veces las monedas en enjambres furiosos taladran y devoran abandonados niños» (v. 11–12); «como recién salidas de un naufragio de sangre» (v. 20)

LUIS PALES MATOS

Vida y obra

Luis Palés Matos (1898–1959) nació en Guayama, Puerto Rico. Se crió en un ambiente literario ideal, bajo la tutela de su padre y un hermano que eran poetas. Fue escritor, empleado de oficina, periodista, maestro y, finalmente, catedrático de la Universidad de Puerto Rico. Su carrera literaria comenzó en 1915 con la publicación del poemario *Azaleas,* de orientación modernista. A este libro siguieron dos ediciones de *Tuntún de pasa y grifería* (1937), libro cuya temática nativista, negra, le colocó al frente de la literatura antillana (*of the Antilles region, i.e., Cuba, Puerto Rico, Dominican Republic*), reservándole un lugar destacado en las letras del mundo hispánico. Este logro motivó que la Universidad de Puerto Rico publicara bajo el título de *Poesías* (1957) los versos que abarcan su entera carrera literaria (1915–1956).

El autor y su contexto

Nacido de padres blancos, Palés Matos posee la distinción de haber introducido la poesía negra en la literatura contemporánea de Hispanoamérica, al mismo tiempo que inauguraba el movimiento vanguardista de su país. Sintió todavía, como muchos escritores de la generación de los años 1910 a 1920, la influencia del modernismo, movimiento propenso (*prone*) a la nostalgia, a la tristeza, al pesimismo, a la amargura y a una visión irónica de la vida. Sin embargo, a partir de *Tuntún de pasa y grifería,* el poeta se une definitivamente al vanguardismo y a la experimentación con nuevos temas y técnicas. En realidad, el propio título del segundo libro de Palés Matos, *Tuntún de pasa y grifería,* anuncia el motivo de la conciencia cultural del negro antillano —tema expresado a través de los efectos onomatopéyicos y del simbolismo de las palabras (*tuntún* imita el sonido del tambor [*drum*], *pasa* alude al pelo oscuro, ensortijado [*kinky*] del negro y *grifería* se refiere al pelo «grifo» [*entangled*] del mulato). En los versos de *Tuntún,* la negritud del puertorriqueño o del cubano, en lugar de ser considerada un factor racial, es presentada con características humanas muy deseables —la espontaneidad, la sencillez y la jovialidad frente a (*in the face of*) la pobreza, el dolor y la angustia. Esto lo demuestra el poema «Danza negra» en el que el poeta, al captar admirablemente el colorido, el ritmo y los efectos musicales o sonoros típicos del Caribe, transmite al lector la alegría de vivir de sus compatriotas afro-antillanos.

Danza negra

Calabó y bambú.
Bambú y calabó.
El Gran Cocoroco[1] dice: tu–cu–tú.
La Gran Cocoroca dice: to–co–tó.
5 Es el sol de hierro que arde en Tombuctú.[2]

Es la danza negra de Fernando Póo.[3]
El cerdo[4] en el fango[5] gruñe: pru–pru–prú.
El sapo en la charca[6] sueña: cro–cro–cró.
Calabó y bambú.
10 Bambú y calabó.

Rompen los junjunes[7] en furiosa ú.
Los gongos[8] trepidan[9] con profunda ó.
Es la raza negra que ondulando va
en el ritmo gordo del mariyandá.[10]
15 Llegan los botucos[11] a la fiesta ya.
Danza que te danza la negra se da.

Calabó y bambú.
Bambú y calabó.

El Gran Cocoroco dice: tu–cu–tú.
20 La Gran Cocoroca dice: to–co–tó.

Pasan tierras rojas, islas de betún:[12]
Haití, Martinica, Congo, Camerún,[13]
las papiamentosas[14] antillas[15] del ron[16]
y las patualesas[17] islas del volcán,
25 que en el grave son
del canto se dan.

Calabó y bambú.
Bambú y calabó.
Es el sol de hierro que arde en Tombuctú.
30 Es la danza negra de Fernando Póo.
El alma africana que vibrando está
en el ritmo gordo del mariyandá.

Calabó y bambú.
Bambú y calabó.
35 El Gran Cocoroco dice: tu–cu–tú.
La Gran Cocoroca dice: to–co–tó.

[1]Gran... jefe de algunas tribus africanas [2]ciudad de la República de Mali (Sahara Meridional) [3]Fernando... isla del Golfo de Guinea [4]puerco [5]mud [6]agua detenida en los hoyos del suelo [7]instrumentos musicales, semejantes al violín, de ciertas tribus negras [8]instrumentos musicales de percusión [9]tiemblan, vibran [10]baile de los negros puertorriqueños [11]jefes de las tribus negras de Fernando Póo [12]mineral tar [13]Haití... países de donde han venido los esclavos negros [14]gibberish, slang [15]Antilles, West Indies [16]rum [17]Se refiere al patois, tipo de dialecto de las Antillas francesas.

Cuestionario

1. En el poema se menciona varias veces la palabra *ritmo*. ¿Qué tipo de ritmo tiene la «danza negra»?
2. ¿Qué clase de palabras predominan en el poema?
3. ¿Cómo reacciona usted como lector ante este poema?

El gallo

Un botonazo[1] de luz,
luz amarilla, luz roja.
En la contienda,[2] disparo
de plumas luminosas.
5 Energía engalanada[3]
de la cresta a la cola
—ambar, oro, terciopelo[4]—
lujo que se deshoja
con heroico silencio
10 en la gallera estentórea.[5]

Rueda de luz trazada
ante la clueca[6] remolona,[7]
la capa del ala abierta
y tendida en ronda…

15 Gallo, gallo del trópico.
Pico que destila auroras.
Relámpago congelado.
Paleta[8] luminosa.
¡Ron de plumas que bebe
20 la Antilla[9] brava y tórrida!

[1]golpe dado con el botón de una espada   [2]pelea   [3]adornada   [4]*velvet*   [5]ruidosa   [6]gallina que empolla huevos   [7]perezosa
[8]tabla de colores del pintor   [9]isla del archipiélago de las Antillas (*West Indies*)

Cuestionario

1. ¿Cómo está descrito el gallo de este poema?
2. ¿Qué tipo de imágenes emplea el poeta?
3. ¿Cómo se puede interpretar «¡Ron de plumas que bebe / la Antilla brava y tórrida!» (v. 19–20)?

NICOLAS GUILLEN

Vida y obra

Nicolás Guillén (1902–1989) nació en Camagüey, Cuba, de sangre española y africana. Inició sus estudios de derecho en la Universidad de La Habana —estudios que nunca acabó, prefiriendo dedicarse al periodismo, a la literatura y a dar conferencias públicas. Colaboró en varias revistas cubanas y viajó extensamente como conferencista por América, Europa y Asia. Desterrado de Cuba en 1953 por sus ideas marxistas, se estableció en París y volvió a la isla sólo tras la inauguración del gobierno de Fidel Castro, cuya causa revolucionaria apoyó hasta su muerte. Sus obras poéticas, de carácter social y de convicciones comunistas, le valieron en 1954 el Premio Stalin de la Paz. Estas incluyen *Motivos de son* (1930), *Sóngoro Cosongo* (1931), *West Indies, Ltd.* (1934), *Cantos para soldados* (1937), *España, poema en cuatro angustias y una esperanza* (1937), *El son entero* (1947) y *La paloma de vuelo popular: Elegías* (1958).

El autor y su contexto

Comunista desde temprana edad, Guillén pertenece a la élite de renombrados poetas y activistas latinoamericanos como César Vallejo, Pablo Neruda, Octavio Paz y Ernesto Cardenal. Es quizás el representante más lúcido (*brightest*) de la poesía popular de las Antillas —poesía en la que coexisten rasgos de la lírica tradicional de España y el elemento folclórico afrocubano. Su obra poética suele dividirse en tres fases que corresponden a épocas de su vida. Las primeras poesías, compuestas por un joven y esperanzado (*hopeful*) poeta, principia con *Motivos de son,* donde el romance popular castellano se funde con lo pintoresco de la raza negra. Son notables aquí la imitación del habla dialectal, graciosa, de los barrios pobres de La Habana, así como el ritmo sensual y musical de uno de los bailes típicos de Cuba, el *son* —efectos realizados a través de las onomatopeyas propias del lenguaje afro-antillano y de las innovaciones métricas. *Sóngoro Cosongo* muestra a un autor más maduro. Sin descuidar la atención al folclor, al ritmo de canto popular y a los juegos onomatopéyicos, Guillén introduce una poesía comprometida que apoya causas sociales, raciales y humanas. La nota de mayor resonancia es la denuncia de la explotación socioeconómica del negro, nota que se intensifica en *West Indies, Ltd.,* según lo demuestra la selección «Sensemayá». En esta nueva fase, ocasionada por la depresión económica de 1930, la cual Guillén atribuye al imperialismo estadounidense, el poeta incita a la revolución. La tercera etapa corresponde a sus andanzas por España y Latinoamérica, donde presencia con horror el espectáculo de la guerra civil española, el del hambre y el de la miseria. De tales experiencias resultan *España, poema de cuatro angustias y una esperanza* y *La paloma de vuelo popular.* Aquí el poeta ataca a todos aquellos países que usan el militarismo y el racismo para explotar al pueblo. Esto es lo que pone de relieve «No sé por qué piensas tú».

Sensemayá (Canto para matar a una culebra[1])

¡Mayombe–bombe–mayombé!
¡Mayombe–bombe–mayombé!
¡Mayombe–bombe–mayombé!

La culebra tiene los ojos de vidrio;
5 la culebra viene, y se enreda[2] en un palo;
con sus ojos de vidrio en un palo,
con sus ojos de vidrio.
La culebra camina sin patas;
la culebra se esconde en la yerba;
10 caminando se esconde en la yerba;
¡caminando sin patas!

¡Mayombe–bombe–mayombé!
¡Mayombe–bombe–mayombé!
¡Mayombe–bombe–mayombé!

15 Tú le das con el hacha, y se muere:
¡dale[3] ya!
¡No le des con el pie, que te muerde,
no le des con el pie, que se va!

Sensemayá, la culebra,
20 sensemayá.
Sensemayá, con sus ojos,
sensemayá.
Sensemayá con su lengua,
sensemayá.
25 Sensemayá con su boca,
sensemayá!

[1]serpiente   [2]enrolla   [3]dale un golpe con el hacha

La culebra muerta no puede comer;
la culebra muerta no puede silbar:[4]
no puede caminar,
30 no puede correr!
La culebra muerta no puede mirar;
la culebra muerta no puede beber,
no puede respirar,
no puede morder!

35 ¡Mayombe–bombe–mayombé!
Sensemayá, la culebra…
¡Mayombe–bombe–mayombé!
Sensemayá, no se mueve…
¡Mayombe–bombe–mayombé!
40 *Sensemayá, la culebra…*
¡Mayombe–bombe–mayombé!
¡Sensemayá, se murió!

[4]*hiss*

Cuestionario

1. ¿Cómo describe el poeta a la culebra?
2. ¿Cómo se presenta el acto de matar a la culebra?
3. ¿Cuáles son los recursos lingüísticos más significativos del poema?

No sé por qué piensas tú

No sé por qué piensas tú,
soldado, que te odio yo,
si somos la misma cosa
yo,
5 tú.

Tú eres pobre, lo soy yo;
soy de abajo,[1] lo eres tú;
¿de dónde has sacado tú,
soldado, que te odio yo?

10 Me duele que a veces tú
te olvides de quién soy yo;
caramba,[2] si yo soy tú,
lo mismo que tú eres yo.

Pero no por eso yo
15 he de malquererte,[3] tú;
si somos la misma cosa,
yo,
tú,
no sé por qué piensas tú,
20 soldado, que te odio yo.

Ya nos veremos yo y tú,
juntos en la misma calle,
hombro con hombro,[4] tú y yo,
sin odios ni yo ni tú,
25 pero sabiendo tú y yo,
a dónde vamos yo y tú…
¡No sé por qué piensas tú,
soldado, que te odio yo!

[1]de… del pueblo, humilde   [2](exclamación)   [3]odiarte   [4]hombro… luchando juntos

Cuestionario

1. ¿Cuál es la actitud del hablante poético hacia el soldado a quien se dirige?
2. ¿En qué sentido son los dos «la misma cosa» (v. 16)?
3. ¿Cuál será el futuro de los dos?

PABLO NERUDA

Vida y obra

Pablo Neruda (1904–1973), cuyo nombre original era Neftalí Ricardo Reyes, nació en Parral, Chile, de una familia humilde. Emprendió su carrera literaria apenas a los catorce años, al colaborar en el diario *La mañana,* de Santiago. Viajó extensamente por Latinoamérica, Europa y Asia en calidad de diplomático, llegando a ser senador por un breve período. Durante su estancia en España se involucró en la política y en la literatura, abrazando la causa de la República en la guerra civil y cultivando la amistad de los mayores poetas españoles de la época. Editó brevemente en Madrid su propia revista, *Caballo verde para la poesía,* animado por su amigo Federico García Lorca.

Como su compatriota Gabriela Mistral, se identificó con las víctimas de la guerra, la injusticia social y la tiranía. Político de convicciones marxistas, falleció poco después del golpe de estado militar (*military coup*) que puso fin a la vida y al gobierno social-demócrata de Salvador Allende (1908–1973). Sus obras poéticas, que le ganaron en 1971 el Premio Nobel de Literatura, incluyen *Crepusculario* (1923), *Veinte poemas de amor y una canción desesperada* (1924), *España en el corazón* (1937), *Residencia en la tierra* (1925–1947), *Canto general* (1950), *Odas elementales* (1954) y *Cantos ceremoniales* (1961).

El autor y su contexto

Neruda es posiblemente el poeta más prestigioso del siglo XX en Hispanoamérica y uno de los grandes valores de la poesía mundial. Sus obras, en las que influyen la política, el humanitarismo y varias corrientes literarias, se distinguen por una constante evolución temática y técnica que corresponden a las diferentes etapas de su vida. En las primeras dos, que incluyen *Crepusculario* y *Veinte poemas de amor,* un Neruda joven e idealista se adhiere al modernismo, con su temática amorosa y su lenguaje tradicional. A partir de *Residencia en la tierra,* poemas instigados por la tragedia de la guerra civil española, su obra entra en la tercera fase, la superrealista. Aquí la poesía se vuelve hermética —lingüísticamente caótica— e introspectiva, de tendencias filosóficas e ideológicas que manifiestan la inquietud espiritual del poeta y su visión apocalíptica del mundo. La cuarta y última etapa, que comprende obras como *Canto general, Odas elementales* y *Las piedras de Chile* (1961), ofrece una poesía comprometida, más sencilla que la anterior y de fácil acceso a las masas a quienes el poeta se dirige y con quienes quiere compartir el amor que siente por el suelo, la naturaleza y el hombre de América.

Me gustas cuando callas

Me gustas cuando callas porque estás como ausente,
y me oyes desde lejos, y mi voz no te toca.
Parece que los ojos se te hubieran volado
y parece que un beso te cerrara la boca.

5 Como todas las cosas están llenas de mi alma
emerges de las cosas, llena del alma mía.

Mariposa de sueño, te pareces a mi alma,
y te pareces a la palabra melancolía.

Me gustas cuando callas y estás como distante.
10 Y estás como quejándote, mariposa en arrullo.[1]
Y me oyes desde lejos, y mi voz no te alcanza:[2]
déjame que me calle con el silencio tuyo.

Déjame que te hable también con tu silencio
claro como una lámpara, simple como un anillo.
15 Eres como la noche, callada y constelada.[3]
Tu silencio es de estrella, tan lejano y sencillo.

Me gustas cuando callas porque estás como ausente.
Distante y dolorosa como si hubieras muerto.
Una palabra entonces, una sonrisa bastan.
20 Y estoy alegre, alegre de que no sea cierto.

[1]sonido que acaricia   [2]no... no la puedes oír   [3]llena de estrellas

Cuestionario

1. ¿Qué representa el silencio para el poeta?
2. ¿Cómo describe el poeta a la amada?
3. ¿De qué se alegra el poeta, según los últimos versos?

Verbo

Voy a arrugar[1] esta palabra,
voy a torcerla,[2]
sí,
es demasiado lisa,[3]
5 es como si un gran perro o un gran río
le hubiera repasado lengua o agua
durante muchos años.

Quiero que en la palabra
se vea la aspereza,
10 la sal ferruginosa,[4]
la fuerza desdentada[5]
de la tierra,
la sangre
de los que hablaron y de los que no hablaron.

15 Quiero ver la sed
adentro de las sílabas:
quiero tocar el fuego
en el sonido:
quiero sentir la oscuridad
20 del grito. Quiero
palabras ásperas
como piedras vírgenes.

[1]wrinkle   [2]twist it   [3]plana   [4]que contiene hierro   [5]sin dientes

Cuestionario

1. ¿Qué significa «Verbo» y qué representa a lo largo del poema?
2. ¿En qué sentido se emplean las palabras *aspereza* (v. 9) y *ásperas* (v. 21)?
3. ¿Qué significa «la sed adentro de las sílabas» (v. 15–16)?

GLORIA FUERTES

Vida y obra

Gloria Fuertes (1918–) nació en Madrid, de una familia muy humilde. Su carrera principió con la publicación de cuentos y poemas infantiles en revistas en las que trabajaba de redactora (*editor*). Más tarde fundó la revista poética *Arquero*. En 1961 consiguió una beca Fulbright y viajó a los Estados Unidos con el cargo de profesora visitante en Bucknell University. La producción lírica de Fuertes incluye *Canciones para niños* (1950), *Antología y poemas del suburbio* (1954), *Poeta de guardia* (1968), *Cómo atar los bigotes al tigre* (1969), *Sola en la sala* (1973), *Historia de Gloria* (*Amor, humor y desamor*) (1980) y *Mujer de verso en pecho* (1995). En los últimos años se ha dedicado cada vez más a la literatura infantil, juvenil y humorística. En este último género ha publicado libros como *La ardilla en su pandilla* (narrativa, 1981), *El abecedario de don Hilario* (poesía, 1982), *Así soy yo* (cuentos, versos, diálogos y ensayos para niños, 1982) y *Coleta payasa, ¿qué pasa?* (viñetas humorísticas, 1983).

La autora y su contexto

Fuertes forma parte de la segunda generación de poetas que florecieron (*flourished*) en los años cincuenta y sesenta. Al igual que otras figuras femeninas que vivieron en la época sombría de la dictadura franquista y que lograron realizarse como intelectuales y escritoras, Fuertes tuvo que superar serios obstáculos —sobre todo la pobreza y su condición de mujer. Lo que caracteriza y agrupa a los poetas de su generación es su notorio anticonformismo —su oposición a la poesía anterior, la cual hallaban frecuentemente melancólica, inquietante y hermética. En contraste, la lírica de Fuertes manifiesta un carácter liviano (*light*) y conciliatorio, así como un lenguage directo, coloquial y espontáneo. Otro aspecto de su poesía es un humorismo de doble impacto e intención. A nivel lingüístico, tal humorismo, engendrado por juegos de palabras, errores gramaticales intencionales, elipsis y otras estratagemas (*contrivances*) similares, provoca la risa espontánea en el lector. En un segundo plano —en el semiótico o de producción de significación— ese humorismo distancia al lector del asunto inmediato del poema y le induce a descubrir con su inteligencia e imaginación toda una serie de significaciones extratextuales.

Sale caro¹ ser poeta

Sale caro, señores, ser poeta.
La gente va y se acuesta tan tranquila
—que después del trabajo da buen sueño—.
Trabajo como esclavo llego a casa,
5 me siento ante la mesa sin cocina,
me pongo a meditar lo que sucede.
La duda me acribilla² toda espanta;³
comienzo a ser comida por las sombras
las horas se me pasan sin bostezo⁴
10 el dormir se me asusta se me huye

—escribiendo me da la madrugada⁵—.
Y luego los amigos me organizan recitales,
a los que acudo⁶ y leo como tonta,
y la gente no sabe de esto nada.
15 Que me dejo la linfa⁷ en lo que escribo,
me caigo de la rama de la rima
asalto las trincheras⁸ de la angustia
me nombran su héroe los fantasmas,
me cuesta respirar cuando termino.
20 Sale caro señores ser poeta.

¹Sale... Cuesta mucho, es difícil   ²molesta grandemente   ³inspira miedo   ⁴a yawn   ⁵la... las primeras horas de la mañana   ⁶asisto
⁷(fig.) toda mi energía   ⁸trenches

Cuestionario

1. Según el poema, ¿por qué «sale caro ser poeta»?
2. ¿Qué valor tiene el verso 8, «comienzo a ser comida por las sombras»?
3. ¿Cuál es el tono del poema?

Mis mejores poemas

Mis mejores poemas,
sólo los lee una persona;
son unas cartas tontas
con mucho amor por dentro
5 faltas¹ de ortografía
y agonía precoz.²

Mis mejores poemas
no son tales, son cartas,
que escribo porque eso,
10 porque no puedo hablar,
porque siempre está lejos…
como todo lo bueno,
—que todo lo que vale nunca está—
como Dios

15 como el mar.
Soy de Castilla y tengo
un cardo³ por el alma,
pero quiero tener un olivo en la voz,
soy de Castilla seca,
20 soy tierra castellana,
pero quiero tener a mi amor en mi amor.
Da risa decir eso, AMOR, a estas horas,
AMOR a estas alturas de inmobiliaria⁴ y
               [comité,
25 pero yo digo AMOR AMOR sé lo que digo.
—Mis mejores poemas son cartas que lloré—.
Un poema se escribe
una carta se llora,
una noche se puede parir⁵ o desnacer,
30 Yo parí y he robado
—he hecho de todo un poco—
pero mi mejor verso…
        un Telegrama es.

¹errores   ²prematura   ³thistle   ⁴compañía, empresa   ⁵dar a luz

Cuestionario

1. ¿A quién se refiere el segundo verso, «sólo los lee una persona»?
2. ¿Por qué compara la poeta sus versos con las cartas?
3. ¿Cómo se pueden interpretar las palabras finales del poema, «mi mejor verso… / un Telegrama es»?

Octavio Paz

Vida y obra

Octavio Paz (1914–1998) nació en la Ciudad de México e hizo sus estudios en la Universidad Nacional. En 1937 viajó a España en plena guerra civil. De vuelta a México, fue el principal colaborador en la revista *Taller poético* (*Poetry Workshop*) (1936–1938), que luego se llamó *Taller* (1938–1941). Sus colaboradores proponían un nuevo tipo de lírica: humanitaria, militante, de acuerdo con su lema (*motto*) «Amor, Poesía y Revolución». Paz pasó dos años en los Estados Unidos (1943–1945) con una beca Guggenheim, estudiando poesía hispanoamericana. Más tarde desempeñó cargos diplomáticos en París, Ginebra (*Geneva*) y el Lejano Oriente (*Far East*). Paz se ha distinguido por sus obras poéticas y ensayísticas, aunque produjo también piezas de teatro, estudios literarios, traducciones y antologías. De su lírica cabe mencionar *Libertad bajo palabra* (1949), *Piedra de sol* (1958), *Salamandra* (1962), *Ladera este* (1969), *Topoemas* (1971), *Prueba del nueve* (1985), *Árbol adentro* (1987) y otros poemas recogidos en *Obra poética* (1935–1988). Entre sus mejores ensayos figuran *El laberinto de la soledad* (1950), *El arco y la lira* (1956), *Corriente alterna* (1967), *Conjunciones y disyunciones* (1969), *Sor Juana Inés de la Cruz o Las trampas de la fe* (1982), *Poesía, mito y revolución* (1989), *Convergencias* (1991) y *La llama doble* (*Amor y erotismo*) (1993). En 1990 se le otorgó el Premio Nobel de Literatura.

El autor y su contexto

La vida y la obra de Paz reflejan la influencia de los horrores presenciados en España durante la guerra civil y el contacto con los existencialistas franceses en París. En su cosmovisión y arte han influido asimismo las culturas e ideologías orientales —sobre todo el hinduismo— que asimiló durante su carrera diplomática. Tales experiencias le animaron a buscar las raíces de su propia cultura y creencias aztecas. Prueba de dichas influencias en su temática son la soledad, la inquietud existencial, la falta de comunicación entre los seres humanos y la búsqueda de la identidad. Según Paz, dicha búsqueda ha de conducir al reencuentro con el amor universal. Puesto que para Paz la poesía ofrece la posibilidad de librarse de todo constreñimiento (*constraint*), superar la soledad y reestablecer la comunicación con los demás, la misión del poeta es cambiar al individuo y a su sociedad. El mismo anhelo de libertad y solidaridad incondicional que caracteriza su pensamiento es evidente en la total autonomía que el poeta concede a la palabra. De acuerdo con esta noción, el poema, igual que el mundo o la sociedad, es esencialmente un espacio en el que la palabra, actuando como el individuo en su estructura social, una vez colocada dentro de un cierto espacio —la escritura (*written text*)— deja de ser controlada por su creador —el poeta—, cobra vida propia (*takes on a life of its own*) y efectúa cambios en el artista mismo. Esto explica el interés de Paz por la poesía «concreta» o «espacial», ilustrada en esta antología con el topoema «Cifra».

El sediento[1]

Por buscarme, Poesía,
en ti me busqué:
deshecha[2] estrella de agua,
se anegó[3] en mi ser.
5 Por buscarte, Poesía,
en mí naufragué.[4]

Después sólo te buscaba
por huir de mí:

¡espesura[5] de reflejos
10 en que me perdí!
Mas luego de tanta vuelta
otra vez me vi:

el mismo rostro anegado
en la misma desnudez;
15 las mismas aguas de espejo
en las que no he de beber;
y en el borde del espejo,
el mismo muerto de sed.

[1]que tiene sed; (fig.) que desea algo ansiosamente [2]destruida [3]sumergió [4]me perdí como en un naufragio (shipwreck) [5]condición de denso, tupido

Cuestionario

1. ¿Cómo se presenta la relación entre el poeta y la poesía en cada una de las estrofas?
2. ¿Cómo se podrían interpretar los versos 15–16, «las mismas aguas de espejo / en las que no he de beber»?
3. ¿Qué valor tiene el uso de las palabras *sediento* en el título del poema y *sed* en el último verso?

Cifra[1]

[1]número, signo

Cuestionario

1. ¿Qué figura representa el poema?
2. ¿Qué relación existe entre las distintas palabras del poema?
3. ¿Qué significa el título del poema?

ERNESTO CARDENAL

Vida y obra

Ernesto Cardenal (1925–) nació en Granada, Nicaragua. Sacerdote, poeta, prosista, crítico, escultor, revolucionario, diplomático y activista social, es una de las figuras latinoamericanas más aclamadas a nivel mundial. A los dieciocho años emprendió en México sus estudios universitarios que terminó en Columbia University, doctorándose en filosofía. De vuelta a Nicaragua, se involucró en la política, participando en 1954 en la «Rebelión de abril» —atentado malogrado (*unsuccessful attempt*) contra el entonces dictador Anastasio Somoza. Este incidente y un desengaño amoroso le produjeron una crisis espiritual que le indujo a hacerse monje (*monk*). Fundó en la remota Isla de Mancarrón la comunidad católica de Solentiname, destruida más tarde por la Guardia Nacional somocista (*Somoza's secret police*). Actualmente se dedica a actividades religiosas, humanitarias, artísticas y pacifistas que le han llevado a muchos países de América del Norte y del Sur, Europa y el Medio Oriente (*Middle East*). Por dichas contribuciones el gobierno de Francia le condecoró (*honored him*) en 1985 con la Orden Comendador de las Artes y las Letras. Al año siguiente la República Democrática Alemana le eligió miembro de la Academia de Bellas Artes, mientras que universidades colombianas y españolas le confirieron el doctorado Honoris Causa. Sus obras incluyen *Gethsemany, KY* (1960), *Epigramas: poemas* (1961), *Hora cero* (1965), *Oración por Marilyn Monroe* (1965), *Salmos* (1967), *Poemas* (1971) y *Cántico cósmico* (1989) —extenso poema de seiscientas páginas, ya traducido a los idiomas inglés, alemán y portugués.

El autor y su contexto

La obra poética de Cardenal se presenta paralela a dos fases de su vida: el período que precede a su conversión espiritual, en 1956, y la época que la sigue. Típico del primer período, que se caracteriza por la decepción (*disillusionment*) y la amargura, es «La ciudad desheredada». En este poema el poeta repudia a su ciudad natal, Granada, identificándola con la traición de la mujer amada y con el fin de sus sueños románticos. La segunda fase de su vida produce la llamada poesía exteriorista, la cual abraza (*embraces, takes up*) causas políticas, sociales y humanitarias al estilo de la literatura testimonial y comprometida. Dicha poesía introduce la postura de un nuevo catolicismo latinoamericano que predica la «teología de la liberación» y lucha valientemente en favor de los derechos humanos. En los versos que se incluyen aquí se funden la vida personal y el compromiso político y artístico del poeta.

Epigramas[1] (fragmentos)

Te doy, Claudia, estos versos

Te doy, Claudia, estos versos, porque tú eres su dueña.
Los he escrito sencillos para que tú los entiendas.
Son para ti solamente, pero si a ti no te interesan,
un día se divulgarán[2] tal vez por toda Hispanoamérica...
5 Y si al amor que los dictó, tú también lo desprecias,
otras soñarán con este amor que no fue para ellas.
Y tal vez verás, Claudia, que estos poemas,
(escritos para conquistarte a ti) despiertan
en otras parejas enamoradas que los lean
10 los besos que en ti no despertó el poeta.

Cuídate, Claudia, cuando estés conmigo

Cuídate, Claudia, cuando estés conmigo,
porque el gesto más leve, cualquier palabra, un suspiro
de Claudia, el menor descuido,
tal vez un día lo examinen eruditos,
15 y este baile de Claudia se recuerde por siglos.

Claudia, ya te lo aviso.

De estos cines, Claudia

De estos cines, Claudia, de estas fiestas,
de estas carreras de caballos,
no quedará nada para la posteridad
20 sino los versos de Ernesto Cardenal para Claudia
      (si acaso)
y el nombre de Claudia que yo puse en esos versos
y los de mis rivales, si es que yo decido rescatarlos
del olvido, y los incluyo también en mis versos
25 para ridiculizarlos.

Esta será mi venganza

Esta será mi venganza:
Que un día llegue a tus manos el libro de un poeta famoso

---

[1]poemas breves y satíricos a imitación de los epigramas de la antigüedad clásica   [2]se... serán difundidos

y leas estas líneas que el autor escribió para ti
y tú no lo sepas.

Me contaron

30

Me contaron que estabas enamorada de otro
y entonces me fui a mi cuarto
y escribí ese artículo contra el Gobierno
por el que estoy preso.[3]
....

De pronto suena en la noche

35 De pronto suena en la noche una sirena
de alarma, larga, larga,
el aullido[4] lúgubre[5] de la sirena
de incendio o de la ambulancia blanca de la muerte,
como el grito de la cegua[6] en la noche,
40 que se acerca y se acerca sobre las calles
y las casas y sube, sube, y baja
y crece, crece, baja y se aleja
creciendo y bajando. No es incendio ni muerte:
     Es Somoza[7] que pasa.

Yo he repartido

45 Yo he repartido papeletas clandestinas,
gritado: ¡VIVA LA LIBERTAD! en plena calle
desafiando[8] a los guardias armados.
Yo participé en la rebelión de abril:
pero palidezco[9] cuando paso por tu casa
y tu sola mirada me hace temblar.
....

Somoza Desveliza La Estatua de Somoza en el Estadio Somoza

50

No es que yo crea que el pueblo me erigió[10] esta estatua
porque yo sé mejor que vosotros que la ordené yo mismo.
Ni tampoco que pretenda pasar con ella a la posteridad
porque yo sé que el pueblo la derribará[11] un día.
55 Ni que haya querido erigirme a mí mismo en vida
el monumento que muerto no me erigiréis vosotros:
sino que erigí esta estatua porque sé que la odiáis.

Nuestros poemas no se pueden publicar todavía

Nuestros poemas no se pueden publicar todavía.

[3]en la cárcel   [4]grito quejumbroso como el de una fiera   [5]triste, fúnebre   [6]fantasma   [7]Anastasio Somoza, ex
dictador de Nicaragua (1932–1956)   [8]provocando   [9]me pongo pálido   [10]construyó   [11]destruirá   **ERNESTO CARDENAL**   **213**

Circulan de mano en mano, manuscritos,
60 o copiados en mimeógrafo. Pero un día
se olvidará el nombre del dictador
contra el que fueron escritos,
y seguirán siendo leídos.
....

Al perderte yo a ti

Al perderte yo a ti tú y yo hemos perdido:
65 yo porque tú eras lo que yo más amaba
y tú porque yo era el que te amaba más.
Pero de nosotros dos tú pierdes más que yo:
porque yo podré amar a otras como te amaba a ti
pero a ti no te amarán como te amaba yo.

Muchachas que algún día

70 Muchachas que algún día leáis emocionadas estos versos
y soñéis con un poeta:
sabed que yo los hice para una como vosotras
y que fue en vano.

Cuestionario

1. ¿Cuál es la actitud del hablante poético hacia Claudia?
2. Según el primer poema, ¿por qué se han escrito los versos?
3. Según el cuarto poema, ¿cuál será «la venganza» del poeta?
4. En el quinto poema, el poeta dice que está preso. ¿Por qué?
5. ¿Cuál es la actitud del poeta hacia Somoza?
6. ¿Cuál es la paradoja del amor en los dos últimos poemas?

ANA MARIA FAGUNDO

Vida y obra

Ana María Fagundo (1938–) es natural de Santa Cruz de Tenerife, España. Obtuvo el título de Profesora de Negocios en 1957 en la escuela profesional de comercio de la capital tenerifeña. Más tarde se trasladó a los Estados Unidos, donde obtuvo en 1967 el doctorado en Literatura Comparada. Actualmente ejerce la cátedra de literatura española contemporánea en la Universidad de California en Riverside. Su obra poética, publicada casi exclusivamente en España, le ha valido el Premio Carabela de Oro (1977) y el reconocimiento de un creciente número de críticos norteamericanos e internacionales. Sus poemarios incluyen *Diario de una muerte* (1970), *Configurado tiempo* (1974), *Invención de la luz* (1978), *Desde Chanatel, el canto* (1982), *Como quien no dice voz alguna al viento* (1984), *Retorno sobre la siempre ausencia* (1989) y *El sol, la sombra, en el instante* (1994).

La autora y su contexto

Fagundo pertenece a la generación de poetas nacidos durante o poco después de la guerra civil (1936–1939), o sea, al principio de la época franquista. España atravesaba en aquel entonces un período de censura que impedía la libre expresión. Por lo tanto, al prohibírsele al escritor examinar la realidad española, la literatura evitó cualquier consideración social o política. En realidad, de 1930 a 1944 la poesía tendió a cultivar más que nada la belleza de la forma. Más tarde surgió otro tipo de lírica que se valía de las posibilidades de la lengua para tratar de una manera muy personal —intimista— la condición humana y los más graves problemas inherentes a ella. Fagundo comparte (*shares*) con su generación la convicción de que la poesía representa, ante todo y sobre todo, una manera particular de utilizar la palabra. Por consiguiente, sin consideración al asunto del que trata, la poeta se compromete a defender la dignidad del lenguaje. De acuerdo con ese principio, su lírica «inquieta e investigadora» funciona como una ventana al mundo. A través de dicha ventana el lector observa su propio mundo y reflexiona sobre el misterio de su existencia guiado por el diálogo personal —a veces realista, a veces hedonista (*pleasure-seeking*) e idealista— que la poeta sostiene con ese mundo y sus criaturas. Según Fagundo, la poesía representa un universo autónomo y la palabra una fuente de revelación y conocimiento —conceptos que se notan en los versos de «Casi un poema» y «Trinos», que aparecen en esta antología.

Casi un poema

Acosar[1] a la palabra no quiere decir poema
sino necesidad de que se remonte[2]
toda el ansia en cumbre[3] sobre la vida
y se diga un «sí» rotundo[4] a la marcha
5 y vayamos haciendo camino
o creyendo que lo hacemos desde dentro
para no morir,
para no dejarse vencer[5] por el tiempo
que pone arrugas de horas a nuestra piel,
10 fragilidad a nuestros huesos
y niebla de espera a la fatiga.
Por eso la palabra como única mariposa
en el interior de la camisa
y un calor más entre los pechos
15 para seguir sin que se note el frío;
porque hay frío en las rendijas[6] de las ven-
    [tanas íntimas
y suena a dios ido entre los pliegues[7]
de las faldas y el crujir[8] de los zapatos
sobre el asfalto.

20 Aunque apretados en sazonado racimo[9]
vamos todos por las aceras de la vida,
sentimos los espacios separándonos,
llenándonos de huecos[10] los tibiores[11] del con-
    [tacto
y nadie sabe decir porqué el calor del otro
25 no le llega
o le llega como un frío.

Sí, convocamos[12] a la palabra a la cita de hoy,
a la de siempre,
para que ella intente decirnos algo
30 que llene los huecos de algún calor
que sepa a lumbre[13] de permanencia.

La convocamos por si pudiera llegar a ser
fuego confortador de poema.

---

[1]Perseguir [2]eleve [3]clímax [4]enfático [5]*overcome* [6]*cracks* [7]*plaits* [8]*crackle* [9]en... (*fig.*) como conjunto de seres adultos
[10]agujeros [11]los... lo íntimo [12]llamamos [13]fuego

Cuestionario

1. ¿Por qué tenemos que ir «haciendo camino» en la vida?
2. ¿Qué significa la frase «el tiempo que pone arrugas de horas a nuestra piel»?
3. ¿Cuál es el papel de la palabra, según la poeta?
4. ¿Se podría considerar este poema como existencialista? ¿Por qué? Explique su opinión.

Trinos[1]

(Para Sebastián de la Nuez y Luisa Ayala)

Contra tu ventana trinan los pájaros
un canto perfumado de azahares[2]
esta mañana tímida[3] de marzo,
esta mañana llena de verdades,
5 Y recoges[4] sus trinos desde el viento
que brota[5] la primavera en tus manos
este marzo que trae de sustento[6]
cuarenta y cuatro inviernos entrecanos[7]

Sientes que tu apagado hogar se alumbra,[8]
10 que trinan tus silencios por la casa;
que hay niños que alborean tu penumbra;[9]
que suena a[10] isla, a mar, a lava;
que irrumpe[11] la alegría con su jungla
de amor que te persigue enamorada.

[1]Cantos de pájaros [2]flores de naranjo [3]suave [4]percibes [5]sale, nace [6]de... consigo [7]*with graying hair* [8]tu... tu casa triste se alegra [9]alborean... dan luz a tu oscuridad [10]suena... hay sonido de [11]entra impetuosamente

Cuestionario

1. ¿A qué se refiere el verso 8, «cuarenta y cuatro inviernos entrecanos»?
2. ¿Cuál es el significado de la paradoja que aparece en el segundo verso de la última estrofa?
3. ¿Qué referencias a accidentes geográficos hay en el poema?
4. ¿Cuál es el motivo de este poema?
5. ¿Por qué cree usted que Ana María Fagundo ha dedicado este poema a Sebastián de la Nuez y Luisa Ayala?

NANCY MOREJON

Vida y obra

Nancy Morejón (1944–) es una de las escritoras cubanas más singulares, cuya vida personal es de las menos conocidas. Hizo sus estudios en francés en la Universidad de La Habana, su ciudad natal, y se ha distinguido como traductora, crítica literaria y poeta. Ha sido también editora de la *Gaceta de Cuba* y de la Unión Nacional de Escritores y Actores Cubanos (UNEAC). Sus obras poéticas incluyen *Mutismos* (1962), *Amor, ciudad atribuida* (1964), *Richard trajo su flauta* (1967), *Octubre imprescindible* (1976), *Parajes de una época* (1979), *Poemas* (1980), *Elogio de la danza* (1982), *Cuaderno de Granada* (1984), *Where the Island Sleeps like a Wing* (1985) y *Piedra pulida* (1986). Entre su crítica literaria cabe señalar *Lengua de pájaro* (1971), *Ensayos críticos* (1974), *Nación y mestizaje en Nicolás Guillén* (1980) y *Poetas del mundo latino* (1988).

La autora y su contexto

Morejón pertenece a la generación de escritores que se formaron durante la Revolución cubana (1953–1959) y que comenzaron a divulgar sus obras en las décadas que siguieron a la caída del dictador Fulgencio Batista. Dichas obras representan una continuación lógica de un proceso literario que había precedido a la Revolución. Admiradores de artistas como Nicolás Guillén, que habían abogado por un nuevo rumbo político, los jóvenes escritores de los años sesenta y setenta propusieron otro cambio: el «reinventar» la historia de la isla. Este proceso había de efectuarse de acuerdo con la realidad y no según los mitos previamente creados por las clases privilegiadas y por los forasteros (*outsiders*). El proceso de «desmitificación» comenzó cuando la nueva literatura examinó de cerca la sociedad cubana e identificó los elementos que más habían contribuido a crear las normas sociales y culturales de Cuba. Consciente de su herencia negra y de su feminidad, Morejón se identifica con los que han sido tradicionalmente descuidados y se compromete a rescatar del anonimato y de la injusticia a los cubanos como ella. En su poesía, ese compromiso produce los temas de la negritud, el inconformismo y la reivindicación de la mujer como ser humano y como parte integrante de su sociedad. «Renacimiento» y «Mujer Negra» provienen de *Where the Island Sleeps like a Wing*, antología bilingüe publicada en los Estados Unidos. Sea por sus ideas, sea por su forma, dichos poemas revelan claramente el compromiso humano y estético de la poeta.

Renacimiento

Hija de las aguas marinas,
dormida en sus entrañas,[1]
renazco de la pólvora[2]
que un rifle guerrillero
5 esparció[3] en la montaña

[1] *innermost recesses*   [2] *gunpowder*   [3] *scattered*

para que el mundo renaciera a su vez,
que renaciera todo el mar,
todo el polvo,
todo el polvo de Cuba.

Cuestionario

1. ¿En qué sentido se emplea la palabra *renacimiento* en este poema?
2. ¿Cuál es la causa del renacimiento a que se refiere el título?
3. ¿Cuál es la relación entre *pólvora* (v. 3) y *polvo* (v. 8–9)?

Mujer Negra

Todavía huelo[1] la espuma[2] del mar que me hicieron atravesar.[3]
La noche, no puedo recordarla.
Ni el mismo océano podría recordarla.
Pero no olvido al primer alcatraz[4] que divisé.[5]
5 Altas, las nubes, como inocentes testigos presenciales.
Acaso no he olvidado ni mi costa perdida, ni mi lengua ancestral.
Me dejaron aquí y aquí he vivido.
Y porque trabajé como una bestia,
aquí volví a nacer.
10 A cuánta epopeya mandinga[6] intenté recurrir.

　　Me rebelé.

Bordé[7] la casaca[8] de Su Merced[9] y un hijo macho le parí.
Mi hijo no tuvo nombre.
Y Su Merced murió a manos de un impecable *lord* inglés.

15　　Anduve.

Esta es la tierra donde padecí bocabajos y azotes.[10]
Bogué[11] a lo largo de todos sus ríos.
Bajo su sol sembré,[12] recolecté y las cosechas[13] no comí.
Por casa tuve un barracón.[14]
20 Yo misma traje piedras para edificarlo,
pero canté al natural compás de los pájaros nacionales.

　　Me sublevé.[15]

[1](*inf.*: oler) *I smell* [2]*foam* [3]*cruzar* [4]*pelican* [5]*vi desde lejos* [6]*se refiere a los mandingos, un pueblo del oeste de Africa, y a su lengua* [7]*I embroidered* [8]*dress coat* [9]*Su... His Worship* (el amo, *master*) [10]*bocabajos... beatings and whippings* [11]*I sailed* [12]*I planted seeds* [13]*harvests* [14]*hut for poor laborers* [15]*Me... I rebelled.*

En esta misma tierra toqué la sangre húmeda
y los huesos podridos[16] de muchos otros,
25 traídos a ella, o no, igual que yo.
Ya nunca más imaginé el camino a Guinea.[17]
¿Era a Guinea? ¿A Benín[18]? ¿Era a
        Madagascar[19]? ¿O a Cabo Verde[20]?

Trabajé mucho más.

30 Fundé mejor mi canto milenario y mi esperanza.
Aquí construí mi mundo.

    Me fui al monte.

Mi real independencia fue el palenque[21]
y cabalgué[22] entre las tropas de Maceo.[23]
35 Sólo un siglo más tarde,
junto a mis descendientes,
desde una azul montaña,

    bajé de la Sierra

para acabar con capitales y usureros,
40 con generales y burgueses.
Ahora soy: sólo hoy tenemos y creamos.
Nada nos es ajeno.[24]
Nuestra la tierra.
Nuestros el mar y el cielo.
45 Nuestras la magia y la quimera.[25]
Iguales míos, aquí los veo bailar
alrededor del árbol que plantamos para el comunismo.
Su pródiga[26] madera ya resuena.

[16]decayed   [17]region in western Africa   [18]Benin, formerly Dahomey, country in western Africa on the Gulf of
Guinea   [19]island in the West Indian Ocean off southeast Africa   [20]Cabo… Cape Verde, islands in the Atlantic
Ocean off the western coast of Africa, a possession of Portugal until 1975   [21]stockade   [22]I rode on horseback
[23]Antonio Maceo y Grajales (1845–1896), líder de los cubanos que lucharon por la emancipación de los esclavos
y por la independencia de su país   [24]foreign   [25]fancy; lofty imagination   [26]bountiful

Cuestionario

1. ¿Cuál es el proceso trazado en este poema?
2. ¿Cuál es la primera etapa de este proceso?
3. ¿Cuál es la significación del verso 10, «A cuánta epopeya mandinga intenté
   recurrir»?
4. ¿De qué sirve de símbolo la figura de la mujer?

5. ¿Cómo se expresa la idea de la rebelión en «Mujer Negra»? ¿Contra qué se rebela la mujer?

6. ¿Qué representa «Su Merced» (v. 12 y 14)?

7. ¿Qué significa la frase «las cosechas no comí» en el verso 18?

8. ¿Qué valor tiene el cambio representado en los versos 26–28? ¿Por qué deja la hablante poética de pensar en volver a Africa?

9. ¿Cuál es la meta, o el sueño, de la mujer? ¿Cuáles serán los cambios producidos por la realización de este sueño?

10. ¿A qué se refieren las formas de *nosotros* y *nuestro* en la estrofa final?

EL DRAMA

I El teatro

Al comenzar el estudio del drama, la primera pregunta que hay que hacerse es ¿qué es el teatro? Generalmente, se asocia el concepto de teatro con algo que no es verdadero sino simulado, imitado. Lo demuestra la frase común «está haciendo teatro», que es tanto como decir que una persona no está actuando de una manera espontánea, sino fingida. Según Aristóteles (384–322 a.C.), filósofo griego y autor de la *Poética,* donde se estudian los distintos géneros poéticos, el origen de la poesía dramática radica en (*stems from*) la tendencia innata en el hombre de imitar, lo cual establece una de las diferencias entre él y los animales. El hombre aprende a través de la imitación; por eso el niño actúa de manera simulada para adaptarse al modelo presentado por los mayores, por ejemplo, cuando él está sentado y quieto durante una visita. Más tarde, cuando crece, se da cuenta de que ésa no era la realidad sino una *mimesis,* o imitación de la realidad. El hombre también lucha por adaptarse a una realidad modélica, y a través de ese proceso se da cuenta de que toda acción humana es, de una u otra manera, una manifestación teatral. Podría decirse entonces que el drama toma de la vida diaria los elementos que lo integran y los coloca en un esquema determinado que constituye el teatro. Aunque existen muchas maneras de aproximarse al teatro, la consideración anterior parece la más simple: es decir, la obra dramática sería como una extensión de la vida diaria sometida a un esquema determinado, con sus fluctuaciones entre risas y lágrimas —comedia o tragedia— tal como lo concibió Aristóteles.

La diferencia entre la vida y el teatro es que en el teatro, el autor —el dramaturgo— controla la situación dramática desde afuera; mientras que en la vida práctica, las personas involucradas en una situación generalmente no pueden manejar dicha situación desde adentro.

La perspectiva dramática carece de narrador —esa voz que contaba la historia en la narrativa— y el autor es solamente una persona que observa las situaciones propias de la vida de cada día y las ordena dando forma a esos pedazos de vida a los que se llama *drama.* No se puede negar que esos fragmentos de la vida diaria no son realidad, sino una imitación de la realidad basada en la visión o interpretación del dramaturgo. Por eso se dice que el teatro es «mimesis», es decir, imitación de un aspecto de la vida real. Por consiguiente se podría decir que el propósito del dramaturgo es seleccionar el material de su drama de tal manera que el espectador pueda encontrar a través de la experiencia dramática un orden, una iluminación del caos de su diaria existencia o quizás un reflejo escénico del caos mundial.

II Análisis del teatro: Partes integrantes

Algunas veces se hace la distinción entre drama y teatro, diciendo que el drama es el texto escrito, y teatro, la representación de dicho texto. Lo que sí se puede afirmar es que el texto dramático es un texto doble: por una parte se caracteriza y se estructura a través del diálogo de los personajes; por otra, ese texto contiene muchas indicaciones para su representación. A éstas se les llama *acotaciones* o *direcciones de escena,* y también se denominan con la palabra griega *didascalia.* Sin embargo, hay que tener en cuenta que se llama acotaciones no sólo a las indicaciones escénicas —ya que hay textos que no las tienen (véase *El nietecito,* p. 267)— sino a todo elemento que indique algo referente a la teatralidad del texto.

Por consiguiente, se puede decir que aunque el texto dramático está formado sólo por palabras escritas, éstas tienen un doble destino. Unas se destinan a su realización oral en la representación por medio del diálogo; otras tienen una función imperativa y sirven para configurar el escenario. En el texto escrito alternan los diálogos y las acotaciones de escena, pero sólo aparecen simultáneamente en la representación. Teniendo esto presente, se puede decir que el texto dramático se compone de dos planos —uno *textual* y otro *escénico*— de tal manera que la articulación de estos dos planos forme una estructura coherente.

I. Plano textual (literario)
    texto principal: texto dicho por los personajes (el diálogo)
    texto secundario: acotaciones de escena

II. Plano espectacular (extraliterario)
    espacio escénico: formado por los personajes, decorados, luces, música, etcétera

Estas tres categorías —texto principal, texto secundario y espacio escénico— definen el texto dramático. Por lo tanto, es necesario considerar el estudio del género dramático en su doble aspecto de *texto literario,* que se realiza mediante la *lectura,* y *texto espectacular,* que se realiza a través de la *representación.* El elemento literario se dirige a la mente, y el elemento extraliterario, a los sentidos; pero ambos se cruzan en la representación. Por lo tanto, aunque la lectura individual de una obra de teatro sea posible y válida, ésta siempre será diferente de una representación, y todavía más importante es el hecho de que así como no hay dos representaciones exactamente iguales —varían los actores, el director, el espacio, etcétera— tampoco hay dos lecturas idénticas. De aquí se deduce la necesidad de aprender a re-crear la obra dramática durante la lectura, valiéndose de la imaginación por medio de la cual se puede visualizar las acotaciones de escena.

Plano textual o literario

Teniendo en cuenta que el propósito de este libro es un acercamiento a la literatura, el análisis del teatro se centrará (*will focus*) en el estudio del texto dramático o literario. Lo primero que hay que hacer notar es que el código comunicativo, emisor-mensaje-receptor, queda definido en el teatro a dos niveles.

Primer nivel:

dramaturgo ⟶ texto dramático ⟶ actor
espacio escénico

Segundo nivel:

actor ⟶ mensaje ⟶ espectador
espacio escénico

Ambos niveles quedarían resumidos en:

dramaturgo ⟶ texto ⟶ actor ⟶ espectador
director espacio escénico

Al analizar este código hay que considerar que la relación entre el espectador y el actor es recíproca, no sólo en el teatro contemporáneo en el cual el actor incita al espectador a participar en el drama, sino también en el sentido, más general, de involucrarlo en el proceso dramático. Es decir, un texto dramático se presenta como una «conversación»; es un diálogo entre dos personajes (**yo/tú–tú/yo**). Esta conversación está compuesta no sólo de elementos verbales sino también de elementos mímicos (gestos, ademanes, posturas, etcétera). A la escenificación de esta conversación asiste el espectador: sabe que los personajes le «están diciendo algo» y, aunque él no participe en la conversación, todo lo que se hace en el espacio escénico tiene una significación, es decir, sirve para comunicar un mensaje. Por lo tanto, la función del espectador consiste en descubrir y dar significación a esa conversación que se le entrega por partes mediante la interacción de los actores en el espacio escénico. El espectador es, así, un creador de significados.

Así como al hablar de la narrativa se podía decir que toda lectura es incompleta ya que el texto admite varias lecturas —por ser literario— también se puede afirmar que el texto dramático admite diversas puestas en escena (*stagings*) —por ser artístico— y el espectador puede realizar diversas *interpretaciones* buscando siempre relaciones nuevas. Esto significa que cuando el dramaturgo escribe una obra dramática, tiene presente no sólo que ésta va a ser leída —como sucede en la narrativa— sino también que va a ser representada ante un público por medio de unos actores guiados por un director. Teniendo en cuenta todo lo dicho, se puede deducir que el teatro implica un «proceso dialógico» a cinco niveles de comunicación: (1) comunicación entre el dramaturgo y el actor, (2) comunicación entre los diversos actores ya que cada uno es a la vez destinatario y emisor, es decir, recibe mensajes y responde a ellos, (3) comunicación recíproca entre el actor y el espectador, (4) comunicación entre el dramaturgo y el espectador a través del actor (y del director) y (5) comunicación de los espectadores entre sí y de cada espectador consigo mismo. De ahí que se pueda decir que la tensión dramática supone una tensión de la comunicación.

EL DIALOGO

El diálogo es uno de los componentes fundamentales del discurso teatral: es la lengua puesta en acción. Sin diálogo no hay teatro, teniendo a la vez muy en cuenta que incluso los silencios —como ausencia de lenguaje o antilenguaje— dicen algo, comunican algo y, por lo tanto, son parte del discurso. Se puede decir, pues, que la obra dramática es un conjunto de diálogos presentados por unos personajes que se van construyendo a través de esos mismos diálogos. Los personajes quedan caracterizados por la forma en que intervienen en el diálogo así como por su descripción física y por sus acciones.

Si comparamos el diálogo de la narrativa con el de la obra dramática, podemos ver el contraste siguiente.

NARRATIVA	DRAMA
diálogo escrito	diálogo oral
diálogo referido	diálogo directo
diálogo aprehendido en la lectura	diálogo aprehendido en la representación

Por consiguiente, se puede afirmar que el diálogo dramático es un diálogo oral, actuado, en lugar de ser un diálogo escrito como el de la narrativa. El teatro, como mimesis, es y no es el mundo en que vivimos. En la actuación de los personajes, todas las manifestaciones orales, tales como hablar, cantar, reír, llorar, se presentan directamente sin intermediario escrito. Esto significa que el texto dramático pierde su valor como texto descriptivo-narrativo y se transforma en elemento motor de la mimesis, la cual da existencia escénica a los personajes. No hay necesidad de insistir en establecer la diferencia entre el texto narrativo y el texto dramático, pero sí conviene señalar que en el texto narrativo la primera persona **yo** está subordinada a la tercera **él** porque el narrador, generalmente, se refiere a los personajes en tercera persona. Sin embargo, en el texto teatral, es la tercera persona **él** la que está subordinada al **yo** porque los personajes presentan en primera persona la situación. Tomando en cuenta el juego dramático vemos que se distinguen dos tipos de diálogo: uno a través de la participación directa de los personajes, otro como participación indirecta; este segundo tipo lo constituyen los llamados *apartes* (*asides*).

La obra dramática puede presentar el diálogo en verso, en prosa o en una combinación de verso y prosa, pero en cualquier caso, el diálogo es el instrumento del cual se sirve el actor para dar vida a la obra. De la selección de las palabras que componen el diálogo depende el que éste tenga un tono serio o humorístico, elevado o común.

Además del diálogo propiamente dicho, hay que considerar el *monólogo* o *soliloquio* que generalmente se desarrolla cuando el personaje está solo en escena; es, pues, un diálogo con un solo emisor. Por consiguiente, el monólogo consiste en las reflexiones que éste se hace en voz alta sobre la situación específica en que se encuentra. Es célebre el monólogo de Hamlet «*To be or not to be*» así como el monólogo de Segismundo «¿Qué es la vida?» en la obra maestra de Calderón de la Barca, *La vida es sueño*.

También son importantes los apartes, que son frases que dice un personaje y que se supone que los demás personajes no oyen, pero que sirven para dar a conocer al público los pensamientos de quien las dice o ciertas intenciones secretas. Los apartes tienen una función parecida a la que tenía el coro griego del teatro antiguo: sirven de intermediarios entre el espectador y la obra.

Al considerar el diálogo de las obras que figuran en la sección antológica, vemos que en *El nietecito* (p. 267), Benavente usa un diálogo flexible, ingenioso y un lenguaje fluido; es un diálogo lleno de ideas más que de acción. Los personajes, de acuerdo con su medio social, usan muchas expresiones populares: **too, na, comío** y otras más.

El lenguaje de *Historia del hombre que se convirtió en perro* (p. 275) es diferente del lenguaje convencional; no se trata solamente del uso del **voseo —divertite, podés,** etcétera— sino que se trata de dar fuerza a la expresión para poner de relieve las ideas fundamentales que se agitan en el drama. Esto, según Pedro Bravo-Elizondo en *Teatro hispano-americano de crítica social* (1975), conduce a un lenguaje casi telegráfico derivado del fluir de la conciencia (*stream of consciousness*) y de la irrupción de la tensión interna producida por el choque del individuo con su medio ambiente; es decir, que la sintaxis oracional es sustituida por palabras aisladas. Por ejemplo, en la página 276 se ve la elipsis de los elementos sintácticos quedando solamente, primero la palabra aislada y luego sólo las letras iniciales: «Tornero… ¡NO! Mecánico… ¡NO! S… N… R… N… F… N…». Por otra parte, en la obra *Resguardo personal* —teatro que se propone ser un vehículo cultural— aparecen algunas palabras y expresiones usadas por el pueblo pero que el pudor (*bashfulness*) y el buen gusto rechazan. Hay que destacar que lo que Pedrero se propone es dar énfasis a una situación cultural muy arriesgada, aunque real: la falta de comunicación entre las parejas y, en última instancia, la libertad y la autonomía de la mujer.

LOS PERSONAJES O *DRAMATIS PERSONAE*

Así como la obra dramática no existiría sin el autor, tampoco podría existir sin el actor, aunque aquél hubiera creado el texto dramático, porque el teatro es representación y, por lo tanto, el actor nace de la necesidad de *re-crear*, de *representar* la obra del autor. El actor es una persona que habla y que se mueve en el escenario, pero su esencia consiste en que *represente* a alguien, que *signifique* a una persona; de ahí su nombre de *personaje*. Es por eso un cuerpo vivo, un ser humano que se convierte en personaje a través de una mimesis, es decir, imitando a otra persona, sintiéndose otra persona impuesta por el texto. De ahí que podríamos usar la siguiente fórmula para representar a un personaje.

actor + texto = personaje

Los personajes del teatro, aunque tienen cierta semejanza con las personas reales, difieren de éstas en algunos aspectos: primero, porque se mueven en un mundo imaginario, y segundo, porque han sido creados por el autor para transmitirnos su mensaje y generalmente sólo presentan unas cuantas características predominantes que sirven para definirlos.

Un personaje está constituido por frases pronunciadas por él y frases pronunciadas sobre él; esto significa que el personaje puede constituirse de dos maneras: directa e indirectamente. Un personaje está directamente constituido cuando le conocemos a través de lo que él mismo dice y hace; está indirectamente constituido si le conocemos a través de lo que nos dicen los otros acerca de él. Los personajes, además de hablar, se mueven en el escenario (*stage*), hacen gestos, van vestidos de una manera determinada y todo esto es también *lenguaje* que tiene su propia significación para entender el drama. De ahí que se pueda decir que los personajes tienen un valor *sintáctico* porque desempeñan (*they perform*) una función en el desarrollo de la acción comparable a la función de las palabras en el desarrollo de la frase.

Es necesario notar que los personajes están ordenados para el desarrollo de la acción dramática, es decir, que desempeñan una función determinada. Teniendo en cuenta su función, los personajes se clasifican en *actantes* y *actores*. Son actantes los que de cualquier manera, aunque sea de un modo pasivo, contribuyen al progreso de la acción. Actante es un término más inclusivo que personaje ya que los animales y los objetos y hasta los conceptos pueden ser actantes. Por ejemplo, la llave maestra en *El viejo celoso* (p. 227) tiene la función de actante.

Los actores son aquéllos que no sólo contribuyen a que avance la acción sino que son portadores de las ideas, es decir, de la significación temática del drama; por lo tanto, además de un valor sintáctico tienen un valor *semántico*. Otra consideración acerca de los personajes es su relación con la escenografía o ambientación (*setting*) ya que los personajes son producto de su medio ambiente y éste influye en su carácter.

Al igual que en la narrativa, el teatro necesita de la figura de un protagonista que represente el interés principal de la acción. Este es el sujeto que realiza la acción principal y a él se refieren todas las acciones que forman el argumento. No se debe considerar al protagonista como persona individual, sino como un ser universal. Por ejemplo, lo que le ocurre al abuelo del drama *El nietecito* (p. 267) no le ocurre solamente a él, sino a todas las personas que se encuentren en esas mismas condiciones. Por consiguiente, se produce una universalización.

Las características del protagonista varían según el esquema de la representación, o sea, según se trate de la tragedia o de la comedia. La tragedia como forma estética teatral celebra el hecho de que aunque el ser humano tenga que aceptar lo que no tiene solución, su *espíritu* triunfa sobre su destino. Paradójicamente, la muerte del héroe es común; pero es el espíritu del héroe, quien supo luchar a pesar de sus limitaciones, lo que constituye el drama trágico.

La comedia, sin embargo, se basa en el sentido cómico de la vida; es decir que, a pesar de los fracasos, a pesar de los golpes de la vida, el individuo se levanta y sigue viviendo porque la vida continúa. La comedia se caracteriza por el *humor,* el cual se define como una buena disposición para afrontar la vida. Relacionada con la comedia, se debe mencionar la *risa* ya que ésta es consecuencia lógica de lo cómico.

Según Aristóteles, el héroe trágico es un hombre que sin ser eminentemente virtuoso ni justo, viene a caer en desgracia, no por su maldad o perversidad, sino como consecuencia de alguna debilidad, de algún error cometido; este error, denominado *falla trágica,* es lo que le conduce a la catástrofe —catástrofe que es más impresionante mientras más elevada sea la imagen que se tiene del héroe.

Cuando empieza la representación se establece una relación entre el héroe y el público. El público se identifica con el personaje y vive los acontecimientos que está viviendo el protagonista, o sea, que se crea un sentimiento de *empatía*. El público acompaña al héroe en su *vía dolorosa* y cuando se produce la catástrofe, el espectador experimenta grandes emociones.

La pregunta que aquí se hace necesaria es, ¿qué emociones eran las que Aristóteles quería que conmovieran (*moved to pity, touched*) al público? Son dos:

la *compasión* y el *miedo* —compasión al ver que el héroe trágico pasa tantos sufrimientos, y miedo o *temor* porque, siendo él un ser humano como todos, despierta en el espectador la conciencia de su propia vulnerabilidad. La tragedia griega no constituía una diversión, sino una *purificación* que se producía por medio de esas dos emociones que se acaban de mencionar; a esta purificación los griegos la denominaron *catarsis*. Por consiguiente, la base del análisis de la tragedia consiste en presentar el fenómeno trágico como la imitación (mimesis) de una acción grave que provoca compasión y temor y que opera una catarsis o purificación por medio de las emociones producidas.

Se podría concluir que la tragedia encarna la jornada simbólica del héroe desde la ignorancia hasta la percepción; el héroe trágico actúa, sufre y, a través de su sufrimiento, aprende; esto es lo que se entiende por percepción o *anagnórisis*. Aristóteles limita la tragedia a la presentación de héroes de gran estatura moral, como antes se ha mencionado, mientras que la comedia se preocupa del hombre común con sus problemas personales.

En la comedia moderna predomina un tipo de humor nacido de la crueldad de la vida —el *humor negro*— que a veces se asocia con lo grotesco. Desde el siglo XVIII se considera lo grotesco como concepto estético; hoy día nace de la visión de un mundo caótico, deformado por la ruptura de formas y leyes tradicionales. La obra *Historia del hombre que se convirtió en perro* (p. 275) ofrece un ejemplo de lo grotesco al mezclar lo humano con lo animal en el hombre convertido en perro.

El reconocimiento de lo cómico y lo trágico es útil como análisis preliminar de una obra dramática; pero es importante señalar que la mejor distinción es la que se hace teniendo como base la obra misma. Por ejemplo, decir que la comedia tiene un final feliz o que la muerte y la tragedia son inseparables no es analizar una obra dramática, ni tampoco lo es el repetir lo que los personajes *dicen* y *hacen;* lo importante es preguntarse *por qué, cómo, dónde* y *cuándo* lo dicho ha sido dicho y lo hecho ha sido hecho.

EL ESPECTADOR

No hay teatro sin público ya que el signo teatral está constituido por la conexión entre actor y espectador. En realidad, el público —los espectadores— es siempre el que da sentido a la acción teatral que de lo contrario sería una cadena de palabras sin sentido. El lector, frente a una obra dramática, puede realizar tres tipos de lectura: (1) una lectura descriptiva, (2) una lectura estilística y (3) una lectura temática. La lectura descriptiva responde a las preguntas: ¿qué se cuenta en la obra? ¿quién o quiénes son los protagonistas de lo que se cuenta? La lectura estilística responde a la pregunta: ¿cómo se cuenta? Por último, la lectura temática considera ¿qué se quiere poner de manifiesto? y ¿por qué se cuenta? Ese por qué representa la valoración temático-cultural y se refiere al tema o idea central de la obra, es decir, al mensaje. Este tipo de lectura, precisamente, obliga al espectador a meditar, a reflexionar sobre el teatro que ha visto o leído.

La división tradicional entre espacio escénico y espacio del espectador desaparece a veces en el teatro contemporáneo porque el espectador se integra al espectáculo como un observador participante (véase el «Código comunicativo teatral», p. 224). Si se observa con cuidado la representación de una obra dramática se puede ver la importancia del espectador especialmente en los monólogos y en los apartes.

El monólogo es una forma de incorporar estructuralmente al público como personaje invisible de la acción, ya que si no existiera el espectador, el personaje no tendría ningún oyente/receptor del mensaje implícito en el monólogo. Del mismo modo, los apartes no son otra cosa que una manera sutil de hacer al espectador cómplice de la acción dramática. El espectador debe evitar la adopción de una distancia crítica: debe ser parte integrante y penetrar en la acción llevado por el ritmo de la obra. La respuesta del espectador consiste en deconstruir el drama de tal manera que los fragmentos que lo integran se relacionen con su mundo y le hagan sentir una especie de iluminación a través de la experiencia dramática. Por consiguiente, entre el actor y el espectador existen dos relaciones importantes: una relación física y otra intelectual que tiene lugar cuando el espectador percibe el mensaje de la obra.

EL TEXTO SECUNDARIO: LAS ACOTACIONES DE ESCENA

Una vez estudiados la organización y el funcionamiento del texto en su dimensión de diálogo actualizado por los personajes, se tiene que pasar a considerar la otra dimensión, o sea, la dimensión escénica. A este respecto hay que considerar que en el texto dramático existen unas normas de representación que hacen posible la teatralidad de dicho texto, o sea, su escenificación. Estas normas, de carácter imperativo, son las referidas anteriormente con el nombre de acotaciones escénicas o didascalia. Las acotaciones escénicas son de dos clases: escritas y habladas. Las acotaciones habladas forman parte del texto principal y se hallan integradas en el diálogo de los personajes. Por ejemplo, muchas veces se anuncia por medio del diálogo que alguien va a llegar o se informa de algo que tiene lugar fuera del escenario. Las acotaciones escénicas escritas aparecen formando parte del texto dramático, generalmente con caracteres en letra cursiva o itálica, y contienen información relacionada con la puesta en escena de la obra.

Por medio del análisis de las acotaciones o direcciones de escena se puede averiguar el uso que de ellas hace el dramaturgo para efectuar los cambios de escena, prefigurar (*to foreshadow*) los acontecimientos, caracterizar a los personajes, dar unidad a la acción, etcétera. Lo importante es saber que en la obra dramática nada es gratuito y que cualquier indicación es significante.

IV *Plano espectacular*

El espectáculo es la representación teatral en su conjunto —el texto puesto en escena, la experiencia estética gozada por el espectador. Ya se ha comentado al hablar de «arte y estética» la capacidad que tiene el arte de producir placer estético, por un lado, y de provocar una respuesta inteligente ante la situación que se presenta, por el otro. En el caso de la narrativa y de la poesía, el elemento central de la experiencia estética es la palabra; pero en el teatro no se puede dejar de tomar en cuenta su fin último, o sea, la representación teatral.

Así como en el plano literario, por ser forma escrita, se utilizan los signos del sistema lingüístico, en el plano espectacular se utilizan objetos, los cuales, por el hecho de estar en el escenario —es decir, en un espacio escénico— tienen una significación especial. Se podría decir que si el teatro posee una gran capacidad de comunicación es precisamente por esa capacidad del escenario de transformar en algo significante todo lo que aparece en el espacio escénico. Aquí conviene mencionar las distintas posibilidades del teatro como lugar de acción. En primer lugar, las luces, los espacios físicos, los decorados (*settings, decor*) la música, la yuxtaposición de los objetos en el escenario, los diversos estilos de actuación y el maquillaje se convierten en recursos tan válidos como el diálogo hablado, es decir, significan algo, transmiten un mensaje. En segundo lugar, el espacio escénico comprende tanto el espacio representado en la obra —el espacio visible, interior— como el espacio no representado, sino *referido* en la obra —el espacio exterior. Por ejemplo, en *La casa de Bernarda Alba* se puede ver, por un lado, que el espacio representado, el espacio interior, no cambia, es uno solo, y de esta manera se logra transmitir al espectador la idea de encierro (*seclusion, prison*) de un espacio sin salida. Por otro lado, los acontecimientos que llevan el drama a su final ocurren en el espacio exterior, el espacio referido, de ahí su gran importancia. El espacio escénico está definido por dos puntos: el concepto mismo de escenario, en donde tienen lugar las relaciones actor/espectador, y el contenido visual de dicho escenario. En el teatro contemporáneo tiene gran importancia el espacio escénico y algunas obras tienen lugar en una habitación cualquiera, una cárcel, la calle, una estación del metro, un viejo mercado, etcétera, como espacio escénico. Por ejemplo, para representar una obra relacionada con la guerra civil española y a fin de crear la atmósfera del exilio, se utilizó como espacio escénico una estación de ferrocarril llena de viajeros ansiosos y de maletas.

ESTRUCTURA DE LA OBRA DRAMATICA

El término *estructura* viene de la arquitectura y en literatura adquiere el significado de *organización*. En cuanto a la obra dramática hay que distinguir entre la *estructura externa* de la obra y la *estructura de la acción dramática*.

1. *Estructura externa*. La unidad básica de la estructura dramática es la *escena*. Se puede definir la escena como una parte de la obra durante la cual el escenario está ocupado por los mismos personajes. Si entra o sale un nuevo personaje, se produce otra escena. De este modo se pueden distinguir fácilmente las partes integrantes de una obra. Hay otras unidades mayores como los *actos* o las *jornadas* —usadas en el Siglo de Oro— pero éstas son divisiones convencionales. En general, los actos constituyen una especie de interrupción que proporciona un descanso a los actores y a los espectadores.

2. *Estructura de la acción dramática*. Se entiende por acción dramática el conjunto de elementos que contribuyen al desarrollo de la trama de la obra dramática. Al considerar la acción de un drama hay que tener presente no sólo lo que ocurre en la obra sino también el orden en el que los acontecimientos ocurren. Por eso, el momento en el cual se levanta el telón es trascendente para la obra porque ahí empieza a desarrollarse la acción. Para Aristóteles la acción era la parte más importante, era el alma de la tragedia, mucho más im-

portante que la historia que se contaba y que los personajes; de ahí que poco importara el hecho de que en el teatro griego el espectador conociera la historia que se iba a representar de antemano porque lo que importaba era la manera cómo se desarrollaban los acontecimientos ya fuera para enfatizar el suspenso o la ironía. Los componentes de la estructura de la acción se relacionan con los diferentes grados de emotividad o de percepción que despierta la obra y corresponden a los momentos de menor o mayor intensidad. Estos elementos constitutivos se ordenan en forma de pirámide y son: (a) exposición; (b) incidente o complicación (*rising action*); (c) nudo o clímax y (d) desenlace (*falling action*).

a. *Exposición.* Es la presentación de la información necesaria acerca de los personajes o de la historia para que el espectador pueda entender la obra dramática.
b. *Incidente* o *complicación.* Son ciertas palabras o acciones que provocan el conflicto o lucha entre fuerzas opuestas que pueden ser protagonista y antagonista o el protagonista consigo mismo. El incidente produce una tensión dramática que va creciendo hasta el clímax.
c. *Nudo* o *clímax.* Es el punto de máxima tensión y constituye definitivamente un punto decisivo. Este cambio radical en el destino del personaje fue llamado por Aristóteles *peripecia.*
d. *Desenlace.* El desenlace representa un descenso del movimiento dramático desde el punto culminante que es el clímax, hacia la conclusión o *resolución.*

 # V Otras formas y técnicas dramáticas

EL ENTREMES

La palabra *entremés* viene del latín *inter-medium* y es precisamente eso, un intermedio. A mediados del siglo XVI, la palabra *entremés* pasó a significar una obra de teatro corta, de carácter cómico, que se representaba en el intermedio (*intermission*) de las obras serias para aligerar la gravedad de la acción.

Los entremeses anteriores a Cervantes eran por lo general de tono grosero y de mal gusto; fue Cervantes el que dio a esta forma dramática un nuevo impulso estético. Uno de los mejores entremeses de Cervantes es *El viejo celoso* (p. 257). Además de Cervantes cultivaron este género autores como Lope de Vega y Francisco de Quevedo, pero el más importante es Luis Quiñones de Benavente.

EL SAINETE

En el siglo XVIII surgió otra forma dramática denominada *sainete* (*one-act farce*), muy similar al entremés excepto que se representaba después del segundo acto de la obra principal. El autor más famoso de sainetes fue Ramón de la Cruz.

EL METATEATRO

El metateatro es el «teatro dentro del teatro» (*play-within-a-play*). Según Lionel Abel en *Metatheatre* (1963), esta técnica sirve para expresar dos ideas principales: la primera, que el mundo es un escenario, un teatro, y los seres humanos unos simples personajes que cubiertos con la máscara deben desempeñar su papel; y la segunda, que la vida es un sueño y que, por consiguiente, las reacciones y expresiones de los hombres no son verdaderas, sino ilusorias, ficticias.

El metateatro en sí mismo no es una invención contemporánea; se sabe que Shakespeare lo experimentó en su obra *Hamlet*. Sin embargo, lo que sí es contemporáneo es el uso que los dramaturgos hacen de esa técnica actualmente.

VI *Formas dramáticas contemporáneas*

Además de las formas dramáticas antes mencionadas —entremés, sainete y metateatro— se podría pensar el teatro a partir de los dos tipos históricos: tragedia y comedia. Sin embargo, la creación de los distintos dramaturgos se relaciona con su actitud frente al leitmotivo de la cultura y con su cosmovisión individual. Surgen así otras formas dramáticas que tienen como base la vida social y existencial del tiempo actual. Por ejemplo, en *La casa de Bernarda Alba* (p. 299), el dramaturgo García Lorca utiliza la tragedia para mostrar lo más profundo de la condición humana: la libertad individual en las relaciones humanas y, particularmente, en lo que respecta a la mujer. No cabe duda de que las hijas de Bernarda Alba aspiran a la felicidad y a realizarse como mujeres, pero existen fuerzas externas de orden social o cultural, representadas en Bernarda, con las que tienen que enfrentarse y que, al final, llevan la obra a la tragedia.

En *El hombre que se convirtió en perro* (p. 275) esas mismas fuerzas externas hacen que los protagonistas se conviertan en una especie de muñecos (*puppets*) que, como seres humanos, no son dueños de la historia y, como individuos, no son dueños de su vida. Lo peor es que se creen seres libres y no se dan cuenta de que caen en el ridículo al aceptar el trabajo de un perro. Se podría decir que les falta la suficiente ironía para verse a sí mismos totalmente deshumanizados y convertidos en muñecos que nos hacen reír cuando realmente deberíamos llorar al considerar la historia que representan. No hay lugar en esta obra, como lo había en la obra de Lorca, para la grandiosidad de la tragedia y, como consecuencia, la obra aparece como una farsa. Dentro de estas formas dramáticas contemporáneas se puede considerar el *teatro de la crueldad* de Antonin Artaud, el *teatro épico* de Bertolt Brecht, el *teatro del absurdo* de Eugène Ionesco y, modernamente, el *teatro episódico*.

Ahora bien, frente al teatro proclamado por Aristóteles cuyo centro es la acción estructurada de acuerdo con una secuencia ordenada de partes, aparece modernamente otro teatro hecho de símbolos, de fragmentos que funcionan como episodios —es decir, como unidades independientes.

Las primeras manifestaciones del teatro episódico se ven en el teatro de Esquilo (*Aeschylus*, 525–456 a.C.). Este tipo de teatro permite una sobreacumulación de materiales dramáticos ya que representa historias enteras a lo largo de los episodios; esto hace que casi no necesite exposición porque todo acontecimiento forma parte del drama. Sin embargo, en el teatro aristotélico como la obra principia cerca del clímax, es necesario que haya una exposición que explique los acontecimientos que tuvieron lugar antes del principio de la obra.

Resumiendo, se podría decir que el teatro aristotélico produce una catarsis (purificación); que el teatro de ideas, o de tesis, como el de Benavente, pide una respuesta; pero que el teatro episódico es inocente, no pide nada. Por ejemplo, en *Historia del hombre que se convirtió en perro* (p. 275), lo que el espectador percibe es una serie de episodios, material casi sin desarrollar, pero organizado de tal manera que el espectador lo puede relacionar con su propio e íntimo caos. En otras palabras, se establece una relación estrecha entre el teatro y lo que preocupa y obsesiona al espectador, el cual se convierte así en participante de la acción. La obra no ofrece soluciones; el final representa una supresión de la progresión episódica dejando al espectador con un sentimiento ambivalente porque aunque el drama técnicamente haya terminado, la problemática que él se ha planteado no termina.

EL TEATRO DE LA CRUELDAD

El francés Antonin Artaud (1896–1948), en *El teatro y su doble,* vuelve al teatro primitivo, a lo que éste tenía de ceremonial dionisíaco. Es un teatro total en donde caben todas las manifestaciones humanas tales como el humor, el delirio y la violencia; además, es también un espectáculo total ya que Artaud quería que el teatro pudiera competir con el circo, con el cine, con el *music-hall,* etcétera. Es de señalar que las manifestaciones de violencia y erotismo propias de este teatro tienen como objetivo despertar a los espectadores pasivos y obligarlos a tomar conciencia de las distintas problemáticas que rodean hoy al ser humano.

EL TEATRO ÉPICO

El alemán Bertolt Brecht (1898–1956), el hombre de teatro más importante y el teórico teatral más riguroso del siglo XX, fue el iniciador del teatro épico. Sus obras *Madre coraje* y *El círculo de tiza caucasiano* le dieron gran renombre. Brecht define el teatro no por su estructura, sino por el papel que desempeña en la vida de los hombres. Es decir, el dramaturgo debe presentar en el drama aquellas ideas que ayuden a cambiar el mundo —de ahí que su teatro tenga una función humana y social.

Podría decirse entonces que la estética de Brecht es ética, no aristotélica. Conviene aquí recordar los principios de la estética aristotélica, que consistía en producir un acercamiento de las situaciones dramáticas y de los personajes al espectador a fin de que tuviera lugar la empatía primero y, más tarde, la catarsis. (Es importante notar que Aristóteles no habla en su *Poética* de teatro épico, sino de poesía épica, de tragedia y de comedia.)

Sin embargo, en el teatro épico lo que se trata de producir es un distanciamiento entre la acción y el espectador. Este distanciamiento se ha denominado en español *efecto V,* expresión que se origina en la palabra alemana *Verfremdung* (*alienation*). Brecht logra ese alejamiento mediante diversas técnicas entre las que se puede señalar dos: (1) el uso de la narración —por eso se llama épico— y (2) la utilización de marionetas, o sea, personajes que actúan como si fueran muñecos. Estos personajes-muñeco son en sí mismos seres alejados de nosotros y ajenos también a nuestro mundo emotivo. Precisamente este *distanciamiento sentimental* es la condición que Brecht cree necesaria para que se produzca el *acercamiento intelectual.* Es decir, lo que Brecht se propone es que se originen ideas que puedan cambiar el mundo.

EL TEATRO DEL ABSURDO

Eugène Ionesco (1912–   ), rumano de nacimiento, es el iniciador del teatro del absurdo. Dicho teatro se emparenta con (*is closely related to*) el del gran maestro del absurdo Alfred Jarry, entre otros. La obra que le dio gran fama a Ionesco es *La cantante calva.* La literatura del absurdo surge a raíz de la segunda guerra mundial. Se proponía destacar lo absurdo de la vida del hombre contemporáneo. El hombre se ha convertido en un robot, una marioneta, un ser conformista, a causa de una estructura social que lo deshumaniza. Ionesco, obsesionado por estas ideas, experimentó ese sentimiento de impotencia, tan común en la Europa de la posguerra. Es la angustia que se siente ante un mundo donde los seres humanos parecen ser manejados por fuerzas oscuras de origen social, político y económico, fuerzas que reducen al individuo a una cifra, lo convierten en un ente abstracto, un elemento más en la gran colmena del universo. La realidad se muestra como un caos, como un absurdo, y las personas se sienten como fuera de lugar, sin esperanza, sin consuelo.

Teniendo esta filosofía de lo absurdo de la vida como base, Ionesco elabora su teatro del absurdo que es un nuevo tipo de drama que está cerca de la tragedia —pues es la gran tragedia del mundo contemporáneo. Sin embargo, y a diferencia de otras formas dramáticas, en el teatro del absurdo no suele producirse desenlace alguno; el desenlace lo tiene que construir el espectador ante ese ejemplo de la frustración humana que le ofrece el dramaturgo en la obra dramática. No falta en el teatro del absurdo la nota de humor, pero es un humor negro de cuyas situaciones el espectador se ríe por no ponerse a llorar.

PRACTICA

A. En una obra dramática, a diferencia de la novela y el cuento, no hay un narrador que comente. El dramaturgo depende del diálogo para crear una situación dramática y revelar el carácter de los personajes. Lea los fragmentos siguientes y conteste las preguntas.
   1. ¿Cómo se presenta la interacción entre los personajes, en términos del ambiente general de la obra y en términos de la creación de tipos individuales?
   2. ¿Cuáles son los elementos lingüísticos más significativos del fragmento? ¿Cuáles son las peculiaridades más pronunciadas del lenguaje de cada personaje? (O sea, ¿sirve el lenguaje para identificar al personaje?)
   3. ¿Qué objetos y símbolos se ven en estos fragmentos y qué importancia tienen?
   4. ¿Cuáles son los aspectos visuales más sobresalientes de cada escena?
   5. Si hay acotaciones, ¿cuál es su función?

a. (Este fragmento corresponde al primer acto de *Death of a Salesman,* 1949, de Arthur Miller. Biff, el hijo mayor del protagonista Willy Loman, discute con su madre el estado físico y mental del padre.)

BIFF: Why didn't you ever write me about this, Mom?

LINDA: How would I write to you? For over three months you had no address.

BIFF: I was on the move. But you know I thought of you all the time. You know that, don't you, pal?

LINDA: I know, dear, I know. But he likes to have a letter. Just to know that there's still a possibility for better things.

BIFF: He's not like this all the time, is he?

LINDA: It's when you come home he's always the worst.

BIFF: When I come home?

LINDA: When you write you're coming, he's all smiles, and talks about the future, and—he's just wonderful. And then the closer you seem to come, the more shaky he gets, and then, by the time you get here, he's arguing, and he seems angry at you. I think it's just that maybe he can't bring himself to—open up to you. Why are you so hateful to each other? Why is that?

BIFF: (*evasively*) I'm not hateful, Mom.

LINDA: But you no sooner come in the door than you're fighting!

BIFF: I don't know why, I mean to change. I'm tryin', Mom, you understand?

LINDA: Are you home to stay now?

BIFF: I don't know. I want to look around, see what's doin'.

LINDA: Biff, you can't look around all your life, can you?

BIFF: I just can't take hold, Mom. I can't take hold of some kind of a life.

LINDA: Biff, a man is not a bird, to come and go with the springtime.

BIFF: Your hair . . . (*He touches her hair.*) Your hair got so gray.

LINDA: Oh, it's been gray since you were in high school. I just stopped dyeing it, that's all.

BIFF: Dye it again, will ya? I don't want my pal looking old. (*He smiles.*)

LINDA: You're such a boy! You think you can go away for a year and . . . You've got to get it into your head now that one day you'll knock on this door and there'll be strange people here—

BIFF: What are you talking about? You're not even sixty, Mom.

LINDA: But what about your father?

BIFF: (*lamely*). Well, I meant him too.

. . .

LINDA: Biff, dear, if you don't have any feeling for him, then you can't have any feeling for me.

BIFF: Sure I can, Mom.

LINDA: No. You can't just come to see me, because I love him. (*With a threat, but only a threat, of tears*) He's the dearest man in the world to me, and I won't have anyone making him feel unwanted and low and blue. You've got to make up your mind now, darling, there's no leeway any more. Either he's your father and you pay him that respect, or else you're not to come here. I know he's not easy to get along with—nobody knows that better than me—but . . .

. . .

BIFF: Stop making excuses for him! He always, always wiped the floor with you! Never had an ounce of respect for you.

. . .

LINDA: I don't say he's a great man. Willy Loman never made a lot of money. His name was never in the paper. He's not the finest character that ever lived. But he's a human being, and a terrible thing is happening to him. So attention must be paid. He's not to be allowed to fall into his grave like an old dog. Attention, attention must be finally paid to such a person.

b. (En la segunda escena de *A Streetcar Named Desire,* 1947, de Tennessee Williams, Stanley Kowalski aparece discutiendo con su esposa Stella a causa de la hermana de ésta —Blanche DuBois— quien los visita temporalmente.)

It is six o'clock the following evening. Blanche is bathing. Stella is completing her toilette. Blanche's dress, a flowered print, is laid out on Stella's bed.

Stanley enters the kitchen from outside, leaving the door open on the perpetual "blue piano" around the corner.

STANLEY: What's all this monkey doings?

STELLA: Oh, Stan! (*She jumps up and kisses him, which he accepts with lordly composure.*) I'm taking Blanche to Galatoire's for supper and then to a show, because it's your poker night.

STANLEY: How about my supper, huh? I'm not going to no Galatoire's for supper!

STELLA: I put you a cold plate on ice.

STANLEY: Well, isn't that just dandy!

STELLA: I'm going to try to keep Blanche out till the party breaks up because I don't know how she would take it. So we'll go to one of the little places in the Quarter afterwards and you'd better give me some money.

STANLEY: Where is she?

STELLA: She's soaking in a hot tub to quiet her nerves. She's terribly upset.

STANLEY: Over what?

STELLA: She's been through such an ordeal.

STANLEY: Yeah?

STELLA: Stan, we've—lost Belle Reve!

STANLEY: The place in the country?

STELLA: Yes.

STANLEY: How?

STELLA: (*vaguely*) Oh, it had to be—sacrificed or something. (*There is a pause while Stanley considers. Stella is changing into her dress.*) When she comes in be sure to say something nice about her appearance. And, oh! Don't mention the baby. I haven't said anything yet, I'm waiting until she gets in a quieter condition.

STANLEY: (*ominously*) So?

STELLA: And try to understand her and be nice to her, Stan.

BLANCHE: (*singing in the bathroom*) "From the land of the sky blue water, they brought a captive maid!"

STELLA: She wasn't expecting to find us in such a small place. You see I'd tried to gloss things over a little in my letters.

STANLEY: So?

STELLA: And admire her dress and tell her she's looking wonderful. That's important with Blanche. Her little weakness!

STANLEY: Yeah. I get the idea. Now let's skip back a little to where you said the country place was disposed of.

STELLA: Oh!—yes . . .

STANLEY: How about that? Let's have a few more details on that subject.

STELLA: It's best not to talk much about it until she's calmed down.

STANLEY: So that's the deal, huh? Sister Blanche cannot be annoyed with business details right now!

STELLA: You saw how she was last night.

STANLEY: Uh-hum, I saw how she was. Now let's have a gander at the bill of sale.

STELLA: I haven't seen any.

STANLEY: She didn't show you no papers, no deed of sale or nothing like that, huh?

STELLA: It seems like it wasn't sold.

STANLEY: Well, what in hell was it then, give away? To charity?

STELLA: Shhh! She'll hear you.

STANLEY: I don't care if she hears me. Let's see the papers!

STELLA: There weren't any papers, she didn't show any papers, I don't care about papers.

STANLEY: Have you ever heard of the Napoleonic code?

STELLA: No, Stanley, I haven't heard of the Napoleonic code and if I have, I don't see what it—

STANLEY: Let me enlighten you on a point or two, baby.

STELLA: Yes?

STANLEY: In the state of Louisiana we have the Napoleonic code according to which what belongs to the wife belongs to the husband and vice versa. For instance if I had a piece of property, or you had a piece of property—

STELLA: My head is swimming!

STANLEY: All right. I'll wait till she gets through soaking in a hot tub and then I'll inquire if *she* is acquainted with the Napoleonic code. It looks to me like you have been swindled, baby, and if you're swindled under the Napoleonic code I'm swindled *too*. And I don't like to be *swindled*.

c. (La siguiente escena de *En la ardiente oscuridad,* 1950, del dramaturgo español Antonio Buero Vallejo, ocurre en un instituto para ciegos. Los estudiantes del instituto viven cómoda y confiadamente hasta la llegada de Ignacio, un ciego amargado por su condición y poco dispuesto a asociarse con el mundo de los videntes [*persons with sight*]. Se nota cierta competencia entre Ignacio y Carlos, otro estudiante, quien representa la filosofía de independencia e integración del insituto. Todos los que hablan en esta parte del segundo acto son estudiantes ciegos.)

ANDRES: (*Reservado.*) Yo he pensado también mucho en esas cosas. Y creo que con la ceguera no sólo carecemos de un poder a distancia, sino de un placer también. Un placer maravilloso, seguramente. ¿Cómo supones tú que será?
...

IGNACIO: (*Accionando para él solo con sus manos llenas de anhelo y violencia, subraya inconscientemente la calidad táctil que sus presunciones ofrecen.*) Pienso que es como si por los ojos entrase continuamente un cosquilleo[1] que fuese removiendo nuestros nervios y nuestras vísceras... y haciéndonos sentir más tranquilos y mejores.

ANDRES: (*Con un suspiro.*) Así debe ser.

MIGUEL: ¡Hola, chicos!

PEDRO: Hola, Miguelín.

ANDRES: Llegas a tiempo para decirnos cómo crees tú que es el placer de ver.

MIGUEL: ¡Ah! Pues de un modo muy distinto a como lo ha explicado Ignacio. Pero nada de eso importa, porque a mí se me ha ocurrido hoy una idea genial —¡no os riáis!—, y es la siguiente: Nosotros no vemos. Bien. ¿Concebimos la vista? No. Luego la vista es inconcebible. Luego los videntes no ven tampoco.

(*Salvo* IGNACIO, *el grupo ríe a carcajadas.*)

PEDRO: ¿Pues qué hacen, si no ven?

MIGUEL: No os riáis, idiotas. ¿Qué hacen? Padecen una alucinación colectiva. ¡La locura de la visión! Los únicos seres normales en este mundo de locos somos nosotros.

[1] *tickling*

(Estallan otra vez las risas. MIGUEL *ríe también.)*

IGNACIO: *(Cuya voz profunda y melancólica acalla las risas de los otros.)* Miguelín ha encontrado una solución, pero absurda. Nos permitiría vivir tranquilos si no supiéramos demasiado bien que la vista existe. *(Suspira.)* Por eso tu hallazgo no nos sirve.

MIGUEL: *(Con repentina melancolía en la voz.)* Pero, ¿verdad que es gracioso?

IGNACIO: *(Sonriente.)* Sí. Tú has sabido ocultar entre risas, como siempre, lo irreparable de tu desgracia.

...

CARLOS: *(Con tono mesurado.)* No entiendo bien algunas cosas. Sabéis que soy un hombre práctico. ¿A qué fin razonable os llevaban vuestras palabras? Eso es lo que no comprendo. Sobre todo cuando no encuentro en ellas otra cosa que inquietud y tristeza.

MIGUEL: ¡Alto! También había risas... *(De nuevo con involuntaria melancolía.)* provocadas por la irreparable desgracia de este humilde servidor.

(Risas.)

CARLOS: *(Con tono de creciente decisión.)* Siento decirte, Miguelín, que a veces no eres nada divertido. Pero dejemos eso. *(Vibrante.)* A ti, Ignacio *(Este se estremece ante el tono de* CARLOS*)*, a ti, es a quien quiero preguntar algo: ¿Quieres decir con lo que nos has dicho que los invidentes formamos un mundo aparte de los videntes?

IGNACIO: *(Que parece asustado, carraspea.[2])* Pues... yo he querido decir...

CARLOS: *(Tajante.[3])* No, por favor. ¿Lo has querido decir, sí o no?

IGNACIO: Pues..., sí. Un mundo aparte... y más desgraciado.

CARLOS: ¡Pues no es cierto! Nuestro mundo y el de ellos es el mismo. ¿Acaso no estudiamos como ellos? ¿Es que no somos socialmente útiles como ellos? ¿No tenemos también nuestras distracciones? ¿No hacemos deportes? *(Pausa breve.)* ¿No amamos, no nos casamos?

IGNACIO: *(Suave.)* ¿No vemos?

CARLOS: *(Violento.)* ¡No, no vemos! Pero ellos son mancos, cojos, paralíticos; están enfermos de los nervios, del corazón o del riñón; se mueren a los veinte años de tuberculosis o los asesinan en las guerras... O se mueren de hambre.

ALBERTO: Eso es cierto.

CARLOS: ¡Claro que es cierto! La desgracia está muy repartida entre los hombres, pero nosotros no formamos rancho[4] aparte en el mundo. ¿Quieres una prueba definitiva? Los matrimonios entre nosotros y los videntes. Hoy son muchos; mañana serán la regla... Hace tiempo que habríamos conseguido mejores resultados si nos hubiésemos atrevido a pensar así en lugar de salmodiar[5] lloronamente el «no hay prenda como la vista», de que hablabas antes. *(Severo, a los otros.)* Y me extraña mucho que vosotros, viejos ya en la institución, podáis dudarlo ni por un momento. *(Pausa breve.)* Se comprende que dude Ignacio... No sabe aún lo grande, lo libre y hermosa que es nuestra vida. No ha adquirido confianza; tiene miedo a dejar su bastón... ¡Sois vosotros quienes debéis ayudarle a confiar!

[2]*clears his throat*   [3]*Cuttingly*   [4]*a gang*   [5]*singsong*

B. Analice los fragmentos siguientes, tomando en cuenta

1. la revelación del carácter del que habla
2. los elementos lingüísticos

3. los elementos temáticos

4. los aspectos emotivos o intelectuales (pensando en la presencia de un público)

a. GEORGE: When I was sixteen and going to prep school, during the Punic Wars, a bunch of us used to go into New York on the first day of vacations, before we fanned out to our homes, and in the evening this bunch of us used to go to this gin mill owned by the gangster-father of one of us—for this was during the Great Experiment, or Prohibition, as it is more frequently called, and it was a bad time for the liquor lobby, but a fine time for the crooks and the cops—and we would go to this gin mill, and we would drink with the grown-ups and listen to the jazz. And one time, in the bunch of us, there was this boy who was fifteen, and he had killed his mother with a shotgun some years before—accidentally, completely accidentally, without even an unconscious motivation, I have no doubt, no doubt at all—and this one evening this boy went with us, and we ordered our drinks, and when it came his turn he said, I'll have bergin . . . give me some bergin, please . . . bergin and water. Well, we all laughed . . . he was blond and he had the face of a cherub, and we all laughed, and his cheeks went red and the color rose in his neck, and the assistant cook who had taken our order told people at the next table what the boy had said, and then they laughed, and then more people were told and the laughter grew, and more people and more laughter, and no one was laughing more than us, and none of us more than the boy who had shot his mother. And soon, everyone in the gin mill knew what the laughter was about, and everyone started ordering bergin, and laughing when they ordered it. And soon, of course, the laughter became less general, but it did not subside, entirely, for a very long time, for always at this table or that someone would order bergin and a new area of laughter would rise. We drank free that night, and we were bought champagne by the management, by the gangster-father of one of us. And, of course, we suffered the next day, each of us, alone, on his train, away from New York, each of us with a grown-up's hangover . . . but it was the grandest day of my . . . youth.

(Edward Albee, *Who's Afraid of Virginia Woolf?*, 1962)

b. (Este es un fragmento de la versión romántica de *Don Juan Tenorio* —el famoso seductor de mujeres— en donde él mismo expone el programa típico de sus conquistas amorosas.)

D. JUAN: Partid los días del año
entre las que ahí encontráis.
Uno para enamorarlas,
otro para conseguirlas,
otro para abandonarlas,
dos para sustituirlas
y una hora para olvidarlas.
(José Zorrilla, *Don Juan Tenorio*, 1844)

c. (Isabel —protagonista de *Rosas de otoño*— reacciona aquí frente a la desigualdad de la mujer ante el hombre.)

ISABEL: ...es mi orgullo de mujer, que en nuestra desigual condición ante el hombre admite todas las desigualdades, todas las humillaciones, menos la de que nunca tengan el derecho de decirnos: «¿Con qué razón me acusas?» ¡Ah! Eso no; son más penosos nuestros deberes, pues más fuertes nosotras para cumplirlos… Y así no podrán decir que somos iguales; pero nosotras también podemos decirles: «¿Iguales no? Decís bien, somos mejores».

(Jacinto Benavente, Rosas de otoño, 1905)

d. (Un padre habla con su hijo, que todavía está en la cuna.)

PADRE: (*Al* HIJO *en la cuna.*) Sí, serás feliz. Tendrás que serlo. Así mi sacrificio no será en vano. Por ahora no comprendes lo que es la vida, ni las humillaciones por las que tiene que pasar un padre para sacar los suyos adelante. Pero no importa. Al final veré en ti lo que yo no he podido ser. ¡Lo que no me han dejado ser!… Sí, yo las he pasado negras, todavía las estoy pasando. Pero tendré la recompensa algún día. Tú serás mi sueño, mi inalcanzable sueño hecho realidad en ti… Serás mi prolongación ideal. Yo no he podido ser lo que he querido, sino lo que me han dejado ser. Para mí fueron los restos, los desperdicios de la vida. ¡Un asco! Bueno, de todos modos he llegado a ser alguien. Otros son todavía menos que yo, pese a que tu madre no lo quiere reconocer. Ella dice que soy un fracasado. Dice que la cacé[1] dormida. Que ella no se ha separado de mí por compasión. Constantemente me dice que no me quiere. Que yo soy un peso muerto en su vida. Cuando se pone a decir esas cosas me dan ganas de matarla, pero pienso en ti, hijo mío. Si ella no te cuida mientras voy al trabajo, ¿quién va a cuidarte? Yo, pese a mis esfuerzos, gano escasamente lo indispensable para ir tirando.[2] No he tenido suerte. Siempre otros más fuertes que yo me han echado a la cuneta. ¡Así! (*Hace un gesto y se cae, pero no quiere enterarse que se ha caído.*) No he tenido suerte. ¡La suerte no se puede fabricar! Tu madre dice que soy tonto. Yo no digo tanto. Simplemente (*justificándose*) creo que soy demasiado bueno. Eso debió ser. Un hombre demasiado bueno que se ha dejado pisar.[3] Te pisan una vez y después ya se establece la costumbre. Te usan de estribo o de peldaño para otros trepar. Eso es lo que pasa. Cuando te das cuenta y quieres reaccionar, ya es tarde. (*Como guiando al* HIJO.) ¡Cuidado! ¡No te dejes pisotear! ¡Dale, dale un codazo! ¡Que se te adelanta aquel otro! ¡Venga, hazle la zancadilla[4]! ¿Es que no me oyes? ¡Eso, eso! ¡Muy bien! (*Estrepitosas carcajadas.*) Ser bueno es peligroso. Tu madre hubiera preferido que yo fuera un caníbal, pero que supiera buscarme la suerte. Yo tengo que callarme cuando ella me dice esas cosas. Pienso en ti y me río por dentro. Algún día sé que vengarás las ofensas y las humillaciones que tu padre ha sufrido para sacarte adelante. Por ahora eres muy pequeño y de todo esto que te digo no comprendes ni una palabra.

(José Ruibal, «El padre», 1969)

[1] *I caught* [2] sobreviviendo [3] *se… has let himself get walked on* [4] *hazle… trip him up*

e. (Don Diego, un caballero de unos sesenta años, piensa casarse con una jovencita, doña Paquita. En este trozo, habla con ella y con su madre.)

DON DIEGO: ¡Mandar, hija mía!… En estas materias tan delicadas los padres que tienen juicio no mandan. Insinúan, proponen, aconsejan; eso, sí; todo eso sí; ¡pero mandar!… ¿Y quién ha de evitar después las resultas funestas de lo que mandaron?… Pues ¿cuántas veces vemos matrimonios infelices, uniones monstruosas verificadas solamente porque un padre tonto se metió a mandar lo que no debiera?… ¡Eh! No, señor; eso no va bien… Mire usted, doña Paquita, yo no soy de aquellos hombres que se disimulan los defectos. Yo sé que ni mi figura ni mi edad son para enamorar perdidamente a nadie, pero tampoco he creído imposible que una muchacha de juicio y bien criada llegase a quererme con aquel amor tranquilo y constante que tanto se parece a la amistad, y es el único que puede hacer los matrimonios felices. Para conseguirlo no he ido a buscar a ninguna hija de familia[1] de estas que viven en una decente libertad… Decente, que yo no culpo lo que no se opone al ejercicio de la virtud. Pero ¿cuál sería entre todas ellas la que no estuviese ya prevenida en favor de otro amante más apetecible que yo? Y en Madrid. ¡Figúrese usted en un Madrid[2]!… Lleno de estas ideas, me pareció que tal vez hallaría en usted todo cuanto deseaba. Yo soy ingenuo; mi corazón y mi lengua no se contradicen jamás. Esto mismo le pido a usted, Paquita: sinceridad. El cariño que a usted la tengo no la debe hacer infeliz… Su madre de usted no es capaz de querer una injusticia, y sabe muy bien que a nadie se le hace dichoso por fuerza. Si usted no halla en mí prendas que la inclinen, si siente algún otro cuidadillo en su corazón, créame usted, la menor disimulación en esto nos daría a todos muchísimo que sentir.

(Leandro Fernández de Moratín, *El sí de las niñas,* 1801)

[1]hija… hija de buena familia   [2]un… una ciudad como Madrid

f. (Este es el famoso soliloquio de Segismundo en el segundo acto de *La vida es sueño.* El protagonista se refiere a la imposibilidad de distinguir entre realidad y sueño. El trozo tiene que ver con la acción misma de la obra y con el concepto metafórico de la vida como sueño. En términos teológicos, el *despertar* representa la entrada a la vida eterna.)

SEGISMUNDO: …pues estamos
en mundo tan singular,
que el vivir sólo es soñar;
y la experiencia me enseña
que el hombre que vive, sueña
lo que es, hasta despertar.

Sueña el rey que es rey, y vive
con este engaño mandando,
disponiendo y gobernando;
y este aplauso, que recibe
prestado, en el viento escribe,
y en cenizas le convierte
la muerte (¡desdicha fuerte!):
¿que hay quien intente reinar,
viendo que ha de despertar
en el sueño de la muerte?

Sueña el rico en su riqueza,
que más cuidados le ofrece;
sueña el pobre que padece

su miseria y su pobreza;
sueña el que a medrar empieza,
sueña el que afana y pretende,
sueña el que agravia y ofende,
y en el mundo, en conclusión,
todos sueñan lo que son,
aunque ninguno lo entiende.

Yo sueño que estoy aquí
destas prisiones[1] cargado,
y soñé que en otro estado
más lisonjero me vi.
¿Qué es la vida?, un frenesí;
¿qué es la vida?, una ilusión,
una sombra, una ficción,
y el mayor bien es pequeño;
que toda la vida es sueño,
y los sueños, sueños son.
(Pedro Calderón de la Barca,
La vida es sueño, 1635)

[1](*fig.*) cadenas

EL DRAMA: DEFINICION Y ORIGENES DEL GENERO

La palabra *drama* se deriva del griego *drao* que quiere decir *hacer,* así que *drama* viene a significar *acción.* Por lo tanto, se podría definir el drama como «la representación artística de una acción interesante de la vida humana». Sin embargo, en contraste con la narrativa que relata esa acción o la poesía lírica que expresa los sentimientos del autor, la obra dramática coloca en un espacio determinado a unos *actores* que presentan de nuevo o *representan (act out)* la acción que el dramaturgo ha creado. El teatro, pues, es arte y como toda obra de arte es comunicación. La historia del género dramático comienza con sus dos formas principales: la *tragedia* y la *comedia,* cuyas raíces se examinarán a continuación.

LA TRAGEDIA GRECOLATINA: CULTOS A DIONISOS Y A BACO

La tragedia es la forma más antigua del teatro y es de origen griego. No nació de una manera espontánea, sino como resultado de una evolución. La tragedia griega se originó de la lírica coral de carácter sagrado. Entre las múltiples ceremonias del pueblo griego estaban los cultos a Dionisos, dios del vino —el dios Baco *(Bacchus)* de los romanos— símbolo de la alegría y de la fertilidad, pero también representación del ciclo *nacimiento-muerte-regeneración* de la naturaleza. En estas fiestas, mientras que el coro cantaba en honor de su dios, se sacrificaba un macho cabrío *(male goat).* De ahí que se denominara «canto *(song)* del macho cabrío» a este aspecto de la ceremonia que celebraba el lado más serio de Dionisos, que es lo que significa la palabra *tragedia.*

EVOLUCION DE LA TRAGEDIA: EL PROTAGONISTA Y EL DIALOGO

Con el tiempo, se fueron introduciendo algunos cambios. Primero se dividió el coro en dos partes, una formada por el coro mismo y la otra por un solo cantante que respondía al coro, quedando así constituido el personaje principal, el héroe, que más tarde se denominaría *protagonista.* Esta división dio lugar al paso más importante, pues así surgió el *diálogo* que es el elemento esencial de la poesía dramática. Luego se introdujo un segundo actor y más tarde un tercero. En realidad, con excepción del protagonista, el teatro griego no necesitaba más personajes. Los otros podían representar varios papeles simplemente cambiándose de *persona,* palabra que originariamente significaba *máscara* o personaje anónimo y múltiple. Hoy día el teatro ha vuelto a emplear la técnica del personaje múltiple —el llamado *personaje comodín.* Según se observará en la pieza de Osvaldo Dragún que aparece en esta antología (p. 274), el comodín funciona algo así como el *joker,* carta que en el juego de naipes *(card game)* se usa para realizar *(execute)* varias jugadas.

EL CORO Y EL PUBLICO EN LA ESTRUCTURA DE LA TRAGEDIA CLASICA

Es preciso recordar que en Grecia el teatro no era pura diversión en esa época, sino un acto patriótico-cultural. Sólo había teatro en las fiestas dionisíacas. El coro, que se refería al pueblo, conservó en las representaciones dramáticas griegas un papel importante porque era un intermediario entre los actores y los espectadores y al mismo tiempo representaba el punto de vista del dramaturgo, quien a través del coro maniobraba (*manipulated*) las emociones del público. Las interpretaciones del coro habían de ser, por consiguiente, muy poéticas o líricas, es decir, *emocionantes* (*touching, moving*). Hay que tener en cuenta aquí que el contenido de la obra no era lo que atraía al espectador, puesto que lo que se representaba era leyendas o mitos de todos conocidos. Lo importante era el arte de que se valía el autor —el dramaturgo— para presentar una historia determinada. O sea, el público sabía más que el protagonista y esta *ironía dramática* o *trágica* causaba una gran emoción en el auditorio al ver cómo el héroe se encaminaba ciegamente hacia la catástrofe.

Los mayores dramaturgos clásicos son los griegos Esquilo, Eurípides y Sófocles y el romano Séneca. *Edipo Rey* de Sófocles ofrece un gran ejemplo de tragedia; sin embargo, Shakespeare compuso obras a las que muy bien se pudiera llamar tragedias al estilo clásico: *Julius Caesar, Macbeth, Othello*. En el siglo XX se han escrito dramas que también podrían alcanzar la altura de la tragedia, piezas como *Death of a Salesman* de Arthur Miller o *Bodas de sangre* de García Lorca.

A saber, lo que tienen en común todas esas obras —tanto las antiguas como las modernas— es la presencia de un protagonista que lucha valientemente contra un destino que lo persigue implacablemente hasta destruirlo.

LA COMEDIA Y LA FARSA: LA OTRA CARA DE LA MASCARA

Si la tragedia proviene de una ceremonia de carácter sagrado, austero, la comedia nació de las alegres canciones que el pueblo griego cantaba en las fiestas y orgías que se celebraban durante la vendimia (*grape harvest*). La palabra *comedia* viene del griego *comos,* que quiere decir *festín*. El carácter sexual y grosero de las primeras representaciones, cuyos temas giraban en torno a (*revolved around*) los ritos dionisíacos de la fertilidad, se perdió en gran parte al crearse la *comedia antigua*. Aquí el elemento que vino a predominar fue la *sátira*. Esta condujo con el tiempo a un nuevo y refinado tipo de representación, la *comedia nueva,* forma más convencional que fue luego imitada y perfeccionada por los grandes comediógrafos (*playwrights*) romanos Plauto (*Anfitrión, El soldado fanfarrón*) y Terencio (*El castigador de sí mismo, El eunuco*).

Mientras la comedia tiene un propósito ético o político, la *farsa* carece de todo mensaje. Su único propósito es hacer reír. Por otra parte, la diferencia entre la comedia y la farsa está en el tipo de cosa que motiva la risa. En la comedia, el humorismo se debe al carácter y comportamiento (*behavior*) de los personajes que el lector o espectador *juzga* extraños y de ahí cómicos. Por eso, la risa es *reflexiva*. Al contrario, en la farsa, el humorismo radica en situaciones que son ridículas por ser absurdas, y de ahí que la risa sea *espontánea* y resulte *explosiva*.

Pero, ¿qué se entiende por *tono cómico,* tanto en las representaciones clásicas como en las contemporáneas? Se podría afirmar que se refiere a la manera alegre y divertida de presentar situaciones de la vida real, mostrando cuánto hay de ridículo en los seres humanos y en la vida misma. En consecuencia, así como la tragedia presenta la parte trágica de la condición humana, la comedia muestra el lado ligero de la vida.

EL TEATRO MEDIEVAL: LAS REPRESENTACIONES SAGRADAS Y LAS PROFANAS

En la Europa medieval, dominada por el fervor religioso, las primeras obras dramáticas se elaboraron alrededor de temas litúrgicos, o sea, relativos a los ritos católicos, como por ejemplo el nacimiento y la resurrección de Cristo. En España, además de estas piezas de tipo religioso o *sagrado,* en la Edad Media se produjeron otra de carácter *burlesco,* profano o secular, o sea, no religioso.

LA REPRESENTACION DRAMATICA DE TIPO RELIGIOSO

Dentro del teatro sagrado se encuentran los *autos* o *misterios,* breves piezas (*plays*) que se representaron, primero en latín, luego en lenguaje popular, en las iglesias. La más antigua obra dramática de que se tiene conocimiento es el anónimo *Auto de los Reyes Magos* que data de fines del siglo XII o principios del XIII. Compuesta para celebrar la fiesta de la Epifanía (6 de enero), es decir, la adoración de Jesús por los Reyes Magos (*Three Wise Men* or *Magi*), el fragmento que se conserva dramatiza en verso el dilema de los Reyes que discuten la alternativa que tienen de seguir o no la estrella de Belén. Si dichos fragmentos testimonian la existencia de un temprano teatro sagrado en España, la primera noticia histórica que se tiene de la representación de una pieza la proporciona el estreno (*first performance*) de la *Representación del Nacimiento de Nuestro Señor* de Gómez Manrique (¿1412–1490?) a mediados del siglo XV.

EL TEATRO SECULAR O DE CARACTER NO SAGRADO

De las primitivas representaciones burlescas poco se sabe, excepto que se llamaban farsas o *juegos de escarnio* (*slanderous skits*) —piezas cómicas con fin paródico, en idioma vulgar que se representaban tanto dentro como fuera de las iglesias. Su importancia consiste en que iniciaron el drama secular destinado simplemente a entretener.

JUAN DEL ENCINA Y EL DRAMA SECULAR ESPAÑOL

El primer secularizador del drama español es Juan del Encina (¿1469–1529?). En sus piezas se notan las dos vertientes del teatro tradicional: la religiosa (*Representaciones sagradas*) y la profana (*Auto del Repelón*). Las obras más representativas de Encina son sus *Eglogas,* composiciones dramáticas en verso de tipo pastoril o bucólico, en las que se representan los conflictos amorosos de los protagonistas, que son pastores. En estas composiciones se nota por lo tanto la evolución del drama litúrgico medieval hacia la nueva actitud humanística del Renacimiento que valoriza al hombre y su mundo.

LA CELESTINA Y EL PRINCIPIO DE UN NUEVO ARTE DRAMATICO

Como era de esperarse, la cosmovisión renacentista trajo a la escena un drama que enfocaba las pasiones humanas. A este respecto, la obra que más influyó en el desarrollo del teatro español es sin duda la *Celestina o Comedia de Calisto y Melibea* de Fernando de Rojas —entendiéndose originalmente por «comedia» cualquier obra dramática. La acción, a la vez (*at once, both*) poética y violenta, versa sobre los desdichados amores de dos jóvenes de noble familia, Calisto y Melibea, que se conocen por casualidad en la huerta de ésta. Mediante la intervención de Celestina, vieja alcahueta (*go-between*) contratada por los criados de Calisto, este joven ingenuo logra subir el muro de la huerta de la casa de su amada. La obra termina trágicamente con la caída accidental y fatal de Calisto, seguida a continuación por el suicidio de Melibea, quien se arroja desde (*throws herself from*) lo alto de una torre, el asesinato de Celestina y la pena de muerte a que están sometidos los criados culpables del homicidio.

A pesar de no ser representable por su extensión, esta obra ha sido denominada también novela dramática, pues contiene varios elementos que la colocan dentro del género teatral. En verdad, su estructura es la de una obra de teatro. Lo confirman principalmente su forma dialogada, su división en actos (veintiuno) y el título que se le dio en la edición definitiva de Sevilla: *Tragicomedia de Calisto y Melibea* (1502). Literariamente, *La Celestina,* por su espíritu humanístico evidente en la autonomía o libre albedrío (*free will*) concedido a los personajes y en la fusión de risa y llanto, de amor y odio, de ternura y extremada violencia, abre caminos para la comedia o drama español del Siglo de Oro y, a la postre (*eventually*), para el drama romántico del siglo XIX.

LOPE DE VEGA Y LAS DOS ETAPAS DEL TEATRO ESPAÑOL DEL SIGLO DE ORO

El teatro renacentista peninsular se desarrolla a lo largo de dos fases o etapas. La una precede al dramaturgo Lope de Vega, la otra comienza con la producción dramática de éste. A la fase anterior a Lope corresponden aquellas obras que ponen las bases para un teatro nacional. La segunda, dominada cualitativa y cuantitativamente por este gran dramaturgo, representa la plenitud o el punto más alto de la comedia del Siglo de Oro. Dentro del drama anterior a Lope se encuentran los dramaturgos Gil Vicente, que escribió tanto en castellano como en portugués; Bartolomé de Torres Naharro, el primer escritor que propuso reglas sobre la composición de las obras de teatro; Lope de Rueda, creador de los *pasos* o breves escenas de la vida diaria que consolidaron el teatro popular, y Juan de la Cueva, quien enfatizó la tradición épica con sus piezas de temas nacionales, que será una de las fuentes más ricas del teatro a partir de Lope de Vega.

EL TEATRO DE MIGUEL DE CERVANTES

Además de predominar en el campo de la narrativa, Cervantes no deja de contribuir al género dramático donde destacan sus *Ocho comedias y ocho entremeses* (1615), nunca representados. En los entremeses —breves cuadros populares al estilo de los pasos, que se solían representar entre uno y otro acto o jornada de una comedia— Cervantes satiriza las malas costumbres y los vicios de su tiempo.

FLORECIMIENTO Y APOGEO DEL TEATRO NACIONAL: LOPE Y CALDERON

El drama español del siglo XVII coincide con la postrera (*last*) fase del Renacimiento y con el principio y fin de la época barroca. Dicho teatro se agrupa en torno a dos de sus máximos exponentes: Lope de Vega y Calderón de la Barca. La importancia de Lope radica en el hecho de que fue él quien formuló las normas para todas las producciones dramáticas del siglo. Calderón, por otra parte, añadió a la fórmula de Lope los novedosos recursos (*new devices*) que caracterizarían el teatro barroco.

EL DRAMA DE LOPE DE VEGA

Así como Cervantes es considerado el padre de la narrativa, tal como se pone de manifiesto en el *Quijote,* también se puede decir que la comedia o drama español del Siglo de Oro —la época más fértil de la literatura peninsular— debe su mayor tributo a Lope de Vega. En su *Arte nuevo de hacer comedias* (1609), Lope sugiere una serie de medidas destinadas a acentuar la autonomía y el individualismo del dramaturgo español. Sus fórmulas teatrales están magistralmente aplicadas a sus propias comedias, las más destacadas y típicas de la época. Rompiendo con la tradición clásica y volviendo la mirada hacia la Edad Media, pero sin olvidar las tendencias humanísticas, Lope propuso un teatro original, popular, basado en la tradición ideológica y artística de su país. Ante todo, para Lope, el drama debía satisfacer totalmente al público que pagaba para ser entretenido. Por lo tanto, las nuevas normas favorecen la espontaneidad en el lenguaje. Este debía reproducir el habla de las distintas clases sociales. Luego, para mantener viva la atención del auditorio, Lope optaba por prolongar el suspenso de la comedia hasta mediados del último (tercero) acto. Lope también sugiere que se alterne regularmente lo trágico con lo cómico, una convención manifestada asimismo en la representación de una pieza corta y liviana —el entremés— colocada entre una acción dramática y otra. Queda consolidado así el papel del *gracioso,* personaje cuya función era la de representar el elemento cómico y contrastante (*comic relief*) dentro de la estructura total de la obra. Las comedias más conocidas de Lope son las que tratan del tema de la *honra* o del honor. En esta categoría figuran obras como *Peribáñez y el comendador de Ocaña* (1613), *El mejor alcalde el Rey* (1614) y *Fuenteovejuna* (1619). También de gran éxito e influencia en la dramaturgia del siglo XVII son las *comedias de capa y espada* (*cloak-and-dagger plays*). En éstas, miembros de las altas clases sociales luchan por conquistar el amor o defender el honor de una dama, casi siempre con la complicidad de sus fieles servidores, los graciosos.

Típica de este tipo de comedia es *Amar sin saber a quién* que Lope compuso en 1630.

PEDRO CALDERON DE LA BARCA Y EL DRAMA BARROCO

Es importantísimo el papel de Calderón en el desarrollo del arte dramático hispánico. Para evaluar su obra hay que tener presente (*keep in mind*) que por su formación jesuita, siente de modo especial la inquietud espiritual y el ambiente de introspección que predomina en España como consecuencia de la Contrarreforma. Como artista, Calderón sigue dos caminos: uno le lleva a enriquecer, con efectos escénicos, simbolismo y poesía, la forma dramática tradicional —el *auto sacramental.* El otro conduce a Calderón a abandonar o a alterar los temas nacionales y populares observando el mundo subjetivamente, desde adentro. El resultado es un teatro eminentemente barroco, que se desvía (*departs*) de la simplicidad y espontaneidad tradicionales y pone su énfasis en la profundidad de las ideas y la perfecta composición y forma del drama. Estos cambios son evidentes en ciertas piezas históricas como *El alcalde de Zalamea* (c. 1642), en donde el dramaturgo usa marginalmente los eventos sobre los cuales gira el drama, para crear en cambio, una serie de personajes verosímiles (*true-to-life*) y complejos. En tragedias como *El médico de su honra* (1635), en que se plantea el tema del honor conyugal, Calderón examina el derecho del marido de matar a su esposa tras la menor sospecha de infidelidad. En *La vida es sueño* (1635), su obra maestra, es evidente el énfasis que pone el autor en la educación moral y el uso que hace de efectos sensoriales y llamativos. Esto muestra la distancia que separa el arte dramático barroco del teatro realista anterior cuyo único fin era entretener. De hecho, Calderón crea aquí una pieza filosófica y al mismo tiempo de innegable timbre poético. En ella el dramaturgo, utilizando una compleja abstracción, propone que la vida no es más que un gran sueño que puede acabar en cualquier momento. Por esta razón, el ser humano es exhortado a dominar sus pasiones, sus instintos, para cumplir un destino superior: el de alcanzar la salvación eterna.

LOS HEREDEROS DE LA TRADICION DE LOPE DE VEGA

Entre los seguidores más distinguidos de la tradición dramática de Lope, aparte de Calderón, se encuentran en primer término Tirso de Molina (seudónimo de Gabriel Téllez) y Juan Ruiz de Alarcón. Cada uno aportó recursos ideológicos y estilísticos propios del arte teatral del Siglo de Oro. Tirso contribuyó con *El burlador de Sevilla* (1630), no sólo a las letras españolas sino a la literatura universal, creando el famoso personaje de don Juan Tenorio, el legendario libertino y seductor de mujeres. En cuanto a Juan Ruiz de Alarcón, resulta algo singular su papel: aunque nacido y educado en México, se radicó en Madrid en donde cultivó las letras, lo que hizo que se le considerara ante todo español. Con razón, el teatro de Ruiz de Alarcón retrata fielmente y con fuerte espíritu moralizador a ciertos *tipos* de la sociedad peninsular de la época. Los valores de su teatro son más de tipo moral que de tipo estético. Su mejor comedia es *La verdad sospechosa* (1630), en la que se estudia con destreza al personaje del mentiroso.

EL TEATRO EN LAS COLONIAS ESPAÑOLAS ULTRAMARINAS

El arte dramático colonial cuenta en Hispanoamérica con dos figuras de relieve. La primera es el español Fernán González de Eslava, cuyos entremeses de carácter picaresco y popular son lo mejor que hay en la dramaturgia del siglo XVI. No se sabe que existan comediógrafos nativos de América hasta la época barroca, en la que aparece la mexicana Sor Juana Inés de la Cruz. Inspirada por el drama de Calderón, Sor Juana introduce en su teatro (*Los empeños de una casa, El Divino Narciso,* 1689) elementos locales, tales como un gracioso mexicano, bailes y canciones folclóricos y hasta algunas referencias a ritos aztecas.

LA DRAMATURGIA DEL VIEJO Y DEL NUEVO MUNDO EN EL SIGLO XVIII

En el llamado Siglo de las Luces atraviesan el teatro español dos corrientes distintas: el neoclasicismo y la tradición dramática del Siglo de Oro. La primera, el neoclasicismo francés representado por Vicente García de la Huerta (*Raquel,* 1778), y Leandro Fernández Moratín (*El sí de las niñas,* 1806), tuvo poco éxito. En cambio, el teatro tradicional de Ramón de la Cruz con sus *Sainetes* (1786–1791) resultó muy popular. Estas breves piezas son cuadros satíricos llenos de realismo que retratan las clases media y baja —su lenguaje, sus costumbres y el comportamiento de los varios y distintos tipos sociales.

El teatro hispanoamericano de la época produce una sola obra de mérito artístico. Se trata de *Ollántay,* pieza auténticamente indígena que contiene valiosos elementos históricos y artísticos, por lo cual se han hecho de ella traducciones y adaptaciones en varios idiomas. Dicha obra, que trata del amor de Ollántay, jefe indígena de orígenes humildes, por la princesa incaica Cusi Coyllur, fue descubierta —o posiblemente escrita— por el padre Antonio Valdez en el Perú y difundida en 1827.

EL ROMANTICISMO EN EL TEATRO ESPAÑOL DECIMONONICO

Era lógico que el Romanticismo, caracterizado por el espíritu de renovación artística, por el énfasis en la autonomía del escritor y por su predilección por el pasado histórico, afectara de modo particular el arte teatral. A saber, el dramaturgo español no tiene que ir a buscar el ambiente romántico fuera de su casa, sino que siguiendo el camino trazado por los comediantes del Siglo de Oro y luego por Ramón de la Cruz, vuelve con renovado ardor a su propia tradición y se inspira en sus ricos antecedentes literarios (*literary background*). Sobresale entre los comediógrafos españoles Angel de Saavedra, Duque de Rivas, cuyo drama *Don Alvaro o la fuerza del sino* (1813) inspiró la ópera *La forza del destino* (1862) del italiano Giuseppe Verdi (1813–1901). La pieza del Duque de Rivas ejemplifica el melodrama romántico con sus amantes virtuosos, víctimas de un fatal destino. Otras características del drama romántico presentes en *La fuerza del sino* son (1) la unión de la prosa con el verso, (2) la fusión de lo trágico con lo cómico, (3) el abundante color local,

(4) los vistosos efectos escénicos, (5) el gran número de personajes, (6) los protagonistas estereotipados y (7) la acción dinámica —todo esto comprimido en cinco actos que pueden abarcar muchos años y ocurrir en distintos lugares.

Otros logros (*achievements*) del teatro romántico español son *El trovador* (1836) de Antonio García Gutiérrez, fuente de otra gran ópera de Verdi (*Il trovatore*, 1853), y *Don Juan Tenorio* (1844) de José Zorrilla. Esta obra, basada en *El burlador de Sevilla* de Tirso de Molina, resultó aún más popular que la comedia original y fue fuente de inspiración de muchos escritos y composiciones musicales.

EL TEATRO ROMANTICO HISPANOAMERICANO

Si en España la dramaturgia romántica produjo obras de gran valor, en las colonias no fue así. El dramaturgo más importante del Romanticismo hispanoamericano es Manuel de Ascencio Segura y su obra de mayor relieve es *Ña Catita* (1856), comedia reconocida como obra clásica del teatro peruano. El mérito de la pieza se deriva de la diestra caracterización (*skillful character portrayal*) de Ña (Doña) Catita, especie de *Celestina,* y de los pintorescos cuadros de costumbres limeñas.

LA PRODUCCION DRAMATICA DE SELLO REALISTA: EL TEATRO SOCIAL

Como ya se ha dicho, la obra realista sirvió en la segunda mitad del siglo XIX como un instrumento de concientización, denuncia y combate. Así como en la narrativa, también en el drama el autor asume el papel de artista «comprometido», siendo su causa la lucha contra el desequilibrio social y los males que de él se derivan. En esa época la influencia del teatro social con fin reformista del dramaturgo noruego Henrik Ibsen (1828–1906) se hace sentir (*makes itself felt*) por toda Europa. En contraste con los efectos emotivos que buscaba el teatro romántico, las piezas de carácter social o realista contienen una *tesis* que es su razón de ser. Como tal, el propósito del drama ya no es simplemente entretener. El dramaturgo, igual que el novelista o el cuentista, siente la necesidad de retratar con fidelidad la realidad física y sicológica de la sociedad para concientizar al público (*make the public aware*) y despertar la esperanza de lograr una vida mejor. Es lo que se proponen hacer en España autores como Manuel Tamayo y Baus (*Un drama nuevo,* 1867) y José Echegaray (*El gran galeoto,* 1881). El éxito de la misión artística y humanitaria de Echegaray es atestiguado por el Premio Nobel de Literatura que se le otorgó en 1904 —la primera vez que se le concedió tal honor a un escritor hispánico.

EL TEATRO DE GALDOS: UN REALISMO PARTICULAR

Así como en la narrativa, también en el género dramático hay que reservar a Benito Pérez Galdós un lugar especial. Sus piezas, que representan el llamado *teatro de ideas y realista,* le ubican (*place him*) entre los grandes dramaturgos de España.

Varias de sus comedias y dramas son apenas arreglos escénicos de novelas (*Doña Perfecta,* 1876; *La loca de la casa,* 1892) o piezas en las que el autor sostiene una tesis que exalta por lo regular la voluntad, el estoicismo y el trabajo frente a los prejuicios que frustran la iniciativa individual. Sin embargo, sus mejores obras son aquellas en donde se realiza la perfecta fusión del realismo social con la postura filosófica del autor. Este es el caso de *El abuelo* (1904), drama que en sí reúne armoniosamente *ideas* y *emoción*. Aquí un viejo conde tiene que adivinar cuál de sus dos nietas, muy parecidas físicamente, es su legítima heredera. Al final, el anciano, al descubrir que la verdadera nieta no es la que parecía serlo exteriormente, sino la otra, la bastarda, aprende una lección muy importante: que la única nobleza es la que proviene del corazón y no la que se hereda mediante la sangre.

EL CRIOLLISMO EN EL TEATRO REALISTA HISPANOAMERICANO

El realismo de Hispanoamérica tenía sus propios motivos para poner sus obras al servicio de una causa social, según se observó al hablar de la narrativa. Asimismo, el dramaturgo hispanoamericano encontró que su modalidad artística presentaba una excelente oportunidad de crear un teatro auténtico en el que figuraran temas americanos, un lenguaje genuino y técnicas creadas para un tipo novedoso de obra: el teatro *criollista*.

Los primeros intentos dramáticos son de tipo gauchesco, en su mayor parte refundiciones (*revisions*) y adaptaciones de obras maestras como *Santos Vega* (1872) de Hilario Ascasubi y *Martín Fierro* de José Hernández. A pesar de otras tentativas por originar un teatro realista fuera de la Argentina, el único comediógrafo criollista de fama internacional es el uruguayo Florencio Sánchez. En su teatro Sánchez abandona la fórmula gauchesca de tipo sentimentalista y costumbrista para examinar no tanto los problemas sociales de un Río de la Plata en transición, sino los hondos conflictos sicológicos y morales de sus habitantes. Esto es lo que se percibe en *La gringa* (1904), la obra más celebrada de este escritor. Aquí se dramatiza simbólicamente la problemática social y humana con la que se enfrentan el emigrante europeo y el descendiente del gaucho —conflicto del cual surgirán un nuevo país y un nuevo tipo de gente.

LA DRAMATURGIA DE LA GENERACION DEL 98 EN ESPAÑA

Lo que aúna (*unites*) más que nada a los dramaturgos de la Generación del 98, como se observó que ocurre entre los narradores y los poetas, es su fervor regenerativo. Por otra parte, se diferencian el uno del otro en virtud de su función dentro del desarrollo de un nuevo teatro —función a la que contribuyen el temperamento, la cosmovisión y el arte de los distintos escritores. Jacinto Benavente (p. 267) desempeña un papel fundamental: renueva el teatro nacional modernizándolo y acercándolo así al teatro de otros países europeos.

Otra gran figura del teatro de la Generación del 98 es Ramón del Valle-Inclán. Sus farsas en prosa y en verso constituyen una nueva estética de cuño (*mold*) neovanguardista. Más que irreverentes retratos de la sociedad española de la época, son caricaturas grotescas o «esperpénticas» de escenas de la vida diaria, que el autor distorsiona hasta reducirlas a una farsa monstruosa. Típicas de este tipo de producción son las piezas en prosa *Los cuernos de don Friolera* (1921), de asunto farsesco, con incidentes brutales, y *La cabeza del Bautista* (1924), drama popular y moderno que representa a los personajes bíblicos Herodes, Salomé y San Juan Bautista como muñecos grotescos que luchan en vano contra sus más bajos instintos e inclinaciones materialistas.

GARCIA LORCA Y EL DRAMA DE LA GENERACION DEL 27

Figura cumbre de la poesía de dicha generación, Federico García Lorca se distingue asimismo como comediógrafo. El suyo es un teatro eminentemente poético cuya fuente de inspiración es sobre todo la tradición literaria y folclórica de su tierra. Sus obras de teatro se inscriben en dos vertientes: la puramente lírica y la dramática. En la primera categoría sobresalen *La zapatera prodigiosa* (1930) y *Amor de don Perlimplín con Belisa en su jardín* (1931). Con todo, sus mejores piezas hay que buscarlas en sus obras dramáticas: *Bodas de sangre* (1933), *Yerma* (1934) y *La casa de Bernarda Alba* (1936). En esa trilogía se encuentra el tema más caro a García Lorca, el del amor frustrado. Sirviéndose de una atmósfera poética, semi-real, el autor representa el amor como una fuerza instintiva, vital, mágica, en lucha constante contra la realidad cotidiana, o sea, contra el orden social y moral. Simbolizada por la mujer, dicha fuerza irónicamente encamina al hombre hacia una muerte trágica, particularmente dolorosa para el personaje femenino cuyo destino es un vivir frustrado en sus varios papeles de madre, amante y hermana.

EL TEATRO ESPAÑOL ANTERIOR A LA CAIDA DEL GOBIERNO DE FRANCO

Al hablar del teatro moderno en España hay que considerar dos fases esenciales: la que precede a la muerte del dictador Francisco Franco, en 1975, y la que le sigue. Dentro de la primera, los dramaturgos de mayor resonancia (*consequence, importance*) son Alejandro Casona, Antonio Buero Vallejo y Alfonso Sastre. En *La dama del alba* (1940) y *La barca sin pescador* (1945) de Casona, obras que giran en torno al tema de la muerte y al encuentro de la realidad con la fantasía, se perfila la influencia del *teatro psicológico* de Benavente y del *mundo poético* de Lorca. En cambio, Buero Vallejo (*En la ardiente oscuridad,* 1950) usa como punto de partida la realidad física: los personajes y el ambiente de sus piezas. Estos son luego revestidos de significaciones simbólicas que representan el mundo metafísico, es decir, aquellos fenómenos que no se explican con la lógica o con los sentidos. La obra de Sastre representa lo mejor del *teatro psicológico y existencial* de esa primera generación. Típicas de la visión trágica de la vida que caracteriza a Sastre son *Escuadra hacia la muerte* (1953) y *La cornada* (1960). En éstas, como en sus otras obras, el personaje principal es perseguido por la muerte violenta.

En esta fase del teatro de la época franquista, hay que señalar el «Nuevo teatro español» encabezado por José Ruibal. Representativos de su arte son *El hombre y la mosca* (1968), *La máquina de pedir* (1970), así como las piezas cortas *El rabo, El padre* y *Los ojos* (1968). Esta última ofrece un magnífico ejemplo del llamado *teatro de la crueldad.*

EL TEATRO PENINSULAR DE LAS ULTIMAS DECADAS

Tras la muerte de Franco ocurre en España una explosión cultural que comienza con las artes visuales y afecta a la postre el cine y la literatura. Sucesos históricos como la promulgación de una nueva constitución (1978), la elección de un gobierno socialista (1982), la integración de España a la OTAN (*NATO*) el mismo año y luego a la Unión Europea en 1986, crean en los españoles un profundo sentido de orgullo nacional y, a la vez, una verdadera obsesión con la «europeización» del país. La época de transición entre el régimen totalitario y ultraconservador de Franco y el nuevo gobierno democrático, que concede al pueblo inesperadas libertades, engendra dos fenómenos. En primer lugar, hace posible que ciertos escritores divulguen (*publish*) finalmente obras anteriormente censuradas o que expresen libremente sus ideas. En segundo, engendra toda una generación de jóvenes artistas dedicados a cuestionar el *status quo* y a experimentar nuevas alternativas. Tal es el caso de dramaturgos como Jaime Salom (*La piel del limón,* 1976), Rodolf Sirera (*El veneno del teatro,* 1978) y Fernando Fernán-Gómez (*Las bicicletas son para el verano,* 1978). Las piezas de dichos autores ponen en tela de juicio los patrones sociales y económicos de la España tradicionalista y católica de la época que siguió a la guerra civil. Otros dramaturgos —José Luis Alonso de Santos (*Bajarse al moro,* 1985), Paloma Pedrero (p. 252), Antonio Buero Vallejo (*Lázaro en el laberinto,* 1986), Pilar Pombo (*Remedios,* 1986) Ana Diosdado (*Los ochenta son nuestros,* 1988), Carmen Resino (*Bajo sospecha,* 1995) y Lidia Falcón (*No moleste, calle y pague, señora,* 1996)— abordan una gran variedad de dilemas con los que se enfrentan España y el resto del mundo hoy día. Se trata de conflictos creados por la lucha entre los valores espirituales y los materiales, las diferencias de clase, los cambios en el papel del hombre y de la mujer y las relaciones entre sexos y generaciones.

EL ARTE DRAMATICO HISPANOAMERICANO DE LA ACTUALIDAD

El teatro contemporáneo de Hispanoamérica cuenta con una serie de autores que siguen en cierto sentido el camino trazado por Florencio Sánchez, con su énfasis en la problemática psicológica y moral de la nueva raza americana. Con todo, el impacto de las dos guerras mundiales, particularmente la segunda, da un ímpetu extraordinario al género dramático. Se abrevian como nunca las distancias intercontinentales. El teatro experimental europeo irrumpe en el Nuevo Mundo con aportes, primero del irlandés George Bernard Shaw (1856–1950) y del italiano Luigi Pirandello (1867–1936), luego del francés Jean Giraudoux (1882–1944) y de García Lorca.

En tiempos más recientes la dramaturgia hispanoamericana se enriquece con la contribución, entre otros, del alemán Bertolt Brecht (1898–1956) y de los norteamericanos Tennessee Williams (1911–1983) y Arthur Miller (1915–). Nace así un teatro híbrido donde se funden lo americano con lo universal, lo poético con lo filosófico e ideológico, lo real con lo irreal y así sucesivamente. La influencia de las obras existencialistas, del *teatro del absurdo* y *de concientización* se hace patente en un número cada vez mayor de dramaturgos que utilizan temas y recursos propios para crear un teatro genuinamente autóctono, es decir, puramente hispanoamericano. Es éste en gran parte un teatro comprometido y de protesta, en el que además de asumir un compromiso político, el artista aborda temas existencialistas como la deshumanización del hombre moderno.

Entre los escritores más destacados del nuevo teatro hispanoamericano figuran los mexicanos Xavier Villaurrutia (*La hiedra,* 1941; *Invitación a la muerte,* 1944), Rodolfo Usigli (*El gesticulador,* 1947; *Corona de sombra,* 1947; *El niño y la niebla,* 1951) y Emilio Carballido (p. 281). Asimismo, hay que indicar el teatro del guatemalteco, naturalizado mexicano, Carlos Solórzano (*Las manos de Dios,* 1957; *Los fantoches,* 1958) y del peruano Sebastián Salazar Bondy (*El fabricante de deudas,* 1962). En la Argentina se distinguen Samuel Eichenbaum (*Un tal Servando Díaz,* 1942), Roberto Arlt (*El desierto,* 1942), Conrado Nalé Roxlo (*Una viuda difícil,* 1944), Osvaldo Dragún (p. 274), Carlos Gorostiza (*Papi,* 1983; *Aeroplanos,* 1990) y Griselda Gambaro (*Viejo matrimonio,* 1965; *Antígona furiosa,* 1986).

Un tipo de teatro genuinamente americano es el llamado teatro *grotesco criollo.* Aquí la temática gira en torno a la angustia del inmigrante europeo —generalmente italiano— frustrado en su intento de integrarse a la sociedad argentina o «criolla». Según se nota en piezas como *Stéfano* (1928) de Armando Discépolo, iniciador de ese teatro, lo «grotesco» consiste en la discrepancia entre la vida trágica del personaje y la comicidad de las *situaciones* en las que participa involuntariamente. Lo cómico, e invariablemente patético y conmovedor, proviene también del personaje mismo y de su habla. Este personaje, por mucho que se esfuerce por parecer criollo, no puede menos de ser torpe, a lo que contribuye considerablemente su extraña y, de ahí, ridícula, jerga italo-argentina.

Dentro de este mismo tipo de teatro se inscriben también algunos dramaturgos de la Generación argentina del 60 —escritores que si por un lado denunciaron la política del ex dictador Juan Domingo Perón (1946–1955), por otro, rechazaron los gobiernos caóticos e ineficientes que reemplazaron el peronismo. Entre los dramaturgos más distinguidos de este grupo hay que incluir a Roberto Cossa. En *La Nona* (1977) Cossa cuestiona uno de los falsos mitos del peronismo: la familia como núcleo social protector, custodio y única salvación del individuo.

En el presente libro (p. 275) se incluye una pieza del ya mencionado Osvaldo Dragún que ejemplifica el teatro posvanguardista del absurdo —teatro que cuestiona el concepto histórico y racional de la realidad y que experimenta con un nuevo lenguaje escénico distinto al contemplado por la norma.

Cuestionario

1. ¿Qué significa literalmente el término «drama»? ¿Cuál es la diferencia básica entre el género dramático y la narrativa o la poesía?
2. ¿Qué papeles desempeñaron desde los orígenes de la tragedia cada uno de los siguientes elementos: el coro, el protagonista y el «personaje comodín»?
3. ¿En qué se diferencian la tragedia de la comedia y ésta de la farsa?
4. ¿Cuál es la primera obra dramática española y a qué siglo se remonta?
5. ¿Por qué se considera *La Celestina* una obra clave en la evolución del teatro español? En otras palabras, ¿qué elementos estructurales y conceptuales hacen de ella una obra eminentemente dramática de tipo humanista, precursora de la comedia del Siglo de Oro y de las piezas románticas del siglo XIX?
6. ¿Qué importancia tiene el *Arte nuevo de hacer comedias* de Lope de Vega en la historia del teatro español? ¿Qué precedentes establece el libro respecto a lo siguiente: ¿el público? ¿la acción? ¿la caracterización? ¿el lenguaje? ¿la estructura dramática en lo que concierne a la división en actos y a los elementos cómicos y trágicos?
7. ¿A qué se debe la popularidad del personaje de don Juan? ¿Quién fue su creador? ¿Quién fue otro de los grandes dramaturgos seguidores de Lope? ¿Cómo se caracterizó su teatro?
8. ¿En qué sentido se podría decir que Pedro Calderón de la Barca, al escribir su obra maestra *La vida es sueño,* rompe con la tradición dramática española? ¿Qué elementos barrocos de la pieza muestran su carácter innovador?
9. ¿Qué características despliega el melodrama romántico del siglo XIX en España en cuanto a caracterización, ambiente, trama, tema, estructura de la pieza y efectos escénicos? Mencione tres dramaturgos españoles sobresalientes y sus respectivas obras maestras.
10. ¿Qué representa *La gringa* para el teatro hispanoamericano? ¿De qué trata el asunto?
11. ¿Dentro de qué grupo de escritores españoles cabe Jacinto Benavente? ¿A qué se debe su fama? ¿A qué categoría de su producción teatral pertenece la pieza *El nietecito?*
12. ¿Qué características temáticas y estilísticas sobresalen en el teatro de Federico García Lorca? ¿En qué sentido es típica del teatro lorquiano *La casa de Bernarda Alba* y en qué respecto se aleja de las demás obras?
13. ¿Qué debe el teatro del español Alejandro Casona al de Benavente y al de García Lorca? ¿Qué temas enfocan las piezas de Casona?
14. ¿Qué papel desempeña Osvaldo Dragún en el nuevo teatro hispanoamericano?

Identificaciones

1. Dionisos y Baco
2. la comedia y la farsa
3. el *Auto de los Reyes Magos*
4. Calisto y Melibea
5. los entremeses
6. el gracioso
7. *El burlador de Sevilla*
8. la comedia de capa y espada
9. Ramón de la Cruz
10. *Ollántay*
11. José Echegaray
12. el teatro criollista
13. el peronismo
14. el teatro del absurdo y de concientización

EL DRAMA: GUIA GENERAL PARA EL LECTOR

1. ¿Cuál es el marco escénico de la obra? ¿Se explica en detalle o no?
2. ¿Quiénes son los personajes y cuáles son las relaciones entre ellos? ¿Cuáles son actores y cuáles son actantes?
3. ¿Qué situación dramática se presenta en la obra? ¿Cómo progresa la acción de la obra? ¿Cuáles son las etapas de esa acción?
4. ¿Cuáles son las divisiones formales del texto?
5. ¿Cómo se puede clasificar el diálogo de la obra? ¿Cuáles son los elementos lingüísticos más significativos? ¿Son breves o largas las oraciones? ¿Se identifican los personajes a través de lo que dicen?
6. ¿Qué importancia tienen las acotaciones escénicas?
7. ¿Cuál es el tema principal de la obra? ¿Cuáles son los temas secundarios? ¿Tiene la obra un fin didáctico o comprometido?
8. En la obra, ¿se pone más énfasis en la creación de una empatía entre actor y espectador (lector) o en una separación sentimental y un acercamiento intelectual a la situación dramática? ¿Hay ejemplos de metateatro?
9. ¿Cuáles son los aspectos visuales sobresalientes de la obra?
10. Si usted fuera director(a), ¿cómo montaría la obra en el escenario?

Miguel de Cervantes Saavedra

Vida y obra

Miguel de Cervantes Saavedra (1547–1616) nació en Alcalá de Henares, cerca de Madrid. Hijo de un cirujano pobre, no tuvo ninguna educación formal. Un maestro provisorio, impresionado por la precocidad literaria de su discípulo, le publicó en 1569 cuatro poemas. Ese mismo año Cervantes estuvo en Italia al servicio del cardenal Acquaviva. Se alistó más tarde en la milicia española y luchó heroicamente en la batalla de Lepanto (1571), en la que resultó herido, perdiendo el uso de la mano izquierda. Durante el viaje de regreso a España, tras otra campaña militar, su nave fue atacada por piratas turcos que le hicieron prisionero y le tuvieron cinco años en una cárcel de Argel (*Algiers*) hasta ser rescatado (*ransomed*). Cervantes volvió a Madrid y se casó, viviendo en apuros económicos (*financial straits*). La pobreza le obligó a trasladarse a Andalucía en donde trabajó en la Hacienda Pública (*Treasury Office*) recaudando (*collecting*) provisiones para los barcos reales, así como impuestos (*taxes*). Acusado injustamente de malversación de fondos (*embezzlement*), estuvo tres veces en la cárcel. Tras estancias en Granada y Valladolid, regresó a Madrid tan pobre y desanimado como había salido, y allí murió. Fue poeta (*Viaje del Parnaso,* 1614), dramaturgo (*El cerco de Numancia, ¿ ?*; *Ocho comedias y ocho entremeses,* 1615) y novelista (*La Galatea,* 1585; *Novelas ejemplares,* 1613; *El ingenioso hidalgo Don Quijote de la Mancha,* cuyas dos partes fueron publicadas en 1605 y 1615, respectivamente).

El autor y su contexto

Varios factores contribuyeron a la formación espiritual de Cervantes y a su creación literaria, entre ellos, su estancia en Italia, su cautiverio en Argel y sus andanzas por Andalucía. Su visión del mundo fue moldeada asimismo por sus desilusiones ante la ingratitud de su propio gobierno que repetidas veces se negó a concederle las bien merecidas capitanías (*captain's posts*) y otros empleos en las colonias ultramarinas. No obstante su mala suerte en la vida, Cervantes llegó a ser el escritor más famoso de habla española y uno de los mejores del mundo. Su fecundidad literaria, su profundo don (*gift*) de observación, su hondo concepto de la vida y la riqueza de sus descripciones hacen de su obra una joya de las letras de todos los tiempos. Su obra maestra *Don Quijote,* obra que él confiesa haber concebido en la prisión, es tal vez el libro más leído y más traducido a otras lenguas, después de la Biblia. Muy valiosa también es la sátira de su teatro. En el entremés *El viejo celoso,* el autor se ríe de uno de los tipos sociales más vulnerables: el anciano marido burlado (*cuckold*).

Entremés de El viejo celoso

(*Salen* DOÑA LORENZA *y* CRISTINA, *su criada, y* HORTIGOSA, *su vecina.*)

DOÑA LORENZA: Milagro ha sido éste, señora Hortigosa, el no haber dado la vuelta a la llave mi duelo, mi yugo y mi desesperación.[a] Este es el primer día, después que me casé con él, que hablo con persona fuera de casa. ¡Que fuera le vea yo de esta vida a él y a quien con él me casó!

5 HORTIGOSA: Ande, mi señora doña Lorenza, no se queje tanto, que con una caldera vieja se compra otra nueva.[b]

DOÑA LORENZA: Y aun con esos y otros semejantes villancicos o refranes me engañaron a mí. ¡Que malditos sean sus dineros, fuera de las cruces;[1] malditas sus joyas, malditas sus galas y maldito todo cuanto me da y promete! ¿De 10 qué me sirve a mí todo aquesto,[2] si en mitad de la riqueza estoy pobre, y en medio de la abundancia con hambre?

CRISTINA: En verdad, señora tía, que tienes razón: que más quisiera yo andar con un trapo[3] atrás y otro adelante, y tener un marido mozo, que verme casada y enlodada[4] con ese viejo podrido[5] que tomaste por esposo.

15 DOÑA LORENZA: ¿Yo lo tomé, sobrina? A la fe, diómele quien pudo y yo, como muchacha, fui más presta al obedecer que al contradecir. Pero si yo tuviera tanta experiencia de estas cosas, antes me tarazara la lengua con los dientes que pronunciar aquel sí,[c] que se pronuncia con dos letras y da por llorar dos mil años. Pero yo imagino que no fue otra cosa sino que había de ser ésta, y 20 que las que han de suceder forzosamente no hay prevención ni diligencia humana que las prevenga.

CRISTINA: ¡Jesús y del mal viejo! Toda la noche: «Daca el orinal,[6] toma el orinal; levántate, Cristinica, y caliéntame unos paños, que me muero de la ijada;[7] dame aquellos juncos,[8] que me fatiga la piedra[9]». Con más ungüentos y 25 medicinas en el aposento que si fuera una botica. Y yo, que apenas sé vestirme, tengo que servirle de enfermera. ¡Pux, pux, pux! ¡Viejo clueco,[d] tan potroso[10] como celoso, y el más celoso del mundo!

DOÑA LORENZA: Dice la verdad mi sobrina.

CRISTINA: ¡Pluguiera a Dios[11] que nunca yo la dijera en esto!

---

[1]fuera… excepto las cruces que llevaban grabadas las monedas   [2]esto (forma arcaica)   [3]pedazo de tela   [4]*bogged down*   [5]*rotten*   [6]Daca… Dame el orinal (*chamberpot*)   [7]me… el costado me duele   [8]plantas medicinales   [9]*kidney stone*   [10]*afflicted with a hernia*   [11]¡Pluguiera… ¡Ojalá

---

[a]Milagro… Ha sido un milagro el que mi marido no haya cerrado la puerta. (La esposa se refiere al marido llamándolo duelo [*grief*], yugo [*yoke, oppressive authority*] y desesperación para indicar que es un viejo celoso.)

[b]con… Al morir el viejo, con su dinero ella podría conseguir un marido joven.

[c]antes… antes me mordiera la lengua para no pronunciar el sí en la boda

[d]Viejo… decrépito como una gallina clueca (*hatching hen*)

30 HORTIGOSA: Ahora bien, señora doña Lorenza: vuesa merced[12] haga lo que le
        tengo aconsejado, y verá cómo se halla muy bien con mi consejo. El mozo
        es como un jinjo[13] verde: quiere bien, sabe callar y agradecer lo que por él
        se hace; y pues los celos y el recato[14] del viejo no nos dan lugar a demandas
        ni a respuestas, resolución y buen ánimo, que, por la orden que hemos dado,
35   yo le pondré al galán en su aposento de vuesa merced y le sacaré si bien[15]
        tuviese el viejo más ojos que Argos[e] y viese más que un zahorí,[f] que dicen
        que ve siete estados[g] debajo de la tierra.

  DOÑA LORENZA: Como soy primeriza,[16] estoy temerosa, y no querría, a trueco del
        gusto, poner a riesgo la honra.

40 CRISTINA: Eso me parece, señora tía, a lo del cantar de Gómez Arias:[17]

> Señor Gómez Arias,
> doleos de mí:
> soy niña y muchacha;
> nunca en tal me vi.

45 DOÑA LORENZA: Algún espíritu malo debe de haber en ti, sobrina, según las cosas
        que dices.

  CRISTINA: Yo no sé quién habla; pero yo sé que haría todo aquello que la señora
        Hortigosa ha dicho, sin faltar punto.

  DOÑA LORENZA: ¿Y la honra, sobrina?

50 CRISTINA: ¿Y el holgarnos,[18] tía?

  DOÑA LORENZA: ¿Y si se sabe?

  CRISTINA: ¿Y si no se sabe?

  DOÑA LORENZA: ¿Y quién me asegurará a mí que no se sepa?

  HORTIGOSA ¿Quén? ¿Quién? La buena diligencia, la sagacidad, la industria y, sobre
55   todo, el buen ánimo y mis trazas.[19]

  CRISTINA: Mire, señora Hortigosa: tráyanosle[20] galán, limpio, desenvuelto, un poco
        atrevido y, sobre todo, mozo.

  HORTIGOSA: Todas estas partes tiene el que he propuesto, y otras dos más: que es
        rico y liberal.

60 DOÑA LORENZA: Que no quiero riquezas, señora Hortigosa; que me sobran las
        joyas, y me ponen en confusión las diferencias de colores de mis muchos
        vestidos. Hasta eso no tengo que desear, que Dios le dé salud a Cañizares:
        más vestida me tiene que un palmito,[21] y con más joyas que la vidriera[22] de
        un platero rico. No me clavara él las ventanas, cerrara las puertas, visitara a
65   todas horas la casa, desterrara de ella los gatos y los perros, solamente
        porque tienen nombre de varón: que, a trueco[23] de que no hiciera esto y
        otras cosas no vistas en materia de recato, yo le perdonara sus dádivas y
        mercedes.

---

[12]vuesa... vuestra merced (usted)   [13]*jujube tree*   [14]circunspección   [15]si... aunque   [16]sin experiencia
[17]Gómez... personaje proverbial de un cantar popular   [18]divertirnos   [19]planes   [20]tráiganosle (forma arcaica)
[21]que... (*fig.*) como un palmito (*dwarf fanpalm*): bien vestido   [22]vitrina   [23]cambio

---

[e]gigante mitológico que tenía cien ojos y, por ello, símbolo de la vigilancia
[f]persona de la que se dice que ve lo oculto, incluso lo que está bajo tierra
[g]el **estado** es una medida equivalente a siete pies

HORTIGOSA: ¿Qué, tan celoso es?

70 DOÑA LORENZA: Digo que le vendían el otro día una tapicería[24] a bonísimo precio, y por ser de figuras[25] no la quiso, y compró otra de verduras[26] por mayor precio, aunque no era tan buena. Siete puertas hay antes que se llegue a mi aposento, fuera de la puerta de la calle, y todas se cierran con llave, y las llaves no me ha sido posible averiguar dónde las esconde de noche.

75 CRISTINA: Tía, la llave de loba[27] creo que se la pone entre las faldas de la camisa.[28]

DOÑA LORENZA: No lo creas, sobrina: que yo duermo con él y jamás le he visto ni sentido que tenga llave alguna.

CRISTINA: Y más, que toda la noche anda como trasgo[29] por toda la casa, y si
80 acaso dan alguna música en la calle, les tira de pedradas porque se vayan. Es un malo, es un brujo, es un viejo: que no tengo más que decir.

DOÑA LORENZA: Señora Hortigosa, váyase, no venga el gruñidor[30] y la halle conmigo, que sería echarlo a perder todo. Y lo que ha de hacer, hágalo luego: que estoy tan aburrida, que no me falta sino echarme una soga al cuello[31]
85 por salir de tan mala vida.

HORTIGOSA: Quizá con esta que ahora se comenzará se le quitará toda esa mala gana y le vendrá otra más saludable y que más le contente.

CRISTINA: Así suceda, aunque me costase a mí un dedo de la mano: que quiero mucho a mi señora tía, y me muero de verla tan pensativa y angustiada en
90 poder de este viejo y reviejo, y más que viejo, y no me puedo hartar de decirle viejo.

DOÑA LORENZA: Pues en verdad que te quiere bien, Cristina.

CRISTINA: ¿Deja por eso de ser viejo? Cuanto más que yo he oído decir que siempre los viejos son amigos de niñas.

95 HORTIGOSA: Así es la verdad, Cristina. Y adiós, que en acabando de comer doy la vuelta.[32] Vuesa merced esté muy en lo que dejamos concertado, y verá cómo salimos y entramos bien en ello.

CRISTINA: Señora Hortigosa, hágame merced de traerme a mí un frailecico pequeñico[33] con quien yo me huelgue.[34]

100 HORTIGOSA: Yo se lo traeré a la niña pintado.

CRISTINA: Que no lo quiero pintado, sino vivo, vivo, chiquito, como unas perlas.

DOÑA LORENZA: ¿Y si lo ve tío?

CRISTINA: Diréle yo que es un duende,[35] y tendrá dél miedo, y holgaréme[36] yo.

HORTIGOSA: Digo que yo le traeré, y adiós. (*Vase.*)

105 CRISTINA: Mira, tía: si Hortigosa trae al galán y a mi frailecico, y si señor[37] los viere no tenemos más que hacer sino cogerle entre todos y ahogarle, y echarle en el pozo o enterrarle en la caballeriza.

DOÑA LORENZA: Tal eres tú, que creo lo harías mejor que lo dices.

CRISTINA: Pues no sea el viejo celoso, y déjenos vivir en paz, pues no le hacemos
110 mal alguno, y vivimos como unas santas. (*Entranse.*)

(*Salen* CAÑIZARES, *viejo, y un* COMPADRE *suyo*)

[24]tapestry   [25]personajes históricos o mitológicos   [26]escenas de la naturaleza   [27]llave... *master key*   [28]faldas... *folds of the nightshirt*   [29]fantasma   [30]*grumbler*   [31]echarme... *to hang me*   [32]doy... vuelvo   [33]un... un fraile jovencito   [34]divierta   [35]diablillo   [36]me divertiré   [37]si... si el señor

CAÑIZARES: Señor compadre, señor compadre: el setentón que se casa con quince,[h] o carece de entendimiento, o tiene gana de visitar el otro mundo lo más presto que le sea posible. Apenas me casé con doña Lorencica, pensando tener en ella compañía y regalo y persona que se hallase en mi cabecera y me cerrase los ojos al tiempo de mi muerte, cuando me embistieron una turbamulta[38] de trabajos y desasosiegos: tenía casa, y busqué casar; estaba posado, y desposéme.[39]

COMPADRE: Compadre, error fue, pero no muy grande; porque, según el dicho del Apóstol, mejor es casarse que abrasarse.[40]

CAÑIZARES: Que no había qué abrasar en mí, señor compadre, que con la menor llamarada quedara hecho ceniza. Compañía quise, compañía busqué, compañía hallé; pero Dios lo remedie, por quien El es.

COMPADRE: ¿Tiene celos, señor compadre?

CAÑIZARES: Del sol que mira a Lorencica, del aire que le toca, de las faldas que la vapulan.[41]

COMPADRE: ¿Dale ocasión?

CAÑIZARES: ¡Ni por pienso![42] No tiene por qué, ni cómo, ni cuándo, ni adónde. Las ventanas, amén de estar con llave, las guarnecen rejas y celosías;[43] las puertas jamás se abren; vecina no atraviesa mis umbrales,[44] ni le atravesará mientras Dios me diere vida. Mirad, compadre: no les vienen los malos aires a las mujeres de ir a los jubileos,[45] ni a las procesiones, ni a todos los actos de regocijos públicos; donde ellas se mancan,[46] donde ellas se estropean y a donde ellas se dañan, es en casa de las vecinas y de las amigas. Más maldades encubre una mala amiga que la capa de la noche; más conciertos se hacen en su casa y más se concluyen que en una asamblea.

COMPADRE: Yo así lo creo. Pero si la señora doña Lorenza no sale de casa, ni nadie entra en la suya, ¿de qué vive descontento mi compadre?

CAÑIZARES: De que no pasará mucho tiempo en que no caiga Lorencica en lo que le falta, que será un mal caso, y tan malo, que en sólo pensarlo le temo, y de temerle me desespero, y de desesperarme vivo con disgusto.

COMPADRE: Y con razón se puede tener ese temor, porque las mujeres querrían gozar enteros los frutos del matrimonio.

CAÑIZARES: La mía los goza doblados.[47]

COMPADRE: Ahí está el daño, señor compadre.

CAÑIZARES: No, no, ni por pienso; porque es más simple Lorencica que una paloma, y hasta ahora no entiende nada de esas filaterías.[48] Y adiós, señor compadre, que me quiero entrar en casa.

COMPADRE: Yo quiero entrar allá y ver a mi señora Lorenza.

CAÑIZARES: Habéis de saber, compadre, que los antiguos latinos usaban de un refrán que decía: *Amicus usque ad aras,* que quiere decir: «El amigo, hasta el altar»; infiriendo que el amigo ha de hacer por su amigo todo aquello que no

---

[38]multitud [39]estaba... estaba tranquilo y perdí mi tranquilidad (contraje matrimonio) [40]quemarse [41]golpean [42]¡Ni... *Don't even think of it!* [43]las... *are surrounded by railings and lattices* [44]thresholds [45]ecclesiastical solemnities [46]se... pierden los escrúpulos [47]encorvados (juego de palabras) [48]verbosidad

---

[h]setentón... hombre de setenta años que se casa con una muchacha muy joven

fuere contra Dios. Y yo digo que mi amigo, *usque ad portam,* hasta la puerta: que ninguno ha de pasar mis quicios.[49] Y adiós, señor compadre, y perdóneme. (*Entrase.*)

155 COMPADRE: En mi vida he visto hombre más recatado, ni más celoso, ni más impertinente. Pero éste es de aquellos que traen la soga arrastrando[i] y de los que siempre vienen a morir del mal que temen. (*Entrase el* COMPADRE.)

(DOÑA LORENZA *y* CRISTINA)

CRISTINA: Tía, mucho tarda tío, y más tarda Hortigosa.

DOÑA LORENZA: Más[50] que nunca él acá viniese, ella tampoco; porque él me en-
160 fada, y ella me tiene confusa.

CRISTINA: Todo es probar, señora tía, y cuando no saliere[51] bien, darle del codo.

DOÑA LORENZA: ¡Ay sobrina! Que estas cosas, o yo sé poco, o sé que todo el daño está en probarlas.

CRISTINA: A fe, señora tía, que tiene poco ánimo, y que si yo fuera de su edad, que
165 no me espantarían hombres armados.

DOÑA LORENZA: Otra vez torno a decir y diré cien mil veces, que Satanás habla en tu boca. Mas ¡ay!, ¿cómo se ha entrado señor?

CRISTINA: Debe de haber abierto con la llave maestra.

DOÑA LORENZA: ¡Encomiendo yo al diablo sus maestrías y sus llaves!

(*Sale* CAÑIZARES)

170 CAÑIZARES: ¿Con quién hablabais, doña Lorenza?

DOÑA LORENZA: Con Cristinica hablaba.

CAÑIZARES: Miradlo bien, doña Lorenza.

DOÑA LORENZA: Digo que hablaba con Cristinica. ¿Con quién había de hablar? ¿Tengo yo, por ventura, con quién?

175 CAÑIZARES: No querría que tuvieseis algún soliloquio con vos misma, que redundase en mi perjuicio.

DOÑA LORENZA: Ni entiendo esos circunloquios que decís, ni aun los quiero entender; y tengamos la fiesta en paz.[j]

CAÑIZARES: Ni aun las vísperas no querría yo tener una guerra con vos.[k] Pero
180 ¿quién llama a aquella puerta con tanta prisa? Mira, Cristina, quién es, y si es pobre, dale limosna y despídele.

CRISTINA: ¿Quién está ahí?

HORTIGOSA: La vecina Hortigosa es, señora Cristina.

CAÑIZARES: ¿Hortigosa y vecina? ¡Dios sea conmigo! Pregúntale, Cristina, lo que
185 quiere, y dáselo, con condición que no atraviese esos umbrales.

CRISTINA: Y ¿qué quiere, señora vecina?

CAÑIZARES: El nombre de vecina me turba y sobresalta. Llámala por su propio nombre, Cristina.

---

[49]*door frames* [50]Mejor [51]salga (futuro de subjuntivo de **salir**)

---

[i] que... cuya misma preocupación será causa de su ruina
[j] tengamos... quedemos en paz
[k] Ni... Ni ayer ni hoy querría tener discusiones con vos.

CRISTINA: Responda. Y ¿qué quiere, señora Hortigosa?

190 HORTIGOSA: Al señor Cañizares quiero suplicar un poco,⁵² en que me va la honra, la vida y el alma.

CAÑIZARES: Decidle, sobrina, a esa señora que a mí me va todo eso y más en que no entre acá dentro.

DOÑA LORENZA: ¡Jesús, y qué condición tan extravagante! ¿Aquí no estoy delante

195 de vos? ¿Hanme de comer de ojo?¹ ¿Hanme de llevar por los aires?

CAÑIZARES: ¡Entre con cien mil Bercebuyes,⁵³ pues vos lo queréis!

CRISTINA: Entre, señora vecina.

CAÑIZARES: ¡Nombre fatal para mí es el de vecina!

(*Sale* HORTIGOSA *y trae un guadamecí;*⁵⁴ *y en las pieles de las cuatro esquinas han de venir pintados Rodamonte, Mandricardo, Rugero y Gradoso,*⁵⁵ *y Rodamonte venga pintado como arrebozado.*⁵⁶)

HORTIGOSA: Señor mío de mi alma, movida e incitada de la buena fama de vuesa

200 merced, de su gran caridad y de sus muchas limosnas, me he atrevido de venir a suplicar a vuesa merced me haga tanta merced, caridad y limosna y buena obra de comprarme este guadamecí, porque tengo un hijo preso por unas heridas que dio a un tundidor,⁵⁷ y ha mandado la Justicia que declare el cirujano, y no tengo con qué pagarle, y corro peligro no le echen otros em-

205 bargos,⁵⁸ que podrían ser muchos, a causa que es muy travieso mi hijo, y querría echarle hoy o mañana, si fuese posible, de la cárcel. La obra es buena; es guadamecí, nuevo, y, con todo eso, le daré por lo que vuesa merced quisiere darme por él: que en más está la monta,⁵⁹ y como esas cosas⁶⁰ he perdido yo en esta vida. Tenga vuesa merced de esta punta,⁶¹

210 señora mía, y descojámosle,⁶² porque no vea el señor Cañizares que hay engaño en mis palabras. Alce más, señora mía, y mire cómo es bueno de caída.⁶³ Y las pinturas de los cuadros parecen que están vivas. (*Al alzar y mostrar el guadamecí entra por detrás de él un galán, y como* CAÑIZARES *ve los retratos, dice:*)

215 CAÑIZARES: ¡Oh, qué lindo Rodamonte! Y ¿qué quiere el señor rebozadito⁶⁴ en mi casa? Aun si supiese que tan amigo soy yo de estas cosas y de estos rebocitos,⁶⁵ espantaríase.⁶⁶

CRISTINA: Señor tío, yo no sé nada de rebozados, y si él ha entrado en casa, la señora Hortigosa tiene la culpa: que a mí el diablo me lleve si dije ni hice

220 nada para que él entrase. No, en mi conciencia; aun el diablo sería si mi señor tío me echase a mí la culpa de su entrada.

CAÑIZARES: Yo ya lo veo, sobrina, que la señora Hortigosa tiene la culpa; pero no hay de qué maravillarse, porque ella no sabe mi condición, ni cuán enemigo soy de aquestas pinturas.

---

⁵²un... un pequeño favor   ⁵³diablos   ⁵⁴cuero adornado con pinturas   ⁵⁵Rodamonte... personajes de la literatura caballeresca   ⁵⁶cubierto para no ser visto   ⁵⁷*shearer of cloth*   ⁵⁸cargos   ⁵⁹la... el valor   ⁶⁰como... cosas como ésas   ⁶¹de... de este extremo   ⁶²*let's spread it open*   ⁶³de... *the effect of falling*   ⁶⁴cubierto ⁶⁵hipocresías   ⁶⁶se asustaría

---

¹¿Hanme... ¿Me van a comer con sólo mirarme?

225 DOÑA LORENZA: Por las pinturas lo dice Cristinica, y no por otra cosa.

CRISTINA: Pues por ésas digo yo. ¡Ay, Dios sea conmigo! Vuelto se me ha el ánima al cuerpo, que ya andaba por los aires.[67]

DOÑA LORENZA: ¡Quemado vea yo ese pico de once varas! En fin: quien con muchachos se acuesta,[m] etcétera, etcétera.

230 CRISTINA: ¡Ay desgraciada, y en qué peligro pudiera haber puesto toda la baraja[68]!

CAÑIZARES: Señora Hortigosa, yo no soy amigo de figuras rebozadas ni por rebozar. Tome este doblón,[69] con el cual podrá remediar su necesidad, y váyase de mi casa lo más presto que pudiere;[70] y ha de ser luego,[71] y llévese su guadamecí.

235 HORTIGOSA: Viva vuesa merced más años que Matusalén, en vida de mi señora doña…, no sé cómo se llama, a quien suplico me mande, que la serviré de noche y de día, con la vida y con el alma, que la debe de tener ella como la de una tortolina simple.

CAÑIZARES: Señora Hortigosa, abrevie[72] y váyase, y no se esté ahora juzgando 240 almas ajenas.

HORTIGOSA: Si vuesa merced hubiere menester algún pegadillo para la madre,[73] téngolos milagrosos, y si para mal de muelas, sé unas palabras que quitan el dolor como por la mano.

CAÑIZARES: Abrevie, señora Hortigosa, que doña Lorenza ni tiene madre, ni dolor 245 de muelas; que todas las tiene sanas y enteras, que en su vida se ha sacado muela alguna.

HORTIGOSA: Ella se las sacará, placiendo al Cielo, porque le dará muchos años de vida, y la vejez es la total destrucción de la dentadura.

CAÑIZARES: ¡Aquí de Dios, que no será posible que me deje esta vecina! ¡Hor-250 tigosa, o diablo, o vecina, o lo que eres, vete con Dios y déjame en mi casa!

HORTIGOSA: Justa es la demanda, y vuesa merced no se enoje, que ya me voy. (*Vase.*)

CAÑIZARES: ¡Oh vecinas, vecinas! Escaldado quedo aún de[74] las buenas palabras de esta vecina, por haber salido por boca de vecina.

255 DOÑA LORENZA: Digo que tenéis condición de bárbaro y de salvaje. Y ¿qué ha dicho esta vecina para que quedéis con la ojeriza[75] contra ella? Todas vuestras buenas obras las hacéis en pecado mortal. Dístele dos docenas de reales, acompañados con otras dos docenas de injurias, ¡boca de lobo, lengua de escorpión y silo de malicias!

260 CAÑIZARES: No, no; a mal viento va esta parva.[76] No me parece bien que volváis[77] tanto por vuestra vecina.

CRISTINA: Señora tía, éntrese allá dentro y desenójese, y deje a tío, que parece que está enojado.

DOÑA LORENZA: Así lo haré, sobrina, y aun quizá no me verá la cara en estas dos 265 horas; y a fe que yo se la dé a beber, por más que la rehuse. (*Entrase.*)

---

[67]Vuelto… *I have recovered.*   [68]toda… todo este plan   [69]moneda antigua de oro   [70]pueda (futuro de subjuntivo de **poder**)   [71]inmediatamente   [72]resuma   [73]Si… Si usted necesita algún emplasto (*plaster*) para el útero   [74]Escaldado… Me torturan aún   [75]*ill will*   [76]a… esto se pone mal   [77]defiendas

---

[m]quien… proverbio que quiere decir que no se debe confiar en gente de poca edad y seso («quien con muchachos se acuesta, mojado amanece»)

CRISTINA: Tío, ¿no ve cómo ha cerrado de golpe? Y creo que va a buscar una tranca para asegurar la puerta.[78]

DOÑA LORENZA: (*Dentro.*) ¡Cristinica, Cristinica!

CRISTINA: ¿Qué quiere, tía?

270 DOÑA LORENZA: ¡Si supieses qué galán me ha deparado[79] la buena suerte! Mozo, bien dispuesto, pelinegro, y que le huele la boca a mil azahares.[80]

CRISTINA: ¡Jesús, y qué locuras, y qué niñerías! ¿Está loca, tía?

DOÑA LORENZA: No estoy sino en todo mi juicio;[81] y en verdad que, si le vieses, que se te alegrase el alma.

275 CRISTINA: ¡Jesús, y qué locuras, y qué niñerías! Ríñala,[82] tío, porque no se atreva, ni aun burlando, a decir deshonestidades.

CAÑIZARES: ¡Bobear, Lorenza! Pues ¡a fe que no estoy yo de gracia para sufrir esas burlas!

DOÑA LORENZA: Que no son sino veras, y tan veras, que en este género no pueden
280 ser mayores.

CRISTINA: ¡Jesús, y qué locuras, y qué niñerías! ¡Y dígame, tía: ¿está ahí también mi frailecito?

DOÑA LORENZA: No, sobrina; pero otra vez vendrá, si quiere Hortigosa, la vecina.

CAÑIZARES: Lorenza, di lo que quisieres; pero no tomes en tu boca el nombre de
285 vecina, que me tiemblan las carnes en oírle.

DOÑA LORENZA: También me tiemblan a mí por amor de la vecina.

CRISTINA: ¡Jesús, y qué locuras, y qué niñerías!

DOÑA LORENZA: ¡Ahora echo de ver quién eres, viejo maldito; que hasta aquí he vivido engañada contigo!

290 CRISTINA: ¡Ríñala, tío; ríñala, tío; que se desvergüenza mucho!

DOÑA LORENZA: Lavar quiero a un galán las pocas barbas que tiene en una bacía[83] llena de agua de ángeles, porque su cara es como la de un ángel pintado.

CRISTINA: ¡Jesús, y qué locuras, y qué niñerías! ¡Despedácela, tío!

CAÑIZARES: No la despedazaré yo a ella, sino a la puerta que la encubre.

295 DOÑA LORENZA: No hay para qué: vela aquí abierta. Entre, y verá cómo es verdad cuanto le he dicho.

CAÑIZARES: Aunque sé que te burlas, sí entraré, para desenojarte. (*Al entrar* CAÑIZARES, *danle con una bacía de agua en los ojos; él vase a limpiar; acuden sobre él* CRISTINA *y* DOÑA LORENZA, *y en este ínterin sale el galán y*
300 *vase.*) ¡Por Dios, que por poco me cegaras, Lorenza! ¡Al diablo se dan las burlas que se arremeten a los ojos!

DOÑA LORENZA: ¡Mirad con quién me casó mi suerte sino con el hombre más malicioso del mundo! ¡Mirad cómo dio crédito a mis mentiras, por su... fundadas en materia de celos, que menoscaban,[84] y asendereada sea mi ven-
305 tura[85]! ¡Pagad vosotros, cabellos, las deudas de este viejo! ¡Llorad vosotros, ojos, las culpas de este maldito! ¡Mirad en lo que tiene mi honra y mi crédito, pues de las sospechas hace certezas; de las mentiras, verdades; de las burlas, veras, y de los entretenimientos, maldiciones! ¡Ay, que se me arranca el alma!

[78]buscar... *bar the door to prevent entrance* [79]me... *me ha dado* [80]*orange blossoms* [81]No... *I am perfectly sound in mind* [82]*Scold her* [83]*recipiente en donde ponen el agua los barberos* [84]*deterioran* [85]asendereada... *desgraciada sea mi suerte*

310 CRISTINA: Tía, no dé tantas voces, que se juntará la vecindad.

JUSTICIA: (*Dentro.*) ¡Abran esas puertas! ¡Abran luego! ¡Si no, echarélas en el suelo!

DOÑA LORENZA: Abre, Cristinica, y sepa todo el mundo mi inocencia y la maldad de este viejo.

315 CAÑIZARES: ¡Vive Dios, que creí que te burlabas! ¡Lorenza, calla!

(*Entran el* ALGUACIL, *y los* MUSICOS, *y el* BAILARIN *y* HORTIGOSA.)

ALGUACIL: ¿Qué es esto? ¿Qué pendencia[86] es ésta? ¿Quién daba aquí voces?

CAÑIZARES: Señor, no es nada; pendencias son entre marido y mujer, que luego se pasan.

MUSICOS: Por Dios, que estábamos mis compañeros y yo, que somos músicos,
320 aquí, pared y medio,[87] en un desposorio,[88] y a las voces hemos acudido con no pequeño sobresalto, pensando que era otra cosa.

HORTIGOSA: Y yo también, en mi ánima pecadora.

CAÑIZARES: Pues, en verdad, señora Hortigosa, que si no fuera por ella que no hubiera sucedido nada de lo sucedido.

325 HORTIGOSA: Mis pecados lo habrán hecho: que soy tan desdichada, que, sin saber por dónde ni por dónde no, se me echan a mí las culpas que otros cometen.

CAÑIZARES: Señores, vuesas mercedes todos se vuelvan norabuena,[89] que yo les agradezco su buen deseo; que ya yo y mi esposa quedamos en paz.

DOÑA LORENZA: Sí quedaré, como le pida primero perdón a la vecina, si alguna
330 cosa mala pensó contra ella.

CAÑIZARES: Si a todas las vecinas de quien yo pienso mal hubiese de pedir perdón, sería nunca acabar; pero, con todo eso, yo se lo pido a la señora Hortigosa.

HORTIGOSA: Y yo le otorgo, para aquí y para delante de Pero García.[n]

MUSICOS: Pues en verdad que no habemos de haber venido en balde; toquen mis
335 compañeros, y baile el bailarín, y regocíjense las paces con esta canción.

CAÑIZARES: Señores, no quiero música; yo la doy por recibida.

MUSICOS: Pues aunque no la quiera (*Cantan.*)

340
El agua de por San Juan
quita vino y no da pan;[90]
las riñas de por San Juan
todo el año paz nos dan.

Llover el trigo en las eras,[91]
las viñas estando en cierne,[92]
no hay labrador que gobierne
345 bien sus cubas y paneras;[93]
mas las riñas más de veras
si suceden por San Juan
todo el año paz nos dan.
(*Baila.*)
350 Por la canícula ardiente[94]
está la cólera a punto;

pero pasado aquel punto
menos activa se siente.
Y así el que dice no miente
355 que las riñas por San Juan
todo el año paz nos dan.
(*Baila.*)
Las riñas de los casados
como aquésta siempre sean
360 para que después se vean
sin pensar regocijados.
Sol que sale tras nublados
es contento tras afán;
las riñas de por San Juan
365 *todo el año paz nos dan.*

---

[86]*quarrel* [87]*pared... en el vecindario* [88]*boda* [89]*en hora buena* [90]*quita... no favorece las cosechas de la uva y del trigo* [91]*threshing floors* [92]*las... the vines being in their infancy* [93]*cubas... recipientes para el vino y el pan* [94]*la... el período del año en el que el calor es más fuerte*

---

[n]Y... Y yo se lo doy ahora y siempre. (Pero García es una figura del folclor español.)

CAÑIZARES: Porque vean vuesas mercedes las revueltas y vueltas en que me ha puesto una vecina, y si tengo razón de estar mal con las vecinas.

DOÑA LORENZA: Aunque mi esposo está mal con las vecinas, yo beso a vuesas mercedes las manos, señoras vecinas.

370 CRISTINA: Y yo también. Mas si mi vecina me hubiera traído mi frailecito, yo la tuviera por mi mejor vecina. Y adiós, señoras vecinas.

FIN DEL ENTREMES

Cuestionario

1. ¿Qué tipo de matrimonio se presenta en *El viejo celoso?*
2. ¿Le parecen auténticos o creíbles (*believable*) los personajes? ¿Por qué?
3. Según Cañizares, ¿de dónde vienen los «malos aires», es decir, las malas costumbres de las mujeres?
4. ¿Por qué no quería Cañizares que Hortigosa entrara en su casa?
5. ¿Cuál es el motivo de la visita de Hortigosa?
6. ¿Qué esconde la vecina detrás del guadamecí? ¿Cuál es la ironía de la frase dicha por Cañizares, «¡Oh, qué lindo Rodamonte!» (l. 215)?
7. ¿Cómo le ayuda Cañizares a la vecina a remediar su situación?
8. ¿Tiene razón Cañizares en desconfiar de las vecinas? Responda dando una explicación.
9. ¿Cuál es el desenlace de la obra?

Identificaciones

1. «Y yo, que apenas sé vestirme, tengo que servirle de enfermera».
2. la llave de loba
3. «frailecico»
4. el galán
5. «Las riñas de por San Juan / todo el año paz nos dan»

Temas

1. El asunto central del entremés, explicando asismismo si este mismo conflicto podría presentarse hoy día
2. La validez de la frase «el setentón que se casa con quince, o carece de entendimiento, o tiene gana de visitar el otro mundo lo más presto que le sea posible»
3. Las reacciones sexuales de doña Lorenza
4. Debate: Las restricciones impuestas a la mujer para elegir marido llevan consigo grandes problemas.

Jacinto Benavente

Vida y obra

Jacinto Benavente (1866–1954), hijo de un distinguido médico, nació en Madrid. Aunque empezó la carrera de derecho, abandonó los estudios para seguir la carrera literaria. Su posición acomodada (*financially comfortable*) le permitió viajar por Europa, donde se familiarizó con las literaturas extranjeras y las corrientes literarias de la época, aficionándose al modernismo y al arte dramático. Tras algunos intentos poco exitosos de producir obras poéticas y narrativas, se dedicó definitivamente al teatro. Escribió sobre el teatro en revistas modernistas y trabajó de empresario (*promoter*) y director. En 1894 estrenó su primera obra teatral, *El nido ajeno*. A ésta siguen piezas realistas, casi costumbristas, como *La noche del sábado* (1903), *Los malhechores del bien* (1905), *Los intereses creados* (1907) y *La malquerida* (1913). Por este tipo de piezas y por su teatro lírico inspirado en su mayor parte en los cuentos fantásticos, en 1922 le fue otorgado el Premio Nobel de Literatura.

El autor y su contexto

Benavente desempeña un papel fundamental por haber renovado el teatro de su país, modernizándolo y acercándolo al de otros países europeos —contribución que en España le hizo objeto de crítica apasionada tanto en pro como en contra. De acuerdo con el espíritu crítico, reformista de su generación —la Generación del 98— Benavente infundió (*injected*) nueva vida al drama español al crear una comedia que satirizaba los defectos y los vicios de la alta burguesía —clase que él conocía desde temprana edad. Su producción se podría clasificar de la siguiente manera: las obras cosmopolitas (*La noche del sábado*), los dramas pasionales y trágicos (*Más fuerte que el amor*, 1906), las comedias al estilo italiano de la commedia dell'arte (*Los intereses creados*), los dramas negros (*El nietecito*) y los dramas rurales (*La malquerida*). Estas obras carecen de acción y violencia. En cambio, retratan (*they depict*) de una manera espontánea y natural escenas de la vida cotidiana, permitiendo que el público se identifique con los personajes. En dichas piezas, de diálogos animados y tono satírico, el autor se burla de los mal disfrazados (*ill-disguised*) intentos del ser humano para encubrir su maldad. En *El nietecito,* Benavente utiliza su profundo conocimiento de la psicología humana para dar un toque moderno a una antigua anécdota popular. En su versión hace que un niño, inocente pero poseedor de una sabiduría instintiva, insospechada por sus padres, les dé a éstos una lección moral humillante, pero muy valiosa.

El nietecito
Comedia en un acto inspirada en un cuento de los hermanos Grimm

Reparto
Personajes: MARTINA, JUAN, EL ABUELO, TIO SATURIO, EL NIETO

Acto único
Casa pobre

Escena primera

MARTINA y JUAN

MARTINA: Te digo que no hay paciencia…

JUAN: Pero mujer… Y ¿qué quieres que yo le haga? Es mi padre…

MARTINA: ¡Tu padre! ¡Tu padre! Razón para que no anduviera murmurando[1] de mí
por todo el pueblo. Ayer tuve una muy gorda[2] en el arroyo[3] con la Patro, la
de Matías[4] el sordo…, hoy he tenido otra en la plaza con la del tío Pi-
porro… Y es tu padre, que va diciendo por ahí[5] que aquí le tratamos como a
un perro, después de haberle gastado la hacienda[6]… ¡Buena cuenta hubiera
dado de todo![a] Ya veíamos el paso que llevaba[7]… Si nosotros no nos hubiéramos hecho el cargo[8]… Y de mí, ¿qué motivos tiene para quejarse?… El
es quien me trata como a una cualquier cosa, y siempre está gruñendo[9] por
todo… Yo, ¿en qué le falto?[10] Dilo tú… ¿Le falto yo en algo a tu padre?
Dilo, hombre… Que parece que le quieres dar la razón todavía… Esto me
faltaba… Seré yo la que está de más en esta casa[11]… ¿No es eso?

JUAN: ¡Calla, mujer! Si yo no digo nada… Lo que te digo es que a las personas,
en llegando a cierta edad, hay que dispensarlas[12] más de cuatro cosas. Padre
va para los ochenta… Pero él quiere hacerse la ilusión de que todavía puede
valerse[b] y de que es muy nuevo[13]… Y como está hecho[14] a mandar siempre
en todos y a que todos le obedezcamos, no se hace a verse arrinconado[15]…

MARTINA: Para lo que le conviene ya sabe valerse, ya. En casa, mucho lloriquear y
mucho quejarse de achaques[16]…, pero para andar por ahí de corro en corro[17]
a despellejarnos[18] bien terne[19] está. Ahora mismo estará en la solana[20] con
todos los holgazanes y cuchareteras[21] del pueblo, contándoles si le damos de
comer en un rincón y si duerme en el suelo sobre un montón de paja…
Como si estuviera para dormir en una cama… Para caerse como la otra
noche y que nos dé un susto, ni se le pudiera poner a la mesa, para romperlo
todo, que me ha dejado sin platos y sin vasos… Hasta la cazuela de barro[22]
me ha roto esta mañana… Así es que le tengo esta escudilla[23] de madera
para que coma…

JUAN: ¡Mujer! ¡La del perro!

MARTINA: La he fregao[c] muy bien… Nos dejaría sin cazuelas… Está too[24] temblón… Y que yo creo que lo hace adrede[25] pa[26] desesperarme.

JUAN: ¡Mujer! Eso, no.

MARTINA: Todos los viejos tienen muy mala intención… Y tu padre la ha tenido siempre conmigo pa ver de[27] que tú y yo tengamos cuestiones. Se goza en eso.

JUAN: ¡Mujer!

---

[1]*gossiping* [2]una… una gran pelea [3]río muy pequeño [4]la… la mujer de Matías [5]por… por todas partes
[6]haberle… haber gastado el dinero de él [7]el… lo rápido que iba gastando todo lo que tenía [8]hecho… encargado [9]*grumbling* [10]¿en… ¿qué daño le hago? [11]Seré… *I'm the fifth wheel around here.* [12]perdonarlas
[13]joven [14]acostumbrado [15]no… *he doesn't like to be pushed into a corner* [16]*aches and pains from old age*
[17]de… de grupo en grupo [18]hablar muy mal de nosotros [19]fuerte [20]lugar para tomar el sol y charlar con la
gente [21]*busybodies* [22]cazuela… *earthenware pan* [23]plato para tomar sopa [24]todo (habla popular) [25]a
propósito [26]para (habla popular) [27]pa… para hacer

---

[a]¡Buena… *He would have blown the whole bundle.*
[b]puede… es capaz de hacer las cosas sin ayuda de otra persona
[c]fregado, lavado (El habla popular suprime la letra *d* intervocálica en las terminaciones *-ado* e *-ido*.)

MARTINA: Mira ande[28] viene Antolín… Se lleva el chico pa que le oiga hablar mal de nosotros… A bien que me lo cuenta too…

Escena II
DICHOS,[d] *el* ABUELO *y el* NIETO

ABUELO: No corras, demonio… Me trae a la rastra[29]… Condenao de[30] chico…

NIETO: Pa qué está usté[31] tan viejo…

40 ABUELO: ¡A ver si te doy! ¿Es éste el respeto que ties[32] a tu abuelo? Por supuesto, así te enseñan. No ties tú la culpa, no.

MARTINA: Eso, eso. Soliviante[33] usté también al chico.

ABUELO: ¿Os parece decente cómo me trata? Delante de todos me ha levantado la mano.[34]

45 JUAN: ¡Antolín!

ABUELO: Si uno de mis hijos se hubiera atrevío[35] a tanto con mi padre… la mano le corto… Ya lo creo.

MARTINA: Como vuelvas a ir con el abuelo a parte ninguna… ¿Qué te tengo dicho?

50 NIETO: Si es él que quiere llevarme siempre consigo… y no quiere que me aparte de su lao[36]…, y yo me canso…; no quiere más que estar sentao.

ABUELO: Y él no quiere más que hacer barrabasadas[37]… Con todos tiene que metersc[38]… Anda, anda, que buena crianza[39] te están dando. Ya verás cuando tengas que ir a servir a un amo o servir al rey,[40] ya aprenderás, ya…

55 NIETO: ¡Ay madre!

MARTINA: ¿Qué te pasa?

NIETO: Que el abuelo siempre me está diciendo que me van a pegar mucho cuando sea grande.

MARTINA: No sabe más que atemorizar al muchacho. ¡Se goza en eso!

60 ABUELO: Le digo lo que tie[41] que pasar, pa que lo sepa, que no es hijo de rico.

MARTINA: Pasará lo que pasamos toos…, pero no sé qué saca[42] usté con decírselo. Calla, mi rey… Que el abuelo no sabe lo que se dice…

ABUELO: Así, así…, pa que me respete… Anda, pégame, hijo…, pa dar gusto a tu madre…, que quisiera verme muerto…

65 JUAN: Vamos, padre.

ABUELO: Y hace bien. Si mi hijo se lo consiente… Pa que tu madre, que en gloria esté,[e] delante de mí le hubiera faltao a mi padre,[43] que Dios perdone… Pue que del primer zurrío[f]…

MARTINA: Los viejos no se acuerdan ustedes de naa.[44] Siempre creen ustedes que
70 en su tiempo eran otras cosas.

ABUELO: En mi tiempo había más respeto a los padres y más temor de Dios.

---

[28]por donde (habla popular)   [29]Me… Me hace andar más de prisa de lo que puedo.   [30]Condenao… (Condenado) Maldito   [31]usted (habla popular)   [32]tienes (habla popular)   [33]Haga que tenga una actitud rebelde   [34]me… ha intentado pegarme   [35]atrevido   [36]lado (habla popular)   [37]acciones perversas   [38]Con… Molesta a todo el mundo   [39]educación   [40]servir… ser soldado   [41]tiene   [42]gana   [43]le… se hubiera portado mal con mi padre   [44]nada

---

[d]Se refiere a los personajes que ya estaban en el escenario durante la Escena Primera.

[e]que… expresión que se usa al mencionar a una persona que ya murió (*May she rest in peace.*)

[f]Pue… Puede ser que de la primera paliza (*beating*).

MARTINA: Tampoco los viejos serían tan casquivanos,[45] ni querrían presumir de mozos.[46]

ABUELO: Mi padre murió de noventa años, y, mientras vivió, en nuestra casa no se oyó más voz que la suya…

MARTINA: Claro está. Como que le dejaron ustedes solo y así murió, con el perro al lao por toda compañía…

ABUELO: ¡Mientes, deslenguada,[47] mientes!

MARTINA: El deslenguado y el escandaloso es usted, que nos anda desacreditando con too el pueblo… A mí y a su hijo…

ABUELO: Lo que hago es no decirle a nadie lo que yo paso…, cuando toos me dicen que no debiera pasar por ello.

MARTINA: Los que quisieran gobernar en la casa de uno, como si en la del que más y el que menos no hubiera que poner orden…

JUAN: Bueno. ¿Queréis dejarlo ya? Calla tú, y usté, padre… Vamos a comer, que es la hora…

MARTINA: Too está listo.

JUAN: Pues a comer.

ABUELO: Yo, a mi rincón.

MARTINA: Aquí tie usted.

NIETO: La cazuela del perro.

MARTINA: ¿Te pues[48] callar, condenao?

ABUELO: Esta no se rompe; ya pues estar tranquila.

MARTINA: Así nos quitamos de disgustos. ¿No te gusta?

JUAN: Es que no tengo gana. Almorcé mucho.

NIETO: Póngame usted más, madre.

MARTINA: Toma… ¿Lo ve usté? Si hubiera sío[49] de barro… Luego dirán…

ABUELO: Es que hoy estoy más temblón que nunca… No sé qué tengo.

MARTINA: ¿Qué ha de tener usté? Lo que tendremos todos si Dios no se acuerda antes de nosotros[50]… Años…

ABUELO: Años y penas…, que es lo mismo, cuando a la vejez no hay el consuelo de los hijos…

MARTINA: Quéjese usted. ¿Quiere usted más?

ABUELO: No…, no quiero más… Toma…, no se caiga otra vez…

JUAN: ¡Ea!…, yo voy pa la herrería,[51] que dejé un pico[52] a afilar[53]…

MARTINA: ¿No quieres la ensalada?

JUAN: No.

MARTINA: No has comío[54] nada. ¿Qué tienes?

JUAN: ¿Qué he de tener? (Sale.)

MARTINA: ¿Qué ha de tener? Que usté ha de desazonarnos[55] a todos…

ABUELO: Yo tenía que ser… ¡Ay, si los hombres supieran ser hombres! Cría hijos con las fatigas del mundo, pa que cualquier mujer los gobierne luego…, que le pegarían a uno si ello se lo mandaran[56]…

MARTINA: Así me paga usté más de cuatro cuestiones que yo le evito con su hijo. A usté hay que dejarle…

---

[45]irresponsables   [46]presumir… querer pasar por jóvenes   [47]insolente   [48]puedes   [49]sido   [50]si… si no nos morimos antes   [51]blacksmith shop   [52]pick   [53]to sharpen   [54]comido   [55]ponernos nerviosos   [56]si… si les mandaran hacerlo

ABUELO: Más dejao[57] que estoy…

NIETO: Déme usté otro cacho pan,[58] madre.

MARTINA: Toma… Y ahí te dejo con el abuelo… A ver si no tenemos pelea…

NIETO: Yo voy con usté, madre…

120 MARTINA: Que no vienes…, que voy a llegarme a casa[59] de una vecina que está
    muy mala[60] y no hacen falta chicos…

NIETO: Yo no me quedo con el abuelo.

MARTINA: ¡Mira que te doy![61]

NIETO: Ya le diré a padre que me ha pegao[62] usté por culpa del abuelo.

125 ABUELO: Sí, sí… Contra mí todos… Toda mi sangre…

MARTINA: Ahí se queda usté. (*Sale.*)

Escena III

El ABUELO *y el* NIETO

ABUELO: ¿No me das un cacho de pan?

NIETO: Si usté ya ha comío.

ABUELO: Anda, anda, que era por probarte la voluntad… y por si podía comer en
130   esta casa un cacho dc pan que no fuera amargo…

NIETO: Que no me haga usted miedos, abuelo.

ABUELO: ¿Yo?… ¡Pobre de mí! (*Asoma*[63] *a la puerta el* TIO SATURIO. *Sale el*
    NIETO.)

Escena IV

El ABUELO *y el* TIO SATURIO

SATURIO: La paz de Dios. Ave María…

135 ABUELO: Sin pecado[g]… ¡Ah! Que eres tú, Saturio.

SATURIO: Yo mesmo.

ABUELO: ¿De ánde vienes?

SATURIO: De ande mismo siempre… ¡Qué! ¿No está la Martina?

ABUELO: Mismo ahora[64] salió… ¿Cómo te pinta?[65]

140 SATURIO: Viviendo vamos… ¿Y usté?

ABUELO: No tan bien como tú. Que tú al fin y a la postre[66]… te bandeas solo[67]…

SATURIO: ¡Tan solo!

ABUELO: ¿Supiste de tus hijos?

SATURIO: De denguno[68] de ellos sé, va pa tres años… ¡Siete hijos escarriados[69] por
145   el mundo! De alguno sé que vive muy regularcitamente… Le escribí por si
    en algo quería valerme[70]…

ABUELO: Y no tuviste respuesta… ¿Y tus hijas?

SATURIO: Esas son peores…, que aún tienen valor para pedirme a mí…, sabiendo
    cómo vivo, de las buenas almas[71]…, que van faltando más cada día…

---

[57]abandonado   [58]cacho… pedazo de pan   [59]llegarme… ir a casa   [60]enferma   [61]¡Mira… *You're going to get it!*   [62]pegado   [63]Llega   [64]Mismo… Ahora mismo   [65]¿Cómo… ¿Cómo te va?   [66]al… *after all*   [67]te… *you can look out for yourself*   [68]ninguno (habla popular)   [69]descarriados, perdidos (habla popular)   [70]por… por si podía ayudarme un poco   [71]vivo… vivo de caridad

---

[g]Sin… respuesta a la salutación anterior «Ave María» y que se refiere a la Virgen María

150 ABUELO: Ese es el consuelo… Que a mí aún me dolería más hallar caridad en los extraños, cuando no la tienen mis hijos… No habiéndola en parte denguna, señal será de que no la hay en el mundo…

SATURIO: Mala cosa es llegar a viejo; pero nunca creí recibir este pago.

ABUELO: ¿De los hijos, dices? No esperes otro. Muchas veces, de mozuelos[72]…,
155 andábamos a nidos,[h] y nos traíamos pa casa las nidadas de pájaros… y los poníamos en jaulas…, y era de ver cómo los padres venían de muy lejos para dar de comer a sus hijos… y no les asustaban nuestras voces ni nuestros cantazos[73]… Pero una vez que cazamos a los padres y dejamos en el nido a los hijos que ya volaban… denguno vino a ver a los padres… En-
160 tonces no tenía uno capacidá[74]… Pero bien había que aprender…, bien… Que si en el mundo tuviera que ser que los hijos fueran los que cuidaran a los padres, y no los padres a los hijos, ya se hubiera acabao[75] el mundo, tío Saturio…

SATURIO: ¡Qué razón tie usté![76] Vaya…, conservarse,[76] que cuando Dios no se
165 acuerda de nosotros, por algo será… Luego daré la vuelta por si tien[77] voluntad de dejarme algo… que usté ya sé que no puede…

ABUELO: ¿Qué voy a darte yo? Que te mires en mí, que peor que tú lo paso… en casa de mis hijos.

SATURIO: Con Dios, abuelo.
170 ABUELO: Anda con Dios, Saturio…

Escena V

El ABUELO, MARTINA *y* JUAN; *luego, el* NIETO

JUAN: Entra pa casa y no me sofoques[78]…

MARTINA: Pero ¿no lo ves tú? ¿No lo estás viendo? ¡Que en todas partes tengan que decirme algo por culpa de tu padre!…

JUAN: Si no fueras ande no te llaman…

175 MARTINA: ¿Qué le ha ido usté contando a la de Críspulo?

ABUELO: Yo, na.[79] ¿Tú crees que no se sabe too en el pueblo? Yo nada digo, nò por ti, por mi hijo…, que más vergüenza pasaría yo de contarlo que vosotros de hacerlo y él de consentirlo…

MARTINA: Pero ¿tú oyes?…

180 JUAN: Calla, que… (*Entra el* NIETO *con unos pedazos de madera, un martillo y clavos.*)

NIETO: Padre… Déme usté unos clavos pa apañar[80] esto.

JUAN: Déjame ahora… ¿Qué andas haciendo ahí?

NIETO: Esto…

185 JUAN: ¿Qué es eso?

NIETO: Una escudilla como la del perro…

JUAN: ¿Eh? Y ¿quién te ha mandao a ti…? ¿Pa qué haces eso?

NIETO: Pa daros de comer cuando seáis viejos, como el abuelo…

[72]de… cuando éramos muchachos [73]pedradas [74]capacidad (habla popular) [75]acabado [76]cuidarse [77]tienen [78]enojes [79]nada [80]hacer, arreglar

[h]andábamos… íbamos a coger nidos (*nests*) de pájaros

ABUELO: ¡Ah! ¡Los hijos!

190 JUAN: ¿Eh? ¿Qué dice este hijo?

MARTINA: ¡Jesús!…

JUAN: Ya lo oyes…

MARTINA: ¡Señor!

JUAN: Nos está merecío[81] nos está merecío… Ven acá… ¡Padre! ¡Perdóneme usté,
195   perdóneme usté!

MARTINA: Sí, señor… ¡Perdónenos usté!

ABUELO: Ya lo veis…, ya lo veis… Todo se paga. Hijo eres, padre serás; cual hi-
    ciste, tal tendrás…

JUAN: Ven a pedir perdón al abuelo y a quererle mucho y a respetarle mucho…
200   como yo…

ABUELO: Como tú me respetes, eso es…, no como tú le digas…

MARTINA: Se sentará usted a la mesa… aunque lo rompa usté too, y tendrá usté su
    buena cama; y tú…, ya estás tirando eso[82]…

JUAN: No… Aquí siempre…, siempre delante… como en un altar…

205 NIETO: Yo no creí hacer mal alguno.

ABUELO: No, hijo mío…, al contrario… Mucho bien, mucho bien has hecho… Ven
    que te dé un beso. Ahora, sí; ahora eres mi nietecito… ¡Bendito seas!
    (*Telón.*)

FIN

[81]merecido   [82]ya… tira eso inmediatamente

Cuestionario

1. Esta obra dramática está basada en un cuento de los hermanos Grimm.
¿Recuerda usted algún cuento de esos autores? ¿Se podría presentar tal
cuento en forma de drama? ¿Cómo sería?

2. ¿Quiénes son los personajes de *El nietecito?* ¿Cómo se llaman? Descrí-
balos.

3. ¿Qué dice Martina sobre el abuelo? ¿Qué ha decidido hacer Martina?
¿Cómo reacciona Juan?

4. Busque en el texto frases que puedan poner de manifiesto la actitud de
Martina y del nieto hacia el abuelo.

5. ¿Cómo reacciona el abuelo ante los malos tratos de su familia?

6. ¿Qué función tiene el nietecito en la obra?

7. En la Escena IV, ¿quién es el nuevo personaje que entra? ¿Cuál es el tema
de la conversación entre los dos viejecitos?

8. Comente el desenlace de la obra. ¿Espera el espectador o el lector ese desenlace? Justifique su opinión.

9. El escritor inglés T. S. Eliot llama *correlato objetivo* (*objective correlative*)
a un objeto, evento o situación que, a base de elementos impersonales u
objetivos, produce —según el contexto específico— una reacción emotiva
o subjetiva. Señale el uso del correlato objetivo en *El nietecito*.

Identificaciones

1. Antolín
2. «pégame, hijo…, pa dar gusto a tu madre…»
3. «un cacho de pan»
4. «cual hiciste, tal tendrás»
5. la escudilla

Temas

1. Las señales de la falta de amor hacia el abuelo
2. El teatro de Benavente es un teatro de tesis, es decir, contiene un claro mensaje. Comente el mensaje de esta obra dramática.
3. *El nietecito* ofrece una buena oportunidad para estudiar el *español del pueblo* que es muy diferente del que se aprende en este país. Describa los elementos que marcan esa diferencia.
4. En las líneas 155–163 el abuelo hace una comparación entre los pájaros y los seres humanos. Coméntela.
5. Debate: La situación de las personas de edad avanzada ha cambiado mucho desde principios del siglo XX —época en la que vivió Benavente— hasta el presente.

Osvaldo Dragun

Vida y obra

Osvaldo Dragún (1929–) es natural de Entre Ríos, Argentina. Cursó derecho en los años cincuenta, carrera que abandonó para dedicarse al teatro. Es dramaturgo y guionista de cine y televisión, y ha sido premiado por su *Historias para ser contadas* (1961) y *Heroica de Buenos Aires* (1966). Su teatro, además de haber sido aclamado en Latinoamérica y en los Estados Unidos, ha suscitado (*stirred up*) también notable interés y reconocimiento en Europa. Otros logros suyos son *La peste viene de Melos* (1956), *Tupac Amarú* (1957), *Y nos dijeron que éramos inmortales* (1962), *El jardín del infierno* (1966), *El amasijo* (1968), *Historias con cárcel* (1973) y *¡Arriba, corazón!* (1987). Además hay que mencionar dos obras inéditas hasta 1981, *Al violador* y *Hoy se comen al flaco.*

El autor y su contexto

Dragún es uno de los dramaturgos hispanoamericanos más destacados de los años cincuenta y sesenta. La sociedad argentina atravesaba en esa época una ardua crisis política creada por el conflicto entre el gobierno autoritario de Juan Perón, los militares que le disputaban el poder y un creciente número de elementos reaccionarios. Dragún se sitúa entre los principales creadores y sostenedores (*supporters*) de pequeños teatros activistas porteños (*from Buenos Aires*) que alteraron irreversiblemente el rumbo de la dramaturgia nacional. En uno de éstos, el Teatro Independiente Popular Fray Mocho, se estrenaron las primeras obras de Dragún, *La peste viene de Melos* y *Tupac Amarú.* Trátase de dos dramas basados en la

historia universal y en la hispanoamericana, que son notables por su realismo social y técnicas novedosas. La primera denuncia la intervención en Latinoamérica de países extranjeros, supuestamente progresivos y democráticos, como los Estados Unidos; *Tupac Amarú,* en cambio, rinde homenaje (*pays tribute*) a la dignidad y al heroísmo de la raza indígena. La obra maestra de Dragún, *Historias para ser
contadas,* es una trilogía de piezas de un acto que manifiestan la influencia del teatro francés del absurdo,
en el que los personajes se enfrentan a toda una serie de circunstancias tragicómicas que muestran la in-
sensatez (*folly*) de la vida. Producciones sucesivas, como *Y nos dijeron que éramos inmortales, Amoretta*
y *Heroica de Buenos Aires,* son de carácter más sobrio y menos simbólico. En *El hombre que se convirtió en perro* (1957), Dragún ejemplifica el teatro del absurdo y de la crueldad, satirizardo la patética
condición del hombre moderno, obligado a sacrificar su integridad personal y a deshumanizarse para sobrevivir en una sociedad cada vez más tecnocrática e impersonal.

Historia del hombre que se convirtió en perro

Personajes: ACTRIZ, ACTOR 1.°, ACTOR 2.°, ACTOR 3.°

ACTOR 2.°: Amigos, la tercera historia vamos a contarla así…

ACTOR 3.°: Así como nos la contaron esta tarde a nosotros.

ACTRIZ: Es la «Historia del hombre que se convirtió en perro».

ACTOR 3.°: Empezó hace dos años, en el banco[1] de una plaza. Allí, señor…, donde
5   usted trataba hoy de adivinar[2] el secreto de una hoja.

ACTRIZ: Allí, donde extendiendo los brazos apretamos[3] al mundo por la cabeza y
     los pies y le decimos: «¡suena, acordeón, suena!»

ACTOR 2.°: Allí le conocimos. (*Entra el* ACTOR 1.°) Era… (*Lo señala.*) así como lo
     ven, nada más. Y estaba muy triste.

10 ACTRIZ: Fue nuestro amigo. El buscaba trabajo, y nosotros éramos actores.

ACTOR 3.°: El debía mantener a su mujer, y nosotros éramos actores.

ACTOR 2.°: El soñaba con la vida, y despertaba gritando por la noche. Y nosotros
     éramos actores.

ACTRIZ: Fue nuestro gran amigo, claro. Así como lo ven… (*Lo señala.*) Nada más.

15 TODOS: ¡Y estaba muy triste!

ACTOR 3.°: Pasó el tiempo. El otoño…

ACTOR 2.°: El verano…

ACTRIZ: El invierno…

ACTOR 3.°: La primavera…

20 ACTOR 1.°: ¡Mentira! Nunca tuve primavera.

ACTOR 2.°: El otoño…

ACTRIZ: El invierno…

ACTOR 3.°: El verano. Y volvimos. Y fuimos a visitarlo, porque era nuestro amigo.

ACTOR 2.°: Y preguntamos: «¿Está bien?» Y su mujer nos dijo…

25 ACTRIZ: No sé.

ACTOR 3.°: ¿Está mal?

ACTRIZ: No sé.

[1]*bench*   [2]*to guess*   [3]*estrechamos con fuerza*

ACTORES 2.° Y 3.°: ¿Dónde está?

ACTRIZ: En la perrera.[4] (ACTOR 1.° *en cuatro patas.*)

30 ACTORES 2.° Y 3.°: ¡Uhhh!

ACTOR 3.°: (*Observándolo.*)

> Soy el director de la perrera,
> y esto me parece fenomenal.
> Llegó ladrando[5] como un perro
> 35 (requisito principal);
> y si bien[6] conserva el traje,[7]
> es un perro, a no dudar.

ACTOR 2.°: (*Tartamudeando.*[8])

> S–s–soy el v–veter–r–inario.
> 40 y esto–to–to es c–claro p–para mí.
> Aun–que p–parezca un ho–hombre,
> es un p–pe–perro el q–que está aquí.

ACTOR 1.°: (*Al público.*) Y yo, ¿qué les puedo decir? No sé si soy hombre o perro. Y creo que ni siquiera ustedes podrán decírmelo al final. Porque todo em- 45 pezó de la manera más corriente.[9] Fui a una fábrica a buscar trabajo. Hacía tres meses que no conseguía nada, y fui a buscar trabajo.

ACTOR 3.°: ¿No leyó el letrero? «NO HAY VACANTES[10]».

ACTOR 1.°: Sí, lo leí. ¿No tiene nada para mí?

ACTOR 3.°: Si dice «No hay vacantes», no hay.

50 ACTOR 1.°: Claro. ¿No tiene nada para mí?

ACTOR 3.°: ¡Ni para usted, ni para el ministro!

ACTOR 1.°: ¡Ahá! ¿No tiene nada para mí?

ACTOR 3.°: ¡NO!

ACTOR 1.°: Tornero[11]…

55 ACTOR 3.°: ¡NO!

ACTOR 1.°: Mecánico…

ACTOR 3.°: ¡NO!

ACTOR 1.°: S^a…

ACTOR 3.°: N[12]…

60 ACTOR 1.°: R…

ACTOR 3.°: N…

ACTOR 1.°: F…

ACTOR 3.°: N…

ACTOR 1.°: ¡Sereno![13] ¡Sereno! ¡Aunque sea de sereno!

65 ACTRIZ: (*Como si tocara un clarín.*[14]) ¡Tutú, tu-tu-tú! ¡El patrón[15]!

> (LOS ACTORES 2.° *y* 3.° *hablan por señas.*[16])

ACTOR 3.°: (*Al público*) El perro del sereno, señores, había muerto la noche ante-rior, luego[17] de veinticinco años de lealtad.

---

[4]aquí, *dog pound* [5]*barking* [6]*si… aunque* [7]*conserva… va vestido como un hombre* [8]*Stuttering* [9]común [10]*No… No Vacancies* [11]*Lathe operator* [12]No [13]*Night watchman!* [14]*bugle* [15]dueño, jefe [16]*por… por medio de signos* [17]después

---

[a]Se refiere a otros trabajos que no se mencionan; lo mismo las iniciales R y F.

ACTOR 2.°: Era un perro muy viejo.

ACTRIZ: Amén.

70 ACTOR 2.°: (*Al* ACTOR 1.°) ¿Sabe ladrar?

ACTOR 1.°: Tornero.

ACTOR 2.°: ¿Sabe ladrar?

ACTOR 1.°: Mecánico…

ACTOR 2.°: ¿Sabe ladrar?

75 ACTOR 1.°: Albañil[18]…

ACTORES 2.° Y 3.°: ¡NO HAY VACANTES!

ACTOR 1.°: (*Pausa.*) ¡Guau…, guau![19]…

ACTOR 2.°: Muy bien, lo felicito…

ACTOR 3.°: Le asignamos diez pesos diarios de sueldo, la casilla y la comida.

80 ACTOR 2.°: Como ven, ganaba diez pesos más que el perro verdadero.

ACTRIZ: Cuando volvió a casa me contó del empleo conseguido. Estaba borracho.

ACTOR 1.°: (*A su mujer.*) Pero me prometieron que apenas un obrero se jubilara,[20] muriera o fuera despedido me darían su puesto. ¡Divertite,[b] María, divertite! ¡Guau…, guau!… ¡Divertite, María, divertite!

85 ACTORES 2.° Y 3.°: ¡Guau…, guau!… ¡Divertite, María, divertite!

ACTRIZ: Estaba borracho, pobre…

ACTOR 1.°: Y a la otra noche empecé a trabajar… (*Se agacha[21] en cuatro patas.*)

ACTOR 2.°: ¿Tan chica le queda la casilla?

ACTOR 1.°: No puedo agacharme tanto.

90 ACTOR 3.°: ¿Le aprieta aquí?[22]

ACTOR 1.°: Sí.

ACTOR 3.°: Bueno, pero vea, no me diga «sí». Tiene que empezar a acostumbrarse. Dígame: «¡Guau…, guau!»

ACTOR 2.°: ¿Le aprieta aquí? (*El* ACTOR 1.° *no responde.*) ¿Le aprieta aquí?

95 ACTOR 1.°: ¡Guau…, guau!…

ACTOR 2.°: Y bueno… (*Sale.*)

ACTOR 1.°: Pero esa noche llovió, y tuve que meterme en la casilla.

ACTOR 2.°: (*Al* ACTOR 3.°) Ya no le aprieta…

ACTOR 3.°: Y está en la casilla.

100 ACTOR 2.°: (*Al* ACTOR 1.°) ¿Vio cómo uno se acostumbra a todo?

ACTRIZ: Uno se acostumbra a todo…

ACTORES 2.° Y 3.°: Amén…

ACTRIZ: Y él empezó a acostumbrarse.

ACTOR 3.°: Entonces, cuando vea que alguien entra, me grita: «¡Guau…, guau!» A
105 ver…

ACTOR 1.°: (*El* ACTOR 2.° *pasa corriendo.*) ¡Guau…, guau!… (*El actor 2.° pasa sigilosamente.[23]*) ¡Guau…, guau!… (*El* ACTOR 2.° *pasa agachado.*) ¡Guau…, guau…, guau!… (*Sale.*)

---

[18]*Bricklayer* [19]*¡Guau… Bow-wow!* [20]se… se retirara del trabajo [21]*Se… He squats* [22]¿Le… ¿Siente presión aquí? [23]en silencio

---

[b]Diviértete (Modo peculiar llamado *voseo* prevalente en Centroamérica, la Argentina, el Uruguay y el Paraguay. Consiste en usar el antiguo pronombre *vos* y las terminaciones verbales correspondientes en lugar de *tú.*)

ACTOR 3.°: (*Al* ACTOR 2.°) Son diez pesos por día extras en nuestro
presupuesto[24]…

ACTOR 2.°: ¡Mmm!

ACTOR 3.°: …pero la aplicación que pone el pobre, los merece…

ACTOR 2.°: ¡Mmm!

ACTOR 3.°: Además, no come más que el muerto[25]…

ACTOR 2.°: ¡Mmm!

ACTOR 3.°: ¡Debemos ayudar a su familia!

ACTOR 2.°: ¡Mmm! ¡Mmm! ¡Mmm! (*Salen.*)

ACTRIZ: Sin embargo, yo lo veía muy triste, y trataba de consolarlo cuando él
volvía a casa. (*Entra el* ACTOR 1.°) ¡Hoy vinieron visitas!…

ACTOR 1.°: ¿Sí?

ACTRIZ: Y de los bailes en el club, ¿te acordás?[26]

ACTOR 1.°: Sí.

ACTRIZ: ¿Cuál era nuestro tango?

ACTOR 1.°: No sé.

ACTRIZ: ¡Cómo que no! «Percanta que me amuraste[27]…» (*El* ACTOR 1.° *está en
cuatro patas.*) Y un día me trajiste un clavel… (*Lo mira, y queda horrorizada.*) ¿Qué estás haciendo?

ACTOR 1.°: ¿Qué?

ACTRIZ: Estás en cuatro patas… (*Sale.*)

ACTOR 1.°: ¡Esto no lo aguanto[28] más! ¡Voy a hablar con el patrón!

(*Entran los* ACTORES 2.° *y* 3.°)

ACTOR 3.°: Es que no hay otra cosa…

ACTOR 1.°: Me dijeron que un viejo se murió.

ACTOR 3.°: Sí, pero estamos de economía.[29] Espere un tiempo más, ¿eh?

ACTRIZ: Y esperó. Volvió a los tres meses.

ACTOR 1.°: (*Al* ACTOR 2.°) Me dijeron que uno se jubiló…

ACTOR 2.°: Sí, pero pensamos cerrar esa sección. Espere un tiempito más, ¿eh?

ACTRIZ: Y esperó. Volvió a los dos meses.

ACTOR 1.°: (*Al* ACTOR 3.°) Déme el empleo de uno de los que echaron[30] por la
huelga[31]…

ACTOR 3.°: Imposible. Sus puestos quedarán vacantes…

ACTORES 2.° Y 3.°: ¡Como castigo! (*Salen.*) Punishment

ACTOR 1.°: Entonces no pude aguantar más… ¡y planté[32]!

ACTRIZ: ¡Fue nuestra noche más feliz en mucho tiempo! (*Lo toma del brazo.*)
¿Cómo se llama esta flor?

ACTOR 1.°: Flor…

ACTRIZ: ¿Y cómo se llama esa estrella?

ACTOR 1.°: María.

ACTRIZ: (*Ríe.*) ¡María me llamo yo!

ACTOR 1.°: ¡Ella también…, ella también! (*Le toma una mano y la besa.*)

ACTRIZ: (*Retira la mano.*) ¡No me muerdas[33]!

[24]budget   [25]Se refiere al perro que se había muerto.   [26]¿te… ¿te acuerdas? (**voseo**)   [27]«Percanta… «Mujer
que me abandonaste…»   [28]resisto   [29]estamos… tenemos que economizar   [30]you fired   [31]strike   [32]abandoné
el trabajo   [33]bite

ACTOR 1.°: No te iba a morder… Te iba a besar, María…

ACTRIZ: ¡Ah!, yo creía que me ibas a morder… (*Sale. Entran los* ACTORES 2.°
Y 3.°)

ACTOR 2.°: Por supuesto…

155 ACTOR 3.°: …a la mañana siguiente…

ACTORES 2.° Y 3.°: Debió volver a buscar trabajo.

ACTOR 1.°: Recorrí varias partes, hasta que en una…

ACTOR 3.°: Vea, éste… No tenemos nada. Salvo que[34]…

ACTOR 1.°: ¿Qué?

160 ACTOR 3.°: Anoche murió el perro del sereno.

ACTOR 2.°: Tenía treinta y cinco años, el pobre…

ACTORES 2.° Y 3.°: ¡El pobre!…

ACTOR 1.°: Y tuve que volver a aceptar.

ACTOR 2.°: Eso sí, lc pagábamos quince pesos por día. (*Los* ACTORES 2.° Y 3.° *dan*
165 *vueltas.*) ¡Hmm!… ¡Hmmm!… ¡Hmmm!…

ACTORES 2.° Y 3.°: ¡Aceptado! ¡Que sean quince! (*Salen.*)

ACTRIZ: (*Entra.*) Claro que 450 pesos no nos alcanza[35] para pagar el alquiler[36]…

ACTOR 1.°: Mirá,[37] como yo tengo la casilla, mudáte vos[38] a una pieza[39] con cuatro o cinco muchachas más, ¿eh?

170 ACTRIZ: No hay otra solución. Y como no nos alcanza tampoco para comer…

ACTOR 1.°: Mirá, como yo me acostumbré al hueso, te voy a traer la carne a vos,[40]
¿eh?

ACTORES 2.° Y 3.°: (*Entrando.*) ¡El directorio accedió!

ACTOR 1.° Y ACTRIZ: El directorio accedió… ¡Loado sea![41]

(*Salen los* ACTORES 2.° Y 3.°)

175 ACTOR 1.°: Yo ya me había acostumbrado. La casilla me parecía más grande.
Andar en cuatro patas no era muy diferente de andar en dos. Con María nos
veíamos en la plaza… (*Va hacia ella.*) Porque vos no podéis entrar en mi
casilla; y como yo no puedo entrar en tu pieza… Hasta que una noche…

ACTRIZ: Paseábamos. Y de repente me sentí mal…

180 ACTOR 1.°: ¿Qué te pasa?

ACTRIZ: Tengo mareos. ~~Sickness / dizziness~~

ACTOR 1.°: ¿Por qué?

ACTRIZ: (*Llorando.*) Me parece… que voy a tener, un hijo…

ACTOR 1.°: ¿Y por eso llorás[42]?

185 ACTRIZ: ¡Tengo miedo…, tengo miedo!

ACTOR 1.°: Pero ¿por qué?

ACTRIZ: ¡Tengo miedo…, tengo miedo! ¡No quiero tener un hijo!

ACTOR 1.°: ¿Por qué, María? ¿Por qué?

ACTRIZ: Tengo miedo… que sea… (*Musita[43]* «perro». *El* ACTOR 1.° *la mira ate-*
190 *rrado,[44] y sale corriendo y ladrando. Cae al suelo. Ella se pone de pie.*) ¡Se
fue…, se fue corriendo! A veces se paraba,[45] y a veces corría en cuatro
patas…

---

[34]Salvo… Con la excepción de   [35]no… no es suficiente   [36]rent   [37]Mira (**voseo**)   [38]mudáte… múdate tú
(**voseo**)   [39]cuarto   [40]ti   [41]¡Loado… *Praised be!*   [42]lloras (**voseo**)   [43]*She mutters*   [44]con terror   [45]se… se
ponía de pie

ACTOR 1.º: ¡No es cierto, no me paraba! ¡No podía pararme! ¡Me dolía la cintura si me paraba! ¡Guau!… Los coches se me venían encima[46]… La gente me miraba… (*Entran los* ACTORES 2.º *Y* 3.º) ¡Váyanse! ¿Nunca vieron un perro?

ACTOR 2.º: ¡Está loco! ¡Llamen a un médico! (*Sale.*)

ACTOR 3.º: ¡Está borracho! ¡Llamen a un policía! (*Sale.*)

ACTRIZ: Después me dijeron que un hombre se apiadó[47] de él, y se le acercó cariñosamente.[48]

ACTOR 2.º: (*Entra.*) ¿Se siente mal, amigo? No puede quedarse en cuatro patas. ¿Sabe cuántas cosas hermosas hay para ver, de pie, con los ojos hacia arriba? A ver, párese… Yo lo ayudo… Vamos, párese…

ACTOR 1.º: (*Comienza a pararse, y de repente:*) ¡Guau…, guau!… (*Lo muerde.*) ¡Guau…, guau!… (*Sale.*)

ACTOR 3.º: (*Entra.*) En fin, que cuando, después de dos años sin verlo, le preguntamos a su mujer: «¿Cómo está?», nos contestó…

ACTRIZ: No sé.

ACTOR 2.º: ¿Está bien?

ACTRIZ: No sé.

ACTOR 3.º: ¿Está mal?

ACTRIZ: No sé.

ACTORES 2.º Y 3.º: ¿Dónde está?

ACTRIZ: En la perrera.

ACTOR 3.º: Y cuando veníamos para acá, pasó al lado nuestro un boxeador…

ACTOR 2.º: Y nos dijeron que no sabía leer, pero que eso no importaba porque era boxeador.

ACTOR 3.º: Y pasó un conscripto[49]…

ACTRIZ: Y pasó un policía…

ACTOR 2.º: Y pasaron…, y pasaron…, y pasaron ustedes. Y pensamos que tal vez podría importarles la historia de nuestro amigo…

ACTRIZ: Porque tal vez entre ustedes haya ahora una mujer que piense: «¿No tendré…, no tendré…?» (*Musita:* «perro».)

ACTOR 3.º: O alguien a quien le hayan ofrecido el empleo del perro del sereno…

ACTRIZ: Si no es así, nos alegramos.

ACTOR 2.º: Pero si es así, si entre ustedes hay alguno a quien quieran convertir en perro, como a nuestro amigo, entonces… Pero, bueno, entonces ésa…, ¡ésa es otra historia!

(*Telón.*)

---

[46]se… *were almost running over me*   [47]se… tuvo compasión   [48]con mucho afecto   [49]soldado

Cuestionario

1. ¿Cuántos personajes hay en la obra y cómo se llaman? ¿Por qué no tienen nombre algunos personajes?
2. ¿Cuál es el conflicto del protagonista? Describa su transformación progresiva.
3. ¿Qué clase de trabajo consigue el protagonista?
4. ¿Le han ofrecido a usted o a alguno/a de sus amigos trabajo semejante al del perro del sereno? Describa las situaciones.

5. Describa la reacción de María al saber que va a tener un hijo. ¿Es lógica esa reacción? ¿Por qué?

6. Al final del drama, un hombre se compadece (*takes pity*) del protagonista y le obliga a ponerse de pie. ¿Qué va a ocurrir ahora?

Identificaciones

1. el perro del sereno
2. «¡No hay vacantes!»
3. «Percanta que me amuraste.»
4. «No te iba a morder… te iba a besar.»
5. el *voseo*

Temas

1. Descripción de los personajes de la obra: los actores, los actantes, el personaje comodín. ¿Cuál es su función?
2. Se dice que el protagonista es un conformista. Comente el tema del conformismo: ¿es algo común en las familias? ¿en las instituciones educativas? ¿en la sociedad en que usted vive? ¿Por qué razones se vuelven algunas personas conformistas?
3. El hecho de la maternidad en la vida común en comparación con el caso del drama en particular
4. Los elementos del teatro del absurdo y los del teatro de la crueldad que se ven en el drama
5. Debate: En los países desarrollados nadie tiene que aceptar trabajos semejantes al del perro del sereno porque la sociedad se preocupa del bienestar de todos sus miembros.

emphasize

EMILIO CARBALLIDO

Vida y obra

Emilio Carballido (1925–) nació en México y es una de las figuras más destacadas de la literatura hispanoamericana actual (*present*). Además de dramaturgo, es novelista, cuentista, profesor de arte dramático y autor de «libretos» para ópera, cine y ballet, pero es conocido sobre todo como uno de los eminentes innovadores del teatro contemporáneo. Entre sus piezas más aclamadas se encuentran *La hebra de oro* (1956), *Medusa* (1958), *Un pequeño día de ira* (1962), *La caja vacía* (1962), *La prisionera* (1995) y *Matrimonio, mortaja y a quien lo baja* (1996). Ha escrito también teatro infantil y ha compilado una serie de antologías de obras dramáticas. Entre sus obras narrativas cabe mencionar las novelas *El norte* (1958) y *El sol* (1980) y los cuentos reunidos en *Tiempo de ladrones* (1983).

(*continúa*)

El autor y su contexto

La dramaturgia de Carballido puede dividirse en dos etapas fundamentales. A la primera pertenecen las obras escritas al estilo realista, en las que resaltan los temas sociales y el estudio psicológico de la clase media mexicana. Piezas típicas de dicho teatro son *Rosalba y los llaveros* (1950), *La danza que suena la tortuga* (1955) y *Te juro, Juana, que tengo ganas* (1966), piezas en las que el autor examina con su usual humorismo la anticuada vida provinciana. En cambio, en obras como *Las noticias del día* (1968), Carballido satiriza la turbulenta vida metropolitana. La segunda etapa de su producción —influenciada por el moderno arte dramático europeo y estadounidense— establece a Carballido como líder de un nuevo teatro mexicano. En las piezas de esta fase, experimenta con nuevas concepciones relativas al tiempo, al ser humano y a la realidad que le circunda. Sus temas giran alrededor de los conflictos entre el paso del tiempo y los sueños, entre el individuo y su complejo medio ambiente. Entre estas obras se encuentran *La hebra de oro, Un pequeño día de ira* y su obra maestra *Medusa*. En esta última, el autor adapta los antiguos mitos de la tragedia clásica original a los problemas de la actualidad. *El censo,* comedia que aparece en esta antología, proviene de *D.F.: catorce obras en un acto,* colección de piezas que presentan con humorismo y punzante (*biting*) sentido crítico las costumbres, los defectos y los vicios de la época moderna.

El censo
Comedia

Personajes: REMEDIOS, DORA, HERLINDA, CONCHA, EL EMPADRONADOR, PACO
Una vivienda en el rumbo de La Lagunilla, 1945.

(DORA *es gorda y* HERLINDA *flaca.* CONCHA *está rapada*[1] *y trae un pañuelo cubriéndole el cuero cabelludo.*[2] EL EMPADRONADOR *es flaco y usa lentes; tiene cara y maneras de estudiante genial.*
Habitación de una vivienda pobre, convertida en taller de costura. Es también recámara. Tiene una cama de latón al fondo, muy dorada y muy desvencijada, con colcha tejida y cojines bordados.[a] *Un altarcito sobre ella, con veladoras*[3] *y Virgen de Guadalupe. Cuatro máquinas de coser. Ropero con lunas*[4] *baratas, que deforman al que se mire en ellas. El reloj (grande, de doble alarma) está en el buró.*
REMEDIOS *está probándose un vestido. Es una señora generosamente desproporcionada por delante y por detrás.* DORA *la ayuda;* HERLINDA *corta telas sobre la cama;* CONCHA *cose en una de las máquinas. La ropa anteriormente usada por doña* REMEDIOS *cuelga de una silla.*)

REMEDIOS: Pues… Me veo un poco buchona,[5] ¿no?
DORA: (*Angustiada.*) No, doña Remedios. Le queda muy bien, muy elegante.
HERLINDA: Ese espejo deforma mucho. Tenemos que comprar otro.

---

[1]con el pelo afeitado [2]cuero… piel del cráneo [3]velas [4]espejos [5]voluminosa

---

[a]Tiene… *In the background there is a brass bed, bright gold and rickety, with a knitted coverlet and embroidered cushions.*

REMEDIOS: ¿No se me respinga⁶ de atrás?
5 CONCHA: Sí.
REMEDIOS: ¿Verdad?
HERLINDA: No se le respinga nada. Esta Concha no sabe de modas.
REMEDIOS: Pues yo me veo un respingo…

(HERLINDA *va y da a la falda un feroz tirón⁷ hacia abajo.*)

HERLINDA: Ahora sí. Muy bonito. Realmente nos quedó muy bonito.
10 DORA: Es un modelo francés.

(*Tocan el timbre.* DORA *va a abrir.*)

REMEDIOS: Pues creo que sí está bien. ¿Cuánto falta darles?
HERLINDA: Doce pesos.
REMEDIOS: Me lo voy a llevar puesto.

(*Vuelve* DORA, *aterrada.*)

DORA: ¡Ahí está un hombre del gobierno!
15 HERLINDA: ¿Qué quiere?
DORA: No sé.
HERLINDA: Pues pregúntale.
DORA: ¿Le pregunto?
HERLINDA: Claro.

(*Sale* DORA.)

20 HERLINDA: ¿Cuándo se manda hacer otro?
REMEDIOS: Pues anda pobre la patria.⁸ A ver.
HERLINDA: Doña Remedios, nos llegaron unas telas preciosas. No tiene idea.
REMEDIOS: ¿Sí?
HERLINDA: Preciosas. Hay un brocado amarillo… (*Abre el ropero.*) Mire, palpe.⁹
25   Pura seda.
REMEDIOS: Hay, qué chula¹⁰ está. ¿Y ésa guinda?¹¹
HERLINDA: Es charmés¹² de seda. Me las trajeron de Estados Unidos. A nadie se
    las he enseñado todavía.

(CONCHA *dice por señas¹³ que no es cierto.* «*Qué va, son de aquí.*» REMEDIOS
la ve, sorprendidísima.)

REMEDIOS: ¿De Estados Unidos?

(CONCHA *insiste:* «*No, no de aquí.*»)

30 HERLINDA: Sí. Me las trae un sobrino, de contrabando.

(*Entra* DORA, *enloquecida.*)

DORA: ¡Que lo manda la Secretaría de Economía, y ya averiguó que cosemos! ¡Es-
    conde esas telas!
HERLINDA: ¡Cómo!

---

⁶se me sube ⁷acción de tirar fuertemente ⁸Pues… No tengo dinero. ⁹toque ¹⁰bonita ¹¹¿Y… ¿Y esa color
guinda (*cherry-color*)? ¹²una clase de tela (*fabric*) ¹³*sign language*

DORA: Trae muchos papeles.

35 REMEDIOS: ¡Papeles! Ay, Dios, lo que se les viene encima. ¿Ustedes no están re-
gistradas?

DORA: ¿En dónde? Ah, no, doña Remedios, figúrese.[14]

HERLINDA: (*Codazo.*[15]) Claro que sí, sólo que Dora no sabe nada, siempre está en
la luna.[16]

40 DORA: Ah, sí, sí estamos.

REMEDIOS: Leí que ahora se han vuelto muy estrictos. Pobres de ustedes. Ya me
voy, no me vayan a comprometer en algo. Adiós ¿eh? ¡Qué multota[17] se les
espera!

(*Sale. Se lleva su otro vestido al brazo.*)

HERLINDA: Qué tienes que informarle a esta mujer…

45 DORA: Virgen, qué hacemos.

HERLINDA: ¿Lo dejaste allá afuera?

DORA: Sí, pero le cerré la puerta.

HERLINDA: Tú eres nuestra sobrina, ¿lo oyes?

CONCHA: Yo no, qué.

50 HERLINDA: Las groserías[18] para después. Tú eres nuestra sobrina, y aquí no hacemos más ropa que la nuestra…

DORA: ¿Y el letrero[19] de la calle?

HERLINDA: …Y la de nuestras amistades. Y ya.

DORA: Ay, yo no creo que…

55 HERLINDA: ¡Esconde ese vestido! (*El de la cama.*)

(*Toquidos en la puerta.*)

EL EMPADRONADOR: (*Fuera.*) ¿Se puede?[20]

DORA: (*Grita casi.*) ¡Ya se metió! (*Y se deja caer en una silla.*)

(HERLINDA *duda un instante. Abre.*)

HERLINDA: (*Enérgica.*) ¿Qué se le ofrece, señor?

EL EMPADRONADOR: (*Avanza un paso.*) Buenas tardes. Vengo de la…

60 HERLINDA: ¿Puede saberse quién lo invitó a pasar?

EL EMPADRONADOR: La señora que salía me dijo que…

HERLINDA: Porque ésta es una casa privada y entrar así es un… ama-a-
llamamiento[b] de morada.

EL EMPADRONADOR: La señora que salía me dijo que pasara y…

65 HERLINDA: ¡Salga usted de aquí!

EL EMPADRONADOR: Oiga usted…

DORA: ¡Ay, Dios mío!

HERLINDA: (*Gran ademán.*[21]) ¡Salga!

EL EMPADRONADOR: (*Cobra ánimos.*) Un momento, ¿echa usted de su casa a un
70 empadronador[22] de la Secretaría de Economía? ¿Y enfrente de testigos?

---

[14]imagínese   [15]Golpe con el codo   [16]está… *is "out of it"*   [17]*huge fine*   [18]*foul words*   [19]*sign*   [20]¿Se… *May
I come in?*   [21]Gran… *Strong gesture*   [22]el que toma el censo

---

[b]ama-a-llamamiento… Herlinda, asustada, no puede pronunciar la palabra *allanamiento* (*breaking and entering*).

HERLINDA: No, tanto como echarlo, no. Pero…, ¡yo no lo autoricé a entrar!

EL EMPADRONADOR: Mire: estoy harto.[23] El sastre me amenazó con las tijeras, en la tortillería me insultaron. ¿Ve usted estas hojas? Son actas de consignación.[24] Si usted se niega a recibirme, doy parte.[25]

HERLINDA: ¿Pero qué es lo que quiere?

EL EMPADRONADOR: Empadronarlas.[26] ¿Qué horas son? (*Busca el reloj.*) ¡Es tardísimo! (*De memoria, muy aprisa.*) En estos momentos se está levantando en toda la República el censo industrial, comercial y de transportes. Yo soy uno de los encargados de empadronar esta zona. Aquí en la boleta dice (*Se apodera de una mesa, saca sus papeles.*) que todos los datos son confidenciales y no podrán usarse como prueba fiscal[27] o…

HERLINDA: Entonces esto es del Fisco.[28]

EL EMPADRONADOR: ¡No señora! ¡Todo lo contrario! (*Aprisa.*) La Dirección General de Estadística y el Fisco no tienen nada que ver. Un censo sirve para hacer…

HERLINDA: Pero usted habló del Fisco.

EL EMPADRONADOR: Para explicarle que nada tienen que ver…

HERLINDA: (*Amable, femenina.*) Pues esto no es un taller, ni… Mire, la jovencita es mi sobrina… (*Por lo bajo, a* DORA.) Dame cinco pesos. (*Alto.*) Es mi sobrina, y la señora es mi cuñada, y yo…

DORA: ¿Qué te dé qué?

HERLINDA: (*Con los dedos hace «cinco».*) Somos una familia, nada más.

(CONCHA *niega con la cabeza.* EL EMPADRONADOR *no la ve.*)

EL EMPADRONADOR: (*Preparando papeles y pluma.*) Un tallercito familiar.

HERLINDA: (*Menos, por lo bajo.*) ¡Cinco pesos!

DORA: Ah. (*Va al ropero.*)

HERLINDA: No, taller no… ¡Dora! (*Se interpone entre* DORA *y el ropero.*) Si ni vale la pena que pierda el tiempo…

DORA: (*Horrorizada de lo que iba a hacer.*) Ay, de veras. Pero… (*Azorada,*[29] *ve a todos.*) Concha, ¿no tienes…? ¿Para qué quieres cinco pesos?

HERLINDA: (*Furiosa.*) ¡Para nada!

DORA: A ver si Paco… (*Sale.*)

HERLINDA: Es muy tonta, pobrecita. Perdóneme un instante.

(*Sale tras la otra.* CONCHA *corre con* EL EMPADRONADOR.)

CONCHA: Sí es un taller, cosemos mucho. Y aquí, mire, esto está lleno de telas, y las venden. Dicen que son telas gringas, pero las compran en la Lagunilla. Me pagan remal,[c] y no me dejan entrar al Sindicato. ¿Usted me puede inscribir en el Sindicato?

EL EMPADRONADOR: No, yo no puedo, y… No sé. ¿Qué sindicato?

CONCHA: Pues…, no sé. Si supiera me inscribiría yo sola. ¿Hay muchos sindicatos?

---

[23]estoy… *I am fed up* [24]actas… *certificates of report* [25]doy… *I will report you* [26]escribir su nombre en el censo [27]prueba… *documento sobre el estado financiero* [28]*Internal Revenue Service* [29]Asustada

[c]muy mal (La partícula *re* se usa para dar más énfasis a la palabra que la sigue.)

110 EL EMPADRONADOR: Sí, muchos. De músicos, de barrenderos, de… choferes, de…
Hay muchos.

CONCHA: Pues no. En esos no…

EL EMPADRONADOR: (*Confidencial.*) A usted le ha de tocar el de costureras.

CONCHA: Ah, ¿sí? Déjeme apuntarlo. Nomás entro y me pongo en huelga. Esa
115 flaca es mala. Ayer corrió a Petrita, porque su novio la… (*Ademán en el
vientre.*) Y ya no podía coser. Le quedaba muy lejos la máquina. Y a mí me
obligó a raparme. Figúrese, dizque tenía yo piojos. Mentiras, ni uno. Pero
me echó D.D.T., ¡y arde!

EL EMPADRONADOR: Ah, ¿y no tenía? (*Retrocede, se rasca nerviosamente.*)

120 CONCHA: Ni uno. (*Entra* HERLINDA.)

HERLINDA: ¿Qué estás haciendo ahí?

CONCHA: Yo, nada. Le decía que aquí no es taller.

HERLINDA: Bueno, joven (*Le da la mano.*), pues ya ve que ésta es una casa decente
y que… (*Le sonríe como cómplice, le guiña un ojo.*[30]) Que todo está bien.

125 EL EMPADRONADOR: ¿Y esto? (HERLINDA *le puso en la mano un billete.*) ¿Diez
pesos?

HERLINDA: Por la molestia. Adiós. Lo acompaño.

EL EMPADRONADOR: Oiga, señora…

HERLINDA: Señorita, aunque sea más largo.

130 EL EMPADRONADOR: Señorita, esto se llama soborno.[31] ¿Qué se ha creído? Tenga.
Con esto bastaba para que levantara un acta[32] y la encerraran en la cárcel.
Voy a hacer como que no pasó nada, pero usted me va a dar sus datos, ya. Y
aprisa, por favor. (*Ve el reloj, se sienta, saca pluma.*)

(*A* HERLINDA *le tiemblan las piernas; se sienta en una silla. Ahora sí está
aterrada.*)

EL EMPADRONADOR: ¿Razón social?

135 HERLINDA: ¿Cómo?

EL EMPADRONADOR: ¿A nombre de quién está esto?

HERLINDA: No está a nombre de nadie.

EL EMPADRONADOR: ¿Quién es el dueño de todo esto?

HERLINDA: El jefe de la casa es Francisco Ríos.

140 EL EMPADRONADOR: (*Escribe.*) ¿Cuánta materia prima[33] consumen al año?

HERLINDA: (*Horrorizada.*) ¡Materia prima!

EL EMPADRONADOR: Sí. Telas, hilos, botones. Al año, ¿cuántos carretes de hilo usarán?

HERLINDA: Dos, o tres.

EL EMPADRONADOR: ¡Cómo es posible! (*Entra* DORA, *ve los diez pesos sobre la*
145 *mesa. Desfallece.*[34])

DORA: ¡Jesús!

EL EMPADRONADOR: (*Mueve la cabeza.*) Habrá que calcular… ¿Hacen trabajos de
maquila?[d]

HERLINDA: No, señor. Cosemos.

150 EL EMPADRONADOR: Eso es. Pero, ¿con telas ajenas? ¿O venden telas?

---

[30]le… *she winks at him*   [31]*bribe*   [32]levantara… *to make a complaint*   [33]materia… *raw material*   [34]*She faints*

---

[d]¿Hacen… ¿Trabajan ustedes con telas de otros?

DORA: (*Ofendida, calumniada.*) Ay, no. ¿Cómo vamos a vender telas?

HERLINDA: No vendemos.

EL EMPADRONADOR: ¿Podría ver lo que hay en ese ropero?

HERLINDA: ¿Ahí?

155 EL EMPADRONADOR: (*Feroz.*) Sí, ahí.

HERLINDA: Nuestras cosas: ropa, vestidos…

DORA: (*Pudorosa.*) Ropa interior.

HERLINDA: Comida.

EL EMPADRONADOR: ¿Comida?

160 HERLINDA: Cosas privadas.

EL EMPADRONADOR: Bueno, pues déjeme verlas. (*Truculento.*[35]) Eso está lleno de telas, ¿verdad?

(DORA *grita. Pausa.*)

HERLINDA: (*Ve a* CONCHA.) ¡Judas!

(CONCHA *se sonríe, baja la vista.* DORA *empieza a llorar en silencio.* HERLINDA *se pasa la mano por la frente.*)

HERLINDA: Está bien. (*Va y abre.*) Aquí hay unas telas, pero son nuestras, de nues-
165 tro uso. Y no las vendemos. Son puro vestidos nuestros.

(CONCHA *hace señas de «mentiras».*)

EL EMPADRONADOR: ¿Cuántos cortes.[e] (*Va y cuenta.*) ¿Treinta y siete vestidos van a hacerse?

HERLINDA: ¡Nos encanta la ropa!

(DORA *empieza a sollozar, cada vez más alto.*)

DORA: Ay, Herlinda, este señor parece un ser humano. ¡Dile, explícale! Señor,
170 somos solas, mi marido está enfermo, no puede trabajar.

CONCHA: Se emborracha.

DORA: Mi cuñada y yo trabajamos. Empezamos cosiendo a mano, y ve usted que tenemos buen gusto, a las vecinas les parecieron bien nuestros trabajitos. Ay, señor, nos sangraban los dedos, ni dedal teníamos. Mire estas máquinas,
175 estas telas, así las ganamos, con sangre. ¿Cómo puede usted? (*Se arrodilla.*) Yo le suplico, por su madre, por lo que más quiera… (*Aúlla.*[36]) ¡No nos hunda usted! ¡No podemos pagar contribuciones![37] ¡Si casi no ganamos nada! ¡No podemos! ¡Acepte los diez pesos!

HERLINDA: ¡Dora! ¡Cállate ya!

180 DORA: ¡Acéptelos! ¡No tenemos más! ¡Se los damos de buena voluntad! ¡Pero váyase, váyase! (*Va de rodillas a la cama y ahí sigue sollozando.*)

EL EMPADRONADOR: (*Gritando.*) ¡Pero señora, no entiende! ¡Esto es para Estadística, de Economía! Los impuestos son de Hacienda. Esto es confidencial, es secreto. Nadie lo sabrá. ¿Qué horas son? ¿Dónde pusieron el reloj? ¡Van a
185 dar las dos y no hemos hecho nada! ¡A ver! ¡Contésteme!

---

[35]Cruel   [36]She howls   [37]taxes

---

[e]*cuts of material long enough to make a dress*

(*Más aullidos de* DORA, HERLINDA *se seca dignamente dos lágrimas.*)

HERLINDA: Pregunte lo que quiera.

EL EMPADRONADOR: Por favor, entienda. ¿Cómo cree que les iba a hacer un daño? ¡Pero debo entregar veinte boletas cada día y llevo seis! ¡Seis boletas! ¡Y ayer entregué nada más quince! Yo estudio, necesito libros, necesito ropa. Mire mis pantalones. ¿Ve qué valencianas?[38] Mire mi suéter, los codos. Y no quiero que me corran[39] antes de cobrar mi primera quincena.

CONCHA: (*Coqueta.*) ¿No tiene un cigarro?

EL EMPADRONADOR: ¡No tengo nada!

(*Una pausa. Sollozos de* DORA. EL EMPADRONADOR *saca un cigarro y lo enciende, inconscientemente.*)

EL EMPADRONADOR: El censo es… Ya le expliqué, es un… ¡No tiene nada que ver con los impuestos! ¡No les va a pasar nada!

(*Entra* PACO, *adormilado, con leves huellas alcohólicas en su apariencia y voz.*)

PACO: ¿Qué sucede? ¿Por qué lloran?

EL EMPADRONADOR: Señor. ¿Usted es el jefe de la casa?

PACO: (*Solemne.*) A sus órdenes.

EL EMPADRONADOR: Mire usted, sus esposas no han entendido.

HERLINDA: No es harén, señor. Yo soy su hermana.

EL EMPADRONADOR: Eso. Perdón. Mire… ¿Usted sabe lo que es un censo?

PACO: Claro, el periódico lo ha dicho. Un recuento de población. Todos los grandes países lo hacen.

EL EMPADRONADOR: (*Ve el cielo abierto.*) Eso es. Y un censo de industria, comercio y transporte, es un recuento de… Eso mismo.

PACO: Sí, claro. Muy bien. ¿Y por eso lloran? No se fije. Son tontas. Concha, tráeme una cerveza.

CONCHA: No soy su gata.[40]

PACO: (*Ruge.*) ¡Cómo que no! (*La arrastra por el brazo.*) Toma, y no te tardes. (*Le aprieta una nalga. Intenso:*) Una Dos Equis, fría. (*De mala gana.*) Usted toma una, ¿verdad?

Ha!

EL EMPADRONADOR: No puedo, trabajando…

PACO: Me imaginé. (*Ruge.*) ¡Anda!

(CONCHA *sale, muerta de risa.*)

EL EMPADRONADOR: Los datos del censo son confidenciales. La Dirección General de Estadística es una tumba, y yo otra. Nadie sabrá lo que aquí se escriba.

PACO: ¿Y para qué lo escriben, entonces?

EL EMPADRONADOR: Quiero decir… Lo saben en Estadística.

PACO: Como pura información.

EL EMPADRONADOR: Sí.

PACO: Nada personal.

EL EMPADRONADOR: Nada. Todo se convierte en números.

PACO: Archivan los datos.

[38]*trouser cuffs*   [39]me despidan   [40]*maid*

EL EMPADRONADOR: Sí.

PACO: Y se los mandan al Fisco.

225 EL EMPADRONADOR: Sí. ¡No! Pero… usted entendía. (*Azota los papeles.*) Usted sabe lo que es un censo… Es…, es ser patriota, engrandecer a México, es… ¿No lo leyó en el periódico?

PACO: (*Malicioso, bien informado.*) Los periódicos dicen puras mentiras. Vamos a ver, si no es para ganar más con los impuestos, ¿para qué van a gastar en
230 sueldo de usted, papel muy fino, imprenta…?

EL EMPADRONADOR: (*Desesperado.*) Es como… Mire, la Nación se pregunta: ¿Cuáles son mis riquezas? Y hace la cuenta. Como usted, ¿no le importa saber cuánto dinero hay en su casa?

PACO: No.

235 EL EMPADRONADOR: Pero… tiene que contar cuánto gastan, cuánto ganarán…

PACO: Nunca.

EL EMPADRONADOR: ¡Pero cómo no! Bueno, ustedes no, pero un país debe saber… cuánta riqueza tiene, debe publicarlo…

PACO: ¿Para que cuando lo sepan los demás países le caigan encima? ¡Yo no voy a
240 ayudar a la ruina de mi Patria!

EL EMPADRONADOR: Es que… ¡Es que ya son casi los dos! ¡A las dos y media debo entregar mi trabajo!

PACO: Ah, pues vaya usted. Ya no le quito el tiempo.

EL EMPADRONADOR: (*Grita.*) ¿Y qué voy a entregar? Nadie me da datos, todo el
245 mundo llora. Me van a correr, hoy no llevo más que seis boletas. Usted, deme los datos. De lo contrario, es delito,[41] ocultación de datos. Puedo levantar un acta y consignarla.

(*Nuevos aullidos de* DORA.)

HERLINDA: Consígneme. Se verá muy bien arrastrándome a la cárcel. Muy varonil.

PACO: No se exalte, no se exalte. Nadie le oculta nada. ¿Pero usted cree que vale
250 la pena hacer llorar a estas mujeres por esos datos?

EL EMPADRONADOR: ¡Pero si no les va a pasar nada!

PACO: Les pasa, mire. (*Patético.*) ¡Sufren! (*Tierno.*) Ya no llores, mujer, ya no llores, hermana. (*Las muestra.*) Aquí tiene, siguen llorando.

EL EMPADRONADOR: (*A punto de llorar.*) Tengo que llenar veinte boletas, y llevo
255 seis.

PACO: Pues llene aprisa las que le faltan, yo le ayudo. ¿Qué hay que poner?

EL EMPADRONADOR: (*Escandalizado.*) ¿Pero quiere que inventemos los datos?

PACO: Yo no. Usted. (*Le da un codazo.*) Ande. Primero es uno, después los papeles.

(*Entra* CONCHA.)

260 CONCHA: Tenga. (*Le da la cerveza.*)

PACO: ¿Una poca? ¿Un vasito? ¿O algo más fuerte? ¿Un tequilita?

EL EMPADRONADOR: ¿Qué horas son? (*Duda.*) ¿Usted me ayuda?

PACO: ¡Claro, hombre!

---

[41]crimen

EL EMPADRONADOR: Pues aprisa. Despejen la mesa.[42] Sólo así. Señora, señorita…
265   Ya no voy a llenar la boleta de ustedes, pero… ¿Pueden ayudarme, con unos
    datos?

PACO: A ver, viejas, ayúdennos. Hay que ayudar a mi señor censor. ¿Un tequilita,
    mi censor?

EL EMPADRONADOR: Muy chico.

    (*Las mujeres ven el cielo abierto,*[43] *corren a servirlo.*)

270 PACO: Y una botanita.[44] A ver. ¿Se puede con lápiz?

EL EMPADRONADOR: Con lápiz tinta, nada más.

DORA: (*Tímida.*) ¿Los ayudamos?

EL EMPADRONADOR: Pues… A ver si pueden. Si no, yo las corrijo.

HERLINDA: (*Cauta, sonríe.*) ¿Rompemos ésta?

275 EL EMPADRONADOR: ¿La de ustedes? Póngale una cruz grande y «Nulificada».
    Ahora imagínese que tiene un taller con… 15 máquinas. Y vaya escribiendo:
    cuántos vestidos haría al año, cuánto material gastaría… Haga la cuenta por
    separado. Y usted… imagínese un taller más chico, con ocho máquinas. Las
    preguntas que no entiendan, sáltenlas.[45] Yo las lleno después.

    (*Se sientan con él. Trabajan velozmente.*)

280 HERLINDA: Mi taller va a ser precioso. Se va a llamar «Alta Costura», S. en C. de
    R.H.[f]

DORA: ¿Qué dirección le pongo a mi taller?

EL EMPADRONADOR: Cualquiera de esta manzana. Salud. (*Bebe.*)

DORA: (*Se ríe.*) Le voy a poner la dirección de doña Remedios.

285 PACO: Yo preferiría un taller mecánico. Eso voy a hacer. «La Autógena», S.A.[46]
    (*Pellizca a* CONCHA.)

CONCHA: ¡Ay!

HERLINDA: Cállate, Judas.

EL EMPADRONADOR: Con esos diez pesos… podrían mandar a Judas a comprar unas
    tortas. Para todos, ¿no?

como un entremez   TELON

[42]Despejen… *Clear the table*   [43]*see a great opportunity*   [44]*snack*   [45]*skip them*   [46]Sociedad Anónima (*Incorporated*)

---

[f]Sociedad en Comandita de Responsabilidad Hipotecaria Limitada (*a silent partnership in which the individual does not have legal responsibility*)

Cuestionario

1. Toda obra dramática necesita para su desarrollo un conflicto que genere la
   progresión de la trama. ¿Cuál es ese conflicto en *El censo?*
2. Reflexione sobre los personajes. ¿Cuál de ellos le parece que actúa más de
   acuerdo con la realidad?
3. ¿Por qué amenaza todo el mundo al empadronador?

4. Analice con detenimiento la relación entre las preguntas del censor a cada uno de los miembros del taller de costura y el aumento progresivo de la tensión en la obra.
5. Comente el lenguaje gestual que se emplea en este drama. ¿Cómo ayuda a establecer el tono de la obra?
6. Los espectadores y lectores de *El censo* ven en esta obra una clara alusión al México contemporáneo. ¿Encuentra usted justificada tal conclusión? Explique la situación.

Identificaciones

1. el Fisco
2. «Esconde esas telas.»
3. «¡No nos hunda usted!»
4. Paco
5. el soborno

Temas

1. La burocracia como tema literario: el ejemplo de *El censo*
2. La práctica del soborno
3. Se dice que esta obra es un ejemplo del *metateatro* —el teatro dentro del teatro. Comente la necesidad del metateatro en nuestras relaciones con los «otros» como modo de sobrevivir.
4. ¿A qué categoría teatral pertenece *El censo*? ¿Es una tragedia, una comedia, una pieza de humor negro, una obra del teatro del absurdo, etcétera? Antes de contestar, fíjese en los elementos humorísticos y satíricos de la obra. Justifique su opinión.
5. Debate: Todo sistema establecido corrompe a las personas.

PALOMA PEDRERO

Vida y obra

Paloma Pedrero (Madrid, 1957–) estudió sociología y arte dramático en la Universidad Complutense. Es actriz de teatro y cine, dramaturga, guionista de cine, directora, productora y profesora de arte dramático, y una de las figuras más destacadas de la escena (*stage*) española contemporánea. Gracias a su profundo conocimiento del género dramático, Pedrero ha creado con un lenguaje cotidiano (*down to earth*) y hasta crudo un nuevo tipo de teatro que trata de una manera sumamente realista las cuestiones más polémicas de la España actual. Dicho teatro expone, ataca y satiriza muchos aspectos de la cultura y tradición españolas, aspectos poco o nunca examinados anteriormente.

(continúa)

Sus quince piezas, de carácter revisionista (*revisionist, reform-oriented*) y técnicas innovadoras, le han merecido varios premios nacionales y el reconocimiento fuera de España. Sin embargo, Pedrero ha suscitado bastante controversia, debido a que sus obras abogan por cambios radicales en los modelos tradicionales de comportamiento —particularmente en lo que se refiere al sexo— y enfocan a menudo temas «tabú» como la homosexualidad y el lesbianismo. Sus piezas más celebradas y polémicas incluyen *La llamada de Lauren* (1984), *Resguardo personal* (1985), *Besos de lobo* (1987), *Invierno de luna alegre* (1987), *El color de agosto* (1988), *Noches de amor efímero* (1994) y *La isla amarilla* (1995).

La autora y su contexto

Pedrero es una de las voces femeninas más resonantes (*resounding*) de la generación de dramaturgos que emergieron tras la caída, en 1975, del régimen ultraconservador y represivo de Francisco Franco. Casada con el eminente dramaturgo, guionista y cineasta (*motion picture director*) español Fermín Cabal, Pedrero comenzó su carrera en los años ochenta siguiendo los modelos masculinos. En *La llamada de Lauren* (*Longing to be Lauren*), su primer éxito, la autora pone en tela de juicio (*questions*) las rígidas normas sociales y presenta a un hombre que, obligado a reprimir su homosexualidad, se casa. A la postre éste revela su verdadera identidad durante un carnaval, cuando se disfraza de la actriz Lauren Bacall. En obras sucesivas, Pedrero adopta su punto de vista femenino para indagar (*investigate*) las difíciles relaciones entre hombre y mujer (*Resguardo personal*), las aún más complejas entre mujer y mujer (*El color de agosto*) y la inmoralidad o «amoralidad» de la juventud de hoy (*Invierno de luna alegre*).

Resguardo personal[1]

PERSONAJES:
Marta, La mujer.   Gonzalo, El marido.

Salón-comedor de casa modesta o apartamento. Los muebles son típicos de piso de alquiler:[2] toscos,[3] impersonales y baratos. La decoración escasa. En la habitación hay signos de mudanza[4] reciente. Al encenderse la luz vemos a Marta. Está arreglada y maquillada, aunque en su rostro hay huellas[5] de cansancio. Abre su bolso de mano y busca un papel que coloca encima de la mesa del teléfono. Va a marcar pero se arrepiente y cuelga. Se sienta en el sofá al lado de una caja de cartón por la que asoma ropa que ella coloca delicadamente.
Suena el timbre de la puerta. Marta se levanta, se pone el abrigo y se dirige a abrir.
En el umbral[6] de la puerta aparece Gonzalo.

MARTA: (*Sin dejarle entrar*) ¿Qué quieres?
GONZALO: ¿Cómo que qué quiero? Déjame pasar.
MARTA: ¿Para qué?
GONZALO: Tenemos que hablar.
5 MARTA: Ahora no puedo. Tengo prisa. Iba a salir en este momento.

(*Gonzalo empuja la puerta y se introduce dentro de la casa*).

---

[1]Resguardo... *Personal Claim Check*   [2]piso... *apartment (rental)*   [3]*unpolished*   [4]cambio de casa   [5]marcas
[6]entrada

GONZALO: Creo que me debes una explicación.

MARTA: ¿Otra? No me quedan.

GONZALO: ¿Dónde está Nunca?[7]

MARTA: Tú sabrás. Estaba en tu casa. Tal vez se cansó y salió a tomar el sol.

10 GONZALO: Ha desaparecido. Tú eres la única que tiene las llaves del piso y sabías que iba a estar dos días fuera.[8] Te has llevado a la perra ¿no?

MARTA: (*Mirando alrededor*) Llámala. Estará deseando verte.

GONZALO: (*Abriendo las puertas de las habitaciones*) ¡Nunca! (*Silba[9]*) ¡Nunca! ¡Nunca, soy yo…!

15 MARTA: Ya lo ves. No está.

GONZALO: ¿Dónde está la perra? No me voy a enfadar, Marta. Sólo quiero que me des una explicación. Me la has quitado.

MARTA: ¿Me vas a denunciar? No te lo aconsejo. Vas a hacer un ridículo espantoso. (*Se ríe*) Ya lo estoy viendo: marido agraviado[10] denuncia a su esposa
20 por secuestro de perrita cariñosa. (*A carcajadas[11]*) ¡Qué divertido!, ¿no?

GONZALO: No empieces a ponerme nervioso. Estoy intentando ser razonable. Te pido que no me hagas perder los estribos.[12]

MARTA: Grita, grita. Es muy sano. Sé que lo necesitas.

GONZALO: (*Levantando la voz*) ¡Deja de hablarme en ese tono! ¡Vas a conseguir
25 que ocurra lo que estoy intentando evitar! ¿Dónde está la perra?

MARTA: Habla bajito, por favor. No me encuentro bien del todo. Llevo dos días sin salir de casa. Todavía estoy un poco…

GONZALO: ¿Qué te pasa?

MARTA: Fiebre. He estado con cuarenta grados.

30 GONZALO: ¿Te ha visto un médico?

MARTA: He tenido unos delirios terribles. Anteanoche me desperté gritando; soñé que te habías convertido en una araña[13] roja…

GONZALO: (*Preocupado*) ¿Cuándo tuviste los primeros síntomas? ¿Dolor? ¿Inflamación? ¿Has tomado antitérmicos?[14] ¿Quieres que te explore?

35 MARTA: No te preocupes, ya estoy bien. He tomado antibióticos y hoy ya no tengo fiebre. Por cierto, Gonzalo, cuando anestesiáis a un enfermo para operarle, ¿oye?

GONZALO: ¿Cómo que si oye? Bueno, si es una anestesia de tipo quirúrgico,[15] evidentemente no.

40 MARTA: ¿Y si es superficial? ¿Si es superficial escucha lo que pasa a su alrededor?

GONZALO: Pues… sí, pero, ¿por qué me preguntas eso?

MARTA: No, era una imagen. Cuando deliraba con la fiebre me sentía como anestesiada. (*Pausita*) Pero lo oía todo.

45 GONZALO: Te noto cansada. No deberías estar sola.

MARTA: ¿A qué hora ha llegado tu tren? Te esperaba antes. Te has retrasado diez minutos. Llegaste a Chamartín a las seis y media ¿no?

GONZALO: ¿Por qué lo sabes?

MARTA: Te esperaba.

50 GONZALO: Sabías que iba a venir a por la perra, claro. Estás reconociendo que te la llevaste.

---

[7]nombre de la perrita   [8]fuera de la ciudad   [9]*He whistles*   [10]ofendido   [11]A… Riendo fuertemente   [12]los…
(*fig.*) el control   [13]*spider*   [14]medicinas para bajar la fiebre   [15]*surgical*

MARTA: La recuperé.[16] Abrí la puerta y vino corriendo hacia mí. «Ah, no», le dije
    yo y le expliqué claramente su situación. Entonces ella decidió libremente
    que prefería vivir conmigo. Te aseguro que no la coaccioné.[17]

55 GONZALO: Me desconciertas, Marta. No sé si es que estás desarrollando un nuevo
    sentido del humor o es que te estás quedando conmigo.[18]

MARTA: (*Con sorna*[19]) No, no tengo ningún interés en quedarme contigo. Tengo
    prisa.

GONZALO: Escúchame. Vamos a hablar como personas civilizadas. Nos estamos jo-
60   diendo la vida demasiado[20] el uno al otro. Esto no tiene sentido.

MARTA: (*Mostrándole un poster*) ¿Qué te parece si pongo este cartel en esa pared?
    Está todo tan feo…

GONZALO: ¡He venido a hablar contigo!

MARTA: ¿Me vas a dar el piano? El piano era de mi padre; me lo regaló a mí.

65 GONZALO: ¡Cállate! Quiero… estoy jodido,[21] Marta. ¿No te das cuenta?

MARTA: (*Le mira fijamente*) Ya lo sé. No soportas[22] sentirte abandonado. Te pone
    enfermo. Pues deberías tranquilizarte, porque es mentira; tú me dejaste
    primero y después yo… me fui.

GONZALO: Yo nunca te he dejado. Eso no es verdad.

70 MARTA: No, claro, sólo trabajabas tanto… Pues estás mejor ahora. Al menos no me
    hablas de sístoles y diástoles.[23]

GONZALO: No te entiendo.

MARTA: No pretendo que me entiendas a estas alturas.[24] Soy un poco… paranoica,
    pero no gilipollas.[25]

75 GONZALO: Yo siempre te he tenido en mente.

MARTA: Me has tenido en casa. Tengo un vecino que dice que lo mejor de estar
    casado es no tener que preocuparse de pasear a la novia.

GONZALO: ¿Por qué no me lo dijiste?

MARTA: No ha sido grave.[26] Ya sabes que mis fiebres son psicosomáticas.

80 GONZALO: ¿Por qué no me dijiste que me estabas poniendo los cuernos?[27]

MARTA: ¡Qué expresión más desacertada![28] ¿Tú sabes de dónde viene? Nunca he
    conseguido averiguar el significado…

GONZALO: Si al menos te hubieras enrollado[29] con ese gilipollas discretamente…
    pero no, tenías que subirle a casa. Que te viera el portero.[30]

85 MARTA: Jamás lo hicimos en nuestra cama.

GONZALO: ¡Eso es lo de menos! Ya te he dicho que lo que no soporto es… ¡Me
    siento traicionado![31]

MARTA: Gonzalito, déjalo ¿quieres? Se me hace muy aburrido… No nos enten-
    demos. La gente no se puede comunicar con todo el mundo, es normal. Es
90   una cuestión de ondas[32]… La tuya y la mía chocan y ¡plaf! caos, caos,
    caos…

GONZALO: ¿Sigues con él?

MARTA: No. Estoy intentando encontrar la paz.

---

[16]La… La tengo otra vez.   [17]obligué   [18]te… *you're making fun of me*   [19]Como burlándose.   [20]jodiendo… haciendo la vida imposible (coloquial)   [21]*damned* (coloquial)   [22]toleras   [23]sístoles… (*medical terms*)   [24]a…
ahora   [25]tonta (coloquial)   [26]seria   [27]poniendo… *fooling around* (*cheating*)   [28]equivocada   [29]te… *you had
gotten involved*   [30]la persona que cuida la puerta (*concierge*)   [31]*betrayed*   [32]*level; "wave length"*

GONZALO: Ya sabía yo que era un hijo de puta.[33] Me alegro de que, al menos, te
95   hayas dado cuenta.
MARTA: Estaba hablando del caos.
GONZALO: O sea que sigues viéndole.
MARTA: Qué más da…
GONZALO: Sabes que no me da igual.
100   MARTA: No estoy con nadie. Ya te he dicho que necesito estar sola.
GONZALO: ¿Hasta cuándo?
MARTA: Hasta que olvide y vuelva a creer en cosas imposibles.
GONZALO: Necesito que vuelvas a casa. Esto es absurdo.
MARTA: Es totalmente absurdo. Me ha costado mucho[34] tomar esta decisión pero
105   ya está, ya la he tomado.
GONZALO: Tienes que volver. No me acostumbro a estar solo.
MARTA: Es una cuestión de aprendizaje.
GONZALO: Marta, yo te quiero. Te juro que te quiero.
MARTA: Ya lo sé. Me enseñaste algo que no conocía…
110   GONZALO: Vuelve a casa. Podemos arreglar las cosas…
MARTA: Me enseñaste lo insólito del amor:[35] la destrucción.
GONZALO: Quiero seguir viviendo contigo. Creo que no está todo perdido…
MARTA: Puede ser que la destrucción sea parte del amor…
GONZALO: Mira, Marta, he estado pensando mucho en nosotros, sé que soy un tío
115   jodido[36] pero… voy a hacer un esfuerzo por salvar nuestra relación.
MARTA: Sí, eres muy jodido y bastante sordo.[37]
GONZALO: Tienes que comprenderme. Sabes que tengo muchas responsabilidades.
          Estoy luchando para que me den la plaza de Jefe de Servicio. Tengo treinta
          camas a mi cargo. Me paso diez horas diarias en el quirófano[38]…
120   MARTA: ¡No! Lo de siempre no, por favor. Sueño con personas deformes, con ex-
          tracorpóreas,[39] transfusiones, ecocardiogramas… tic-tac tic-tac, tic-tac, cora-
          zones que nunca se paran.
GONZALO: Lo hago por nosotros, por nuestros hijos. Quiero ganar dinero para que
          vivamos bien…
125   MARTA: Eso es interesante. ¡Suerte! Nos equivocamos; yo necesito otras cosas y tú
          otra mujer.
GONZALO: No me hagas perder la paciencia. He decidido que te perdono… que te
          comprendo. Sé que estás un poco… desequilibrada[40] y sé también que yo, en
          parte, soy responsable. Vamos a ayudarnos. Si no me echas una mano[41] no
130   voy a conseguir sacar[42] la plaza.
MARTA: ¡Me importa un carajo![43] ¡Dios, toda la vida con el mismo rollo![44]
GONZALO: ¡No me quieres escuchar!
MARTA: No.
GONZALO: No tienes interés en hablar conmigo, ¿no?
135   MARTA: Sí.
GONZALO: ¿Sí?

---

[33]hijo… *son of a bitch*   [34]Me… Me ha sido muy difícil   [35]lo… lo que no es común en el amor   [36]tío… *a really messed up guy* (coloquial)   [37]bastante… (*fig.*) no oyes; no sigues consejos   [38]sala de operaciones (en el hospital)   [39]*body excretions*   [40]loca   [41]echas… ayudas   [42]obtener   [43]¡me… *I don't give a damn!* (coloquial)
[44]con… repitiendo lo mismo

MARTA: Sí que no, que no tengo interés.

GONZALO: ¿Vas a volver a casa?

MARTA: No.

140 GONZALO: Te advierto[45] que no te lo voy a pedir más.

MARTA: Te lo agradezco. Tengo prisa.

GONZALO: Es tu última oportunidad.

MARTA: No la quiero.

GONZALO: Es increíble el resentimiento que tienes. Estás enferma.

145 MARTA: Sí, me provocas palpitaciones.[46]

GONZALO: ¡No te consiento[47] que me hables así!

MARTA: Me tengo que ir.

GONZALO: ¿A dónde?

MARTA: Vete, Gonzalo. Lárgate[48] de mi casa. No te he invitado a venir.

150 GONZALO: Está bien, tú lo has querido. He venido aquí a por algo…

MARTA: Por algo que no está. (*Mira su reloj*) ¡Dios mío, las ocho menos once minutos! (*Se dirige hacia la puerta. Gonzalo se pone delante para no dejarla salir*).

GONZALO: Tú no sales de aquí hasta que no me digas dónde está la perra.

155 MARTA: Quítate de ahí. Tengo algo muy urgente que hacer.

GONZALO: Devuélveme lo que me has robado.

MARTA: ¡Es mía! Yo la he criado, la he cuidado cuando estuvo enferma…

GONZALO: Eso es una chorrada.[49] Yo la sacaba a mear[50]…

MARTA: ¡Mentira! Yo la daba de comer, le hacía todo…

160 GONZALO: ¿Quién la pagó?

MARTA: Tú no compras nada, imbécil.[51] Nada que esté vivo. ¡Y quítate de ahí…!

GONZALO: ¿Dónde está la perra?

MARTA: ¿Quieres saber dónde está? ¿Quieres que te lo diga? En la Perrera Municipal.[a]

165 GONZALO: ¿Que la has metido en la Perrera?

MARTA: De tu casa a la Perrera directamente. ¿Qué te crees? ¿Que iba a estar aquí esperándote?

GONZALO: ¡Eres una hija de puta…!

MARTA: Y no te molestes en ir a buscarla porque no te la van a dar. Tengo un
170 papel en el que consta que yo soy su dueña[52] y sólo entregando ese resguardo te la dan.

GONZALO: ¡Dame ese papel ahora mismo!

MARTA: ¡Me has quitado todo pero a la perra no la vuelves a ver!

(*Marta intenta*[53] *salir de nuevo. Gonzalo la agarra.*[54])

MARTA: ¡Déjame salir! ¡Tengo que irme!

175 GONZALO: ¡El papel…!

MARTA: Esta tarde termina el plazo para ir a recogerla.[55] La perrera la cierran a las ocho. Me quedan ocho minutos. (*Histérica*) ¡Ocho minutos!

---

[45]hago saber   [46]me… *you raise my blood pressure*   [47]permito   [48]Vete   [49]tontería   [50]orinar   [51]estúpido
[52]*owner*   [53]trata de   [54]*grabs*   [55]sacarla

---

[a]*Perrera* no es sólo la casita del perro; aquí significa también *dog pound*.

GONZALO: ¿Para qué?

MARTA: Me dieron setenta y dos horas. Si no voy ahora mismo y cierran, la sacri-
180 fican[56] esta noche.

GONZALO: ¡Eso es mentira!

MARTA: ¡Te lo juro por Dios! (*Llorando*) He estado enferma y sola. No he podido
salir a la calle antes… Cuando has llegado me iba a buscarla. Por favor, te lo
suplico, déjame salir. ¡No me queda[57] tiempo!

185 GONZALO: No.

(*Marta se lanza[58] hacia él y le golpea*)

MARTA: ¡Hijo de puta! ¡Eres un…! ¡La van a matar por tu culpa!

GONZALO: Por la tuya. Fuiste tú quien la llevó al matadero.[59]

MARTA: (*Suplicante[60]*) Todavía tengo tiempo. La Perrera está aquí al lado…
Quedan cuatro minutos…

190 GONZALO: No.

MARTA: (*Le entrega el resguardo*) Toma, vete tú. Corre, yo te digo dónde…

GONZALO: No.

MARTA: ¿Cómo? ¿No vas a ir?

GONZALO: Los caprichos[61] de loca hay que pagarlos. (*Lee el papel y mira el reloj*)
195 Se acabó, ya no hay tiempo.

MARTA: Eres tú. Lo veo tan bien, tan claro… Siento cierta felicidad por no
haberme equivocado. Eres despreciable.[62] Eres una araña roja; te has comido
mis raíces, mis hojas[63]…, me has matado a mi perra…

GONZALO: Tú la has matado. Estás loca, Marta. Y sólo por orgullo[64]…

200 MARTA: Sólo por odio.[65]

GONZALO: Estás más grave de lo que pensaba.

MARTA: Puede sentirse satisfecho con su trabajo, doctor.

GONZALO: Las ocho.

MARTA: Adiós.

205 GONZALO: Un momento, tengo que cerciorarme.[66] (*Se dirige al teléfono*)

MARTA: ¿Qué vas a hacer?

GONZALO: Llamar a la perrera.

MARTA: (*Señalando el resguardo*) El teléfono viene ahí.

(*Gonzalo marca el número. Espera y cuelga*)

GONZALO: Han cerrado. (*Satisfecho*) Tu perrita ya… (*Hace un gesto de inyectar y*
210 *rompe el papel en pedazos. Marta se derrumba[67]*) Adiós. (*Sale*)

(*Marta mira hacia la puerta. Espera unos segundos y de pronto comienza a*
reírse a carcajadas. Corre hacia una caja de embalaje,[68] la abre y sale
Nunca desperezándose.[69])

MARTA: (*Sorprendida*) ¿Ya estás despierta…? Pobrecita… Muy bien, te has portado estupendamente. (*La da algo de comer*) ¿Has oído, Nunca? Necesitaba
que lo oyeras todo, que supieras cómo es tu padre. Bueno, ya te vas a ir

---

[56]matan [57]me… tengo [58]se… *throws herself* [59]lugar donde matan animales (*slaughterhouse*) [60]*Begging*
[61]*whims* [62]*despicable* [63]te… (*fig.*) me has quitado todo lo que es importante para mí [64]*pride* [65]*hate*
[66]estar seguro [67]se… *pretends to faint* [68]caja… *storage box* [69]*stretching*

espabilando[70]… Sólo ha sido un sueñecito. (*Saca una jeringuilla[71] de la caja*) La culpa es de Gonzalo; esto era suyo. (*La tira con desprecio[72]*) ¿Has visto cómo todo ha salido bien? Le conozco tanto… Sabes, yo misma me creía que era verdad; casi me muero. Pero ya se acabó, ya no volverá a molestarnos… por lo menos a ti, ¿nos vamos a la calle? Hale[73]…

(*Nunca mueve el rabo[74] contenta. Marta coge la cadena.[75] Salen.*)

[70]ir… *feel better, less sleepy*   [71]*syringe*   [72]*scorn*   [73]¡Vamos!   [74]*tail*   [75]*leash*

Cuestionario

1. ¿Dónde tiene lugar el drama? Describa el lugar.
2. ¿Quiénes son los personajes?
3. ¿Es Nunca un personaje? ¿Qué papel desempeña?
4. ¿Por qué piensa Marta que la situación de Nunca es trágica? ¿Es esa situación real o creada por ella?
5. ¿Cuál es la profesión de Gonzalo? ¿Cómo se sabe?
6. Este drama presenta un conflicto entre una pareja. ¿Cuál es ese conflicto? ¿Cuál es su causa? ¿Es frecuente que las parejas tengan estos conflictos?
7. Como lectores o espectadores, ¿qué sabemos sobre la situación dramática? ¿Sabemos más que los personajes, sabemos menos que ellos o sabemos igual?

   En una
   Mimera…

8. Comente el desenlace del drama. ¿Qué es lo que puede pasar ahora? ¿Algo agradable? ¿Algo trágico?
9. ¿Cuál es el mensaje del drama?
10. ¿De qué otros temas trata esta obra?
11. ¿Qué significado tiene el título *Resguardo personal?*

Identificaciones

1. el resguardo
2. «Han cerrado»
3. «sacar la plaza»
4. la Perrera Municipal
5. la caja de embalaje

Temas

1. El parlamento de Marta cuando le dice a Gonzalo: «No nos entendemos. La gente no se puede comunicar con todo el mundo, es normal. Es una cuestión de ondas…»
2. Comente con detalles el papel que desempeña cada uno de los personajes. Luego, introduzca a un personaje de su invención y asígnele un papel en el drama.
3. Las características del habla de los dos jóvenes. ¿Hay diferencias notables entre este lenguaje y el que usted está acostumbrado a oír?

4. Los procedimientos empleados por Pedrero para crear humor e ironía: cómo esos elementos sirven para presentar una reflexión seria sobre las relaciones humanas
5. Debate: La falta de comunicación entre las personas es algo común en nuestra época y es una de las causas de la destrucción de la familia.

FEDERICO GARCIA LORCA[a]

La casa de Bernarda Alba
Drama de mujeres en los pueblos de España

Personajes
BERNARDA (60 años)
MARIA JOSEFA (madre de Bernarda, 80 años)
ANGUSTIAS (hija de Bernarda, 39 años)
MAGDALENA (hija de Bernarda, 30 años)
AMELIA (hija de Bernarda, 27 años)
MARTIRIO (hija de Bernarda, 24 años)
ADELA (hija de Bernarda, 20 años)
LA PONCIA (criada, 60 años)
CRIADA (50 años)
PRUDENCIA (50 años)
MENDIGA
MUJER 1ª
MUJER 2ª
MUJER 3ª
MUJER 4ª
MUCHACHA
MUJERES DE LUTO

El poeta advierte que estos tres actos tienen la intención de un documental fotográfico.

Acto primero

(*Habitación blanquísima del interior de la casa de* BERNARDA. *Muros gruesos. Puertas en arco con cortinas de yute*[1] *rematadas*[2] *con madroños y volantes.*[3] *Silla de anea.*[4] *Cuadros con paisajes inverosímiles de ninfas o reyes de leyenda. Es verano. Un gran silencio umbroso*[5] *se extiende por la escena. Al levantarse el telón está la escena sola. Se oyen doblar*[6] *las campanas. Sale la* CRIADA.)

[1] jute (type of fabric)   [2] trimmed   [3] madroños... tassels and ruffles   [4] wicker   [5] gloomy   [6] toll

[a] Véase la introducción a García Lorca en las páginas 196–197.

CRIADA: Ya tengo el doble de esas campanas metido entre las sienes.[7]

LA PONCIA: (*Sale comiendo chorizo y pan.*) Llevan ya más de dos horas de gorigori.[8] Han venido curas de todos los pueblos. La iglesia está hermosa. En el primer responso se desmayó la Magdalena. *to faint*

5 CRIADA: Es la que se queda más sola.

LA PONCIA: Era la única que quería al padre. ¡Ay! ¡Gracias a Dios que estamos solas un poquito! Yo he venido a comer.

CRIADA: ¡Si te viera Bernarda!…

LA PONCIA: ¡Quisiera que ahora que no come ella, que todas nos muriéramos de

10 hambre! ¡Mandona![9] ¡Dominanta! ¡Pero se fastidia[10]! Le he abierto la orza[11] de los chorizos.[12]

CRIADA: (*Con tristeza, ansiosa.*) ¿Por qué no me das para mi niña, Poncia?

LA PONCIA: Entra y llévate también un puñado[13] de garbanzos.[14] ¡Hoy no se dará cuenta!

15 VOZ: (*Dentro.*) ¡Bernarda!

LA PONCIA: La vieja. ¿Está bien cerrada?

CRIADA: Con dos vueltas de llave.

LA PONCIA: Pero debes poner también la tranca.[15] Tiene unos dedos como cinco ganzúas.[16] *tirana, opresiva, cruel*

20 VOZ: ¡Bernarda!

LA PONCIA: (*A voces.*) ¡Ya viene! (*A la* CRIADA.) Limpia bien todo. Si Bernarda no ve relucientes las cosas me arrancará[17] los pocos pelos que me quedan.

CRIADA: ¡Qué mujer!

LA PONCIA: Tirana de todos los que la rodean. Es capaz de sentarse encima de tu

25 corazón y ver cómo te mueres durante un año sin que se le cierre esa sonrisa fría que lleva en su maldita cara. ¡Limpia, limpia ese vidriado!

CRIADA: Sangre en las manos tengo de fregarlo[18] todo.

LA PONCIA: Ella, la más aseada;[19] ella, la más decente; ella, la más alta. ¡Buen descanso ganó su pobre marido!

(*Cesan las campanas.*)

30 CRIADA: ¿Han venido todos sus parientes?

LA PONCIA: Los de ella. La gente de él la odia. Vinieron a verlo muerto y le hicieron la cruz.

CRIADA: ¿Hay bastantes sillas?

LA PONCIA: Sobran.[20] Que se sienten en el suelo. Desde que murió el padre de

35 Bernarda no han vuelto a entrar las gentes bajo estos techos. Ella no quiere que la vean en su dominio. ¡Maldita sea! *poof*

CRIADA: Contigo se portó bien. *portar - to carry*

LA PONCIA: Treinta años lavando sus sábanas; treinta años comiendo sus sobras;[21] *sheets*

cough 40 noches en vela cuando tose; días enteros mirando por la rendija[22] para espiar a los vecinos y llevarle el cuento; vida sin secretos una con otra, y sin embargo, ¡maldita sea! ¡Mal dolor de clavo le pinche en los ojos![23]

CRIADA: ¡Mujer!

---

[7]*temples* [8]*(expresión usada coloquialmente para referirse al canto lúgubre de los funerales)* [9]*¡Cómo le gusta mandar!* [10]*se… she'll get hers* [11]*earthen pot* [12]*type of sausage* [13]*fistful* [14]*chickpeas* [15]*bar* [16]*picklocks* [17]*me… she'll pull out* [18]*limpiarlo* [19]*neat* [20]*More than enough.* [21]*leftovers* [22]*crack (in the shutters)* [23]*¡Mal… May she feel the pain of a nail in her eyes!*

LA PONCIA: Pero yo soy buena perra; ladro cuando me lo dicen y muerdo los talones[24] de los que piden limosna cuando ella me azuza;[25] mis hijos trabajan en sus tierras y ya están los dos casados, pero un día me hartaré.[26]

CRIADA: Y ese día…

LA PONCIA: Ese día me encerraré con ella en un cuarto y le estaré escupiendo un año entero. «Bernarda, por esto, por aquello, por lo otro», hasta ponerla como un lagarto[27] machacado por los niños, que es lo que es ella y toda su parentela. Claro es que no la envidio la vida. Le quedan cinco mujeres, cinco hijas feas, que quitando Angustias, la mayor, que es la hija del primer marido y tiene dineros, las demás, mucha puntilla bordada,[28] muchas camisas de hilo,[29] pero pan y uvas por toda herencia.

CRIADA: ¡Ya quisiera tener yo lo que ellas!

LA PONCIA: Nosotras tenemos nuestras manos y un hoyo en la tierra[30] de la verdad.

CRIADA: Esa es la única tierra que nos dejan a las que no tenemos nada.

LA PONCIA: (*En la alacena.*[31]) Este cristal tiene unas motas.[32]

CRIADA: Ni con jabón ni con bayetas[33] se le quitan.

(*Suenan las campanas.*)

LA PONCIA: El último responso. Me voy a oírlo. A mí me gusta mucho cómo canta el párroco. En el «Pater Noster» subió la voz que parecía un cántaro[34] de agua llenándose poco a poco; claro es que al final dio un gallo,[35] pero da gloria oírlo. Ahora que nadie como el antiguo sacristán Tronchapinos. En la misa de mi madre, que esté en gloria,[36] cantó. Retumbaban las paredes, y cuando decía Amén era como si un lobo hubiese entrado en la iglesia. (*Imitándolo.*) ¡Amé-é-n! (*Se echa a toser.*)

CRIADA: Te vas a hacer el gaznate[37] polvo.

LA PONCIA: ¡Otra cosa hacía polvo yo! (*Sale riendo.*)

(*La* CRIADA *limpia. Suenan las campanas.*)

CRIADA: (*Llevando el canto.*) Tin, tin, tan. Tin, tin, tan. ¡Dios lo haya perdonado!

MENDIGA: (*Con una niña.*) ¡Alabado sea Dios![38]

CRIADA: Tin, tin, tan. ¡Que nos espere muchos años! Tin, tin, tan.

MENDIGA: (*Fuerte y con cierta irritación.*) ¡Alabado sea Dios!

CRIADA: (*Irritada.*) ¡Por siempre!

MENDIGA: Vengo por las sobras.

(*Cesan las campanas.*)

CRIADA: Por la puerta se va a la calle. Las sobras de hoy son para mí.

MENDIGA: Mujer, tú tienes quien te gane.[39] ¡Mi niña y yo estamos solas!

CRIADA: También están solos los perros y viven.

MENDIGA: Siempre me las dan.

CRIADA: Fuera de aquí. ¿Quién os dijo que entraseis? Ya me habéis dejado los pies señalados.[40] (*Se van. Limpia.*) Suelos barnizados con aceite, alacenas, pedestales, camas de acero, para que traguemos quina[41] las que vivimos en

[24]*high heels* [25]*me… sets me on them* [26]*cansaré* [27]*lizard* [28]*puntilla… embroidered lace* [29]*linen* [30]*un…
(fig.) una tumba* [31]*kitchen cabinet* [32]*manchas* [33]*trapos para limpiar* [34]*earthenware container* [35]*un… una
nota falsa* [36]*que… may she rest in peace* [37]*garganta* [38]*¡Alabado… Praise be to God!* [39]*te… gane el pan
para ti* [40]*dejado… ensuciado el suelo con los pies* [41]*traguemos… tengamos envidia*

las chozas de tierra con un plato y una cuchara. Ojalá que un día no quedáramos ni uno para contarlo. (*Vuelven a sonar las campanas.*) Sí, sí, ¡vengan clamores! ¡Venga caja con filos dorados y toalla para llevarla! ¡Que lo mismo estarás tú que estaré yo! Fastídiate, Antonio María Benavides, tieso[42] con tu traje de paño y tus botas enterizas. ¡Fastídiate! ¡Ya no volverás a levantarme las <u>enaguas</u> detrás de la puerta de tu corral! (*Por el fondo, de dos en dos, empiezan a entrar* MUJERES DE LUTO, *con pañuelos grandes, faldas y abanicos negros. Entran lentamente hasta llenar la escena. La* CRIADA, *rompiendo a gritar.*) ¡Ay Antonio María Benavides, que ya no verás estas paredes ni comerás el pan de esta casa! Yo fui la que más te quiso de las que te sirvieron. (*Tirándose del cabello.*) ¿Y he de vivir yo después de verte marchar? ¿Y he de vivir?

(*Terminan de entrar las doscientas* MUJERES *y aparece* BERNARDA *y sus cinco* HIJAS.)

BERNARDA: (*A la* CRIADA.) ¡Silencio!

CRIADA: (*Llorando.*) ¡Bernarda!

BERNARDA: Menos gritos y más obras. Debías haber procurado que todo esto estuviera más limpio para recibir al duelo.[43] Vete. No es éste tu lugar. (*La* CRIADA *se va llorando.*) Los pobres son como los animales; parece como si estuvieran hechos de otras sustancias.

MUJER 1ª: Los pobres sienten también sus penas.

BERNARDA: Pero las olvidan delante de un plato de garbanzos.

MUCHACHA: (*Con timidez.*) Comer es necesario para vivir.

BERNARDA: A tu edad no se habla delante de las personas mayores.

MUJER 1ª: Niña, cállate.

BERNARDA: No he dejado que nadie me dé lecciones. Sentarse. (*Se sientan. Pausa. Fuerte.*) Magdalena, no llores; si quieres llorar te metes debajo de la cama. ¿Me has oído?

MUJER 2ª: (*A* BERNARDA.) ¿Habéis empezado los trabajos en la era[44]?

BERNARDA: Ayer.

MUJER 3ª: Cae el sol como plomo.[45]

MUJER 1ª: Hace años no he conocido calor igual.

(*Pausa. Se abanican todas.*)

BERNARDA: ¿Está hecha la limonada?

LA PONCIA: Sí, Bernarda. (*Sale con una gran bandeja llena de jarritas blancas que distribuye.*)

BERNARDA: Dale a los hombres.

LA PONCIA: Ya están tomando en el patio.

BERNARDA: Que salgan por donde han entrado. No quiero que pasen por aquí.

MUCHACHA: (*A* ANGUSTIAS.) Pepe el Romano estaba con los hombres del duelo.

ANGUSTIAS: Allí estaba.

BERNARDA: Estaba su madre. Ella ha visto a su madre. A Pepe no lo ha visto ella ni yo.

MUCHACHA: Me pareció…

---

[42]*stiff*   [43]*funeral congregation*   [44]*threshing floor*   [45]*como… muy fuerte*

BERNARDA: Quien sí estaba era el viudo de Darajalí. Muy cerca de tu tía. A ése lo vimos todas.

MUJER 2ª: (*Aparte, en voz baja.*) ¡Mala, más que mala!

125 MUJER 3ª: (*Lo mismo.*) ¡Lengua de cuchillo!

BERNARDA: Las mujeres en la iglesia no deben de mirar más hombre que al oficiante, y ése porque tiene faldas. Volver la cabeza es buscar el calor de la pana.[46] *4 not honorable*

MUJER 1ª: (*En voz baja.*) ¡Vieja lagarta recocida![47]

130 LA PONCIA: (*Entre dientes.*[48]) ¡Sarmentosa por calentura de varón![49]

BERNARDA: ¡Alabado sea Dios!

TODAS: (*Santiguándose.*[50]) Sea por siempre bendito y alabado.

BERNARDA: ¡Descansa en paz con la santa
    compaña de cabecera[51]!

135 TODAS: ¡Descansa en paz!

BERNARDA: Con el ángel San Miguel
    y su espada justiciera.

TODAS: ¡Descansa en paz!

BERNARDA: Con la llave que todo lo abre
140   y la mano que todo lo cierra.

TODAS: ¡Descansa en paz!

BERNARDA: Con los bienaventurados
    y las lucecitas del campo.

TODAS: ¡Descansa en paz!

145 BERNARDA: Con nuestra santa caridad
    y las almas de tierra y mar.

TODAS: ¡Descansa en paz!

BERNARDA: Concede el reposo a tu siervo Antonio María Benavides y dale la corona de tu santa gloria.

150 TODAS: Amén.

BERNARDA: (*Se pone en pie y canta.*) «Requiem aeternam donat eis Domine[52]».

TODAS: (*De pie y cantando al modo gregoriano.*) «Et lux perpetua luceat eis[53]».
    (*Se santiguan.*)

MUJER 1ª: Salud para rogar por su alma. (*Van desfilando.*[54])

155 MUJER 3ª: No te faltará la hogaza[55] de pan caliente.

MUJER 2ª: Ni el techo para tus hijas. (*Van desfilando todas por delante de* BERNARDA *y saliendo.*)

(*Sale* ANGUSTIAS *por otra puerta que da al patio.*)

MUJER 4ª: El mismo trigo de tu casamiento lo sigas disfrutando.

LA PONCIA: (*Entrando con una bolsa.*) De parte de los hombres esta bolsa de
160   dineros para responsos.[56]

BERNARDA: Dales las gracias y échales una copa de aguardiente.[57]

MUCHACHA: (*A* MAGDALENA.) Magdalena…

---

[46]el… (*fig.*) el calor de los hombres   [47]¡Vieja… *You old bag!*   [48]Entre… *Under her breath*   [49]¡Sarmentosa…
Itching to have a man!   [50]Haciéndose la señal de la cruz   [51]la… las almas de los seres queridos (*dearly
departed*)   [52]Requiem… Dales, Señor, el descanso eterno. (*latín*)   [53]Et… Y brille para ellos la luz eterna. (*latín*)
[54]pasando   [55]pan grande   [56]oraciones por los muertos   [57]licor muy fuerte

BERNARDA: (*A* MAGDALENA, *que inicia el llanto.*) Chiss. (*Salen todas. A las que se han ido.*) ¡Andar[58] a vuestras casas a criticar todo lo que habéis visto! ¡Ojalá tardéis muchos años en pasar el arco de mi puerta!

LA PONCIA: No tendrás queja ninguna. Ha venido todo el pueblo.

BERNARDA: Sí; para llenar mi casa con el sudor de sus refajos[59] y el veneño de sus lenguas.

AMELIA: ¡Madre, no hable usted así!

BERNARDA: Es así como se tiene que hablar en este maldito pueblo sin río, pueblo de pozos,[60] donde siempre se bebe el agua con el miedo de que esté envenenada.

LA PONCIA: ¡Cómo han puesto la solería[61]!

BERNARDA: Igual que si hubiese pasado por ella una manada de cabras.[62] (LA PONCIA *limpia el suelo.*) Niña, dame el abanico.

ADELA: Tome usted. (*Le da un abanico redondo con flores rojas y verdes.*)

BERNARDA: (*Arrojando el abanico al suelo.*) ¿Es éste el abanico que se da a una viuda? Dame uno negro y aprende a respetar el luto de tu padre.

MARTIRIO: Tome usted el mío.

BERNARDA: ¿Y tú?

MARTIRIO: Yo no tengo calor.

BERNARDA: Pues busca otro, que te hará falta. En ocho años que dure el luto no ha de entrar en esta casa el viento de la calle. Hacemos cuenta que hemos tapiado[63] con ladrillos puertas y ventanas. Así pasó en casa de mi padre y en casa de mi abuelo. Mientras, podéis empezar a bordar[64] el ajuar.[65] En el arca tengo veinte piezas de hilo con el que podréis cortar sábanas y embozos.[66] Magdalena puede bordarlas.

MAGDALENA: Lo mismo me da.

ADELA: (*Agria.*) Si no quieres bordarlas, irán sin bordados. Así las tuyas lucirán más.

MAGDALENA: Ni las mías ni las vuestras. Sé que yo no me voy a casar. Prefiero llevar sacos al molino.[67] Todo menos estar sentada días y días dentro de esta sala oscura.

BERNARDA: Eso tiene ser mujer.

MAGDALENA: Malditas sean las mujeres.

BERNARDA: Aquí se hace lo que yo mando. Ya no puedes ir con el cuento a tu padre. Hilo y aguja para las hembras.[68] Látigo[69] y mula para el varón. Eso tiene la gente que nace con posibles.[70]

(*Sale* ADELA.)

VOZ: ¡Bernarda! ¡Déjame salir!

BERNARDA: (*En voz alta.*) ¡Dejadla ya!

(*Sale la* CRIADA.)

CRIADA: Me ha costado mucho sujetarla. A pesar de sus ochenta años, tu madre es fuerte como un roble.

BERNARDA: Tiene a quién parecerse. Mi abuelo fue igual.

---

[58]Andad (coloquial)   [59]underskirts   [60]wells   [61]suelo   [62]manada… *herd of goats*   [63]cerrado   [64]embroider
[65]trousseau   [66]upper hem of a top sheet   [67]mill   [68]Hilo… *Needle and thread for the females.*   [69]Whip
[70]con… con dinero

CRIADA: Tuve durante el duelo que taparle varias veces la boca con un costal[71]
vacío porque quería llamarte para que le dieras agua de fregar siquiera para
beber, y carne de perro, que es lo que ella dice que tú le das.

MARTIRIO: ¡Tiene mala intención!

BERNARDA: (*A la* CRIADA.) Dejadla que se desahogue[72] en el patio.

CRIADA: Ha sacado del cofre[73] sus anillos[74] y los pendientes[75] de amatista;[76] se los
ha puesto, y me ha dicho que se quiere casar.

(*Las* HIJAS *ríen.*)

BERNARDA: Ve con ella y ten cuidado que no se acerque al pozo.

CRIADA: No tengas miedo que se tire.

BERNARDA: No es por eso... Pero desde aquel sitio las vecinas pueden verla desde
su ventana.

(*Sale la* CRIADA.)

MARTIRIO: Nos vamos a cambiar de ropa.

BERNARDA: Sí, pero no el pañuelo de la cabeza. (*Entra* ADELA.) ¿Y Angustias?

ADELA: (*Con intención.*) La he visto asomada a las rendijas del portón.[77] Los hombres se acaban de ir.

BERNARDA: ¿Y tú a qué fuiste también al portón?

ADELA: Me llegué a ver si habían puesto[78] las gallinas.

BERNARDA: ¡Pero el duelo de los hombres habría salido ya!

ADELA: (*Con intención.*) Todavía estaba un grupo parado por fuera.

BERNARDA: (*Furiosa.*) ¡Angustias! ¡Angustias!

ANGUSTIAS: (*Entrando.*) ¿Qué manda usted?

BERNARDA: ¿Qué mirabas y a quién?

ANGUSTIAS: A nadie.

BERNARDA: ¿Es decente que una mujer de tu clase vaya con el anzuelo[79] detrás de
un hombre el día de la misa de su padre? ¡Contesta! ¿A quién mirabas?

(*Pausa.*)

ANGUSTIAS: Yo...

BERNARDA: ¡Tú!

ANGUSTIAS: ¡A nadie!

BERNARDA: (*Avanzando y golpeándola.*) ¡Suave! ¡Dulzarrona!

LA PONCIA: (*Corriendo.*) ¡Bernarda, cálmate! (*La sujeta.*)

(ANGUSTIAS *llora.*)

BERNARDA: ¡Fuera de aquí todas! (*Salen.*)

LA PONCIA: Ella lo ha hecho sin dar alcance a[80] lo que hacía, que está francamente
mal. Ya me chocó[81] a mí verla escabullirse[82] hacia el patio. Luego estuvo
detrás de una ventana oyendo la conversación que traían los hombres, que,
como siempre, no se puede oír.

BERNARDA: A eso vienen a los duelos. (*Con curiosidad.*) ¿De qué hablaban?

[71]*sack* [72]*se... alivie su pena* [73]*baúl* [74]*rings* [75]*earrings* [76]*amethyst* [77]*puerta grande* [78]*habían... had
laid eggs* [79]*hook* [80]*dar... pensar en* [81]*sorprendió* [82]*sneak out*

240 LA PONCIA: Hablaban de Paca la Roseta. Anoche ataron a su marido a un pesebre[83] y a ella se la llevaron en la grupa del caballo hasta lo alto del olivar.

BERNARDA: ¿Y ella?

LA PONCIA: Ella, tan conforme. Dicen que iba con los pechos fuera y Maximiliano la llevaba cogida como si tocara la guitarra. ¡Un horror!

245 BERNARDA: ¿Y qué pasó?

LA PONCIA: Lo que tenía que pasar. Volvieron casi de día. Paca la Roseta traía el pelo suelto y una corona de flores en la cabeza.

BERNARDA: Es la única mujer mala que tenemos en el pueblo.

LA PONCIA: Porque no es de aquí. Es de muy lejos. Y los que fueron con ella son
250 también hijos de forasteros. Los hombres de aquí no son capaces de eso.

BERNARDA: No; pero les gusta verlo y comentarlo y se chupan los dedos de[84] que esto ocurra.

LA PONCIA: Contaban muchas cosas más.

BERNARDA: (*Mirando a un lado y otro con cierto temor.*) ¿Cuáles?

255 LA PONCIA: Me da vergüenza referirlas.

BERNARDA: ¿Y mi hija las oyó?

LA PONCIA: ¡Claro!

BERNARDA: Esa sale a[85] sus tías; blancas y untuosas[86] y que ponían los ojos de carnero[87] al piropo[88] de cualquier barberillo.[89] ¡Cuánto hay que sufrir y
260 luchar para hacer que las personas sean decentes y no tiren al monte[90] demasiado!

LA PONCIA: ¡Es que tus hijas están ya en edad de merecer[91]! Demasiado poca guerra te dan. Angustias ya debe tener mucho más de los treinta.

BERNARDA: Treinta y nueve justos.

265 LA PONCIA: Figúrate. Y no ha tenido nunca novio…

BERNARDA: (*Furiosa.*) ¡No ha tenido novio ninguna ni les hace falta! Pueden pasarse muy bien.

LA PONCIA: No he querido ofenderte.

BERNARDA: No hay en cien leguas a la redonda quien se pueda acercar a ellas. Los
270 hombres de aquí no son de su clase. ¿Es que quieres que las entregue a cualquier gañán[92]?

LA PONCIA: Debías irte a otro pueblo.

BERNARDA: Eso. ¡A venderlas!

LA PONCIA: No, Bernarda, a cambiar… Claro que en otros sitios ellas resultan las
275 pobres.

BERNARDA: ¡Calla esa lengua atormentadora!

LA PONCIA: Contigo no se puede hablar. ¿Tenemos o no tenemos confianza?

BERNARDA: No tenemos. Me sirves y te pago. ¡Nada más!

CRIADA: (*Entrando.*) Ahí está don Arturo, que viene a arreglar las particiones.

280 BERNARDA: Vamos. (*A la* CRIADA.) Tú empieza a blanquear[93] el patio. (*A* LA PONCIA.) Y tú ve guardando en el arca grande toda la ropa del muerto.

LA PONCIA: Algunas cosas las podíamos dar.

BERNARDA: Nada, ¡ni un botón! Ni el pañuelo con que le hemos tapado la cara.

(*Sale lentamente y al salir vuelve la cabeza y mira a sus* CRIADAS.)

---

[83]*manger in a stable*   [84]*se… a ellos les gusta*   [85]*sale… takes after*   [86]*demasiado complacientes y afectadas*
[87]*ojos… sheep's eyes*   [88]*compliment*   [89]*barbero; (fig.) hombre de poca importancia*   [90]*tiren… sigan sus malos instintos*   [91]*merecer marido*   [92]*(fig.) campesino tosco, hombre ordinario*   [93]*pintar de blanco (whitewash)*

(Las CRIADAS *salen después. Entran* AMELIA Y MARTIRIO.)

285 AMELIA: ¿Has tomado la medicina?

MARTIRIO: ¡Para lo que me va a servir!

AMELIA: Pero la has tomado.

MARTIRIO: Yo hago las cosas sin fe, pero como un reloj.

AMELIA: Desde que vino el médico nuevo estás más animada.

290 MARTIRIO: Yo me siento lo mismo.

AMELIA: ¿Te fijaste? Adelaida no estuvo en el duelo.

MARTIRIO: Ya lo sabía. Su novio no la deja salir ni al tranco[94] de la calle. Antes era alegre; ahora ni polvos se echa en la cara.[95]

AMELIA: Ya no sabe una si es mejor tener novio o no.

295 MARTIRIO: Es lo mismo.

AMELIA: De todo tiene la culpa esta crítica que no nos deja vivir. Adelaida habrá pasado mal rato.

MARTIRIO: Le tiene miedo a nuestra madre. Es la única que conoce la historia de su padre y el origen de sus tierras. Siempre que viene le tira puñaladas en el 300 asunto. Su padre mató en Cuba al marido de su primera mujer para casarse con ella. Luego aquí la abandonó y se fue con otra que tenía una hija y luego tuvo relaciones con esta muchacha, la madre de Adelaida, y se casó con ella después de haber muerto loca la segunda mujer.

AMELIA: Y ese infame, ¿por qué no está en la cárcel?

305 MARTIRIO: Porque los hombres se tapan unos a otros las cosas de esta índole[96] y nadie es capaz de delatar.

AMELIA: Pero Adelaida no tiene culpa de esto.

MARTIRIO: No. Pero las cosas se repiten. Y veo que todo es una terrible repetición. Y ella tiene el mismo sino[97] de su madre y de su abuela, mujeres las dos del 310 que la engendró.

AMELIA: ¡Qué cosa más grande!

MARTIRIO: Es preferible no ver a un hombre nunca. Desde niña les tuve miedo. Los veía en el corral uncir los bueyes[98] y levantar los costales de trigo entre voces y zapatazos y siempre tuve miedo de crecer por temor de encontrarme 315 de pronto abrazada por ellos. Dios me ha hecho débil y fea y los ha apartado definitivamente de mí.

AMELIA: ¡Eso no digas! Enrique Humanas estuvo detrás de ti y le gustabas.

MARTIRIO: ¡Invenciones de la gente! Una vez estuve en camisa detrás de la ventana hasta que fue de día porque me avisó con la hija de su gañán que iba a 320 venir y no vino. Fue todo cosa de lenguas. Luego se casó con otra que tenía más que yo.

AMELIA: ¡Y fea como un demonio!

MARTIRIO: ¡Qué les importa a ellos la fealdad! A ellos les importa la tierra, las yuntas,[99] y una perra sumisa[100] que les dé de comer.

325 AMELIA: ¡Ay! *(Entra* MAGDALENA.)

MAGDALENA: ¿Qué hacéis?

MARTIRIO: Aquí.

AMELIA: ¿Y tú?

---

[94]al... a la puerta   [95]ni... no se arregla, no cuida de su persona   [96]esta... este tipo   [97]destino   [98]uncir... *yoking the oxen*   [99]*pair of oxen*   [100]obediente

MAGDALENA: Vengo de correr las cámaras. Por andar un poco. De ver los cuadros
330   bordados de cañamazo[101] de nuestra abuela, el perrito de lanas y el negro
luchando con el león, que tanto nos gustaba de niñas. Aquélla era una época
más alegre. Una boda duraba diez días y no se usaban las malas lenguas.
Hoy hay más finura, las novias se ponen de velo blanco como en las pobla-
ciones y se bebe vino de botella, pero nos pudrimos por el qué dirán.[102]

335 MARTIRIO: ¡Sabe Dios lo que entonces pasaría!

AMELIA: (*A* MAGDALENA.) Llevas desabrochados[103] los cordones de un zapato.

MAGDALENA: ¡Qué más da!

AMELIA: Te los vas a pisar y te vas a caer.

MAGDALENA: ¡Una menos!

340 MARTIRIO: ¿Y Adela?

MAGDALENA: ¡Ah! Se ha puesto el traje verde que se hizo para estrenar[104] el día de
su cumpleaños, se ha ido al corral, y ha comenzado a voces: «¡Gallinas!
¡Gallinas, miradme!» ¡Me he tenido que reír!

AMELIA: ¡Si la hubiera visto madre!

345 MAGDALENA: ¡Pobrecilla! Es la más joven de nosotras y tiene ilusión. Daría algo
por verla feliz.

(*Pausa.* ANGUSTIAS *cruza la escena con unas toallas en la mano.*)

ANGUSTIAS: ¿Qué hora es?

MAGDALENA: Ya deben ser las doce.

ANGUSTIAS: ¿Tanto?

350 AMELIA: Estarán al caer.

(*Sale* ANGUSTIAS.)

MAGDALENA: (*Con intención.*) ¿Sabéis ya la cosa?

AMELIA: No.

MAGDALENA: ¡Vamos!

MARTIRIO: No sé a qué te refieres…

355 MAGDALENA: Mejor que yo lo sabéis las dos. Siempre cabeza con cabeza como
dos ovejitas, pero sin desahogarse con nadie. ¡Lo de Pepe el Romano!

MARTIRIO: ¡Ah!

MAGDALENA: (*Remedándola.*[105]) ¡Ah! Ya se comenta por el pueblo. Pepe el Romano viene a casarse con Angustias. Anoche estuvo rondando[106] la casa y
360   creo que pronto va a mandar un emisario.

MARTIRIO: Yo me alegro. Es buen mozo.

AMELIA: Yo también. Angustias tiene buenas condiciones.

MAGDALENA: Ninguna de las dos os alegráis.

MARTIRIO: ¡Magdalena! ¡Mujer!

365 MAGDALENA: Si viniera por el tipo de Angustias, por Angustias como mujer, yo me
alegraría; pero viene por el dinero. Aunque Angustias es nuestra hermana,
aquí estamos en familia y reconocemos que está vieja, enfermiza, y que
siempre ha sido la que ha tenido menos méritos de todas nosotras. Porque si
con veinte años parecía un palo vestido, ¡qué será ahora que tiene cuarenta!

370 MARTIRIO: No hables así. La suerte viene a quien menos la aguarda.

---

[101]bordados… *embroidered with needlepoint*   [102]nos… nos preocupamos hasta consumirnos por la opinión de la
gente   [103]*untied*   [104]*wear for the first time*   [105]Imitándola   [106]paseando alrededor de

AMELIA: ¡Después de todo dice la verdad! ¡Angustias tiene todo el dinero de su padre, es la única rica de la casa y por eso ahora que nuestro padre ha muerto y ya se harán particiones viene por ella!

375 MAGDALENA: Pepe el Romano tiene veinticinco años y es el mejor tipo de todos estos contornos.[107] Lo natural sería que te pretendiera a ti, Amelia, o a nuestra Adela, que tiene veinte años, pero no que venga a buscar lo más oscuro de esta casa, a una mujer que, como su padre, habla con las narices.

MARTIRIO: ¡Puede que a él le guste!

MAGDALENA: ¡Nunca he podido resistir tu hipocresía!

380 MARTIRIO: ¡Dios me valga!

(*Entra* ADELA.)

MAGDALENA: ¿Te han visto ya las gallinas?

ADELA: ¿Y qué queríais que hiciera?

AMELIA: ¡Si te ve nuestra madre te arrastra del pelo!

ADELA: Tenía mucha ilusión con el vestido. Pensaba ponérmelo el día que vamos a
385 comer sandías[108] a la noria.[109] No hubiera habido otro igual.

MARTIRIO: Es un vestido precioso.

ADELA: Y que me está muy bien. Es lo mejor que ha cortado Magdalena.

MAGDALENA: ¿Y las gallinas qué te han dicho?

ADELA: Regalarme unas cuantas pulgas que me han acribillado[110] las piernas.

390 (*Ríen.*)

MARTIRIO: Lo que puedes hacer es teñirlo de negro.

MAGDALENA: Lo mejor que puedes hacer es regalárselo a Angustias para la boda con Pepe el Romano.

ADELA: (*Con emoción contenida.*) Pero Pepe el Romano…

395 AMELIA: ¿No lo has oído decir?

ADELA: No.

MAGDALENA: ¡Pues ya lo sabes!

ADELA: ¡Pero si no puede ser!

MAGDALENA: ¡El dinero lo puede todo!

400 ADELA: ¿Por eso ha salido detrás del duelo y estuvo mirando por el portón? (*Pausa.*) Y ese hombre es capaz de…

MAGDALENA: Es capaz de todo.

(*Pausa.*)

MARTIRIO: ¿Qué piensas, Adela?

ADELA: Pienso que este luto me ha cogido en la peor época de mi vida para
405 pasarlo.

MAGDALENA: Ya te acostumbrarás.

ADELA: (*Rompiendo a llorar con ira.*) No me acostumbraré. Yo no puedo estar encerrada. No quiero que se me pongan las carnes como a vosotras; no quiero perder mi blancura en estas habitaciones; mañana me pondré mi
410 vestido verde y me echaré a pasear por la calle. ¡Yo quiero salir!

(*Entra la* CRIADA.)

---

[107]alrededores   [108]watermelons   [109]draw-well   [110]picado (*bitten*)

MAGDALENA: (*Autoritaria.*) ¡Adela!

CRIADA: ¡La pobre! Cuánto ha sentido a su padre… (*Sale.*)

MARTIRIO: ¡Calla!

AMELIA: Lo que sea de una será de todas.

(ADELA *se calma.*)

415 MAGDALENA: Ha estado a punto de oírte la criada.

(*Aparece la* CRIADA.)

CRIADA: Pepe el Romano viene por lo alto de la calle.

(AMELIA, MARTIRIO *y* MAGDALENA *corren presurosas.*)

MAGDALENA: ¡Vamos a verlo! (*Salen rápidas.*)

CRIADA: (*A* ADELA.) ¿Tú no vas?

ADELA: No me importa.

420 CRIADA: Como dará la vuelta a la esquina, desde la ventana de tu cuarto se verá
mejor. (*Sale.*)

(ADELA *queda en escena dudando; después de un instante se va también
rápida hasta su habitación. Salen* BERNARDA *y* LA PONCIA.)

BERNARDA: ¡Malditas particiones!

LA PONCIA: ¡Cuánto dinero le queda a Angustias!

BERNARDA: Sí.

425 LA PONCIA: Y a las otras, bastante menos.

BERNARDA: Ya me lo has dicho tres veces y no te he querido replicar. Bastante
menos, mucho menos. No me lo recuerdes más.

(*Sale* ANGUSTIAS *muy compuesta de cara.*)

BERNARDA: ¡Angustias!

ANGUSTIAS: Madre.

430 BERNARDA: ¿Pero has tenido valor de echarte polvos en la cara? ¿Has tenido valor
de lavarte la cara el día de la muerte de tu padre?

ANGUSTIAS: No era mi padre. El mío murió hace tiempo. ¿Es que ya no lo recuerda usted?

BERNARDA: Más debes a este hombre, padre de tus hermanas, que al tuyo. Gracias
435 a este hombre tienes colmada[111] tu fortuna.

ANGUSTIAS: ¡Eso lo teníamos que ver!

BERNARDA: Aunque fuera por decencia. ¡Por respeto!

ANGUSTIAS: Madre, déjeme usted salir.

BERNARDA: ¿Salir? Después que te hayas quitado esos polvos de la cara. ¡Suavona!
440 ¡Yeyo![112] ¡Espejo de tus tías! (*Le quita violentamente con un pañuelo los
polvos.*) ¡Ahora, vete!

LA PONCIA: ¡Bernarda, no seas tan inquisitiva!

BERNARDA: Aunque mi madre esté loca, yo estoy en mis cinco sentidos y sé perfectamente lo que hago.

(*Entran todas.*)

---

[111]abundante   [112]¡Suavona… (expresiones insultantes)

MAGDALENA: ¿Qué pasa?

BERNARDA: No pasa nada.

MAGDALENA: (*A* ANGUSTIAS.) Si es que discuten por las particiones, tú que eres la más rica te puedes quedar con todo.

ANGUSTIAS: Guárdate la lengua en la madriguera.[113]

450 BERNARDA: (*Golpeando en el suelo.*) No os hagáis ilusiones de que vais a poder conmigo. ¡Hasta que salga de esta casa con los pies adelante[114] mandaré en lo mío y en lo vuestro!

(*Se oyen unas voces y entra en escena* MARIA JOSEFA, *la madre de* BERNARDA, *viejísima, ataviada*[115] *con flores en la cabeza y en el pecho.*)

MARIA JOSEFA: Bernarda, ¿dónde está mi mantilla? Nada de lo que tengo quiero que sea para vosotras. Ni mis anillos ni mi traje negro de «moaré[116]». Porque
455 ninguna de vosotras se va a casar. ¡Ninguna! Bernarda, dame mi gargantilla[117] de perlas.

BERNARDA: (*A la* CRIADA.) ¿Por qué la habéis dejado entrar?

CRIADA: (*Temblando.*) ¡Se me escapó!

MARIA JOSEFA: Me escapé porque me quiero casar, porque quiero casarme con un
460 varón hermoso de la orilla del mar, ya que aquí los hombres huyen de las mujeres.

BERNARDA: ¡Calle usted, madre!

MARIA JOSEFA: No, no me callo. No quiero ver a estas mujeres solteras rabiando por la boda, haciéndose polvo el corazón,[118] y yo me quiero ir a mi pueblo.
465 Bernarda, yo quiero un varón para casarme y para tener alegría.

BERNARDA: ¡Encerradla!

MARIA JOSEFA: ¡Déjame salir, Bernarda!

(*La* CRIADA *coge a* MARIA JOSEFA.)

BERNARDA: ¡Ayudarla vosotras! (*Todas arrastran a la vieja.*)

MARIA JOSEFA: ¡Quiero irme de aquí! ¡Bernarda! ¡A casarme a la orilla del mar, a
470 la orilla del mar!

Telón

Acto segundo

(*Habitación blanca del interior de la casa de* BERNARDA. *Las puertas de la izquierda dan a los dormitorios. Las* HIJAS *de* BERNARDA *están sentadas en sillas bajas cosiendo.* MAGDALENA *borda. Con ellas está* LA PONCIA.)

ANGUSTIAS: Ya he cortado la tercera sábana.

MARTIRIO: Le corresponde a Amelia.

MAGDALENA: Angustias. ¿Pongo también las iniciales de Pepe?

ANGUSTIAS: (*Seca.*) No.

475 MAGDALENA: (*A voces.*) Adela, ¿no vienes?

AMELIA: Estará echada en la cama.

---

[113]Guárdate… Cállate   [114]con… muerta   [115]adornada   [116]tela de seda   [117]collar   [118]haciéndose… *eating their hearts out*

LA PONCIA: Esta tiene algo. La encuentro sin sosiego, temblona, asustada, como si tuviese una lagartija entre los pechos.[119]

MARTIRIO: No tiene ni más ni menos que lo que tenemos todas.

480 MAGDALENA: Todas, menos Angustias.

ANGUSTIAS: Yo me encuentro bien, y al que le duela, que reviente.[120]

MAGDALENA: Desde luego que hay que reconocer que lo mejor que has tenido siempre es el talle y la delicadeza.

ANGUSTIAS: Afortunadamente, pronto voy a salir de este infierno.

485 MAGDALENA: ¡A lo mejor no sales!

MARTIRIO: Dejar esa conversación.

ANGUSTIAS: Y, además, ¡más vale onza en el arca que ojos negros en la cara![121]

MAGDALENA: Por un oído me entra y por otro me sale.

AMELIA: (*A* LA PONCIA.) Abre la puerta del patio a ver si nos entra un poco de
490   fresco.

(*La* CRIADA *lo hace.*)

MARTIRIO: Esta noche pasada no me podía quedar dormida por el calor.

AMELIA: Yo tampoco.

MAGDALENA: Yo me levanté a refrescarme. Había un nublo[122] negro de tormenta y hasta cayeron algunas gotas.

495 LA PONCIA: Era la una de la madrugada y subía fuego de la tierra. También me levanté yo. Todavía estaba Angustias con Pepe en la ventana.

MAGDALENA: (*Con ironía.*) ¿Tan tarde? ¿A qué hora se fue?

ANGUSTIAS: Magdalena, ¿a qué preguntas, si lo viste?

AMELIA: Se iría a eso de la una y media.

500 ANGUSTIAS: ¿Sí? ¿Tú por qué lo sabes?

AMELIA: Lo sentí toser y oí los pasos de su jaca.[123]

LA PONCIA: Pero si yo lo sentí marchar a eso de las cuatro.

ANGUSTIAS: No sería él.

LA PONCIA: Estoy segura.

505 AMELIA: A mí también me pareció.

MAGDALENA: ¡Qué cosa más rara!

(*Pausa.*)

LA PONCIA: Oye, Angustias: ¿qué fue lo que te dijo la primera vez que se acercó a la ventana?

ANGUSTIAS: Nada. ¡Qué me iba a decir! Cosas de conversación.

510 MARTIRIO: Verdaderamente es raro que dos personas que no se conocen se vean de pronto en una reja[124] y ya novios.

ANGUSTIAS: Pues a mí no me chocó.[125]

AMELIA: A mí me daría no sé qué.

ANGUSTIAS: No, porque cuando un hombre se acerca a una reja ya sabe por los
515   que van y vienen, llevan y traen, que se le va a decir que sí.

MARTIRIO: Bueno; pero él te lo tendría que decir.

ANGUSTIAS: ¡Claro!

AMELIA: (*Curiosa.*) ¿Y cómo te lo dijo?

---

[119]tuviese... (*fig.*) ocultase algo muy importante   [120](*inf.:* **reventar**) *drop dead*   [121]¡más... *money is worth more than beauty!*   [122]un... una nube   [123]caballo pequeño   [124]*iron grate of a window*   [125]sorprendió

ANGUSTIAS: Pues nada: «Ya sabes que ando detrás de ti, necesito una mujer buena,
520   modosa, y esa eres tú si me das la conformidad[126]».

AMELIA: ¡A mí me da vergüenza de estas cosas!

ANGUSTIAS: Y a mí, pero hay que pasarlas.

LA PONCIA: ¿Y habló más?

ANGUSTIAS: Sí, siempre habló él.

525 MARTIRIO: ¿Y tú?

ANGUSTIAS: Yo no hubiera podido. Casi se me salió el corazón por la boca.[127] Era
        la primera vez que estaba sola de noche con un hombre.

MAGDALENA: Y un hombre tan guapo.

ANGUSTIAS: No tiene mal tipo.

530 LA PONCIA: Esas cosas pasan entre personas ya un poco instruidas que hablan y
        dicen y mueven la mano… La primera vez que mi marido Evaristo el Colín
        vino a mi ventana… Ja, ja, ja.

AMELIA: ¿Qué pasó?

LA PONCIA: Era muy oscuro. Lo vi acercarse y al llegar me dijo: «Buenas noches».
535   «Buenas noches», le dije yo, y nos quedamos callados más de media hora.
        Me corría el sudor[128] por todo el cuerpo. Entonces Evaristo se acercó, se
        acercó que se quería meter por los hierros, y dijo con voz muy baja: «¡Ven
        que te tiente![129]» (*Ríen todas.*)

        (AMELIA *se levanta corriendo y espía por una puerta.*)

AMELIA: ¡Ay!, creí que llegaba nuestra madre.

540 MAGDALENA: ¡Buenas nos hubiera puesto! (*Siguen riendo.*)

AMELIA: Chissss… ¡Que nos van a oír!

LA PONCIA: Luego se portó bien. En vez de darle por otra cosa le dio por criar co-
        lorines[130] hasta que se murió. A vosotras que sois solteras, os conviene saber
        de todos modos que el hombre, a los quince días de boda, deja la cama por
545   la mesa y luego la mesa por la tabernilla, y la que no se conforma se
        pudre[131] llorando en un rincón.

AMELIA: Tú te conformaste.

LA PONCIA: ¡Yo pude con él!

MARTIRIO: ¿Es verdad que le pegaste algunas veces?

550 LA PONCIA: Sí, y por poco si le dejo tuerto.[132]

MAGDALENA: ¡Así debían ser todas las mujeres!

LA PONCIA: Yo tengo la escuela de tu madre. Un día me dijo no sé qué cosa y le
        maté todos los colorines con la mano del almirez.[133] (*Ríen.*)

MAGDALENA: Adela, niña, no te pierdas esto.

555 AMELIA: Adela.

        (*Pausa.*)

MAGDALENA: Voy a ver. (*Entra.*)

LA PONCIA: Esa niña está mala.

MARTIRIO: Claro, no duerme apenas.

LA PONCIA: ¿Pues qué hace?

560 MARTIRIO: ¡Yo qué sé lo que hace!

---

[126]das… dices que sí   [127]se… *I had my heart in my mouth*   [128]*sweat*   [129]¡Ven… *Come here and let me touch
you!*   [130]*goldfinches*   [131]se… *rots*   [132]*blind in one eye*   [133]mano… *pestle*

LA PONCIA: Mejor lo sabrás tú que yo, que duermes pared por medio.[134]

ANGUSTIAS: La envidia la come.

AMELIA: No exageres.

ANGUSTIAS: Se lo noto en los ojos. Se le está poniendo mirar de loca.

565 MARTIRIO: No habléis de locos. Aquí es el único sitio donde no se puede pronunciar esta palabra.

(*Sale* MAGDALENA *con* ADELA.)

MAGDALENA: Pues ¿no estabas dormida?

ADELA: Tengo mal cuerpo.

MARTIRIO: (*Con intención.*) ¿Es que no has dormido bien esta noche?

570 ADELA: Sí.

MARTIRIO: ¿Entonces?

ADELA: (*Fuerte.*) ¡Déjame ya! ¡Durmiendo o velando,[135] no tienes por qué meterte en lo mío! ¡Yo hago con mi cuerpo lo que me parece!

MARTIRIO: ¡Sólo es interés por ti!

575 ADELA: Interés o inquisición. ¿No estabais cosiendo? Pues seguir. ¡Quisiera ser invisible, pasar por las habitaciones sin que me preguntarais dónde voy!

CRIADA: (*Entra.*) Bernarda os llama. Está el hombre de los encajes.[136] (*Salen.*)

(*Al salir,* MARTIRIO *mira fijamente a* ADELA.)

ADELA: ¡No me mires más! Si quieres te daré mis ojos, que son frescos, y mis espaldas para que te compongas la joroba que tienes,[137] pero vuelve la cabeza
580 cuando yo paso.

(*Se va* MARTIRIO.)

LA PONCIA: ¡Que es tu hermana y además la que más te quiere!

ADELA: Me sigue a todos lados. A veces se asoma a mi cuarto para ver si duermo. No me deja respirar. Y siempre: «¡Qué lástima de cara!», «¡Qué lástima de cuerpo que no vaya a ser para nadie!» ¡Y eso no! Mi cuerpo será de quien
585 yo quiera.

LA PONCIA: (*Con intención y en voz baja.*) De Pepe el Romano. ¿No es eso?

ADELA: (*Sobrecogida.*) ¿Qué dices?

LA PONCIA: Lo que digo, Adela.

ADELA: ¡Calla!

590 LA PONCIA: (*Alto.*) ¿Crees que no me he fijado?

ADELA: ¡Baja la voz!

LA PONCIA: ¡Mata esos pensamientos!

ADELA: ¿Qué sabes tú?

LA PONCIA: Las viejas vemos a través de las paredes. ¿Dónde vas de noche cuando
595 te levantas?

ADELA: ¡Ciega debías estar!

LA PONCIA: Con la cabeza y las manos llenas de ojos cuando se trata de lo que se trata. Por mucho que pienso no sé lo que te propones. ¿Por qué te pusiste casi desnuda con la luz encendida y la ventana abierta al pasar Pepe el se-
600 gundo día que vino a hablar con tu hermana?

[134]pared... en la habitación de al lado   [135]despierta   [136]hombre... *lace peddler*   [137]para... *to fix your hump*

ADELA: ¡Eso no es verdad!

LA PONCIA: No seas como los niños chicos. ¡Deja en paz a tu hermana, y si Pepe
el Romano te gusta, te aguantas[138]! (ADELA *llora*.) Además, ¿quién dice que
no te puedes casar con él? Tu hermana Angustias es una enferma. Esa no r[
605 siste el primer parto. Es estrecha de cintura, vieja, y con mi conocimiento [
digo que se morirá. Entonces Pepe hará lo que hacen todos los viudos de [
esta tierra: se casará con la más joven, la más hermosa, y ésa serás tú. Ali
menta esa esperanza, olvídalo, lo que quieras, pero no vayas contra la ley de
Dios.

610 ADELA: ¡Calla!

LA PONCIA: ¡No callo!

ADELA: Métete en tus cosas, ¡oledora!, ¡pérfida!

LA PONCIA: Sombra tuya he de ser.

ADELA: En vez de limpiar la casa y acostarte para rezar a tus muertos, buscas
615 como una vieja marrana[139] asuntos de hombres y mujeres para babosear[140]
en ellos.

LA PONCIA: ¡Velo![141] Para que las gentes no escupan al pasar por esta puerta.

ADELA: ¡Qué cariño tan grande te ha entrado de pronto por mi hermana!

LA PONCIA: No os tengo ley a ninguna, pero quiero vivir en casa decente. ¡No
620 quiero mancharme de vieja!

ADELA: Es inútil tu consejo. Ya es tarde. No por encima de ti, que eres una criada;
por encima de mi madre saltaría para apagarme este fuego que tengo levantado por piernas y boca. ¿Qué puedes decir de mí? ¿Que me encierro en mi
cuarto y no abro la puerta? ¿Que no duermo? ¡Soy más lista que tú! Mira a
625 ver si puedes agarrar la liebre con tus manos.

LA PONCIA: No me desafíes,[142] Adela, no me desafíes. Porque yo puedo dar voces,
encender luces y hacer que toquen las campanas.

ADELA: Trae cuatro mil bengalas[143] amarillas y ponlas en las bardas[144] del corral.
Nadie podrá evitar que suceda lo que tiene que suceder.

630 LA PONCIA: ¡Tanto te gusta ese hombre!

ADELA: ¡Tanto! Mirando sus ojos me parece que bebo su sangre lentamente.

LA PONCIA: Yo no te puedo oír.

ADELA: ¡Pues me oirás! Te he tenido miedo. ¡Pero ya soy más fuerte que tú!

(*Entra* ANGUSTIAS.)

ANGUSTIAS: ¡Siempre discutiendo!

635 LA PONCIA: Claro. Se empeña[145] que con el calor que hace vaya a traerle no sé qué
de la tienda.

ANGUSTIAS: ¿Me compraste el bote de esencia?

LA PONCIA: El más caro. Y los polvos. En la mesa de tu cuarto los he puesto.

(*Sale* ANGUSTIAS.)

ADELA: ¡Y chitón!

640 LA PONCIA: ¡Lo veremos!

---

[138]te... you put up with it   [139]swine   [140]slobber   [141]¡Vigilo! (por el honor de la familia)   [142]defy   [143]candles
[144]cercas   [145]Se... Insiste en

[marginal handwritten note:] Su n[ ] / y hora por la / Ventana, por la / noche a causa / de Bernarda.

(*…tran* MARTIRIO, AMELIA *y* MAGDALENA.)

MAGDALENA: (*A* ADELA.) ¿Has visto los encajes?

AMELIA: Los de Angustias para sus sábanas de novia son preciosos.

ADELA: (*A* MARTIRIO, *que trae unos encajes.*) ¿Y éstos?

MARTIRIO: Son para mí. Para una camisa.

645 ADELA: (*Con sarcasmo.*) Se necesita buen humor.

MARTIRIO: (*Con intención.*) Para verlo yo. No necesito lucirme ante nadie.

LA PONCIA: Nadie le ve a una en camisa.

MARTIRIO: (*Con intención y mirando a* ADELA.) ¡A veces! Pero me encanta la ropa interior. Si fuera rica la tendría de holanda. Es uno de los pocos gustos que
650 me quedan.

LA PONCIA: Estos encajes son preciosos para las gorras[146] de niños, para mante-huelos de cristianar.[147] Yo nunca pude usarlos en los míos. A ver si ahora Angustias los usa en los suyos. Como le dé por tener crías, vais a estar cosiendo mañana y tarde.

655 MAGDALENA: Yo no pienso dar una puntada.[148]

AMELIA: Y mucho menos criar niños ajenos. Mira tú cómo están las vecinas del callejón, sacrificadas por cuatro monigotes.[149]

LA PONCIA: Esas están mejor que vosotras. ¡Siquiera allí se ríe y se oyen porra-zos[150]!

660 MARTIRIO: Pues vete a servir con ellas.

LA PONCIA: No. Ya me ha tocado en suerte este convento.

(*Se oyen unos campanillos lejanos, como a través de varios muros.*)

MAGDALENA: Son los hombres que vuelven del trabajo.

LA PONCIA: Hace un minuto dieron las tres.

MARTIRIO: ¡Con este sol!

665 ADELA: (*Sentándose.*) ¡Ay, quién pudiera salir también a los campos!

MAGDALENA: (*Sentándose.*) ¡Cada clase tiene que hacer lo suyo!

MARTIRIO: (*Sentándose.*) ¡Así es!

AMELIA: (*Sentándose.*) ¡Ay!

LA PONCIA: No hay alegría como la de los campos en esta época. Ayer de mañana
670 llegaron los segadores. Cuarenta o cincuenta buenos mozos.

MAGDALENA: ¿De dónde son este año?

LA PONCIA: De muy lejos. Vinieron de los montes. ¡Alegres! ¡Como árboles que-mados! ¡Dando voces y arrojando piedras! Anoche llegó al pueblo una mujer vestida de lentejuelas[151] y que bailaba con un acordeón, y quince de ellos la
675 contrataron para llevársela al olivar. Yo los vi de lejos. El que la contrataba era un muchacho de ojos verdes, apretado como una gavilla de trigo.[152]

AMELIA: ¿Es eso cierto?

ADELA: ¡Pero es posible!

LA PONCIA: Hace años vino otra de éstas y yo misma di dinero a mi hijo mayor
680 para que fuera. Los hombres necesitan estas cosas.

ADELA: Se les perdona todo.

AMELIA: Nacer mujer es el mayor castigo.

---

[146]*caps* [147]*mantehuelos… christening clothes* [148]*stitch* [149]*cuatro… sus hijos* [150]*golpes fuertes* [151]*sequins*
[152]*gavilla… sheaf of wheat*

MAGDALENA: Y ni nuestros ojos siquiera nos pertenecen.

(*Se oye un cantar lejano que se va acercando.*)

LA PONCIA: Son ellos. Traen unos cantos preciosos.

685 AMELIA: Ahora salen a segar.[153]

CORO: Ya salen los segadores
  en busca de las espigas;[154]
  se llevan los corazones
  de las muchachas que miran.

(*Se oyen panderos*[155] *y carrañacas.*[156] *Pausa. Todas oyen en un silencio traspasado por el sol.*)

690 AMELIA: ¡Y no les importa el calor!

MARTIRIO: Siegan entre llamaradas.[157]

ADELA: Me gustaría segar para ir y venir. Así se olvida lo que nos muerde.[158]

MARTIRIO: ¿Qué tienes tú que olvidar?

ADELA: Cada una sabe sus cosas.

695 MARTIRIO: (*Profunda.*) ¡Cada una!

LA PONCIA: ¡Callar! ¡Callar!

CORO: (*Muy lejano.*)
  Abrir puertas y ventanas
  las que vivís en el pueblo,
700 el segador[159] pide rosas
  para adornar su sombrero.

LA PONCIA: ¡Qué canto!

MARTIRIO: (*Con nostalgia.*)
   Abrir puertas y ventanas
705   las que vivís en el pueblo…

ADELA: (*Con pasión.*)
   … el segador pide rosas
   para adornar su sombrero.

(*Se va alejando el cantar.*)

LA PONCIA: Ahora dan vuelta a la esquina.

710 ADELA: Vamos a verlos por la ventana de mi cuarto.

LA PONCIA: Tened cuidado con no entreabrirla[160] mucho, porque son capaces de dar un empujón[161] para ver quién mira.

(*Se van las tres.* MARTIRIO *queda sentada en la silla baja con la cabeza entre las manos.*)

AMELIA: (*Acercándose.*) ¿Qué te pasa?

MARTIRIO: Me sienta mal el calor.

715 AMELIA: ¿No es más que eso?

MARTIRIO: Estoy deseando que llegue noviembre, los días de lluvias, las escarchas,[162] todo lo que no sea este verano interminable.

AMELIA: Ya pasará y volverá otra vez.

---

[153]*to harvest* [154]*heads of wheat* [155]*tambourines* [156]*instrumento musical de madera* [157]*(fig.) mucho calor*
[158]*(fig.) preocupa mucho* [159]*harvester* [160]*partly open it* [161]*strong push* [162]*frost*

MARTIRIO: ¡Claro! (*Pausa.*) ¿A qué hora te dormiste anoche?

720 AMELIA: No sé. Yo duermo como un tronco.[163] ¿Por qué?

MARTIRIO: Por nada, pero me pareció oír gente en el corral.

AMELIA: ¿Sí?

MARTIRIO: Muy tarde.

AMELIA: ¿Y no tuviste miedo?

725 MARTIRIO: No. Ya lo he oído otras noches.

AMELIA: Debiéramos tener cuidado. ¿No serían los gañanes?

MARTIRIO: Los gañanes llegan a las seis.

AMELIA: Quizá una mulilla sin desbravar.[164]

MARTIRIO: (*Entre dientes y llena de segunda intención.*) Eso, ¡eso!, una mulilla sin
730   desbravar.

AMELIA: ¡Hay que prevenir!

MARTIRIO: No. No. No digas nada, puede ser un barrunto[165] mío.

AMELIA: Quizá. (*Pausa.* AMELIA *inicia el mutis.*[166])

MARTIRIO: Amelia.

735 AMELIA: (*En la puerta.*) ¿Qué?

(*Pausa.*)

MARTIRIO: Nada.

(*Pausa.*)

AMELIA: ¿Por qué me llamaste?

(*Pausa.*)

MARTIRIO: Se me escapó. Fue sin darme cuenta.

(*Pausa.*)

AMELIA: Acuéstate un poco.

740 ANGUSTIAS: (*Entrando furiosa en escena, de modo que haya un gran contraste con
    los silencios anteriores.*) ¿Dónde está el retrato de Pepe que tenía yo debajo
    de mi almohada? ¿Quién de vosotras lo tiene?

MARTIRIO: Ninguna.

AMELIA: Ni que Pepe fuera un San Bartolomé de plata.

745 ANGUSTIAS: ¿Dónde está el retrato?

(*Entran* LA PONCIA, MAGDALENA *y* ADELA.)

ADELA: ¿Qué retrato?

ANGUSTIAS: Una de vosotras me lo ha escondido.

MAGDALENA: ¿Tienes la desvergüenza de decir esto?

ANGUSTIAS: Estaba en mi cuarto y ya no está.

750 MARTIRIO: ¿Y no se habrá escapado a medianoche al corral? A Pepe le gusta andar
    con la luna.

ANGUSTIAS: ¡No me gastes bromas! Cuando venga se lo contaré.

---

[163]como... profundamente   [164]sin... *untamed*   [165]conjetura   [166]salida

LA PONCIA: ¡Eso no, porque aparecerá! (*Mirando a* ADELA.)

ANGUSTIAS: ¡Me gustaría saber cuál de vosotras lo tiene!

755 ADELA: (*Mirando a* MARTIRIO.) ¡Alguna! ¡Todas menos yo!

MARTIRIO: (*Con intención.*) ¡Desde luego!

BERNARDA: (*Entrando.*) ¡Qué escándalo es éste en mi casa y en el silencio del peso del calor! Estarán las vecinas con el oído pegado a los tabiques.[167]

ANGUSTIAS: Me han quitado el retrato de mi novio.

760 BERNARDA: (*Fiera.*) ¿Quién? ¿Quién?

ANGUSTIAS: ¡Estas!

BERNARDA: ¿Cuál de vosotras? (*Silencio.*) ¡Contestarme! (*Silencio. A* LA PONCIA.) Registra los cuartos, mira por las camas. ¡Esto tiene no ataros más cortas![168] ¡Pero me vais a soñar![169] (*A* ANGUSTIAS.) ¿Estás segura?

765 ANGUSTIAS: Sí.

BERNARDA: ¿Lo has buscado bien?

ANGUSTIAS: Sí, madre.

(*Todas están de pie en medio de un embarazoso silencio.*)

BERNARDA: Me hacéis al final de mi vida beber el veneno más amargo que una madre puede resistir. (*A* LA PONCIA.) ¿No lo encuentras?

770 LA PONCIA: (*Saliendo.*) Aquí está.

BERNARDA: ¿Dónde lo has encontrado?

LA PONCIA: Estaba…

BERNARDA: Dilo sin temor.

LA PONCIA: (*Extrañada.*) Entre las sábanas de la cama de Martirio.

775 BERNARDA: (*A* MARTIRIO.) ¿Es verdad?

MARTIRIO: ¡Es verdad!

BERNARDA: (*Avanzando y golpeándola.*) Mala puñalada te den, ¡mosca muerta! ¡Sembradura de vidrios![170]

MARTIRIO: (*Fiera.*) ¡No me pegue usted, madre!

780 BERNARDA: ¡Todo lo que quiera!

MARTIRIO: ¡Si yo la dejo! ¿Lo oye? ¡Retírese usted!

LA PONCIA: No faltes a tu madre.

ANGUSTIAS: (*Cogiendo a* BERNARDA.) Déjela. ¡Por favor!

BERNARDA: Ni lágrimas te quedan en esos ojos.

785 MARTIRIO: No voy a llorar para darle gusto.

BERNARDA: ¿Por qué has cogido el retrato?

MARTIRIO: ¿Es que yo no puedo gastar una broma a mi hermana? ¿Para qué lo iba a querer?

ADELA: (*Saltando llena de celos.*) No ha sido broma, que tú nunca has gustado 790 jamás de juegos. Ha sido otra cosa que te reventaba en el pecho por querer salir. Dilo y claramente.

MARTIRIO: ¡Calla y no me hagas hablar, que si hablo se van a juntar las paredes unas con otras de vergüenza!

ADELA: ¡La mala lengua no tiene fin para inventar!

795 BERNARDA: ¡Adela!

MAGDALENA: Estáis locas.

[167]paredes   [168]¡Esto… ¡Este es el resultado de daros demasiada libertad!   [169]¡Pero… *You'll live to regret it!* (lit., *You'll dream about me.*)   [170]¡mosca… (expresiones insultantes)

AMELIA: Y nos apedreáis con malos pensamientos.

MARTIRIO: Otras hacen cosas más malas.

ADELA: Hasta que se pongan en cueros de una vez y se las lleve el río.

800 BERNARDA: ¡Perversa!

ANGUSTIAS: Yo no tengo la culpa de que Pepe el Romano se haya fijado en mí.

ADELA: ¡Por tus dineros!

ANGUSTIAS: ¡Madre!

BERNARDA: ¡Silencio!

805 MARTIRIO: Por tus marjales[171] y tus arboledas.

MAGDALENA: ¡Eso es lo justo!

BERNARDA: ¡Silencio digo! Yo veía la tormenta[172] venir, pero no creía que estallara tan pronto. ¡Ay, qué pedrisco[173] de odio habéis echado sobre mi corazón! Pero todavía no soy anciana y tengo cinco cadenas para vosotras y esta casa
810 levantada por mi padre para que ni las hierbas se enteren de mi desolación. ¡Fuera de aquí! (*Salen.* BERNARDA *se sienta desolada.* LA PONCIA *está de pie arrimada a los muros.* BERNARDA *reacciona, da un golpe en el suelo y dice:*) ¡Tendré que sentarles la mano[174]! Bernarda: acuérdate que ésta es tu obligación.

815 LA PONCIA: ¿Puedo hablar?

BERNARDA: Habla. Siento que hayas oído. Nunca está bien una extraña en el centro de la familia.

LA PONCIA: Lo visto, visto está.

BERNARDA: Angustias tiene que casarse en seguida.

820 LA PONCIA: Claro; hay que retirarla de aquí.

BERNARDA: No a ella. ¡A él!

LA PONCIA: Claro. A él hay que alejarlo de aquí. Piensas bien.

BERNARDA: No pienso. Hay cosas que no se pueden ni se deben pensar. Yo ordeno.

LA PONCIA: ¿Y tú crees que él querrá marcharse?

825 BERNARDA: (*Levantándose.*) ¿Qué imagina tu cabeza?

LA PONCIA: El, ¡claro!, se casará con Angustias.

BERNARDA: Habla, te conozco demasiado para saber que ya me tienes preparada la cuchilla.

LA PONCIA: Nunca pensé que se llamara asesinato al aviso.

830 BERNARDA: ¿Me tienes que prevenir de algo?

LA PONCIA: Yo no acuso, Bernarda. Yo sólo te digo: abre los ojos y verás.

BERNARDA: ¿Y verás qué?

LA PONCIA: Siempre has sido lista. Has visto lo malo de las gentes a cien leguas;[175] muchas veces creí que adivinabas los pensamientos. Pero los hijos
835 son los hijos. Ahora estás ciega.

BERNARDA: ¿Te refieres a Martirio?

LA PONCIA: Bueno, a Martirio… (*Con curiosidad.*) ¿Por qué habrá escondido el retrato?

BERNARDA: (*Queriendo ocultar a su hija.*) Después de todo, ella dice que ha sido
840 una broma. ¿Qué otra cosa puede ser?

LA PONCIA: ¿Tú crees así? (*Con sorna.*[176])

BERNARDA: (*Enérgica.*) No lo creo. ¡Es así!

---

[171]*marshes*   [172]*tempestad*   [173]*hailstorm*   [174]*sentarles… castigarlas*   [175]*Has… You have always looked for the worst in people*   [176]*sarcasmo*

LA PONCIA: Basta. Se trata de lo tuyo. Pero si fuera la vecina de enfrente, ¿qué sería?

845 BERNARDA: Ya empiezas a sacar la punta del cuchillo.

LA PONCIA: (*Siempre con crueldad.*) Bernarda: aquí pasa una cosa muy grande. Yo no te quiero echar la culpa, pero tú no has dejado a tus hijas libres. Martirio es enamoradiza, digas lo que tú quieras. ¿Por qué no la dejaste casar con Enrique Humanas? ¿Por qué el mismo día que iba a venir a la ventana le man-
850 daste recado que no viniera?

BERNARDA: ¡Y lo haría mil veces! ¡Mi sangre no se junta con la de los Humanas mientras yo viva! Su padre fue gañán.

LA PONCIA: ¡Y así te va a ti con esos humos!

BERNARDA: Los tengo porque puedo tenerlos. Y tú no los tienes porque sabes muy
855 bien cuál es tu origen.

LA PONCIA: (*Con odio.*) No me lo recuerdes. Estoy ya vieja. Siempre agradecí tu protección.

BERNARDA: (*Crecida.*[177]) ¡No lo parece!

LA PONCIA: (*Con odio envuelto en suavidad.*) A Martirio se le olvidará esto.

860 BERNARDA: Y si no lo olvida peor para ella. No creo que ésta sea la «cosa muy grande» que aquí pasa. Aquí no pasa nada. ¡Eso quisieras tú! Y si pasa algún día, estáte segura que no traspasará las paredes.

LA PONCIA: Eso no lo sé yo. En el pueblo hay gentes que leen también de lejos los pensamientos escondidos.

865 BERNARDA: ¡Cómo gozarías de vernos a mí y a mis hijas camino del lupanar[178]!

LA PONCIA: ¡Nadie puede conocer su fin!

BERNARDA: ¡Yo sí sé mi fin! ¡Y el de mis hijas! El lupanar se queda para alguna mujer ya difunta.

LA PONCIA: ¡Bernarda, respeta la memoria de mi madre!

870 BERNARDA: ¡No me persigas tú con tus malos pensamientos!

(*Pausa.*)

LA PONCIA: Mejor será que no me meta en nada.

BERNARDA: Eso es lo que debías hacer. Obrar y callar a todo. Es la obligación de los que viven a sueldo.

LA PONCIA: Pero no se puede. ¿A ti no te parece que Pepe estaría mejor casado con
875 Martirio o…, ¡sí!, con Adela?

BERNARDA: No me parece.

LA PONCIA: Adela. ¡Esa es la verdadera novia del Romano!

BERNARDA: Las cosas no son nunca a gusto nuestro.

LA PONCIA: Pero les cuesta mucho trabajo desviarse de la verdadera inclinación. A
880 mí me parece mal que Pepe esté con Angustias, y a las gentes, y hasta al aire. ¡Quién sabe si saldrán con la suya!

BERNARDA: ¡Ya estamos otra vez!… Te deslizas para llenarme de malos sueños.[179] Y no quiero entenderte, porque si llegara al alcance de[180] todo lo que dices te tendría que arañar.[181]

---

[177]Con arrogancia   [178]brothel   [179]Te… *You go out of your way to give me a bad time.*   [180]al… a entender
[181]*scratch, claw*

885 LA PONCIA: ¡No llegará la sangre al río!

BERNARDA: Afortunadamente mis hijas me respetan y jamás torcieron mi voluntad.[182]

LA PONCIA: ¡Eso sí! Pero en cuanto las dejes sueltas se te subirán al tejado.[183]

BERNARDA: ¡Ya las bajaré tirándoles cantos[184]!

890 LA PONCIA: ¡Desde luego eres la más valiente!

BERNARDA: ¡Siempre gasté sabrosa pimienta[185]!

LA PONCIA: ¡Pero lo que son las cosas! A su edad. ¡Hay que ver el entusiasmo de Angustias con su novio! ¡Y él también parece muy picado[186]! Ayer me contó mi hijo mayor que a las cuatro y media de la madrugada, que pasó por la

895 calle con la yunta, estaban hablando todavía.

BERNARDA: ¡A las cuatro y media!

ANGUSTIAS: (*Saliendo.*) ¡Mentira!

LA PONCIA: Eso me contaron.

BERNARDA: (*A* ANGUSTIAS.) ¡Habla!

900 ANGUSTIAS: Pepe lleva más de una semana marchándose a la una. Que Dios me mate si miento.

MARTIRIO: (*Saliendo.*) Yo también lo sentí marcharse a las cuatro.

BERNARDA: Pero ¿lo viste con tus ojos?

MARTIRIO: No quise asomarme. ¿No habláis ahora por la ventana del callejón?

905 ANGUSTIAS: Yo hablo por la ventana de mi dormitorio.

(*Aparece* ADELA *en la puerta.*)

MARTIRIO: Entonces…

BERNARDA: ¿Qué es lo que pasa aquí?

LA PONCIA: ¡Cuida de enterarte! Pero, desde luego, Pepe estaba a las cuatro de la madrugada en una reja de tu casa.

910 BERNARDA: ¿Lo sabes seguro?

LA PONCIA: Seguro no se sabe nada en esta vida.

ADELA: Madre, no oiga usted a quien nos quiere perder a todas.

BERNARDA: ¡Yo sabré enterarme! Si las gentes del pueblo quieren levantar falsos testimonios, se encontrarán con mi pedernal.[187] No se hable de este asunto.

915 Hay a veces una ola de fango[188] que levantan los demás para perdernos.

MARTIRIO: A mí no me gusta mentir.

LA PONCIA: Y algo habrá.

BERNARDA: No habrá nada. Nací para tener los ojos abiertos. Ahora vigilaré sin cerrarlos ya hasta que me muera.

920 ANGUSTIAS: Yo tengo derecho de enterarme.

BERNARDA: Tú no tienes derecho más que a obedecer. Nadie me traiga ni me lleve.[189] (*A LA PONCIA.*) Y tú te metes en los asuntos de tu casa. ¡Aquí no se vuelve a dar un paso sin que yo lo sienta!

CRIADA: (*Entrando.*) En lo alto de la calle hay un gran gentío y todos los vecinos

925 están en sus puertas.

---

[182]torcieron… me desobedecieron   [183]en… *as soon as you let them loose they'll fly the coop (lit., go up to the rooftop)*   [184]piedras   [185]gasté… *me he salido con la mía (I've gotten my way, put up a good fight)*   [186]enamorado   [187]se… *they'll come up against my wrath (lit., flint)*   [188]lodo   [189]me… *bosses me around*

BERNARDA: (*A LA PONCIA.*) ¡Corre a enterarte de lo que pasa! (*Las* MUJERES *corren para salir.*) ¿Dónde vais? Siempre os supe mujeres ventaneras y rompedoras de su luto. ¡Vosotras, al patio!

(*Salen y sale* BERNARDA. *Se oyen rumores lejanos. Entran* MARTIRIO *y* ADELA, *que se quedan escuchando y sin atreverse a dar un paso más de la puerta de salida.*)

MARTIRIO: Agradece a la casualidad que no desaté mi lengua.

930 ADELA: También hubiera hablado yo.

MARTIRIO: ¿Y qué ibas a decir? ¡Querer no es hacer!

ADELA: Hace la que puede y la que se adelanta. Tú querías, pero no has podido.

MARTIRIO: No seguirás mucho tiempo.

ADELA: ¡Lo tendré todo!

935 MARTIRIO: Yo romperé tus abrazos.

ADELA: (*Suplicante.*) ¡Martirio, déjame!

MARTIRIO: ¡De ninguna!

ADELA: ¡El me quiere para su casa!

MARTIRIO: ¡He visto cómo te abrazaba!

940 ADELA: Yo no quería. He sido como arrastrada por una maroma.[190]

MARTIRIO: ¡Primero muerta!

(*Se asoman* MAGDALENA *y* ANGUSTIAS. *Se siente crecer el tumulto.*)

LA PONCIA: (*Entrando con* BERNARDA.) ¡Bernarda!

BERNARDA: ¿Qué ocurre?

LA PONCIA: La hija de la Librada, la soltera, tuvo un hijo no se sabe con quién.

945 ADELA: ¿Un hijo?

LA PONCIA: Y para ocultar su vergüenza lo mató y lo metió debajo de unas piedras, pero unos perros con más corazón que muchas criaturas lo sacaron, y como llevados por la mano de Dios lo han puesto en el tranco[191] de su puerta. Ahora la quieren matar. La traen arrastrando por la calle abajo, y por las tro-

950 chas[192] y los terrenos del olivar vienen los hombres corriendo, dando unas voces que estremecen los campos.

BERNARDA: Sí, que vengan todos con varas de olivo y mangos de azadones,[193] que vengan todos para matarla.

ADELA: No, no. Para matarla, no.

955 MARTIRIO: Sí, y vamos a salir también nosotras.

BERNARDA: Y que pague la que pisotea la decencia.

(*Fuera se oye un grito de mujer y un gran rumor.*)

ADELA: ¡Que la dejen escapar! ¡No salgáis vosotras!

MARTIRIO: (*Mirando a* ADELA.) ¡Que pague lo que debe!

BERNARDA: (*Bajo el arco.*[194]) ¡Acabad con ella antes que lleguen los guardias! ¡Carbón ardiendo en el sitio de su pecado![195]

960 ADELA: (*Cogiéndose el vientre.*) ¡No! ¡No!

BERNARDA: ¡Matadla! ¡Matadla!

Telón.

---

[190]*rope*   [191]*threshold*   [192]*caminos estrechos*   [193]*mangos… pickax handles*   [194]*arch*   [195]*¡Carbón… Hot coals on the site of her sin!*

Acto tercero

(*Cuatro paredes blancas ligeramente azuladas del patio interior de la casa de* BERNARDA. *Es de noche. El decorado ha de ser de una perfecta simplicidad. Las puertas iluminadas por la luz de los interiores dan un tenue[196] fulgor a la escena. En el centro, una mesa con un quinqué,[197] donde están comiendo* BERNARDA *y sus* HIJAS. LA PONCIA *las sirve.* PRUDENCIA *está sentada aparte. Al levantarse el telón hay un gran silencio, interrumpido por el ruido de platos y cubiertos.*)

PRUDENCIA: Ya me voy. Os he hecho una visita larga. (*Se levanta.*)

BERNARDA: Espérate, mujer. No nos vemos nunca.

965 PRUDENCIA: ¿Han dado el último toque[198] para el rosario?

LA PONCIA: Todavía no. (PRUDENCIA *se sienta.*)

BERNARDA: ¿Y tu marido cómo sigue?

PRUDENCIA: Igual.

BERNARDA: Tampoco lo vemos.

970 PRUDENCIA: Ya sabes sus costumbres. Desde que se peleó con sus hermanos por la herencia no ha salido por la puerta de la calle. Pone una escalera y salta las tapias[199] y el corral.

BERNARDA: Es un verdadero hombre. ¿Y con tu hija?

PRUDENCIA: No la ha perdonado.

975 BERNARDA: Hace bien.

PRUDENCIA: No sé qué te diga. Yo sufro por esto.

BERNARDA: Una hija que desobedece deja de ser hija para convertirse en una enemiga.

PRUDENCIA: Yo dejo que el agua corra. No me queda más consuelo que refugiarme
980 en la iglesia, pero como me estoy quedando sin vista tendré que dejar de venir para que no jueguen con una los chiquillos. (*Se oye un gran golpe dado en los muros.[200]*)

BERNARDA: El caballo garañón,[201] que está encerrado y da coces[202] contra el muro. (*A voces.*) ¡Trabadlo[203] y que salga al corral! (*En voz baja.*) Debe tener
985 calor.

PRUDENCIA: ¿Vais a echarle las potras nuevas?

BERNARDA: Al amanecer.

PRUDENCIA: Has sabido acrecentar[204] tu ganado.

BERNARDA: A fuerza de dinero y sinsabores.[205]

990 LA PONCIA: (*Interrumpiendo.*) Pero tiene la mejor manada[206] de estos contornos. Es una lástima que esté bajo de precio.

BERNARDA: ¿Quieres un poco de queso y miel?

PRUDENCIA: Estoy desganada.[207]

(*Se oye otra vez el golpe.*)

LA PONCIA: ¡Por Dios!

995 PRUDENCIA: Me ha retemblado dentro del pecho.

---

[196]delicado   [197]lámpara   [198]llamada (con la campana)   [199]cercas (*walls*)   [200]*walls*   [201]caballo… *stud*
[202]patadas   [203]Atadlo   [204]aumentar   [205]problemas   [206]*herd*   [207]Estoy… No tengo hambre.

BERNARDA: (*Levantándose furiosa.*) ¿Hay que decir las cosas dos veces? ¡Echadlo que se revuelque[208] en los montones de paja! (*Pausa, y como hablando con los gañanes.*) Pues cerrad las potras[209] en la cuadra, pero dejadlo libre, no sea que nos eche abajo las paredes. (*Se dirige a la mesa y se sienta otra vez.*) ¡Ay, qué vida!

PRUDENCIA: Bregando[210] como un hombre.

BERNARDA: Así es. (ADELA *se levanta de la mesa.*) ¿Dónde vas?

ADELA: A beber agua.

BERNARDA: (*En voz alta.*) Trae un jarro de agua fresca. (*A* ADELA) Puedes sentarte.
(ADELA *se sienta.*)

PRUDENCIA: Y Angustias, ¿cuándo se casa?

BERNARDA: Vienen a pedirla dentro de tres días.

PRUDENCIA: ¡Estarás contenta!

ANGUSTIAS: ¡Claro!

AMELIA: (*A* MAGDALENA.) Ya has derramado[211] la sal.[b]

MAGDALENA: Peor suerte que tienes no vas a tener.

AMELIA: Siempre trae mala sombra.[212]

BERNARDA: ¡Vamos!

PRUDENCIA: (*A* ANGUSTIAS.) ¿Te ha regalado ya el anillo?

ANGUSTIAS: Mírelo usted. (*Se lo alarga.*)

PRUDENCIA: Es precioso. Tres perlas. En mi tiempo las perlas significaban lágrimas.

ANGUSTIAS: Pero ya las cosas han cambiado.

ADELA: Yo creo que no. Las cosas significan siempre lo mismo. Los anillos de pedida[213] deben ser de diamantes.

PRUDENCIA: Es más propio.

BERNARDA: Con perlas o sin ellas, las cosas son como uno se las propone.

MARTIRIO: O como Dios dispone.

PRUDENCIA: Los muebles me han dicho que son preciosos.

BERNARDA: Dieciséis mil reales he gastado.

LA PONCIA: (*Interviniendo.*) Lo mejor es el armario de luna.[214]

PRUDENCIA: Nunca vi un mueble de éstos.

BERNARDA: Nosotras tuvimos arca.[215]

PRUDENCIA: Lo preciso es que todo sea para bien.

ADELA: Que nunca se sabe.

BERNARDA: No hay motivo para que no lo sea.

(*Se oyen lejanísimas unas campanas.*)

PRUDENCIA: El último toque. (*A* ANGUSTIAS.) Ya vendré a que me enseñes la ropa.

ANGUSTIAS: Cuando usted quiera.

PRUDENCIA: Buenas noches nos dé Dios.

BERNARDA: Adiós, Prudencia.

LAS CINCO A LA VEZ: Vaya usted con Dios.

---

[208]¡Echadlo... *Let him* (el caballo) *wallow*   [209]caballos jóvenes (hembras)   [210]Trabajando duramente   [211]*spilled*
[212]suerte   [213]anillos... *engagement rings*   [214]armario... *clothes closet with mirror*   [215]*hope chest*

[b]*Spilling salt is considered a bad omen in some cultures.*

(*Pausa. Sale* PRUDENCIA.)

BERNARDA: Ya hemos comido. (*Se levantan.*)

ADELA: Voy a llegarme hasta el portón para estirar las piernas y tomar un poco de fresco.

(MAGDALENA *se sienta en una silla baja retrepada*[216] *contra la pared.*)

1040 AMELIA: Yo voy contigo.

MARTIRIO: Y yo.

ADELA: (*Con odio contenido.*) No me voy a perder.

AMELIA: La noche quiere compañía. (*Salen.*)

(BERNARDA *se sienta y* ANGUSTIAS *está arreglando la mesa.*)

BERNARDA: Ya te he dicho que quiero que hables con tu hermana Martirio. Lo que
1045   pasó del retrato fue una broma y lo debes olvidar.

ANGUSTIAS: Usted sabe que ella no me quiere.

BERNARDA: Cada uno sabe lo que piensa por dentro. Yo no me meto en los cora-
      zones, pero quiero buena fachada y armonía familiar. ¿Lo entiendes?

ANGUSTIAS: Sí.

1050 BERNARDA: Pues ya está.

MAGDALENA: (*Casi dormida.*) Además, ¡si te vas a ir antes de nada[217]! (*Se
      duerme.*)

ANGUSTIAS: Tarde me parece.

BERNARDA: ¿A qué hora terminaste anoche de hablar?

1055 ANGUSTIAS: A las doce y media.

BERNARDA: ¿Qué cuenta Pepe?

ANGUSTIAS: Yo lo encuentro distinto. Me habla siempre como pensando en otra
      cosa. Si le pregunto qué le pasa, me contesta: «Los hombres tenemos nues-
      tras preocupaciones».

1060 BERNARDA: No le debes preguntar. Y cuando te cases, menos. Habla si él habla y
      míralo cuando te mire. Así no tendrás disgustos.

ANGUSTIAS: Yo creo, madre, que él me oculta muchas cosas.

BERNARDA: No procures descubrirlas, no le preguntes y, desde luego, que no te vea
      llorar jamás.

1065 ANGUSTIAS: Debía estar contenta y no lo estoy.

BERNARDA: Eso es lo mismo.

ANGUSTIAS: Muchas veces miro a Pepe con mucha fijeza y se me borra[218] a través
      de los hierros,[219] como si lo tapara una nube de polvo de las que levantan
      los rebaños.[220]

1070 BERNARDA: Esas son cosas de debilidad.

ANGUSTIAS: ¡Ojalá!

BERNARDA: ¿Viene esta noche?

ANGUSTIAS: No. Fue con su madre a la capital.

BERNARDA: Así nos acostaremos antes. ¡Magdalena!

1075 ANGUSTIAS: Está dormida.

---

[216]apoyada   [217]antes... tan pronto como te cases   [218]se... *his image vanishes from my eyes*   [219]*window bars*
[220]*flocks of sheep*

(*Entran* ADELA, MARTIRIO y AMELIA.)

AMELIA: ¡Qué noche más oscura!

ADELA: No se ve a dos pasos de distancia.

MARTIRIO: Una buena noche para ladrones, para el que necesita escondrijo.[221]

ADELA: El caballo garañón estaba en el centro del corral ¡blanco! Doble de grande,
1080   llenando todo lo oscuro.

AMELIA: Es verdad. Daba miedo. Parecía una aparición.

ADELA: Tiene el cielo unas estrellas como puños.

MARTIRIO: Esta se puso a mirarlas de modo que se iba a tronchar el cuello.

ADELA: ¿Es que no te gustan a ti?

1085 MARTIRIO: A mí las cosas de tejas arriba no me importan nada. Con lo que pasa
    dentro de las habitaciones tengo bastante.

ADELA: Así te va a ti.

BERNARDA: A ella le va en lo suyo como a ti en lo tuyo.

ANGUSTIAS: Buenas noches.

1090 ADELA: ¿Ya te acuestas?

ANGUSTIAS: Sí. Esta noche no viene Pepe. (*Sale.*)

ADELA: Madre, ¿por qué cuando se corre una estrella o luce un relámpago[222] se dice:

    Santa Bárbara bendita,
    que en el cielo estás escrita
1095   con papel y agua bendita?

BERNARDA: Los antiguos sabían muchas cosas que hemos olvidado.

AMELIA: Yo cierro los ojos para no verlas.

ADELA: Yo, no. A mí me gusta ver correr lleno de lumbre lo que está quieto y
    quieto años enteros.

1100 MARTIRIO: Pero estas cosas nada tienen que ver con nosotros.

BERNARDA: Y es mejor no pensar en ellas.

ADELA: ¡Qué noche más hermosa! Me gustaría quedarme hasta muy tarde para dis-
    frutar el fresco del campo.

BERNARDA: Pero hay que acostarse. ¡Magdalena!

1105 AMELIA: Está en el primer sueño.

BERNARDA: ¡Magdalena!

MAGDALENA: (*Disgustada.*) ¡Déjame en paz!

BERNARDA: ¡A la cama!

MAGDALENA: (*Levantándose malhumorada.*) ¡No la dejáis a una tranquila! (*Se va
1110   refunfuñando.*[223])

AMELIA: Buenas noches. (*Se va.*)

BERNARDA: Andar vosotras también.

MARTIRIO: ¿Cómo es que esta noche no viene el novio de Angustias?

BERNARDA: Fue de viaje.

1115 MARTIRIO: (*Mirando a* ADELA.) ¡Ah!

ADELA: Hasta mañana. (*Sale.*)

(MARTIRIO *bebe agua y sale lentamente, mirando hacia la puerta del corral.*)

LA PONCIA: (*Saliendo.*) ¿Estás todavía aquí?

---

[221]lugar para ocultarse o esconderse   [222]*lightning*   [223]*growling*

BERNARDA: Disfrutando este silencio y sin lograr ver por parte alguna «la cosa tan grande» que aquí pasa, según tú.

1120 LA PONCIA: Bernarda, dejemos esa conversación.

BERNARDA: En esta casa no hay ni un sí ni un no.[224] Mi vigilancia lo puede todo.

LA PONCIA: No pasa nada por fuera. Eso es verdad. Tus hijas están y viven como metidas en alacenas.[225] Pero ni tú ni nadie puede vigilar por el interior de los pechos.

1125 BERNARDA: Mis hijas tienen la respiración tranquila.

LA PONCIA: Eso te importa a ti, que eres su madre. A mí, con servir tu casa tengo bastante.

BERNARDA: Ahora te has vuelto callada.

LA PONCIA: Me estoy en mi sitio, y en paz.

1130 BERNARDA: Lo que pasa es que no tienes nada que decir. Si en esta casa hubiera hierbas ya te encargarías de traer a pastar las ovejas del vecindario.[226]

LA PONCIA: Yo tapo[227] más de lo que te figuras.

BERNARDA: ¿Sigue tu hijo viendo a Pepe a las cuatro de la mañana? ¿Siguen diciendo todavía la mala letanía de esta casa?

1135 LA PONCIA: No dicen nada.

BERNARDA: Porque no pueden. Porque no hay carne donde morder.[228] A la vigilancia de mis ojos se debe esto.

LA PONCIA: Bernarda, yo no quiero hablar porque temo tus intenciones. Pero no estés segura.

1140 BERNARDA: ¡Segurísima!

LA PONCIA: A lo mejor, de pronto, cae un rayo.[229] A lo mejor, de pronto, un golpe te para el corazón.

BERNARDA: Aquí no pasa nada. Ya estoy alerta contra tus suposiciones.

LA PONCIA: Pues mejor para ti.

1145 BERNARDA: ¡No faltaba más!

CRIADA: (Entrando.) Ya terminé de fregar los platos. ¿Manda usted algo, Bernarda?

BERNARDA: (Levantándose.) Nada. Voy a descansar.

LA PONCIA: ¿A qué hora quieres que te llame?

1150 BERNARDA: A ninguna. Esta noche voy a dormir bien. (Se va.)

LA PONCIA: Cuando una no puede con el mar lo más fácil es volver las espaldas para no verlo.

CRIADA: Es tan orgullosa que ella misma se pone una venda[230] en los ojos.

LA PONCIA: Yo no puedo hacer nada. Quise atajar las cosas, pero ya me asustan
1155 demasiado. ¿Tú ves este silencio? Pues hay una tormenta en cada cuarto. El día que estallen[231] nos barrerán a todos.[232] Yo he dicho lo que tenía que decir.

CRIADA: Bernarda cree que nadie puede con ella y no sabe la fuerza que tiene un hombre entre mujeres solas.

1160 LA PONCIA: No es toda la culpa de Pepe el Romano. Es verdad que el año pasado anduvo detrás de Adela y ésta está loca por él, pero ella debió estarse en su sitio y no provocarlo. Un hombre es un hombre.

---

[224]no... no pasa nada   [225]kitchen cabinets   [226]hubiera... pasara algo lo comentarías con todos los vecinos
[227]oculto   [228]carne... nada que criticar   [229]thunderbolt   [230]blindfold   [231]exploten   [232]nos... they'll sweep us all away

CRIADA: Hay quien cree que habló muchas veces con Adela.

LA PONCIA: Es verdad. (*En voz baja.*) Y otras cosas.

1165 CRIADA: No sé lo que va a pasar aquí.

LA PONCIA: A mí me gustaría cruzar el mar y dejar esta casa de guerra.

CRIADA: Bernarda está aligerando la boda y es posible que nada pase.

LA PONCIA: Las cosas se han puesto ya demasiado maduras. Adela está decidida a lo que sea y las demás vigilan sin descanso.

1170 CRIADA: ¿Y Martirio también?

LA PONCIA: Esa es la peor. Es un pozo de veneno. Ve que el Romano no es para ella y hundiría el mundo si estuviera en su mano.

CRIADA: ¡Es que son malas!

LA PONCIA: Son mujeres sin hombre, nada más. En estas cuestiones se olvida hasta
1175 la sangre. ¡Chisss! (*Escucha.*)

CRIADA: ¿Qué pasa?

LA PONCIA: (*Se levanta.*) Están ladrando los perros.

CRIADA: Debe haber pasado alguien por el portón. ▬

(*Sale* ADELA *en enaguas*[233] *blancas y corpiño.*[234])

LA PONCIA: ¿No te habías acostado?

1180 ADELA: Voy a beber agua. (*Bebe en un vaso de la mesa.*)

LA PONCIA: Yo te suponía dormida.

ADELA: Me despertó la sed. Y vosotras, ¿no descansáis?

CRIADA: Ahora.

(*Sale* ADELA.)

LA PONCIA: Vámonos.

1185 CRIADA: Ganado tenemos el sueño. Bernarda no me deja descansar en todo el día.

LA PONCIA: Llévate la luz.

CRIADA: Los perros están como locos.

LA PONCIA: No nos van a dejar dormir. (*Salen.*)

(*La escena queda casi a oscuras. Sale* MARIA JOSEFA *con una oveja en los brazos.*)

MARIA JOSEFA:

1190 Ovejita, niño mío,
vámonos a la orilla del mar.
La hormiguita[235] estará en su puerta,
yo te daré la teta[236] y el pan.

Bernarda,
1195 cara de leoparda.
Magdalena,
cara de hiena.
¡Ovejita!
Meee, meeee.
1200 Vamos a los ramos del portal de Belén.

---

[233]petticoats   [234]short blouse   [235]little ant   [236]breast

Ni tú ni yo queremos dormir;
la puerta sola se abrirá
y en la playa nos meteremos
en una choza de coral.

1205 Bernarda,
cara de leoparda.
Magdalena,
cara de hiena.
¡Ovejita!
1210 Meee, meeee.
Vamos a los ramos del portal de Belén. (*Se va cantando.*)

(*Entra* ADELA. *Mira a un lado y otro con sigilo*[237] *y desaparece por la puerta del corral. Sale* MARTIRIO *por otra puerta y queda en angustioso acecho*[238] *en el centro de la escena. También va en enaguas. Se cubre con un pequeño mantón*[239] *negro de talle. Sale por enfrente de ella* MARIA JOSEFA.)

MARTIRIO: Abuela, ¿dónde va usted?

MARIA JOSEFA: ¿Vas a abrirme la puerta? ¿Quién eres tú?

MARTIRIO: ¿Cómo está aquí?

1215 MARIA JOSEFA: Me escapé. ¿Tú quién eres?

MARTIRIO: Vaya a acostarse.

MARIA JOSEFA: Tú eres Martirio, ya te veo. Martirio, cara de Martirio. ¿Y cuándo vas a tener un niño? Yo he tenido éste.

MARTIRIO: ¿Dónde cogió esa oveja?

1220 MARIA JOSEFA: Ya sé que es una oveja. Pero ¿por qué una oveja no va a ser un niño? Mejor es tener una oveja que no tener nada. Bernarda, cara de leoparda. Magdalena, cara de hiena.

MARTIRIO: No dé voces.

MARIA JOSEFA: Es verdad. Está todo muy oscuro. Como tengo el pelo blanco crees
1225 que no puedo tener crías, y sí, crías y crías y crías. Este niño tendrá el pelo blanco y tendrá otro niño y éste otro, y todos con el pelo de nieve, seremos como las olas, una y otra y otra. Luego nos sentaremos todos y todos tendremos el cabello blanco y seremos espuma. ¿Por qué aquí no hay espumas? Aquí no hay más que mantos de luto.

1230 MARTIRIO: Calle, calle.

MARIA JOSEFA: Cuando mi vecina tenía un niño yo le llevaba chocolate y luego ella me lo traía a mí y así siempre, siempre, siempre. Tú tendrás el pelo blanco, pero no vendrán las vecinas. Yo tengo que marcharme, pero tengo miedo que los perros me muerdan. ¿Me acompañarás tú a salir al campo? Yo
1235 quiero campo. Yo quiero casas, pero casas abiertas y las vecinas acostadas en sus camas con sus niños chiquitos y los hombres fuera sentados en sus sillas. Pepe el Romano es un gigante. Todas lo queréis. Pero él os va a devorar porque vosotras sois granos de trigo. No granos de trigo. ¡Ranas sin lengua!

1240 MARTIRIO: Vamos. Váyase a la cama. (*La empuja.*)

MARIA JOSEFA: Sí, pero luego tú me abrirás, ¿verdad?

[237]cuidado [238]watch [239]shawl

MARTIRIO: De seguro.

MARIA JOSEFA: (*Llorando.*)

Ovejita, niño mío,
1245 vámonos a la orilla del mar.
La hormiguita estará en su puerta,
yo te daré la teta y el pan.

(MARTIRO *cierra la puerta por donde ha salido* MARIA JOSEFA *y se dirige a la puerta del corral. Allí vacila, pero avanza dos pasos más.*)

MARTIRIO: (*En voz baja.*) Adela. (*Pausa. Avanza hasta la misma puerta. En voz alta.*) ¡Adela!

(*Aparece* ADELA. *Viene un poco despeinada.*)

1250 ADELA: ¿Por qué me buscas?

MARTIRIO: ¡Deja a ese hombre!

ADELA: ¿Quién eres tú para decírmelo?

MARTIRIO: No es ése el sitio de una mujer honrada.

ADELA: ¡Con qué ganas te has quedado de ocuparlo!

1255 MARTIRIO: (*En voz alta.*) Ha llegado el momento de que yo hable. Esto no puede seguir así.

ADELA: Esto no es más que el comienzo. He tenido fuerza para adelantarme. El brío[240] y el mérito que tú no tienes. He visto la muerte debajo de estos techos y he salido a buscar lo que era mío, lo que me pertenecía.

1260 MARTIRIO: Ese hombre sin alma vino por otra. Tú te has atravesado.

ADELA: Vino por el dinero, pero sus ojos los puso siempre en mí.

MARTIRIO: Yo no permitiré que lo arrebates.[241] El se casará con Angustias.

ADELA: Sabes mejor que yo que no la quiere.

MARTIRIO: Lo sé.

1265 ADELA: Sabes, porque lo has visto, que me quiere a mí.

MARTIRIO: (*Despechada.*) Sí.

ADELA: (*Acercándose.*) Me quiere a mí. Me quiere a mí.

MARTIRIO: Clávame un cuchillo si es tu gusto, pero no me lo digas más.

ADELA: Por eso procuras que no vaya con él. No te importa que abrace a la que no
1270 quiere; a mí, tampoco. Ya puede estar cien años con Angustias, pero que me abrace a mí se te hace terrible, porque tú lo quieres también, lo quieres.

MARTIRIO: (*Dramática.*) ¡Sí! Déjame decirlo con la cabeza fuera de los embozos. ¡Sí! Déjame que el pecho se me rompa como una granada de amargura. ¡Le quiero!

1275 ADELA: (*En un arranque[242] y abrazándola.*) Martirio, Martirio, yo no tengo la culpa.

MARTIRIO: ¡No me abraces! No quieras ablandar mis ojos. Mi sangre ya no es tuya. Aunque quisiera verte como hermana, no te miro ya más que como mujer. (*La rechaza.*)

1280 ADELA: Aquí no hay ningún remedio. La que tenga que ahogarse que se ahogue. Pepe el Romano es mío. El me lleva a los juncos[243] de la orilla.

MARTIRIO: ¡No será!

[240]valor [241]lo… se lo quites [242]En… Impulsivamente [243]*rushes*

ADELA: Ya no aguanto el horror de estos techos después de haber probado el sabor de su boca. Seré lo que él quiera que sea. Todo el pueblo contra mí, quemándome con sus dedos de lumbre, perseguida por los que dicen que son decentes, y me pondré la corona de espinas que tienen las que son queridas de algún hombre casado.

MARTIRIO: ¡Calla!

ADELA: Sí. Sí. (*En voz baja.*) Vamos a dormir, vamos a dejar que se case con Angustias, ya no me importa, pero yo me iré a una casita sola donde él me verá cuando quiera, cuando le venga en gana.

MARTIRIO: Eso no pasará mientras yo tenga una gota de sangre en el cuerpo.

ADELA: No a ti, que eres débil; a un caballo encabritado[244] soy capaz de poner de rodillas con la fuerza de mi dedo meñique.[245]

MARTIRIO: No levantes esa voz que me irrita. Tengo el corazón lleno de una fuerza tan mala, que, sin quererlo yo, a mí misma me ahoga.

ADELA: Nos enseñan a querer a las hermanas. Dios me ha debido dejar sola en medio de la oscuridad, porque te veo como si no te hubiera visto nunca.

(*Se oye un silbido[246] y* ADELA *corre a la puerta, pero* MARTIRIO *se le pone delante.*)

MARTIRIO: ¿Dónde vas?

ADELA: ¡Quítate de la puerta!

MARTIRIO: ¡Pasa si puedes!

ADELA: ¡Aparta! (*Lucha.*)

MARTIRIO: (*A voces.*) ¡Madre, madre!

(*Aparece* BERNARDA. *Sale en enaguas, con un mantón negro.*)

BERNARDA: Quietas, quietas. ¡Qué pobreza la mía, no poder tener un rayo entre los dedos!

MARTIRIO: (*Señalando a* ADELA.) ¡Estaba con él! ¡Mira esas enaguas llenas de paja de trigo!

BERNARDA: ¡Esa es la cama de las mal nacidas! (*Se dirige furiosa hacia* ADELA.)

ADELA: (*Haciéndole frente.[247]*) ¡Aquí se acabaron las voces de presidio! (ADELA *arrebata un bastón[248] a su madre y lo parte en dos.*) Esto hago yo con la vara[249] de la dominadora. No dé usted un paso más. En mí no manda nadie más que Pepe.

MAGDALENA: (*Saliendo.*) ¡Adela!

(*Salen* LA PONCIA *y* ANGUSTIAS.)

ADELA: Yo soy su mujer. (*A* ANGUSTIAS.) Entérate tú y ve al corral a decírselo. El dominará toda esta casa. Ahí fuera está, respirando como si fuera un león.

ANGUSTIAS: ¡Dios mío!

BERNARDA: ¡La escopeta[250]! ¿Dónde está la escopeta? (*Sale corriendo.*)

(*Sale detrás* MARTIRIO. *Aparece* AMELIA *por el fondo, que mira aterrada[251] con la cabeza sobre la pared.*)

ADELA: ¡Nadie podrá conmigo! (*Va a salir.*)

[244]*wild*   [245]*pequeño*   [246]*whistle*   [247]*Haciéndole... Confronting her*   [248]*cane*   [249]*stick*   [250]*gun*
[251]*horrorizada*

ANGUSTIAS: (*Sujetándola.*[252]) De aquí no sales tú con tu cuerpo en triunfo.
1320   ¡Ladrona! ¡Deshonra de nuestra casa!

MAGDALENA: ¡Déjala que se vaya donde no la veamos nunca más!

(*Suena un disparo.*[253])

BERNARDA: (*Entrando.*) Atrévete a buscarlo ahora.

MARTIRIO: (*Entrando.*) Se acabó Pepe el Romano.

ADELA: ¡Pepe! ¡Dios mío! ¡Pepe! (*Sale corriendo.*)

1325 LA PONCIA: ¿Pero lo habéis matado?

MARTIRIO: No. Salió corriendo en su jaca.

BERNARDA: No fue culpa mía. Una mujer no sabe apuntar.[254]

MAGDALENA: ¿Por qué lo has dicho entonces?

MARTIRIO: ¡Por ella! Hubiera volcado un río de sangre sobre su cabeza.

1330 LA PONCIA: Maldita.

MAGDALENA: ¡Endemoniada!

BERNARDA: Aunque es mejor así. (*Suena un golpe.*) ¡Adela, Adela!

LA PONCIA: (*En la puerta.*) ¡Abre!

BERNARDA: Abre. No creas que los muros defienden de la vergüenza.

1335 CRIADA: (*Entrando.*) ¡Se han levantado los vecinos!

BERNARDA: (*En voz baja como un rugido.*[255]) ¡Abre, porque echaré abajo la
     puerta! (*Pausa. Todo queda en silencio.*) ¡Adela! (*Se retira de la puerta.*)
     ¡Trae un martillo[256]! (LA PONCIA *da un empujón y entra. Al entrar da un
     grito y sale.*) ¿Qué?

1340 LA PONCIA: (*Se lleva las manos al cuello.*) ¡Nunca tengamos ese fin!

(*Las* HERMANAS *se echan hacia atrás. La* CRIADA *se santigua.* BERNARDA *da
un grito y avanza.*)

LA PONCIA: ¡No entres!

BERNARDA: No. ¡Yo no! Pepe, tú irás corriendo vivo por lo oscuro de las
     alamedas, pero otro día caerás. ¡Descolgarla![257] ¡Mi hija ha muerto virgen!
     Llevadla a su cuarto y vestirla como una doncella. ¡Nadie diga nada! Ella ha
1345   muerto virgen. Avisad que al amanecer den dos clamores las campanas.

MARTIRIO: Dichosa ella mil veces que lo pudo tener.

BERNARDA: Y no quiero llantos. La muerte hay que mirarla cara a cara. ¡Silencio!
     (*A otra* HIJA.) ¡A callar he dicho! (*A otra* HIJA.) ¡Las lágrimas cuando estés
     sola! Nos hundiremos todas en un mar de luto. Ella, la hija menor de
1350   Bernarda Alba, ha muerto virgen. ¿Me habéis oído? ¡Silencio, silencio he
     dicho! ¡Silencio!

Telón.

[252]*Deteniéndola*   [253]*shot*   [254]*to aim*   [255]*roaring of a lion*   [256]*hammer*   [257]*Bring her down!*

Cuestionario

1. ¿Dónde tiene lugar la acción dramática?
2. Describe el espacio dramático interior, o sea, la casa de Bernarda Alba.
   Según las acotaciones, ¿cómo es la casa? ¿Quiénes viven en ella? ¿Cuántas

generaciones están representadas? ¿Quién es el personaje principal? ¿Por qué están de luto los personajes?

3. Se dice que el conflicto de la obra es el resultado del choque entre el elemento masculino y el femenino. ¿Está usted de acuerdo? ¿Cómo se explica esa situación si en la casa sólo viven mujeres?

4. ¿Quién es Pepe el Romano? ¿Existen además otros personajes que no aparecen nunca en el escenario? ¿Quiénes son?

5. En el espacio exterior, es decir, en la calle, ocurren ciertas cosas a las que García Lorca hace referencia en el drama. ¿Qué función tienen?

6. ¿Por qué siente María Josefa tantos deseos de escaparse? ¿Tiene algún simbolismo esta actitud?

7. Comente el papel de la hermana menor. ¿Por qué se suicida?

8. Lea otra vez las palabras finales del drama. Explique la razón de esas palabras.

Identificaciones

1. Antonio María Benavides
2. el retrato
3. el caballo garañón
4. «Hilo y aguja para las hembras. Látigo y mula para el varón.»
5. el doblar de las campanas

Temas

1. Si los espectadores participaran (*were involved*) en la obra, ¿qué es lo que dirían?

2. El tema de la honra —el honor de la familia— tal como se ve en esta obra

3. El drama representa la realidad de la vida en la España de hace sesenta años. Comente si esta obra ha perdido actualidad o si todavía puede representar algo real en la vida de hoy día. ¿Es la represión femenina un fenómeno típicamente español o es un fenómeno universal?

4. Contraste el espacio exterior —la calle— con el espacio interior —la casa de Bernarda Alba. En la casa sólo hay mujeres y en la calle están los hombres. ¿Son estos dos espacios iguales en cuanto al goce de la libertad? ¿Qué implica la obra en cuanto al sexo masculino y el femenino?

5. Debate: García Lorca presenta en esta obra un discurso feminista.

EL ENSAYO

I El ensayo como género literario

Según se ha observado, la literatura satisface la necesidad humana de ubicarse (*find one's place*) en el mundo. A través de la palabra manejada artísticamente, la obra literaria hace posible que ese mundo siga renovándose en nosotros, permitiendo que nos integremos al resto de la humanidad y compartamos con nuestros semejantes (*fellow human beings*) ideas, sentimientos y visiones. En la literatura, el género que mejor nos ayuda a establecer un diálogo libre y cordial con el autor —y a través de éste, con el mundo— es el ensayo. Esta modalidad, objetiva y subjetiva a la vez, se distingue por la gran cantidad y variedad de temas, enfoques y formas expresivas que abarca.

Cabe señalar que el ensayo, a diferencia de los otros géneros que se han estudiado en este libro, suele presentarse más como obra práctica o utilitaria que como una obra cuyo fin principal es proporcionar placer estético. Sin embargo, el ensayista diestro es capaz de trascender la finalidad (*scope*) inmediata de su obra para hacer de ella algo sumamente bello.

Por consiguiente, existen dentro del género ensayístico dos especies de composiciones: (1) las que, aunque posean valor estético, son meras transformaciones del escrito utilitario y (2) aquéllas que deliberadamente se alejan de la forma ensayística, *normativa* —forma ésta que instruye prescribiendo normas— e imitan la narrativa, el teatro o la poesía.

II El ensayo: definición y categorías fundamentales

El ensayo es una composición literaria generalmente breve y en prosa discursiva, es decir, en lenguaje lógico, directo, el empleado en el habla diaria. El ensayista en su composición expone ideas con el fin de persuadir al lector a aceptar su criterio acerca de un asunto importante para él mismo y que refleje, además, el «*Zeitgeist*», o sea, la actitud intelectual, moral y cultural de una determinada época. Aunque se pudiera decir que, comparado con otras modalidades literarias, el ensayo es la forma más directamente interesada en buscar la verdad, es muy importante considerar que el ensayista, por genial que sea, es un individuo como cualquier otro. Por consiguiente, lo que se percibe en su obra es su propia versión de la realidad, que puede o no puede estar de acuerdo con la del lector. De ahí que la capacidad del ensayista de inducir a ese lector a compartir su opinión depende en gran parte de sus habilidades de escritor. Es decir, que el ensayista, al igual que el poeta, el novelista o el dramaturgo, debe estructurar su obra de tal manera que presente para quien la lea una verdadera experiencia artística.

EL ENSAYO EN RELACION CON LAS DEMAS FORMAS LITERARIAS

Al tratar de relacionar el ensayo con las demás expresiones del arte literario es necesario señalar cuatro puntos importantes dentro de una línea que represente un continuo de posibilidades.

Según se ha podido ver a lo largo de este libro, lo que distingue una modalidad de otra son sus características referenciales, o sea, el modo en que cada forma se dirige al lector. De acuerdo con dichas características, el esquema anterior demuestra que el continuo de posibilidades comienza con el ensayo —la forma literaria más directa y pragmática— y termina con la composición poética, la más indirecta y estética de todas. No obstante, hay que tener presente que en cada una de las cuatro modalidades o formas literarias se pueden encontrar las técnicas o los rasgos distintivos de las otras formas: un poema puede ser narrativo, poético o dramático; una pieza teatral es capaz de ser poética, narrativa y así sucesivamente. Por lo tanto, conviene que aquí se analicen brevemente las diversas posibilidades que se presentan en el escrito ensayístico.

EL ENSAYO: SU CLASIFICACION

Se dice que un ensayo es *poético* si en vez de dirigirse a otros, el autor da la impresión de estar hablándose a sí mismo, como si meditara. En este caso, el lector hace el papel de quien oye una meditación como por casualidad. En el escrito ensayístico de tipo *dramático* el autor participa implícitamente en la composición; se sabe que está en ella porque desempeña el papel de director de escena, es decir, dirige lo que ocurre en ella e identifica a los personajes que dan vida a la misma. En otros casos asume una personalidad ficticia, convirtiéndose él mismo en «*dramatis persona*». En un ensayo *narrativo* el ensayista concibe su asunto en términos de un determinado período temporal y estructura su mensaje de acuerdo con una historia. La cuarta y última categoría, la más propia del ensayo, es aquélla en la que la tesis se presenta en forma de argumento. O sea, el ensayo es más *ensayístico* cuando representa un intento explícito de persuadir al lector a aceptar la tesis propuesta, hablándole directamente como lo haría un orador al dirigirse a su auditorio.

A pesar de estas consideraciones que pudieran llevar a la falsa conclusión de que sólo la última categoría, la ensayística, es persuasiva, hay que señalar que todo tipo de ensayo tiene como meta final el *persuadir*. La razón es que el ensayo es un escrito que no resuelve ninguna cuestión por sí mismo, sino que presenta diversos criterios o modos de juzgar las cuestiones que trata. Por eso y teniendo en cuenta que lo que más importa es inducir al lector a aceptar el punto de vista del ensayista acerca de cierto asunto, éste pone de relieve tan sólo lo que él mismo ve desde su propia perspectiva espacial y temporal. Esto se debe a que un autor puede describir los hechos solamente conforme a su criterio personal y no al de otros. Sin embargo, todo ensayista exige que el lector acepte esta subjetividad en la presentación de un determinado asunto o de una escena. Lo mismo ocurre cuando el autor desempeña el papel de cronista o comentarista de acontecimientos o eventos; su intención es hacer que el lector confíe en lo que él le dice. No obstante, en los ensayos persuasivos o ensayísticos, el autor intenta llevar a cabo su plan directa y explícitamente. En otras clases de composición, el autor esconde o, mejor dicho, disfraza, sus métodos de persuasión. Es el caso de los ensayos compuestos según otras formas literarias —el drama, la narrativa y la poesía.

FINALIDAD ENSAYISTICA:

El persuadir al lector a aceptar un determinado punto de vista a través de una serie de argumentos estructurados estratégicamente

DISCURSIVAMENTE (ensayo persuasivo) → depende de la elocuencia y de la lógica (exposición)

NARRATIVAMENTE (ensayo narrativo) → depende de la estructura de una narración

DRAMATICAMENTE (ensayo dramático) → depende del diálogo animado de los personajes

POETICAMENTE (ensayo poético) → depende de la meditación del autor y del poder evocativo de sus palabras: lógica poética (argumento)

III   *La oratoria como ensayo: sus características*

Al igual que los demás escritos literarios, el ensayo tiene sus raíces en la *oratoria* o arte de hablar en público con el propósito de persuadir o convencer a los oyentes o mover su ánimo. Sin embargo, en la lectura del ensayo, el receptor del discurso ya no es el oyente pasivo que escuchaba en silencio al orador, sino un lector que contempla el texto y, por consiguiente, que participa de la experiencia estética con el autor en un proceso de interacción. De este último factor se deduce que el ensayo, en calidad de obra de arte, seguirá estimulando al lector indefinidamente por medio de los valores estéticos que hacen resaltar a su vez los valores éticos, morales, filosóficos y políticos del mismo. Si se examina el caso de algunos grandes discursos que han llegado a ser memorables ensayos literarios, se verá que el «Gettysburg Address» de Abraham Lincoln, el «Discurso en el Politeama» de Manuel González Prada o el más reciente, «I Have A Dream» de Martin Luther King, Jr., comparten ciertos denominadores comunes. Ante todo, cada uno es un ejemplo del arte de la persuasión, pues los tres lograron en su respectiva época exaltar los ánimos e incitar a la acción a un pueblo.

No obstante, como textos, dichos discursos son fuentes de significación que trascienden el mensaje central entendido por su autor: Lincoln subrayó la urgencia de unificar y consolidar la República Federal estadounidense frente a la fragmentación ocasionada por la guerra civil; González Prada abogó por la reivindicación de la juventud peruana reprimida por una decrépita e inútil estructura social; finalmente, King grabó en el espíritu de sus oyentes la idea fundamental de su «sueño dorado»: el rescate de la raza negra en los Estados Unidos.

Esos discursos, aunque pronunciados hace tiempo, producen todavía y seguirán produciendo, con cada lectura, nuevas experiencias estéticas. Su mensaje, originariamente limitado a una circunstancia y a un pueblo, se revestirá de nuevas significaciones para los lectores de otras épocas y otros países. Esto se debe principalmente a la estructura lingüística del texto —al poder evocativo de las palabras, a su cuidadosa selección y organización. Gracias a esa misma estructura lingüística, el momento y el lugar adquieren *permanencia* y *universalidad* en la forma literaria del ensayo.

IV Estrategias de persuasión: la lógica formal y la lógica informal

Un ensayista puede presentar un mensaje de dos maneras: en forma de *exposición* o en forma de *argumento.* En el primer caso —la exposición— el autor se vale de la lógica formal (lógica del pensamiento, discursiva o simbólica); en el segundo —el argumento— utiliza la lógica informal (lógica de la sensibilidad, no discursiva o poética).

En la exposición el ensayista se limita a proporcionar al lector determinada información, pidiendo sólo que éste, a base de los *razonamientos* expuestos, comprenda lo que le dice. Por lo tanto, el ensayista se esfuerza por exponer los hechos con claridad, exactitud y organización cuidadosa. Para apreciar el análisis lógico o razonamiento mediante el cual el autor del ensayo apela al raciocinio (*reason*) de sus lectores, se deben distinguir dos elementos: el punto de partida que es la *hipótesis* y la conclusión que es la *tesis* o proposición que se quería demostrar. Hay que entender también que los razonamientos o *proposiciones* se pueden descomponer, a su vez, en otros razonamientos más simples llamados *silogismos,* como el siguiente.

		a	b	
Hipótesis o premisas:	(a)	Todos los hombres son mortales.		$a = b$
		c	a	
	(b)	Juan es hombre.		$c = a$
		c	b	
Tesis o conclusión:	(c)	Juan es mortal.		$c = b$

Además de los silogismos, un ensayista puede servirse, entre los muchos procesos de la lógica simbólica, de los *teoremas* y de los *axiomas.* Los teoremas son expresiones que encierran una verdad que tiene que ser demostrada. A saber, se dice en geometría que la suma de los tres ángulos de un triángulo vale 180°. Esto no es por sí mismo evidente hasta que se demuestra. Por el contrario, los axiomas expresan un concepto claro que no necesita demostración. Volviendo nuevamente a la geometría, se verá que cuando se dice que por un punto exterior a una línea recta puede pasar solamente una línea paralela a ella, se expresa una verdad axiomática, es decir, evidente. En ambos casos, el autor cuenta con la inteligencia del lector a fin de que éste comprenda la tesis planteada.

En cambio, si la intención del ensayista es persuadir al lector a que adopte su punto de vista y, además, a que tome determinadas medidas frente a cierta cuestión, el autor apelará a las emociones de ese lector. En este caso el mensaje será presentado en forma de argumento —forma en la que se contará con las facultades intuitivas del receptor del discurso y en la que el ensayista se valdrá de la lógica informal, haciendo uso del lenguaje literario o figurado.

Ahora bien, teniendo presente las dos categorías fundamentales del género ensayístico —el ensayo personal o informal y el ensayo impersonal o desapasionado— se verá que aquél, el personal y *subjetivo,* es presentado en forma argumentativa, mientras que éste, el ensayo desapasionado y *objetivo,* se destaca por su forma expositiva. Sin embargo, en los mejores ensayos el hábil autor no vacila en emplear armoniosamente exposición y argumento, así como cualquier otro recurso no literario —datos historiográficos y estadísticos, testimonios oculares, cálculos matemáticos y otros elementos similares.

De acuerdo con dichas dos vertientes y conforme a las formas de presentación comunes a toda obra ensayística, se propone la siguiente clasificación.

CLASIFICACION DEL ENSAYO SEGUN LAS FORMAS DE SU PRESENTACION	
Ensayo impersonal u objetivo	*Ensayo personal y subjetivo*
(Presentación expositiva)	(Presentación argumentativa)
Ensayo teórico	Ensayo poético
Ensayo filosófico	Ensayo narrativo
Ensayo científico	Ensayo dramático
Ensayo histórico	Ensayo epistolar o «carta»
Ensayo crítico	Ensayo fantástico
Ensayo periodístico	Apuntes de viajes
Ensayo-discurso u oración	Crónica o carta de relación
(*oration, speech*)	Diario (*Personal diary*)

 V *Diferentes tipos de ensayo*

EL ENSAYO PERSUASIVO

Desde el punto de vista formal, el ensayo denominado «persuasivo» es el más sencillo. Plantea una cuestión o tesis y presenta en seguida unos cuantos argumentos que la apoyan. Este es, por lo general, el orden en que se estructura ese tipo de escrito donde el autor intenta explícitamente persuadir al lector a compartir con él cierto punto de vista. Surge de ahí la importancia de leer el texto analíticamente para determinar si este intento persuasivo nace de la genuina comprensión del ensayista respecto al tema que trata o si por el contrario se ha valido de métodos fraudulentos para inducir al lector a adoptar sus ideas.

La *analogía* proporciona al lector la pauta (*guide, rule*) a emplearse en la lectura de este tipo de ensayo. Por ser la analogía una forma de razonamiento en la que una cosa se compara con otra basándose en una semejanza implícita, es el recurso clave de todo ensayo, especialmente el de tipo persuasivo. Mediante la persuasión se apela a la experiencia del lector, experiencia que luego se usa para establecer una especie de puente mental que relaciona el tópico que se discute con circunstancias similares experimentadas por el lector. «El cholo» (p. 372) de Eugenio María Hostos ilustrará este tipo de ensayo.

EL ENSAYO NARRATIVO

Dentro de esta categoría de escrito, que obviamente imita la narración ficticia, el ensayista se convierte en narrador. Como tal, adquiere las mismas características que el narrador de un cuento o de una novela. Mejor dicho, el narrador del ensayo asume el derecho de ser fidedigno o indigno de confianza, en cuyo caso le costará más trabajo al lector fijar bien la perspectiva autorial. Efectivamente, el autor de un ensayo narrativo desempeña una función parecida a la del *periodista* o del *historiador*. Obrando, entonces, como narrador cronista, el ensayista va interpretando lo que narra. Esta interpretación editorial es precisamente el elemento persuasivo del ensayo estructurado al estilo de una obra de ficción, pues su autor se vale de los personajes y de la circunstancia de su historia para presentar valores que él considera positivos o negativos. Analizando esos personajes y esa circunstancia a través de la *historia* y su *forma* o *discurso*, el ensayista comunica el deseado mensaje —su perspectiva autorial— intentando convencer al lector de la verdad que encierra dicha perspectiva.

Existe, no obstante, una diferencia básica entre la ficción propiamente dicha y la ensayística de tipo narrativo. En efecto, mientras que un cuento es una creación original, una invención de su autor, el ensayo narrativo, en cambio, representa por lo general una especie de documento de una circunstancia específica —posiblemente un acontecimiento que ocurrió alguna vez en uno que otro lugar.

Examinando la estructura del típico ensayo narrativo, se notará que la historia que se cuenta presenta dos posibilidades para el narrador: éste puede efectuar dicha narración en forma personal o autobiográfica (lo que conferiría más intimidad, y de ahí credibilidad, a sus argumentos); o puede mantenerse neutral, objetivo, para que la narración adquiera la impersonalidad de un relato periodístico.

«El castellano viejo» de Mariano José de Larra (p. 362) representa un artículo de costumbres. La ventaja de leer críticamente esta obra consiste en que, además de analizar un escrito que ilustra los rasgos distintivos del ensayo de tipo narrativo, le permite al lector observar muy de cerca un género típicamente español que manifiesta características propias.

EL ENSAYO DRAMATICO O DIALOGADO

Se ha dicho que todo ensayo contiene ciertos elementos del debate. Esto ocurre porque el ensayista entabla (*begins, initiates*) una especie de diálogo con el lector sobre un tema en el que los dos no están perfectamente de acuerdo.

Se hace necesario así que el ensayista imponga su punto de vista de la manera más sutil —más indirecta— que se le ocurra. Como consecuencia, ciertos ensayos se alejan deliberadamente de la forma ensayística, doctrinal, para adoptar, en cambio, las de otros géneros literarios. El modo dramático, o, más específicamente, el ensayo dialogado, representa uno de los primeros intentos de disfrazar la figura autorial del ensayista.

De hecho, en el ensayo dialogado, cuyos orígenes se remontan a la antigüedad greco-romana, las ideas no vienen expuestas por el ensayista mismo, sino por dos o más portavoces —personajes que, como se verá a continuación en «Diálogo sobre el arte nuevo» de José Ortega y Gasset (p. 344), funcionan dentro de una situación ficticia. Sin embargo, hay que precisar una cosa: a diferencia de la obra teatral, que utiliza el diálogo mayormente con el fin de caracterizar a los personajes y adelantar la acción dramática, el ensayo en forma de diálogo se vale casi exclusivamente del discurso para expresar una determinada tesis propuesta por el autor.

EL ENSAYO POETICO O MEDITATIVO

El autor de un ensayo poético medita y, por lo tanto, no pretende que el lector extraiga de sus meditaciones alguna declaración conclusiva. Si bien parece, por otra parte, que el ensayista enfatiza algo, es más por casualidad que de propósito. Asimismo, aunque el autor se sirva abundantemente de las imágenes, como podría hacerlo el de cualquier ensayo que tenga como meta fundamental persuadir, el ensayista meditativo no abusa de su profusa imaginería con fines doctrinales limitados. Por el contrario, las imágenes del ensayo poético son creadas para que autor y lector participen juntos en una especie de juego particular en el que los dos construyen sobre esas imágenes muchísimas otras, gracias al poder creativo de su mente.

En consecuencia, el placer que ocasiona la lectura de un texto ensayístico donde prevalezca la poética se deriva no tanto de la estructura total, sino de la *textura* de la composición, es decir, de los detalles particulares de la misma. En otra palabras, da gusto observar cómo las imágenes del texto meditativo se unen para determinar la estructura del ensayo. Por consiguiente, si se lee dicho ensayo teniendo en cuenta el efecto emotivo engendrado por el juego que su autor mantiene con el lector y consigo mismo mediante el discurso, si se capta su lógica poética, no será notoria la falta de un fuerte mensaje político, filosófico o social. Como se podrá ver en «Y las madres, ¿qué opinan?» de Rosario Castellanos (p. 381), la reacción del lector será positiva, puesto que la experiencia estética producida por la estructura lingüística del texto le enriquecerá por sus propios méritos.

VI El ensayo en la actualidad

Basándose en la opinión de Luis Ferrero y Oscar Sambrano Urdaneta, Julio César López González sostiene que el ensayo posee por su propia estructura un propósito eminentemente educativo, muy apropiado a las exigencias (*demands*) del estudiante de hoy día (*El ensayo y su enseñanza*, Río Piedras: Editorial Universitaria. Estación de la Universidad de Puerto Rico, 1980, págs. 11–13). En realidad, la modalidad ensayística, capacitada para estimular el crecimiento (*growth*) humano a nivel intelectual y emotivo, es una composición que le permite al autor exponer las preocupaciones de una época determinada, asumir posiciones críticas y ofrecer posibles soluciones a las cuestiones que plantea. Esto explicaría la razón por la cual, después de la novela, el ensayo es, en general, la forma literaria más popular del siglo XX y, en particular, de la época actual. Sambrano opina que el escrito ensayístico es el vehículo más indicado para exponer y expresar el espíritu de una época como la nuestra, tan llena de grandes inquietudes y expectativas. Por eso, no ha de sorprender que los jóvenes de hoy sientan tanto la necesidad de meditar sobre su destino personal y colectivo y sobre su futuro como individuos y como componentes de una sociedad más consciente social, política y culturalmente y, así, más comprometida que nunca.

PRACTICA

1. Indique la estrategia de persuasión empleada en los fragmentos siguientes, identificando la forma, *expositiva* o *argumentativa*, en que cada ensayista presenta su mensaje

   a. It is rather for us to be here dedicated to the great task remaining before us—that from these honored dead we take increased devotion to that cause for which they gave the last full measure of devotion—that we here highly resolve that the dead shall not have died in vain—that this nation, under God, shall have a new birth of freedom—and that government of the people, by the people, for the people, shall not perish from the earth.

   (Abraham Lincoln, «The Gettysburg Address», 1863)

   b. La población del Imperio, conforme a cálculos prudentes, no era menor de diez millones. La Conquista fue, ante todo, una tremenda carnicería. Los conquistadores españoles, por su escaso número, no podían imponer su dominio, sino aterrorizando a la población indígena, en la cual produjeron una impresión supersticiosa, las armas y los caballos de los invasores mirados como seres sobrenaturales.

   (José Carlos Mariátegui,
   Siete ensayos de interpretación de la realidad peruana, 1928)

   c. Presumption is our natural and original malady. The most vulnerable and frail of all creatures is man, and at the same time the most arrogant. He feels and sees himself lodged here, amid the mire and dung of the world, nailed and riveted to the worst, the deadest, and the most stagnant part of the universe, on the lowest story of the house and the farthest from the vault of heaven with the animals of the worst condition of the tree; and in his imagination he goes planting himself above the circle of the moon, and bringing the sky down beneath his feet. It is by the vanity of this same imagination that he equals himself to God, attributes to himself divine characteristics, picks himself out and separates himself from the horde of other creatures, carves out their shares to his fellows and companions the animals, and distributes among them such portions of faculties and powers as he sees fit.

(Michel de Montaigne, «Apology for Raymond Sebond», 1580)

d. Unmarried men are best friends, best masters, best servants; but not always best subjects; for they are light to run away and almost all fugitives are of that condition. A single life doth well with churchmen; for charity will hardly water the ground, where it must first fill a pool. It is indifferent for judges and magistrates; for if they be facile and corrupt, you shall have a servant, five times worse than your wife.

(Francis Bacon, «Of Marriage and Single Life», 1597)

e. La inmensa mayoría de las mujeres de América ha dejado escritos sus nombres en los repliegues íntimos de la vida, que el viento de la muerte va borrando. Palabras escritas en el agua… Pero las doce mujeres, que surgen aquí como ejemplo, tuvieron virtudes y pasiones que son comunes a todas las demás. Sólo que el heroísmo de la mujer no ha sido siempre de plaza pública. Quizá la historia, cuando calla sus nombres, los calla, si es noble, por pudor. Es demasiada hermosura la de ciertos espíritus selectos para ser arrollada por la corriente tumultuosa de los anales políticos, para ser llevada a la gran representación de la publicidad. Hasta hoy, la vida de la mujer se ha recordado en sordina. Nada de clarines. Nada de flamante biografía.

(Germán Arciniegas, *América mágica,* 1961)

f. —Acabo de leer en el tren —dijo Baroja— su artículo «El campo del arte», donde define usted su actitud frente al arte nuevo.
—Y qué, ¿no está usted de acuerdo?
—No puedo decir que no esté de acuerdo. Lo que pasa es que no lo entiendo.
—¿No está claro lo que digo?
—Claro es usted siempre, Azorín. Mejor dicho, es usted la claridad misma. Pero éste es el inconveniente. Cuando no se trata de cosas y personas concretas, cuando plantea usted temas generales y en vez de manejar imágenes, sentimientos, camina usted entre ideas, envuelve usted las cuestiones en una claridad tal que quedan ocultas por ella. Vemos la claridad de usted; pero no conseguimos ver claras las cosas. Es usted pura luz, y para que se vea algo hace falta siempre alguna sombra.

(José Ortega y Gasset, «Diálogo sobre el arte nuevo», *Artículos,* 1924)

g. Las escaleras se suben de frente, pues hacia atrás o de costado resultan particularmente incómodas. La actitud natural consiste en mantenerse en pie, los brazos colgando sin esfuerzo, la cabeza erguida aunque no tanto que los ojos dejen de ver los peldaños inmediatamente superiores al que se pisa, y respirando lenta y regularmente. Para subir una escalera se comienza por levantar esa parte del cuerpo situada a la derecha abajo, envuelta casi siempre en cuero o gamuza, y que salvo excepciones cabe exactamente en el escalón.

(Julio Cortázar, «Manual de instrucciones», de *Historias de cronopios y famas,* 1962)

2. Señale los varios recursos de la lógica simbólica o formal (silogismos, analogías, axiomas, aforismos y otros medios no puramente literarios) empleados en los siguientes fragmentos para convencer al lector de la validez del tema expuesto.

a. *Aestimes judicia, non numeres,* decía Séneca. El valor de las opiniones se ha de computar por el peso, no por el número de las almas. Los ignorantes, por ser muchos, no dejan de ser ignorantes. ¿Qué acierto, pues, se puede esperar de sus resoluciones?

...Siempre alcanzará más un discreto solo que una gran turba de necios; como verá mejor al sol un águila sola que un ejército de lechuzas.

(Fray Benito Jerónimo Feijoo, *Teatro crítico universal,* 1726–1739)

b. Alguien podrá ver un fondo de contradicción en todo cuanto voy diciendo, anhelando unas veces la vida inacabable, y diciendo otras que esta vida no tiene el valor que se la da. ¿Contradicción? ¡Ya lo creo! ¡La de mi corazón, que dice sí, y mi cabeza, que dice no! Contradicción naturalmente. ¿Quién no recuerda aquellas palabras del Evangelio: «¡Señor, creo; ayuda a mi incredulidad!» ¡Contradicción!, ¡naturalmente! Como que sólo vivimos de contradicciones, y por ellas; como que la vida es tragedia, y la tragedia es perpetua lucha, sin victoria ni esperanza de ella; es contradicción...

(Miguel de Unamuno, *Del sentimiento trágico de la vida,* 1913)

c. El hecho más importante de la historia es el mismo de la biología, es que el hombre se muere como todos los demás seres vivos.

(Arturo Uslar Pietri, *Veinticinco ensayos,* 1945)

d. Mientras la prosa española peninsular es romántica, costumbrista o académica, la prosa española continental (la nuestra) deja ver, en Sarmiento, la innovación constante, espoleada por «el ritmo urgente del pensamiento» (P. Henríquez Ureña); y en Montalvo, recuerda el tono de Quevedo, entonces insólito en España. Llegando ya a los modernistas, aparecen, en Martí, la sentencia corta y eléctrica al modo de Gracián; en Gutiérrez Nájera, la sentencia etérea y saltarina, cuyo secreto murió con él. Ambas contrastan con el fraseo largo y movedizo del español Valera, o con los amplios períodos oratorios del español Castelar.

(Alfonso Reyes, «De poesía hispanoamericana», 1941)

e. Meanwhile B.A.'s grow so common that employers who once demanded them now demand M.A.'s, and the Master's requirement in some fields (not just the academic) has been upgraded to the Ph.D. In the years since Robert M. Hutchins sardonically proposed that we achieve our desires with less trouble by granting every American citizen a B.A. at birth, we have moved closer and closer to a utopia in which everyone receives it at 21, in return for doing classroom time. One already hears talk of attendance being compulsory through age 20. In California, where problems tend to surface before New England need worry about them, the state population rose 50 percent in one decade, and the college population 82 percent. It grows easy to foresee the day when 50 percent of the population of California (and, after a suitable time lag, of Massachusetts, of New York, of Illinois and, yes, of Montana) will be employed at teaching the other 50 percent, perhaps changing ends at the half.

(Hugh Kenner, «Don't Send Johnny to College», 1964)

3. Muestre los recursos de la lógica informal o poética en los textos que siguen.

a. Por eso el libro importado ha sido vencido en América por el hombre natural. Los hombres naturales han vencido a los letrados artificiales. El mestizo autóctono ha vencido al criollo exótico. No hay batalla entre la civilización y la barbarie, sino entre la falsa erudición y la naturaleza.

(José Martí, «Nuestra América», 1891)

b. Es así como, no bien la eficacia de un ideal ha muerto, la humanidad viste otra vez sus galas nupciales para esperar la realidad del ideal soñado con nueva fe, con tenaz y conmovedora locura. Provocar esa renovación, inalterable como un ritmo de la Naturaleza, es en todos los tiempos la función y la obra de la juventud. De las almas de cada primavera humana está tejido aquel tocado de novia.

(José Enrique Rodó, *Ariel,* 1900)

c. In that mysterious dimension where the body meets the soul the stereotype is born and has her being. She is more body than soul, more soul than mind. To her belongs all that is beautiful, even the very word beauty itself. All that exists, exists to beautify her . . . The sun shines only to burnish her skin and gild her hair; the wind blows only to whip up the color in her cheeks; the sea strives to bathe her; flowers die gladly so that her skin may luxuriate in their essence. She is the crown of creation, the masterpiece.

(Germaine Greer, *The Female Eunuch,* 1970)

d. ¿Hemos de cerrar voluntariamente la puerta a la inmigración europea, que llama con golpes repetidos para poblar nuestros desiertos y hacernos, a la sombra de nuestro pabellón, pueblo innumerable como arenas del mar? ¿Hemos de dejar ilusorios y vanos los sueños de desenvolvimiento, de poder y de gloria, con que nos han mecido desde la infancia los pronósticos que con envidia nos dirigen los que en Europa estudian las necesidades de la humanidad?

(Domingo Faustino Sarmiento,
«Introducción» de *Vida de Juan Facundo Quiroga,* 1845)

PANORAMA HISTORICO Y CATEGORIAS FUNDAMENTALES

EL ENSAYO: ORIGENES, ETIMOLOGIA, EVOLUCION Y OBJETIVOS

Aunque el género ensayístico ha existido en diversas formas desde la antigüedad grecolatina (la *Poética* de Aristóteles, los *Diálogos* de Platón, las *Epístolas* de Plinio y muchos otros), el término *ensayo* se debe exclusivamente al humanista francés Michel de Montaigne (1533–1592). Este lo usó por primera vez en sus *Essais* (1580). El término *essais,* asignado por Montaigne a sus escritos, explica la característica básica que tradicionalmente ha diferenciado el ensayo de otras formas o modalidades literarias. En efecto, la palabra proviene del latín *exagium,* o acción de pesar y, más directamente, del francés *essayer* (en español *ensayar*) que significa *intentar* o *experimentar.* De ahí se deduce que el ensayo se creó originalmente no para demostrar una verdad con la que todo el mundo estaría de acuerdo, sino como una composición tentativa, abierta a la polémica y, por consiguiente, incompleta.

El término volvió a aparecer unos años más tarde en los *Essays* (1597) del inglés Francis Bacon (1561–1626), quien lo aplicó a sus escritos del mismo tipo. A pesar de sus diferencias de estilo y de temática, las respectivas obras de Montaigne y Bacon ayudan a entender las dos categorías del ensayo moderno.

LOS «ESSAIS» DE MONTAIGNE: LA CATEGORIA PERSONAL E INTIMISTA

Los escritos de Montaigne —comentarios de tipo íntimo, al estilo de una confesión y con tono de conversación— representan el modelo original o prototipo del cual se deriva hoy día el ensayo *personal* e *informal.* Aquí es donde se encontrará el escrito subjetivo bajo la forma de *artículo humorístico, esbozo* o *sketch, caricatura, artículo impresionista* o cualquier otro artículo de tipo *imaginativo.*

FRANCIS BACON Y EL ENSAYO IMPERSONAL Y MORALIZANTE

Los *Essays* de Bacon constituyen el prototipo del ensayo *desapasionado* e *impersonal* que, como su nombre lo indica, no pretende transmitir impresión o emoción alguna. Breves, moralizantes, dogmáticos y aforísticos —es decir, que expresan pensamientos generalmente aceptados como verdades— los *essays* no se dirigen a nadie en particular. En la época moderna, cabrían dentro de esta categoría el *tratado* (*treatise*) o la *monografía,* tal como el estudio erudito y profundo de un determinado asunto, el ensayo biográfico, histórico o científico, el artículo crítico, el de fondo o editorial y otros tantos de carácter *objetivo.*

FINALIDAD FUNDAMENTAL: EL PERSUADIR A TRAVES DE LA LOGICA

Aunque algunos ensayos entretienen más por su valor estético o expresivo que por la información que proporcionan, según lo muestran los ensayos de esta antología, el denominador común a todos es sin duda el procedimiento lógico mediante el cual los respectivos autores presentan su punto de vista o argumento invitando al lector a aceptarlo.

ORATORIA Y RETORICA: LAS RAICES DEL ENSAYO

Ya que en el fondo del ensayo existe, de una manera u otra, la intención de persuadir, conviene repasar brevemente la tradición de la *oratoria* y del debate de donde el ensayo proviene. Los antiguos oradores griegos y romanos —políticos en su mayor parte— estaban conscientes de la importancia de la opinión pública y de la necesidad de influir en ella modificándola a su voluntad mediante sus discursos y debates. Nació así la *retórica* (del griego *rétor* u *orador*), parte integrante de la oratoria o arte de dirigirse a las masas. Aristóteles la define como «el poder de ver todas las posibilidades de persuadir a la gente acerca de cualquier asunto». Efectivamente, los oradores de la antigüedad maniobraron (*handled*) varios recursos que los convirtieron en verdaderos maestros del arte de la persuasión. Sabían cuándo y cómo usar la lógica y cuándo apelar a su propia autoridad o a las emociones de los oyentes. Para ser aún más eficaces acompañaban la oratoria con gestos y timbre (*tone*) de voz apropiados y hasta desarrollaron ciertas técnicas para memorizar los discursos largos. Además, estudiaron escrupulosamente la estructura de las oraciones (*speeches/orations*) y manejaron con maestría la elocución (del latín *elocutio* que significa *estilo*).

EL ENSAYO IMPERSONAL EN LA ESPAÑA MEDIEVAL Y RENACENTISTA

En España la vertiente desapasionada e impersonal del ensayo tomó originalmente la forma de prosa didáctica, o sea, prosa con un fin docente y moralizador. Este tipo de escrito produce en la Edad Media las *crónicas* e *historias* de los varios reinados, así como los *tratados* que prescriben leyes sobre la conducta del ciudadano ante su rey, ante la sociedad y ante Dios. Dentro de esta última categoría figura la obra más importante del Medioevo español: *Las siete partidas* (siglo XIII), colección de leyes y costumbres de gran importancia histórica, compilada por orden del rey Alfonso X el Sabio.

De esta misma rama nacen en los siglos XV y XVI obras de valor tanto educativo como artístico. Cabe indicar aquí dos escritos importantes: el *Corbacho*, o *Reprobación del amor mundano* (1438), tratado de moral, satírico, compuesto en un estilo pintoresco por Alfonso Martínez de Toledo, Arcipreste de Talavera, y el *Arte de la lengua castellana* (1492) de Antonio de Nebrija. Este último es de trascendencia (*significance*) particular, ya que es la primera obra preceptiva o instructiva sobre un idioma moderno y, en análisis final, el prototipo de las gramáticas actuales.

LA DIDACTICA Y LA MISTICA EN EL ENSAYO DEL SIGLO DE ORO

En la ensayística renacentista de carácter informal y personal se inscriben varias obras de mérito artístico. Entre ellas está el ingenioso y entretenido *Diálogo de la lengua* (c. 1535) de Juan de Valdés. En este ensayo dramático, el autor discute con dos interlocutores (*fellow speakers*) italianos y dos españoles el origen de la lengua castellana, su vocabulario y las obras principales escritas en este idioma. Al lado de dicho escrito secular, figura en el Siglo de Oro la prosa ensayística de tipo religioso. Las obras más destacadas del género son *De los nombres de Cristo* (1583) de Fray Luis de León —explicación del sentido místico de las varias maneras empleadas en la Biblia para referirse a Jesús— y *Las moradas* (1588) de Santa Teresa de Jesús. En este escrito eminentemente místico, la autora compara el alma a un castillo cuyas siete habitaciones conducen a Dios.

LA «CRONICA DE INDIAS»: GERMEN DEL FUTURO ENSAYO AMERICANO

Uno de los fenómenos más significativos en el desarrollo del ensayo hispánico es la conquista del Nuevo Mundo, acontecimiento que da principio al género de la *carta de relación* o *crónica de Indias*. Esta nueva forma, debido a las circunstancias extraordinarias en que brota (*it appears*) y al carácter mismo del escritor, es una combinación de documento histórico, experiencia personal y fantasía. Las más destacadas incluyen las *Cartas de relación* (1519–1526) del conquistador Hernán Cortés, modelo original del género; la cruda pero franca y vívida *Verdadera historia de la conquista de la Nueva España* (1632) del capitán Bernal Díaz del Castillo y *Naufragios* (1555) del conquistador Alvar Núñez Cabeza de Vaca. Esta obra, de tipo autobiográfico y llena de valiosa información acerca de los indígenas americanos, relata las peripecias (*events, changes of fortune*) del autor al recorrer por unos diez años (1544–1555) el territorio que va desde el golfo de México hasta el de California.

Cronista de singular relieve es el Padre Fray Bartolomé de las Casas. Autor de la *Historia de las Indias* (1527) y de la *Brevísima relación de la destrucción de las Indias* (1552), indicó varios de los graves problemas que enfrentaron los españoles al colonizar el Nuevo Mundo. Desafortunadamente, sus palabras en defensa del indígena, inspiradas por la pasión y el celo cristiano, acabaron por engendrar una mala reputación para el conquistador español. Esto eventualmente dio origen a la consabida «leyenda negra», según la cual la crueldad y la codicia (*greed*) de los conquistadores habían ocasionado la exterminación de los indígenas del Caribe. De mayor trascendencia para el estudioso o investigador actual resultan los *Comentarios reales* (1609) del Inca Garcilaso de la Vega. En esta obra el arte ensayístico produce una visión más real que fantástica de los indígenas —los incas— y de su pintoresca civilización.

EL ENSAYO ESPAÑOL E HISPANOAMERICANO DEL BARROCO

La figura cumbre de la prosa filosófica y didáctica del Barroco hispánico es Baltasar Gracián. Su obra maestra dentro del género ensayístico es *Agudeza y arte de ingenio* (1642), tratado en el que el autor expone sus ideas sobre las técnicas estilísticas a seguir en la época.

Entre lo mejor de la ensayística barroca de Hispanoamérica hay que señalar, por su singularidad (*uniqueness*), la *Respuesta a Sor Filotea de la Cruz* (1691) de Sor Juana Inés de la Cruz. La importancia de este escrito radica en la multitud de detalles biográficos y en la genial prosa conceptista a través de la cual la monja mexicana defiende sus derechos de mujer y de intelectual.

LAS DOS VERTIENTES DEL ENSAYO EN EL SIGLO DE LAS LUCES

Según se observó previamente, el espíritu racionalista de la Ilustración creó en Europa una nueva mentalidad que renovó las ciencias y desarrolló el pensamiento crítico. Con eso, se comenzó a desconfiar seriamente de todas las instituciones tradicionales: las sociales, las políticas, las religiosas, etcétera. Según era de esperarse, la postura (*position, attitude*) de los «iluminados» (*the «enlightened»*) —los proponentes de la Ilustración— produce en Europa y en América el florecimiento de obras con fin docente o didáctico. El escrito ensayístico es la modalidad literaria más usada por ellos y se desarrolla de acuerdo con sus dos ramas —el ensayo desapasionado, impersonal y objetivo y el ensayo informal, intimista y subjetivo.

EL ENSAYO IMPERSONAL Y OBJETIVO EN LA PENINSULA

En España este tipo de escrito es ejemplificado por la *Poética* (1733) de Ignacio Luzán, obra didáctica que se limita a exponer una serie de normas basadas en la tradición clásica de Aristóteles y Horacio. Según Luzán, sólo la vuelta a los preceptos clásicos podía salvar el arte literario de los excesos del Barroco.

En esta misma categoría de ensayo hay que incluir el importante *Teatro crítico universal* (1726–1739) del monje benedictino Benito Jerónimo Feijoo. En este libro controvertido, Feijoo se sirve de su gran erudición para denunciar las supersticiones, los prejuicios y la ignorancia de sus compatriotas, exhortándolos a combatir dichos males con la razón y la experiencia.

EL ENSAYO PENINSULAR DE TIPO PERSONAL E INFORMAL

Esta categoría es representada en la España del siglo XVIII por la prosa *epistolar,* o sea, por escritos compuestos en forma de correspondencia. La ensayística española epistolar cuenta con las *Cartas eruditas* (1742–1760) de Feijoo y las *Cartas marruecas* (1789) de José Cadalso. En sus *Cartas eruditas* Feijoo se defiende apasionadamente de la polémica de sus enemigos, tanto con razonamientos puramente objetivos como con argumentos emotivos. Por otro lado, Cadalso emplea personajes ficticios —dos africanos y un español— para debatir y criticar, a través de las cartas que se intercambian entre los tres, las condiciones políticas y sociales del país.

LA ENSAYISTICA HISPANOAMERICANA DURANTE EL SIGLO XVIII

Guiado por el espíritu crítico de la Ilustración que ya había motivado en Europa la Revolución Francesa y la reivindicación de los derechos humanos, el hispanoamericano empieza a cuestionar su propia condición de ente subordinado a la voluntad de la madre patria con sus instituciones obsoletas y dañinas. Dos escritos ilustran el descontento general y las ideas revolucionarias de las colonias. Trátase de *Historia de la revolución de Nueva España, antiguamente Anahuac* (1813), obra autobiográfica de carácter picaresco del mexicano Fray Servando Teresa de Mier, y «Carta de Jamaica» (1815) del venezolano Simón Bolívar. Este último ensayo es particularmente significativo por su valor histórico y por la figura misma de su autor. A saber, el héroe de la independencia de las colonias —el «Libertador de América»— traza los antecedentes de la guerra, ofreciendo a la postre su visión de un futuro político para el continente: el sueño dorado de una confederación latinoamericana.

Un lugar especial le corresponde a Andrés Bello, humanista venezolano considerado como el padre de la independencia política y cultural de la América Hispana. Su contribución a la ensayística incluye numerosos artículos y tratados sobre leyes, política, filosofía, historia, literatura y lenguaje (*Gramática de la lengua castellana,* 1835). Uno de sus ensayos más famosos por su valor profético es «La independencia cultural de América», publicado como muchos otros en el prestigioso periódico chileno *El Arauco.*

EL COSTUMBRISMO, LARRA Y EL ENSAYO ROMANTICO EN ESPAÑA

A principios del siglo XIX el género ensayístico español produce el *costumbrismo.* Este término se aplica a la tendencia de un grupo de escritores de presentar cuadros de la vida y de las costumbres de la época. Los mayores representantes de la corriente costumbrista son Ramón de Mesonero Romanos (*Escenas matritenses,* 1832–1842), Serafín Estébanez Calderón (*Escenas andaluzas,* 1847) y Mariano José de Larra (p. 361).

Larra, el periodista más destacado de su tiempo, es también el más singular de los costumbristas. De hecho, en contraste con Mesonero Romanos —que retrata de una manera pintoresca la vida madrileña— y con Estébanez Calderón, cuyo mérito se debe especialmente a los artículos donde capta con colorido y nostalgia el folclore de Andalucía, Larra penetra en la mente y en el alma de sus compatriotas para buscar las raíces de la crisis social y política del país.

EL ENSAYO DEL ROMANTICISMO HISPANOAMERICANO

Si en España el Romanticismo de Larra encuentra en la forma del *artículo de costumbres* un vehículo ideal para manifestar el descontento personal ante la vida —el llamado «mal del siglo»— en Hispanoamérica el movimiento romántico logra mucho más. Proporciona a un gran número de pensadores la ocasión ideal de difundir, a través de la polémica literaria, sus ideas respecto a los complejos problemas de todo un continente en estado de formación y en busca de una identidad propia.

SARMIENTO Y LA PROBLEMATICA DE LA DOBLE HERENCIA

Entre los ensayistas más significativos de la primera mitad del siglo XIX se destaca la figura del argentino Domingo Faustino Sarmiento, autor del célebre y singular *Facundo o Civilización y barbarie* (1845). Parte ensayo geográfico-político-histórico-sociológico, parte biografía estilizada del despótico caudillo argentino Juan Facundo Quiroga, el libro de Sarmiento plantea una tesis todavía válida. Esta enfoca el conflicto del habitante del Nuevo Mundo hispánico dividido entre su doble herencia, la nativa o americana y la ancestral o europea. Al parecer de Sarmiento, dicho dilema se debía resolver combatiendo la naturaleza salvaje, simbolizada por la pampa —la inmensa llanura desierta de Suramérica— y asimilando los mejores elementos culturales extranjeros.

LOS SEGUIDORES DE SARMIENTO Y EL ENSAYO PATRIOTICO DE MARTI

Toda una serie de ensayistas, encabezada por el ecuatoriano Juan Montalvo (*Siete tratados,* 1882), sigue las huellas de Sarmiento y lucha por los derechos del hombre hispanoamericano violados por un creciente número de caudillos. A esta misma vertiente pertenecen aquellos escritores que temen la tiranía de las superpotencias extranjeras. Portavoces imponentes de esta postura son el puertorriqueño Eugenio María de Hostos (p. 371) y el cubano José Martí.

EL ENSAYO MARTIANO Y EL PRE-MODERNISMO

Igual que Hostos, Martí quiere independizarse de España pero teme la posible intervención y subsecuente dominación política y cultural de los Estados Unidos —el llamado «Coloso del Norte». Dichas inquietudes están puestas de manifiesto, con la lógica pasional del romántico y con el fervor del patriota, en sus discursos «Nuestra América» (1891) y «Mi raza» (1893). Ambos escritos resultan eminentemente persuasivos gracias a la profundidad de sus ideas y a la extraordinaria riqueza de imágenes —rasgos que anuncian la nueva prosa modernista. El cosmopolitismo de Martí, es decir, su temática universal, destinada a caracterizar la primera fase del modernismo, se hace patente en la preocupación del ensayista por defender no sólo la libertad de su patria, sino los inalienables derechos de todo ser humano.

EL ENSAYO AMERICANO FINISECULAR Y LA LITERATURA «REACCIONARIA»

Uno de los fenómenos más trascendentes de la literatura hispanoamericana de fines del siglo XIX es la aparición de obras que proponen soluciones drásticas a los antiguos y graves problemas políticos y sociales de las distintas repúblicas. La figura cumbre del ensayo hispanoamericano de la época es el peruano Manuel González Prada, considerado como el precursor de los movimientos reaccionarios de tipo socialista o marxista. En *Pájinas libres* (1894) y *Horas de lucha* (1908), escritos caracterizados por una prosa combativa, directa —convincente— resalta la defensa de los valores locales, el indígena en particular y la juventud americana en general. En cambio, valiéndose, entre otros recursos, de lemas (*slogans*) acuñados por él mismo («Los viejos a la tumba, los jóvenes a la obra»), González Prada ataca con audacia y violencia las instituciones «arcaicas» de su país —la Iglesia y las clases conservadoras gobernantes que se derivan del sistema colonial español.

LA PRODUCCION ENSAYISTICA DE LA GENERACION DEL 98

Era lógico que un movimiento dedicado a debatir los asuntos (*matters, issues*) más polémicos de la época, como lo fue la llamada Generación del 98, diera máxima importancia al ensayo. Angel Ganivet, posiblemente el precursor más destacado de dicho movimiento, demuestra la eficacia de la modalidad ensayística en su obra maestra *Idearium español* (1897). En lo que constituye un excelente ejemplo de presentación expositiva y argumentativa, el autor examina, ya con profundidad y cuidadosa organización, ya con agudeza verbal, la tradición histórica y cultural de España. Al final, Ganivet propone la modernización del país, conservando intacto, frente al influjo extranjero, el carácter distintivo de su raza.

Del sentimiento trágico de la vida (1913) es uno de los ensayos filosóficos más importantes de la literatura española y la obra más famosa de Miguel de Unamuno, máximo exponente de la Generación del 98. La tesis central del libro es el conflicto entre la razón y el deseo de ser inmortal. Según Unamuno, la voluntad debe ayudar al hombre a luchar contra la lógica para ser feliz, lo que implica creer en Dios y en la vida eterna. Esta actitud filosófica se percibe tambien en otras de sus obras no ensayísticas, como la novela *San Manuel Bueno, mártir* (1933) (p. 83).

Otra gran figura del ensayo de la Generación del 98 es José Martínez Ruiz («Azorín»). Al igual que otros miembros de tal generación, Azorín aboga por modernizar a España e integrarla al resto de Europa, valorando más que nunca la belleza del país y lo mejor del pasado nacional. Sin embargo, rechaza las consideraciones de orden religioso o metafísico, tan caras a la tradición católica, y anima a sus compatriotas a adoptar, en su lugar, una moral basada en la sensibilidad individual. Por lo tanto, para rescatar a su país, la nueva generación de españoles deberá practicar la bondad, la comprensión y la tolerancia. Estas son esencialmente las ideas que expresan, con la sensibilidad del poeta, *Los pueblos* (1905), *La ruta de don Quijote* (1905), *Castilla* (1912) y *Al margen de los clásicos* (1915).

MENENDEZ Y PELAYO Y LA MODERNA ERUDICION EN ESPAÑA

Figura de suma importancia en la ensayística peninsular es Marcelino Menéndez y Pelayo (1856–1912). Hombre de prodigiosa erudición y de inmensa capacidad de trabajo, logró conciliar armoniosamente el amor por la tradición histórica y cultural de España y el pensamiento moderno europeo. Resaltan en su obra *Historia de las ideas estéticas en España* (1882), *Estudios de crítica literaria* (1884–1908), *Antología de poetas líricos* (1890–1908) y *Orígenes de la novela* (1905–1910).

EL ENSAYO FRENTE A LA AMENAZA DEL «COLOSO DEL NORTE»

A raíz de la Guerra hispanoamericana de 1898, se realizan las más temidas profecías de pensadores como Hostos y Martí. Efectivamente, después de derrotar a España, los Estados Unidos invaden a Cuba y anexan a Puerto Rico y a las Islas Filipinas. A continuación, gracias a una serie de tratados y concesiones realizados con el apoyo de las pequeñas oligarquías gobernantes, los «yanquis» establecen su predominio económico y político en la América Central, Suramérica y México. Ante estos sucesos surge un sentimiento de solidaridad entre los países hispanoamericanos y se busca un denominador común que los aúne espiritualmente contra la amenaza estadounidense.

RODO Y VASCONCELOS: «ARIELISMO» E «INDOLOGIA»

Dos ensayos responden con gran resonancia a las exigencias del momento: *Ariel* (1900) del uruguayo José Enrique Rodó y *La raza cósmica* (1925) del mexicano José Vasconcelos. La obra de Rodó ejemplifica el ensayo modernista por la feliz combinación de cultura, sensibilidad, elegancia de expresión y agudeza de pensamiento. La tesis de *Ariel* sostiene que la raza sajona (*Anglo-Saxon*), representada por los yanquis, dio al mundo el sentido de libertad, mientras que la civilización grecorromana, heredada de España, produjo la cultura. Ariel— personaje que simboliza aquí, como en el drama *The Tempest* de Shakespeare, la parte espiritual del ser humano— propone como solución al dilema de la identidad del hispanoamericano la reconciliación de los valores europeos y americanos. Según el «arielismo» de Rodó, dichos valores —el anhelo de libertad y la valoración de la cultura clásica— han sido perjudicados por el materialismo de los Estados Unidos («Calibán») y por la falta de orden en Hispanoamérica.

El postmodernista Vasconcelos, por otra parte, pone toda su confianza en el desarrollo de un nuevo tipo de gente. Se trataría de una «quinta raza» —impura, totalmente mestiza, al estilo de aquélla creada en el Brasil («indología»). La misión histórica de esta raza global o «cósmica» sería crear una estirpe (*stock, breed*) más fuerte que la de sangre pura —gente capaz de enfrentarse a la estirpe sajona y desafiarla.

En esta misma clase de ensayo que busca una solución, a la vez humanística y americana, al dilema de un continente en proceso de autodefinición, destacan el dominicano Pedro Henríquez Ureña (*Seis ensayos en busca de nuestra expresión,* 1928) y el mexicano Alfonos Reyes. Este último es tal vez la figura sobresaliente de la ensayística hispánica del siglo XX. Su fama se debe por una parte a la alta calidad estilística de su prosa y por otra al hecho de que sus ensayos comprenden todas las categorías del género. En realidad, Reyes combina magistralmente, en las obras más variadas, los temas nacionales con los universales y la erudición con la meditación poética. Esto se nota en su visión evocativa del paisaje mexicano (*Visión de Anáhac,* 1917) así como en su detenido tratado de teoría literaria (*El deslinde,* 1944). El genio y la versatilidad de Reyes se perfilan asimismo en sus consideraciones históricas y filosóficas en torno al fenómeno que es América (*Ultima Tule,* 1942), y en sus divagaciones líricas en obras como *El cazador* (1921).

MARIATEGUI Y EL ENSAYO AMERICANO COMPROMETIDO DE CUÑO MARXISTA

Durante la década de los años veinte, tras la Revolución soviética (1917), los intelectuales de Hispanoamérica se unen a los europeos para buscar una solución radical a los problemas políticos, económicos y sociales de la época. El artista siente más que nunca la urgencia de poner su obra al servicio de una causa. En consecuencia, el ensayo se presenta de nuevo como el género más apropiado para exaltar los ánimos y promover cambios drásticos e inmediatos en las anticuadas pero poderosas instituciones nacionales. Las ideas revolucionarias del marxismo leninista que prometía una sociedad homogénea y progresiva (ver Apéndice 3) seducen fácilmente a una América Latina en manos de una pequeña minoría de ricos terratenientes (*landowners*) y de prepotentes caudillos.

Entre los que más entusiásticamente asimilaron las ideas reaccionarias europeas se encuentra José Carlos Mariátegui. Fundador del partido socialista peruano, Mariátegui es uno de los primeros y más distinguidos escritores comprometidos de la América Hispana. *Siete ensayos de interpretación de la realidad peruana* (1927), su obra maestra, continúa la tradición de González Prada, en el sentido de que representa la defensa del indígena y de la cultura autóctona o nativa. La tesis del libro, que tanto influyó en la formación y divulgación del pensamiento revolucionario de tipo marxista en Hispanoamérica, sostiene (*maintains, argues*) que el indígena perdió su identidad cuando los conquistadores españoles le quitaron una parte vital de su modo de ser: el sistema de gobierno «colectivista» o comunista.

ORTEGA Y GASSET: PROFETA Y DEFENSOR DEL INDIVIDUALISMO

España produce en José Ortega y Gasset a uno de los grandes pensadores del siglo XX. Su fama internacional se debe en gran parte a obras como *El tema de nuestro tiempo* (1923). En ella, Ortega rechaza la teoría según la cual hay una lógica pura que lleva a todos los seres humanos a ver la realidad del mismo modo o desde el mismo ángulo. Por el contrario, afirma la tesis del libro, cada individuo es guiado por una lógica personal que el autor llama «razón vital». De tal teoría este filósofo español deriva que dos personas verán la misma cosa desde una perspectiva distinta —desde un punto de vista determinado por sus circunstancias particulares. Dicha actitud individualista se perfila en otro de sus escritos de resonancia internacional: *La deshumanización del arte* (1925). En esta obra Ortega propone un arte de minorías que sea un juego de la imaginación y que no retrate la realidad humana de acuerdo con un criterio que todos acepten. La misma actitud multiperspectivista e inconformista ante la vida y ante el arte se refleja en otra obra suya de considerable impacto, *La rebelión de las masas* (1930). Ortega critica en este libro la cultura burguesa por ser utilitaria y, de ahí, mediocre.

EL ENSAYO ARGENTINO DE LOS AÑOS TREINTA: DESCONFIANZA Y «PARRICIDIO»

En Hispanoamérica, el optimismo «arielista» que había caracterizado al ensayo en las primeras dos décadas del siglo XX —optimismo fundado en la tradición hispánica y en las soluciones culturales que ésta ofrecía a los pueblos americanos— cede el paso (*gives way*) a una nueva actitud. El hispanoamericano se vuelve escéptico, es decir, deja de confiar en dicha tradición. Surge entonces toda una nueva generación de pensadores —los llamados «parricidas» (*parricides, slayers of their own father or mother*)— que rechaza el pasado ancestral y que mira con recelo hacia un futuro incierto. Sus obras se distinguen por su carácter meditativo, crítico y por una temática marcadamente existencialista. Esta gira en torno a la angustia del hombre moderno, víctima de un progreso material que le ha quitado su identidad y todo sentido de dirección. La producción ensayística más representativa de la época es la de la Argentina y resalta por cierta constante fundamental: la negación de la «versión oficial» o española de la historia de Latinoamérica. A saber, el autor identifica su propia vida y sus inquietudes espirituales con la historia infeliz de su país para luego determinar los males que afligen a su sociedad y a su cultura. Los representantes más lúcidos de esta tendencia son Ezequiel Martínez Estrada (*Radiografía de la pampa*, 1933; *La cabeza de Goliat*, 1940); Eduardo Mallea (*Historia de una pasión argentina*, 1932; *La guerra interior*, 1963); Victoria Ocampo, *Testimonios* (1935–1977); Ernesto Sábato, *La cultura en la encrucijada nacional* (1976), y Jorge Luis Borges. En esta misma vertiente se inscribe el peruano Sebastián Salazar Bondy. Su obra más notable, *Lima la horrible* (1964), representa, al estilo del «parricidio» argentino, la denuncia del ambiente sociopolítico de la capital peruana, ambiente en el que persiste la mentalidad devastadora de la época colonial.

BORGES Y LA DESMITIFICACION DE LA REALIDAD

Un lugar de relieve le corresponde a Jorge Luis Borges. Su bien merecida fama internacional se debe sea a la singularidad de su visión del mundo sea a la forma genial —una especie de juego intelectual— con la que expresa dicha visión. Borges opina que la realidad material no tiene ninguna importancia: la vida es un espejo en el que se reflejan hasta lo infinito las imágenes de los seres y de las cosas. Por consiguiente, los hombres y sus acciones son apenas la repetición de otros hombres y de otras acciones. En cambio, sostiene la tesis fundamental borgiana, la única realidad tangible es la verdad inventada por la fantasía humana.

Según este principio, Borges crea en obras como *Otras inquisiciones* (1953), *Historia de la eternidad* (1953) y *El hacedor* (1960) un nuevo tipo de escrito —parte ficción, parte ensayo— que falsifica la historia, las ciencias, las matemáticas y las demás convenciones humanas, incluso la propia estructura del ensayo tradicional.

EL ENSAYO COMO RECONSTRUCCION MITICA DE LA HISTORIA

Una tendencia parecida a la de Borges, en el sentido de que el ensayo se aleja de la forma doctrinaria para convertirse en una visión poética de la historia, la constituyen los escritos del colombiano Germán Arciniegas (*América mágica*, 1961; *El continente de siete colores,* 1965) y los del venezolano Arturo Uslar Pietri (*Las nubes,* 1956; *En busca del nuevo mundo,* 1969).

OCTAVIO PAZ: SINTESIS DEL MODERNO ENSAYO HISPANICO

De singular mérito, por su extenso número y por su gran versatilidad, son los ensayos del mexicano Octavio Paz. Ellos cubren con asombrosa originalidad temas que van desde el lenguaje y la teoría poética hasta la antropología, la cultura hindú (*El mono gramático,* 1974), la pintura, la crítica literaria y la biografía (*Sor Juana Inés de la Cruz o Las trampas de la fe,* 1982).

Dos de sus obras más representativas, *El laberinto de la soledad* (1950) y *El arco y la lira* (1956), proponen que el individuo vive alienado de sus semejantes y en constante lucha con ellos desde que la filosofía y la historia dictaron su conducta y trazaron su camino. Por lo tanto, deduce Paz, le toca ahora al poeta reemplazar al filósofo y al historiador en interpretar y revitalizar los mitos de la antigüedad. Esto hará posible que el ser humano reconstruya su pasado, redescubra el amor y recupere su identidad cultural e individual.

A raíz de eventos históricos como el lamentablemente célebre movimiento estudiantil mexicano y la masacre de Tlaltelolco (1968), y ante la contundente crisis del comunismo soviético, Paz asume el papel de analista y polemista histórico-político. El resultado son tres ensayos de gran trascendencia. En los primeros dos, *Posdata* (1970) y *El ogro filantrópico* (1979), Paz descifra y critica la historia de México, denunciando severamente los «errores y horrores» cometidos por el gobierno en los últimos años. Para evitar la repetición de dichos fallos y sanar a México, Paz propone una solución drástica. Cada mexicano debe hacerse un examen de conciencia y cuestionar seriamente todos los mitos e ídolos en los que antes había confiado a ciegas (*blindly*). Izquierdista por largos años, Paz admite finalmente en *Pequeñas crónicas de grandes países* (1990) los defectos del totalitarismo ruso y los identifica con sus propias debilidades humanas, de las cuales, sin embargo, no se arrepiente.

EL ENSAYO FORMAL Y LA BUSQUEDA DE UNA IDENTIDAD LITERARIA

El mismo afán del hispanoamericano por identificar sus raíces humanas y culturales, que se manifiesta en el ensayo personal o informal, afecta también la ensayística formal de tipo docente. En realidad, aparece en el Nuevo Mundo hispánico un gran número de críticos, los cuales, guiados por un profundo conocimiento de la literatura universal y de las nuevas teorías literarias europeas y norteamericanas, emprenden el estudio analítico de las letras de su propio continente. Su intención fundamental es buscar los valores intrínsecos de las mismas. Entre los mayores representantes de la crítica literaria de los últimos cincuenta años, se podría señalar al peruano Luis Alberto Sánchez, al chileno Arturo Torres Rioseco, al uruguayo Emir Rodríguez Monegal, a los argentinos Ernesto Sábato, Raimundo Lida y Enrique Anderson Imbert, a los cubanos José Arrom, Raimundo Lazo y Alejo Carpentier y a los mexicanos Carlos Fuentes, Ramón Xirau, Luis Leal y Octavio Paz.

Otra tendencia del ensayo de tipo interpretativo es aquélla que, adoptando posturas psicológicas e ideológicas —particularmente la marxista— intenta: (1) trazar la evolución temática de la literatura hispanoamericana, (2) identificar sus constantes y (3) definir su carácter. A esta categoría pertenecen dos obras muy significativas, ambas de autores chilenos. Trátase de *Imaginación y violencia en América* (1970) de Ariel Dorfman y *Literatura y revolución* (1971) de Fernando Alegría. En la primera, Dorfman plantea la tesis de que los temas más frecuentes en las letras de la América española son la violencia y la muerte —elementos relacionados con la historia del continente y con las obsesiones del pueblo mismo. Alegría, en cambio, sostiene en su libro que la actividad literaria representa en sí misma un acto, que dado las ideas y la estructura lingüística de la obra literaria en Hispanoamérica, es una acción revolucionaria que revela el papel comprometido del autor.

LA ENSAYISTICA ESPAÑOLA DE LA POSGUERRA CIVIL

En España, después de la guerra civil, el ensayo sigue dos caminos. Por una parte, surge un grupo de escritores que busca en el pasado cultural una respuesta a las preguntas que plantea el futuro del país. Por otro lado hay quien intenta integrar la tradición católica nativa con las varias corrientes vigentes en los demás países de Europa. En esta segunda vertiente conciliadora se encuentran figuras como Pedro Laín Entralgo (*La generación del 98*, 1945; *Teoría y realidad del otro*, 1961), Julián Marías (*Miguel de Unamuno*, 1942; *Ortega, circunstancia y vocación*, 1960; *Los españoles*, 1962), José Ferrater Mora (*El hombre en la encrucijada*, 1952; *La filosofía en el mundo de hoy*, 1959) y María Zambrano (*Pensamiento y poesía en la vida española*, 1945). Son dignos de mención por su labor en el campo de la crítica e historia literaria Dámaso Alonso, Carlos Bousoño, José María Castellet, Eugenio de Nora, Gonzalo Torrente Ballester, Juan Marichal y Fernando Savater.

LA ACTUALIDAD: INDIVIDUALISMO Y REIVINDICACION

Las más recientes promociones ensayísticas de Hispanoamérica muestran a un escritor más consciente que nunca de sus responsabilidades de ciudadano y de activista. Sin embargo, lo que salta a la vista en sus obras no son tanto sus convicciones políticas, sociales y personales —el marxismo, el feminismo y el individualismo— como lo es la singularidad de su estilo en el que se ha notado la frecuente presencia de la ironía, de la sátira y de los temas más variados e ingeniosos. Dentro de esta categoría sobresalen, en la Argentina, Julio Cortázar (p. 50), con su proverbial visión heterodoxa —desacostumbrada— e irreverente de la realidad y el controvertible Héctor Libertella (*¡Cavernícolas!*, 1985). Importante también es el papel de feministas e iconoclastas mexicanos como Rosario Castellanos (*Mujer que sabe latín*, 1973), Gabriel Zaid (*Cómo leer en bicicleta*, 1975), Carlos Monsiváis (*A ustedes les consta*, 1980) y Elena Poniatowska (p. 77) (*La noche de Tlatelolco-Testimonios*, 1971; *Fuerte es el silencio*, 1980). De gran valor etnográfico, lingüístico y antropológico son los ensayos de la cubana Lydia Cabrera. Entre sus obras más recientes figuran *Francisco y Francisca: chascarrillos de negros viejos* (1976), obra humorística llena de anécdotas, a veces un poco verdes, que sin embargo revelan el carácter del cubano. La importancia de *Vocabulario Congo, El Bantú que se habla en Cuba* (1984) y de otros trabajos semejantes de la autora consiste en la valiosísima recopilación (*compilation*) de vocabulario transmitido oralmente —vocabulario esencial para entender aquellos dialectos africanos hablados todavía por ciertos sectores de la población.

En esta antología se ha incluido a una de las figuras más polémicas (*controversial*) y fascinantes de la historia —Eva («Evita») Perón— a fin de apreciar a través de sus propias palabras el singular e importante papel que desempeñó en la vida de su marido, el general Juan Domingo Perón (1895–1974), y en la historia del pueblo argentino.

PRACTICA

Cuestionario

1. ¿De dónde proviene la palabra *ensayo* y qué quiere decir literalmente? ¿A quién se atribuye el término?

2. En oposición a los otros géneros literarios, ¿qué tipo de composición es una obra ensayística? ¿Con qué fin o propósito se creó originalmente?

3. ¿Qué diferencia hay entre el ensayo personal y el impersonal? ¿Qué tipos de escritos pertenecen a la primera categoría y cuáles a la segunda?

4. ¿Qué importancia histórica tiene para España y para Europa el *Arte de la lengua castellana* de Antonio de Nebrija? ¿En qué sentido se puede decir que esta obra establece un precedente de gran relieve no sólo para su época sino también para nuestros días?

5. ¿Por qué razones constituye la «crónica de Indias» un fenómeno literario novedoso, del cual puede justamente jactarse la cultura hispánica? ¿Cuál es el modelo original del género? ¿Quién es su autor?

6. ¿Qué lugar ocupa en la historia literaria y social de Hispanoamérica la «Respuesta a Sor Filotea de la Cruz» de Sor Juana Inés de la Cruz?

7. ¿A qué categorías de ensayo pertenecen el *Teatro crítico universal* de Benito Jerónimo Feijoo y las *Cartas marruecas* de José Cadalso? ¿Qué importancia tienen dichas obras dentro del espíritu de la época?

8. ¿Qué características hacen de los *Artículos de costumbres* un vehículo ideal para el romántico español? En este sentido, ¿de qué manera expresan los escritos costumbristas de Mariano José de Larra el llamado «mal del siglo»?

9. ¿Por qué tiene tanto éxito en Hispanoamérica el ensayo?

10. ¿Qué tesis plantea *Facundo* del argentino Domingo Faustino Sarmiento? ¿A qué se debe su importancia como obra ensayística?

11. ¿Qué inquietudes comparten los siguientes ensayistas: Juan Montalvo, Eugenio María de Hostos y José Martí? ¿Encuentra usted proféticos o injustificados sus recelos, a juzgar por los eventos políticos que se sucedieron?

12. ¿Qué ideas introduce en Hispanoamérica Manuel González Prada? ¿De qué manera refleja su prosa las ideas del autor, sea por el contenido, sea por el estilo de sus ensayos?

13. ¿Qué efecto produce en España y en el Nuevo Mundo la Guerra hispanoamericana de 1898 desde el punto de vista (a) político, (b) espiritual y (c) artístico? Por ejemplo, ¿cómo reaccionan y qué soluciones proponen escritores españoles como Angel Ganivet y José Martínez Ruiz («Azorín»)? Por otra parte, ¿qué tesis plantean y qué soluciones sugieren el mexicano José Vasconcelos y el uruguayo José Enrique Rodó?

14. Miguel de Unamuno y José Ortega y Gasset son los dos grandes pensadores de la Generación del 98. ¿Qué se entiende por «el sentimiento trágico de la vida» de Unamuno, y por la «razón vital» de Ortega y Gasset? ¿En qué obras ensayísticas introducen dichas tesis y de qué manera reflejan estas dos teorías el espíritu renovador de la generación?

15. En Hispanoamérica, ¿qué actitud prevalece entre los pensadores de los años treinta, en oposición a la visión del mundo de sus contrafiguras de las dos primeras décadas del siglo XX? ¿Qué constante fundamental exhibe, como escritor argentino, la obra ensayística de Ezequiel Martínez Estrada?

16. ¿Qué teoría sostiene la tesis fundamental de Jorge Luis Borges? ¿En qué consiste el valor literario de sus ensayos?

17. ¿Qué características del ensayo de Germán Arciniegas, Octavio Paz y Arturo Uslar Pietri muestran la influencia mágico-realista derivada de la obra

narrativa del escritor venezolano? O sea, ¿qué postura adopta cada ensayista frente a la historia y con respecto al papel que desempeña el ser humano dentro de ella?

18. ¿Qué influencia tiene, en la evolución del ensayo español, la guerra civil (1936–1939)? Mencione dos o tres exponentes de esa generación.

19. ¿Qué tendencias conceptuales (ideológicas, filosóficas, sociales, etcétera) y artísticas (temáticas, estilísticas y estructurales) resaltan en las dos vertientes del ensayo hispanoamericano contemporáneo, según lo demuestran los escritos de Rosario Castellanos, Julio Cortázar, Fernando Alegría y Ariel Dorfman? ¿En qué sentido se puede decir que el suyo es un ensayo «comprometido»?

20. ¿Qué influencia han ejercido en el ensayo de la América española la reciente caída del comunismo soviético y el fin de la «Guerra Fría»? En vista de los recientes acontecimientos mundiales de tipo político y social, ¿qué formas adoptará y qué causas abrazará, a su parecer, el nuevo ensayo hispánico?

Identificaciones

1. Francis Bacon
2. la retórica
3. *Las siete partidas*
4. Juan de Valdés
5. *De los nombres de Cristo*
6. la «Carta de Jamaica»
7. *Escenas andaluzas*
8. Juan Domingo Perón
9. Juan Facundo Quiroga
10. «Los viejos a la tumba, los jóvenes a la obra.»
11. 1898
12. Pedro Henríquez Ureña
13. *Siete ensayos de interpretación de la realidad peruana*
14. *La deshumanización del arte*
15. *El laberinto de la soledad*

EL ENSAYO: GUIA GENERAL PARA EL LECTOR

1. ¿Cuál es la forma del ensayo? ¿A qué época pertenece? ¿Cuál es el papel del ensayista en su obra?

2. ¿Cuáles son las tesis o premisas principales del ensayo? ¿Se presentan desde el principio dichas tesis? ¿Hay casos de premisas falsas, o sea, hay contradicciones intencionales a través del ensayo?

3. ¿Cuáles son las estrategias empleadas por el ensayista para intensificar las tesis? ¿Se nota énfasis en la persuasión? ¿De qué manera intenta el ensayista convencer al lector de la validez de su tesis?

4. ¿Cuál es el tono del ensayo?
5. ¿Cuáles son los elementos lingüísticos más significativos del ensayo? ¿De qué recursos de la lógica formal se sirve el ensayista para *razonar* con el lector? ¿Hay figuras retóricas y tropos?
6. ¿Refleja el ensayo un determinado «*Zeitgeist*»? ¿Tiene además una significación comprensiva o universal?
7. Si usted tuviera que escribir sobre el mismo tema, ¿usaría el mismo tipo de presentación o adoptaría otra forma del ensayo? ¿Por qué?

LECTURAS

MARIANO JOSE DE LARRA

Vida y obra

Mariano José de Larra (1809–1837) nació en Madrid, ciudad que a veces retrató con fina observación e ironía, y otras veces criticó con gran amargura. Su obra más significativa consiste en sus escenas y artículos sobre la vida y las costumbres de su época —artículos que escribió para varios periódicos madrileños, la mayoría de ellos firmados bajo el seudónimo de «Fígaro». Larra es considerado un escritor costumbrista, y es la figura más representativa de las primeras décadas del siglo XIX, lo que ponen de manifiesto su temperamento romántico y su visión crítica de la vida española. Fue también dramaturgo (*Macías,* 1834) y novelista (*El doncel de don Enrique el doliente,* 1834) de importancia secundaria. Desilusionado, principalmente por un fracaso matrimonial y unas relaciones extramatrimoniales malogradas (*gone sour*), puso fin a su vida suicidándose.

El autor y su contexto

En el temperamento y en la cosmovisión de Larra influyeron dos crisis: la de su vida amargada (*embittered*) por su fracaso como dramaturgo, novelista, marido y amante, y la de su país. Criado en Castilla por la familia de su madre, Larra vivió los últimos momentos del reinado opresivo del rey Fernando VII (1814–1833). En esa época España estaba dividida en dos bandos: los liberales exiliados que volvían a su tierra trayendo las nuevas ideas adquiridas en el extranjero, y los ultraconservadores. Romántico por sus convicciones personales y liberal por su odio a la tiranía, Larra desconfiaba de los liberales repatriados porque éstos, no conociendo la realidad de España como él la conocía por haber permanecido en el país, vivían de falsas expectativas. Al mismo tiempo reprobaba (*he criticized*) a los ultraconservadores quienes, fiándose ciegamente del carácter español, que él consideraba indigno de confianza, buscaban la solución a todos los problemas sociales y políticos del país en la tradición y costumbres de éste. En «El castellano viejo», la obra más representativa del costumbrismo de Larra, el autor satiriza el optimismo tradicional español, mostrando a la vez el espíritu de rebeldía, el desasosiego y el pesimismo que caracterizan su vida y su época.

El castellano viejo[a]

$\mathbf{Y}$a en mi edad pocas veces gusto de alterar[1] el orden que en mi manera de vivir tengo hace tiempo establecido, y fundo esta repugnancia en que[2] no he abandonado mis lares[3] ni un solo día para quebrantar[4] mi sistema, sin que haya sucedido[5] el arrepentimiento más sincero al desvanecimiento[6] de mis engañadas esperanzas. Un
5 resto,[7] con todo eso, del antiguo ceremonial que en su trato[8] tenían adoptado nuestros padres, me obliga a aceptar a veces ciertos convites[9] a que parecería el negarse grosería[10] o, por lo menos, ridícula afectación de delicadeza.

Andábame días pasados[11] por esas calles a buscar materiales para mis artículos. Embebido[12] en mis pensamientos, me sorprendí varias veces a mí mismo riendo
10 como un pobre hombre de mis propias ideas y moviendo maquinalmente los labios; algún tropezón[13] me recordaba de cuando en cuando que para andar por el empedrado[14] de Madrid no es la mejor circunstancia la de ser poeta ni filósofo; más de una sonrisa maligna, más de un gesto de admiración de los que a mi lado pasaban, me hacía reflexionar que los soliloquios no se deben hacer en público; y no pocos
15 encontrones que al volver las esquinas di con quien[15] tan distraída y rápidamente como yo las doblaba,[16] me hicieron conocer que los distraídos no entran en el número de los cuerpos elásticos, y mucho menos de los seres gloriosos e impasibles. En semejante situación de espíritu, ¿qué sensación no debería producirme una horrible palmada[b] que una gran mano, pegada (a lo que por entonces entendí) a un
20 grandísimo brazo, vino a descargar sobre uno de mis dos hombros, que por desgracia no tienen punto alguno de semejanza con los de Atlante[17]?

No queriendo dar a entender que desconocía este enérgico modo de anunciarse, ni desairar el agasajo de quien[c] sin duda había creído hacérmele más que mediano, dejándome torcido para todo el día, traté sólo de volverme por conocer quién
25 fuese[18] tan mi amigo para tratarme tan mal; pero mi castellano viejo es hombre que cuando está de gracias no se ha de dejar ninguna en el tintero.[d] ¿Cómo dirá el lector que siguió dándome pruebas de confianza y cariño? Echóme[19] las manos a los ojos, y sujetándome[20] por detrás: «¿Quién soy?», gritaba, alborozado[21] con el buen éxito de su delicada travesura.[22] «¿Quién soy?» «Un animal», iba a responderle;
30 pero me acordé de repente de quién podría ser, y sustituyendo cantidades iguales:[23] «Braulio eres», le dije.

---

[1]gusto... me gusta cambiar   [2]fundo... mi disgusto se debe a que   [3]hogar   [4]romper   [5]seguido   [6]pérdida
[7]residuo   [8]conducta social   [9]invitaciones a comer   [10]descortesía   [11]días... hace algunos días   [12]Absorto
[13](de **tropezar,** to stumble)   [14]pavimento de piedra de una calle   [15]di... choqué con una persona que
[16]las... turned them   [17]Atlas   [18]era   [19]Me echó   [20]cogiéndome con fuerza   [21]exhilarated   [22]broma de mal
gusto   [23]sustituyendo... substituting one term for its equivalent (i.e., Braulio = animal)

---

[a]El título «The Old-Fashioned Castilian» alude a cierto tipo de español, superconservador y fiel a las antiguas costumbres del país.
[b]¿qué... imagínese usted lo que sentí al recibir un horrible golpe dado con la palma de la mano
[c]ni... ni rechazar la muestra de afecto de la persona que
[d]cuando... when he is in a joking mood, he doesn't know when to stop

Al oírme, suelta sus manos,[24] ríe, se aprieta los ijares,[25] alborota la calle, y pónenos a entrambos en escena.[e]

—¡Bien, mi amigo! ¿Pues en qué me has conocido?

35 —¿Quién pudiera si no tú…?

—¿Has venido ya de tu Vizcaya[f]?

—No, Braulio, no he venido.

—Siempre el mismo genio. ¿Qué quieres?[g] —es la pregunta del español—. ¡Cuánto me alegro de que estés aquí! ¿Sabes que mañana son mis días[26]?

40 —Te los deseo muy felices.

—Déjate de cumplimientos[27] entre nosotros; ya sabes que yo soy franco y castellano viejo: el pan pan y el vino vino,[28] por consiguiente, exijo[29] de ti que no vayas a dármelos,[30] pero estás convidado.

—¿A qué?

45 —A comer conmigo.

—No es posible

—No hay remedio.

—No puedo —insisto temblando.

—¿No puedes?

50 —Gracias.

—¿Gracias? Vete a paseo,[31] amigo, como no soy el duque de F., ni el conde de P.[h] ¿Quién se resiste a una sorpresa de esta especie? ¿Quién quiere parecer vano?

—No es eso, sino que…

—Pues si no es eso —me interrumpe—, te espero a las dos: en casa se come a 55 la española:[i] temprano. Tengo mucha gente; tendremos al famoso X., que nos improvisará de lo lindo;[32] T. nos cantará de sobremesa[33] una rondeña[34] con su gracia natural, y por la noche J. cantará y tocará alguna cosilla.

Esto me consoló algún tanto, y fue preciso ceder; un día malo, dije para mí, cualquiera lo pasa;[35] en este mundo para conservar amigos es preciso tener el valor 60 de aguantar sus obsequios.[36]

—No faltarás,[37] si no quieres que riñamos.[38]

—No faltaré —dije con voz exánime[39] y ánimo decaído, como el zorro[40] que se revuelve inútilmente dentro de la trampa donde se ha dejado coger.

—Pues hasta mañana —y me dio un torniscón[41] por despedida.

65 Vile[42] marchar como el labrador ve alejarse la nube de su sembrado,[43] y quedéme discurriendo[44] cómo podían entenderse estas amistades tan hostiles y tan funestas.

---

[24]suelta… *he lets go of me* [25]se… *holds his sides* [26]son… es mi cumpleaños [27]Déjate… *No need to offer congratulations* [28]pan… *I call a spade a spade* [29]demando [30]que… que no vengas a felicitarme si no quieres [31]Vete… *Get out of here* [32]de… maravillosamente [33]de… después de la comida [34]música popular de la ciudad de Ronda, Andalucía [35]un… *anybody, I said to myself, can get through one bad day* [36]atenciones [37]No… *You will make it* [38](de **reñir**) disputemos [39]sumamente débil [40]*fox* [41]*hard pinch* [42]Le vi [43]*sown land* [44]pensando

---

[e]pónenos… *makes a spectacle of both of us*
[f]provincia de España (El autor probablemente acaba de regresar de un viaje a esa provincia.)
[g]Siempre… Sigues siendo el mismo bromista. ¿No es cierto?
[h]como… no quieres aceptar mi invitación porque no soy aristócrata
[i]a… tradicional costumbre de tomar las principales comidas del día a mediodía y al anochecer

Ya habrá conocido el lector, siendo tan perspicaz como yo le imagino, que mi amigo Braulio está muy lejos de pertenecer a lo que se llama gran mundo y sociedad de buen tono;[45] pero no es tampoco un hombre de la clase inferior, puesto que es un empleado de los de segundo orden[46] que reúne entre su sueldo[47] y su hacienda[48] cuarenta mil reales[j] de renta,[49] que tiene una cintita atada al ojal,[50] y una crucecita a la sombra de la solapa;[k] que es persona, en fin, cuya clase, familia y comodidades de ninguna manera se oponen a que tuviese una educación más escogida y modales más suaves e insinuantes. Mas la vanidad le ha sorprendido por donde ha sorprendido casi siempre a toda o a la mayor parte de nuestra clase media, y a toda nuestra clase baja. Es tal su patriotismo, que dará todas las lindezas del extranjero[51] por un dedo de su país. Esta ceguedad le hace adoptar todas las responsabilidades de tan inconsiderado cariño; de paso que[52] defiende que no hay vinos como los españoles, en lo cual bien puede tener razón, defiende que no hay educación como la española, en lo cual bien pudiera no tenerla; a trueque de[53] defender que el cielo de Madrid es purísimo, defenderá que nuestras manolas[54] son las más encantadoras de todas las mujeres; es un hombre, en fin, que vive de exclusivas,[55] a quien le sucede poco más o menos lo que a una parienta mía, que se muere por las jorobas[56] sólo porque tuvo un querido[57] que llevaba una excrecencia[58] bastante visible sobre entrambos omoplatos.[59]

No hay que hablarle, pues, de estos usos sociales, de estos respetos mutuos, de estas reticencias urbanas, de esa delicadeza de trato que establece entre los hombres una preciosa armonía, diciendo sólo lo que debe agradar y callando siempre lo que puede ofender. El se muere por plantarle una fresca al lucero del alba,[l] como suele decir, y cuando tiene un resentimiento, se lo espeta a uno cara a cara.[60] Como tiene trocados todos los frenos, dice de los cumplimientos que ya se sabe lo que quiere decir cumplo y miento;[m] llama a la urbanidad hipocresía, y a la decencia, monadas;[61] a toda cosa buena le aplica un mal apodo; el lenguaje de la finura es para él poco más que griego: cree que toda la crianza[62] está reducida a decir Dios guarde a ustedes al entrar en una sala, y añadir con permiso de usted cada vez que se mueve; a preguntar a cada uno por toda su familia, y a despedirse de todo el mundo; cosas todas que así se guardará él de olvidarlas como de tener pacto con franceses.[n] En conclusión, hombres de estos que no saben levantarse para despedirse sino en corporación con alguno o algunos otros, que han de dejar humildemente debajo de una mesa su sombrero, que llaman *su cabeza,* y que cuando se hallan en sociedad, por desgracia, sin un socorrido bastón, darían cualquier cosa por no tener manos ni brazos, porque en realidad no saben dónde ponerlos ni qué cosa se puede hacer con los brazos en una sociedad.

---

[45]gran... alta y refinada sociedad   [46]de... de segunda clase   [47]salario   [48]*estate*   [49]*income*   [50]*buttonhole*
[51]lindezas... cosas lindas de otras naciones   [52]de... de modo que   [53]a... en vez de   [54]moza del pueblo bajo de Madrid   [55]vive... *goes from one extreme to the other*   [56]se... *is crazy about humps*   [57]*lover*   [58]*growth*
[59]*shoulder blades*   [60]se... se lo dice directamente   [61]afectaciones ridículas   [62]buena educación

---

[j]antigua moneda española equivalente a unos cinco centavos
[k]*lapel* (La cinta y la cruz indican que Braulio había sido condecorado por alguna orden menor de las muchas que había en España en aquel entonces.)
[l]plantarle... decirle la verdad más humillante al individuo más orgulloso
[m]Como... *Since he has thrown aside all restraints, he says that, as everyone knows, formalities are just what the word itself means: I fulfill my social obligations* (**cumplo**), *but I am not sincere about it* (**miento**).
[n]cosas... *all of which he would no more forget than he would a pact with the (treacherous) French*

Llegaron las dos, y como yo conocía ya a mi Braulio, no me pareció conveniente acicalarme[63] demasiado para ir a comer; estoy seguro de que se hubiera picado:[64] no quise, sin embargo, excusar un frac[65] de color y un pañuelo blanco, cosa indispensable en un día de días y en semejantes casas. Vestíme sobre todo lo más despacio que me fué posible, como se reconcilia al pie del suplicio el infeliz reo,[o] que quisiera tener cien pecados más cometidos que contar para ganar tiempo; era citado[66] a las dos, y entré en la sala a las dos y media.

No quiero hablar de las infinitas visitas[67] ceremoniosas que antes de la hora de comer entraron y salieron en aquella casa, entre las cuales no eran de despreciar[68] todos los empleados de su oficina, con sus señoras y sus niños, y sus capas, y sus paraguas, y sus chanclos,[69] y sus perritos; déjome en blanco[70] los necios cumplimientos que dijeron al señor de los días; no hablo del inmenso círculo con que guarnecía[71] la sala el concurso[72] de tantas personas heterogéneas, que hablaron de que el tiempo iba a mudar y de que en invierno suele hacer más frío que en verano. Vengamos al caso: dieron las cuatro, y nos hallamos solos los convidados.[73] Desgraciadamente para mí, el señor de X., que debía divertirnos tanto, gran conocedor de esta clase de convites, había tenido la habilidad de ponerse malo aquella mañana; el famoso T. se hallaba oportunamente comprometido para otro convite; y la señorita que tan bien había de cantar y tocar estaba ronca[74] en tal disposición, que se asombraba ella misma de que se le entendiese una sola palabra,[p] y tenía un panadizo[75] en un dedo. ¡Cuántas esperanzas desvanecidas[76]!

—Supuesto que estamos los que hemos de comer —exclamó don Braulio—, vamos a la mesa, querida mía.

—Espera un momento —le contestó su esposa casi al oído—; con tanta visita yo he faltado algunos momentos de allá dentro, y...

—Bien, pero mira que son las cuatro...

—Al instante comeremos.

Las cinco eran cuando nos sentábamos a la mesa.

—Señores —dijo el anfitrión[q] al vernos titubear[77] en nuestras respectivas colocaciones[78]—, exijo la mayor franqueza; en mi casa no se usan cumplimientos. ¡Ah, Fígaro!, quiero que estés con toda comodidad; eres poeta, y además estos señores, que saben nuestras íntimas relaciones, no se ofenderán si te prefiero; quítate el frac, no sea que le manches.[79]

—¿Qué tengo de manchar?[80] —le respondí, mordiéndome los labios.

—No importa; te daré una chaqueta mía; siento que no haya para todos.

—No hay necesidad.

—¡Oh, sí, sí! ¡Mi chaqueta! Toma, mírala; un poco ancha te vendrá.[81]

—Pero, Braulio...

---

[63]vestirme con elegancia   [64]ofendido   [65]excusar... dejar de ponerme un frac [*tails (coat)*]   [66]era... tenía que ir   [67]visitantes   [68]no... no eran pocos   [69]zapatos de goma para protegerse de la lluvia   [70]déjome... *I won't go into; I won't even mention*   [71]adornaba   [72]reunión de diferentes personas   [73]invitados a comer   [74]hoarse   [75]inflamación   [76]disipadas   [77]vacilar, dudar   [78]asientos   [79]no... puedes ensuciarlo   [80]¿Qué... ¿Por qué voy a mancharlo?   [81]un... *it's probably going to be too big for you*

---

[o]como... despacio, como se confiesa un pobre condenado a muerte antes de ser ejecutado
[p]que... que se le pudiera comprender una sola palabra de lo que decía
[q]persona que tiene convidados a su mesa (*host*). Aquí Larra usa la palabra irónicamente.

—No hay remedio; no te andes con etiquetas.[82]

Y en esto me quita él mismo el frac, *velis, nolis,*[83] y quedo sepultado en una cumplida chaqueta rayada,[84] por la cual sólo asomaba los pies y la cabeza, y cuyas mangas no me permitirían comer, probablemente. Dile las gracias: ¡al fin el hombre creía hacerme un obsequio!

Los días en que mi amigo no tiene convidados se contenta con una mesa baja, poco más que banqueta de zapatero, porque él y su mujer, como dice, ¿para qué quieren más? Desde la tal mesita, y como se sube el agua del pozo, hace subir la comida hasta la boca, adonde llega goteando después de una larga travesía;[85] porque pensar que estas gentes han de tener una mesa regular, y estar cómodas todos los días del año, es pensar en lo excusado.[86] Ya se concibe, pues, que la instalación de una gran mesa de convite era un acontecimiento en aquella casa; así que se había creído capaz de contener catorce personas que éramos una mesa donde apenas podrían comer ocho cómodamente. Hubimos de sentarnos de medio lado,[87] como quien va a arrimar[88] el hombro a la comida, y entablaron[89] los codos de los convidados íntimas relaciones entre sí con la más fraternal inteligencia del mundo. Colocáronme, por mucha distinción, entre un niño de cinco años, encaramado[90] en unas almohadas[91] que era preciso enderezar[92] a cada momento porque las ladeaba[93] la natural turbulencia de mi joven *adlátere,*[94] y entre uno de esos hombres que ocupan en el mundo el espacio y sitio de tres, cuya corpulencia por todos lados se salía de madre[95] de la única silla en que se hallaba sentado, digámoslo así, como en la punta de una aguja. Desdobláronse[96] silenciosamente las servilletas, nuevas a la verdad, porque tampoco eran muebles en uso para todos los días, y fueron izadas[97] por todos aquellos buenos señores a los ojales de sus fraques como cuerpos intermedios entre las salsas y las solapas.

—Ustedes harán penitencia,[98] señores —exclamó el anfitrión una vez sentado—; pero hay que hacerse cargo[99] que no estamos en Genieys[r]— frase que creyó preciso decir. Necia[100] afectación es ésta, si es mentira dije yo para mí; y si verdad, gran torpeza[101] convidar a los amigos a hacer penitencia.

Desgraciadamente no tardé mucho en conocer que había en aquella expresión más verdad de la que mi buen Braulio se figuraba. Interminables y de mal gusto fueron los cumplimientos con que, para dar y recibir cada plato, nos aburrimos unos a otros.

—Sírvase usted.

—Hágame usted el favor.

—De ninguna manera.

—No lo recibiré.

—Páselo usted a la señora.

—Está bien ahí.

—Perdone usted.

[82]no... *no need to stand on ceremony* [83]quieras o no quieras (*latín*) [84]*striped* [85]viaje (con ironía) [86]imposible [87]de... *sideways* [88]*to lean over* [89]establecieron [90]*propped up* [91]*pillows* [92]poner derechas [93]movía o inclinaba hacia un lado [94]vecino (*latín*) [95]se... *overflowed* [96]*Were unfolded* [97]levantadas [98]harán... (frase que expresa modestia sugiriendo que el invitado comerá muy poco) [99]hacerse... recordar [100]Tonta [101]*clumsiness*

[r]el restaurante madrileño más elegante de la época

—Gracias.

—Sin etiqueta, señores —exclamó Braulio.

Y se echó el primero[102] con su propia cuchara. Sucedió a la sopa un cocido[s] surtido[103] de todas las sabrosas impertinencias[104] de este engorrosísimo,[105] aunque buen plato: cruza[106] por aquí la carne; por allá la verdura; acá los garbanzos; allá el jamón; la gallina por derecha; por medio el tocino; por izquierda los embuchados de Extremadura.[t] Siguióle un plato de ternera mechada,[107] que Dios maldiga, y a éste otro, y otros, y otros, mitad traídos de la fonda,[108] que esto basta para que excusemos hacer su elogio, mitad hechos en casa por la criada de todos los días, por una vizcaína auxiliar tomada al intento para aquella festividad y por el ama de la casa, que en semejantes ocasiones debe estar en todo, y por consiguiente suele no estar en nada.

—Este plato hay que disimularlo[109] —decía ésta de unos pichones[110]—; están un poco quemados.

—Pero, mujer…

—Hombre, me aparté un momento, y ya sabes lo que son las criadas.

—¡Qué lástima que este pavo no haya estado media hora más al fuego! Se puso algo tarde.

—¿No les parece a ustedes que está algo ahumado[111] este estofado[112]?

—¿Qué quieres? Una no puede estar en todo.

—¡Oh, está excelente! —exclamábamos todos dejándonoslo en el plato— ¡excelente!

—Este pescado está pasado.[113]

—Pues en el despacho de la diligencia del fresco[114] dijeron que acababa de llegar; ¡el criado es tan bruto!

—¿De dónde se ha traído este vino?

—En eso no tienes razón, porque es…

—Es malísimo.

Estos diálogos cortos iban exornados[115] con una infinidad de miradas furtivas del marido para advertirle continuamente a su mujer alguna negligencia, queriendo darnos a entender entrambos a dos que estaban muy al corriente[116] de todas las fórmulas que en semejantes casos se reputan en finura,[117] y que todas las torpezas eran hijas de los criados, que nunca han de aprender a servir. Pero estas negligencias se repetían tan a menudo, servían tan poco ya las miradas, que le fue preciso al marido recurrir a los pellizcos y a los pisotones;[118] y ya la señora, que a duras penas había podido hacerse superior hasta entonces a las persecuciones de su esposo, tenía la faz encendida y los ojos llorosos.

—Señora, no se incomode usted por eso —le dijo el que a su lado tenía.

[102]se… he dipped in first   [103]supplied   [104]sabrosas… ingredientes deliciosos   [105]troublesome   [106](se) pasa   [107]ternera… ternera (veal) preparada con lonjillas (thin strips) de tocino   [108]inn   [109]overlook it   [110]pigeons   [111]tiene sabor de humo   [112]stew   [113]spoiled   [114]despacho… la oficina de las diligencias (stagecoaches) que traían el pescado fresco   [115]acompañados   [116]al… informados   [117]se… se consideran refinados   [118]recurrir… to resort to pinching and stepping on people's feet

[s]guiso (plato) típico de España que sigue siendo aún en muchas partes de ese país la comida diaria
[t]embuchados… chorizos (sausages) hechos en Extremadura, provincia de España

220   —¡Ah! Les aseguro a ustedes que no vuelvo a hacer estas cosas en casa; ustedes no saben lo que es esto: otra vez, Braulio, iremos a la fonda y no tendrás…

    —Usted, señora mía, hará lo que…

    —¡Braulio! ¡Braulio!

    Una tormenta espantosa estaba a punto de estallar;[119] empero[120] todos los con-
225 vidados a porfía[121] probamos a aplacar[122] aquellas disputas, hijas del deseo de dar a entender la mayor delicadeza, para lo cual no fue poca parte la manía de Braulio y la expresión concluyente que dirigió de nuevo a la concurrencia acerca de la inutilidad de los cumplimientos, que así llama él al estar bien servido y al saber comer. ¿Hay nada más ridículo que estas gentes que quieren pasar por finas en
230 medio de la más crasa[123] ignorancia de los usos sociales, que para obsequiarle le obligan a usted a comer y beber por fuerza y no le dejan medio de hacer su gusto? ¿Por qué habrá gentes que sólo quieren comer con alguna más limpieza[124] los días de días[125]?

    A todo esto[u] el niño que a mi izquierda tenía hacía saltar las aceitunas a un
235 plato de magras[126] con tomate, y una vino a parar[127] a uno de mis ojos, que no volvió a ver claro[128] en todo el día; y el señor gordo de mi derecha había tenido la precaución de ir dejando en el mantel,[129] al lado de mi pan, los huesos de las suyas,[130] y los de las aves que había roído;[131] el convidado de enfrente, que se preciaba de trinchador,[132] se había encargado de hacer la autopsia de un capón, o sea
240 gallo, que esto nunca se supo: fuese por la edad avanzada de la víctima, fuese por los ningunos conocimientos anatómicos del victimario,[133] jamás parecieron las coyunturas.[134] «Este capón no tiene coyunturas», exclamaba el infeliz sudando y forcejeando, más como quien cava[135] que como quien trincha. «¡Cosa más rara!» En una de las embestidas[136] resbaló[137] el tenedor sobre el animal como si tuviera es-
245 cama,[138] y el capón, violentamente despedido, pareció querer tomar su vuelo como en sus tiempos más felices, y se posó[139] en el mantel tranquilamente como pudiera en un palo[140] de un gallinero.[141]

    El susto fue general y la alarma llegó a su colmo[142] cuando un surtidor de caldo,[143] impulsado por el animal furioso, saltó a inundar mi limpísima camisa: le-
250 vántase rápidamente a este punto el trinchador con ánimo de cazar el ave prófuga,[v] y al precipitarse sobre ella, una botella que tiene a la derecha, con la que tropieza su brazo, abandonando su posición perpendicular, derrama un abundante caño[144] de Valdepeñas sobre el capón y el mantel; corre el vino, auméntase la algazara,[145] llueve la sal[w] sobre el vino para salvar el mantel; para salvar la mesa se ingiere[146]
255 por debajo de él una servilleta, y una eminencia se levanta sobre el teatro[147] de tantas ruinas. Una criada toda azorada[148] retira el capón en el plato de su salsa; al pasar

---

[119]*break out*   [120]aunque   [121]a… compitiendo con otro   [122]calmar   [123]gruesa   [124]con… más decentemente
[125]los… *on their birthdays*   [126]lonjas (*slices*) de jamón   [127]vino… *landed*   [128]no… *couldn't see a thing*
[129]*tablecloth*   [130]las… sus propias aceitunas   [131]*gnawed*   [132]se… decía con orgullo que sabía trinchar (*to
carve*)   [133]matador, asesino   [134]*joints*   [135]*digs*   [136]ataques   [137]se deslizó (*slipped*)   [138]*scales*   [139]se…
vino a descansar   [140]*perch*   [141]*henhouse*   [142]*peak*   [143]surtidor… recipiente de donde se sirve el caldo (*broth*)
[144]chorro (*spurt*) de vino   [145]ruido de muchas voces juntas   [146]se… se inserta   [147]lugar   [148]alarmada

---

[u]A… Como si esto no fuera suficiente para crear un desastre
[v]con… determinado a dar caza (*hunt down*) al pollo fugitivo
[w]llueve… Se refiere a la sal que se derrama sobre el vino para impedir que se manche el mantel.

sobre mí hace una pequeña inclinación, y una lluvia maléfica de grasa desciende,
como el rocío[149] sobre los prados, a dejar eternas huellas en mi pantalón color de
perla; la angustia y el aturdimiento[150] de la criada no conocen término; retírase
atolondrada[151] sin acertar con las excusas;[x] al volverse tropieza con el criado que
traía una docena de platos limpios y una salvilla[152] con las copas para los vinos ge-
nerosos, y toda aquella máquina viene al suelo con el más horroroso estruendo[153] y
confusión.

—¡Por San Pedro! —exclama dando una voz[154] Braulio, difundida ya sobre sus
facciones[155] una palidez mortal, al paso que brota fuego el rostro de su esposa[y]—.
Pero sigamos, señores; no ha sido nada —añade volviendo en sí.[156]

¡Oh honradas casas donde un modesto cocido y un principio final constituyen la
felicidad diaria de una familia; huid del tumulto de un convite de día de días! Sólo
la costumbre de comer y servirse bien diariamente puede evitar semejantes destro-
zos.[157]

¿Hay más desgracias[158]? ¡Santo cielo! Sí, las hay para mí, ¡infeliz! Doña Juana,
la de los dientes negros y amarillos, me alarga de su plato y con su propio tenedor
una fineza,[159] que es indispensable aceptar y tragar; el niño se divierte en despedir
a los ojos de los concurrentes los huesos disparados de las cerezas; don Leandro me
hace probar el manzanilla[160] exquisito, que he rehusado, en su misma copa, que
conserva las indelebles señales de sus labios grasientos;[161] mi gordo[162] fuma ya sin
cesar y me hace cañón de su chimenea[z]; por fin ¡oh última de las desgracias! crece
el alboroto[163] y la conversación; roncas ya las voces, piden versos y décimas[164] y
no hay más poeta que Fígaro.

—Es preciso. Tiene usted que decir algo —claman[165] todos.

—Désele pie forzado;[aa] que diga una copla[166] a cada uno.

—Yo le daré el pie: A don Braulio en este día.

—¡Señores, por Dios!

—No hay remedio.

—En mi vida[167] he improvisado.

—No se haga usted el chiquito.[168]

—Me marcharé.

—Cerrar[169] la puerta.

—No se sale de aquí sin decir algo.

Y digo versos por fin, y vomito disparates, y los celebran,[170] y crece la bulla,[171]
y el humo, y el infierno.

A Dios gracias, logro escaparme de aquel nuevo *pandemonio*. Por fin, ya
respiro el aire fresco y desembarazado de la calle, ya no hay necios, ya no hay
castellanos viejos a mi alrededor.

---

[149]*dew*   [150]*bewilderment*   [151]conturbada   [152]*tray*   [153]*crash*   [154]dando... gritando   [155]*features*
[156]volviendo... recobrando su postura   [157]*havoc*   [158]desastres, disgustos   [159]pequeño regalo   [160]vino blanco
de Andalucía   [161]*greasy*   [162]mi... mi vecino gordo   [163]desorden   [164]tipo de composición poética   [165]piden
en voz alta   [166]pareado (composición poética)   [167]En... Nunca   [168]No... No sea usted tan tímido.   [169]Ce-
rrad   [170]aplauden   [171]voces altas y ruidosas

---

[x]acertar... encontrar un medio apropiado para disculparse
[y]al... mientras que la cara de su esposa se pone tan roja que parece estar en llamas
[z]me... me usa como cañón (*flue*) para su chimenea
[aa]Désele... Désele un verso que le ayude a comenzar

295 —¡Santo Dios, yo te doy gracias! —exclamo respirando, como el ciervo[172] que acaba de escaparse de una docena de perros y que oye ya apenas sus ladridos—; para de aquí en adelante no te pido riquezas, no te pido empleos, no honores; líbrame de los convites caseros y de días de días; líbrame de estas casas en que es un convite un acontecimiento, en que sólo se pone la mesa decentemente para los

300 convidados, en que creen hacer obsequios cuando dan mortificaciones, en que se hacen finezas, en que se dicen versos, en que hay niños, en que hay gordos, en que reina, en fin, la brutal franqueza de los castellanos viejos. Quiero que, si caigo de nuevo en tentaciones semejantes, me falte un rosbif,[bb] desaparezca del mundo el bistec, se anonaden[173] los timbales de macarrones,[174] no haya pavos en Perigueux[cc]

305 ni pasteles en Perigord, se sequen los viñedos de Burdeos, y beban, en fin, todos menos yo la deliciosa espuma[175] del champaña.

Concluida mi deprecación[176] mental, corro a mi habitación a despojarme de mi camisa y de mi pantalón, reflexionando en mi interior que no son unos todos[177] los hombres, puesto que los de un mismo país, acaso de un mismo entendimiento, no

310 tienen las mismas costumbres, ni la misma delicadeza, cuando ven las cosas de tan distinta manera. Vístome y vuelo a olvidar tan funesto día entre el corto número de gentes que piensan, que viven sujetas al provechoso[178] yugo[179] de una buena educación libre y desembarazada,[180] y que fingen acaso estimarse y respetarse mutuamente para no incomodarse, al paso que las otras hacen ostentación de incomodarse,

315 y se ofenden y se maltratan, queriéndose y estimándose tal vez verdaderamente.

---

[172]*deer* [173]*se... se eliminen* [174]*timbales... masa de harina que se rellena de pollo, camarón, carne u otros ingredientes* [175]*foam* [176]*súplica* [177]*unos... parecidos* [178]*beneficioso* [179]*yoke* [180]*extensa*

[bb]*me... ojalá nunca vuelva yo a comer otro* roast beef
[cc]ciudad de Francia conocida por sus trufas (*truffles*) y pasteles

Cuestionario

1. ¿Qué tono emplea el narrador para retratarse a sí mismo, comentar las costumbres de sus padres y describir las calles de Madrid? ¿Es un tono áspero (*harsh*)? ¿humilde? ¿sarcástico? ¿altivo (*haughty*)? ¿humorístico? ¿Qué efecto causa en el lector dicho tono?

2. ¿Qué actitud hacia la vida en general y hacia la sociedad en particular expresan las palabras siguientes: «Traté sólo de volverme para conocer quién fuese (*could have been*) tan mi amigo para tratarme (*as to treat me*) tan mal»?

3. ¿Encuentra usted algún paralelo entre la vida de Larra y la actitud de «Fígaro», su portavoz (*spokesperson*) y narrador de este ensayo? ¿Cuál es?

4. ¿Ha experimentado usted alguna vez una burla (*joke, prank*) de algún «buen amigo» parecida a la que le hace Braulio al narrador? ¿Cuál fue o habría sido su propia reacción ante la burla de un amigo semejante (*like that*)? ¿De qué modo reacciona «Fígaro» ante la burla que le hace Braulio?

5. Explique cómo la escena donde el narrador y Braulio se encuentran por primera vez le ayuda al lector a adivinar (*figure out*), a través de los personajes, su conversación, sus actos y su circunstancia, (1) lo que pasará más tarde y (2) el tema o idea fundamental del ensayo.

6. ¿En qué consiste el conflicto entre el narrador y su antagonista en esta historia?
7. Larra desconfió (*mistrusted*) siempre de sus compatriotas. En la introducción del ensayo, «Fígaro» dice: «Ya en mi edad pocas veces gusto de alterar el orden que en mi manera de vivir tengo hace tiempo establecido… sin que haya sucedido el arrepentimiento más sincero…» ¿De qué manera estas palabras complementan y completan las del párrafo final, revelando el descontento del autor con la sociedad española de su época y consigo mismo?

Identificaciones

1. «el pan pan y el vino vino»
2. «Vile marchar como el labrador ve alejarse la nube de su sembrado.»
3. «el señor de X»
4. «anfitrión»
5. «mi joven *adlátere*»

Temas

1. La sátira social en el ensayo
2. La estructura narrativa de «El castellano viejo»: organización de la materia e ideas principales
3. El elemento humorístico: tipos y episodios
4. El autorretrato de «Fígaro»
5. Debate: las consecuencias del conservadurismo (*conservatism*) extremado

EUGENIO MARIA DE HOSTOS

Vida y obra

Eugenio María de Hostos (1839–1903) nació en Puerto Rico y se educó en España, donde vivió de 1851 a 1869. Estando en España, participó en la lucha por la primera República (1869), con la esperanza de que el nuevo gobierno español les permitiera a las Antillas —Puerto Rico, Cuba y la República Dominicana— y a otros territorios hispanoamericanos formar una confederación de naciones independientes. Tales ideas radicales, rechazadas más tarde por la República, hicieron que Hostos tuviera que salir de España. Decepcionado, viajó a París y por varios países latinoamericanos —entre ellos, Colombia, el Perú, Chile, la República Dominicana, Cuba, la Argentina y el Brasil. Tras la Guerra hispanoamericana (1898), Hostos fue a Washington a solicitar ante el presidente William McKinley (1843–1901) la independencia de Puerto Rico, pero éste se la negó, reclamando la Isla para los propios Estados Unidos. Más desolado que nunca, Hostos se dirigió a Santo Domingo (la República Dominicana) donde falleció poco después de un mal repentino

(continúa)

(*sudden illness*), ocasionado tal vez por el fracaso de sus sueños. Hostos fue un hombre de gran versatilidad: fue activista, periodista, conferencista, traductor, pedagogo (*educator*), reformador educacional y escritor. Los veinte volúmenes de su *Obras completas,* publicadas en Cuba (1939), incluyen poesía, ficción, crítica literaria y tratados sobre moral, ética, política, derecho, sociología e historia.

El autor y su contexto

La preocupación constante de Hostos fue promover la educación, la conciencia (*consciousness*) moral y social, la reforma y el progreso en una época en la que el continente latinoamericano buscaba desesperadamente su identidad. Sus escritos giran en torno a la necesidad de instruir al pueblo, de hacerle descubrir la verdad. Según Hostos, sólo basándose en el conocimiento se puede desarrollar una ética o moral que induzca a la sociedad a luchar por la libertad y la justicia. Dichas ideas, recogidas sobre todo en *Moral social* (1888), producen los temas literarios de la integración racial, la educación como arma contra la ignorancia y la tiranía y la defensa de las clases minoritarias representadas principalmente por el indígena, el asiático, el mestizo y la mujer. «El cholo» (Lima, Perú, 1870) plantea la cuestión racial y cultural —cuestión con la que, según Hostos, está moralmente obligada a enfrentarse Latinoamérica. Anticipando *La raza cósmica* (1925) e *Indología* (1926), obras del escritor mexicano José Vasconcelos (1882–1959), Hostos desafía las teorías sociológicas de su tiempo que exaltan la raza blanca y pone toda su confianza para el porvenir de la humanidad en el mestizaje (*mixing of races*), es decir, en una nueva raza híbrida —típicamente americana— representada en este ensayo por el mestizo peruano.

El cholo[1]

El Nuevo Mundo es el horno donde han de fundirse[2] todas las razas, donde se están fundiendo.

La obra es larga, los medios[3] lentos; pero el fin será seguro.

Fundir razas es fundir almas, caracteres, vocaciones, aptitudes. Por lo tanto, es
5 completar. Completar es mejorar.

La ciencia que se ocupa de las razas, Etnología, está dividida en dos campos: el de los pesimistas y el de los optimistas. Como de costumbre los pesimistas son tradicionalistas, autoritarios, protestantes del progreso. Los optimistas son racionalistas, liberales, creyentes del progreso.

10 Los etnólogos pesimistas sostienen que fundir es pervertir; fusión de razas, perversión de razas. Se funden los elementos malos —dicen.

Los etnólogos optimistas afirman que fusión es progresión. Se funden los elementos buenos —aseguran.

El efecto producido fue de vivo interés.

15 Era indudable que aquel hombre era el tipo de un cruzamiento, el ejemplar de una mezcla, el producto de dos razas.

¿En dónde estaban las razas productoras de él?

Me fijé en el alma de la cara; me fijé en los ojos. Perplejidad completa. El ojo negro es común a los indios y blancos. Pero si los ojos son el alma de la cara y el
20 alma es expresión del individuo, en esos ojos, negros como los ibéricos[4] —me

---

[1] mestizo de sangre europea e indígena   [2] *to be cast, fused*   [3] métodos   [4] de la península ibérica: España y Portugal

dije—, debe haber algún distintivo.[5] Lo había; la mirada, melancólica, como la vida soñadora de los pueblos primitivos, como las ideas de los pueblos conquistados, como los sentimientos de las naciones que lloran grandezas, ya pasadas, era símbolo vivo de la raza indígena. Aquella mirada contaba, sin saberlo, la historia desesperante de los indios. La raza india predominaba en los ojos.[6]

Los primeros argumentan en hechos arbitrarios. Hacen abstracción de circunstancias sociales y políticas, aíslan al hombre de las influencias físicas, morales e intelectuales que pesan sobre él, y triunfan de la irreflexión, gritando: «Los mestizos son débiles de cuerpo y alma dondequiera que hay mestizos».

Un etnólogo racionalista argumenta con la razón. Prescinde del[7] hecho del momento, lo atribuye a las circunstancias que lo determinan, lo liga a las influencias, sociales, políticas, económicas, morales, que lo crean, y triunfa de la reflexión[8] diciendo: «Los mestizos serán, aunque hoy no sean, el conjunto de fuerzas físicas y morales de las razas madres».

América deberá su porvenir[9] a la fusión de razas; la civilización deberá sus adelantos[10] futuros a los cruzamientos.[11] El mestizo es la esperanza del progreso.

Y al primero que vi, lo contemplé con aquella reverencia cariñosa que tiene mi alma para todo lo que puede ser un bien.

El primero que vi era un cholo recién exportado de la sierra.

Era un hombre como los mil que se ven por esos valles. Estatura regular, musculatura enérgica, cráneo desarrollado, frente ancha, ojos intensamente negros, pómulos[12] salientes, nariz aguileña,[13] boca grande, cabellera abundante, barba rara, color bronceado, actitud indecisa entre humilde y soberbia; aspecto agradable. No era bello pero era sano.

¿Cuál de las dos predominaba en la frente? La raza europea.

El ángulo facial del indio es más agudo, los senos[14] de su frente menos bastos,[15] la depresión de sus sienes[16] es mayor.

El indio reaparecería en los pómulos. En la nariz, el europeo.[17] El color denunciaba[18] la raza americana; el contorno del cráneo, a la caucásica.[19]

Estaba inquieto.[20]

En todo problema social busco yo el triunfo de la justicia: no concibo el triunfo de la justicia en el Nuevo Continente sino mediante la rehabilitación de la raza abrumada[21] por la conquista, envilecida[22] por el coloniaje,[23] desamparada[24] por la Independencia, y esa rehabilitación me parece imposible en tanto que la fusión no dé por resultado una raza que, poseedora de la inteligencia de los conquistadores, tenga también la sensibilidad de los conquistados y aquella voluntad intermedia, enérgica para el bien, pasiva para el mal, producto de una gran inteligencia y una gran sensibilidad que puede darse por la fusión de los caracteres definitivos de las razas europeas y la americana.

Para mí, el cholo no es un hombre, no es un tipo, no es el ejemplar de la raza; es todo eso, más una cuestión social de porvenir.

[5]rasgo distintivo, característica particular   [6]La... La característica predominante de los indígenas, como raza, eran sus ojos.   [7]Prescinde... Descarta, No da ninguna importancia a   [8]triunfa... se siente orgulloso de su idea   [9]futuro   [10]progreso   [11]mezclas de razas   [12]cheekbones   [13]larga y delgada (aquiline)   [14]cavidades   [15]coarse, graceless   [16]temples   [17]El indio... El indio se manifestaría de nuevo por sus pómulos, el europeo por su nariz.   [18]revelaba (lit., betrayed)   [19]de la raza blanca   [20]preocupado   [21]oprimida   [22]humillada   [23]gobierno de la época colonial   [24]abandonada sin protección, desplazada

Si el cholo, en el cual predominan las cualidades orgánicas de la raza india, la gran cualidad moral de esa noble raza, abatida[25] pero no vencida por la conquistadora, abrumada pero no sometida por el coloniaje, desenvuelve la fuerza intelectual que ha recibido de la raza europea, el cholo será un miembro útil, activo, inteligente, de la sociedad peruana; mediador natural entre los elementos de las dos razas que representa, las atraerá, promoverá aún más activamente su fusión, y la raza intermedia que él anuncia, heroicamente pasiva como la india, activamente intelectual como la blanca, alternativamente melancólica y frívola como una y otra, artística por el predominio del sentimiento y de la fantasía en ambas razas, batalladora como las dos, como las dos independiente en su carácter, formará en las filas[26] del progreso humano, y habrá reparado providencial las iniquidades cometidas con una de sus razas madres.

Entonces, los cholos, sin dejar de ser aptos para la guerra justa, dejarán de ser instrumentos de guerra; sin dejar de ser sencillos, dejarán de ser esclavos de su ignorancia y candor.

Entonces no se regalarán cholos como se regalan chotos,[27] y el hijo de un hombre será más respetado que el de un toro.

Para eso ¿qué debe hacerse?

Lo que siempre, seguir a la naturaleza.

Ella ha mezclado las cualidades orgánicas, morales y mentales, de tal modo y en tales proporciones, que el producto de las razas cruzadas tenga todos los elementos buenos de ambas; pero el carácter interior y el aspecto exterior de la raza que más ha padecido.

Educar, desarrollar por la educación esas cualidades, secundar[28] los esfuerzos de la naturaleza, preparar para su próximo destino al que ha de ser pueblo de esta sociedad, ése es el deber.

Hoy no se cumple.

(La Sociedad, Lima, 23 de diciembre de 1870)

---

[25]derrotada   [26]bandos (*legions*)   [27]terneros (*kids*), crías de la cabra   [28]second, back

Cuestionario

1. Al desarrollar el ensayo, Hostos divide sus pensamientos en varios apartados o secciones. ¿Qué tesis formula en la primera sección, que comprende los dos párrafos preliminares? O sea, según él, ¿qué es América y cuál es su destino? Indique algunos de los aforismos y axiomas a través de los cuales el ensayista intenta persuadirnos a aceptar sus argumentos como verdades indisputables.

2. ¿Qué teorías proponen los etnólogos pesimistas? ¿Cuáles proponen los optimistas? ¿A cuáles de estas teorías se opone Hostos y por qué razones? Si se tiene en cuenta el carácter y los objetivos de todo ensayo, ¿por qué resulta particularmente importante el segundo apartado? Explique su respuesta.

3. En la tercera sección (desde «Me fijé en el alma de la cara…» hasta «La raza india predominaba en los ojos»), el autor adopta la primera persona narrativa del «yo». A su parecer, ¿qué efecto pretende crear con este cambio de voz?

4. En el mismo apartado el autor avanza sus tesis usando la exposición y el argumento. ¿Qué nos dice aquí objetivamente de las razas principales de América? ¿Cómo pretende hacernos aceptar sus ideas emotivamente?

Indique un ejemplo de razonamiento lógico, realizado por medio de un silogismo, y también un caso de apelación a las emociones del lector mediante el lenguaje literario o figurado.

5. Para reforzar su punto de vista, Hostos vuelve continuamente al debate entre los etnólogos pesimistas y los optimistas planteado en la introducción. En el cuarto apartado se refiere a los que «argumentan con hechos arbitrarios» y a los que «argumentan con la razón». ¿Qué piensan los primeros del mestizo, o «cholo», y qué opinan los «racionalistas» del cruzamiento de razas?

6. En el noveno apartado («En todo problema social busco yo el triunfo de la justicia…»), el autor alude a una raza americana ecléctica, aunque no usa esa palabra. ¿Qué significa el término *eclecticismo* y cómo es aplicado aquí para describir al cholo?

7. Lea con atención el párrafo que comienza con «Si el cholo…» ¿Qué cualidades del indígena y del blanco deben juntarse, según Hostos, para que en el Perú surja una «raza intermedia» de individuos inteligentes, útiles y activos capaces de contribuir al progreso humano? ¿Tiene vigencia (*relevance*) esta cuestión en este país? Explique su respuesta.

8. En la penúltima sección o apartado estructural, hay dos construcciones paralelas: «Entonces los cholos, sin ser aptos para la guerra justa, dejarán de ser instrumentos de guerra…» y «Entonces no se regalarán cholos como se regalan chotos…» Explique el significado de estas frases.

9. ¿Qué solución propone para el futuro el ensayista en el penúltimo párrafo? ¿Qué implica por su contenido y por su forma breve y aforística la frase final del ensayo? Teniendo en cuenta la introducción, las secciones intermedias y la conclusión, ¿ha demostrado adecuadamente su tesis? Explique.

10. ¿Cómo se manifiesta a lo largo de este ensayo —y especialmente en la conclusión— la personalidad del autor? Dé alguna indicación basada en dicha conclusión y en lo que usted ha aprendido en «El autor y su contexto».

Identificaciones

1. «Completar es mejorar.»
2. los protestantes del progreso
3. «Me fijé en el alma de la cara…»
4. los ibéricos
5. «Hoy no se cumple.»

Temas

1. El papel de la integración racial en el progreso económico de una nación
2. La cuestión de los derechos humanos frente al conservadurismo
3. El Perú de hoy y el sueño dorado de Eugenio María de Hostos
4. El uso del aforismo en el ensayo: su frecuencia y eficacia (*effectiveness*)
5. La organización expositiva y argumentativa de «El cholo»: objetividad frente a pasión
6. Debate: Para mejorar las condiciones sociales, el gobierno debería comenzar por combatir la delincuencia en los barrios pobres de las ciudades.

EVA PERON

Vida y obra

Eva María Duarte de Perón (1919–1952) es sin duda una de las figuras más enigmáticas y polémicas de la historia. Nacida de padres muy humildes cerca del pueblo de Los Toldos, Argentina, logró en su breve vida un éxito que la transformó en leyenda y en una de las mujeres más fascinantes del siglo XX. Tras malogradas tentativas de realizarse como actriz de teatro, cine y radio, en 1945 se convirtió en la segunda esposa del coronel Juan Domingo Perón (1895–1974), quien llegó a ser presidente de la Argentina en 1946. Eva Perón se distinguió como activista, reformadora, filántropa, feminista y figura política. Sin haber tenido nunca un cargo oficial en el gobierno peronista, desempeñó admirablemente el de Ministra del Trabajo y de la Sanidad Pública, puesto que aceptó a pedido del pueblo. Entre sus libros, la mayoría de ellos publicados póstumamente, cabe mencionar *La razón de mi vida* (1951), *Clases y discursos completos* (1987), *Historia del peronismo* (1987) y *Mi mensaje* (1987). Falleció prematuramente de cáncer a los 33 años de edad.

La autora y su contexto

Durante la campaña presidencial de su esposo (1945–1946), Eva Perón se ganó el cariño incondicional de las masas y el apoyo político de los sindicatos (*labor unions*), para quienes fue simplemente «Evita». Odiada por la rica élite argentina, que la menospreciaba y la denigró cuanto pudo, fue campeona de los que Eva llamaba «descamisados» (*have-nots, lit., "shirtless"*), clase en la que figuraban los desvalidos —obreros, mujeres, ancianos, niños e indigentes de todo tipo. Los logros de los programas sociales instituidos por la Fundación Eva Perón incluyen la creación de miles de escuelas, hospitales, orfanatos, caseríos de baja renta (*low-income housing*) para los trabajadores, hogares de tránsito (*halfway houses*) y casas de ancianos. «Los obreros y yo» proviene de *La razón de mi vida* —parte ensayo autobiográfico, parte documento histórico y, sobre todo, propaganda política en favor del gobierno peronista. En este ensayo la autora asume el papel de persona literaria, haciendo que a través de la escritura —el texto— la mujer Eva se autoconvierta en «Evita», especie de figura mítica y trascendente. Tal vez la historia de esta extraordinaria mujer sea más conocida hoy día que en los años anteriores, debido a la exitosa producción musical *Evita* (1978–1979) realizada por Andrew Lloyd Webber y Tim Rice y a la película biográfica estrenada en 1981 en la televisión norteamericana protagonizada por la actriz Faye Dunaway. La versión musical más reciente (1997) en la que participan Madonna y Antonio Banderas, además de toda una serie de documentales, libros y páginas de Web, tienen el potencial de convertir la historia de Eva Perón en una verdadera obsesión universal.

Los obreros y yo

Mi trabajo con los obreros es de una técnica muy simple, aunque a veces los problemas que me presentan suelen ser complicados, y de difícil solución.

Ya he dicho que, sin embargo, me siento cómoda entre ellos y que siempre terminamos por entendernos.

5   A veces, la gente me pregunta qué soy yo para los obreros de mi país. Yo prefiero explicar primero qué son los obreros para mí.

Para mí los hombres y las mujeres de trabajo son siempre, y ante todo, descamisados.

Y ¿qué son, para mí, los descamisados? No puedo hablar de ellos sin que vengan a mi memoria los días de mi soledad[a] en octubre de 1945.

Definir lo que es un descamisado sin volver a aquellos días es imposible, como tal vez no pueda explicarse lo que es la luz sin pensar en el sol.

Descamisados fueron todos los que estuvieron en la Plaza de Mayo[b] el 17 de Octubre de 1945;[c] los que cruzaron a nado el Riachuelo[d] viniendo de Avellaneda,[e] de la Boca[f] y de la Provincia de Buenos Aires, los que en columnas alegres pero dispuestos a todo, incluso morir, desfilaron aquel día inolvidable por la Avenida de Mayo y por las diagonales que conducen a la Casa de Gobierno; hicieron callar a la oligarquía y a aquél que dijo «yo no soy Perón»[g]; los que todo el día reclamaron a gritos la presencia del Líder ausente y prisionero; los que encendieron hogueras con los diarios de la prensa que se había vendido a un embajador extranjero por treinta dineros[1] ¡o tal vez menos!

¡Todos los que estuvieron aquella noche en la Plaza de Mayo son descamisados!

Aun si hubo allí alguien que no lo fuese, materialmente hablando, un descamisado, ése se ganó el título por haber sentido y sufrido aquella noche con todos los auténticos descamisados; y para mí, ése fué y será siempre un descamisado auténtico.

Y son descamisados todos los que entonces, de estar aquí, hubiesen ido a la Plaza de Mayo; y todos los que ahora o mañana harían lo mismo que hicieron los primeros descamisados de aquel primer 17 de Octubre.

Para mí por eso *descamisado es el que se siente pueblo*. Lo importante es eso; que se sienta pueblo y ame y sufra y goce como pueblo, aunque no vista como pueblo, que esto es lo accidental.

Un oligarca venido a menos[2] podrá ser materialmente descamisado pero no será un descamisado auténtico.

Aquí también me declaro enemiga de las formas según lo establece la doctrina peronista.

---

[1]monedas (*coins*)   [2]venido... que ha perdido su posición privilegiada

---

[a]Un golpe de estado efectuado por altos funcionarios civiles y militares había obligado al coronel Juan Domingo Perón a dimitir (*resign*) de sus cargos de Vicepresidente de la nación, Ministro de Guerra y Secretario de Trabajo y Previsión (*Labor and Social Services*). Eva se refiere a los días en que estuvo separada de Perón, entonces su amante, el cual había sido detenido (*placed under arrest*) temporalmente.

[b]La Plaza de Mayo es el centro político de Buenos Aires y del país. Allí se encuentran la Casa Rosada —sede del gobierno—, el Cabildo (*Town Hall*), el Museo Histórico, la Catedral y el Banco de la Nación.

[c]En esta fecha Eva logró convocar a cientos de miles de sindicalistas (*union members*) y otros obreros de Buenos Aires y cercanías (*surrounding areas*). Estos, desafiando a las autoridades con un desfile estruendoso (*loud, noisy*), exigieron y obtuvieron la exoneración (*release*) de Perón, así como su candidatura a la presidencia de la nación. Tal fecha, 17 de octubre de 1945, fue celebrada después como el día en que comenzó el peronismo.

[d]nombre de un canal navegable (*waterway*)

[e]barrio conocido por sus grandes empresas empacadoras (*packing houses*)

[f]la... barrio italiano próximo al puerto; uno de los más pintorescos e históricos de la ciudad

[g]Durante el golpe de estado que derrocó a Perón, el almirante Vernengo Lima, antiguo camarada de Perón, anunció que sería Ministro de Marina en el gabinete del futuro gobierno civil. Con la famosa frase «Yo no soy Perón», quiso desasociarse de los militares que habían gobernado el país desde la Revolución, denunciando al representante más poderoso del militarismo argentino. Obviamente, Eva considera las palabras de Vernengo Lima como un acto de traición.

Para mí, los obreros son por eso, en primer lugar, descamisados: ellos estuvieron todos en la Plaza de Mayo aquella noche. Muchos estuvieron materialmente; todos estuvieron espiritualmente presentes.

No todos los descamisados son obreros, pero, para mí, todo obrero es un descamisado; y yo no olvidaré jamás que a cada descamisado le debo un poco de la vida de Perón.

En segundo lugar, ellos son parte integrante del pueblo; de ese pueblo cuya causa ganó mi corazón desde hace muchos años.

Y en tercer lugar, son las fuerzas poderosas que sostienen el andamiaje[3] sobre cuyo esqueleto se levanta el edificio mismo de la Revolución.[h]

El movimiento Peronista no podría definirse sin ellos.

El General Perón ha dicho que no sería posible el Justicialismo[i] sin el sindicalismo.[4] Y esto es verdad, primero, porque lo ha dicho el General Perón y segundo, porque efectivamente es verdad.

En la realidad de mi país el sindicalismo es actualmente la fuerza organizada más poderosa que apoya el movimiento Peronista.

Más de 4 millones de obreros agrupa solamente la Confederación General del Trabajo, que es la Central Obrera, y todos unidos se han definido en favor de la Doctrina Justicialista de Perón.

Por eso cada obrero es además para mí un peronista auténtico: el mejor de todos los peronistas, porque además es pueblo y además es descamisado.

Todo eso son para mí los obreros que llegan a mi despacho con sus esperanzas, con sus ilusiones y con sus problemas.

Cuando me encuentro con ellos ¿qué voy a ser entonces sino una compañera, o una amiga?; una compañera cuya gratitud infinita no puede expresarse sino de una sola manera: ¡Con absoluta y profunda lealtad!

Y ellos lo saben bien; saben que yo no soy el Estado, ni mucho menos el patrón.

Por eso suelen decir: —Evita es vasca,[j] pero es leal.

Saben que yo no tengo sino un precio que es el amor de mi pueblo. Por el amor de mi pueblo —¡y ellos son pueblo!— yo vendería todo cuanto soy y cuanto tengo y creo que incluso daría mi vida.

Saben que cuando yo les aconsejo «aflojar»[5] lo hago por el bien de ellos, lo mismo que cuando los incito a la lucha.

A medida que avanza el tiempo en nuestro movimiento común esa confianza se va consolidando pues todos los días les doy pruebas de mi lealtad. Y en ellos cada vez es mayor la confianza que me tienen, a tal punto que suelen esperar de mí incluso cuando todo está perdido.

Muchas veces sucede que un problema gremial[6] mal conducido, o por dificultades económicas insolubles, no puede tener solución adecuada, satisfactoria para

---

[3](fig.) *framework*   [4]*unionism*   [5]*"to take it easy"*   [6]*asociado con los gremios o sindicatos*

---

[h]Aquí la autora alude a la revolución del 4 de junio de 1943, golpe de estado que había reemplazado el gobierno civil por una junta compuesta, entre otros militares distinguidos, por Arturo Rawson, Pedro Pablo Ramírez, Edelmiro Farrel y Juan Perón.
[i]política (*policy*) peronista que prometía traer a la Argentina la justicia social, acabando con la corrupción y el fraude electoral de las clases altas —la consabida oligarquía
[j]Eva era de ascendencia vasca (*Basque*) por parte de su madre. De ahí que algunos le atribuyeran a ella el carácter firme y resoluto de ese pueblo.

los obreros. Entonces es cuando mi trabajo, de simple y sencillo, se vuelve difícil. Entonces es cuando más me empeño en[7] buscar la solución y mi más grande alegría es encontrarla y ofrecerla a los obreros.

80   ¿Acaso ellos no encontraron la solución de un problema que estaba perdido cuando reconquistaron a Perón para ellos y para mí, el 17 de Octubre de 1945?

Y cuando de mis recursos no queda ya ninguno, entonces acudimos al supremo recurso que es la plenipotencia de Perón, en cuyas manos toda esperanza se convierte en realidad aunque sea una esperanza ya desesperada.

[7]me... me esfuerzo

Cuestionario

1. ¿Qué imagen general de sí misma pretende proyectar la autora en los tres primeros párrafos?
2. Para comunicar su mensaje, Eva Perón se sirve de un recurso retórico muy común y eficaz, encerrado en las frases siguientes del tercer párrafo: «...la gente me pregunta qué soy yo para los obreros de mi país. Yo prefiero explicar primero qué son los obreros para mí.» ¿Cuál es el mensaje que la autora quiere comunicar y qué efecto logra con su manera de expresarlo?
3. ¿Qué actitud o postura activista moderna parece revelar en el cuarto párrafo la frase «mismas palabras» para referirse a la clase trabajadora en aquella época?
4. Eva hace hincapié en (stresses) el término «descamisados» para referirse a ciertos elementos de la sociedad argentina. Teniendo en cuenta la propia vida de Eva, ¿a qué se deberá su interés por los problemas de los «descamisados»?
5. ¿Qué simbolizan para el mundo cristiano «los treinta dineros»? ¿Cuál es la analogía aquí? ¿Le parece a usted apropiada la comparación desde el punto de vista moral? ¿Y desde el punto de visto político y utilitario?
6. ¿A qué aluden las palabras siguientes: «descamisado es el que se siente pueblo... aunque no vista como pueblo...»?
7. ¿Qué imagen evocan las palabras siguientes: «los obreros... llegan a mi despacho con sus esperanzas, con sus ilusiones y con sus problemas»? Es decir, ¿cómo se imagina usted a «Evita» a juzgar por el significado literal y por el valor simbólico de sus palabras?
8. A través de todo el ensayo la autora atribuye su poder y motivación a una autoridad superior a ella y a todos. ¿Quién es esa autoridad y cómo la presenta en el último párrafo?

Identificaciones

1. los descamisados
2. «aquella noche en la Plaza de Mayo»
3. la Casa Rosada
4. «un descamisado auténtico»
5. el Justicialismo

Temas

1. Mito y realidad en «Los obreros y yo»
2. Las analogías religiosas del ensayo
3. La figura trascendente de «Evita»
4. El discurso retórico del ensayo
5. Debate: Busque información sobre Eva Perón y el peronismo en la biblioteca o en la Internet. Después, la clase debe dividirse en dos equipos —uno en pro de Eva Perón y el otro en contra de ella

ROSARIO CASTELLANOS

Vida y obra

Rosario Castellanos (1925–1974), poeta, novelista, cuentista, dramaturga, ensayista y crítica literaria mexicana, es una de las poetas más destacadas de México. Sus versos se caracterizan por su profundidad y lirismo (*Poemas,* 1957; *Al pie de la letra,* 1959). La protesta social que está presente en sus obras en prosa se puede apreciar en sus novelas (*Balún-Canán,* 1957; *Oficio de tinieblas,* 1962; *Rito de iniciación,* 1965), en donde Castellanos retrata el mundo fantástico lleno de supersticiones y brujerías en que los indígenas de su país han sido obligados a vivir —mundo que todavía les impide integrarse a la sociedad contemporánea. Los ensayos de Castellanos, publicados en su mayor parte en suplementos literarios y en revistas (*Excelsior, Novedades* y otros) y recogidos en obras como *Juicios sumarios* (1966), *Mujer que sabe latín* (1973) y *El uso de la palabra* (1974), establecen a la escritora como unas de las voces más fuertes y elocuentes en la defensa de los derechos civiles. Castellanos pereció (*died, perished*) trágicamente en Israel mientras desempeñaba el cargo de embajadora en ese país.

La autora y su contexto

Criada en Chiapas —región en la que presenció la centenaria discriminación racial, social y lingüística en prejuicio de los indígenas chamula— y rechazada por sus propios padres, Castellanos abrazó muy temprano la causa de los pobres y desvalidos. Dicho empeño se hace patente (*clear*) en la temática de sus obras, temática que denuncia ciertos aspectos dañinos de la cultura mexicana, principalmente los mitos falsos que han subyugado tradicionalmente al sexo femenino y al indígena. Para esta antología se ha escogido el ensayo «Y las madres, ¿qué opinan?» por ser uno de los más incisivos y proféticos de esta autora. Esta obra, divulgada en los años cincuenta, plantea una de las cuestiones palpitantes de nuestros días: el control de la natalidad (*birth control, family planning*). Lo que resulta aún más interesante para el lector moderno es que la obra enfoca uno de los aspectos más polémicos y divisivos del debate —aspecto que ha suscitado tanta controversia que se ha necesitado de drásticas medidas legislativas para evitar mayor animosidad y violencia entre los contrincantes (*opposing factions*).

Y las madres, ¿qué opinan?

En los últimos años se ha debatido con pasión, con violencia y hasta con razonamientos, el problema del control de la natalidad. Desde el punto de vista religioso, es un delicadísimo asunto que pone en crisis las concepciones ancestrales acerca del respeto incondicional a la vida humana en potencia y que obligaría a la revisión de muchos dogmas morales que rigen[1] nuestra conducta. Los economistas, por su parte, se atienen a[2] las cifras y éstas indican lo que se llama en términos técnicos una explosión demográfica que seguirá una curva ascendente hasta el momento en que ya no haya sitio para nadie más en el planeta ni alimentos suficientes para el exceso de la población. Esta sombría perspectiva no tenemos que imaginarla para darnos cuenta de su gravedad sino que basta con que ampliemos nuestra visión actual de los países en los que la miseria es la regla y la opulencia la excepción de la que gozan, hasta reventar,[3] unos cuantos; en los que el hambre es el estado crónico de la mayoría; en los que la educación es un privilegio; en los que, en fin, la salud es una lotería con la que resultan agraciados unos cuantos pero que ninguna de las condiciones propician, ninguna institución preserva y ninguna ley asegura.[a]

Los sociólogos ponen el grito en el cielo[4] clamando por un remedio, tanto para lo que ya sucede como para evitar que la catástrofe prevista se consume.[5] Los sicólogos estudian los inconvenientes y las ventajas de las familias numerosas y de las constituidas por los padres y un hijo único. Los políticos calculan de qué manera pesará, en las asambleas mundiales, la voluntad de un país cuando cuenta (o no cuenta) con el brazo ejecutor de una multitud que sobrepasa cuantitativamente, como decía la Biblia, a las estrellas del cielo y a las arenas del mar.

Entre tantos factores que intervienen para hacer de este problema uno de los más complejos y arduos con los que se enfrenta el hombre moderno, se olvida uno, que acaso no deja de tener importancia y que es el siguiente: ¿quién tiene los hijos? Porque un niño no es sólo un dato que modifica las estadísticas ni un consumidor para el que no hay satisfactores suficientes ni la ocasión de conflictos emocionales ni el instrumento para acrecentar el poderío o para defender las posiciones de una nación. Un niño es, antes que todo eso (que no negamos, pero que posponemos), una criatura concreta, un ser de carne y hueso que ha nacido de otra criatura concreta,[6] de otro ser de carne y hueso también y con el que mantiene —por lo menos durante una época—, una relación de intimidad entrañable.[7] Esta segunda criatura a la que nos hemos referido es la madre.

Al pronunciar la palabra «madre» los señores se ponen en pie, se quitan el sombrero y aplauden, con discreción o con entusiasmo, pero siempre con sinceridad. Los festivales de homenaje se organizan y los artistas consagrados acuden a hacer

---

[1]dirigen, guían   [2]se… dependen de, ponen su confianza en   [3]no querer más, ilimitadamente   [4]ponen… protestan furiosamente (*raise the roof*)   [5]se… llegue a suceder   [6]criatura… *solid product of creation*   [7]muy afectuosa (*loving*)

---

[a]la salud… la salud es como una lotería que favorece a pocas personas, las cuales, sin embargo, no hacen nada por mejorar las condiciones de vida del país: una lotería que no es controlada por ninguna institución ni garantizada por ninguna ley.

alarde gratuito[8] de sus habilidades mientras el auditorio llora conmovido por este acto de generosidad que es apenas débil reflejo de la generosidad en que consumió su vida la cabecita blanca que casi no alcanza ya a darse cuenta de lo que sucede a
40 su alrededor, por lo avanzado de su edad, lo que la hace doblemente venerable.

Pues bien, aunque nos cueste trabajo reconstruir el pasado, esa anciana que suscita paroxismos[9] de gratitud fue, en su hora, la protagonista del drama sublime de la maternidad. Durante los consabidos nueve meses, sirvió de asilo[10] corporal a un germen[11] que se desarrolló a expensas suyas, que hizo uso y abuso de todos los
45 órganos en su propio provecho y que cuando fue apto para soportar otras condiciones rompió con los obstáculos que le impedían el acceso al mundo exterior.

Después vienen la lactancia o sus equivalentes y las noches en vela y los cuidados especiales que deben prodigarse[12] a quien no se aclimata con facilidad en la tierra, que es frágil, que es precioso.

50 Las responsabilidades se multiplican con los años. Ya no es únicamente la atención al bienestar físico sino la vigilancia de la evolución intelectual y del equilibrio de los sentimientos. Y la preocupación por equipar, lo mejor posible, a quien pronto ha de apartarse del seno materno para su viaje y su aventura, para la lucha y el éxito.

Si la tarea de ser madre consume tantas energías, tanto tiempo y tanta capaci-
55 dad, si es tan absorbente que no se encuentra raro que sea exclusiva, lo menos que podían hacer quienes deliberan en torno al asunto del control de la natalidad, es qué opinan de él las madres.

Porque tanto si se mantienen los tabús que hasta ahora han tenido vigencia como si se destruyen; tanto si la natalidad continúa asumiéndose como una de las
60 fatalidades con que la Naturaleza nos agobia como si se extendiese hasta allí el campo de dominio del hombre, vale la pena plantearse,[13] como si nunca se hubiera hecho (y a propósito, ¿se hizo alguna vez?... ¿cuándo?, ¿con qué resultados?), un cuestionario acerca de lo que la maternidad significa no como proceso biológico sino como experiencia humana.

65 Porque a ratos se dicta, como un axioma, la sentencia de que la maternidad es un instinto que marcha con absoluta regularidad tanto en la mujer como en las hembras de las especies animales superiores. Si esto es verdad (lo que habría que probar primero porque luego nos salen los investigadores con el domingo siete[14] de que el instinto maternal en los animales es esporádico, se extingue una vez cumplido cierto
70 plazo[15] con una absoluta indiferencia de la suerte que corran las crías, aumenta, disminuye o desaparece por variaciones de la dieta, de las hormonas, etc. —por lo que, como fatalidad es bastante deficiente—), sería un atentado contra ese instinto impedir que se ejercite con plenitud y sacrificarlo a otros intereses.

Súbitamente se recuerda entonces que en el nivel de la conciencia los instintos se
75 supeditan a[16] otros valores. Y que la maternidad, en el mundo occidental, ha sido uno de los valores supremos al que se inmolan[17] diariamente muchas vidas, muchas honras, muchas felicidades.

---

[8]hacer... hacer un espectáculo inútil (*show off*)   [9]suscita... provoca manifestaciones exageradas   [10]refugio
[11]célula de un organismo que da lugar a un individuo nuevo   [12]darse generosa y abundantemente   [13]vale... *it's
a good idea to conduct*   [14]salen... *some researchers come up with the cockeyed notion*   [15]período   [16]se... son
gobernados o dominados por   [17]se... son sacrificadas

Pero es un valor que, según demuestran la historia y la antropología, no estiman por igual[18] todas las culturas y aun se da el caso de que en algunas sea lo contrario de un valor. Así que no puede tener pretensiones absolutistas y si las tiene debe renunciar a ellas.

La consecuencia es que resulta un atentado contra la libre determinación individual imponer obligatoriamente la maternidad a mujeres que la rechazan porque carecen de vocación, que la evitan porque es un estorbo para la forma de vida que eligieron o de la que se alejan como de un peligro para su integridad física.

Mas[19] para proceder de esta manera se necesitaría, previamente, considerar a las mujeres no como lo que se les considera hoy: meros objetos, aparatos (por desgracia, insustituibles) de reproducción o criaturas subordinadas a sus funciones y no personas en el completo uso de sus facultades, de sus potencialidades y de sus derechos.

6 de noviembre, 1965

[18]no… no aprecian por igual   [19]Pero

Cuestionario

1. ¿Qué cuestión plantea Castellanos en la introducción de este ensayo? ¿De qué lado se coloca la autora? ¿Cree usted que la preocupación central de la autora está conforme con el momento histórico actual? Explíquelo.

2. ¿Quiénes son los adversarios en el debate del que trata la obra? ¿Qué sostiene cada uno de esos adversarios?

3. ¿En qué evidencias científicas se apoya Castellanos para validar su postura? Por otro lado, ¿qué artificios literarios emplea en el primer párrafo para impresionar al lector con el espectáculo de las condiciones en que viven los países superpoblados (*overpopulated*)?

4. En el segundo apartado estructural («Entre tantos factores…»), el ensayo cambia de enfoque. ¿En qué se concentra ahora? ¿Qué efecto logra la pregunta retórica «¿quién tiene (*bears*) los hijos»? ¿Qué relación establece la autora entre las madres y sus hijos?

5. Lea con cuidado el párrafo que comienza con «Al pronunciar la palabra "madre" los señores se ponen en pie, se quitan el sombrero y aplauden, con discreción o con entusiasmo, pero siempre con sinceridad…» ¿Qué tono predomina en ese pasaje? ¿Qué sugiere respecto a la actitud de la autora ante la sociedad?

6. Como todo apartado de un ensayo, cuya función es exponer lógica y gradualmente la idea central, el segmento que se acaba de comentar tiene como propósito preparar al lector para que acepte las conclusiones de la autora. ¿De qué cosas nos quiere convencer ésta?

7. Según Castellanos, ¿cuál es la diferencia entre el instinto maternal de la mujer y el de las hembras (*females*) de las especies animales? ¿Qué opinan acerca de esto algunos investigadores?

Identificaciones

1. «la salud es una lotería»
2. asilo corporal
3. «los tabús que hasta ahora han tenido vigencia»
4. «las estrellas del cielo y... las arenas del mar»
5. atentado contra la libre determinación de la mujer

Temas

1. La natalidad y sus múltiples implicaciones (económicas, sociales, morales, culturales, religiosas, etcétera)
2. La madre como educadora de los hijos
3. La maternidad ante (*versus*) la carrera profesional
4. La influencia del machismo en el papel ancestral de la mujer
5. Debate: Los inconvenientes y las ventajas de una familia numerosa

ROSARIO FERRE

Vida y obra

Rosario Ferré (1942–) nació en Ponce, Puerto Rico. Estudió inglés, francés y literatura latinoamericana en Puerto Rico y los Estados Unidos, entrando luego en contacto con varios escritores y críticos literarios que la animaron a dedicarse a las letras. Sus primeros cuentos y ensayos aparecieron en *Zona de carga y descarga,* una revista que Ferré dirigió entre 1971 y 1975. Esta fue la plataforma desde la cual lanzó una ardiente y exitosa campaña por los derechos de la mujer puertorriqueña. Ferré se ha distinguido como cuentista (*Papeles de Pandora,* 1976), novelista (*Maldito amor,* 1986), ensayista (*Sitio a Eros: Siete ensayos literarios,* 1986), crítica literaria (*Cortázar: El romántico en su observatorio,* 1990), poeta y periodista. Ha publicado también *Las dos Venecias* (1992), libro curioso que reúne ensayos biográficos y poesía.

La autora y su contexto

La obra de Ferré se distingue por su inveterado feminismo y activismo, producto de movimientos que en los años sesenta y setenta demandaban drásticas e inmediatas reformas sociales en Latinoamérica. Ferré se inscribe en un conjunto de eminentes escritoras puertorriqueñas dedicadas a revisar los paradigmas socio-culturales de la Isla, exigiendo, ante todo, la participación activa de la mujer en todos los aspectos de la sociedad. Desplegando en su narrativa el cuidado lingüístico y la fusión de lo real con lo fantástico —características que revelan la influencia de escritores hispanoamericanos como Julio Cortázar— Ferré presenta a protagonistas que son en gran parte víctimas del machismo y del prejuicio racial. Por consiguiente, y a fin de superar sus circunstancias, estas mujeres resuelven inconscientemente refugiarse en un mundo en el que la realidad objetiva se funde y confunde con lo irreal y grotesco. El ensayo a continuación, «La autenticidad de la mujer en el arte», constituye la base teórica de una obra que se propone destacar la eminente capacidad creadora femenina —capacidad demostrada ampliamente por las dotes intelectuales y artísticas de la autora misma.

La autenticidad de la mujer en el arte

Dice Virginia Woolf,[a] en *Una habitación propia*,[1] que si una mujer con vocación literaria en el siglo XVI (la hermana de Shakespeare por ejemplo) hubiese intentado realizar[2] su vocación, o se hubiese vuelto loca,[3] o se hubiese suicidado, o hubiese acabado sus días en alguna casa solitaria a las afueras del pueblo, medio bruja,
5 medio hechicera, objeto del temor y de la burla. La mujer con vocación literaria no llegará hoy acaso[4] a estos extremos, pero sigue estando muy lejos de tener una suerte tranquila: su vida se vuelve una vorágine[5] de conflictos que intentan destrozarla,[6] en la medida en que[7] persiste en realizar la voz de su corazón, o sea, su vocación.

10 A diferencia del siglo XVI, la mujer escritora hoy puede ejercer su vocación con relativa libertad; pero se le sigue haciendo mucho más difícil que al hombre llegar a ser un buen artista, y esto por una razón sencilla: le es más difícil llegar a ser una persona completa.

En primer lugar, su libertad se encuentra considerablemente coartada,[8] lo que
15 limita las experiencias de las cuales puede valerse[9] para enriquecer su obra. La mujer desconoce, por ejemplo, los mecanismos del poder político y económico; y en cierta forma este limitado acceso a los mismos resulta una situación afortunada, ya que su deber consiste en oponerse a ellos. En segundo lugar, su rol de esposa y madre tiende a hacerla un ser dependiente, tanto en su supervivencia económica
20 como en su sentido de identidad.

El problema inicial, el problema de su libertad material, es un problema externo, relativamente de fácil solución, al que se ha enfrentado enérgicamente a lo largo de los últimos diez años el movimiento feminista. Los logros de este movimiento son un indicio de que, al menos en el nivel de las leyes y de los con-
25 tratos de trabajo, de las oportunidades que la sociedad le ofrece, el dilema de la mujer se encuentra en camino de resolverse.

El segundo problema, el de su libertad interior, cala[10] mucho más hondo y es de más difícil solución. Podría dividirse en dos vertientes: las sanciones emocionales y psicológicas que, al nivel de las costumbres, la sociedad sigue im-
30 poniendo a la mujer y las sanciones que ella suele imponerse a sí misma.

La mujer que tiene éxito hoy en su profesión, sea ésta cual sea, se está aprovechando de esas oportunidades que, al nivel público o retórico, la sociedad le concede. Pero una cosa es el derecho de la mujer a la igualdad de oportunidades en el nivel público, y otra en el nivel privado. La verdad es que toda mujer que tiene
35 éxito en su profesión es vista de inmediato con desconfianza por la mayoría de los hombres. Existe una especie de juicio tácito según el cual una mujer que triunfa con su mente será necesariamente un fracaso en la cama y en el hogar. El éxito suele ser

---

[1]*Una... A Room of One's Own* (1929)   [2]poner en práctica   [3]se... se habría vuelto loca (*she would have gone crazy*)   [4]tal vez   [5]vortex   [6]destruirla   [7]en... cada vez que   [8]restringida   [9]disponer   [10]penetra

[a]Seudónimo de la novelista inglesa Adeline Virginia Stephen (1882–1941). En obras como *Mrs. Dalloway* (1925), *To the Lighthouse* (1927), *The Waves* (1931) y *The Moment* (1948), publicada póstumamente, intriga y acción desempeñan un papel secundario. La mayor preocupación de la escritora es el conflicto interior de sus personajes, que ella revela a través de la técnica del fluir de la conciencia.

para ella un motivo de conflicto, y sólo llega a lograrse plenamente en circunstancias muy excepcionales.

40 La mayoría de las veces la mujer se ve forzada a escoger entre su príncipe azul o su vocación. Es por esto que tantas mujeres, cuando están a punto de lograr el éxito, sea éste de orden económico, intelectual o científico, encuentran una excusa para darse de baja[11] y dejar las cosas a medias.[12] La soledad es un dilema angustioso al cual la mujer que ha escogido una profesión tiene a menudo que enfrentarse.

45 Pero el problema de la libertad interior de la mujer tiene una segunda vertiente, mucho más dolorosa que la primera: la mujer que intenta romper con los patrones de comportamiento[13] convencionales no necesita, por lo general, ser castigada ni por la ley ni por los mecanismos sociales. Ella se ocupa, mucho más eficientemente que ningún tribunal, de castigarse a sí misma: se siente aterradoramente[14] culpable.
50 Esto se debe en parte a su educación; al hombre se le educa con miras a la realización propia,[15] mientras que a ella se la educa con miras a la realización ajena;[16] al hombre se le educa para que se desenvuelva en el mundo, para que tenga éxito y se realice a sí mismo[17] como profesional o artista; y a ella, en cambio, se la educa para que enseñe a los hijos cómo lograr ese éxito y a las hijas cómo sacrificarse para
55 que sus hermanos lo alcancen. La soledad y el anonimato[18] del hogar han sido tradicionalmente el destino de la mujer, mientras el hombre sale a conquistar el mundo.

Pero es necesario reconocer que esta educación no es la única causa de la falta de coherencia que a menudo define la personalidad femenina: la función de esposa y madre es a veces adoptada por ella con intolerancia, para justificar el vacío de su
60 vida y darse a sí misma un sentido. Otras veces es adoptada con alivio, por aquellas mujeres para quienes la responsabilidad de ser independientes y de enfrentar las consecuencias de sus propios actos resultaría, luego de tantos años de dependencia, un trauma aterrador. Cuando la mujer asume la función de esposa y madre como auténtica vocación, resulta un bien deseable. Lo que es imperdonable es que se la
65 condene a conocer el amor únicamente en estas circunstancias, cuando éste puede ser mucho más. El amor es también el trabajo profesional hecho con amor, la posibilidad de desarrollar hasta el máximo las capacidades humanas.

Para la mayoría de las mujeres, ser las artesanas de ese paraíso imprescindible[19] del hogar resulta hoy un pobre sustituto de la compleja maravilla del mundo. La
70 educación les ha probado que cambiar pañales[20] y velar por[21] el bienestar físico de la familia no es una alternativa equiparable al cultivo de las artes, de la política, o de las ciencias.

No cabe duda de que el problema fundamental de la mujer es hoy la integración de su personalidad, con todas las satisfacciones y sufrimientos que la madurez y la
75 independencia conllevan.[22] No me refiero a esa actitud imitativa del hombre que, en ocasiones, adopta la mujer, apropiándose las actividades mentales masculinas de lucro[23] y poder despreciando, con mucho más ahínco[24] que los hombres mismos, todo lo concerniente a la visión femenina. La función de la mujer debería consistir precisamente en cuestionar el ejercicio de ese poder[25] (moral, religioso o político)
80 tanto en los países donde prevalece el capitalismo estatal, como en los que

---

[11]darse... abandonarlo todo   [12]a... inacabadas   [13]patrones... *patterns of behavior*   [14]de una manera que asusta   [15]con... pensando en su vida profesional   [16]de otros   [17]se... *achieves self-fulfillment*   [18]*anonymity*   [19]esencial   [20]*diapers*   [21]velar... cuidar   [22]llevan consigo (*entail*)   [23]utilidad material   [24]intensidad   [25]ejercicio... manera en que ese poder es usado

prevalece el capitalismo privado, mientras profundiza paralelamente en su identidad, en la búsqueda de saber quién es, cómo es.

La mujer con vocación de escritora goza hoy de mayores oportunidades para llegar a serlo,[26] porque su lucha por entenderse a sí misma la ayuda a lograrlo. Como
85 dijo Rilke[b] en su *Carta a un Joven Poeta,* no hay cosa más desastrosa para un escritor que el que la voz le suene falsa. ¿Cómo entonces podrá la escritora sonar auténtica si aún no sabe quién es ni cómo es? Las escritoras de hoy saben que si desean llegar a ser buenas escritoras, tendrán que ser mujeres antes que nada, porque en el arte la autenticidad lo es todo. Tendrán que aprender a conocer los secretos más íntimos de su
90 cuerpo y a hablar sin eufemismos de él. Tendrán que aprender a examinar su propio erotismo y a derivar de su sexualidad toda una vitalidad latente y pocas veces explotada. Tendrán que aprender a explorar su ira y su frustración así como sus satisfacciones ante el hecho de ser mujer. Tendrán que purificarse y ayudar a purificar a quienes las leen, de esa culpabilidad que en secreto las tortura. Tendrán que escribir,
95 en fin, para comprender mejor y para enseñarle a sus lectoras a comprenderse mejor.

Su autenticidad implicará también un reexamen de la naturaleza del amor, porque en el amor se encuentra la raíz de su culpabilidad. ¿Qué es el amor, en fin, para la mujer? ¿Qué es ese enorme bien por el cual se le ha exigido renunciar al mundo durante siglos? ¿Es el amor el único fin de su vida? ¿Tiene que ser irremplazable, tiene que estar
100 bendecido por la respetabilidad de la procreación y de la propiedad?[c] ¿No tiene acaso la mujer, al igual que el hombre, derecho al amor profano, al amor pasajero, incluso al amor endemoniado, a la pasión por la pasión misma?

Creo, como Anaïs Nin,[d] que la pasión es la naturaleza definitoria de la mujer, pero esa pasión suele ser al mismo tiempo, su mayor fuerza y su mayor flaqueza.
105 La educación a que ha sido expuesta, el anonimato, la pobreza, el renunciamiento a sí misma, el espíritu de sacrificio, le han dado una profundidad, una capacidad para soñar y conmoverse, una fe en los valores fundamentales de la vida que el hombre, por lo general, desconoce. Y paradójicamente, es esa misma pasión la que la convence de la existencia de un príncipe azul que nunca llega.
110 La responsabilidad actual de toda escritora es precisamente convencer a sus lectoras de ese precepto fundamental: el príncipe azul no existe, no tiene materialidad alguna fuera de la imaginación, de la propia capacidad creadora. Y si vacilara[27] en su convencimiento y se sintiera tentada[28] a creer lo contrario, más le valdría[29] recordar las palabras de Diotima, la sabia de Mantinea, cuando afirma en el *Banquete*[e] de
115 Platón, que el amor es siempre plurivalente[30] y jamás se limita a un solo cuerpo: «Si

[26]llegar... *to become one*   [27]si... *if she were to hesitate*   [28]*tempted*   [29]convendría   [30]que posee muchos valores o significados (*polyvalent*)

---

[b]Poeta austríaco (1875–1926) nacido en Praga. Su verso se caracteriza por un marcado lirismo de tipo místico. Sus colecciones de poemas incluyen *El libro de las horas* (1905), *Sonetos a Orfeo* (1923) y *Elegías de Duino* (1923).
[c]bendecido... aprobado por la moral eclesiástica y social, como la única manera de multiplicar la especie humana
[d]escritora norteamericana de ascendencia española, nacida en París. Su obra narrativa (*Seducción del Minotauro,* 1961) y autobiográfica (*Diarios,* 1919–1975) es un análisis continuo de una personalidad dividida entre dos culturas y pasiones.
[e]en el Banquete... referencia al *Simposio* (que significa «banquete») de Platón. En uno de sus famosos diálogos dramáticos, el personaje de Sócrates, que dirige la discusión, inventa y cita a Diotima —sabia de la que finge haber adquirido todos sus conocimientos.

hay que buscar la belleza, dice Diotima, sería una verdadera locura no creer que la belleza que reside en todos los cuerpos es una e idéntica. Una vez penetrado[31] de este pensamiento, el hombre deberá mostrarse amante de todos los cuerpos bellos y despojarse, como de una menospreciada futesa,[f] de toda pasión que se encontrara en uno solo». Y aun cuando, una vez en mil, el príncipe azul se personificara ante ella implacable y aterrador en su perfección, le sería necesario convencerse de que también a él lo ha inventado, porque el precio que tendría que pagar por su sustantividad resulta sencillamente demasiado alto.

En *Una habitación propia* Virginia Woolf señala que la perturbadora situación de la mujer ha sido la razón principal por la cual no ha habido grandes mujeres escritoras en la historia universal. No ha habido una sola mujer que haya escrito como Shakespeare, dice Virginia Woolf (excepto quizá Jane Austen[g]), porque su situación le impide escribir objetivamente, con todos los obstáculos quemados, con esa absoluta transparencia que adquiere la obra literaria cuando el autor está totalmente distanciado de lo que escribe, a la vez que ha logrado fundirse con su escritura. Esto puede ser cierto, y puede ser, en efecto, que no existan escritoras comparables a Shakespeare o a Cervantes por múltiples razones (algunas de las cuales ya han sido mencionadas aquí), pero resulta inverosímil afirmar que la causa de ese hecho ha sido su falta de objetividad.

En el caso de la pasión, de la ira, de la risa, de la subjetividad arbitraria, difiero radicalmente de esta opinión de Virginia Woolf y me inclino más a pensar como Anaïs Nin. Creo, como ella, que la mujer debe escribir para reinventarse, para disipar[32] su temor a la pérdida y a la muerte, para enfrentarse cada día al esfuerzo que representa vivir. Para ella, tanto las buenas como las malas pasiones caben en la literatura: «Me refiero también a la tierra mala, a los demonios, a los instintos, a las tormentas[33] de la naturaleza. Las tragedias, los conflictos, los misterios, son siempre personales. Fue el hombre el que inventó la indiferencia, y ésta se convirtió en fatalidad.»

Como todo artista, en fin, la mujer escribe como puede, no como quiere ni debe. Si lc es necesario hacerlo rabiando[34] y amando, riendo y llorando, con resentimiento e irracionalidad, al borde mismo de la locura y de la estridencia estética, lo importante es que lo haga, lo importante es que siga escribiendo. Es de esa manera como ella más puede ayudar a configurar a la mujer como ser completo. A lo que debe dedicarse en cuerpo y alma es a la persistencia y no a la objetividad; a no dejarse derrotar[35] por los enormes obstáculos que la confrontan. Seguir escribiendo aunque no sea más que para allanarles el camino a[36] las que vengan después, a esas escritoras que quizá algún día puedan escribir con calma en vez de con ira, como quería Virginia Woolf. Al igual que Anaïs Nin pienso que la pasión tiene un inmenso poder de transformar, de transfigurar al ser humano, de una criatura limitada, pequeña y atemorizada, en una figura magnífica, que puede alcanzar a veces la estatura del mito. «Todos mis momentos de pasión y videncia nacieron de la pasión, —dice Anaïs Nin—, los desiertos que les siguieron no me interesan.»

---

[31]consciente   [32]desvanecer (*dissipate*)   [33]tempestades   [34]*raging*   [35]vencer   [36]allanarles... *smooth the way for*

---

[f]despojarse... eliminar de su vida el amor carnal, como se eliminaría una cosa inútil
[g]escritora inglesa (1775–1817), conocida por su mordaz sátira social y por el penetrante estudio de las costumbres y moralidad de su época. Entre sus obras más significativas figuran *Sense and Sensibility* (1811), *Pride and Prejudice* (1813), *Mansfield Park* (1814) y *Emma* (1816).

Cuestionario

1. Después de reflexionar sobre las condiciones de la mujer en los tiempos de William Shakespeare (1554–1616), ¿qué dice Rosario Ferré respecto a las oportunidades que tiene hoy día una joven que aspire a hacerse escritora? ¿Es ideal la situación actual para que lo logre? Comente.

2. A pesar de que la mujer goza actualmente de bastante libertad de expresión, ¿por qué le cuesta más trabajo a ella que al hombre llegar a ser un buen artista?

3. ¿Cuáles son los dos factores clave que en general le han impedido a la escritora producir obras realmente interesantes por la riqueza de las experiencias que ofrecen al lector?

4. Ferré sostiene que la mujer profesional tiende a sentirse culpable de sus logros y sufre por ello. ¿Por qué se siente culpable, según la autora? ¿Tiene esto que ser así?

5. ¿Con qué propósito se educa al hombre? ¿Y a la mujer?

6. ¿Qué debiera hacer la mujer moderna en vez de imitar al hombre en lo que se refiere al poder económico, político, etcétera?

7. ¿Qué principio(s) feminista(s) destacan las cinco preguntas retóricas en el párrafo décimotercero?

8. ¿Qué aspecto del tema o mensaje central se perfila en el párrafo décimocuarto: «...la pasión es la naturaleza definitoria de la mujer, pero esa pasión suele ser al mismo tiempo, su mayor fuerza y su mayor flaqueza»?

9. Según Virgina Woolf, no ha habido hasta la fecha ninguna escritora que se pueda comparar con Shakespeare o Cervantes. ¿A qué factores culturales y artísticos se puede atribuir esa falta? ¿Concuerda la ensayista con la opinión de la autora inglesa? Comente.

10. En la conclusión, ¿qué solución al problema de la identidad personal y artística de la mujer propone el ensayo? ¿De qué recurso(s) innato(s) ha de valerse la mujer para realizarse como ser humano y como artista?

Identificaciones

1. «juicio tácito»
2. *Carta a un Joven Poeta*
3. Diotima
4. *Pride and Prejudice*
5. «Fue el hombre el que inventó la indiferencia, y ésta se convirtió en fatalidad.»
6. «...la mujer escribe como puede, no como quiere ni debe»

Temas

1. La realidad, el arte y la «nueva mujer»
2. Las técnicas persuasivas de «La autenticidad de la mujer en el arte»
3. La visión dualista y conciliatoria del ensayo
4. El feminismo literario de Rosario Ferré en el ensayo
5. Debate: El amor no tiene el mismo significado para la mujer que para el hombre.

El ensayo crítico

Los ensayos críticos pueden ayudarnos a comprender un texto literario. Cada ensayo tendrá un punto de enfoque, sea analítico, estructural, histórico o ideológico. A veces la crítica busca una manera de explicar una ambigüedad textual, mientras que otras veces pone énfasis precisamente en los elementos más problemáticos del texto, no para resolverlos sino para iluminarlos. La crítica de las últimas décadas —de base estructuralista y semiológica— se dedica a elaborar los factores que producen la significación textual y las múltiples posibilidades interpretativas. El lector del artículo crítico debe considerar de una manera *abierta* las ideas representadas y debe juzgar de una manera *crítica* estas ideas. Cualquier ensayo tiene el poder de hacernos ver más claramente un determinado texto. Tenemos que leer la crítica como *metacríticos,* es decir, con la visión de un crítico. Esto es necesario porque hace falta examinar no sólo el contenido sino también la validez del método empleado por el crítico. Así, el artículo puede revelarnos algo nuevo sobre una obra literaria, acentuando un aspecto del texto ignorado por el lector o provocando una confrontación entre las ideas del crítico y las nuestras.

Se presentan a continuación resúmenes breves de seis estudios críticos sobre selecciones de la antología. Los estudiantes pueden encontrar referencias a otras obras críticas en las bibliografías anuales de la MLA (Modern Language Association) y en otras fuentes bibliográficas.

El ensayo crítico: Guía general para el lector

1. ¿Cuál es la tesis o el punto de enfoque central del artículo?
2. ¿Cuál es la aproximación del crítico? ¿Es una aproximación formalista o extratextual? ¿Define o explica el crítico su manera de acercarse al texto?
3. ¿Se puede defender la postura del crítico?
4. ¿Está usted, como lector del texto, de acuerdo con la interpretación o análisis del crítico? ¿Tiene usted las mismas ideas o una visión crítica diferente o quizás contradictoria?
5. El artículo crítico presenta una perspectiva determinada sobre una obra literaria. ¿Cuáles serían otras maneras de estudiar esa obra?

1. OBRA: Miguel de Unamuno, *San Manuel Bueno, mártir*

ARTICULO: Nelson R. Orringer, «Unamuno and St. José Martí, the Good», *Revista Canadiense de Estudios Hispánicos* 21.1 (1996): pp. 191–201.

Orringer opina que José Martí, protagonista —y mártir— de la emancipación cubana, sirve de modelo para la caracterización de Don Manuel en la novela de Unamuno. El ensayo complementa las investigaciones previas sobre los temas del martirio y de la inmortalidad en *San Manuel Bueno, mártir,* y en la obra de Unamuno en general. Orringer no sólo reconoce, como otros muchos críticos, que la creación de la novela fue inspirada por las ideas del filósofo danés Sören Kierkegaard, sino que también señala la influencia de Martí en esta novela como figura literaria, pensador y ejemplo del héroe sacrificado. El crítico analiza dos ensayos unamunianos sobre Martí, y alude a la correspondencia personal entre los dos escritores, para comprobar su tesis.

2. OBRA: *Federico García Lorca, La casa de Bernarda Alba*

ARTICULO: Michele Frucht Levy, «Of Time and the River: Lorca's *La casa de Bernarda Alba* and Chekhov's *Try sestry*», *La Chispa '85: Selected Proceedings,* ed. Gilbert Paolini (New Orleans: Tulane University, 1985), pp. 203–212.

Este es un estudio comparativo en el que se señalan similitudes importantes entre la obra de Lorca (1936) y la de Chekhov (1901), tales como la afinidad temática, la acción circular, el carácter intolerante de una mujer, así como el código social contra el que chocan los sueños de las hermanas. El río, como arquetipo del paso del tiempo y de la vida, representa la fuerza que arrastra a las mujeres, mientras que el futuro esperanzador se transforma en un desesperado presente.

3. OBRA: Juan Rulfo, «No oyes ladrar los perros»

ARTICULO: Donald K. Gordon, «No oyes ladrar los perros», de *Los cuentos de Juan Rulfo* (Madrid: Playor, 1976), pp. 123–128.

El crítico utiliza el diálogo de «No oyes ladrar los perros» como punto de enfoque para el análisis del cuento. Por su forma, el diálogo presenta cierta separación entre los dos personajes, la cual Gordon relaciona con el uso general de contrastes en el cuento. El énfasis en la forma dialogada lleva al crítico a una interpretación del desenlace del cuento.

4. OBRA: Juan Ramón Jiménez, «Inteligencia, dame»

ARTICULO: Howard T. Young, «The Exact Names», *MLN* 96 (1981): pp. 312–323.

«Inteligencia, dame» es metapoema, o sea, un poema sobre la creación de la poesía misma. En «The Exact Names», Young pretende ubicar este poema dentro del contexto de los movimientos poéticos de la época y sus tendencias. El ensayo crítico de Young examina, pues, no sólo un poema sino el arte de la creación poética, no sólo el producto final sino el proceso literario y personal, no sólo un poeta sino las metas de la poesía.

5. OBRA: Miguel de Cervantes, *El viejo celoso*

ARTICULO: Eduardo Urbina, «Hacia el *Viejo celoso* de Cervantes», *Nueva Revista de Filología Hispánica* 38.2 (1990): pp. 733–742.

A través de un examen de la tradición burlesca del marido celoso, Urbina nota que Cervantes añade al sistema satírico una serie de meditaciones sobre la naturaleza humana, el amor y la libertad. El crítico concluye que lo que parece ser la base amoral del entremés cervantino puede verse como una condena de los celos excesivos del viejo y una celebración de la imaginación liberadora de la joven.

6. OBRA: Mariano José de Larra, «El castellano viejo»

ARTICULO: Barbara Simerka, «You Are What You Eat: Dining Customs and Social Satire in "El castellano viejo"», *Romance Languages Annual* 6 (1994): pp. 586–589.

Simerka utiliza un texto de la antigüedad clásica para analizar las fuentes de la sátira en «El castellano viejo» de Larra. Citando a varios teóricos que han comentado sobre la formación de las culturas y sobre la creación de los géneros literarios, la crítica concluye que la visión satírica refleja los valores de la sociedad a la vez que los cuestiona. Los puntos de contacto y los contrastes entre «El castellano viejo» y la «Cena Trialchionis» del *Satiricon,* de Gaius Petronius Arbiter, nos ayudan a ver que, de cierta forma, todas las sociedades están en perpetua transición entre lo tradicional y lo moderno.

APENDICE 2: CLASIFICACION DE LOS VERSOS SEGUN EL NUMERO DE SILABAS

De 2 sílabas (bisílabo):

    1 2

    No-che

    tris-te

    vis-te

    ya,

    ai-re

    cie-lo

    sue-lo

    mar.

        (Gertrudis Gómez de Avellaneda,
        «La noche de insomnio y el alba»)

De 3 sílabas (trisílabo):

    1 2 3

    De-rra-man

    los sue-ños

    be-le-ños

    de paz.

        (Gertrudis Gómez de Avellaneda,
        «La noche de insomnio y el alba»)

De 4 sílabas (tetrasílabo):

    1 2 3 4

    Los ma-de-ros

    de San Juan

    pi-den que-so

    pi-den pan.

        (José Asunción Silva,
        «Los maderos de San Juan»)

De 5 sílabas (pentasílabo):

    1 2 3 4 5

    La se-ño-ri-ta

    del a-ba-ni-co

    va por el puen-te

    del fres-co rí-o.

        (Federico García Lorca,
        «Canción china en Europa»)

De 6 sílabas (hexasílabo):

    1 2 3 4 5 6

    Los o-li-vos gri-ses,

    los ca-mi-nos blan-cos.

    El sol ha sor-bi-do

    la co-lor del cam-po;

    y has-ta tu re-cuer-do

    me va se-can-do

    es-ta al-ma de pol-vo

    de los dí-as ma-los.

        (Antonio Machado, *Nuevas canciones*)

De 7 sílabas (heptasílabo):

    1 2 3 4 5 6 7

    Llé-va-me so-li-ta-ria,

    llé-va-me en-tre los sue-ños,

    llé-va-me ma-dre mí-a,

    des-piér-ta-me del to-do,

    haz-me so-ñar tu sue-ño.

        (Octavio Paz, *A la orilla del mundo*)

De 8 sílabas (octosílabo):

    1 2 3 4 5 6 7 8

    Yo soy un hom-bre sin-ce-ro

    de don-de cre-ce la pal-ma

    y an-tes de mo-rir-me quie-ro

    e-char mis ver-sos del al-ma.

        (José Martí, *Versos sencillos*)

De 9 sílabas (eneasílabo):

    1 2 3 4 5 6 7 8 9

    Ju-ven-tud di-vi-no te-so-ro

    ¡ya te vas pa-ra no vol-ver!

    Cuan-do quie-ro llo-rar, no llo-ro...

    y a ve-ces llo-ro sin que-rer...

        (Rubén Darío, «Canción de otoño en primavera»)

De 10 sílabas (decasílabo):

    1 2 3 4 5 6 7 8 9 10

    Del sa-lón en el án-gu-lo os-cu-ro,

    de su due-ño tal vez ol-vi-da-da

    si-len-cio-sa y cu-bier-ta de pol-vo

    veíase el arpa.

        (Gustavo Adolfo Bécquer, «Rima VII»)

De 11 sílabas (endecasílabo):

    1 2 3 4 5 6   7 8 9 10 11

    Cor-ta las flor-res, mien-tras ha-ya flor-res,

    per-do-na las es-pi-nas a las ro-sas...

    ¡Tam-bién se van y vuel-ven los do-lo-res

    co-mo tur-bas de ne-gras ma-ri-po-sas!

        (Manuel Gutiérrez Nájera, «Pax animae»)

De 12 sílabas (dodecasílabo):

    1 2 3   4 5 6 7 8 9 10 11 12

    Cru-ce-mos nues-tra ca-lle de la a-mar-gu-ra,

    le-van-ta-das las fren-tes, jun-tas las ma-nos...

    ¡Ven tú con-mi-go, rei-na de la her-mo-su-ra;

    he-tai-ras y po-e-tas so-mos her-ma-nos!

        (Manuel Machado, «Antífona»)

De 13 sílabas (trecisílabo):

    1 2 3 4 5 6 7 8 9 10 11 12 13

    Yo pal-pi-to, tu glo-ria mi-ran-do su-bli-me,

    ¡No-ble Au-tor de los vi-vos y va-rios co-lo-res!

    ¡Te sa-lu-do si pu-ro ma-ti-zas las flo-res,

    te sa-lu-do si es-mal-tas ful-gen-te la mar!

        (Gertrudis Gómez de Avellaneda,
        «La noche de insomnio y el alba»)

De 14 sílabas (alejandrino):

    1   2 3 4 5 6 7 8 9 10 11 12 13 14

    Pue-do es-cri-bir los ver-sos más tris-tes es-ta no-che

    Yo la qui-se, y a ve-ces e-lla tam-bién me qui-so.

    En las no-ches co-mo és-ta la tu-ve en-tre mis bra-zos.

    La be-sé tan-tas ve-ces ba-jo el cie-lo in-fi-ni-to.

        (Pablo Neruda, «Poema 20»)

391

Actantes (*actants*): Personajes o cosas que desarrollan una función en un proceso determinado.

Actores (*actors*): Personajes en los cuales converge un papel actancial y al menos una significación temática.

Aforismo (*aphorism*): Sentencia breve que expresa una doctrina o verdad. Sinónimo: máxima (*maxim*).

Alegoría (*allegory*): Metáfora continuada a lo largo de una composición o de una parte de ella.

Alejandrino (*Alexandrine*): Verso de catorce sílabas, generalmente dividido en dos hemistiquios. El alejandrino francés consta de doce sílabas solamente.

Aliteración (*alliteration*): Repetición del mismo sonido o grupo de sonidos.

Anáfora (*anaphora*): Repetición de una palabra o frase al principio de dos o más versos u oraciones.

Analogía (*analogy*): Relación de semejanza entre dos cosas distintas.

Anglicismo (*Anglicism*): Uso de vocablos o expresiones ingleses en otro idioma.

Antítesis (*antithesis*): Expresión de ideas contrarias en frases semejantes.

Aparte (*aside*): Técnica teatral que sirve para comunicar al público ciertas cosas que los otros personajes no deben saber.

Apóstrofe (*apostrophe*): Figura retórica que consiste en interrumpir improvisadamente el discurso para dirigirlo con vehemencia a seres presentes, ausentes o abstractos, así como a sí mismo o a cosas inanimadas.

Argumento o historia (*story/story line*): En una obra narrativa el término se refiere a la narración de los acontecimientos según el orden en que ocurren. El argumento (*argument*) de un ensayo es el razonamiento que se emplea para demostrar una proposición o un teorema.

Arquetipo (*archetype*): Literalmente, «modelo original» o símbolo universal. Según el psicólogo Carl G. Jung, el arquetipo viene a representar el inconsciente colectivo del hombre, es decir, las ideas que éste comparte con sus antepasados.

Arte mayor: Los versos de más de ocho sílabas.

Arte menor: Los versos de ocho sílabas o menos.

Artículo de costumbres (*article of manners or customs*): Composición anecdótica, descriptiva e interpretativa de tono humorístico, a veces satírico, en torno a algún aspecto de la vida española del siglo XIX.

Ascetismo (*asceticism*): Doctrina que, con fines morales o religiosos, impone una vida rigurosamente austera, la mortificación de los sentidos y la renuncia a todas las cosas terrenales (*earthly*).

Asíndeton (*asyndeton*): Supresión de conjunciones.

Axioma (*axiom*): Una verdad aceptada universalmente y, de ahí, que no necesite ser demostrada.

Barroco (*baroque*): Movimiento cultural que en España abarca más de un siglo (1580–1700). Conceptualmente, está asociado con la inquietud espiritual y el pesimismo ocasionados por la Contrarreforma y el subsecuente período de celo religioso. Esta actitud se refleja en las obras literarias de carácter metafísico, moralizador o satírico. Estilísticamente, el Barroco —palabra que significa «perla tosca» (*rough pearl*) en portugués— se caracteriza por su complejidad y por su extravagante ornamentación, rasgos destinados a crear asombro e introspección. En la literatura el *culteranismo* y el *conceptismo* son las dos grandes expresiones del arte barroco hispánico.

Beatus ille: Motivo poético creado por Horacio (65–8 a.C.) en el que se ensalza (*is praised, exalted*) la vida del campo como lugar en el que se logra la perfecta paz del espíritu.

Característica referencial (*referential characteristic*): Rasgo mediante el cual se puede observar de qué modo cierta forma literaria se dirige al lector.

Caricatura (*caricature*): Retrato o esbozo satírico de una persona.

Carpe diem (*lit.,* Aprovecha el día presente): Tópico literario. Con estas palabras, su creador, Horacio (65–8 a.C.), en sus *Odas,* nos recuerda que la vida es corta y debemos apresurarnos a gozar de ella.

Catarsis (*catharsis*): Purificación que opera la tragedia en el espectador por medio de la compasión y el miedo.

Cesura (*caesura*): Pausa que se hace en el interior de un verso.

Clímax (*climax*): Intensificación. En una composición literaria es el punto culminante de la acción. En el lenguaje literario equivale a la *gradación*.

Comedia (*comedy, play*): Obra dramática de ambiente divertido con un final feliz; también una obra dramática en general.

Comodín (personaje): En el teatro es el personaje que hace diversos papeles en una misma obra.

Conceptismo (*conceptism*): Tendencia literaria asociada especialmente con los escritores barrocos Gracián y Quevedo (siglo XVII). Empleado particularmente en la prosa, el conceptismo consiste en emplear conceptos rebuscados (*unnatural, pedantic*) de extravagante originalidad. Aunque el culteranismo y el conceptismo se parecen en virtud de sus metáforas atrevidas, los retruécanos incomprensibles y el hipérbaton exagerado, el conceptismo se diferencia por ser no tanto un preciosismo (*preciosity*) lingüístico, como un preciosismo de ideas.

Contrarreforma (*Counter-Reformation*): Nombre dado por los protestantes a la acción promovida por la Iglesia católica en los siglos XVI–XVII a fin de combatir la Reforma protestante. Como resultado del Concilio de Trento (1545–1563), se reafirmaron el principio de la unidad indisoluble de la Iglesia, la supremacía absoluta del Papa sobre el concilio (junta o congreso de obispos y otras autoridades eclesiásticas) y la integridad del dogma católico. Este movimiento inspiró el estilo barroco que manifiesta elocuentemente el desequilibrio espiritual de la época.

Copla: Estrofa de cuatro versos de arte mayor o de arte menor. Hay ciertas variantes de coplas.

Cosmopolitismo (*cosmopolitanism*): En directa oposición al criollismo o regionalismo, que en la literatura realista y naturalista destaca lo local y actual, esta corriente asociada con la primera fase del modernismo valoriza únicamente los aspectos estáticos y universales de la obra literaria.

Cosmovisión (*worldview*): Actitud de un autor ante la vida, según se puede determinar mediante la lectura de sus obras; a menudo se designa con la palabra alemana «*Weltanschauung*».

Costumbrismo: Tendencia literaria española cimentada en el siglo XIX que consiste en retratar e interpretar, por lo general con sentimiento y nostalgia, las costumbres del país.

Creacionismo (*creationism*): Movimiento poético originado en 1914 por el poeta chileno Vicente Huidobro. Según éste, la poesía no debe imitar la naturaleza, y le toca al poeta crear una nueva realidad a través de la palabra.

Criollismo: Corriente o tendencia regionalista de Hispanoamérica que afecta principalmente a la novela y al cuento. Sus características fundamentales son la crítica de las condiciones sociales, políticas y económicas del país en cuestión. El autor criollista muestra una actitud pesimista y militante que se refleja en la descripción casi científica de la lucha desigual del ser humano contra las fuerzas hostiles de la naturaleza y contra la injusticia social.

Crónica (*chronicle*): En un sentido amplio, colección de acontecimientos históricos o artículo periodístico sobre temas de la actualidad. Relato a veces rudo y de escaso mérito literario —pero siempre espontáneo y pintoresco— que aventureros, prisioneros y viajeros españoles utilizaron en los siglos XV–XVII para describir, al estilo de la antigua crónica medieval y de la épica, la conquista y colonización de América.

Cuadro de costumbres (*portrait of manners or customs*): En la literatura española de los siglos XVIII y XIX, boceto (*sketch*) colorido de una escena o de un lugar característicos de la vida española contemporánea.

Cubismo (*cubism*): Teoría del siglo XX según la cual las artes plásticas, como la pintura y la escultura, se caracterizan por la imitación, el empleo y el predominio de figuras geométricas —triángulos, rectángulos y cubos— de donde viene su nombre.

Culteranismo (*euphuism*): Tendencia literaria introducida por el poeta barroco Luis de Góngora (siglo XVII). Se caracteriza por la falta de naturalidad en el estilo, por la abundancia de latinismos y otros vocablos raros y particularmente por las construcciones sintácticas rebuscadas y oscuras.

Cultismo (*learned word*): Toda palabra procedente de una lengua clásica, especialmente del latín, que entra por vía culta en el idioma y que, al contrario de las voces populares, no ha experimentado transformación fonética.

Dadaísmo (*dadaism*): Movimiento artístico y literario cuyo nombre proviene de la imitación del habla incoherente de los niños —«da, da». Inaugurado en 1916 por Tristan Tzara (1896–1963), la escuela dadaísta despreciaba (*scorned*) la civilización y la cultura europeas, considerándolas responsables de las atrocidades de la primera guerra mundial (1914–1918). La literatura de este movimiento se distingue por una estructura que rompe las normas del poema tradicional, por temas sin significado racional, por un desarrollo incoherente y por una actitud fuertemente crítica.

Deconstrucción o desconstruccionismo (*deconstruction*): Movimiento teórico —asociado con el filósofo francés Jacques Derrida, entre otros, y con el postestructuralismo— que cuestiona las premisas tradicionales sobre la interpretación de los textos, y sobre nuestra comprensión del universo mismo. La aproximación desconstruccionista acentúa las inconsistencias y contradicciones dentro del texto y desafía (*challenges*) al lector a reconocer y a aceptar dichas contradicciones en vez de intentar resolverlas. A menudo se invierte el orden establecido; por ejemplo, la desconstrucción suele destacar en la obra lo marginado, convirtiéndolo en un nuevo centro de enfoque.

Determinismo (*determinism*): Sistema filosófico que afirma que lo que le ocurre a una persona está determinado por las circunstancias o por el ambiente en que vive. De ahí que todos los actos de la voluntad humana sean condicionados por factores ambientales, hereditarios, casuales (*chance*), etcétera.

Deus ex machina: Deidad (*Deity*) que en el teatro clásico grecorromano era traída al palco escénico (*stage*) por medio de alguna máquina con el propósito de resolver una situación difícil. Desde entonces, el término ha venido a significar cualquier personaje, ocurrencia o recurso artifical o improbable destinado a intervenir improvisadamente en una obra literaria para solucionar una situación dada o para desenredar la trama.

Diéresis (*diaeresis*): Licencia poética que consiste en separar dos vocales que forman diptongo.

Drama (*drama*): Una presentación en la cual unos personajes imitan un hecho de la vida ante unos espectadores.

Efecto V (*alienation effect*): En el teatro épico, distanciamiento que se crea entre la acción y el espectador.

Elipsis (*ellipsis*): Omisión de elementos de una oración

Encabalgamiento (*enjambment*): En la poesía, cuando el final de un verso tiene que unirse al verso siguiente para completar el significado.

Ensayística (*essay writing*): El arte que se refiere al ensayo. Términos correspondientes a otras formas: la novelística, la cuentística, la dramaturgia, la poética.

Ensayo (*essay*): Composición literaria generalmente breve y en prosa que versa sobre (*deals with*) un determinado tópico o tema y es por la mayor parte de carácter analítico, especulativo o interpretativo.

Epica (*epic poetry*): La poesía épica («la epopeya») cuenta, en un estilo elevado, las hazañas de héroes históricos o legendarios, como, por ejemplo, Ulises (de *La Ilíada* y de *La Odisea,* de Homero) o El Cid. La poesía épica representa una visión histórica, así como la exaltación de los valores e ideales de una nación.

Epíteto (*epithet*): Adición de adjetivos con un fin estético solamente, ya que su uso no es necesario.

Epopeya (*epic*): Poema épico o heroico.

Esbozo (*sketch*): Ensayo corto y descriptivo que gira en torno a un solo personaje, una sola escena o un solo acontecimiento. Sinónimo: boceto.

Estribillo (*refrain*): Una línea o líneas que se repiten a intervalos a lo largo de un poema y muy frecuentemente al final de una estrofa.

Estrofa (*stanza*): Secuencia de versos sometidos a un orden para formar la unidad estructural del poema.

Estructura (*structure*): La armazón (*framework*) de una composición literaria planificada de una manera particular. Dícese que la estructura de un drama se basa en sus divisiones en actos y escenas; la de un ensayo depende de una serie de tópicos en el orden de su presentación; la estructura de un *soneto* es determinada por el número de cuartetos (dos) y tercetos (dos), la utilización del verso endecasílabo, la rima consonante, etcétera.

Estructuralismo (*structuralism*): Aproximación al entendimiento de fenómenos asociados con los campos de la sociología y de la literatura. El método estructuralista de estudiar una obra literaria implica el análisis y la interpretación de los elementos lingüísticos a fin de determinar la construcción o estructura profunda de dicha obra.

Eufemismo (*euphemism*): Perífrasis que se usa para evitar el empleo de palabras malsonantes, groseras o que no se quieren mencionar por considerarse tabú.

Existencialismo (*existentialism*): Corriente filosófica radicada en las doctrinas del teólogo danés Sören Kierkegaard (1813–1855) y del filósofo alemán Edmund Husserl (1859–1938). La doctrina existencialista postula que el ser humano, por ser racional, se ve obligado a explicarse de una forma coherente y plausible su existencia en relación con la sociedad, con el mundo y con Dios. De dicha explicación depende la solución de todos los problemas —desde la esencia (¿Quién soy?) hasta el significado de la vida misma (¿Por qué vine al mundo? ¿Qué será de mí después de morir?). Sin embargo, los existencialistas sostienen que la propia conciencia le quita al ser humano la posibilidad de resolver lógicamente un enigma tan complejo, y esto produce una gran angustia (*anguish*). El existencialismo fue divulgado principalmente por los alemanes Karl Jaspers (1883–1969) y Martin Heidegger (1889–1976) y por los franceses Jean-Paul Sartre (1905–1980) y Gabriel Marcel (1889–1973). En la literatura hispánica, escritores como Miguel de Unamuno (1863–1937) han subrayado la necesidad de mitigar a través de la fe cristiana el sufrimiento que nace de la lucha entre la voluntad —el querer creer en la inmortalidad— y la razón, es decir, el no estar seguro de que exista otra vida después de la muerte. Por otro lado, en novelas, dramas y ensayos, los existencialistas ateos (*atheistic*) como los franceses Sartre y Albert Camus (1913–1960) proponen otra alternativa a la desesperación. Es el llamado «engagement», o sea, el compromiso (*commitment*) moral y humanitario del individuo para con sus semejantes (*fellow human beings*) en general y con la sociedad en particular. De allí que se denomina «engagé» o «comprometido» al escritor que pone su obra al servicio de una causa social o política.

Exposición (*exposition*): Parte de la trama de una obra narrativa en la que se le informa al lector acerca de los personajes y su circunstancia particular. En el ensayo, la exposición es la forma del discurso que explica, define e interpreta, en contraste con las otras formas —la descripción, la narración y la argumentación.

Extranjerismo (*foreignism*): Palabra o giro que proviene de algún idioma extranjero (anglicismo del inglés; germanismo del alemán; galicismo del francés, etcétera).

Fábula (*plot, fable*): El asunto de una obra literaria. También una historia en verso o en prosa que encierra una enseñanza o lección moral.

Fenomenología (*phenomenology*): Aproximación teórica que se basa en el pensamiento filosófico de Immanuel Kant y de Edmund Husserl. En cuanto a la aplicación de la fenomenología al estudio de la literatura, se puede señalar que a veces el investigador busca una manera de aproximarse a la estructura de la conciencia (*structure of consciousness*) de un escritor determinado y de ver, dentro de la obra, una manifestación de la intención de su autor.

Figuras retóricas (*rhetorical figures*): Convenciones lingüísticas —procedentes de la tradición retórica (el arte de la persuasión)— que tienen como fin la creación de imágenes bellas y conmovedoras.

Fluir de la conciencia (Corriente de conciencia) (*stream of consciousness*): Técnica que describe la actividad mental de un individuo desde la experiencia consciente a la inconsciente.

Fondo (*content*): Lo que dice una obra. El fondo es el asunto, el tema, el contenido, las ideas, los pensamientos y los sentimientos dentro de una composición; uno de los dos elementos principales del estilo. El otro es la *forma*.

Fonema (*phoneme*): La más pequeña unidad fonológica de una lengua, como lo demuestran los sonidos diferenciales en las palabras *cara* y *cada*.

Forma (*form*): Modo o estilo de arreglar y coordinar las varias y distintas partes de una composición. La forma corresponde a la estructura externa de una obra y sirve como «vestido» del mensaje o *fondo*. Los elementos formales son el léxico (las palabras), las frases, las figuras estilísticas, las imágenes y los tropos, y la concepción misma de la obra.

Formalismo (*formalism*): Aproximación crítica que pone énfasis en los aspectos *formales* del texto, o sea, en los elementos relacionados con el contenido de la obra: el lenguaje, los temas, la caracterización, el diseño estructural, etcétera. Se puede contrastar una aproximación formalista con una aproximación de tipo *extratextual*, la cual intenta explicar el texto a base de elementos no contenidos directamente dentro del texto, como la biografía del autor o el psicoanálisis, por ejemplo.

Galicismo (*Gallicism*): Empleo en otra lengua de palabras o expresiones francesas.

Generación del 98 (*Generation of 98*): Período de renovación de las letras españolas iniciado por un grupo de escritores preocupados por la atmósfera de desaliento (*discouragement*) —la llamada «abulia»— que resultó de la derrota nacional tras la Guerra hispanoamericana (1898). La literatura de dicho período renueva el amor por la patria y su tradición, particularmente la espiritual y artística.

Género (*genre*): Término que literalmente significa «tipo»; en las artes corresponde a una determinada forma de expresión. En la literatura hay cuatro géneros fundamentales: la narrativa, la poesía, el drama y el ensayo.

Glosa (*gloss*): Poema al fin del cual o al de cada una de sus estrofas se introducen uno o más versos anticipadamente propuestos.

Gradación o clímax (*climax*): Cuando varias palabras aparecen en escala ascendente o descendente.

Hamartia (*tragic flaw*): Punto débil del héroe trágico que lo conduce a la catástrofe.

Hemistiquio (*hemistich*): La mitad de un verso separada de la otra mitad por la cesura.

Hiato (*hiatus*): Pronunciación separada de dos vocales que deberían pronunciarse juntas por sinalefa. Si las vocales forman diptongo se llama *diéresis*.

Hipérbaton (*hyperbaton*): Alteración del orden acostumbrado de las palabras en la oración.

Hipérbole (*hyperbole*): Exageración. El aumentar o disminuir desproporcionadamente acciones, cualidades, etcétera.

Humanismo (*humanism*): Corriente que en la época del Renacimiento emprendió (*undertook*) y difundió en Europa el estudio de las culturas clásicas de Grecia y Roma, y que anteponía a toda otra consideración los intereses, los valores y la dignidad personal de cada individuo.

Ilustración (*Enlightenment*): Movimiento del siglo XVIII que se distingue por su confianza en el poder ilimitado de la razón humana y en la bondad natural del hombre. Algunos filósofos de la Ilustración, como Rousseau, Voltaire y Paine, propusieron que se utilizara al máximo las facultades racionales para llevar a cabo innovaciones en todos los campos —política, religión, educación, ciencias, etcétera— con el fin de mejorar las condiciones humanas.

Imagen (*image*): La representación —literal o figurada— de un objeto o de una experiencia sensorial. La relación poética establecida entre elementos reales e irreales. La impresión mental —de un objeto o de una sensación— evocada por una palabra o una frase.

In medias res: Frase latina que significa «en medio de las cosas». El término se refiere al recurso literario mediante el cual se comienza una obra literaria «a medio camino» en la sucesión de eventos de su historia, en vez de empezarla desde el principio.

Indianismo: Tendencia asociada con ciertas obras del Romanticismo hispanoamericano. En los escritos indianistas el nativo de América es idealizado al estilo del típico héroe romántico europeo, perdiendo como resultado su verdadera identidad.

Indigenismo: Tendencia relacionada fundamentalmente con la novela hispanoamericana realista. En contraste con la idealización del nativo del Nuevo Mundo, típico del indianismo, el indigenismo se caracteriza por el retrato vivo y verosímil del nativo y por la fuerte protesta social que el autor hace en favor del indígena.

Ironía circunstancial (*situational irony*): Situación en la que el lector (o espectador) se entera de la ironía sólo en el momento culminante de la obra, así que su experiencia se parece a la del personaje.

Ironía dramática o trágica (*dramatic or tragic irony*): Situación en la que el lector (o espectador) sabe lo que va a pasar en la obra antes de que lo sepa el personaje: la posición del lector es la llamada distanciación irónica (*ironic distance*).

Jitanjáfora: Se aplica este término al juego onomatopéyico y fonímico de palabras y expresiones las cuales imitan sonidos de cosas o seres vivientes y que usan sonidos parecidos pero de significados distintos.

Justicia poética (*poetic justice*): Término introducido por el inglés Thomas Rymer en el siglo XVII para expresar que, mientras que en la vida real no siempre los buenos son premiados y los malos castigados, en la obra artística el autor puede hacer que esto suceda.

Latinismo (*Latinism*): Palabra o giro sacados directamente del latín.

Leitmotivo (*leitmotif or «leading motive»*): La repetición, en una obra literaria, de una palabra, frase, situación o idea, con el fin de dar un sentido de unidad al conjunto.

Letrilla: Poema estrófico de versos cortos, que con frecuencia tiene un estribillo.

Lira: Estrofa de cinco versos heptasílabos y endecasílabos cuyo esquema es *aBabB*.

Lógica formal (*formal logic*): Lógica del pensamiento que se sirve de procedimientos parecidos a los que se utilizan en las matemáticas para apelar a la *razón* o a las facultades mentales del ser humano. Sinónimo: lógica simbólica o discursiva (*symbolic or discursive logic*).

Lógica informal (*informal logic*): Lógica de la sensibilidad que apela a las facultades intuitivas del hombre y cuyo fin es emocionar. Sinónimo: lógica no-discursiva (*nondiscursive logic*).

Marxismo (*Marxism*): Doctrina socialista basada principalmente en las ideas del filósofo y economista alemán Karl Marx (1818–1883). De acuerdo con el marxismo, las masas han sido tradicionalmente explotadas por el Estado. Por lo tanto, los marxistas abogan por la lucha de clases y la revolución con el fin de acabar con el capitalismo y crear en su lugar un nuevo orden social: una sociedad sin clases. Estas ideas se reflejan en cierto tipo de arte comprometido.

Metáfora (*metaphor*): Una translación de sentido; es decir, que el significado de una palabra se emplea en un sentido que no le corresponde lógicamente.

Metateatro (*metatheater*): El teatro dentro del teatro (*play within a play*).

Metonimia (*metonymy*): Ocurre cuando una palabra se sustituye por otra con la cual guarda una relación de causa u origen.

Métrica (*metrics*): El estudio de la versificación.

Metro (*meter*): Medida aplicada a cierto número de palabras para formar un verso.

Mimesis (*mimesis*): Imitación.

Misticismo (*mysticism*): Doctrina que enseña la comunicación inmediata y directa entre el ser humano y Dios y su unión con El por medio de la purificación ascética.

Mito (*myth*): Historias universales inventadas por los hombres de todas las épocas para expresar, o simbolizar, ciertos aspectos profundos de la existencia humana.

Modernismo (*modernism*): Tendencia literaria hispánica con raíces en América. Representa un esfuerzo colectivo de renovación de todos los géneros literarios. Sus elementos constitutivos provienen de tres corrientes francesas de la época: (1) el *parnasianismo*, exquisito cuidado por la forma —el arte por el arte— devoción por las culturas clásicas, exotismo, imágenes plásticas, impersonales, frías; (2) el *simbolismo,* efectos musicales, amor por el color, la vaguedad, el ritmo, y (3) el *Romanticismo,* intimidad, sentimiento. En el desenvolvimiento histórico del modernismo se destacan tres fases: la *esteticista,* la *metafísica y humana,* y la *declinación modernista.*

Narratario (*narratee*): El receptor del mensaje dentro de una obra narrativa. En algunos textos narrativos, el narrador dirige sus palabras a otro personaje, también ficticio. A este receptor se le denomina *narratario,* y la relación entre narrador y narratario se puede comparar, en términos analógicos, con la de autor y lector.

Naturalismo (*naturalism*): Diametralmente opuesto a la idealización de la realidad, el naturalismo —tendencia o corriente literaria de la segunda mitad del siglo XIX— retrata al ser humano y su circunstancia con una fidelidad científica. Por eso, y creyendo que la vida del hombre es determinada por la herencia y el medio ambiente, el escritor naturalista, ejemplificado por el francés Emile Zola (1840–1902), exagera los aspectos feos y bestiales del ser humano que lucha inútilmente por sobrevivir.

Neoclasicismo (*neoclassicism*): Movimiento artístico asociado con el siglo XVIII. En la literatura, sus representantes abogan por la imitación de los clásicos y el predominio de la razón, la serenidad y la moderación como reacción contra los excesos de violencia y desequilibrio del Barroco. Por consiguiente, el neoclasicismo favorece un arte sencillo, verosímil, universal, de buen gusto y con un fin docente que sostenga los ideales éticos, morales y estéticos de la antigüedad grecorromana.

Neologismo (*neologism*): Palabra o expresión nueva introducida en una lengua.

Nihilismo (*nihilism*): Término derivado del latín *nihil* (en español «nada»), que se refiere filosóficamente a una forma extremada de escepticismo (*skepticism*). En la literatura se encuentra el nihilismo principalmente dentro de aquellas obras existencialistas de tipo ateo.

Octava (*octave*): Estrofa de ocho versos.

Onomatopeya (*onomatopoeia*): Uso de las palabras que imitan el sonido de las cosas nombradas por ellas.

Oratoria (*oratory*): El arte de hablar con elocuencia; de deleitar, persuadir y conmover por medio de la palabra.

Oxímoron (*oxymoron*): Unión sintáctica de conceptos que se contradicen.

Panteísmo (*pantheism*): Doctrina filosófica que identifica a Dios con el universo. Los panteístas creen que la presencia o el cuerpo de Dios se manifiesta a través de la naturaleza o los fenómenos naturales.

Parábola (*parable*): Cuando todos los elementos de una acción narrada se refieren, al mismo tiempo, a otra situación. Es una especie de comparación y siempre tiene intención didáctica.

Paradoja (*paradox*): Frase que parece contradecir las leyes de la lógica, pero que posee una verdad interna; la unión de dos ideas en apariencia irreconciliables.

Paráfrasis (*paraphrase*): Interpretación o traducción libre de un texto literario.

Pareado (*couplet*): Estrofa de dos versos. (No debe traducirse la palabra inglesa *couplet* por la palabra española *copla* —estrofa de cuatro versos— sino por la palabra *pareado.*)

Parnasianismo (*parnassianism*): Escuela de poetas franceses (siglos XIX) que practicaban el arte por el arte y construían sus poemas con gran cuidado por la forma. La poesía parnasiana se caracteriza por su objetividad e impersonalidad. Sus temas favoritos son las culturas clásicas y los paisajes y objetos exóticos que los parnasianos representan a través de imágenes plásticas, frías (estatuas de mármol, cisnes, marfil, etcétera). Dado que la intención del poeta es exclusivamente estética, dicha tendencia suele llamarse *esteticismo.*

Parodia (*parody*): Imitación de una obra literaria o musical con fin satírico o humorístico. En un sentido más amplio, cualquier imitación burlesca de una cosa seria.

Patético (*pathetic*): Lo que conmueve infundiendo dolor, tristeza, melancolía o un sentimiento muy intenso.

Perífrasis (*periphrasis*): Sirve para decir con muchas palabras lo que se podría decir con sencillez.

Peripecia (*peripeteia or peripety*): El momento decisivo en la obra dramática, o sea, un cambio repentino de situación.

Personificación (*personification*): Atribución de cualidades o actos propios de los seres humanos a otros seres.

Polisíndeton (*polysyndeton*): La repetición de conjunciones.

Positivismo (*positivism*): Doctrina filosófica sistematizada por el francés Auguste Comte (1798–1857), fundador de la sociología. El término se deriva de su *Curso de filosofía positiva* (1830–1842) en el que Comte sostiene que al conocimiento se llega a través de tres fases o etapas. De las tres —la teológica, la metafísica y la positiva— sólo la última es válida. Apoyándose en el racionalismo, el positivismo postula que el ser humano debe renunciar a conocer la naturaleza o esencia de las cosas, contentándose en cambio con aquellas verdades que se pueden obtener mediante la experimentación. En la literatura el impacto de los conceptos positivistas, con su énfasis en la detallada y cuidadosa observación de la realidad objetiva, engendró el realismo y su derivado, el naturalismo.

Postmodernismo (*postmodernism*): Corriente de cronología algo imprecisa (¿1905–1914?) que marca la decadencia del modernismo, anticipando el vanguardismo y la literatura contemporánea. Al mismo tiempo que lleva la calidad artística de la obra literaria a nuevas alturas, principalmente en cuanto a la poesía, la novela y el ensayo, la corriente postmodernista enfatiza el regreso a una lírica más sencilla.

Preciosismo (*preciosity*): Uso de un lenguaje meticuloso y refinado en extremo —rasgos asociados con la tendencia artística francesa del siglo XVII llamada «*Préciosité*» y con el gongorismo español de la misma época.

Pragmatismo (*pragmatism*): Método filosófico que juzga la validez de toda doctrina —científica, filosófica, religiosa o moral— basándose en sus efectos prácticos.

Prefiguración (*foreshadowing*): Representación anticipada o indicio de lo que va a ocurrir más tarde.

Pregunta retórica (*rhetorical question*): Pregunta hecha solamente para producir un efecto y no para ser contestada, ya que su respuesta es obvia.

Proposición (*proposition*): Enunciación de una verdad demostrada o que se trata de demostrar.

Prosa discursiva (*discursive prose*): Forma de expresarse que emplea un lenguaje directo, denotativo, lógico, asociado comúnmente con el habla diaria y con los escritos de tipo analítico o docente.

Prosa no-discursiva (*nondiscursive prose*): Forma de expresarse que utiliza un lenguaje indirecto, connotativo, figurado o literario.

Prosopopeya (*prosopopoeia*): Personificación.

Racionalismo (*rationalism*): Teoría filosófica según la cual se llega al conocimiento sólo por medio de la razón, que ha de considerarse independiente de las facultades intuitivas o sensitivas del hombre y superior a ellas. Por lo tanto, dicha doctrina rechaza toda consideración metafísica y especulativa.

Realismo (*realism*): Teoría o actitud literaria según la cual los aspectos ordinarios de la vida son retratados con la mayor fidelidad. Corriente literaria difundida en Europa y en América a partir de la segunda mitad del siglo XIX. Afectó en particular la novela y se distingue por su énfasis en la descripción detallada de la vida diaria, particularmente la de las clases media y baja.

Realismo mágico (*magical realism*): Término atribuido al crítico alemán Franz Roh, quien lo usó para definir cierto tipo de arte plástico. Aplicado a la literatura por el escritor venezolano Arturo Uslar Pietri, el nombre se refiere modernamente a aquellos escritos en los que la realidad objetiva se confunde con la fantasía, creando un ambiente vago, extraño, algo parecido a los sueños.

Redondilla: Estrofa de cuatro versos de arte menor cuyo esquema es *abba*.

Reforma protestante (*Reformation*): Movimiento religioso y político iniciado en Alemania en 1517. Su principal teórico, el monje alemán Martín Lutero (1483–1546), sostenía que la salvación se alcanza esencialmente a través de la fe y de la unión íntima y personal del individuo con Dios —sin intervención de ningún intermediario. Dicha doctrina se oponía a algunos dogmas de la Iglesia católica, siendo uno de los más controvertidos la remisión o perdón de las penas debidas por los pecados (la venta de las llamadas «indulgencias»). El movimiento reformista encontró un clima favorable debido a ciertos factores como la corrupción en el ambiente eclesiástico, la gran agitación económica y social de la época y, finalmente, la visión individualista propia del espíritu humanístico.

Renacimiento (*Renaissance*): Período histórico que sucede a la Edad Media (*Middle Ages*) y precede al Barroco. En España el Renacimiento comprende el siglo XVI. La cosmovisión renacentista concibe el mundo no como un «valle de lágrimas» que se debe apenas aguantar rumbo a la vida eterna (ideología medieval), sino como algo valioso que Dios ha dado al hombre para que éste disfrute de él al máximo, desarrollándose en todas sus capacidades —físicas, intelectuales, artísticas, etcétera— y adquiriendo la fama destinada a inmortalizarle. En la literatura el Renacimiento se caracteriza por las corrientes *profana* o secular, y la *mística*, de temática exclusivamente religiosa.

Retórica (*rhetoric*): Teoría y principios tocantes a los varios y distintos modos de cumunicarse eficazmente (*effectively*). Hoy día el término se aplica al arte o a la ciencia relacionados con la utilización del lenguaje en el discurso literario.

Retruécano (*pun*): Juego de palabras producido por la semejanza de los sonidos y la disparidad de los significados.

Rima (*rhyme*): Semejanza o igualdad entre los sonidos finales del verso a partir de la última vocal tónica.

Rima asonante (*assonance, vocalic rhyme*): Rima entre dos palabras cuyas vocales son iguales a contar desde la última vocal tónica.

Rima consonante (*consonance*): Rima entre dos palabras cuyos últimos sonidos, tanto vocales como consonantes, son iguales a contar desde la última vocal tónica.

Ritmo (*rhythm*): La cadencia de un verso determinada por la distribución de los acentos principales.

Romance (*Spanish ballad*): Composición poética formada por versos octosílabos, en número indeterminado, con rima asonante en los versos pares, quedando sueltos los impares.

Romanticismo (*Romanticism*): Doctrina adoptada en Europa al principio del siglo XIX. En el Romanticismo resalta sobre todo el predominio de la sensibilidad y la imaginación sobre la razón. Asimismo, se distingue por la visión eminentemente individualista y, de ahí, subjetiva de la realidad. Los románticos padecieron del llamado «*mal du siècle*» («mal de siglo») o desaliento resultante del choque entre su extremado idealismo —anhelo de completa libertad, búsqueda de la inmortalidad, la perfección, el amor puro— y la realidad cotidiana.

Sátira (*satire*): Composición escrita cuyo objeto es censurar o poner en ridículo.

Semántica (*semantics*): Estudio del significado de las palabras, tanto en su sentido estricto como en el sentido figurado (*figurative*) o simbólico.

Semiótica (*semiotics*): Ciencia que estudia los signos y los símbolos en su sentido amplio. A diferencia de la semántica, que busca los significados de signos lingüísticos específicos y lógicos, la semiótica (semiología) se refiere a signos y símbolos mucho más generalizados, como lo son, por ejemplo, los síntomas de las enfermedades. Podría decirse que la semiótica estudia la totalidad de los sistemas de signos que las personas emplean en el proceso de la comunicación y que, por lo tanto, se relaciona con sistemas culturales como la música, la vestimenta (*apparel, clothing*), la comida y la literatura.

Serventesio (*quatrain*): Estrofa de cuatro versos de arte mayor cuya rima es *ABAB*.

Siglo de Oro (*Golden Age*): Época en que la literatura, las artes y la cultura en general alcanzaron su mayor esplendor. En España comienza cuando el país llega a la cumbre de su influencia política, durante el reinado del emperador Carlos V (1515–1556), y acaba al mismo tiempo que España —a raíz del fracaso de la «Armada Invencible» de Felipe II (1588)— empieza a decaer política y económicamente. En la literatura, el fin del Siglo de Oro suele asociarse con la muerte de Pedro Calderón de la Barca (1704), el último gran representante del Barroco.

Significado (*signified*): Lo señalado —el concepto, la idea— por un signo lingüístico; el signo mismo se llama *significante* (*signifier*).

Significante (*signifier*): Signo lingüístico utilizado para nombrar algo; lo señalado se llama *significado* (*signified*).

Silogismo (*syllogism*): Fórmula empleada para presentar lógicamente un argumento. En el silogismo el argumento se compone de tres proposiciones, la última de las cuales se deduce de las otras dos.

Silva: Poema no estrófico formado por versos heptasílabos y endecasílabos combinados libremente.

Simbolismo (*symbolism*): Tendencia poética francesa de fines del siglo XIX. Sus principales representantes —Verlaine, Rimbaud y Mallarmé— cultivaron una poesía cuyos rasgos distintivos son la vaguedad, el verso libre y, de modo particular, los efectos musicales.

Símbolo (*symbol*): La relación entre dos elementos, uno concreto y otro abstracto, de tal manera que lo concreto explique lo abstracto.

Símil (*simile*): Comparación de una cosa con otra para dar una idea más viva de una de ellas.

Sinalefa (*synalepha*): Elemento de cómputo silábico que une dos vocales: cuando una palabra termina con vocal y la siguiente empieza también con una vocal se unen y se cuenta como una sola sílaba.

Sinécdoque (*synecdoche*): Dar a una cosa el nombre de otra porque hay una relación de coexistencia. La más usada es la que designa el todo por la parte.

Sinéresis (*synaeresis*): En la poesía, cuando se unen dos vocales adyacentes que generalmente se pronuncian separadas.

Sinestesia (*synaesthesia*): Descripción de una sensación en términos de otra.

Soneto (*sonnet*): Composición poética de catorce versos de arte mayor distribuidos en dos cuartetos y dos tercetos.

Superrealismo (*surrealism*): Corriente artística que surgió en Francia a principios de la segunda década del siglo XX. Influenciados por las teorías de Freud y horrorizados por el caótico espectáculo de la primera guerra mundial, los superrealistas propusieron un arte que «superara» la realidad objetiva y exteriorizara los aspectos subconscientes e irracionales de la existencia humana. El resultado, en la pintura y en la literatura, son composiciones que destacan imágenes imprevistas, desordenadas y aparentemente incongruentes, al estilo de la casual sucesión de hechos y memorias propia de los sueños.

Tema (*theme*): La significación de lo que pasa (asunto) en una obra literaria: la idea central o el mensaje del texto.

Teorema (*theorem*): Proposición que afirma una verdad demostrable.

Terceto (*tercet*): Estrofa de tres versos.

Tono (*tone*): La actitud que muestra un autor ante la materia tratada en el texto.

Tragedia (*tragedy*): Imitación de una acción grave que provoca terror y compasión.

Tropo (*trope*): Empleo de las palabras con un sentido distinto al que les corresponde, llamado *sentido figurado*.

Ultraísmo (*ultraism*): Corriente literaria (1919–1923) que nace en España y se extiende después a Hispanoamérica. Según lo indica su nombre, esta tendencia postula la ruptura con el pasado y aboga, en cambio, por un nuevo tipo de expresión poética afín (*akin, kindred*) al espíritu inconformista, libre y dinámico de la época moderna. Guiados por Rafael Cansinos Assens, Guillermo de Torre, Gerardo Diego y Jorge Luis Borges, los ultraístas rechazan la ornamentación, los alardes (*ostentation*) y los efectos sonoros de los postmodernistas y crean una poesía cuyo elemento fundamental es la metáfora.

Vanguardismo (*avant-garde*): Término que quiere decir literalmente «vanguardia» o la parte de una fuerza armada que va delante del cuerpo principal. Se aplica a la doctrina estética que aboga por experimentar con nuevos temas y nuevas técnicas a fin de innovar la expresión literaria, generalmente valiéndose de procedimientos poco ortodoxos.

Versificación (*versification*): Estudio de los principios estructurales del verso.

Verso (*verse*): La unidad de la versificación. Palabra o conjunto de palabras sometidas a cierta medida y ritmo. Cada una de las líneas de un poema.

Verso blanco o suelto (*blank verse*): El que no tiene rima.

Verso libre (*free verse*): El que no tiene ni rima ni medida.

Vulgarismo (*vulgarism*): Palabra o expresión empleada por el vulgo y no por las personas cultas.

Weltanschauung: Ver **Cosmovisión**

Zeitgeist (*zeitgeist*): El espíritu del tiempo, o sea, la actitud general —intelectual, moral, social, etcétera— característica de una época.

INDICE CRONOLOGICO DE OBRAS LITERARIAS HISPANICAS COMPARADO CON CUADROS SINOPTICOS

EVENTOS	NARRATIVA	POESIA	DRAMA	ENSAYO
		SIGLO VIII		
718 Batalla de Covadonga. Comienza la Reconquista.				
		SIGLO X		
Discordia entre los califas que gobiernan los veintitrés reinos moros creados en la Península Ibérica desde la invasión musulmana en el año 711.		*Jarchas* (estrofas finales con palabras árabes, en romances primitivos)		
		SIGLO XI		
1094 Las luchas faccionarias de los moros facilitan la caída de Toledo y Valencia. Esta última es tomada por Rodrigo Díaz de Vivar— *el Cid*— en nombre de Alfonso VI, rey de Castilla y León. **1099** Muere *el Cid*, el héroe más celebrado de la Reconquista. Crece el poderío de la Iglesia en virtud de las victorias contra los infieles. Toledo se convierte en el centro cultural de Europa, debido en gran parte a su Escuela de Traductores en la que sabios judíos, árabes y cristianos colaboran en verter al latín obras científicas, filosóficas y teológicas escritas en árabe.		**c.1070** Se compone en Francia la *Canción de Roldán*, prototipo de la epopeya medieval neolatina.		

EVENTOS	NARRATIVA	POESIA	DRAMA	ENSAYO
SIGLO XII				
Fundación de la monarquía portuguesa por el conde Enrique de Lorena, yerno de Alfonso VI. **1145** Alfonso Enriques, hijo del conde de Lorena, es coronado rey de Portugal. **1148** Conquista de la ciudad de Lisboa. **1188** Primera asamblea nacional e inauguración de las «Cortes» en León.		**c.1140** Anónimo: *Cantar de mio Cid*		
SIGLO XIII				
1212 Victoria de las Navas de Tolosa; los cristianos extienden su territorio hasta el norte de Andalucía. **1235** Jaime I *el Conquistador*, rey de Aragón, conquista las islas de Mallorca y Menorca. **1238** Reconquista de la ciudad de Valencia, invadida por los moros en 1099 tras la muerte de *el Cid*. **1248** Caen Córdoba y Sevilla en manos de los cristianos. Fernando III *el Santo* establece de forma definitiva los reinos de León y Castilla. **1282** Alfonso X *el Sabio* es destronado por las Cortes. Muere después de dos años de lucha por conservar el trono. Fundación de las primeras universidades españolas.		Gonzalo de Berceo: *Milagros de Nuestra Señora*	Anónimo: *Auto de los Reyes Magos*	Alfonso el Sabio: *Las siete partidas*

EVENTOS	NARRATIVA	POESIA	DRAMA	ENSAYO
		SIGLO XIV		
1369 Muere Pedro I *el Cruel*, conquistador de la mayor parte de Castilla. **1390** Enrique III *el Doliente* refuerza el poder de la monarquía frente a los nobles y los pueblos. La autoridad judicial de los alcaldes pasa a los regidores, representantes del rey.	**1300** Anónimo: *Historia del caballero Cifar* **1335** Don Juan Manuel: *El conde Lucanor o Libro de Patronio* **1353** Giovanni Boccaccio publica en Italia *Il Decamerone*. En esta colección de relatos, que abre caminos para la futura narrativa realista, el hombre es retratado como un ser licencioso, opuesto a la concepción que éste tiene de sí de un ser moralmente elevado.	**1343** Juan Ruiz, arcipreste de Hita: *El libro de buen amor* **1369** Francesco Petrarca compone el *Canzoniere* (*Cancionero*), donde aparecen los primeros sonetos endecasílabos italianos que serán adoptados con gran éxito en España.		

EVENTOS	NARRATIVA	POESIA	DRAMA	ENSAYO
	Recopilación en Egipto de la colección anónima de relatos en árabe *Las mil y una noches*. Estas y otras historias de origen hindú-iraní, divulgadas a partir del siglo IX, influyen decisivamente en el desarrollo de la narrativa europea.		Gómez Manrique: *Representación del nacimiento de Nuestro Señor*	**1438** Alfonso Martínez de Toledo, arcipreste de Talavera: *El Corbacho o Reprobación del amor mundano*
1440 Invención de la imprenta en Alemania. **1448** Se imprime la primera obra: *La Biblia de Gutenberg*. **1469** Matrimonio de Isabel de Castilla *la Católica* con Fernando de Aragón; unión de los reinos más poderosos de España.		**c.1440** Romances viejos anónimos: «El Enamorado y la Muerte», «Doña Alda» **c.1476** Jorge Manrique: *Coplas por la muerte de su padre* Íñigo López de Mendoza, marqués de Santillana: *Sonetos*		
1478 Los Reyes Católicos, Fernando e Isabel, instituyen el *Santo Oficio* —la Inquisición. **1492** Caída del reino moro de Granada y fin de la Reconquista; unificación política y religiosa de España; expulsión de los judíos; descubrimiento de América.				**1492** Antonio de Nebrija: *El arte de la lengua castellana* **1499** Fernando de Rojas: *La Celestina o Tragicomedia de Calixto y Melibea*

SIGLO XVI

EVENTOS	NARRATIVA	POESIA	DRAMA	ENSAYO
1502 Expulsión de los moros. **1508** Fundación de la Universidad de Alcalá de Henares; integración de los estudios humanísticos con la doctrina cristiana. **1509** El holandés Erasmo de Rotterdam denuncia en su libro *Elogio de la locura* la inmoralidad del clero y propone una religión del espíritu—antidogmática y conciliadora. Luis Vives (1442–1540) es el máximo exponente del cristianismo humanístico erasmista en España. **1514** Publicación de la *Biblia políglota complutense* en Alcalá de Henares. **1517** Inicio de la Reforma protestante en Alemania. **1518** Empieza en Cuba y Sudamérica el tráfico de esclavos. **1519** Hernán Cortés llega con su expedición a México. **1533** Francisco Pizarro conquista el Perú.	**c.1508** Anónimo: *Amadís de Gaula*			**1519–1526** Hernán Cortés: *Cartas de relación*

SIGLO XVI

EVENTOS	NARRATIVA	POESIA	DRAMA	ENSAYO
1533 En Inglaterra, Enrique VIII abjura de la religión católica y establece la anglicana para divorciarse de Catalina de Aragón y casarse con Ana Bolena.				**c.1535** Juan de Valdés: *Diálogo de la lengua*
1536 Aparición de la imprenta en las colonias españolas (México).				
1538 Se funda en Santo Domingo la primera universidad hispanoamericana.				
1539 Ignacio de Loyola organiza la Compañía de Jesús (la orden de los Jesuitas).				**1541–1555** Alvar Núñez Cabeza de Vaca: *Naufragios*
		¿1543? Garcilaso de la Vega: «Sonetos XI, XIX» (*Sonetos) Eglogas, Canciones, Epístola* (a Juan Boscán)		
1545–1563 Concilio de Trento, que da inicio a la Contrarreforma, a pedido del emperador español Carlos V, primer gran monarca de la Casa austríaca de los Habsburgos.				**1552** Fray Bartolomé de las Casas: *Brevísima relación de la destrucción de las Indias*
1553 Se inaugura la Universidad de México, la primera institución de su tipo en América.				

SIGLO XVI

EVENTOS	NARRATIVA	POESÍA	DRAMA	ENSAYO
1564 Batalla naval de Lepanto. Miguel de Cervantes pierde la mano derecha luchando contra los turcos.	**1554** Anónimo: *Vida de Lazarillo de Tormes* **1559** Jorge de Montemayor: *Diana* **1565** Anónimo: *Historia del Abencerraje y de la hermosa Jarifa*			**1568** Bernal Díaz del Castillo: *Verdadera historia de la conquista de la Nueva España*
1573 Inauguración de la Universidad de San Marcos de Lima, Perú.		**1569, 1575 y 1589** Alonso de Ercilla y Zúñiga: *La Araucana*		**1580** En sus *Ensayos*, el humanista Michel de Montaigne propone el examen de conciencia (*self-examination*) y la tolerancia de las creencias de los otros.
1580 El emperador Felipe II anexa Portugal a España.				**1583** Fray Luis de León: *De los nombres de Cristo*
		1584 San Juan de la Cruz: *Noche oscura del alma, Llama de amor viva*		
1588 Derrota de la «Armada Invencible» de Felipe II. Pérdida del poderío marítimo y colonial de España.		**¿1588?** Santa Teresa de Jesús: «Nada te turbe…», «Vivo sin vivir en mí»		**1588** Santa Teresa de Jesús: *Las moradas*

EVENTOS	NARRATIVA	POESIA	DRAMA	ENSAYO
		SIGLO XVI		
1598 Muerte de Felipe II: decadencia y desintegración del Imperio español.		¿1588? Fray Luis de León: «La vida retirada», «Noche serena» (*Odas*)		1597 Francis Bacon publica los *Ensayos*, donde refuta la rígida doctrina aristotélica en la que se basa el dogma de la Iglesia. Bacon propone que no se confíe ciegamente en las enseñanzas tradicionales.
		SIGLO XVII		
Felipe III, Felipe IV y Carlos II *el Hechizado* dejan el gobierno en manos de «favoritos» ineptos y sin escrúpulos; profunda crisis económica interna y desprestigio de España en el extranjero.	1605, 1615 Miguel de Cervantes: *El ingenioso hidalgo don Quijote ae la Mancha*	1605 El Inca Garcilaso de la Vega: *La Florida del Inca*	1613 Lope de Vega: *Peribáñez y el comendador de Ocaña*	1609–1615 El Inca Garcilaso de la Vega: *Comentarios reales*
	1613 Miguel de Cervantes: *Novelas ejemplares*	c.1612 Luis de Góngora: «Sonetos CIII, CLXVI» (*Sonetos*)	1614 Lope de Vega: *El mejor alcalde el Rey*	

SIGLO XVII

EVENTOS	NARRATIVA	POESIA	DRAMA	ENSAYO
	1617 Miguel de Cervantes: *Los trabajos de Persiles y Sigismunda* **1626** Francisco de Quevedo: *La vida del Buscón*		**1615** Miguel de Cervantes: *El viejo celoso (Ocho comedias y ocho entremeses)* **1617** Juan Ruiz de Alarcón: *Las paredes oyen*	
			1630 Lope de Vega: *Amar sin saber a quién* Tirso de Molina: *El burlador de Sevilla* Juan Ruiz de Alarcón: *La verdad sospechosa* **1635** Pedro Calderón de la Barca: *La vida es sueño, El médico de su honra*	
				1637 En Francia, René Descartes propone en el *Discurso sobre el método* que, salvo por los conceptos de Dios y del alma, toda verdad ha de ser demostrada científicamente (*Pienso, luego existo*). Nace así la doctrina del racionalismo. **1640** Diego de Fajardo: *Empresas políticas* **1642** Baltasar Gracián: *Agudeza y arte de ingenio*
1640 Portugal recupera la independencia.			**c.1642** Pedro Calderón de la Barca: *El alcalde de Zalamea*	
1648 Holanda se independiza del Imperio español.		**1648** Francisco de Quevedo: *El Parnaso español*		

EVENTOS	NARRATIVA	POESÍA	DRAMA	ENSAYO
		SIGLO XVII		
1659 Matrimonio de María Teresa, hija de Felipe IV de la Casa de Austria, con Luis XIV de los Borbones franceses.	**1651–1657** Baltasar Gracián: *El Criticón*			
Paz de los Pirineos y fin de las guerras entre España y Francia por la dominación de Europa.				
1660 Declinación definitiva del comercio español con América.		**1670** Francisco de Quevedo: *Las últimas tres musas*		
1680 Agotados el oro y la plata, empleados para pagar las deudas externas, España sufre una desastrosa depresión económica.		**¿1689?** Sor Juana Inés de la Cruz: («A su retrato», «A una rosa») *Sonetos, Romances, Villancicos, Primero sueño*	**1683** Sor Juana Inés de la Cruz: *Los empeños de una casa* **1689** Sor Juana Inés de la Cruz: *El Divino Narciso*	
	1690 Carlos de Sigüenza y Góngora: *Los infortunios de Alonso Ramírez*			**1690** El inglés John Locke da paso al estudio de las condiciones sociales con su *Ensayo sobre el entendimiento humano*, refutando la doctrina platónica según la cual el ser humano nace con ideas fundamentales que determinarán su vida.

EVENTOS	NARRATIVA	POESÍA	DRAMA	ENSAYO
		SIGLO XVII		
				1691 Sor Juana Inés de la Cruz: *Respuesta a Sor Filotea de la Cruz*
		SIGLO XVIII		
1700 Sucesión de Felipe V (1700–1746), de la Casa de los Borbones. Entra en España la influencia política y cultural de Francia. **1712** Fundación de la Biblioteca Nacional en Madrid. **1713** Paz de Utrecht. Fin de las guerras de Sucesión de España contra Inglaterra, Holanda y Austria. **1714** Se funda, según el modelo francés, la Real Academia Española de la Lengua. **1717** Nace en Inglaterra la Masonería o Francmasonería, sociedad secreta sostenedora de los ideales de la Ilustración: tolerancia religiosa, libre pensamiento y justicia social. **1738** Se inaugura en España la Academia de la Historia.				**1726–1739** Benito Jerónimo Feijóo: *Teatro crítico universal* **1733** Ignacio Luzán: *Poética* **1742–1760** Benito Jerónimo Feijóo: *Cartas eruditas*

EVENTOS	NARRATIVA	POESIA	DRAMA	ENSAYO
		SIGLO XVIII		
1748 España reconquista los territorios italianos de Sicilia y Nápoles —el llamado reino español de las «Dos Sicilias». Se inicia la revolución industrial en el Occidente. Transformación social. Crecen las distancias entre dos nuevas clases: los operarios y los capitalistas. **1759** Ascenso de Carlos III al trono de España. Reformas agrarias, industriales y educacionales; notable progreso en la economía doméstica y énfasis en los estudios científicos. **1767** Expulsión de los jesuitas bajo acusación de desobediencia a la monarquía.	**1758** Francisco de Isla: *Fray Gerundio de Campazas* **1773** Calixto Bustamante Carlos Inca («Concolorcorvo»): *El Lazarillo de ciegos caminantes* **1774** El alemán Johann Wolfgang Goethe escribe *Las cuitas del joven Werther*. Traducida al español en 1803, dicha novela crea una generación de jóvenes rebeldes, adictos al llamado *Sturm und Drang* (resentimiento contra la sociedad convencional). Estos serán los futuros «románticos».		**1778** Vicente García de la Huerta: *Raquel*	

EVENTOS	NARRATIVA	POESIA	DRAMA	ENSAYO
SIGLO XVIII				
1789–1799 Revolución francesa, concluida por el general Napoleón Bonaparte. Los países europeos e hispanoamericanos perseguirán los ideales de la Revolución: libertad, igualdad y fraternidad.		**1781–1784** Félix M. Samaniego: *Fábulas morales* **1782** Tomás de Iriarte: *Fábulas literarias*	**1786–1791** Ramón de la Cruz: *Sainetes*	**1789** José Cadalso: *Cartas marruecas*
SIGLO XIX				
1803 Francia cede a los Estados Unidos el territorio de Luisiana, prometido anteriormente a España. **1805** Batalla de Trafalgar: España y Francia son derrotadas por la fuerza naval inglesa al mando del almirante Horacio Nelson. **1806** Primer intento de lanzar la Revolución hispanoamericana. Fracaso de la expedición militar del venezolano Francisco Miranda, desde los Estados Unidos. **1808** Carlos IV, dominado por el favorito Manuel Godoy y por Napoleón, abdica el trono en favor de su hijo Fernando VII. Invasión napoleónica de España y principio de la guerra de la independencia en ese país.			**1806** Leandro F. de Moratín: *El sí de las niñas*	

EVENTOS	NARRATIVA	POESIA	DRAMA	ENSAYO
		SIGLO XIX		
Napoleón encomienda el trono de España a su hermano José y destierra a Francia a Fernando VII junto con la reina María Luisa y Manuel Godoy. Francisco Goya y Lucientes (1746–1828) se convierte en el pintor y crítico por excelencia de la realidad española del siglo XVIII. **1810** Principio de la Revolución hispanoamericana por la independencia. El general Simón Bolívar (1783–1830), el «Libertador de América», participa en las primeras luchas por la emancipación de Hispanoamérica. Revolución de mayo en la Argentina. 16 de septiembre: la Revolución por la independencia llega al pueblo mexicano de Dolores por obra del cura patriota Miguel Hidalgo (*Grito de Dolores*) **1812** España: Constitución de Cádiz. La Junta Central Suprema de Gobierno reforma las antiguas Cortes y éstas proclaman un gobierno democrático de acuerdo con los ideales de la Revolución francesa. **1814** Los españoles expulsan al ejército francés con el limitado apoyo de Inglaterra.			**1813** Angel de Saavedra, duque de Rivas: *Don Alvaro o La fuerza del sino*	**1813** Fray Servando Teresa de Mier: *Historia de la revolución de Nueva España*

SIGLO XIX

EVENTOS	NARRATIVA	POESIA	DRAMA	ENSAYO
1814 Vuelta a España del rey Fernando VII *el Deseado*; revocación de la Constitución de 1812 y retorno a la monarquía absoluta.				**1815** Simón Bolívar: *Carta de Jamaica*
	1816 José Fernández de Lizardi: *El periquillo sarniento*			**1817** Fray Servando Teresa de Mier: *Apología y relación de su vida*
1821 Fin de la Inquisición en Europa y en América.		**1820** José María Heredia: «En el Teccalli de Cholula» (*Poesías*)		
1823 Proclamación en los Estados Unidos de la Doctrina Monroe, que rechaza toda intervención de Europa en los asuntos del continente americano.				
1824 Batalla de Junín (Perú, 6 de agosto): primera gran victoria de los revolucionarios hispanoamericanos, al mando del general Bolívar. Batalla de Ayacucho (Perú, 8 de diciembre): el general Antonio José de Sucre pone fin a las guerras de la independencia de Hispanoamérica.		**1824** José María Heredia: «Niágara» (*Poesías*) José Joaquín Olmedo: «La victoria de Junín canto a Bolívar» (*Odas*)		

SIGLO XIX

EVENTOS	NARRATIVA	POESIA	DRAMA	ENSAYO
En oposición al ideal de Bolívar —una confederación panamericana democrática— surge en las nuevas repúblicas el «caudillismo», gobiernos en manos de tiranos que profesan representar a las provincias conservadoras y a la raza americana de sangre mixta.		**1826** Andrés Bello: «Silva a la agricultura de la Zona Tórrida» (*Repertorio americano*)		
Con el apoyo de las clases marginadas, los caudillos (*men of destiny*) fomentan el odio contra los criollos de la ciudad, individuos descendientes de españoles y de ideas liberales.				**1832–1837** Mariano José de Larra: «El castellano viejo» (*Artículos de costumbres*)
1832–1842 El francés Auguste Comte divulga *Curso de filosofía positiva*, germen de la moderna sociología y de la literatura de concientización (*consciousness-raising*) y de protesta social.				**1832–1842** Ramón de Mesonero Romanos: *Escenas matritenses*
1833 Fin de las guerras civiles instigadas por el caudillismo en Chile; Constitución democrática.				**1835** Andrés Bello: *Gramática de la lengua castellana*
Muerte de Fernando VII y vuelta a España de los liberales desterrados.			**1836** Antonio García Gutiérrez: *El trovador*	
Disputa por el trono de España entre Isabel, hija de Fernando VII, y don Carlos, hermano del rey. Guerras carlistas entre conservadores, leales a don Carlos, y liberales, partidarios de Isabel.		**1837** Esteban Echeverría: *La cautiva* **1840** José de Espronceda: «Soledad del alma», «Canción del pirata» (*Poesías líricas*), «Canto a Teresa», *El estudiante de Salamanca*		

SIGLO XIX

EVENTOS	NARRATIVA	POESIA	DRAMA	ENSAYO
		1841 Ángel de Saavedra, duque de Rivas: *Romances históricos* **1841–1871** Gertrudis Gómez de Avellaneda: «Al partir», «A Él» (*Poesías*) **1842** José Zorrilla: *Los cantos del trovador* (*Leyendas y tradiciones históricas*)	**1844** José Zorrilla: *Don Juan Tenorio*	**1845** Domingo Faustino Sarmiento: *Facundo o Civilización y barbarie* **1847** Serafín Estébanez Calderón: *Escenas andaluzas*
1852 Cae en la Argentina el gobierno del caudillo Juan Manuel de Rosas. **1853** Es aprobada la Constitución liberal federativa en la Argentina.	**1849** Fernán Caballero (Cecilia Böhl de Fáber): *La Gaviota* **1851** José Mármol: *Amalia*			

SIGLO XIX

EVENTOS	NARRATIVA	POESIA	DRAMA	ENSAYO
1861 El presidente Benito Juárez comienza en México la gran Reforma liberal, tras la caída del caudillo Antonio López de Santa Anna (1853–1857).	**1862** Alberto Blest Gana: *Martín Rivas* **1864** José María Pereda: *Escenas montañesas* **1867** Jorge Isaacs: *María*	**1866** Estanislao del Campo: *Fausto*	**1867** Manuel Tamayo y Baus: *Un drama nuevo*	**1867** El alemán Karl Marx publica *El capital*, manifiesto oficial del *socialismo científico* o marxismo **1870** Eugenio María de Hostos: «El cholo»
1868 La reina Isabel II de España es destronada por las Cortes. Se inicia con Domingo Faustino Sarmiento— escritor, maestro y diplomático— una de las presidencias más progresistas de la Argentina (1868–1874).	**1872–1912** Benito Pérez Galdós: *Episodios nacionales*	**1871** Gustavo Adolfo Bécquer: «Rimas XXI, LCIII» (*Rimas*)	**1872** Hilario Ascasubi: *Santos Vega*	

EVENTOS	NARRATIVA	POESÍA	DRAMA	ENSAYO
		SIGLO XIX		
1873 Proclamación de la Primera República en España.				
1874 Restauración de la monarquía, bajo el Borbón Alfonso XII, hijo de Isabel II.	**1874** Pedro Antonio de Alarcón: *El sombrero de tres picos* Juan Valera: *Pepita Jiménez*			
	1875–1883 Ricardo Palma: «La camisa de Margarita» (*Tradiciones peruanas*)	**1875–1887** José Martí: «Dos patrias» ⟨*Flores del destierro*⟩		
1876 Promulgación de la monarquía constitucional, que durará hasta 1931. Caudillaje de Porfirio Díaz en México; gran progreso industrial, económico y cultural en pro de las clases privilegiadas y de los inversionistas extranjeros. Reformas agrarias en beneficio de los latifundistas nacionales y extranjeros a costa de las masas, en su mayor parte campesinos indígenas.	**1876** Benito Pérez Galdós: *Doña Perfecta*			
	1877 Benito Pérez Galdós: *Gloria*			
	1878 Benito Pérez Galdós: *Marianela*			
	1878–1882 Manuel Jesús Galván: *Enriquillo*			
1879 Fundación del Partido Socialista en España.	**1879** Juan León Mera: *Cumandá o un drama entre salvajes*			

SIGLO XIX

EVENTOS	NARRATIVA	POESÍA	DRAMA	ENSAYO
1879–1883 Guerra del Pacífico. Chile derrota a Bolivia y al Perú. Ocupa por dos años a Lima, apoderándose de gran parte del litoral peruano y boliviano rico en minerales.				
			1881 José Echegaray: *El Gran Galeoto*	
		1882 José Zorrilla: *La leyenda del Cid* José Martí: «Sobre mi hombro» (*Ismaelillo*)		**1882** Juan Montalvo: *Siete tratados* Marcelino Menéndez y Pelayo: *Historia de las ideas estéticas en España*
	1884–1885 Leopoldo Alas («Clarín»): *La Regenta*	**1884** Rosalía de Castro: *En las orillas del Sar*		**1884–1908** Marcelino Menéndez y Pelayo: *Estudios de crítica literaria*
1886 Nace en España Alfonso XIII. La reina madre María Cristina asume la Regencia.	**1886** Emilia Pardo Bazán: *Los Pazos de Ulloa* **1886–1887** Benito Pérez Galdós: *Fortunata y Jacinta* **1887** Emilia Pardo Bazán: *La Madre Naturaleza*			
	1888 Rubén Darío: *Azul* **1889** José Martí: *La edad de oro* Clorinda Matto de Turner: *Aves sin nido*	**1888** José Zorrilla de San Martín: *Tabaré*		**1888** Eugenio María de Hostos: *Moral social* **1891** José Martí: *Nuestra América*

EVENTOS	NARRATIVA	POESIA	DRAMA	ENSAYO
		SIGLO XIX		
	1892 Cirilo Villaverde: *Cecilia Valdés*			1893 José Martí: *Mi raza*
	1895 José María de Pereda: *Peñas arriba*			
	1896 Javier de Viana: *Escenas de la vida del campo*	1896 Manuel Gutiérrez Nájera: «Para entonces», «Non omnis moriar» (*Poesías*)		
	1897 Benito Pérez Galdós: *Misericordia*			1897 Angel Ganivet: *Idearium español*
	1898 Vicente Blasco Ibáñez: *La barraca*			
1898 Guerra hispanoamericana: España cede a los Estados Unidos sus últimas colonias ultramarinas (Puerto Rico, Cuba y las Islas Filipinas). Ocupación militar de Cuba por los Estados Unidos, que dirigirán el gobierno de la isla hasta 1903. Las intervenciones militares estadounidenses cesarán sólo en 1922.				
1899 Nicaragua se convierte en una especie de «protectorado» de los Estados Unidos, cuyas fuerzas armadas ocuparán su territorio por más de veinte años.				
		SIGLO XX		
				1900 José Enrique Rodó: *Ariel*

SIGLO XX

EVENTOS	NARRATIVA	POESÍA	DRAMA	ENSAYO
1901 Alfonso XIII llega a la mayoría de edad y sube al trono de España.			**1901** Serafín y Joaquín Alvarez Quintero: *El patio*	
	1902 José Martínez Ruiz («Azorín») *La voluntad*			
	1902–1905 Ramón del Valle-Inclán: *Sonatas*			
	1903 José Martínez Ruiz («Azorín»): *Antonio Azorín*	**1903** Antonio Machado: *Soledades*		
	1903–1928 Pío Baroja: *Memorias de un hombre de acción*			
1904 El dramaturgo español José Echegaray recibe el primer Premio Nobel de Literatura otorgado a un escritor hispánico.	**1904** Baldomero Lillo: *Sub terra*	**1904** Juan Ramón Jiménez: *Jardines lejanos*	**1904** Florencio Sánchez: *La gringa*	**1904** José Martínez Ruiz («Azorín»): *Las confesiones de un pequeño filósofo* Ramón Menéndez Pidal: *Gramática histórica*
		1905 Rubén Darío: *Cantos de vida y esperanza*	**1905** Serafín y Joaquín Alvarez Quintero: *Mañana de sol*	**1905** José Martínez Ruiz («Azorín»): *Los pueblos, La ruta de don Quijote* **1905–1910** Marcelino Menéndez y Pelayo: *Orígenes de la novela, Historia de la poesía hispanoamericana*
	1906 Leopoldo Lugones: *Las fuerzas extrañas*			
	1907 Baldomero Lillo: *Sub sole*	**1907** Miguel de Unamuno: *Poesías*	**1907** Jacinto Benavente: *Los intereses creados*	

SIGLO XX

EVENTOS	NARRATIVA	POESIA	DRAMA	ENSAYO
	1908 Enrique Larreta: *La gloria de don Ramiro* / Jorge Payró: *Pago chico* / **1909** Pío Baroja: *Zalacaín el aventurero*	**1908** José Asunción Silva: *Poemas* (obra póstuma)	**1908** Jacinto Benavente: *El nietecito*	
1910 Se inicia la Revolución mexicana como reacción contra la dictadura de Porfirio Díaz. Se postula la justicia social y agraria.	**1911** Pío Baroja: *El árbol de la ciencia*	**1912** Antonio Machado: *Campos de Castilla* / **1913** Delmira Agustini: *Los cálices vacíos*		**1912** José Martínez Ruiz («Azorín»): *Castilla* / **1913** Miguel de Unamuno: *Del sentimiento trágico de la vida*
	1913 Federico Gamboa: *El espejo de la muerte* / **1914** Miguel de Unamuno: *Niebla* / Federico Gamboa: *La maestra normal* / Juan Ramón Jiménez: *Platero y yo*		**1913** Jacinto Benavente: *La Malquerida*	
1914 Comienza la primera guerra mundial. España se mantiene neutral.	**1916** Vicente Blasco Ibáñez: *Los cuatro jinetes del Apocalipsis* / Mariano Azuela: *Los de abajo*	**1915** Gabriela Mistral: *Los sonetos de la muerte* / **1916** Juan Ramón Jiménez: *Diario de un poeta recién casado*, «Inteligencia, dame», «Vino, primero, pura» (*Eternidades*) / Vicente Huidobro: «Arte poética», «La capilla aldeana» (*El espejo de agua*)		

EVENTOS	NARRATIVA	POESIA	DRAMA	ENSAYO
		SIGLO XX		
1917 Revolución soviética que resulta en la fundación de la Unión de Repúblicas Socialistas Soviéticas y la propagación del comunismo a nivel global.	**1917** Miguel de Unamuno: *Abel Sánchez*	**1917** Antonio Machado: «Proverbios y cantares» (*Poesías completas*) Amado Nervo: «La pregunta», «Si tú me dices "¡Ven!"» (*Elevación*)		**1917** Alfonso Reyes: *Visión de Anáhuac*
1918 Fin de la primera guerra mundial.		**1919** Juana de Ibarbourou: «La higuera», «Rebelde» (*Las lenguas de diamante*)		
1920 Fin de la Revolución mexicana.	**1921** Miguel de Unamuno: *La tía Tula*	**1922** Federico García Lorca: «Canción del jinete» (*Canciones*) Gabriela Mistral: *Desolación*	**1921** Ramón del Valle-Inclán: *Los cuernos de don Friolera*	
1923 Tras un golpe militar, Alfonso XIII de España concede al general Primo de Rivera poderes dictatoriales.	**1923** Emilia Pardo Bazán: «Las medias rojas» (*Cuentos de la tierra*)	**1923** Pablo Neruda: *Crepusculario*		**1923** José Ortega y Gasset: *El tema de nuestro tiempo* André Breton publica en Francia el *Manifiesto del surrealismo*, obra destinada a revolucionar la visión de la realidad que caracteriza el arte vanguardista.

EVENTOS	NARRATIVA	POESIA	DRAMA	ENSAYO
		SIGLO XX		
1924 El escritor peruano Haya de la Torre funda en México el A.P.R.A. (la Alianza Popular Revolucionaria Americana), cimiento de los movimientos reaccionarios continentales de tipo marxista.	**1924** Rómulo Gallegos: *Doña Bárbara* José Eustasio Rivera: *La vorágine*	**1924** Pablo Neruda: «Me gustas cuando callas» (*Veinte poemas de amor y una canción desesperada*)	**1924** Ramón del Valle-Inclán: *La cabeza del Bautista*	**1924** Salvador de Madariaga: *Semblanzas literarias y contemporáneas*
		1925 Pablo Neruda: *Tentativa del hombre infinito* Gabriela Mistral: «Meciendo», «Yo no tengo soledad» (*Ternura*)		**1925** José Ortega y Gasset: *La deshumanización del arte* José Vasconcelos: *La raza cósmica*
				1927 José Carlos Mariátegui: *Siete ensayos de interpretación de la realidad peruana*
	1928 Arturo Uslar Pietri: *Barrabás y otros relatos*		**1928** Armando Discépolo: *Stéfano*	
1931 Dimisión de Primo de Rivera en España, caída de la monarquía e inauguración de la Segunda República. Insurrección comunista en El Salvador liderada por Agustín Farabundo Martí.	**1931** Gregorio López y Fuentes: *El indio*		**1931** Federico García Lorca: *La zapatera prodigiosa, Amor de don Perlimplín con Belisa en su jardín*	
		1932 Federico García Lorca: «Romance sonámbulo» (*Romancero gitano*)		**1932** Eduardo Mallea: *Historia de una pasión argentina*
1933–1934 Surge en Alemania el partido nacional-socialista de Adolf Hitler; exordio del nazismo.	**1933** Miguel de Unamuno: *San Manuel Bueno, mártir*		**1933** Federico García Lorca: *Bodas de sangre*	**1933** Ezequiel Martínez Estrada: *Radiografía de la pampa*

SIGLO XX

EVENTOS	NARRATIVA	POESIA	DRAMA	ENSAYO
1934 La intervención de los Estados Unidos en Cuba pone fin a la Revolución social liderada por Ramón Grau San Martín. Inicio de la tiranía de Fulgencio Batista, quien gobernará la isla, directa o indirectamente, por más de dos décadas.		**1934** Nicolás Guillén: «Sensemayá» (*West Indies, Ltd.*)	**1934** Federico García Lorca: *Yerma*	
		1935 Pablo Neruda: *Residencia en la tierra*		**1935–1977** Victoria Ocampo: *Testimonios*
		1935–1958 Octavio Paz: «El sediento» (*Libertad bajo palabra*)		
1936–1939 Guerra civil española entre los republicanos, partidarios de un nuevo orden «reformista, igualitario y seculizador», y los nacionalistas, apegados al orden tradicional que favorecía la autoridad monárquica y la eclesiástica. Triunfan los nacionalistas, que instalan la dictadura neofascista del generalísimo Francisco Franco. Franco restaura el Código Civil de 1889, el cual enfatiza el patriarcado. Dicha ley es revocada en 1958.			**1936** Federico García Lorca: *La casa de Bernarda Alba*	
1937 En Nicaragua, la Guardia Nacional depone al presidente democrático Juan Batista Sacasa e instala al general Anastasio (*Tacho*) Somoza García, responsable del asesinato del activista liberal Augusto César Sandino.	**1938** María Luisa Bombal: *La amortajada*	**1938** Gabriela Mistral: *Tala*		

EVENTOS	NARRATIVA	POESIA	DRAMA	ENSAYO
1939-1945 Segunda guerra mundial. España permanece neutral. La chilena Gabriela Mistral gana el primer Premio Nobel de Literatura en Latinoamérica.		**1939** César Vallejo: «Yuntas», «El momento más grave de la vida» (*Poemas humanos*)		
				1940 Ezequiel Martínez Estrada: «Estaciones de descanso» (*La cabeza de Goliat*) Gregorio Marañón: *Don Juan*
	1941 Ciro Alegría: *El mundo es ancho y ajeno*			
	1942 Ramón Sender: *Crónica del alba* Camilo José Cela: *La familia de Pascual Duarte*		**1942** Roberto Arlt: *El desierto* Samuel Eichenbaum: *Un tal Servando Díaz*	**1942** Alfonso Reyes: *Ultima Tule* Julián Marías: *Miguel de Unamuno*
	1944 Carmen Laforet: *Nada*	**1944** Dámaso Alonso: «Insomnio», «La vida del hombre» (*Hijos de la ira*)	**1944** Xavier Villaurrutia: *Invitación a la muerte* Alejandro Casona: *La dama del alba*	**1944** Alfonso Reyes: *El deslinde*
			1945 Alejandro Casona: *La barca sin pescador*	**1945** Pedro Laín Entralgo: *La generación del 98* María Zambrano: *Pensamiento y poesía en la vida española*
1946 Juan Domingo Perón es elegido presidente de la República Argentina.	**1946** Miguel Angel Asturias: *El señor presidente* Adalberto Ortiz: *Juyungo*			**1946** Gregorio Marañón: *Ensayos liberales*
	1947 Juan Antonio Zunzunegui: *La quiebra*	**1947** Pablo Neruda: *Tercera residencia en la tierra*	**1947** Rodolfo Usigli: *El gesticulador*; *Corona de sombra*	**1947** Simone de Beauvoir publica en Francia *El segundo sexo*, tratado que influye en el futuro movimiento de liberación de la mujer y el feminismo.

SIGLO XX

EVENTOS	NARRATIVA	POESIA	DRAMA	ENSAYO
1949 Perón revoca la Constitución democrática de 1853. Con la colaboración de su esposa Eva (*Evita*) Perón, se gana el apoyo de las clases marginadas.	**1948** Ernesto Sábato: *El túnel*			**1948** Américo Castro: *España en su historia: cristianos, árabes y judíos*
1950 Guerra de Corea.	**1949** Jorge Luis Borges: *El Aleph*			
	1950 Gabriel García Márquez: «La mujer que llegaba a las seis» (*Ojos del perro azul*)	**1950** Pablo Neruda: *Canto general*	**1950** Antonio Buero Vallejo: *En la ardiente oscuridad*	**1950** Octavio Paz: *El laberinto de la soledad*
	1951 Julio Cortázar: *Bestiario* / Camilo José Cela: *La colmena*		**1951** Rodolfo Usigli: *El niño y la niebla*	**1951** Eva Perón: *La razón de mi vida*
1952 Muerte prematura de Eva Perón; disminuye considerablemente la popularidad de Juan Domingo.				**1952** Jorge Luis Borges: *Otras inquisiciones*
1953 Fin de la Guerra de Corea.	**1953** José María Gironella: *Los cipreses creen en Dios* / Juan Rulfo: «No oyes ladrar los perros» (*El llano en llamas*)		**1953** Alfonso Sastre: *Escuadra hacia la muerte*	**1953** Jorge Luis Borges: *Historia de la eternidad*
		1954 Gabriela Mistral: *Lagar* / Vicente Aleixandre: *Historia del corazón*		
1955 Caída de Perón y destierro a España.	**1955** Juan Rulfo: *Pedro Páramo*			
	1956 Julio Cortázar: «La noche boca arriba» (*Final del juego*)			**1956** Arturo Uslar Pietri: *Las nubes*

SIGLO XX

EVENTOS	NARRATIVA	POESIA	DRAMA	ENSAYO
	1957 Rosario Castellanos: *Balún-Canán*		**1957** Osvaldo Dragún, *El hombre que se convirtió en perro* Carlos Solórzano: *Las manos de Dios* **1958** Carlos Solórzano: *Los fantoches* Emilio Carballido: *Medusa*	**1959** José Ferrater Mora: *El hombre en la encrucijada* **1960** Jorge Luis Borges: *El hacedor*
	1960 Ramón Sender: *Réquiem por un campesino español* **1961** Ana María Matute: «Pecado de omisión» (*Historias de la Artámila*) Gabriel García Márquez: *El coronel no tiene quien le escribe* **1962** Intervención estadounidense en la Guerra del Vietnam. Gabriel García Márquez: *Los funerales de la Mamá Grande* Rosario Castellanos: *Oficio de tinieblas* **1963** Asesinato del presidente de los Estados Unidos, John F. Kennedy. Elena Garro: *Los recuerdos del porvenir* Julio Cortázar: *Rayuela*	**1961** Ernesto Cardenal: *Epigramas: poemas* **1962** Pablo Neruda: «Verbo» (*Poeta de guardia*) Bertalicia Peralta: «La libertad», «El silencio» (*Sendas fugitivas*) Vicente Aleixandre: *En un vasto dominio*	**1960** Alfonso Sastre: *La cornada* **1962** Sebastián Salazar Bondy: *El fabricante de deudas* Emilio Carballido: *El censo (D.F.)*	**1961** Pedro Laín Entralgo: *Teoría y realidad del otro* Germán Arciniegas: *América mágica* **1962** Julián Marías: *Los españoles* **1963** Betty Friedan publica en los Estados Unidos *The Feminine Mystique*, obra seminal del feminismo. **1964** Sebastián Salazar Bondy: *Lima la horrible*

SIGLO XX

EVENTOS	NARRATIVA	POESIA	DRAMA	ENSAYO
				1965 Germán Arciniegas: *El continente de siete colores*
			1965 Griselda Gámbaro: *Viejo matrimonio*	**1967** Julio Cortázar: *La vuelta al día en ochenta mundos*
	1967 Juan Benet: *Volverás a región* Gabriel García Márquez: *Cien años de soledad*			
1968 Tropas gubernamentales masacran a cientos de disidentes estudiantiles y otros ciudadanos desarmados en la Plaza de Tlatelolco, Ciudad de México.		**1968** Vicente Aleixandre: *Poemas de consumación*	**1968** Lucía Quintero: *1 + 1 = 1, pero 1 + 1 = 2 (Verde angustiario)*	
1969 Los astronautas norteamericanos Neil Armstrong, Edwin «Buzz» Aldrin y Michael Collins realizan el primer alunizaje (*moon landing*).	**1969** Elena Poniatowska: *Hasta no verte, Jesús mío*	**1969** Octavio Paz: *Ladera este* Gloria Fuertes: «Sale caro ser poeta», «Mis mejores poemas» (*Cómo atar los bigotes al tigre*)		**1969** Arturo Uslar Pietri: *En busca del nuevo mundo*
1970 En Nicaragua, el gobierno sandinista asume el poder tras una revolución que pone fin a la dictadura de Luis Somoza Debayle, quien gobernaba desde 1957.	**1970** Juan Goytisolo: *La reivindicación del Conde don Julián* Rosario Ferré: *Papeles de Pandora*			**1970** Ariel Dorfman: *Imaginación y violencia en América*
	1971 Rosario Castellanos: *Álbum de familia*	**1971** Octavio Paz: *Topoemas* Ernesto Cardenal: *Poemas*		**1971** Fernando Alegría: *Literatura y revolución* Elena Poniatowska: *La noche de Tlatelolco-Testimonios*
1972 En El Salvador, José Napoleón Duarte, fundador del Partido Demócrata Cristiano, es elegido presidente y es luego depuesto por los militares.		**1973** Gloria Fuertes: *Sola en la sala*		**1974** Carmen Naranjo: *Cinco temas en busca de un pensador*

EVENTOS	NARRATIVA	POESIA	DRAMA	ENSAYO
		SIGLO XX		
				1974 Octavio Paz: *El mono gramático* Rosario Castellanos: «La liberación del amor» (*El uso de la palabra*) **1975** Gabriel Zaid: *Cómo leer en bicicleta*
1975 Golpe militar en Chile y muerte del presidente social-demócrata Salvador Allende. El general Augusto Pinochet asume el poder absoluto, que no soltará hasta 1989. Progreso económico a expensas de los derechos humanos.				
Muere en España el caudillo Francisco Franco. Sube al trono Juan Carlos de Borbón, quien restaura las primeras elecciones democráticas desde el fin de la guerra civil. Fin de la Guerra del Vietnam.			**1976** Jaime Salom: *La piel del limón*	**1976** Lydia Cabrera: *Francisco y Francisca: chascarrillos de negros viejos* Ernesto Sábato: *La cultura en la encrucijada nacional*
			1977 Roberto Cossa: *La nona* **1978** Rodolfo Sirera: *El veneno del teatro* Fernando Fernán-Gómez: *Las bicicletas son para el verano*	**1978** Fernando Sánchez Dragó: *Gárgoris y Habidis: Una historia mágica de España*
1978 Nueva Constitución Democrática en España. **1978** Exitoso estreno de «Evita», producción musical basada en la autobiografía de Eva Perón.				**1979** Octavio Paz: *El ogro filantrópico*
1979 Napoleón Duarte vuelve al poder en El Salvador, con el apoyo del presidente Jimmy Carter. Se esfuerza por restaurar los derechos humanos, pero sucumbe al poder de los militares y tolera la represión política.	**1979** Elena Poniatowska: «El recado» (*De noche vienes*)			**1980** Elena Poniatowska: *Fuerte el el silencio* Carlos Monsiváis: *A ustedes les consta*
1980 Asesinato de todo un grupo de dirigentes políticos salvadoreños reformistas, y masacre de tres religiosas y una empleada estadounidenses.	**1980** Elena Garro: *Andamos huyendo Lola*	**1980** Gloria Fuertes: *Historia de Gloria* (*Amor, humor y desamor*)		
1981 Fracasa en España el golpe militar del general Torres Rojas y se acaba el poder judicial de las fuerzas armadas.				

SIGLO XX

EVENTOS	NARRATIVA	POESIA	DRAMA	ENSAYO
1981 Los partidos centroderechistas en España son derrotados por los socialistas moderados, dirigidos por el primer ministro Felipe González.				**1982** Octavio Paz: *Sor Juana Inés de la Cruz o Las trampas de la fe*
1982 Guerra de las Malvinas (*Falkland Islands*). La Argentina es derrotada por los ingleses, precipitando la caída de los militares que gobernaban el país opresivamente desde 1976.	**1982** Rima de Vallbona: «En el reino de la basura» (*Mujeres y agonías*)		**1983** Carlos Gorostiza: *Papi*	**1984** Lydia Cabrera: *Vocabulario Congo. El Bantú que se habla en Cuba*
		1984 Ana María Fagundo: «Casi un poema», «Trinos» (*Como quien no dice voz alguna al viento*)		**1985** Héctor Libertella: *¡Cavernícolas!*
1985 El líder soviético Mikhail Gorbachev pone fin a la Guerra Fría, instituyendo la política de «glasnost» (*franqueza*) y de «perestroika» (*reconstrucción*).	**1985** José María Merino: *La orilla oscura*	**1985** Nancy Morejón: «Renacimiento», «Mujer Negra» (*Where the Island Sleeps Like a Wing*)	**1985** José Luis A. de Santos: *Bajarse al moro* Paloma Pedero: *La llamada de Lauren, Resguardo personal*	**1986** Rosario Ferré: «La autenticidad de la mujer en el arte» (*Sitio a Eros*)
	Mercedes Ballesteros: «Angelita o el gozo de vivir» (*Pasaron por aquí*)	**1986** Nancy Morejón: *Piedra pulida*	**1986** Pilar Pombo: *Remedios* Antonio Buero Vallejo: *Lázaro en el laberinto*	
1986 Debido en gran parte al gobierno progresista de González, España se une a la OTAN (Organización del Tratado del Atlántico Norte) y a la CEE (Comunidad Económica Europea).	**1986** Rosario Ferré: *Maldito amor*		Griselda Gámbaro: *Antígona furiosa*	
			1988 Ana Diosdado: *Los ochenta son nuestros*	
1989 Los socialistas españoles ganan la tercera elección consecutiva.	**1989** Antonio Muñoz Molina: *Beltenebros*			

EVENTOS	NARRATIVA	POESÍA	DRAMA	ENSAYO
		SIGLO XX		
El presidente norteamericano George Bush despacha a Panamá un contingente de soldados y captura al dictador Manuel Noriega, bajo acusación de complicidad en el tráfico de drogas.				
Reunificación de Alemania y desintegración de la Unión Soviética. Cesa, a partir de ese momento, la amenaza comunista a Latinoamérica y a los demás países del tercer mundo.				
1989 Los Estados Unidos, a pesar del fin de la amenaza del comunismo soviético en Latinoamérica, siguen respaldando en El Salvador la lucha del gobierno derechista contra los rebeldes.				
En el Perú los guerrillos del «Sendero Luminoso», igual que los partidarios de Fidel Castro en Cuba, siguen abrazando el comunismo.	**1990** Carlos Gorostiza: *Aeroplanos*			**1990** Octavio Paz: *Pequeñas crónicas de grandes países*
Elecciones democráticas en Nicaragua. Violeta Barrios de Chamorro derrota a Daniel Ortega del partido sandinista. Su gobierno resulta ineficaz por los obstáculos que le presentan tanto las organizaciones izquierdistas como los Contras, guerrilleros de derecha desilusionados con las promesas incumplidas.				
1991 Guerra del golfo pérsico: se manifiesta la necesidad de utilizar los recursos petrolíferos de México.				

EVENTOS	NARRATIVA	POESIA	DRAMA	ENSAYO
El creciente número de inmigrantes ilegales en los Estados Unidos es parte importante de la controversia sobre un acuerdo para el libre comercio entre los Estados Unidos, México y el Canadá.				
1992 Por medio de la intervención de las Naciones Unidas, el presidente Alfredo Cristiani firma un tratado de paz en El Salvador, con los guerrilleros del Frente Nacional Farabundo Martí.	**1992** Javier Marías: *Corazón tan blanco*			
1994 Chiapas, México: El ejército zapatista, apoyado por millones de campesinos indígenas simpatizantes, se levanta y ocupa varios pueblos a fin de protestar, ante el país y el mundo, las deplorables condiciones económicas y sociales de un estado tradicionalmente descuidado y pobre.	**1994** Rosa Regás: *Azul*			**1994** Carmen Naranjo: *En partes*
1997 Hong Kong, uno de los centros financieros más grandes del mundo, productor y exportador de una gran cantidad y variedad de mercancías, pasa a ser parte de la República Popular de China. Termina así el control de Gran Bretaña, que había adquirido el territorio en 1842 tras el Tratado de Nanking. No obstante la anexión, Hong Kong retiene el derecho de ser exenta (*free*) del sistema y de la política socialistas de China.	**1995** Ignacio Carrión: *Cruzar el Danubio* **1996** Carmen Rico Godoy: *La costilla asada de Adán* Almudena Grandes: *Modelos de mujer* **1997** Carlos Cañeque: *Quién* Manuel de Prada: *La tempestad*	**1995** Gloria Fuertes: *Mujer de verso en pecho*	**1995** Carmen Resino: *Bajo sospecha* **1996** Lidia Falcón: *No moleste, calle y pague, señora*	
1998 Crisis económica en el Extremo Oriente y Rusia. Este suceso perjudica (*harms, damages*) la economía global, abatiendo notablemente el desarrollo latinoamericano. Detención en Inglaterra de Augusto Pinochet, acusado de haber causado la desaparición y muerte de miles de españoles en Chile durante los catorce años de su dictadura militar.				

CREDITS